JN293547

ビジュアル・ワイド
日本の城
小学館

序文

吹く風の音を聞きながら
——城との対話

小和田哲男

城の楽しみ方

城の見方、楽しみ方は、人それぞれである。「天守閣などの建造物がなければ城ではない」という人から、むしろ何もなく、石垣や空堀、土塁に魅力を感ずる人もいる。そうした人の中には、最近、各地で進められている城跡の整備にも批判的で、公園化しすぎて、古城のおもかげがなくなるのを残念がる声を耳にすることもある。「荒城は荒城のままがいい」という主張である。

ただ、いくつかの城跡の保存整備事業に携わっている私の立場からすると、いま手をつけないで荒城のままでおくと、崩れてしまう危険性があることも事実で、保存のためにはある程度の整備が必要ではないかと考えている。

「建物がなければ城ではない」という人と、「何もない城がいい」という人の両極端の声を一つの城で同時に満足させるということはむずかしいが、幸い、日本には数多くの城がある。自分の好みの城をさがして歩くことも城の楽しみ方の一つであろう。

歴史の生き証人

ところで、どうして日本人は城が好きなのだろうか。いい方を変えれば、城好きが多いのはなぜかといってもよい。

この問いに対する答えもいろいろあると思われるが、私は、城が現在に生き続ける歴史の生き証人だからだと考えている。しかも、その生き証人に、比較的簡単に会えることも大きな理由である。

歴史をふりかえるとき、古文書・古記録などの文献からアプローチするのが一般的である。しかし、そうした文献資料の扱い方は、ある程度の訓練が必要となる。

その点、城の探索は、あらかじめの訓練は全くといってよいほど必要がない。自分で城に足を運んで、そこで自由に歴史の生き証人と対話すればよい。写真を撮るもよし、簡単な縄張（なわばり）図をみようみまねで描くもよし、場合によっては、そこに吹く風、木の枝のざわざわする音に歴史を感ずるもよし、対話の仕方はいろいろである。

城は、それこそ、古代の城柵から、幕末維新期の城まで、城のつくりも、その歴史に果たした役割もちがっている。そうしたちがいも魅力の一つであろう。

ふるさとの象徴

時代ごとでちがう城の姿を直接感じとることができるわけであるが、どの城をとっても、それぞれの城が、その地域の歴史において果たしたものは決して小さくない。その土地の歴史を明らかにするのに、城は不可欠な素材であり、それぞれの地域の歴史の掘りおこしにつながっている。

なかでも近世城郭は、城下町の人びとにとって、まさに町の象徴であった。城を元の姿にもどしたいとする復元の要望がどこでもみられるのは、封建時代への回帰願望ではなく、城の歴史とともに町があったからである。

ひと頃の鉄筋コンクリートの復元ではなく、最近は木造での復元がふえてきて、よろこばしい傾向と思っている。それは、単に外観の復元というにとどまらず、城郭建築の技術の伝承にもつながるからである。

城は受難の歴史をくぐりぬけてきた。近世城郭の多くは、明治維新以後、とり壊されてしまった。今日残る江戸時代の建造物は、たまたま残ったものもあるが、残すべく努力して残ったというものが少なくない。そうした歴史があることも、多くのお城ファンの心をつかんでいる理由であろう。いま、各地で、廃城前の姿にもどしたいと、調査を進め、整備に動きだしているのは、明治維新後、残すべく努力しても残せなかった先人の無念さというものが原動力になっているように思われる。

人間のドラマ

そして、最後にもう一点だけ指摘しておきたいのは、日本人が城好きなのは、城を舞台に人間のドラマが展開されたからだという点である。

これは、城が一番多く築かれ、しかも一番発達をした戦国時代をみれば一目瞭然で、戦国時代の戦いのかなりが、城を舞台とした戦いだったことからも明らかである。城を攻める側からすれば攻城戦ということになるし、城に籠って守る側は籠城戦ということになるが、この攻城・籠城戦が戦国合戦史に占める比重はかなり高いものがあり、武将たちの戦いぶりと城とは切っても切り離せない関係にある。

本書は、全国におよそ五万あると推定される城のなかから、遺構の残りがよく、また、歴史的にも価値ある二、二〇〇余城を収載し、オールカラーで、写真・図版等を用いて紹介している。お城愛好者が一人でもふえることを願って序文とする。

（静岡大学教授）

目次

城の用語覚え

平城……平地に築かれた城郭。

山城……山の地形を利用し、独立した山、または山脈の一部に築かれた城。

平山城……丘陵の上部と平地、両方の地勢を利用した城。近世城郭に多い。

丘城……比較的低い丘陵上を城地として利用した城。

繋ぎの城……2つの重要な地点の中間にあって、両者の連絡を保つ役目の城。前線への兵站地、移動する兵の休憩地ともなった。

根小屋……山城の麓に置かれた城兵の居住区や集落。根子屋、根古屋とも書く。東日本を中心に分布し、西日本では山下にあたる。

堡……幕末以降に大砲を活用するために土や石で築いた小要塞。稜堡は角のとがった形（稜）の堡塁。海堡とは海上に築かれた要塞。

曲輪……堀や石垣などに守られた、城や館の内の一区画。二の丸、三の丸などの「丸」にあたる。郭とも書く。

帯曲輪……帯状に細長く、ほかの曲輪の側面を囲む補助的な曲輪。

空堀……水のない堀。中世城郭では一般的に空堀を使用した。

堀切……丘陵上の城や山城で用いられた空堀。尾根を一直線で掘り切ってあるので、堀切とよばれた。交通を遮断して、敵の侵入を防ぐ。

竪堀……中世の山城に見られる空堀。山の斜面に、等高線に対して直角に掘られる。敵が山腹を横に移動するのを防ぐ。

土塁……曲輪の周囲などに土を盛り上げ、敵の攻撃から城の内部を防御するもの。

武者走り……土塁（石塁）上に築かれた土塀の城内側に設けられた通路。これに対し、土塀の外側を「犬走り」という。

野面積み……自然の石をあまり加工せずに積み上げた石垣。

打込接ぎ……石の接合面を加工し、隙間を少なくした石垣。

切込接ぎ……石を全面的に加工し、隙間をまったくなくした石垣。

縄張……築城にさいして計画した基本的な城の構成、設計。

虎口……城の出入口で、その城の防御の要にあたる。このうち、本丸の表口を大手口といい、裏口を搦手口という。

桝形……虎口の防御施設。多くの場合、城門を2重に設け、その間を石垣・土塀などで囲んだ方形の空間。外門を高麗門、内門を櫓門でつくり、侵入した敵に横矢が掛かるよう通路が直角に折れ曲がっている。

横矢掛……2方向以上からの射撃を横矢といい、その攻撃を横矢掛という。城の縄張では、通路を狭くしたり城壁を屈曲させ、至るところで横矢が掛かるよう工夫が施される。

多聞櫓……城壁の上に築かれた、細長い長屋形式の櫓。

櫓門……門上に建物のある門。二階門、楼門ともよばれる。

凡例

本文中に記載した市町村名および電話番号は、2005年（平成17）2月末日現在のものです。

国宝の城・重文の城

本章では、天守が国宝および国の重要文化財（重文）に指定されている12城を取り上げました。12城以外で、櫓や門・御殿などの城郭建造物が国宝または重文に指定されている城は次の通りです。

櫓……新発田城、名古屋城、二条城、大坂城、明石城、岡山城、福山城、高松城、大洲城、福岡城、佐賀城、熊本城

門……松前城、江戸城、新発田城、金沢城、小諸城、名古屋城、二条城、大坂城、和歌山城、福山城、高松城、佐賀城、熊本城

御殿・長屋・蔵など……掛川城、金沢城、二条城、大坂城

また一般的に天守のことを「天守閣」ともいいますが、これは明治以降に使われはじめた呼称で、本書では署名原稿以外は「天守」と表記しました。

全国城址一覧

本章は、小社刊『週刊名城をゆく』に連載した「城址城砦ガイド」を都道府県別に編成し直し、新たに多くの城を採用、加筆したものです。項目とした城の総数は2252城に及びます。

❶城名タイトルの下に表示したマークは、次の遺構が存在することを示します。ただし、復元・復興されたものも含まれています。

…天守。

…櫓、櫓門、門。ただし城外に移築されたものは除外しています。

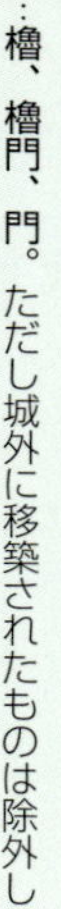

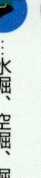

…石垣、石塁。

…水堀、空堀、堀切。

❷同じく城名の下に記載した人名は、城の創築者あるいは著名な城主です。

❸また城の所在地の下に付けた*は国指定史跡・特別史跡を、*は都道府県指定史跡をあらわしています。

❹各都道府県のトップページには、城主にかかわる系図を掲載しました。その中で、オレンジ色の人物名は城主を示しています。緑色は城主以外の男性を、赤色は女性をあらわしています。

全国の主な藩校一覧

藩校名は時代によって名称が変わる場合が少なくありません。本書では概ね小社刊『日本大百科全書』「藩校」の項目に則って記載をしました。また一覧中の「出身者」には、藩校の後身とされる学校の卒業生も含まれています。

日本の名城

国宝の城・重文の城——古城に寄せる12のエッセイ

覇王の城——織田信長・豊臣秀吉・徳川家康の城

姫路城

蒼空に羽ばたく世界遺産「白鷺城」

現在の姫路城天守は、池田輝政によって1609年（慶長14）に築かれた。大天守ほか7棟が国宝。74棟が重要文化財。国特別史跡。ユネスコ世界文化遺産。

所在地　兵庫県姫路市本町

お城自慢お国ばなし――

戦乱に遭わなかった名城

桂　米朝

姫路城は私、さあ、20回は上ってるでしょうな。小学校のとき、中学校のとき、そんなときでもお城へは連れてかれたし、戦時中も結構行きました。私が小学生のときに西の丸の百間廊下なんてね、初めは古い汚い廊下やったんやけど、それが全部きれいになって。千姫櫓なんかいうて、まあ改築したのかな、潰してそのとおりに建てた。一間だけ畳・建具の入った部屋がありましたがな。それはきれいなもんで、ああ、なるほどな、これなら昔の奥女中が住んでてもええなと、こう思たんですが。

しかしまあ、見事に残ってまして、世界文化遺産に入るようになった。まあ、それはなって当たり前やと私は思いますわ。昔の規模は、もっともっと大きかったらしい。四つの天守閣があって、連立式とかいうね、それと西の丸とが残ったんで、総曲輪というものは、よっぽど大きなもんやったらしい。

白鷺城ですからな、白い。で、戦時中目立ったらいかんというんで、黒い網をかぶせたことがある。荒縄を染めましてね、荒縄を墨で染めて、で、すぽっと上からかぶせたんですわ、網のようにして。それは一遍ぐらい見た記憶はあるんやけどな。あの時分私、ちょっとだけ軍隊行って、じきに病気になって陸軍病院入ってしまうという情けない兵隊でしたけどな。あそこに黒い網がかぶさった時代があるという、そんなことをご存じのかたももう少ないでしょうな。

まあまあ、きれいに残りましてね、で、とにかく優美なお城です。豪壮な城ということも言われてますけども。池田輝政という人がつくったようなもんで、その前に太閤さん

三左衛門堀　池田輝政（三左衛門の名がある）が城と飾磨（しかま）港（飾万津〈しかまづ〉）をつなぐ運河として開削したが、完成はしなかった。ＪＲ姫路駅より南に流れている。写真／北村泰生

紅葉の菱の門
表口を固めた第一の門。三の丸から二の丸に通じる。重文。写真／北村泰生

桂　米朝（かつら・べいちょう）
落語家。1925年、兵庫県姫路市出身。四代目桂米団治に入門。戦後、上方落語を復活に導くとともに、上方芸能の研究でも博学ぶりを発揮。重要無形文化財保持者（人間国宝）。文化功労者顕彰。著書に『桂米朝落語全集（全7巻）』『上方落語ノート（正・続・三・四集）』『落語と私』ほか多数。姫路市名誉市民でもある。

が建てた城があったらしいけどね。池田三左衛門輝政にちなんで三左衛門堀という名前のついた堀が今でもあるはずです。天守閣まで上がったり、ずっと中を細こう回ったら、結構歩かんなりません。エレベーターなんか付けられたらあかんけど、ええ運動になりますわ。細かく見て歩くというと、いろいろ考えます。ここから敵が攻め込んできたときにはどうなるかとか。しかしあの城は一遍も戦乱には遭うてないんです。空襲も逃れてね、そのまま残ってる。一見、二見、三遍ぐらい見る値打ちはあると思います。

姫路城遠景
正面の天守群（国宝）は、左から乾小天守、西小天守、大天守。大天守に隠れて見えないが東小天守があり、それぞれ渡櫓で結ばれている。写真左は菱の門、右の2重櫓は帯郭櫓（重文）。写真／北村泰生

二の丸「ろ」の門（重文）から「は」の門（重文）へ至る道
正面に見えるのは大天守。写真／北村泰生

※168ページにも「姫路城」が掲載されています。

西の丸の化粧櫓
写真上部が西の丸長局（百間廊下。重文）、その手前が化粧櫓で徳川秀忠の娘千姫の居室。千姫は７歳で嫁いだ豊臣秀頼を大坂夏の陣で亡くしたあと、本多忠刻（ただとき）に輿入れした。重文。写真／北村泰生

大天守の扉
渡櫓への出入口。写真／北村泰生

天守渡櫓の内部
通常は非公開だが、４月３日～９日、11月１日～７日に特別公開。重文。写真／北村泰生

姫路城夕景

一度も侵攻されることがなかった姫路城。明治の廃城令や第二次世界大戦の空襲で被害を受けたものの、内堀内23ヘクタールが残り、日本最大規模の現存遺構を誇る。写真／北村泰生

北アルプスと美を競う国宝天守

松本城

松本城天守は、戦国武将石川数正の長男康長によって、1593年（文禄2）から翌年にかけて築城されたと推定される。5棟の天守群が国宝。一帯の遺構は国史跡。

所在地　長野県松本市丸の内

お城自慢お国ばなし――

お城が青春だった頃

降旗康男

敵のひょうろく玉　どえらく殴れ
天守閣まで　撃ちあげろ！
そりゃ！　スコンク（零敗）のーえ！

私が卒業した松本深志高校が松本中学から受け継いだ応援歌で、卒業後半世紀以上が経った今もよく憶えている。そしてこの天守閣は松本城のそれに他ならない。松本中学の創設時、天守閣の直下の広場は当時ハイカラの先端をいった野球の格好のグランドになったのだ。それをきっかけに廃墟と化していた天守閣の復興に手もつけられたらしい。私が子供のころ目にした広場の記憶では、石垣の城内側が削りそがれ踏み固められて、あたかも観客席のような傾斜を呈していたのが頷かれる。その後市郊に立派な野球場が出来、私が在校したころになっても、試合が九回ともなると、たすき袴に朴歯下駄の応援団を先頭にグランドに乱入し、たがいに一塁線三塁線まで押し寄せて幟を振って蛮声を張り上げたものだった。応援歌と一緒に城中の狭さから引き起こされた伝統だったかもしれない。いたずらに昔を懐かしむわけではないが、今日テレビで見る高校野球の整然たる応援席と比べると、試合が若者にとって祭りであったことを強く感じるとともに、お城も、国宝なぞと崇め奉られるよりは、祭りの中でホームランの一撃を食らっていたほうが幸せだったのではないかなぞとふと思ったりする。もっとも天守閣にまで打球を打ち上げる豪腕のバッターがいたかどうか疑問だが、この歌を口ずさむとひょうろく玉をぶら下げられて困惑している天守閣を思い浮かべておかしくなる。白鷺城に対して烏城なぞと向こうを張っているのか、へりくだっているのか判断しかねる呼称もあった。澄ました白鷺より烏のような愛嬌と純朴を感じさせてくれるお城であることは確かだと思う。（もっとも昨今の烏は憎まれもののようだが）

言い伝えでは、十七世紀末、天守閣を望む刑場で処刑された農民一揆の指導者たちのひとり、加助の怒りを込めた一睨みに遭って傾いてしまったという。為政者に代わってその

松本城天守　天守は5層6階で、写真左に乾小天守、天守の右に辰巳附櫓・月見櫓とつづく。辰巳附櫓と月見櫓は1633年（寛永10）ごろ、のちに出雲松江藩主となった松平直政による増築。写真／佐々木信一

降旗康男（ふるはた・やすお）
映画監督。1934年、長野県松本市生まれ。66年「非行少女ヨーコ」で初監督。以後「新網走番外地シリーズ」、TBS「赤いシリーズ」等多数監督する。95年「蔵」、99年「鉄道員（ぽっぽや）」、01年「ホタル」（以上東映）。

朝の天守と常念岳

常念岳は北アルプスの支脈常念山脈の主峰。標高2857m。松本平から見るピラミッド形の山容は優美である。「この町やお城櫓の真むかひに雲の峯立つ山まぢかなり」（太田水穂）。写真／佐々木信一

再建された黒門（くろもん）

黒門は本丸の正門。桝形が堀に張り出した外桝形門で、堀の水面を紅葉が彩る。写真／佐々木信一

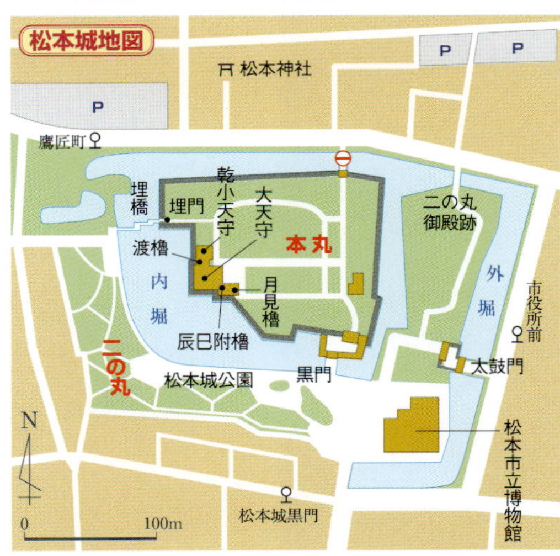

無能と非道を恥じて身をよじらせた結果だったにちがいない。もっとも、かつてその傾きをあっちだこっちだと探したものだが結局定かならず。また解体改築された天守閣が伝説の傾斜を再現させたものかも詳らか（つまび）でない。しかし、常念岳（じょうねんだけ）に向かってたたずむ天守閣を見ると、私たちが常念岳に抱く愛情をこの城も抱いている、私たちと同じ心を持った城であるような気もしてくるのである。

※131ページにも「松本城」が掲載されています。

冬の松本城夜景
堀の水は河川からではなく、湧水が利用された。凍てつく天守が凛とした姿を水面に映す。写真／佐々木信一

月見櫓回縁（つきみやぐらまわりえん）
天守に付設された月見櫓では唯一の遺構。建造した城主松平直政は、江戸幕府3代将軍家光のいとこ。家光が善光寺参詣の途中に立ち寄るという内意を受け、櫓を増設したというが、参詣自体が中止された。写真／佐々木信一

乾小天守1階の柱（いぬいこてんしゅ）
手斧で無造作に削られた跡が文様のように見える。写真／佐々木信一

本丸石塁を覆う蔦（つた）
石垣は野面積み。外壁下部を黒漆塗りの下見板張りにした天守と、蔦の緑が好対照をなす。写真／佐々木信一

松本城

彦根城

琵琶湖を一望する鉄壁の要塞

徳川四天王の1人井伊直政の世子直継が、1606年（慶長11）完成させた天守は国宝。櫓など4棟が重要文化財。藩主の庭園、玄宮園・楽々園が国名勝となり、城址は国特別史跡。

所在地　滋賀県彦根市金亀町

お城自慢お国ばなし――

玄宮園で井伊直愛さんとコーヒーを…

坂東三津五郎

なぜお城が好きになったのか、今もって私にはわからない。前世の因縁なのか目に見えぬDNAなのか、とにかく物心ついたときにはすでに城好きな、変な子どもだった。

そんな私が、親にねだって初めて連れて行ってもらった城が、彦根城である。昭和38年4月、小学二年生の新学期をひと月休んで参加した大阪での襲名披露公演のご褒美が、東京への帰路立ち寄った彦根城見学であった。

夢にまで見た、天守閣や櫓や石垣が現存する城に連れて行ってもらった嬉しさは、今もはっきりと覚えている。天秤櫓をくぐり、太鼓門から本丸に出て、千鳥破風に華頭窓や金の細工が美しい天守閣を仰ぎ見る喜びは、その後何度訪れても変わらない。同じ国宝の姫路城や松本城や犬山城とは明らかに趣を異にする。いかにも桃山文化を漂わせる瀟洒で優美な美しさは、この城ならではの貴重なものだ。

その華麗な天守閣の魅力はもちろんのことだが、小谷城からの移築とも伝えられる三重櫓の建つ西の丸のひっそりとした寂しげな情緒や、その西の丸を下り黒門を出て、楽々園から玄宮園に続く堀割の道を歩くときの、タイムスリップしたようななんともいえぬ風情や佇まいが、私を虜にしているこの城の魅力の一番のものだ。

この玄宮園には思い出がある。私がコーヒーのCMを撮影したとき、天守閣を臨む玄宮園の床几に腰を掛け、並んでコーヒーを飲んで下さったのが、彦根市長を9期36年に亘って勤められた、井伊直弼公の曾孫、井伊直愛さんだった。

古い価値観をもつ私は、天下の井伊家のご当主と役者風情が、並んで腰を掛けてコーヒーを飲むという畏れ多さにおののき、いかにも烏帽子が似合いそうな殿様顔ともいうべき立派なご容貌と、あたりを大きく包みこむような優しさと大きさに圧倒され、自ずとこちらの頭が下がることを止めることができなかった。しかしそれでいて威圧感は微塵もなく、時折ゴールデンバットを燻らせるそのカッコ良さに、ただただ呆れて見とれていた。

その直愛さんも今は亡く、

桜咲く天守　櫓に望楼をあげた天守で、戦国から江戸時代への過度期の貴重な遺構。3重3階建てだが、昭和の解体修理のさい、5重天守の転用であることが判明。前身は大津城天守が有力視されている。写真／寿福 滋

坂東三津五郎
（ばんどう・みつごろう）
歌舞伎俳優。1956年、東京生まれ。01年に10代目坂東三津五郎を襲名。時代物、世話物から新歌舞伎、そして新作まで、役づくりには定評がある。歌舞伎の他にも現代演劇や映画、テレビドラマなど幅広く活躍。日本の城への造詣の深さは愛好者の間でも有名。

先日テレビの撮影で彦根を訪れた折、ご遺族のご案内で井伊家代々の菩提寺、清凉寺の墓前にお参りさせていただいた。井伊家の菩提寺が、かつて関ヶ原で刃を交えた石田三成の居城佐和山の麓、猛将島左近の屋敷跡にあるということも、戦国の数奇な運命を暗示しているようで、感慨が深かった。

彦根城主郭の全貌
南東上空より望む。彦根山の周囲を水堀で囲い、空堀や石垣が幾重にもめぐらされた本丸は、東西約120m、南北約80m。瀟洒な天守は本丸の北西側に建っている。写真／寿福 滋

本丸入口を固める太鼓門櫓
太鼓丸の急角度の道を曲がると立ちはだかる１重櫓門。佐和山城からの移築と推定される。重文。
写真／寿福 滋

北西より見る天守
天守の背面。各層の屋根に切妻・千鳥・唐・入母屋と種々の破風が美しく組み合わされる。画面左（北側）に単層の付櫓を接続している。国宝。写真／寿福 滋

※158ページにも「彦根城」が掲載されています。

2つの櫓をもつ天秤 櫓

廊下橋を中心として、天秤のように左右に櫓を構える。長浜城の大手門を移築したものと伝える。石垣は右側が築城当時の牛蒡（ごぼう）積み、左側が改修時の切石積み。重文。写真／寿福 滋

堀切に架かる廊下橋

橋の下の堀切で、表門口からの道と大手門口からの道が出会う。橋にはかつて屋根と腰壁が付いていた。敵を惑わす複雑な防御構造が、彦根城の特色である。写真／寿福 滋

国宝の城

雪の二の丸佐和口多聞櫓

いろは松（右側）の立ち並ぶ外堀越しに望む雪景。多聞櫓は、1771年（明和8）の再建。左奥は天秤櫓、中央山頂に天守がそびえる。重文。写真／世界文化フォト

玄宮園
1680年（延宝8）造園の大名庭園。2万8700㎡という敷地の大部分が池で、4つの島や岩が配され、近江八景の縮景を池畔に再現する。鳳翔台（ほうしょうだい）の数寄屋の上に天守を望む景観がすばらしい。旧藩主の下屋敷・楽々園が隣接する。写真／寿福 滋

木曽川南岸の絶壁に建つ 犬山城

お城自慢お国ばなし――

人生の師であり、歴史の語り部

成瀬淳子

現在の犬山城は、尾張清洲藩家老小笠原吉次によって1601年（慶長6）に完成した。天守は国宝。江戸時代を通じて城主だった成瀬家私有の城として知られた。

所在地　愛知県犬山市大字犬山字北古券

天守南面　外観は３層だが、内部は４階、地下２階の構造。高さ１９mで、５mの石垣にのる。２層屋根上の唐破風は、尾張徳川家の重臣成瀬正成（まさなり）が入城した時に設けたと伝わる。切妻屋根の付櫓が付属する。写真／牧野貞之

私が犬山城を初めて見たのは小学校二、三年生のころだったでしょうか。山の上に聳えるその姿に出会ったとき、なんともいえない親しみを感じた事を覚えています。しかし、まさかその犬山城が後になって私の人生を左右する存在になろうとは、そのときまったく思っていませんでした。

「犬山城」。これは、成瀬家にとって特別なもの、そして家族の一員のような存在でした。幼いときから家の中心は犬山城。犬山城の維持・保存のためなら……という流れが両親をはじめ、家のここかしこにありました。この内容に関してはあまりにも多すぎて、言葉に表すことはできませんが、そのくらい影響力の大きい存在でした。そのような中で私と犬山城との関係が深くなり始めたのは、母が亡くなったことがきっかけでした。それまでお城とは「城主の娘」とか「お姫様」という言葉での繋がりしかなかったように思います。それが母の法要の際、成瀬家菩提寺の大和尚から、「今後の成瀬家の歴史を支えるのは、お母様に代わってあなたになりましたから。これからは日々ご先祖を敬い、がんばりなさい」という話がありました。その言葉の意味することはなんだったのか、当時の私には解らなかったのですが、今思うとあのときから現在の犬山城と私の関係は、決まっていたのかもしれません。

あれから、15年。本当に多くのことがありましたが、平成16年4月に財団法人犬山城白帝文庫を設立することができて、未熟な私が

桜と天守
東より仰ぎ見る天守。江戸時代の儒学者荻生徂徠（おぎゅうそらい）は、犬山城の天守をたたえ、李白の詩文にちなんで「白帝城」と命名した。写真／JTBフォト

地下１階の内部
天守を支える地階。天守へは地下２階から入り、急階段を上る。壁面は石垣がむき出しで、極太の梁材が荒々しい。写真／岡 泰行

犬山城と共に新しい歴史を歩むことができたのは、一つにはいつも優しく犬山城が見守ってくれたことと、国宝の持つ歴史の重要性を身近に感じて育ったからだと思います。確かに日本で唯一の国宝城郭建築個人所有という家の肩書きは、時に重くのしかかってきたことはありました。しかし、そのおかげで多くの貴重なことを得ることもできました。そしてもう一つが犬山城とその歴史を示す文化財を通して出会った多くの方々、またその方々のご理解・ご協力・ご支援、そしてなにより地元犬山にお住みの方々の温かいご理解・ご協力・ご支援、このような一つ一つの積み重ねが次代に生きた文化財を継承するという目的を持つ財団法人犬山城白帝文庫設立へと結びついたと感謝しています。

今後は、私に歴史の重要性を教えてくれた犬山城同様、日本の文化財をいかに次代に継承していくかに力を注いでいきたいと思っています。

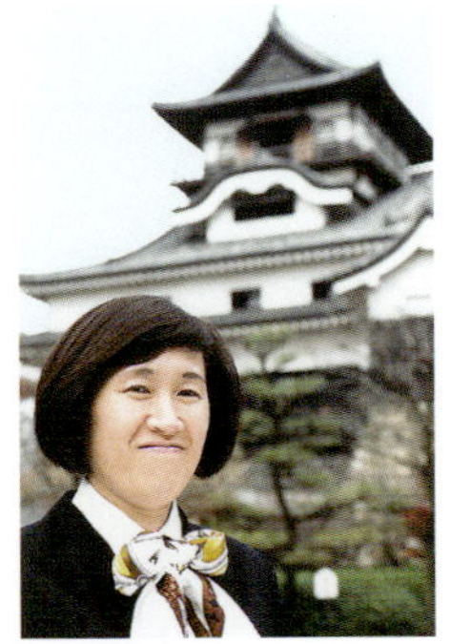

国宝の城

成瀬淳子（なるせ・じゅんこ）
1964年、第12代犬山城主成瀬正俊氏の長女として東京に生まれる。2000年1月から父正俊氏より犬山城とその他文化財の維持保存に関する実務を全面的に委任され活動。そして02年9月、活動の場を東京から犬山に移動のため転勤、居も犬山に移す。その後、04年4月1日、財団法人「犬山城白帝文庫」を設立、理事長に就任。現在、平素は広告代理店系印刷会社営業部に勤務するかたわら、財団理事長職をこなす。

※145ページにも「犬山城」が掲載されています。

天守から木曽川を望む

木曽川を背に断崖上に建つ犬山城は、「後（うしろ）堅固の城」の好例とされる。天守からは城下町の眺望が楽しめ、遠く美濃や尾張の国も望める。写真／牧野貞之

国宝の城

朝の犬山城

旭日のもと河畔の崖上に凜然と建つ姿は、華麗な装飾がないだけに、戦国時代の息吹をいっそう強く感じさせる。写真／牧野貞之

重文の城

弘前城

戦国の古式を伝える建築群

第2代弘前藩主津軽信枚が築城した天守は、落雷で焼失。1811年（文化8）に再建された天守のほか、二の丸・三の丸の3つの隅櫓、5つの城門が重要文化財。城址は国史跡。

所在地　青森県弘前市下白銀町

お城自慢お国ばなし――

ずっと〝近所の公園の城〟だった

伊奈かっぺい

日本中にどれほどのお城があるのか。

数あるお城の中で、弘前城はどれほどの位置におかれているのか――などと、一度も考えたことはなかった。近所の公園に、気がついたらたまたまお城があって、そのお城が何やらそこそこ名のあるお城であるらしいと聞いたのは中学生になってからか。近くの公園にお城があろうが無かろうが何の思いも意識もなかった。ただ、雪が溶けると公園の中にサーカスの小屋掛けが始まり、お化け屋敷やら見せ物小屋が並び、やがて公園中に桜が咲き、追手門を入る前から三尺戸板の出店が保健所無視の商売で賑わうのだ。観桜会、カンオウカイと発音する人などいやしない。誰もがカゴカイと言った。四月の末から五月にかけて。桜が咲いて出店が出るから大人たちは仕事を休んで酒を飲み、酔った勢いで年に一度、バナナを買ってもらえる子どもがいて……。弘前あたり。桜が咲くから黄金週間なのではなくて、黄金週間に合わせて桜が咲いていたのだと気がついたのは、さらに後年だ。高校生あたりになってからは、この人混み故のアルバイトで稼がせてもらった。今ほど自前のカメラを持てなかった時代。それでも下乗橋の赤い欄干、擬宝珠を横にして後ろには弘前城。一番人気の撮影スポットであった。今も変わらぬ人気だが。職業写真屋のにわか助手の仕事は、絶え間なく続く人の列に割って入り、シャッターチャンスをつくる。ひたすら手を広げ、スミマセンとアリガトゴザイを繰り返していた。桜が咲くと、とはいえ実は桜もお城も見てはいなかった。弘前城は桜の中にあるよりも松の緑によく映えると子ども心にも思っていた、なんて嘘も今さら言えないしね……。弘前城は、〝近所の公園の城〟で、思い出は生活と密着している。それが城下町に生まれ育った良さなのかもしれない。

弘前城天守　本丸の東南隅に建つ天守は3層3階。もとの5層天守に比べ小型だが、古式を踏襲して簡潔で美しい。重文。写真／JTBフォト

弘前城地図

伊奈かっぺい（いな・かっぺい）
作家、歌手、CMディレクターなど幅広くユニークな活動で知られるが、本業はRAB青森放送勤務のサラリーマン。1947年、青森県弘前市生まれ。青森県立弘前南高校第一回生として卒業している。自作の詩の朗読・歌などのステージ活動を続け、独特の笑いの世界を創り上げ、全国的に幅広いファンを獲得している。

春爛漫の二の丸と本丸
三の丸上空から二の丸と本丸を望む。中央に辰巳櫓（重文）、左に杉の大橋と南内門（重文）、遠景本丸に天守。弘前城では4月下旬、2600本余りのソメイヨシノを中心に50余種の桜がいっせいに咲き競う。写真／世界文化フォト

弘前城

※54ページにも「弘前城」が掲載されています。

丸岡城

質朴の威風を蘇らせた天守

柴田勝家の甥勝豊が、1576年（天正4）に北庄城の支城として築城。戦後の福井大地震で倒壊したが、重要文化財指定を受けて復旧された。

所在地　福井県坂井郡丸岡町霞町

重文の城

お城自慢お国ばなし――

城下町に蕎麦を手繰る光景が似合う

小室　等

地元では「お天守」と呼ばれている丸岡城。町中のどこからでも見える、といっても聳え立っているという感じはない。その威圧感のないところが、町の人達に愛される所以か。

ところで、その丸岡城には、蕎麦が似合うんです。ただし蕎麦は、冷たい蕎麦に大根おろしとたれをぶっかけて食す、つまりおろし蕎麦。福井の蕎麦は全般にそうらしいんですが、丸岡でも蕎麦といえば、否応なくおろし蕎麦。いえ、文句を言っているんじゃあないんです。文句どころか、辛みほどよく、文句なし。

話、少しそれます。平成5年に丸岡町が始めて巷で大評判の「一筆啓上賞」は、平成15年から「新一筆啓上賞」として新たなスタートを切りました。平成12年からは、審査員の末席に僕も座らせてもらってます。が、授賞式などは緊張のしどおしです。だって審査員の顔ぶれはといえば、一筆啓上賞では、故黒岩重吾（作家）、俵万智（歌人）、時実新子（川柳）、森浩一（考古学者）、新一筆啓上賞では、佐々木幹郎（詩人）、中山千夏（作家）、西ゆうじ（作家）という錚々たる先生方。緊張するなと言う方が無理です。

さて、その緊張をほぐしてくれるのが、そうです、蕎麦なんです。

登場するのは、町の蕎麦打ち研究会の面々。これが只者じゃない。蕎麦畑、粉挽き及び蕎麦打ち小屋をめいめい所有という入れ込みよう。この蕎麦打ち研究会の皆さんが、授賞式の折など、レセプションの現場に出張って来て、その場で蕎麦を打ってくださる。この蕎麦、美味いとしか言いようがない。会場はいつも野外仕立て。打ち立てのおろし蕎麦の皿を手に、ふと目を上げると、そこはお天守。質朴な板張りの壁が照り映え、こちらを見やっているような……。

威圧感のない、おだやかな丸岡城には、蕎麦を手繰る光景がなんとも似合うんです。

丸岡城遠望　旧国宝の天守は、福井大地震で倒壊した。3階の屋根が原形をとどめるのみであったが、1955年（昭和30）、古材を用いて修復された。屋根瓦は一乗谷付近で採石される笏谷石（しゃくだにいし）で葺かれている。
写真／世界文化フォト

小室　等（こむろ・ひとし）
ミュージシャン。1943年、東京生まれ。フォークグループ「六文銭」を結成、72年第2回世界歌謡祭にて「出発の歌」（上條恒彦と六文銭）でグランプリを獲得。75年、泉谷しげる、井上陽水、吉田拓郎と「フォーライフレコード」を設立。現在は、コンサート活動を中心に、テレビドラマ、映画・演劇などの音楽を担当。

天守の東面　外観2層、内部3階で、高さ約12.6m。約6mの野面積みの石垣上に建ち、入母屋屋根の初層に望楼をのせた初期天守の形態を示す。内部の階段は急で、ロープにつかまって昇降する。写真／JTBフォト

丸岡城

※121ページにも「丸岡城」が掲載されています。

松江城

宍道湖湖畔に建つ望楼型天守

関ヶ原の戦いで戦功あった堀尾吉晴が、1610年（慶長15）に天守を完成。桃山建築の粋を尽くした天守は重要文化財。城址は国史跡。

所在地　島根県松江市殿町

お城自慢お国ばなし――

小泉八雲を魅了した、城下町の豊かな口承文化

小泉　凡

古代出雲と近世の城下町という二つの顔をもつ松江。今もその後者のシンボルとして松江城は亀田山の上にどっしりと座り、町の要の役を担っている。小柄ながら容姿端麗で、均整のとれた美しい姿に私はいつも魅力を感じている。

といっても百年余り前に荒廃した天守閣を毎日通勤途中に眺めた、ラフカディオ・ハーン（小泉八雲）の目には不気味な印象が強く残り、「巨大な仏塔が二階、三階、四階を自分の重みで押しつぶし、めり込ませたかのような趣」と綴った。また、踊りが好きだったひとりの美しい娘が松江城築城の際に人柱になったという伝説を知ったハーンは、セルビアのスカダルのムルニャヴチェヴィチ家の三兄弟の末の弟の妻が、築城の犠牲に捧げられたという伝説をすぐに連想した。そして、そんな怪異な口承文化を豊かに宿す城下町に魅了されていった。

現在、城の内堀には堀川遊覧船が運航され、新しい松江の顔になっている。それどころか、遊覧船の利用客は年間34万人を超え、松江城の登閣者を上回るようになった。でも、やはり松江城は足を使って往時の面影を残す磨耗

乾の角櫓跡の石垣

明治維新後、松江城の維持は困難をきわめたが、地元有志の保存努力により往時の姿をかろうじてとどめた。写真／毛利寿行

堀川から天守を望む

城内へは大手前口とは別に、堀川（内堀）に架かる千鳥橋・北惣門橋など4橋から入城できる。松江名物の遊覧船から望む天守は粛然と建ち、実際以上に高く見える。写真／世界文化フォト

した桐の階段を天守までよじ登ってみて初めて魅力がわかると思う。

堀の内側全体を城山と呼ぶ。狸、亀、鷺など多くの生き物が生息している。うっそうと茂った森には散策路ができている。昨年8月には、「子ども塾―スーパーヘルンさん講座―」を開き、16人の小中学生とともに、左眼を失明していたハーンの感覚で、つまり左眼を閉じてその森を歩いた。不安を感じた、遠近感がわからない、森の匂いを感じたなど……多くの感想があった。城山の森を感覚を開いて緩歩しながら、松江城の400年の歴史を想像するのは、タイムマシーンにも似た未来的な楽しみである。

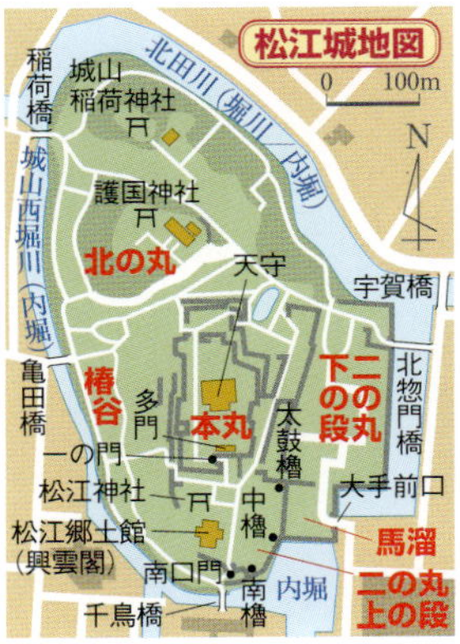

松江城天守南面

外観5層、内部は地階を含み6階造り。1層2層の外壁を覆う下見板張りが黒々と鎮まり、3層目の白壁の鮮やかさを際だたせる。桃山初期の古式を伝える端正な天守で、総高約30m。南側正面の付櫓が入口となる。写真／世界文化フォト

小泉　凡
（こいずみ・ぼん）
小泉八雲の直系の曾孫にあたる。1961年、東京生まれ。成城大学大学院文学研究科日本常民文化専攻博士課程前期修了。専攻は民俗学。87年に松江赴任。松江市立女子高校講師、小泉八雲記念館学芸員などを経て、現在は、島根女子短期大学助教授、小泉八雲記念館顧問。

※186ページにも「松江城」が掲載されています。

唯一現存する山城の天守

備中松山城

現存天守は、備中松山藩主水谷勝宗が、1681年（天和1）から3年をかけて修復したものとされる。天守のほか、二重櫓・土塀が重要文化財。城址は国史跡。

所在地　岡山県高梁市内山下

重文の城

お城自慢お国ばなし——

天険の山城に感じる雄大な時の流れ

野島　透

本丸と天守　本丸の標高は432m、その中央に2重2階の小規模な天守が建つ。唐破風を大きく取り、威風堂々たるたたずまい。2003年（平成15）、大規模修繕工事が完了。写真／毛利寿行

本丸北の橋　中世城郭の大松山城址と備中松山城（小松山城）とを結ぶ橋。写真／毛利寿行

現存する天守閣のある城の中では、日本一高いところにある山城として有名である。松山城登山口から山道を約50分かけて天守閣までたどり着いたときの爽快感は、何物にも代え難い。

江戸末期の15代将軍徳川慶喜の老中首座は、備中松山城主の板倉勝静だった。勝静は、松平定信の孫で会津藩の松平容保と異母兄弟という血筋に加え、藩政改革の成功もあって抜擢されたのだ。勝静のもとで、10万両の借財に苦しんでいた財政の改革を断行したのが、家老の山田方谷である。JR伯備線に「方谷」駅があるが、人の名前が駅名になった唯一の駅である。

1868年（慶応4）、鳥羽・伏見で幕府軍が敗北し、城主の板倉氏は将軍とともに江戸へ引き返してしまい、備中松山城に残って

重層的な石垣の連なり
大手門跡から二の丸方向を見上げる。左手は三の丸石垣。石垣の峨々たる迫力が、山城の魅力をいや増す。写真／毛利寿行

二の丸より本丸を望む
1997年（平成9）に復元された、本丸南御門と五の平櫓（中央）、六の平櫓（左）。右奥が天守で、かつての本丸の光景が再現された。写真／毛利寿行

山田方谷画像
小倉魚禾（ぎょか）筆　高梁市蔵
写真／高梁市歴史美術館
方谷（1805～77）は庶民の出身だったが、陽明学者として名をなし、藩主板倉勝静に深く信頼された。藩の財政改革に成功し、方谷の名は天下に知れ渡った。

いるのは山田方谷以下の家臣。征討軍が城に迫ってきた。「征討軍といえども実際には薩長が糸を引いているのではないか。我々の方こそ勤皇の気持ちが強い。断固徹底抗戦すべきだ」という抗戦派と恭順派とで意見は真っ二つ。長い議論の後、方谷がおもむろに口を開いた。「抗戦派もよくわかる。だが、戦争をしたら藩民はどうなる。今は耐え難きを耐え、将来に備えるべきである」。藩士たちは、御家存続のため、自分たちの城と町を明け渡す屈辱に耐えた。

価値観が変わり、明治6年の廃城令で城も売りに出されたがわずか7円。取り壊し費用がかさむため天守閣は放置されたままであった。そのおかげで今も当時の雄姿を見ることができる。「人間万事塞翁が馬」。天守閣に登ると、はかない人生を忘れ、雄大な時の流れを感じる。

野島　透
（のじま・とおる）
山田方谷の六代目の直系子孫。1961年生まれ。東大卒業後大蔵省（現財務省）入省。著書に『山田方谷に学ぶ財政改革』（明徳出版社）等。

※192ページにも「備中松山城」が掲載されています。

高石垣に最小の古天守

丸亀城

京極高和が入城し、天守を完成したのは1660年（万治3）。天守のほか、大手一の門・二の門と東西の土塀が重要文化財。石垣の美しさで知られ、城址は国史跡。

所在地　香川県丸亀市一番丁

お城自慢お国ばなし――

父と一緒に登った日のこと

結城　貢

天守と石垣
山稜の四面に高石垣が連なり、威容を示す。現存古天守の中で最小という天守は、はるかな高みにあるように感じられる。写真／JTBフォト

結城　貢（ゆうき・すすむ）
料理家。1940年、満州の旅順で生まれる。戦後、父の故郷香川県善通寺市に引き揚げる。ロシアレストラン「レカ」で修業後に独立。フジテレビ「夕食ばんざい」に約6年出演。テレビ出演、著書多数。現在は東京原宿で「レストラン結城」を営む。

私の田舎、香川県善通寺市は、弘法大師の生誕の地で、大きな伽藍と五重塔があり、子どもの頃は寺の境内の大楠に登ったりして遊んでいた。

昭和25年、小学校4年生の遠足で初めて亀山城（地元ではこう呼ぶ）を見た時には、あまり感動がなかった。その後中学2年生の時、電車で丸亀に行き、父と二人で城に登り、その前で父が語り始めた。「旧制中学時代、善通寺から丸亀まで徒歩で通い、悩みのある時には登ってみたり、見上げたりして5年間がんばってきた。お前も人生の壁にぶつかったらこの城と父を思い出して自分自身をよく考えてくれ」こう言われて感動した。亀山城といえば、この時の父の言葉が思い出される。

子どもの頃の親や先生との体験や会話が成人してからのその人の生きざまにどれくらい影響するか、計り知れないと思う。私たち引き揚げ者の子ども達は、物が少なく、食料不足の時代に育ったが、親たちは朝から晩まで働きづめで働き、自分の子も他人の子も分け隔てなくよく叱り、又一緒に遊んでくれた。草野球の三角ベースで遊び、バットがないので自分で竹を切って作り、メンコやビー玉に夢中になった。さらに「ど馬」（馬とびゲームのこと）では、股に頭を入れて次々と馬をつないだ形になるのだが、体力の弱い子の前後を体格のよいもので補ってやる思いやりや仲間意識があった。親たちからは勉

強しろよとは言われなかったが、授業中は懸命に努力はした。
　その後両親が鬼籍に入り、墓参りに帰省するたびに城に登る。亀山とよばれる城山は標高66m。美しい石垣を眺めつつ急坂を登り、小ぶりな天守閣にたどり着く。全国で一番面積の狭い香川県にそそり立つ丸亀城は、今も日本一のおらが国の城であると思っている。懐かしく子どもの頃を思い出しつつ……。

天守南面　３層３階の総塗籠天守で、基礎は東西約11m、南北約９m、各層の逓減率が大きい。西側に入口があり、１層には西側を除く３方に腰羽目をめぐらし、２層の南北に唐破風、３層の東西に千鳥破風を飾る。写真／毛利寿行

天守の内部
内装材は、栂・檜・松で、３層まで手すり付きの急階段がつづく。なんの装飾もない純軍事的な構造。写真／藤田 健

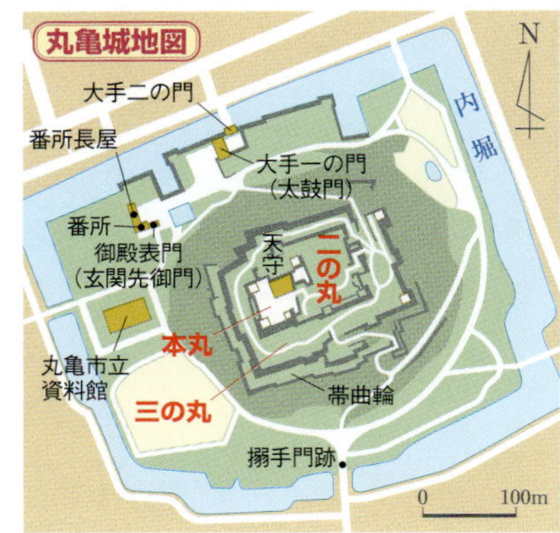

丸亀城遠望　南より望む。標高66mの城山は、亀の甲羅に似ているため亀山とよばれる。写真／藤田 健

※205ページにも「丸亀城」が掲載されています。

伊予松山城

道後平野に屹立する連立式天守

戦国武将加藤嘉明の築城になるが、現存天守は1852年（嘉永5）の再建。天守のほか櫓・門など21棟が重要文化財。城址は国史跡。

所在地　愛媛県松山市丸之内

お城自慢お国ばなし――

松山は絶命しなかった

早坂　暁

「やられたそうじゃ」

友人のTは蒼い顔をしている。手には手紙が握られている。昭和20年の夏だ。

「家族が、か？」

「いや、松山がやられた……全滅じゃ」

Tと私は松山中学校から海軍兵学校に入学して、郷里の松山から遠く離れている。アメリカの爆撃機B29が数十機来襲して、市街地を丸く包むように焼夷弾60トンを投下したという。

無条件降伏で、私たちのいた海軍兵学校も解散、ただちに数千人の生徒は郷里に帰った。帰る途中、原子爆弾で消滅した広島を見て、Tと私は何も残っていない松山を覚悟した。

松山駅に降りた。駅前からの市街地は、焼きつくされている。

「あったぞォ！　残っとるぞォ！」

友の指さす彼方、松山城の天守閣が見えた。二人は走り出した。城山の坂道を息を切らせて駆けのぼる。大手門も残っている。二の丸も残っている。天守閣は、どこも破壊されずに残っていた。東を見おろせば、道後温泉街の〝坊ちゃん湯〟の楼閣が見えた。

よし！　松山城と坊ちゃん湯が残っておれば、松山は死んでないと、私たちは歓声をあげた。

〽ああ南海の夢の春　花の宴に屯して　今宵血気の若人が　歓喜の極み踊り舞う

松山中学に復学した私とTは、旧制の松山高校に進み、夜な夜な寮から走り出ては、朴歯の高下駄で城山に駆けのぼり、天守閣の下で寮歌を声をかぎりに歌い、乱舞して飽きることがなかった。

してみれば、松山城は私の青春のシンボルである。今年、松山に帰り

重文の城

二之丸史跡庭園と天守

二之丸御殿は明治に入って焼失したが、昭和の発掘調査のあと、1992年（平成4）に史跡庭園として整備開園された。庭園から北東の勝山山上に天守が小さく遠望される。

写真／JTBフォト

天守がそびえる本壇　本壇は、本丸の北に天守をはじめ、多数の櫓・小天守など主要建築が集まる一郭。築城当時5層だった天守は、改築・再建を経て、地下1階、地上3層3階となった。写真／毛利寿行

北隅櫓（左）**と南隅櫓**（右）
本壇西側に左右対称に並ぶ南北隅櫓。1968年（昭和43）の再建で、十間（じっけん）廊下で接続されている。写真／毛利寿行

城山に登った。何度も休んでは頂上にたどりついた。もう踊る元気はなかったが、天守閣からの眺めは50万都市の市街地から、輝く瀬戸の海まで見晴らしてまことに見事だった。やっぱり松山城は私と松山の青春である。

早坂　暁（はやさか・あきら）
作家。1929年、愛媛県北条市生まれ。海軍兵学校、松山中学を経て、日大芸術学部演劇科卒業。テレビ・映画シナリオや、小説、エッセイ、舞台戯曲・演出も多い。代表作に「夢千代日記」「花へんろ」「ダウンタウンヒーローズ」「千年の恋」など。

伊予松山城

※206ページにも「伊予松山城」が掲載されています。

宇和島城

破風が織りなす層塔型天守の美

藤堂高虎の築城だが、第2代宇和島藩主伊達宗利が大改修。1671年（寛文11）に落成した3層3階の現天守は重要文化財。石垣がほぼ完全な形で残り、城址は国史跡。

所在地　愛媛県宇和島市丸之内

お城自慢お国ばなし——

旅立つ前の「聖地」のような場所

宮川俊二

郷里の友人から一冊の本が送られてきた。ベストセラー『世界の中心で、愛をさけぶ』だった。手紙には、著者が母校の後輩であり随所に懐かしい景色が描かれている、にも拘わらず、他県の映画ロケ地が「愛の聖地」としてたくさんの観光客を集めていると、苛立ちが綴られていた。さっそく、本を開いた。主人公の二人は城山に登る。そこでアジサイの一群を見つけ、美しさに声を上げる。清楚で儚げなヒロインのその後の運命を象徴するような情景だ。どうも、ふるさとはブームに乗り損ねたようだ。しかし、私は、「愛の聖地」で観光客が増えるのも良いが、昔のままの静かな城山であって欲しい気もする。やはり、ここは市民にとって特別な場所なのだ。

昭和41年春、私は、武家長屋門からゆっくりと城山に登っていた。幼稚園の遠足、授業で奉納相撲をやらされ、野球部のエースの一突きにひっくり返ったこと、様々な思い出にひたりながら。翌日進学のために故郷を離れるという高揚感が、こうした儀式めいた城山登りをさせたのかもしれない。天守閣を一巡し、湾を見下ろす石垣の上で夕暮れまで佇んでいた。

平成5年の夏にも私は同じ

宮川俊二
（みやがわ・しゅんじ）
キャスター。1947年、愛媛県宇和島市生まれ。県立宇和島東高校を卒業後、早稲田大学に進学。卒業後、NHKに入局し、93年フリーとなる。94年からフジテレビ「ニュースJAPAN」など様々なニュース番組などでキャスターを担当。

北より望む天守　伊達宗利による大改修で、望楼型天守を現在の層塔型に改めた。土台からの総高15.8m、総塗籠の白壁が目にまぶしい。初層に唐破風の入口を備え、北面は初層に2つ、2層に1つの千鳥破風、3層に唐破風を飾る。写真／藤田 健

天守東面
東面は、初層に千鳥破風1つ。2層に唐破風をもつ。写真／藤田 健

櫛形門(一の門)跡の石垣
南から上ると、宇和島城には7つの城門があった。櫛形門は本丸へ入る最後の門。写真／毛利寿行

井戸丸跡の石垣　井戸丸は本丸の北に位置する。城内でもっとも重要な深さ11mの井戸があり、厳重に警護された。写真／毛利寿行

重文の城

場所に立っていた。23年間勤めた放送局を辞め、郷里に戻っていた。フリーの道を歩んで良かったのか、漠とした不安の中で城山に登り、海を見つめていた。

城の周りでは私のように一人、ゆっくりと散策する人をよく見かける。深い木立と天守閣の白壁、穏やかな湾景が思索にふさわしいのだろう。城山は、そうした人々にとって何か聖地のようなものであるに違いない。

雑事に追われる毎日、また、あの場所に立てば、見えない先に、微かな道筋が開けてくるような気がする今日この頃である。

※209ページにも「宇和島城」が掲載されています。

高知城

大高坂山にそびえる清雅な天守

藩祖山内一豊が築いた天守は焼失し、1749年（寛延2）に再建された天守など15の建築が重要文化財。昭和の大修理によってさらに美しく蘇った。城址は国史跡。

所在地　高知県高知市丸ノ内

お城自慢お国ばなし――

苔むした石垣

山本一力

私は昭和23年（1948）に、高知市で生まれた。

高知市の原型を造ったのは、徳川幕府開府直後に、遠江国掛川から土佐に移封された山内一豊である。一豊は鏡川と江ノ口川の二筋の流れを南北の境界として、土佐藩24万石の城下町を拵えた。

全国規模で市街地の区画整理が推進された結果、町の興りを伝えていた「町名」が、無機質な記号に変更された。高知市は、町の中心部に城がある。それゆえなのか、幸いにも藩政時代からの古い町名が多く残されている。

私の小学校時代（昭和30年代初期）の高知は、町の家並が低かった。ビルは城の周辺の官庁街と、町の中心部の繁華街にしかなかった。高知城は、小高い山のいただきに建っている。当時は「城見町」という町名があった。しかしそこに限らず、市内の多くの町から高知城は遠望できた。

ただ見るだけではない。城は、町の子どもの遊び場だった。のみならず、ガキ大将を決める、度胸試しの試練の場でもあった。

城には大きな石垣がある。敵の襲来を防ぐために、上部が反り返った構造だ。子どもには、天に向かって屹立しているかに見えた。

「一番高く登った者が、ガキ大将」

まことに単純で分かりやすい。私の子ども時代に限らず、坂本龍馬が生きていたころから続いてきた掟である。

勢い込んで、私も登った。途中で下を見たばかりに、身動きがとれなくなった。登ることも下ることもできず、大声で泣いた、昭和29年（1954）6歳の4月。

半世紀が過ぎた2004年4月に、高知城を訪れた。石垣は同じ形で、同じ場所にあった。龍馬もここを登ったかもしれないと、勝手な想像をめぐらせながら、石垣を見た。

山本一力（やまもと・いちりき）
作家。1948年、高知県高知市生まれ。会社員を経て、97年『蒼龍』でオール讀物新人賞、『損料屋喜八郎始末控え』が初単行本、02年『あかね空』で直木賞。江戸・深川を舞台に人情味あふれる時代小説を書き続けている。

天守　外観は4層に見えるが、構造上は3層6階。最上層に高欄廻縁をもつ望楼型独立天守で、本丸御殿（重文）が接続する。写真／藤田 健

高知城夕景

北西から見た本丸。左から詰門（廊下橋）・廊下橋門櫓・西多聞櫓が並び、奥に天守がひときわ高くそびえる。すべて重文。写真／藤田 健

追手門（おうてもん）

入母屋造り本瓦葺きの櫓門。棟までの高さが12mという大きさで、力強く豪壮な印象。重文。

写真／藤田 健

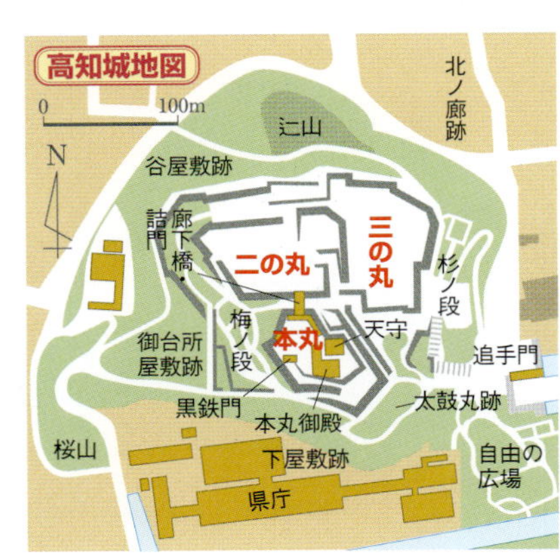

高知城

※210ページにも「高知城」が掲載されています。

覇王の城

軍事的な目的のためだけに築かれた中世の城は、櫓や土塁によって堅固に防御されてはいたが、見た目はじつに質素だった。

戦国の覇者となった織田信長は、安土城において、天守と石垣を備えた近世の城を誕生させる。政治的・経済的な力を誇示する豪華な城は、やがて権力の象徴とみなされるようになった。豊臣秀吉は安土城を凌ぐ大坂城を築き、徳川家康は大坂城を凌ぐ江戸城を築いてはじめて、天下人になりえたのである。

文＝小和田泰経

信長・秀吉・家康と戦国武将たち

・本能寺の変（1582年）直前の信長の家臣団・同盟軍の推定組織図
・＊＝重出

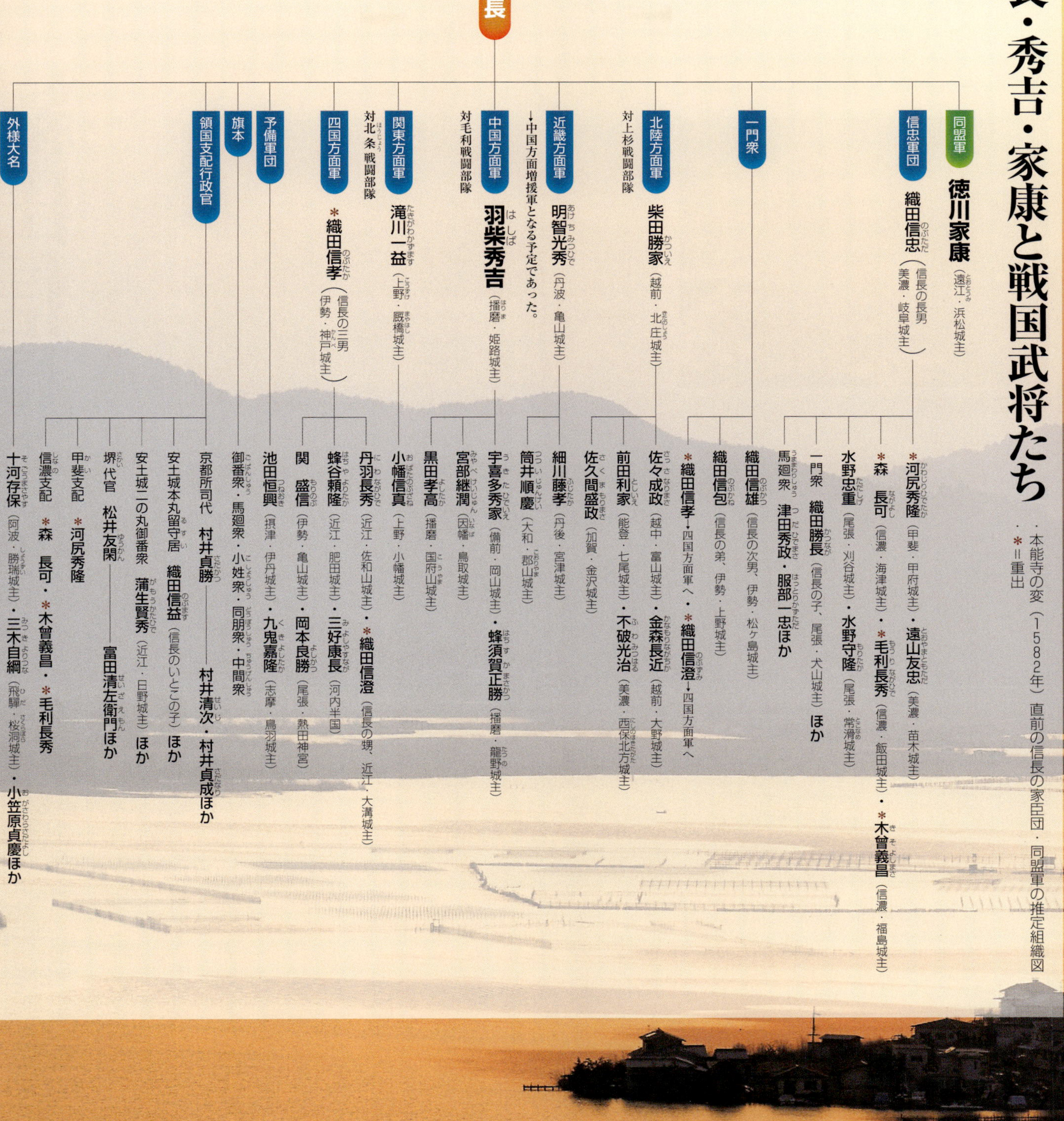

織田信長

- **同盟軍**
  - 徳川家康（遠江・浜松城主）
- **信忠軍団**
  - 織田信忠（信長の長男 美濃・岐阜城主）
    - ＊河尻秀隆（甲斐・甲府城主）・遠山友忠（美濃・苗木城主）
    - ＊森　長可（信濃・海津城主）・＊毛利長秀（信濃・飯田城主）・＊木曽義昌（信濃・福島城主）
    - 水野忠重（尾張・刈谷城主）・水野守隆（尾張・常滑城主）
    - 一門衆　織田勝長（信長の子、尾張・犬山城主）ほか
    - 馬廻衆　津田秀政・服部一忠ほか
- **一門衆**
  - 織田信雄（信長の次男、伊勢・松ヶ島城主）
  - 織田信包（信長の弟、伊勢・上野城主）
  - ＊織田信孝→四国方面軍へ・＊織田信澄→四国方面軍へ
- **北陸方面軍**　対上杉戦闘部隊
  - 柴田勝家（越前・北庄城主）
    - 佐々成政（越中・富山城主）・金森長近（越前・大野城主）
    - 前田利家（能登・七尾城主）・不破光治（美濃・西保北方城主）
    - 佐久間盛政（加賀・金沢城主）
- **近畿方面軍**　↓中国方面増援軍となる予定であった。
  - 明智光秀（丹波・亀山城主）
    - 細川藤孝（丹後・宮津城主）
    - 筒井順慶（大和・郡山城主）
- **中国方面軍**　対毛利戦闘部隊
  - 羽柴秀吉（播磨・姫路城主）
    - 宇喜多秀家（備前・岡山城主）・蜂須賀正勝（播磨・龍野城主）
    - 宮部継潤（因幡・鳥取城主）
    - 黒田孝高（播磨・国府山城主）
- **関東方面軍**　対北条戦闘部隊
  - 滝川一益（上野・厩橋城主）
    - 小幡信真（上野・小幡城主）
- **四国方面軍**
  - ＊織田信孝（信長の三男 伊勢・神戸城主）
    - 丹羽長秀（近江・佐和山城主）・＊織田信澄（信長の甥、近江・大溝城主）
    - 蜂谷頼隆（近江・肥田城主）・三好康長（河内半国）
    - 関　盛信（伊勢・亀山城主）・岡本良勝（尾張・熱田神宮）
- **予備軍団**
  - 池田恒興（摂津・伊丹城主）・九鬼嘉隆（志摩・鳥羽城主）
- **旗本**
  - 御番衆・馬廻衆・小姓衆・同朋衆・中間衆
- **領国支配行政官**
  - 京都所司代　村井貞勝　村井清次・村井貞成ほか
  - 安土城本丸留守居　織田信益（信長のいとこの子）ほか
  - 安土城二の丸御番衆　蒲生賢秀（近江・日野城主）ほか
  - 堺代官　松井友閑　富田清左衛門ほか
  - 甲斐支配　＊河尻秀隆
  - 信濃支配　＊森　長可・＊木曽義昌・＊毛利長秀
- **外様大名**
  - 十河存保（阿波・勝瑞城主）・三木自綱（飛騨・桜洞城主）・小笠原貞慶ほか

安土城址から望む西の湖の夕景　写真／世界文化フォト

織田信長の城

異形の高層天主が空高く聳え、巨石の石垣が囲繞する安土城。その築城は、中世の「実戦の城」から、近世の「見せる城」への革命的な変化の先駆けであった。

◆安土城復元ＣＧ（左図）
信長が居住した天主の下に、天皇の行幸を仰ぐ御殿が建つ。安土山の比高は100ｍほどしかない。政治的な効果をねらってわざわざ城下から見える高さに城を築いた信長は、敵に攻められやすいという軍事的な弱点を、全山石垣で覆うことによって克服した。天主は内藤昌氏の復元考証による。
写真／国立歴史民俗博物館　ＣＧ制作／アート＆サイエンス

◆織田信長画像　重文　神戸市立博物館蔵

◆岐阜城絵図　岐阜市歴史博物館蔵
江戸時代に描かれた想像図。関ヶ原合戦の前哨戦で、信長の嫡孫秀信は岐阜城に籠城して東軍の池田輝政・福島正則らと戦う。戦後、岐阜城は徳川家康によって廃城とされ、天守・櫓などは、その南西５㎞に築かれた加納（かのう）城（岐阜市）に移された。

◆岐阜城の織田信長居館跡
岐阜城は、標高329ｍの金華山（きんかざん）山頂に築かれた天然の要害。信長が日常生活をおくる居館は、山頂ではなく山麓に構えられていた。現在「千畳敷」とよばれているところには、4層の豪華な御殿が建てられていたという。写真／牧野貞之

岐阜城築城と天下布武

1534年（天文3）に生まれた織田信長は、その翌年、わずか2歳にして那古野城主となった。この那古野城は、現在の名古屋城二の丸庭園一帯にあったとされている。

1555年（弘治1）、信長は尾張（愛知県）守護代織田信友の拠る清洲城を奪取。那古野から尾張の中心であった清洲に居城を移した。1560年（永禄3）、桶狭間の戦いに出陣したのも、この清洲城からである。

尾張を平定した信長は、濃尾平野を見渡す小牧山城に居城を移して美濃（岐阜県）への侵攻を開始。1567年（永禄10）には斎藤龍興を逐い、さらに岐阜城へと居城を移した。

このころより信長は、「天下布武」の印文をもつ印判を使い始めている。「天下布武」とは、ただ、武力による天下統一を公言しただけのものではない。武家が公家（朝廷）を超越して政権を樹立するという意味があっ

たという。

足利義昭を奉じて上洛を果たした信長は、その後何度も岐阜と京都を往復している。しかし、京都に居城をもつことは一度もなく、本能寺などの寺院に宿泊していた。それは、「天下布武」のため、信長が朝廷と一定の距離を置こうとしていたからである。

近世城郭の先駆け・安土城

近江（滋賀県）の浅井氏を滅亡させたあと、信長は安土を天下の府に定めた。1579年（天正7）に完成した安土城には、内裏の清涼殿に準じた御殿が建てられており、信長はここに天皇の行幸を仰ごうとしていたとされている。この計画は実現こそしなかったものの、御殿の真上に天主（天守）が聳える安土城の構造が、「天下布武」を象徴していたことは間違いない。

1582年（天正10）、朝廷は信長に太政大臣、関白、征夷大将軍のいずれかへの補任を打診する。しかし回答を保留している間、上洛して本能寺に宿泊していた信長は家臣明智光秀の謀反に遭って横死。その後の混乱の中で安土城は焼亡し、信長の夢とともに地上から姿を消した。

◆安土城図（模写） 大阪城天守閣蔵
想像で描かれた安土城。本能寺の変後の混乱の中で、天主などは焼失した。1584年（天正12）、安土城は信長の後継者となった秀吉によって廃城とされ、焼失をまぬがれた建築物なども、八幡山（はちまんやま）城（滋賀県近江八幡市）に移築された。

豊臣秀吉の城

信長の後継者として名乗りをあげた秀吉は、巨大城郭・大坂城を天下普請で築き、「信長以上」の力を誇示した。以後、豪壮華麗な近世城郭が全国に広がっていく。

◆大坂城夜景　秀吉の大坂城は、大坂の陣後、堀や石垣までもが地下に埋められた。現在目にしている堀や石垣は、徳川秀忠によって再築された大坂城のものである。天守は1665年（寛文5）に落雷で焼失してから再建されていない。1931年（昭和6）、徳川時代の石垣の上に、豊臣時代の天守を模して大坂城が復興された。写真／登野城弘

出世頭秀吉の戦功と城

豊臣秀吉は1537年（天文6）に生まれ、18歳の時、織田信長に仕えている。

その後、しばしば戦功をたて、1573年（天正1）、浅井氏が滅亡するとその遺領を与えられて長浜城主となった。この時、信長の家臣の中で「一国一城の主」となっていたのは、坂本城主の明智光秀だけである。

1576年（天正4）には中国平定を命ぜられて播磨（兵庫県）に進出。黒田孝高（如水）から譲られた姫路城を居城とした。1582年（天正10）の本能寺の変の時、備中高松城を攻囲していた秀吉は「中国大返し」によって急遽姫路城に戻り、山崎の合戦において明智光秀を破っている。

合戦後の清洲会議で、秀吉は近江（滋賀県）

◆豊臣秀吉画像
名古屋市秀吉清正記念館蔵

◆黄金の茶室復元模型　大阪城天守閣蔵
大きさはおよそ3畳ほど。天井や壁ばかりでなく、茶道具に至るまで黄金でつくられている。組み立て式のため移動が可能だったようで、秀吉は各地に持ち運んでいたという。大坂夏の陣で、大坂城とともに焼失した。写真／登野城弘

◆大坂城（「大坂夏の陣図屏風」より）　重文　大阪城天守閣蔵
秀吉によって築かれた大坂城を描く。外壁が黒漆喰に黒漆の板張り、屋根も燻し瓦で葺かれているため黒色をしている天守に、黄金が映える。「三国無双」と謳われた大坂城も、1615年（元和1）の大坂夏の陣で焼失し、その後、石垣や堀も埋められたため、完全に地上から姿を消した。

◆聚楽第（「聚楽第図屏風」より）　三井文庫蔵
秀吉は平安時代の大内裏（だいだいり）址に御所を凌駕する豪壮華麗な聚楽第を造営。名目的には屋敷というものの、実質的には天守を擁する城であった。1588年（天正16）には後陽成（ごようぜい）天皇の行幸を仰ぐ。秀吉は聚楽第を関白職とともに甥秀次に譲ったが、秀次の切腹後、みずからの手であとかたもなく破却している。

の所領と長浜城を柴田勝家に譲ると、かわりに信長と光秀の所領であった山城・丹波（京都府・兵庫県）を得て、天王山の山頂に山崎城を築いて居城とした。

豊臣の天下を宣言する大坂城

翌年、賤ヶ岳の合戦で勝家を滅ぼした秀吉は、早くも新たに獲得した摂津（大阪府）に、安土城を凌ぐ大坂城を築いている。黒壁に黄金で装飾された天守の威容は、秀吉が信長の後継者であることを誇示するには十分だったにちがいない。

1585年（天正13）、関白宣下を受けた秀吉はついに、公家の頂点にたって政権を樹立した。信長の目指した「天下布武」を実現させることはできなかったものの、朝廷の権威によって天下統一を進めようとしたのである。翌年には関白の政庁として、京都に聚楽第の造営を開始。以後、秀吉は武家のトップとして築いた大坂城と、公家のトップとして築いた聚楽第を使い分けることになる。

やがて、関白職とともに聚楽第を甥の秀次に譲った秀吉は、1592年（天正20）、みずからの隠居城として伏見城の築城を開始。実子秀頼が誕生すると、秀次を牽制するために聚楽第を凌ぐ城を完成させた。しばらくは大坂城とを往復していた秀吉も、晩年には伏見城から動かず、1598年（慶長3）、伏見城で薨去した。

覇王の城

徳川家康の城

関ヶ原で勝利した家康は、幕府の主導で白亜の天守輝く巨大城郭をつぎつぎと築いた。世は慶長の築城ラッシュを迎え、天下普請を媒介に築城技術が飛躍的に進歩する。

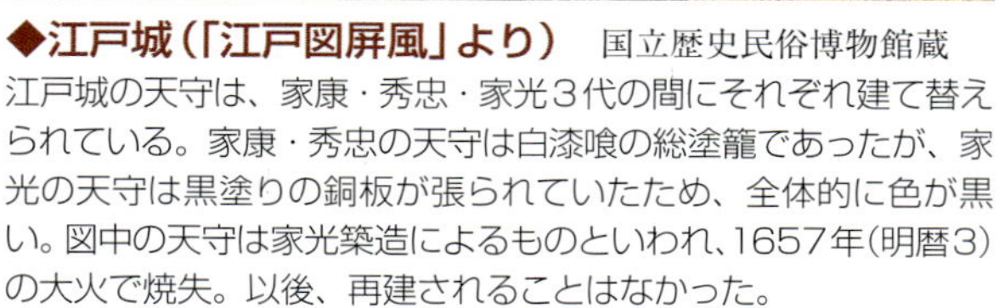

◆江戸城（「江戸図屏風」より） 国立歴史民俗博物館蔵
江戸城の天守は、家康・秀忠・家光3代の間にそれぞれ建て替えられている。家康・秀忠の天守は白漆喰の総塗籠であったが、家光の天守は黒塗りの銅板が張られていたため、全体的に色が黒い。図中の天守は家光築造によるものといわれ、1657年（明暦3）の大火で焼失。以後、再建されることはなかった。

◆徳川家康画像 日光東照宮蔵　写真／艸藝社

東海の一大名時代の城

徳川家康は、1542年（天文11）に三河（愛知県）岡崎城に生まれた。しかし6歳の時に尾張（愛知県）の織田信秀、ついで駿河（静岡県）の今川義元の人質となる。家康が岡崎城に復帰したのは、1560年（永禄3）、桶狭間の戦いで義元が織田信長に討たれたあとのことだった。

信長と同盟を結んだ家康は、ほどなく三河を平定。1570年（元亀1）に遠江（静岡県）を攻略すると、浜松城へ居城を移して駿河に進出する機会をうかがった。しかしその2年後、先に駿河を領有していた武田信玄に攻め込まれ、三方ヶ原の戦いに大敗した家康は、命からがら浜松城に敗走している。

家康が駿河を領有することができたのは、1582年（天正10）に武田氏が滅亡してからのことである。さらに、この年には本能寺の変が起こり、その混乱に乗じて甲斐（山梨県）・信濃（長野県）を占領した。家康は、東海5か国の大名となった。

◆「洛中洛外図屏風」に描かれた二条城　林原美術館蔵
1603年（慶長8）、伏見城で征夷大将軍宣下を受けた家康は、完成したばかりの二条城で賀儀を行なう。本図に描かれているのはそのころの二条城で、城域は現在の二の丸部分だけだった。1626年（寛永3）、後水尾（ごみずのお）天皇の行幸を仰いだ3代将軍家光が西へ大幅に拡充し、家康の天守は淀城（京都市伏見区）に移築された。

◆二条城二の丸東南隅櫓
重文
二条城には4隅に隅櫓が建てられていた。しかし1788年（天明8）の大火で、本丸御殿とともに東北・西北の隅櫓が焼失し、今は東南・西南の隅櫓が現存している。

江戸城・駿府城で天下を治める

信長の同盟者であった家康が、信長の後継者となった豊臣秀吉と対立するのは、もはや時間の問題だったといえるだろう。小牧・長久手の合戦で秀吉と一戦を交えた家康は、翌1585年（天正13）、駿府城の築城に着手して来るべき決戦に備えている。しかし、秀吉が正室として妹旭姫（朝日姫）、人質として実母大政所を送り込むにおよび、ついに臣従を誓うようになった。

1590年（天正18）、秀吉の命により関東に転封となった家康は、江戸に居城を定める。1603年（慶長8）には将軍宣下を受けて江戸に幕府を開き、天下の府城とするべく江戸城の改修を行なった。完成した天守の壁は白漆喰で塗り固められ、鉛と錫の合金を使った瓦は錆びて白く変色し、城下からはまるで雪山のように見えたという。黒い大坂城と対照的な白い江戸城の出現は、人々に政権の交替を強く印象づけたにちがいない。

巨大な天下普請で権力を誇示

家康はこれらの大がかりな築城工事を、諸大名に人材と資材を供出させて行なっている。これを天下普請といい、諸大名に経費を負担させると同時に、将軍と諸大名との主従関係をはっきりさせることを目的に行なわれたものであった。こうした手法は、信長の安土城や秀吉の大坂城でも取られていたが、名実ともに武家の棟梁となった家康の天下普請は、その規模も格段に増大している。

天下普請によって築かれたのは、将軍家の居城である江戸城だけではない。駿府城・名古屋城・彦根城・膳所城・二条城・亀山城・篠山城など、親藩・譜代大名の居城も含まれている。

そしてこれらの城が、大坂城の豊臣秀頼を牽制するために築かれたことは明らかだった。家康は、将軍職を2年で秀忠に譲ると駿府城に隠居し、大御所として実権を掌握。大坂夏の陣で豊臣家が滅亡したことを見届けると、その翌1616年（元和2）、駿府城で薨去した。

◆「築城図屏風」部分　名古屋市博物館蔵
家康による駿府城築城の様子を描いたという説がある。人足は諸大名が供出し、駿府城ではその数が500石あたり3人と決まっていた。50万石の大名なら、3000人もの人足を出さなければならなかったことになる。そして、その人足が他家の人足と喧嘩などしないよう、諸大名はたえず注意しなければならなかった。

◆駿府城二の丸東御門（右）**と巽櫓**（左）
駿府城は1607年（慶長12）、東海・北陸10か国の大名による天下普請で修築された。家康は薨去するまでの10年をこの城で過ごす。天守は1635年（寛永12）の大火で焼失。その他の建物も1854年（安政1）の地震で倒壊した。現在、城址には二の丸東御門と巽櫓が木造で復元されている。

都道府県別
全国城址一覧

北海道・東北の城

東北地方は、陸奥国（青森・岩手・宮城・福島県）と出羽国（秋田・山形県）の2国に区分され、両国をあわせて奥羽とよぶ。古代の大和朝廷は、陸奥に多賀城（宮城県多賀城市市川ほか）、出羽に秋田城（秋田市）などの諸城を築き、蝦夷支配の軍事・政治的な拠点とした。

前九年の役（1051〜62）では陸奥の安倍氏が、後三年の役（1083〜87）では出羽の清原氏が、反乱を起こしたとして滅ぼされる。鎮圧のため朝廷から派遣されたのが清和天皇の末裔源頼義とその子義家で、以来、清和源氏が東国に基盤を築くきっかけとなった。こののち、東北は安倍・清原両氏につながる藤原氏が、清衡・基衡・秀衡三代の約100年にわたって支配したが、義家の玄孫頼朝によってやはり滅ぼされている。

頼朝が鎌倉幕府を開くと、南部氏・蘆名氏・伊達氏・葛西氏・相馬氏などの御家人が、地頭あるいは北条氏の地頭代として東北に下向した。室町末期には、北奥羽で三戸の南部信直と弘前の津軽為信が、南奥羽で米沢の伊達政宗と山形の最上義光が覇を競う。しかし、1590年（天正18）、豊臣秀吉による「奥羽仕置」が行なわれて、東北は統一政権によって平定される。秀吉は会津若松城に蒲生氏郷を入れて、東北と関東の境を固めさせた。

関ヶ原合戦後、徳川家康に従わなかった佐竹義宣や上杉景勝が、それぞれ秋田と米沢に移封される。東北には、佐竹氏の久保田城、伊達氏の仙台城、最上氏の山形城、上杉氏の米沢城など、有力外様大名の城が築かれたが、江戸幕府をはばかって、これらの城に天守が建てられることはなかった。

いっぽう、蝦夷地と称された北海道には安倍氏の後裔という安東氏が進出し、室町時代には渡島半島西南部に「道南十二館」を築いていた。しかし、「チャシ」という名の城に拠るアイヌとの対立を引き起こし、1457年（長禄1）には首長コシャマインが蜂起する。これを鎮圧した蠣崎氏（のち松前氏）が福山館を構えて蝦夷地を支配。江戸後期、ロシア艦船が頻繁に来航するようになると、幕命により松前城を築き、海防にも務めた。

岩木山と弘前城　写真／弘前市

北海道

松前城

北海道の南西端、津軽海峡に臨む海岸段丘に築かれた平山城。正式名称は福山城。国史跡。

1600年（慶長5）、松前慶広が陣屋を構えて福山館とよび、蝦夷地支配の拠点とした。1849年（嘉永2）、北辺警備を幕府に命じられた松前崇広が、外国艦船による海上からの攻撃を想定して城を築く。しかし戊辰戦争では、榎本武揚率いる旧幕府脱走軍に陸上から攻撃されて落城。1949年（昭和24）に焼失した天守（三重櫓）が再建された。

本丸御門と天守
松前城唯一の遺構である本丸御門（重文）と再建なった天守。
写真／野呂希一

城主一覧

時代	主な城主
江戸	松前慶広
	松前盛広
	松前公広
	松前氏広
	松前高広
	松前矩広
	松前邦広
	松前資広
	松前道広
	松前章広
	松前良広
	松前昌広
	松前崇広
明治	松前徳広
	松前修広

松前慶広侯木像
阿吽寺蔵
写真／北海道開拓記念館

松前家家紋「丸に割菱」

1867年（慶応3）ごろの松前城
松前城は、幕命を受けた13代藩主松前崇広によって1854年（安政1）に完成した。
写真／松前町教育委員会

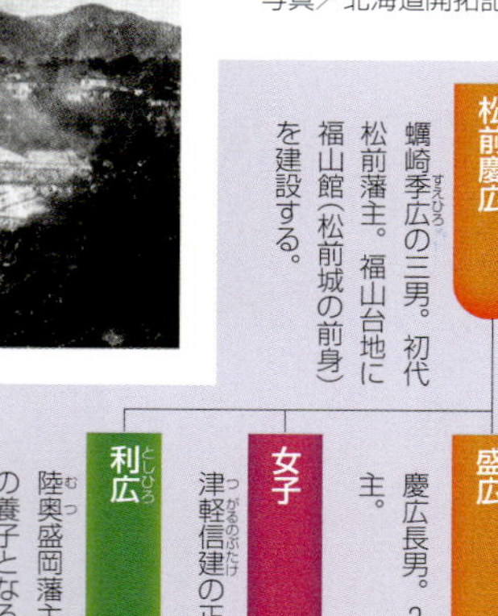

松前氏の祖は若狭出身の武田信広。コシャマインの戦いを平定し、花沢館主蠣崎季繁の娘婿となる。初代松前藩主慶広はその5世。
松前慶広
蠣崎季広の三男。初代松前藩主。福山台地に福山館（松前城の前身）を建設する。
盛広
慶広長男。2代松前藩主。
公広
盛広長男。3代松前藩主。近江商人を受け入れ、城下町を造営。
女子
津軽信建の正室。
利広
陸奥盛岡藩主南部利直の養子となる。

松前藩屋敷 江戸時代の城下町を再現したテーマパーク。開館期間は4月10日～11月上旬。写真／佐々木郁夫

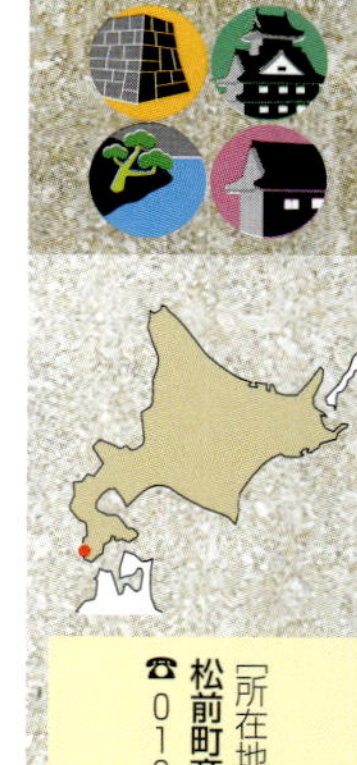

〔所在地〕松前郡松前町松城
☎松前町商工観光課
01394・2・2275

五稜郭◆榎本武揚

函館市五稜郭町 ＊

1857年（安政4）、江戸幕府が箱館港の防御のために着工した洋式城郭。蘭学者の武田斐三郎の設計で、完成まで足かけ8年かかった。

曲輪は、5つの稜堡をもつ星形で、外周約1・8km、約25万㎡の広さ、西南に開く表門前の堀上に、三角形の半月堡を備える。城内には箱館奉行所庁舎、附属棟が建ち、全方位の砲台があったという。

1868年（明治1）、榎本武揚は新政府軍への恭順を拒否し、旧幕府軍2000を引き連れて蝦夷地へ上陸、10月26日、五稜郭を無血開城したが、翌年5月、新政府軍の大軍の前に降伏した。この箱館戦争の結果、損傷した城内の建物は撤去された。

土塁・堀などは当初の姿をとどめ、現在は桜の美しい市民公園として知られる。国の特別史跡。

上空からみた五稜郭　写真／PPS通信社

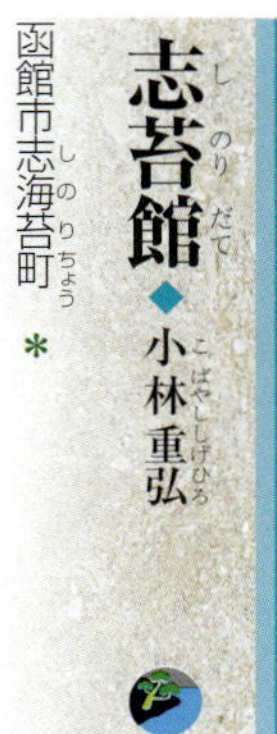

志苔館◆小林重弘

函館市志海苔町 ＊

アイヌの首長コシャマインの戦いが起こった1457年（長禄1）、道南には和人の館（城）が12所在したという（道南十二館）。志苔館はその1つ。室町時代の領主だった小林重弘が築いたという。

1512年（永正9）のアイヌの攻撃で、領主の小林良定は討ち死にした。

現在は海岸沿いの丘上に、みごとな土塁と空堀が残されている。

勝山館◆武田信広

檜山郡上ノ国町勝山 ＊

和喜館ともいう。花沢館の西1kmに所在。武田信広の築城と思われる。

標高100mの台地上に位置し、両側は渓谷、後方の尾根続きを切り下げて堀とした。この城には、松前藩祖となる信広の埋蔵金伝説も伝わる。

現在は整備され、土塁や空堀、柵などが復元されている。

城址名	主な城主	所在地	遺構	解説
四稜郭＊	大鳥圭介	函館市陣川町	土塁・砲座	1868年（明治1）に旧幕軍が構築した砲台。
津軽陣屋	津軽藩	函館市千代台町	土塁	箱館戦争で中島三郎助が壮絶な戦死。
南部陣屋	南部藩	函館市元町	石垣	南部藩北方警備のため2回在番。
松前藩戸切地陣屋＊	松前崇広	上磯郡上磯町	土塁・砲座	箱館戦争で大鳥圭介が攻める。
茂別館＊	茂別家政	上磯郡上磯町	土塁・空堀	コシャマインの戦いで落城せず。
矢不来館	安東氏	上磯郡上磯町	土塁・空堀	南部氏に追われ、渡海して築城。
矢不来台場	松前藩	上磯郡上磯町	土塁	一稜郭。箱館戦争時、艦砲射撃で陥落。
松前大館＊	安東氏	松前郡松前町	土塁・空堀	コシャマインの戦いで落城。
花沢館＊	蠣崎季繁	檜山郡上ノ国町	曲輪・堀切	武田信広、コシャマインを倒し勢力拡大。
比石館	厚谷重政	檜山郡上ノ国町	曲輪・堀切	鮭遡上の河口を確保。
館城＊	松前徳広	檜山郡厚沢部町	土塁・礎石	土方歳三の軍勢が攻略し、落城。
瀬田内チャシ		瀬棚郡瀬棚町	土塁・住居址	発掘調査で室町と江戸期の使用を確認。
宮津チャシ		奥尻郡奥尻町	平坦地	奥尻島のオットセイ猟の拠点。
館山チャシ		伊達市山下町	空堀	台地の先端、弧状の2重堀がめぐる。
エンルムチャシ		室蘭市絵鞆町	堀切	室蘭半島の先端、3か所のチャシ。
白老陣屋＊	伊達慶邦	白老郡白老町	土塁・空堀	仙台藩北方警備のために駐屯。
カムイエカシチャシ		白老郡白老町	土塁・空堀	カムイエカシという長老が居住。
シベチャリチャシ＊		静内郡静内町	空堀	シャクシャインの戦いの拠点。
アッテウシチャシ		千歳市蘭越	空堀	3重の空堀が半円状にめぐる。
島松左岸チャシ		北広島市島松	曲輪・堀切	楕円状の曲輪を腰曲輪が取り巻く。
茂漁チャシ		恵庭市柏木町	空堀	鮭の産卵場所を監視。
浜益毛陣屋＊	庄内藩	浜益郡浜益村	土塁・空堀	出羽庄内藩の北方警備の陣屋。
川下チャシ		浜益郡浜益村	土塁・空堀	鰊の漁場を監視か。
立岩山チャシ		旭川市神居町	空堀	工芸短大校舎裏手に半月形空堀残る。
晩生内一号チャシ		樺戸郡浦臼町	空堀	アイヌの名将ハウカセの居所か。
丸山チャシ		河西郡芽室町	空堀	アイヌ同士が鮭の漁場をめぐり戦う。
礼文内神社チャシ		中川郡豊頃町	空堀・土橋	内郭・外郭をもつチャシ。
ユクエピラチャシ＊		足寄郡陸別町	土塁・空堀	道東の厚岸から来たアイヌが構築。
中田牧場第一・第二チャシ		阿寒郡鶴居村	空堀	楕円形のチャシが2つ崖端に並ぶ。
鶴ヶ岱チャランケチャシ＊		釧路市春湖台	空堀	湖に突出した岬の上。2重の空堀。
モシリヤチャシ＊		釧路市城山	空堀・貝塚	大規模なお供え山型チャシ。
遠矢第一・第二チャシ		釧路郡釧路町	空堀	発掘で太刀・鎧の小札・煙管など出土。
桂ヶ岡チャシ＊		網走市南六条東	空堀	市立郷土博物館の丘にある複郭のチャシ。
標津会津陣屋	会津藩	標津郡標津町	空堀	会津藩、根室湾警備のために駐屯。
チャルコロモイチャシ＊		根室市幌茂尻	空堀	根室半島で最大規模の複郭チャシ。

＊国史跡　•チャシについては本書の「城主」という概念にあたらないため、城主名を記載しておりません。

弘前城

県南西部、岩木川東岸の台地にある丘陵高岡に築かれた平山城。弘前藩（津軽藩）10万石の居城。国史跡。

南部氏から独立した津軽為信が、関ヶ原の合戦の功で津軽4万7000石を安堵され、新たに築城を開始した。

その子信枚が徳川家康の養女を妻としていたことから、1611年（慶長16）、東北の諸大名を牽制する壮大な規模の城郭として完成する。5層の天守はまもなく落雷で焼失したが、のちに天守として改築された3層の櫓が現存している。（24〜25ページ参照）

夏の弘前城天守
2代藩主信枚が築いた5層の天守は、1627年（寛永4）の落雷で焼失。3層の現天守は、9代藩主寧親の代に完成した。重文。
写真／フォト・オリジナル

津軽為信画像 長勝寺蔵
写真／弘前市立博物館

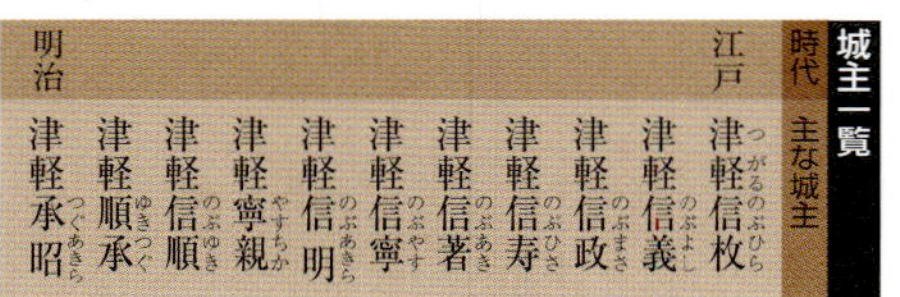

時代	主な城主
江戸	津軽信枚
	津軽信義
	津軽信政
	津軽信寿
	津軽信著
	津軽信寧
	津軽信明
	津軽寧親
	津軽信順
	津軽順承
明治	津軽承昭

城主一覧

津軽家家紋「津軽牡丹」

明治初期の弘前城
天守手前に見えるのは下乗橋。武者溜御門橋ともよばれた。写真／弘前市

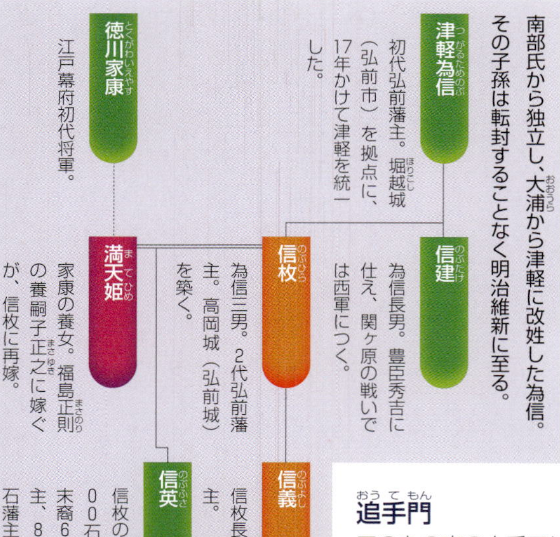

南部氏から独立し、大浦から津軽に改姓した為信。その子孫は転封することなく明治維新に至る。

津軽為信 初代弘前藩主。堀越城（弘前市）を拠点に、17年かけて津軽を統一した。

徳川家康 江戸幕府初代将軍。

信建 為信長男。豊臣秀吉に仕え、関ヶ原の戦いでは西軍につく。

信枚 為信三男。2代弘前藩主。高岡城（弘前城）を築く。

満天姫 家康の養女。福島正則の養嗣子正之に嫁ぐが、信枚に再嫁。

信義 信枚長男。3代弘前藩主。

信英 信枚の子。黒石領3000石を分知される。末裔6代寧親が弘前藩主、8代親足が初代黒石藩主。

追手門
三の丸の南の大手口に築かれた櫓門。大雪に備えて初層の屋根が高くつくられている。重文。
写真／フォト・オリジナル

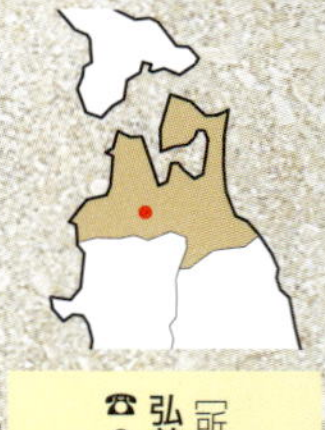

〔所在地〕弘前市下白銀町
弘前市商工観光部公園緑地課
☎0172・33・8739

唐川城 ◆ 安東氏

北津軽郡市浦村相内字岩井

十三湖を南下に見下ろす標高166mの独立山上に築かれた山城である。

南麓にある福島城の詰の城にあたり、1443年(嘉吉3)、福島城主の安東盛季が南部氏に攻められたさい、この城に逃げ込み防戦した。

山頂には南北に長い主郭のほか数段の曲輪が築かれている。城の山腹には、規模の大きい空堀が数本、等高線に沿って設けられ、防御の厳重さをうかがわせる。これらの空堀は、発掘調査の結果、古代の高地性集落の外壕に起源を発するものと推測されるようになった。

山頂からの眺望は雄大で、眼下には十三湖が広がり、その先には日本海が一望できる。

福島城 ◆ 安東氏

北津軽郡市浦村相内字実取・露草

津軽半島の北西にある十三湖の湖岸に築かれた平城。

中世、十三湖は十三湊とよばれた日本海航路の中継貿易港で、当時は殷賑を極めた。その港を支配したのが安東(安藤)氏で、鎌倉末期に福島城を築き、代々蝦夷地貿易により勢力を蓄えた。

しかし、これを狙う三戸の南部氏が1443年(嘉吉3)に大軍をもって福島城を攻めた。安東氏は唐川城に拠って防戦したが落城。北海道の渡島半島に逃れた。

城は十三湖に突出した半島状の台地の上にある。1km四方の外城と、その中に200m四方の内城があり、空堀・土塁・門跡が残る。

福島城の復元された城門

尻八館 ◆ 安東氏

青森市後潟字後潟山・六枚橋山

津軽半島の東部、陸奥湾に面した山上に築かれた山城。

城の歴史は、1339年(延元4・暦応2)に安東道貞が守る「尻八楯」を曾我貞光が攻めたという記録があるのみである。はたしてこれが尻八館のことかどうか疑問も残るが、十三湊の安東氏の一族がこの城を守っていた可能性は高い。

城は南と北の大きな2つの曲輪からなるが、どちらも曲輪の上を平らにせず自然のまま残している。堀切や空堀が城の随所に残るが、これらの空堀は、あとからつくり変えられたことが発掘の結果判明した。

発掘により、建物・門・柵列跡や多くの陶磁器の破片が出土したことから、この館には多くの人が住んだことがわかった。また、陶磁器の中には中国の竜泉窯の青磁もあり、城主の経済力がうかがえる。

尻八館跡　写真／青森市教育委員会

大浦城 ◆ 津軽為信

中津軽郡岩木町賀田・五代

1501年(文亀1)、安東氏の侵攻に備えて、大浦光信が古い砦を改修して築いた。八幡城・賀田城ともよばれる。

光信の子孫、大浦為則の婿養子が為信である。彼は1567年(永禄10)、17歳で大浦城主となった。そしてこの城を出発点に、南部家から独立し、津軽地方の統一を目ざす活躍が始まる。

1615年(元和1)の一国一城令で廃城とされ、現在は城址碑が建つのみである。

湯口茶臼館 ◆ 溝口氏

中津軽郡相馬村湯口

弘前市の西方約6km、湯口集落に近い独立丘陵(峰続きでない単独の丘)の上に築かれた山城である。古代東北の先住民が築いた館跡を、南北朝時代に溝口氏という土地の領主が居城として利用したらしい。

城は、南から北にのびるオタマジャクシのような形の丘の先端を平らにして曲輪を築いている。現在は神社の境内になっている頂上の曲輪から西側の斜面には、4段の腰曲輪が築かれている。

この城の見どころは、オタマジャクシの尻尾の部分に設けられた4本の堀切である。この堀切によって城は、南方の敵の攻撃から厳重に守られている。

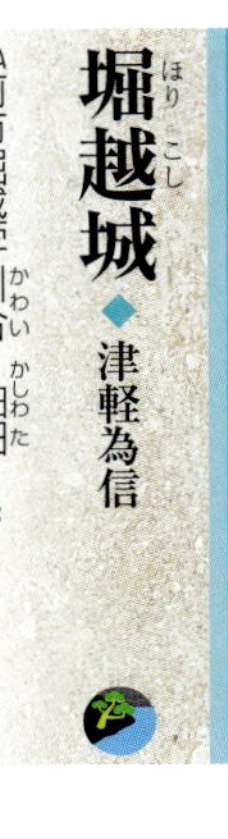

堀越城 ◆ 津軽為信 ＊

弘前市堀越字川合・柏田

1336年(延元1・建武3)、北朝方の曾我貞光の築城という。大

堀越城の雪に埋もれた土塁　写真／外川 淳

浦（津軽）為信は、1594年（文禄3）に大浦城から堀越城へ居城を移し、津軽を統一するまでの17年間、ここを本拠とした。

元和の一国一城令で廃城とされ、現在は神社敷地などになっている。

黒石城 ◆津軽信英

黒石市黒石

旧黒石城は、南北朝初期の元弘・建武年間（1331～38）、境松に築かれたが、通常、黒石城とよぶのは、1656年（明暦2）に弘前藩主津軽信義の弟信英が藩領を分割されて築いた、のちの黒石藩1万石の陣屋である。

1871年（明治4）の廃藩置県まで約215年間使用されたが、現在は御幸公園となっている。

黒石城址（陣屋）　写真／黒石市教育委員会

浪岡城の広大な堀

浪岡城 ◆北畠顕義

南津軽郡浪岡町浪岡 ＊

室町時代、北畠氏4代顕義の時代に築かれたと推定されている。浪岡川右岸の台地上に築かれた平城で、かつては「浪岡御所」ともよばれていた。

北畠氏9代顕村時代の1578年（天正6）、大浦（津軽）為信に敗れて滅亡、廃城となった。現在は、史跡公園として整備されている。

七戸城 ◆南部政光

上北郡七戸町字七戸 ＊

七戸南部氏の居城。14世紀末から15世紀初頭の築城とされる。

七戸南部氏は、1456年（康正2）に蠣崎蔵人の乱で敗れて衰退し、1591年（天正19）には九戸政実の乱に加担して敗北、城は廃された。南部藩領となった江戸時代に新たに築城されたが、城主が盛岡藩第4代藩主（南部重信）となったため再び廃城となり、その後、盛岡藩の代官所が明治維新まで存続した。

現在は、代官所跡が柏葉公園として整備され、土塁や堀が残る。

七戸城空堀（西館曲輪と宝泉館曲輪の間）
写真／七戸町

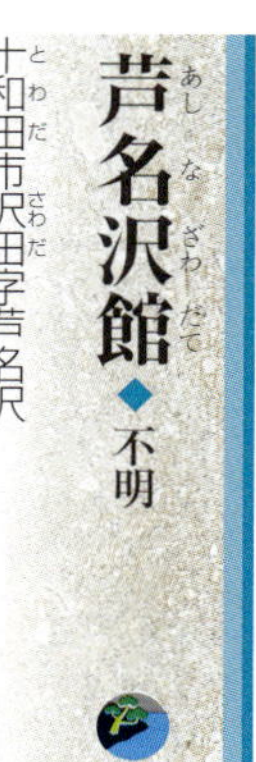

芦名沢館 ◆不明

十和田市沢田字芦名沢

青森県の東南部、奥入瀬渓谷支流の谷間に突き出した台地の上に築かれた丘城。

城の歴史は不明であるが、古代東北の先住民が築いた館跡を、中世に土地の武士が居城として利用したともいわれる。

この城は、東北北部によく見られる群郭式の構造をもつ。群郭式城郭とは、青森県内の根城や浪岡城のように、台地の上を大規模な空堀で分割し、広く独立性の強い曲輪をいくつも配置する築城法である。

南を除く三方が切り立った断崖となる台地の先端に、大きな3つの曲輪を配置する形式で築かれている。曲輪の間を隔てる空堀は壮大で、とくに先端の曲輪の前に設けられた空堀は2重堀となっており、防御の厳重さがうかがえる。

根城 ◆南部師行

八戸市大字根城 ＊

1334年（建武1）に南部師行によって築城された。馬淵川の南岸段丘上の平城である。8つの曲輪に

根城主殿　写真／八戸市博物館

よって構成されていた。八戸南部氏が約300年間居城とし、1627年（寛永4）、当主直義が遠野へ移封となり廃城となった。

跡地は、1997年（平成9）に「史跡根城の広場」となり、旧遺構の上に中世の城館、主殿・厩・鍛冶工房などが復元されている。

三戸城隅櫓（温故館）

三戸城（さんのへ）◆南部晴政

三戸郡三戸町梅内城山公園

永禄年間（1558〜70）に南部晴政によって築城された。留ヶ崎城・糠部城ともよばれる。南部氏本来の居城であった。

馬淵川と熊原川の合流点、比高90mの丘陵上に築かれていた山城。

1635年（寛永12）に盛岡城が完成して南部氏の居城となると、三戸城には城代が置かれたが、貞享年間（1684〜88）以後廃城とされた。

現在、城跡は城山公園として整備され、3重の隅櫓を復元させたという資料館「温故館」が建ち、近年、綱御門も復元された。

城址名	主な城主	所在地	遺構	解説
田名部城	赤星五郎	むつ市田名部	空堀	八戸南部氏の属城。
蠣崎城	武田信義	下北郡川内町	曲輪・空堀	武田（蠣崎）氏はのちに松前へ渡る。
大池館	不明	上北郡七戸町	曲輪・空堀	蝦夷館を戦国期に改修か。
天間館	天魔五郎	上北郡天間林村	曲輪・空堀	天魔五郎は蠣崎氏の軍師。
風張館	水越弥三郎	八戸市是川	空堀・土塁	城主は根城南部氏の家臣。
櫛引城	櫛引氏	八戸市八幡	曲輪・空堀	櫛引氏、九戸政実の乱のおり滅亡。
新井田城	南部政持	八戸市新井田	曲輪・空堀	根城の支城。政持は新田氏を称す。
嶋守館	嶋森安芸	三戸郡南郷村	空堀	九戸の乱で一揆方に加わる。
下名久井館	工藤氏	三戸郡名川町	曲輪・空堀	空堀の残存状態が良好。
気田館	気田弾正	十和田市切田	曲輪・空堀	気田弾正は鬼弾正とよばれる。
伝法寺館	津村伝右衛門	十和田市伝法寺	曲輪・水堀	九戸政実に攻められる。
大開城	平俊忠	東津軽郡今別町	空堀・土塁	津軽為信に攻められる。
蓬田村大館	蓬田越前	東津軽郡蓬田村	曲輪・空堀	十三湊安東氏の支城か。
油川城	奥瀬判九郎	青森市西田沢	曲輪・空堀	津軽為信の火攻めを受け落城。
新城	北畠氏	青森市新城	曲輪・空堀	安東氏傘下から浪岡北畠氏の支城。
野尻館	工藤氏	青森市野尻	空堀	空堀で囲まれた4つの曲輪。
浅瀬石城	千徳行重	黒石市高賀野	曲輪・空堀	南部氏一族の千徳氏代々の城。
石名坂館	石名坂正長	黒石市石名坂	曲輪・空堀	石名坂氏は奥州藤原氏家臣の末裔か。
中野不動館	築地十郎	黒石市南中野	空堀・土塁	築地氏は最上氏の子孫。
田舎館城	千徳政武	南津軽郡田舎館村	曲輪・空堀	政武の妻於市、法要の席で自害。
小国城	小国泰経	南津軽郡平賀町	曲輪・空堀	一名丹羽館ともいう。
大光寺城	滝本重行	南津軽郡平賀町	曲輪・空堀	南津軽の南部氏最大の拠点。
大釈迦館	奥寺万助	南津軽郡浪岡町	曲輪・空堀	浪岡御所北畠氏の家臣の城。
藤崎城	安倍貞義	南津軽郡藤崎町	空堀・土塁	十三湊安東氏の先祖の居城。
中里城＊（県史跡）	中里半四郎	北津軽郡中里町	曲輪・空堀	津軽半島中央部の軍事拠点。
柴崎城	安東氏	北津軽郡小泊村	空堀・土塁	津軽海峡に突き出た海賊城
飯詰城	朝日左衛門尉	五所川原市飯詰	曲輪・空堀	津軽為信の攻城時に白米伝説あり。
青柳館	津軽信義	弘前市下湯口	曲輪・空堀	津軽藩3代藩主信義の築いた別荘。
石川城	南部高信	弘前市石川	曲輪・空堀	別名、大仏ヶ鼻城とよばれる。
乳井茶臼館	津軽為信	弘前市乳井	曲輪・空堀	南部氏、津軽氏決戦の城。
亀ヶ岡城	津軽信牧	つがる市木造亀ヶ岡	空堀・土塁	津軽藩2代藩主信牧の築いた城。
種里城＊（国史跡）	南部光信	西津軽郡鰺ヶ沢町	曲輪	津軽氏発祥の城。
茶右衛門館	小野茶右衛門	西津軽郡岩崎村	曲輪	幕末に沿岸防備の狼煙台が置かれた。
深浦館	葛西頼清	西津軽郡深浦町	曲輪	南部氏に追われて築く。
無為館	津軽信牧	西津軽郡深浦町	石垣・土塁	津軽藩の深浦奉行所。

＊国史跡　＊県史跡

岩手県

盛岡城

県中央部、北上川とその支流中津川が合流する三角点の丘陵、不来方の地に築かれた平山城。国史跡。

津軽氏の独立によって津軽地方を失った南部信直が、領地の北に偏在する三戸城（青森県三戸町）から居城を移すべく、1598年（慶長3）、築城に着手した。

その子利直の代に、総石垣の城としてほぼ完成。不来方の名も盛岡と改められた。落雷で焼失し、のちの1676年（延宝4）に再建された3重の天守は、明治維新後に取り壊されている。

三の丸（奥）**と二の丸**（手前）

三の丸西側の石垣は江戸初期、二の丸西側の石垣は江戸中期のものとみられる。

写真／（財）盛岡観光コンベンション協会

南部家家紋「南部鶴」

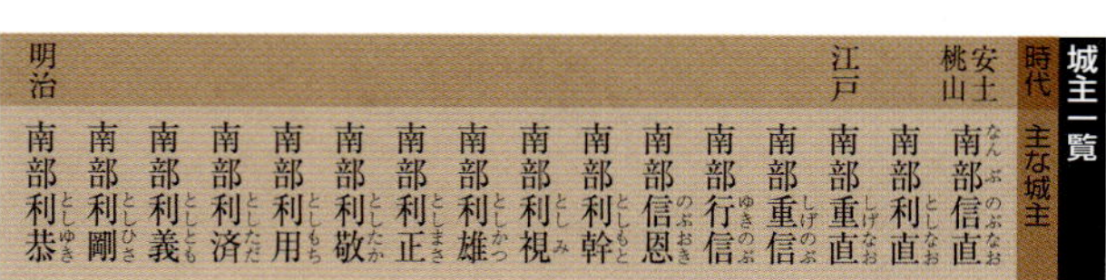

城主一覧

時代	主な城主
安土桃山	南部信直
江戸	南部利直
	南部重直
	南部重信
	南部行信
	南部信恩
	南部利幹
	南部利視
	南部利雄
	南部利正
	南部利敬
	南部利用
	南部利済
	南部利義
	南部利剛
明治	南部利恭

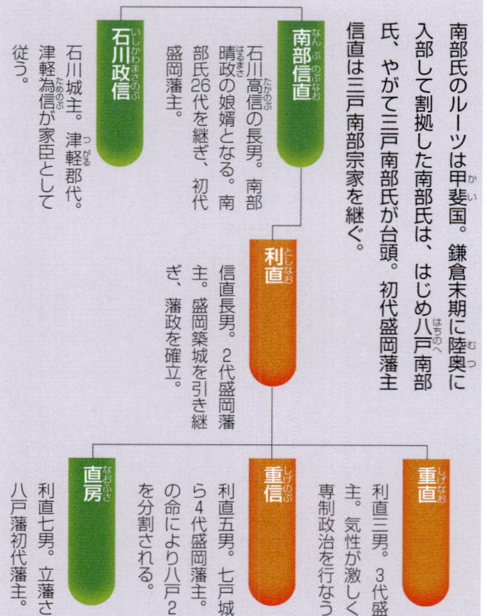

南部氏のルーツは甲斐国。鎌倉末期に陸奥に入部して割拠した南部氏は、はじめ八戸南部氏、やがて三戸南部氏が台頭。初代盛岡藩主信直は三戸南部宗家を継ぐ。
南部信直
石川高信の長男。南部晴政の娘婿となる。南部氏26代を継ぎ、初代盛岡藩主。
石川政信
石川城主。津軽郡代。津軽為信が家臣として従う。
利直
信直長男。2代盛岡藩主。盛岡築城を引き継ぎ、藩政を確立。
重直
利直三男。3代盛岡藩主。気性が激しく藩主専制政治を行なう。
重信
利直五男。七戸城主から4代盛岡藩主。幕府の命により八戸2万石を分割される。
直房
利直七男。立藩された八戸藩初代藩主。

烏帽子岩

2代藩主利直による三の丸整地で出現したという。三の丸跡に鎮座し、八幡社の宝として崇められている。

南部信直画像

写真／盛岡市教育委員会

二の丸から本丸へ架かる橋

かつて「御廊下橋」とよばれ、二の丸と本丸を結んだ堅固な橋は、今は風流な朱塗りの橋となった。

写真／世界文化フォト

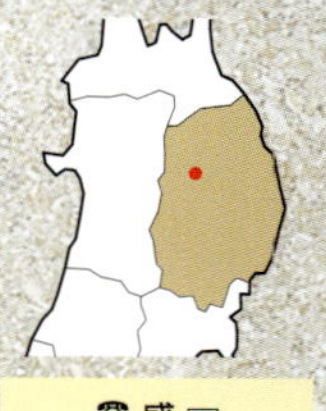

［所在地］盛岡市内丸岩手公園

盛岡市観光課

☎019・626・7539

九戸城 ◆ 九戸政実

二戸市福岡字城ノ内 ＊

明応年間（1492〜1501）に、九戸光政の築城と伝えられる。

1591年（天正19）当時の城主九戸政実は、南部家の後継者争いの確執から、当主南部信直に反して九戸城に籠城した。

そして信直とその援軍の豊臣軍およそ6万余を迎え撃つ。城の堅固さに攻めあぐんだ豊臣軍は謀略をもって政実を欺き、和睦と称して捕らえ、城兵と婦女子を皆殺しにした。

戦後信直が三戸城から移り、名を福岡と改めたが、その後、盛岡城へ戻る。1636年（寛永13）廃城。

城跡は、現在、良好に整備されていて見学に最適。

九戸城本丸の石垣と堀

一戸城址　写真／外川 淳

一戸城 ◆ 南部義実

二戸郡一戸町一戸

建長年間（1249〜56）、南部義実の創建である。その子行朝の代に一戸氏を名のり、代々の居城とした。

1581年（天正9）に一戸政連は、九戸政実に暗殺される。政実は、家臣の一戸図書を城主としたが、三戸南部宗家の攻撃で落城、以後南部家の直轄となった。1592年（文禄1）に廃城。

現在は一戸公園となっている。

姉帯城 ◆ 姉帯大学兼興

二戸郡一戸町姉帯

馬淵川に臨む断崖上の山城。

1591年（天正19）、豊臣秀吉の奥羽仕置に抵抗して九戸城に籠城した九戸政実は、前哨陣地を姉帯城と根反城に置いた。姉帯城には政実の一族の姉帯大学兼興が一族郎党とともに立て籠り、豊臣軍の襲来に備えた。

豊臣軍は9月1日、蒲生氏郷を大将として大軍を率いて城を包囲した。姉帯大学以下城兵は、一丸となって激しく抵抗したが、衆寡敵せず城はその日のうちに陥落した。城内にいた者は、老若男女を問わず殺されたという。

城は馬淵川に突き出した尾根の先端に本丸と二の丸を置き、尾根続きに2重の空堀を設けている。

空からみた姉帯城址　写真／一戸町教育委員会

昼沢館 ◆ 不明

岩手郡葛巻町葛巻

馬淵川の支流山形川を見下ろす山の上にある。城主や城の歴史はまったくわかっていない。

城は山形川から60mほどの高さの尾根の先端部分に築かれている。山頂には狭い曲輪が1つあるだけだが、この城の面白さは、それを取り巻く防御遺構にある。

山頂の曲輪の周囲を一周する3重の空堀が存在し、さらに南の尾根続きに対して3重の空堀を設け、この方面からの敵の侵入を食い止める構造となっている。おそらく、この地域が戦火に見舞われた時、臨時に築かれた城であったのであろう。

雫石城 ◆ 南部氏

岩手郡雫石町西安庭

南北朝時代以後、戸沢氏による築城と推定されている。戸沢館ともよばれた。

1540年（天文9）、城主の手

雫石城本丸跡に建つ八幡宮　写真／外川 淳

東左衛門尉が南部氏に攻められて落城。その後、斯波氏が攻略して入城したが、1586年（天正14）、再び南部氏の家臣によって管理されていたが、1592年（文禄1）に廃城となる。

現在、本丸跡には八幡宮が建つ。

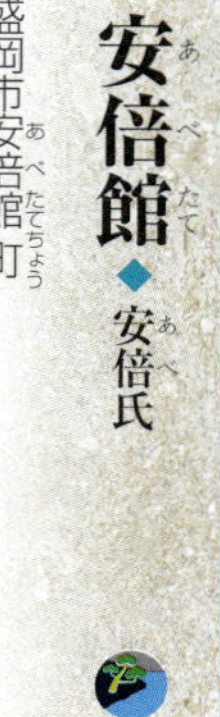

安倍館◆安倍氏

盛岡市安倍館町

盛岡市街の北側、北上川の河岸段丘上に立地。

安倍館は1051年（永承6）からの前九年の役にさいし、安倍貞任・宗任兄弟が籠城し、源頼義・義家親子と戦った有名な厨川柵の跡といわれてきた。しかし、近年の発掘によって、嫗戸柵であった可能性も指摘されている。その後、鎌倉・室町時代には工藤氏が、戦国時代には栗谷川氏が居城したと伝えられ、1592年（天正20）、豊臣秀吉の命で取り壊された。

城は北上川に臨んだ台地縁に、本丸を中心として中館・南館・北館・外館・勾当館とよばれる短冊状の曲輪を並列に配置。各曲輪の間には深い空堀が設けられ、それぞれを区画している。本丸と中館周囲の空堀がよく残っている。

本丸には現在八幡宮があり、そこから眺める北上川は美しい。

座主館堀切

座主館◆不明

紫波郡矢巾町大字北伝法寺

城主や城の歴史についての史料がなく不明である。城の南に平安初期の創建と伝えられる屋彦山伝法寺という寺院跡がある。この寺には天台座主が置かれたといわれ、その寺との関係が考えられる。

城は、東にのびる尾根の先端に本丸を置き、東側の斜面には麓に向けて、十数段の腰曲輪が設けられている。この城の特徴的な縄張は、本丸とこの東斜面の腰曲輪群を包み込むように城内を半周する空堀の存在であろう。本丸周辺では2重の堀切で、北側と南側は竪堀となってそれぞれ麓まで達している。この空堀に守られた本丸や腰曲輪には、当時、城主やその一族が住んでいたものと思われる。

高水寺城◆斯波家長

紫波郡紫波町二日町古館

1335年（建武2）、斯波家長によって北上川のほとり、標高180mの独立丘陵上に築かれた。

以後、斯波氏の居城としてつづくが、1591年（天正19）、南部氏に攻められて落城している。その後、南部信直が居城としていた時期もあったが、盛岡城築城のさいに、高水寺城の資材などはすべて運び去ってしまったという。

現在は城山公園となっている。

高水寺城址　写真／外川 淳

花巻城◆北秀愛

花巻市城内

1591年（天正19）、南部信直の臣北秀愛により、鳥谷ヶ崎城を改造して築かれ、花巻城と改称。

1600年（慶長5）の関ヶ原合戦時、城主の秀愛が南部氏とともに山形方面に出陣中、父信愛が留守を守っていたが、10月2日、和賀一揆勢の攻撃を受けた。城内の武士はわずか13名。ほかは婦女子ばかり。しかし、信愛は農民や町人も加えてなんとか持ちこたえ、その間に南部勢が駆けつけて撃退したという。

三の丸搦手の円城寺門が残り、近年、西御門が復元された。

花巻城三の丸の円城寺門

土沢城◆南部信直

和賀郡東和町土沢

JR釜石線土沢駅に近い丘の上に築かれた山城。

この地は南部氏領の南端で、伊達氏領との境目に近いため、たびたび両者の間で境界紛争が起こった。伊達氏は、南部方の安俵城、田瀬館への攻撃や、口内に浮牛城を築くなど、南部氏に圧力をかけた。信直はこれに対応するため、戦略的要地である当地に築城を思いたった。

1612年（慶長17）、野田内匠の縄張によって築城が開始され、翌年には江刺隆直が2000石で入城した。江刺氏は葛西氏の旧臣で、葛西氏滅亡後は南部氏に従った。仙台藩と南部藩との境界紛争が終息した重信の代になって廃城となった。

城は猿ヶ石川に面する丘の上にあり、山頂の本丸を中心に、高い城壁の曲輪を幾段も麓に向けて築かれている。

鍋倉城 ◆南部直義

遠野市遠野町

当初は横田城といい、天正年間（1573〜92）初期、この地を治めていた阿曽沼氏によって鍋倉山に築城された。

その後南部氏の城となり、城代が置かれたが、1627年（寛永4）に一族の南部直義が八戸から封じられる。直義は横田城を改修し鍋倉城と改め、城下町を整備した。以後10代240年を経て明治に至った。

現在は市立公園であり、曲輪跡・土塁などが残る。

岩谷堂城水堀

写真／江刺市教育委員会

岩谷堂城 ◆江刺氏

江刺市岩谷堂字館下

岩谷堂市街地西北の丘陵上に築かれた山城。

この城は、安倍貞任の鶴脛柵、または、奥州藤原氏の始祖清衡が平泉に移る前に住んだ豊田館とする説がある。中世に江刺一帯を治めたのは、鎌倉幕府の御家人葛西氏で、岩谷堂城にはその一族の江刺氏が居城した。

1590年（天正18）、奥羽仕置で葛西氏が取り潰されたのち、江刺氏は南部氏を頼って岩谷堂城を去った。その後城には木村吉清の家臣溝口氏が入ったが、葛西・大崎一揆のさいに城主は討ち死にした。

一揆鎮圧後は伊達氏の家臣が入り、1659年（万治2）から伊達氏一門の岩城氏が城主となって、明治までつづいた。

城は丘の北に本丸を置き、二の丸・外郭を順次配置する縄張である。

城址名	主な城主	所在地	遺構	解説
江刺家館	江刺家氏	九戸郡九戸村	曲輪・空堀	九戸籠城戦に参加。
種市城	種市氏	九戸郡種市町	曲輪・空堀	種市氏は一戸氏の一族か。
晴山館	晴山氏	九戸郡軽米町	曲輪・空堀	金の鞍や宝物の埋蔵伝説あり。
久慈城	久慈信実	久慈市大川目町	本丸・空堀	九戸籠城戦に参加。
小国館	小国忠直	下閉伊郡川井村	曲輪・空堀	別名大梵天館。
飯岡館	飯岡氏	下閉伊郡山田町	曲輪・空堀	飯岡氏は斯波氏の家臣。
織笠館	福士保定	下閉伊郡山田町	曲輪・空堀	3つの曲輪と空堀がよく残る。
船越御所	北畠氏	下閉伊郡山田町	曲輪・空堀	北畠顕家の遺児、顕成が拠った。
刈屋館	刈屋氏	下閉伊郡新里村	曲輪・空堀	刈屋氏は同族間で抗争する。
黒田館	河北閉伊氏	宮古市本町	曲輪・空堀	閉伊氏の港湾確保の城。
千徳城	千徳氏	宮古市千徳町	曲輪・空堀	千徳氏は閉伊氏の流れ。
払川館	津軽石氏	宮古市津軽石	曲輪・空堀	千徳氏の騙し討ちにあい滅亡。
大槌城＊	大槌氏	上閉伊郡大槌町	曲輪・空堀	永享の戦いで阿曽沼氏を攻める。
鱒沢城	鱒沢氏	上閉伊郡宮守村	曲輪・竪堀	8段の曲輪を囲む竪堀は壮観。
火渡館	火渡氏	遠野市附馬牛町	曲輪・空堀	鱒沢氏に攻められ、必死に抵抗。
狐崎城	狐崎玄蕃	釜石市浜町	曲輪・空堀	葛西一揆の拠点。伊達政宗が攻める。
金田一城	四戸氏	二戸市金田一	曲輪・空堀	座敷童子で知られる金田一温泉の近く。
浄法寺城	浄法寺氏	二戸郡浄法寺町	曲輪・空堀	南部氏の重臣浄法寺氏の居城。
大館	戸沢氏	岩手郡雫石町	曲輪・空堀	雫石城の支城。7本の空堀あり。
玉山館	川村氏	岩手郡玉山村	曲輪・空堀	鎌倉御家人川村氏の城。
平田野館	平田野氏	岩手郡玉山村	曲輪・空堀	石川啄木ゆかりの渋民にあり。
繋古館	館市氏	盛岡市繋	曲輪・空堀	南部氏の雫石城攻めのさい降参する。
大巻館	河村氏	紫波郡紫波町	曲輪・空堀	河村氏は南朝方の武士。
柳田館	中野康実	紫波郡紫波町	曲輪・空堀	発掘で明の青磁・染付が出土。
大迫城	大迫氏	稗貫郡大迫町	曲輪・空堀	和賀・稗貫一揆の拠点となる。
新堀城	新堀氏	稗貫郡石鳥谷町	空堀・土塁	空堀が山中を馬蹄形に取り巻く。
岩崎城	岩崎氏	北上市和賀町	空堀・桝形虎口	和賀・稗貫一揆の拠点となる。
上須々孫館	和賀氏	北上市和賀町	空堀・土塁	東館と西館の2つからなる。
相去城	相去安芸	北上市相去町	空堀・土塁	和賀氏の南方守備を担う城。
二子城	和賀氏	北上市二子町	曲輪・竪堀	国人領主和賀氏の本城。
大林城	柏山氏	胆沢郡金ケ崎町	曲輪・空堀	柏山氏は葛西氏の家臣。
高倉城	加瀬谷氏	西磐井郡花泉町	曲輪・空堀	県南地区の要衝にある山城。
内館	千葉民部	東磐井郡東山町	曲輪・空堀	内陸と太平洋岸をつなぐ要地。
末崎城	武田丹後	大船渡市末崎町	曲輪・空堀	門之浦湾に面する海城。
米ケ崎城	千葉広綱	陸前高田市米崎町	曲輪・空堀	千葉氏は葛西氏に滅ぼされる。

＊県史跡

宮城県

仙台城（せんだいじょう）

県中部、広瀬川西岸の青葉山に築かれた平山城。国史跡。

［所在地］仙台市青葉区川内
仙台市教育委員会文化財課
☎022・214・8544

青葉山には、鎌倉時代に千葉常胤（ちばつねたね）の子胤通（たねみち）が築城したという千代城（せんだい）があった。

1600年（慶長5）、伊達政宗（だてまさむね）が領地の西北に位置する岩出山（いわでやま）（宮城県岩出山町）から移り、新たに築城を開始。天守のかわりに広大な御殿をもつ、62万石の大名にふさわしい城を築き、仙台城と改称した。

建物は明治維新の破却と戦災により失われたが、現在、大手門わきに隅櫓（すみやぐら）が復興されている。

大手門隅櫓
隅櫓は大手門とともに空襲で焼失。1967年（昭和42）にコンクリート造りで復興された。写真／ＪＴＢフォト

伊達家家紋「仙台笹」

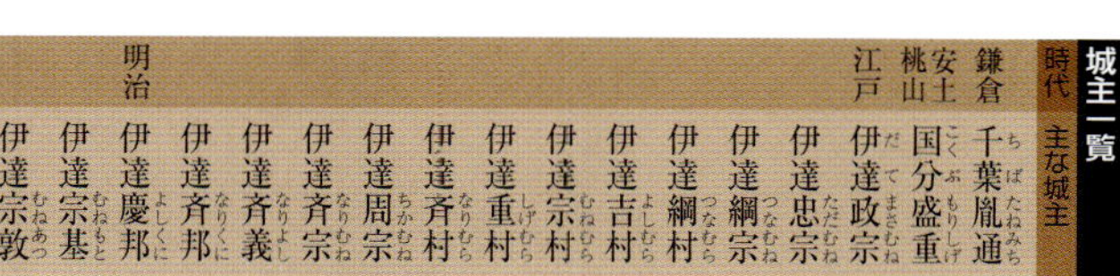

城主一覧

時代	主な城主
鎌倉	千葉胤通（ちばたねみち）
安土桃山	国分盛重（こくぶもりしげ）
江戸	伊達政宗（だてまさむね）
	伊達忠宗（ただむね）
	伊達綱宗（つなむね）
	伊達綱村（つなむら）
	伊達吉村（よしむら）
	伊達宗村（むねむら）
	伊達重村（しげむら）
	伊達斉村（なりむら）
	伊達周宗（ちかむね）
	伊達斉宗（なりむね）
	伊達斉義（なりよし）
	伊達斉邦（なりくに）
明治	伊達慶邦（よしくに）
	伊達宗基（むねもと）
	伊達宗敦（むねあつ）

仙台城大手門と隅櫓
1945年（昭和20）の戦災で焼失する以前のようす。写真／仙台市博物館

伊達政宗画像
仙台市博物館蔵

本丸跡北東部の石垣
隙間なく積み上げられた切石積みによる石垣。写真／佐藤英世

鎌倉時代に陸奥（むつ）伊達郡（福島県）に入部した伊達氏は、次第に領地を拡大し、政宗の時代に南奥州（みなみおうしゅう）を統一するに至った。

伊達輝宗（だててるむね）
米沢（よねざわ）城主。41歳で隠居し、18歳の政宗に家督を譲る。

保春院（ほしゅんいん）
山形城主最上義守（もがみよしもり）の娘。義姫（よしひめ）。

最上義光（もがみよしあき）
初代山形藩主。保春院の兄。

政宗（まさむね）
輝宗長男。奥州に大領土を築き、みずから「奥州王」と称した。関ヶ原の戦いでは東軍につき、初代仙台藩主。

愛姫（めごひめ）
三春（みはる）城主田村清顕（たむらきよあき）の娘。

秀宗（ひでむね）
政宗長男。伊予宇和島（いようわじま）藩の藩祖。母は飯坂氏の娘。

五郎八姫（いろはひめ）
政宗長女。徳川家康の六男、越後高田（えちごたかだ）城主松平忠輝（まつだいらただてる）の正室。

忠宗（ただむね）
政宗次男。2代仙台藩主。仙台城二の丸を造営した。

涌谷城 ◆亘理重宗

遠田郡涌谷町涌谷城山

創建年代・創建者は不明だが、江合川左岸の丘陵に築かれている。戦国時代には大崎氏の一族涌谷氏が居城としていたが、1590年（天正18）、大崎氏とともに滅亡する。以後は伊達領となった。亘理重宗が入り、近世城郭として改造される。亘理氏は以後伊達姓を名乗った。

現在、城山公園となり、1833年（天保4）再建の隅櫓と天守風の涌谷町立史料館（改修工事のため2005年春まで閉館）が建つ。

涌谷城隅櫓（右）と涌谷町立史料館
写真／涌谷町教育委員会

佐沼城 ◆大崎氏

登米郡迫町佐沼

鹿ヶ城とも称する。文治年間（1185～90）、照井高直によって築かれたとも伝わる。

戦国時代には、大崎氏の属城となった。

大崎氏は1590年（天正18）、豊臣秀吉の小田原参陣の命に応ぜず、所領を没収された。そして葛西・大崎一揆勢が、佐沼城に籠城して抗戦したが、伊達政宗軍に鎮圧されている。

江戸時代は伊達家の家臣が居城し、1756年（宝暦6）から亘理倫篤が入って、子孫が明治まで在城した。

現在は鹿ヶ城公園となっている。

佐沼城 写真／迫町教育委員会

岩ヶ崎城 ◆富沢道祐

栗原郡栗駒町岩ヶ崎

鶴舞城・鶴丸城ともよばれた。

南北朝時代、富沢道祐によって築かれた。富沢氏は戦国時代、葛西氏に属し、葛西氏滅亡後は南部氏に随臣している。

1591年（天正19）に九戸政実の乱が起こるが、この時、岩ヶ崎城は、討伐軍総大将関白豊臣秀次の陣所となった。

江戸時代に入ると、伊達政宗の五男宗綱が入封。以後中村氏が入り、代々の居城とする。

現在は館山公園となっている。

岩出山城 ◆伊達政宗

玉造郡岩出山町字城山

江合川南岸の標高約100mの崖上に築かれた平山城。もとは岩手沢といい、北羽前街道と羽後街道の交わる要衝の地にあり、奥州探題大崎氏の支城であった。

1590年（天正18）、伊達政宗は、豊臣秀吉の奥羽仕置に端を発して起こった葛西・大崎一揆を平定し、翌年米沢よりこの地に転封となった。

政宗は地名を「岩出山」と改め、岩山を堀切で分断し、各所を土塁で固めて曲輪をつくり、街道や城下町を整備、以後10年余、居城とした。

政宗の仙台城移転後は、四男宗泰が入り、1万4600余石の岩出山伊達家は10代で維新を迎えた。

現在、公園となった本丸跡には政宗像が立ち、二の丸跡は岩出山高校になっているが、全体に曲輪や土塁、門跡などがよく残る。

岩出山城（前方の台地）

宮崎城 ◆笠原民部

加美郡加美町宮崎

鳥川と田川の合流点西側、絶壁上に築かれている。戦国末期の城主は大崎氏家臣の笠原民部で、大崎一揆最後の拠点となった場所である。

1591年（天正19）、伊達政宗の攻撃を受けて落城した。

名生城 ◆斯波家兼

古川市大崎名生

1351年（観応2・正平6）、斯波（大崎）家兼の築城と伝わる。江合川西岸の河岸段丘上に築かれた。大崎氏は大崎5郡を領有し、この地方を代表する戦国大名となったが、1590年（天正18）、豊臣秀吉の小田原攻めに参陣しなかったため、領地を没収された。その後、葛西氏とともに一揆を起こして抵抗するが滅亡し、名生城も廃城となる。

現在、跡地は古代の郡衙跡（国史跡）として発掘中だが、中世の土塁・空堀がわずかに残る。

岩切城 ◆留守家景

仙台市宮城野区岩切 ＊

標高106mの高森山に築かれ、高森城ともいう。築城したのは、源頼朝から陸奥留守職に任ぜられた伊沢家景である。家景はのち、留守と姓を改めた。

留守氏は、戦国時代に大崎氏の被官となり、やがて伊達晴宗の三男政景が家を継ぐ。そして元亀年間（1570～73）に居城を利府（宮城郡利府町）に移し、岩切城は廃城とされた。

空から見た岩切城址　写真／仙台市教育委員会

若林城 ◆伊達政宗

仙台市若林区古城2丁目

若林城土塁と堀

1628年（寛永5）、仙台藩主伊達政宗が「若林屋敷」として築いた城である。政宗は、この城で花鳥風月を愛でて過ごしたという。1636年（寛永13）、政宗の死去にともない廃城となった。

城の土塁には横矢掛が多用され、みごとな設計となっているが、現在、宮城刑務所となり、一般の立ち入りは禁止されているので内部を見ることはできない。

白石城天守

白石城 ◆片倉景綱

白石市益岡町

白石川の南岸にあたる標高76mの丘上にあって、伊達氏仙台藩の南の国境を守った平山城。益岡城とも。

戦国時代は、伊達氏麾下の白石氏の居城であったが、伊達政宗が小田原攻めの遅参を豊臣秀吉に咎められ、米沢から岩出山に移されたとき、白石城は蒲生氏郷に与えられ、次いで上杉氏の支配下に入った。

政宗は、関ヶ原合戦直前に、徳川家康の意を受けて白石城を奪還、1602年（慶長7）、家臣の片倉景綱に与えた。景綱は城の大改修をなしとげ、以後、片倉家が城主となる。一国一城令の例外として明治維新まで存続した。

城は明治期に入って破却されたが、1995年（平成7）、3層の天守（大櫓と称した）、大手一の門、二の門（櫓門）が木造で復元され、天守台は野面積みで組み上げられた。

船岡城 ◆原田甲斐

柴田郡柴田町船岡

柴田城・芝田城・四保城ともいう。城主がはっきりするのは、天文年間（1532～55）からである。柴田氏の初代四保定朝が住み、慶長年間（1596～1615）には屋代氏、のちに原田氏の所領となった。

伊達騒動により原田氏の所領は没収され、再び柴田氏の所領となって明治維新までつづいている。

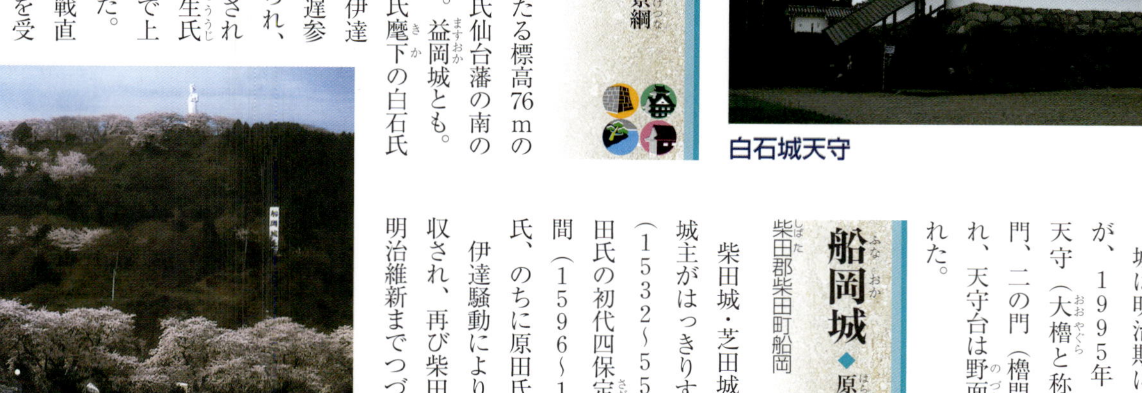

船岡城址　写真／柴田町商工観光課

船岡城主原田甲斐を主人公にした山本周五郎の名作『樅ノ木は残った』が出版されるや、多くの人が訪れるようになったという。

城跡は現在、船岡城址公園となり、桜の名所である。一角には原田甲斐の供養塔とともに、樅の古木が残されている。

亘理城 ◆ 亘理元宗

亘理郡亘理町亘理

臥牛城・御館ともよばれる。

天正年間（1573～92）に亘理元宗によって築かれた平山城。

1591年（天正19）、亘理氏が涌谷に移封されると、片倉景綱が入る。景綱が白石に移ると伊達成実が入封し、明治維新まで亘理伊達氏が居城した。

現在は亘理神社や高校の敷地となっている。またJR亘理駅近くに、城のような造りの社会教育施設悠里館がある。

角田城 ◆ 石川昭光

角田市角田

臥牛城・金鶏ヶ館ともよばれる。

永承年間（1046～53）に、伊具永衡が館を設けたのが始まりと伝わる平山城。

戦国時代には伊達氏一門の田手氏の居城であった。ついで天正年間（1573～92）に伊達成実、そして1598年（慶長3）に石川昭光が入封する。この時に大改修して、以来270年余、石川氏代々の居城となった。

現在は、角田高校となっている。

金山城 ◆ 井戸川将監

伊具郡丸森町金山

1564年（永禄7）ごろ、井戸川将監の築城と伝わる山城。

戦国時代には、伊達・相馬両氏の領地境だったので、抗争の主戦場になった。伊達政宗の初陣も、この城攻めの時である。

1584年（天正12）に伊達氏が落城させ、この戦に功のあった中島宗求に与えた。以後、明治まで中島氏が居城とした。

現在は「お館山公園」となっており、本丸跡周囲に石垣が残る。

金山城石垣　写真／佐藤英世

城址名	主な城主	所在地	遺構	解説
朝日館	千葉秀次	本吉郡志津川町	曲輪・土塁	千葉氏は下総千葉氏の一族。
歌津館	馬籠四郎兵衛	本吉郡歌津町	曲輪	葛西氏配下。太平洋に突出する岬上。
館山館	黒木紀伊守	本吉郡津山町	曲輪・空堀	のちに葛西氏の臣千葉氏が入城。
赤岩城	熊谷直宗	気仙沼市赤岩舘森	曲輪・堀切	熊谷直実の末裔の城。
岩切館	不明	登米郡南方町	土塁・空堀	空堀が周囲をめぐる小型平城。
鶴尾館	大沢刑部	登米郡東和町	曲輪・空堀	2重の空堀残る。
弥勒寺館	鈴木正斎	登米郡中田町	曲輪・空堀	台地続きを遮断する長い空堀。
彫堂七館	不明	遠田郡小牛田町	曲輪・空堀	8つの独立した館の集合体。
塩野田館	矢代斎三郎	桃生郡河南町	曲輪・空堀	近くに金売吉次伝説地あり。
七尾城	山内首藤貞通	桃生郡河北町	曲輪・空堀	葛西氏に攻められ、落城。
樋ノ口館	不明	桃生郡矢本町	土塁・空堀	土塁が取り巻く。陣城か。
水沼館	水沼上野	石巻市水沼	曲輪・空堀	城の南北を3重堀切で仕切る。
鷲ノ巣館	平小三郎	石巻市大瓜	土塁・空堀	南方斜面の通路（竪堀）が壮観。
新城館	高清水直堅	栗原郡高清水町	土塁・空堀	大規模な空堀がコの字に囲む。
鶴ノ丸館	沼田氏	栗原郡志波姫町	土塁・堀	近世は伊達氏家臣の屋敷地となる。
藤沢館	小野寺氏	栗原郡瀬峰町	土塁・空堀	葛西氏の家臣。空堀は雄大。
大瓜城	福田氏	黒川郡大衡村	土塁・空堀	土塁と空堀が馬蹄形にめぐる。
駒場小屋館	児玉右近	黒川郡大衡村	土塁・空堀	児玉氏は武蔵国武士団「丹党」の流れ。
御所館	黒川氏	黒川郡大和町	土塁・空堀	複雑で大規模な山城。
鶴巣館	黒川景氏	黒川郡大和町	曲輪・堀切	大崎氏一族黒川氏の本城。
反町館	不明	宮城郡松島町	曲輪・堀切	尾根の先に独立堡塁を築く。
長命館	不明	仙台市泉区	土塁・空堀	公園になり、空堀などがよく見える。
杭城	山内首藤氏	仙台市泉区	土塁・空堀	結城氏との戦いの陣城か。
茂庭西館	茂庭駿河	仙台市青葉区	曲輪・堀切	茂庭氏が天正年間に築城。
御殿館	不明	仙台市青葉区	土塁・空堀	野武士が立て籠った城。
高館	福田駿河	名取市吉田	土塁・空堀	伊達氏の名取郡侵出の拠点。
川崎城	砂金実常	柴田郡川崎町	土塁・空堀	伊達氏の要害。慶長年間の築城。
村田館	伊達氏	柴田郡村田町	曲輪・空堀	仙台藩の館として明治まで存続。
山家館	山家氏	刈田郡蔵王町	土塁・空堀	本丸・二の丸と空堀がよく残る。
内親館	宮内盛実	白石市白川内親	曲輪・空堀	白石川に面する、複雑な縄張。
地蔵院館	不明	白石市斎川	土塁・空堀	巨大な土塁と空堀が囲む。
医王館	不明	角田市尾山	土塁・空堀	空堀のラインが延々とつづく。
柴小屋館	佐藤為信	伊具郡丸森町	土塁・空堀	伊達政宗が相馬氏より奪回。
丸山館	伊達稙宗	伊具郡丸森町	曲輪・空堀	伊達稙宗の隠居城。
冥護山館	伊達政宗	伊具郡丸森町	曲輪・空堀	伊達政宗が相馬氏に備え築く。

秋田県

久保田城

県中西部、雄物川東方の久保田神明山に築かれた平山城。

奈良時代に大和朝廷が構えた秋田城と区別するため、久保田城と称する。

関ヶ原の合戦で西軍石田三成に通じたとして常陸54万石から出羽20万石に転封された佐竹義宣が、1603年（慶長8）に起工。石垣のかわりに土塁がめぐる城を完成させた。天守は存在せず、御出書院とよばれる櫓がその代用とされていたが、明治期に焼失。現在、展望台を増設した御隅櫓が復興されている。

佐竹義宣画像

天徳寺蔵

写真／秋田市立佐竹史料館

御隅櫓

1989年（平成1）に復興された隅櫓。写真／ファインフォトエージェンシー

城主一覧

時代	主な城主
江戸	佐竹義宣
	佐竹義隆
	佐竹義処
	佐竹義格
	佐竹義峯
	佐竹義真
	佐竹義明
	佐竹義敦
	佐竹義和
	佐竹義厚
	佐竹義睦
明治	佐竹義堯

明治初年の久保田城

外堀に架かる穴門橋越しに、御出書院が見える。写真／秋田市立佐竹史料館

佐竹家家紋「月印五本骨軍扇」

佐竹氏は、平安後期から勢威を示した北関東の名族。義宣は水戸城を本拠としたが、関ヶ原の戦いで西軍に通じたとされ、秋田転封となった。

佐竹義重
常陸太田城主。早くから豊臣秀吉と誼みを通じ、常陸の領有を安堵される。

義宣
義重長男。初代秋田藩主。新城を建設、20万石の基礎を固めた。

蘆名盛重
義重次男。会津黒川城主。伊達政宗と摺上原で戦い敗北。

岩城貞隆
義重三男。磐城大館城主。のち信濃川中島藩主となる。

佐竹義隆
貞隆の子。川中島藩主、出羽亀田藩主を経て、2代久保田藩主。

御物頭御番所

藩政期唯一の遺構で、物頭（足軽組頭）の詰所。写真／佐藤 勉

［所在地］秋田市千秋公園

☎018・832・1298 秋田市教育委員会

脇本城 ◆安東氏

男鹿市脇本字脇本 ＊

男鹿半島の南のつけ根部分にあたる、生鼻崎周辺の丘陵上に築かれた平山城。檜山・湊に本拠を置く安東氏の有力な支城の1つである。

天然の良港を押さえるこの城は、日本海貿易で勢力をもった安東氏の支城にふさわしく、城内からは中国産の陶磁器などが出土する。

1587年（天正15）、檜山安東愛季の跡を継いだ実季に対し、脇本城主の安東修季は、湊城の安東高季と反乱を起こす。実季は苦戦の末に謀反を鎮圧し、両安東氏を統合。のちにこの城も実季の支城となった。

城地の一部は、江戸時代の地震で崩壊し海中に没したと伝えられるが、それ以外の城の遺構はよく残る。

脇本城内館を望む

檜山城 ◆安東実季

能代市檜山 ＊

檜山城本丸の桝形虎口 写真／能代市教育委員会

米代川の支流檜山川の南岸にある霧山に築かれた山城。霧山城・堀内城ともよばれる。1495年（明応4）に、檜山安東氏の忠季が築いたという。

安東氏は室町時代、檜山・湊の両家に分かれ、このうち檜山安東氏は戦国末期の愛季・実季の代に全盛期を迎える。実季は秋田領の統一に成功。居城を土崎湊（秋田市）に移し、秋田城介を名乗った。

1602年（慶長7）の佐竹氏の秋田入部にさいし、佐竹氏家臣の小場義成が入城。その後多賀谷氏が在城したが、1620年（元和6）に廃城となった。

城は馬蹄形の尾根の約133万㎡の範囲に築かれた壮大な山城で、本丸を中心に大小20本の堀切が残る。

十狐城 ◆浅利則頼

北秋田郡比内町独鈷

大館盆地の東南部、比内町独鈷の東方台地上に築かれた丘城。

甲斐国（山梨県）を本貫地とする浅利氏は、奥州征伐の功により源頼朝から出羽比内地方の地頭職を与えられ、南北朝時代に北朝方につき、勢力を広げた。

戦国時代になると、当主の則頼は十狐城や比内（大館盆地）各地に支城を築き、家臣を配置した。浅利氏の支配する比内地方は東に南部氏、西に檜山安東氏、北に津軽氏などの群雄がひしめき、苦しい領国経営をしいられた。浅利氏は永禄から天正にかけて、則祐・勝頼などが安東氏に属し活躍するが、独立を企て、たびたび討伐を受ける。

城は群郭式の縄張で、4つの大きな曲輪からなる。

石鳥谷館 ◆石鳥谷氏

鹿角市八幡平石鳥谷

鹿角盆地三ノ岳の麓、夜明島川の左岸台地上に築かれた丘城。鹿角地方に勢力を張った安保氏の一族石鳥谷氏の居城。鹿角四十二館の1つに数えられる。

檜山城主の安東愛季は、1566年（永禄9）鹿角盆地に攻め込み、最初に石鳥谷館を攻撃した。館では城主の石鳥谷正友をはじめ一族郎党が立て籠り、近隣の長牛城主長牛縫殿助も加勢して厳重な防備態勢がとられた。しかし、大軍を擁する安東勢が四方から烈しく攻め立てたため、ついに落城した。

城の構造は群郭式縄張で、起伏の多い台地上に大きな7つの曲輪と帯曲輪を配置している。

石鳥谷館跡 写真／鹿角市教育委員会

大里館 ◆大里氏

鹿角市八幡平堀合・大里

鹿角盆地の南部、歌内川扇状地の台地端に築かれた丘城。鹿角四十二館の1つ。城は群郭式縄張で築かれ、大館・幡福館などの曲輪が残る。

大里氏は、武蔵七党の丹党の安保

氏の分かれで、鎌倉時代に鹿角郡に入部した安保氏の一族にあたる。南北朝初期には三戸南部氏とともに南朝方につき、津軽の北朝方の曾我氏とたびたび戦った。

1558年（永禄1）、鹿角侵攻を図った檜山城主の安東愛季の味方についたが、その後安東氏は南部信直に敗れ、大里氏は追放された。

のちに旧領を回復するものの、今度は秀吉の奥羽仕置のさいに九戸政実方についたため処刑され、大里館も廃城となった。

角館城 ◆ 蘆名盛重

仙北郡角館町古城山

古城山とよばれる標高166mの半独立丘に築かれた平山城。麓を桧木内川が湾曲して流れる。

14世紀に菅氏が築城したといわれる。菅氏は1423年（応永30）、戸沢家盛に攻められ、以後戸沢氏が城主となった。江戸時代には佐竹氏の領国となり、佐竹義宣の実弟である蘆名盛重（のちの義勝）が入城。1620年（元和6）幕命により破却となり、古城山南麓に居館が建てられた。

遺構はよく残っており、大規模な曲輪が確認できる。

義勝による大がかりな町割りの名残は諸所で偲ばれ、武家屋敷が整然と連なる大路をはじめ、城下町の面影を色濃く残している。

角館城本丸を望む

大森城 ◆ 小野寺康道

平鹿郡大森町大森

横手盆地の中央部西側、雄物川西岸の丘の上に築かれた。15世紀後期、横手城主小野寺泰道の四男道高の築城といわれる。

天正年間の城主は、大森殿とよばれた横手城主義道の弟康道で、兄に従い、小野寺領に侵入した最上勢と有屋峠などで戦っている。その後、太閤検地の総奉行として訪れた上杉景勝は大森城に入り、山北3郡の太閤蔵入地の検地および刀狩りを実施した。康道は景勝の接待役をつとめ、景勝退去後に再び城主となった。

1600年（慶長5）10月、最上氏は小野寺領侵攻にさいし大森城を攻めたが、落城はまぬがれた。1620年（元和6）廃城。

城域は現在公園になり、本丸・二の丸・役人館などの跡が残る。

横手城 ◆ 小野寺輝道

横手市城山町

1555年（弘治1）ごろ、山北地方を領有していた小野寺氏が朝倉山上に築いた平山城。その昔は朝倉城とよばれた。

山の南と西に横手川が流れ、背後は奥羽山脈に連なる要害地に、石垣を使わず土塁で築城。土崩れと敵の侵入を防ぐために斜面に韮を植えたので、韮城という呼称もある。

1602年（慶長7）、水戸から秋田へ移封された佐竹義宣は、久保田城を秋田藩の本拠とし、横手城を支城として城代を置いた。

戊辰戦争のさい、佐竹氏は奥羽越列藩同盟に加盟したが、一転して新政府軍に与したため同盟軍の攻撃を受け、落城した。

現在、城跡は横手公園として整備され、二の丸跡に郷土資料館を兼ねた天守様式の展望台が聳える。

横手城展望台

西馬音内城 ◆ 小野寺道直

雄勝郡羽後町西馬音内堀回 *

横手盆地南部の要衝、西馬音内に築かれた壮大な山城。

鎌倉時代、出羽に入部し稲庭城を居城とした小野寺経道は、次男道直を西馬音内に配した。その道直が1277年（建治3）に築城したと伝わる。

戦国時代になると、西馬音内城は由利郡進出のための小野寺氏の有力な軍事拠点となる。城主の茂道は由利十二党とよばれる豪族集団の懐柔を試みたが、それがもとで1592年（文禄1）、小野寺氏に内紛が起こった。これに乗じた山形の最上氏が小野寺領に侵攻したため、茂道はみずから城に火を放ったという。

城は本丸を中心にいくつも曲輪を配し、空堀を縦横にめぐらす縄張で、小野寺氏の南方領域の軍事拠点としてふさわしい構えである。

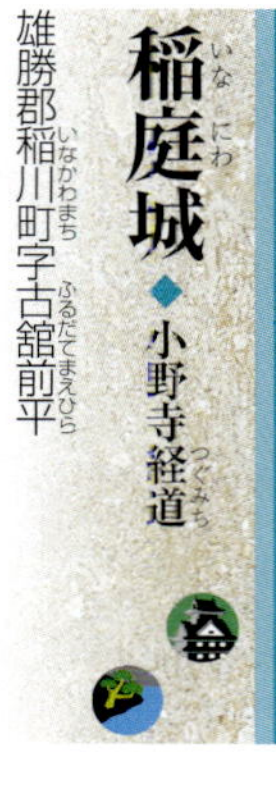

稲庭城 ◆ 小野寺経道

雄勝郡稲川町字古舘前平

大森山の南西に築かれた山城。檜山城の安東氏とともに、現在の秋田県を2分する勢力を誇った小野寺氏の初期の居城。

小野寺氏は下野国の出自で、鎌倉時代に当地へ下向し、この城を築いたといわれる。その後しだいに勢力を広げ、戦国時代には、西馬音内城や湯沢城に一族を配して雄勝・平鹿・山北3郡を支配した。その後、本拠を沼館城に移し、稲庭城は一族のものが在城したが、1596年（文禄5）に最上氏に攻められ、陥落した。

城は山頂と西側尾根の2つの部分からなり、西側尾根上遺構は明確だが、山頂は粗放な構造である。曲輪跡・堀切・櫓台などが残り、二の丸跡に天守風の「今昔館」が建つ。

稲庭城址に建つ今昔館

臼館◆小野寺氏

雄勝郡雄勝町下院内

雄物川の谷の町、下院内対岸の山上に所在。暦応年間（1338～42）に院内を領し、法領館を本拠にした三浦義末が支城として築いたという。

戦国末期には、小野寺氏の支城として、最上氏に備えていたものと思われる。天正から慶長年間にあった小野寺氏と最上氏との抗争にさいして、たびたび戦いの場となった。

1600年（慶長5）、最上氏は小野寺領侵攻を本格的に開始し、山田次郎の守る法領館を攻めたが、なかなか落城しなかった。雄物川対岸の臼館が連携して、守りを固めていたからであろう。

本丸の東斜面には、畝状の空堀が残るが、これはこの戦いにさいしてつくられたものと思われる。

八口内城◆小野寺氏

雄勝郡雄勝町秋ノ宮

山形から有屋峠を越えて横手に至る要路にある。雄勝郡を領有する小野寺氏が、山形の最上氏に備えて築いた城という。

小野寺氏は有屋峠を越えて最上領に侵攻したが、最上郡の鮭延氏が最上氏に屈服すると形勢は逆転した。1586年（天正14）に小野寺氏は有屋峠で最上氏と戦い辛勝したものの、1593年（文禄2）には最上氏が有屋峠を越えて小野寺領に侵攻し、八口内城を陥落させた。この戦いで城主の貞冬は戦死し、城は最上氏の領有に帰した。

城は、本丸と数段の曲輪からなり、東斜面に空堀を畝状に連続させた遺構が残る。これは小野寺氏が築いた城によく見られる遺構で、最上氏との戦いに備えて築かれたものと思われる。

城址名	主な城主	所在地	遺構	解説
大湯館	大湯兵衛	鹿角市十和田大湯	曲輪・空堀	近世も南部藩の下で存続。
小枝指館	小枝指左馬助	鹿角市花輪	曲輪・空堀	鹿角四十二館の1つ。古銭が出土。
花輪館	花輪次郎	鹿角市花輪	曲輪・空堀	南部氏、この城で安東氏に対抗。
大館城	安東氏	大館市中城	土塁・水堀	戊辰戦争で南部氏が攻める。
葛原館	浅利氏	大館市葛原	曲輪・空堀	鹿角・大館間の要路の押さえ。
花岡城	浅利定頼	大館市花岡町	曲輪・空堀	定頼は山田合戦で討ち死に。
八木橋城	浅利及蘭	北秋田郡比内町	曲輪・空堀	比内・阿仁間の要路の押さえ。
坊沢高館	長崎尾張	北秋田郡鷹巣町	曲輪・空堀	比内浅利氏の家臣の城。
風張城	松橋季盛	北秋田郡阿仁町	曲輪・空堀	嘉成助清に攻められ、落城。
町館	額田監物	山本郡二ツ井町	段築・堀切	茶釜・青磁・白磁が出土。
館の上館	鵜川氏	山本郡八竜町	曲輪・空堀	湊合戦覚書のカトウド城か。
茶臼館*	北畠氏	能代市檜山	曲輪・空堀	子孫は檜山安東氏に仕える。
山内城	三浦秀兼	南秋田郡五城目町	曲輪・空堀	檜山安東氏の配下。大館城代。
高寺館	不明	仙北郡協和町	曲輪・空堀	山腹を利用した巨大な山城。
本堂城*	本堂氏	仙北郡美郷町	土塁・水堀	本堂氏の築いた平城。
鎧ヶ崎城	不明	仙北郡美郷町	畝状空堀	畝状空堀が城の全周囲を覆う。
楢岡城	楢岡氏	仙北郡南外村	土塁・空堀	楢岡氏は角館戸沢氏と姻戚関係。
椿台城	佐竹義理	秋田市雄和椿川	砲台・衛門跡	1868年（明治1）に築城。
豊島館*	畠山玄蕃	秋田市河辺戸島	曲輪	城主は畠山重忠の末裔。湊安東氏家臣。
天館	天岡相模守	秋田市添川	曲輪・空堀	旭川流域で最大規模の山城。
白華城	安東義仁	秋田市豊岩	土塁・水堀	豊島玄蕃の奇襲を受け、落城。
湊城	安東実季	秋田市土崎港中央	水堀	湊安東氏累代の本城。
本荘城	楯岡満茂	本荘市出戸町	土塁・水堀	満茂築城。のち六郷氏の居城。
浅舞城	小野寺光道	平鹿郡平鹿町	曲輪・空堀	横手城小野寺氏一族の城。
樋ノ口城	小野寺道守	平鹿郡平鹿町	曲輪・空堀	南北朝時代の板碑が出土。
新城山館	小野寺氏	平鹿郡増田町	曲輪・堀切	小野寺氏関連の山城か。
八幡林館	松岡氏	湯沢市松岡	曲輪・畝状竪堀	松岡氏は小野寺氏の家臣。
館山館	小野寺氏	雄勝郡羽後町	曲輪・畝状竪堀	30本の畝状竪堀は壮観。
田代城	田代氏	雄勝郡羽後町	曲輪・畝状竪堀	由利十二党に対する押さえ。
草井崎城	菅六郎	雄勝郡雄勝町	曲輪・堀切	最上氏に攻められ、落城。
小野城	町田氏	雄勝郡雄勝町	曲輪・畝状竪堀	最上氏に攻められ、落城。
しなの館	不明	雄勝郡雄勝町	曲輪・畝状竪堀	斜面の畝状竪堀は壮観。
山根館*	仁賀保氏	由利郡仁賀保町	曲輪・空堀	由利十二党仁賀保氏の本城。
天鷺城	赤尾津氏	由利郡岩城町	曲輪・空堀	由利十二党赤尾津氏の本城。
根井館	根井正重	由利郡鳥海町	曲輪・竪堀	19本の竪堀は壮観。

*国史跡　*県史跡

山形県

山形城

県の中央東部、最上川支流の馬見ヶ崎川の扇状台地に築かれた平城。別名、霞ヶ城。国史跡。

1357年（正平12・延文2）、最上氏の祖、羽州探題斯波兼頼が築城したという。以来、最上氏歴代の居城となった。

のち、豊臣秀吉による奥羽平定に従った最上義光が近世城郭として大幅に改修。天守こそ建てられなかったが、57万石の大名にふさわしい巨大城郭を完成させた。その最上氏も義俊の代に改易。かわって入封した鳥居忠政によって諸門や三重櫓が改築されている。

二の丸東大手門　東大手橋の正面に薬医門、左方に続櫓が付属する櫓門、右手に北櫓が建ち、枡形を構える。1991年（平成3）復元。写真／世界文化フォト

城主一覧

時代	主な城主
南北朝	斯波兼頼
室町	最上直家
	最上義定
	最上義守
江戸	最上義光
	最上家親
	最上義俊
	鳥居忠政
	保科正之
	松平直基
	奥平忠弘
	堀田正仲
	松平直矩
	松平忠雅
	堀田正亮
	松平乗佑
	秋元凉朝
	水野忠精
明治	水野忠弘

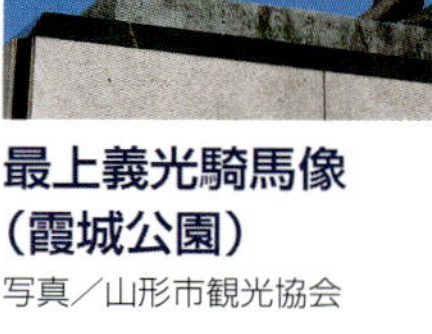

最上義光騎馬像（霞城公園）
写真／山形市観光協会

明治初期の二の丸東大手門
山形城内の建物は、1875年（明治8）にすべて破却された。
写真／山形市公園緑地課

最上家家紋「丸に二つ引両」

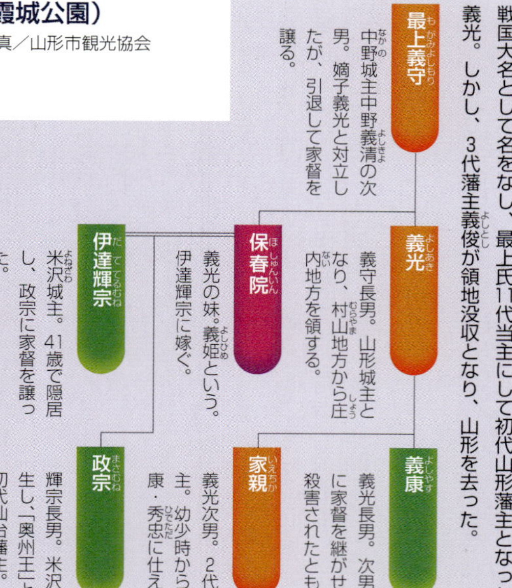

戦国大名として名をなし、最上氏11代当主にして初代山形藩主となった義光。しかし、3代藩主義俊が領地没収となり、山形を去った。
最上義守
中野城主中野義清の次男。嫡子義光と対立したが、引退して家督を譲る。
義光
義守長男。山形城主となり、村山地方から庄内地方を領する。
義康
義光長男。次男の家親に家督を継がせるべく殺害されたともいう。
家親
義光次男。2代山形藩主。幼少時から徳川家康・秀忠に仕えた。
保春院
義光の妹。義姫という。伊達輝宗に嫁ぐ。
伊達輝宗
米沢城主。41歳で隠居し、政宗に家督を譲った。
政宗
輝宗長男。米沢城で誕生し、「奥州王」となる。初代仙台藩主。

本丸一文字門の復元石垣　写真／樋口 徹

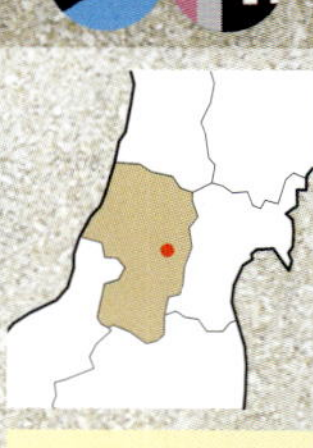

［所在地］山形市霞城町霞城公園
山形市都市開発部公園緑地課
☎023・641・1212

鶴ヶ岡城 ◆酒井忠勝

鶴岡市馬場町

鶴岡市の中心部に位置する平城。もとは大宝寺城といい、鎌倉幕府の役人武藤景頼が築いたと伝わる。その後、武藤氏は大宝寺城を本拠に庄内支配をつづけた。関ヶ原の戦い後は、最上義光が城を整備して城名も鶴ヶ岡城と改めた。

1622年（元和8）、最上氏改易のあと酒井忠勝が入封。鶴ヶ岡城の本格的な築城と城下町の造営が行なわれた。以後、明治維新まで酒井氏の居城。本丸には平屋建ての御殿と2重櫓、二の丸にも2重櫓が設けられた。三の丸の東側には藩校致道館（一部現存）が建ち、西側の御用屋敷は致道博物館となっている。

戊辰戦争に敗れて城地を没収されたあと、1875年（明治8）に城は解体され、鶴岡公園に堀の一部を残すのみとなった。

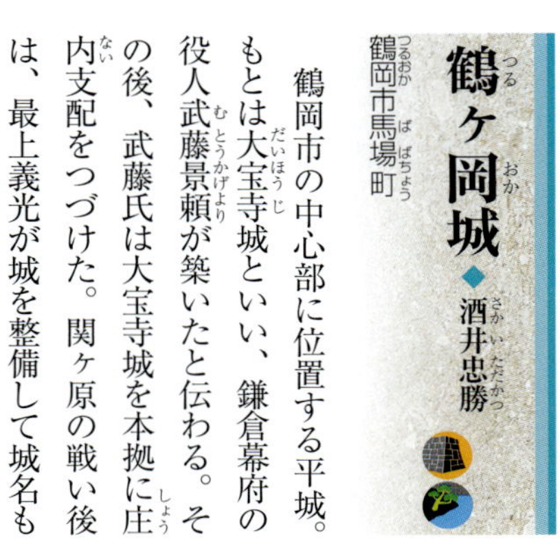

鶴ヶ岡城 写真／鶴岡市観光物産課

尾浦城 ◆武藤氏

鶴岡市大山大山公園

大浦城とも。1532年（天文1）ごろ、武藤氏が山城を築き、大宝寺城から本拠を移した。一時は最上氏との戦いに勝った越後上杉氏の属城となるが、関ヶ原合戦後は最上氏の領有となり、大山城と改称した。

1615年（元和1）の一国一城令により居館が山麓に移され、1622年（元和8）、最上氏の改易とともに廃城となった。

城跡は公園となり、遺構は見られない。

松山城 ◆酒井忠休

飽海郡松山町松嶺

庄内藩主酒井忠勝の三男忠恒が分封されて成立した松山藩酒井氏の居城。三代忠休は、若年寄など幕府の要職を長く務めた功績により築城の許可を得て、1781年（天明1）から7年を要して城郭を築いた。

1790年（寛政2）の落雷で大手門を焼失するが、2年後に酒田の豪商本間重利の寄進によって再建された。

明治維新で廃城になったのちも大手門は残され、現在、内堀・土塁などとともに歴史公園として整備されている。

松山城大手門

鮭延城 ◆鮭延貞綱

最上郡真室川町内町

真室城ともよばれる。町史によると、天文年間（1532～55）の築城とされる。最上川支流の鮭川の河岸段丘に築かれている。

1581年（天正9）当時の城主は鮭延（佐々木）秀綱。19歳であったが豪勇として名高かった。最上氏部将の氏家尾張守の攻撃を受け、水の手を絶たれて降伏。以後、義光麾下の部将として活躍している。

最上氏の改易後、戸沢政盛が入封したが、戸沢氏が新庄に移った1625年（寛永2）に廃城とされている。

現在、丘上に城址碑だけが立つ。

鮭延城址（建物背後の丘上） 写真／外川 淳

新庄城 ◆戸沢政盛

新庄市堀端町

沼田城・鵜沼城ともよばれ、戦国期に日野氏が居館を構えた。

新庄城土塁と水堀

1622年（元和8）に鮭延城に入った戸沢政盛は、本拠を新庄に移し、1625年（寛永2）、新たに平城を築いた。そして、代々戸沢氏の居城として幕末を迎える。明治維新では新政府軍についたため、庄内藩に攻められて炎上した。
　現在、城跡は最上公園と戸沢神社の境内となり、土塁・石垣・堀の一部が残されている。

延沢城 ◆延沢満重

尾花沢市延沢　＊

霧山城ともいう。1547年（天文16）に延沢満重が築城を開始、約3年かかって完成した山城。2代満延は天童氏らと結んで最上義光に敵対したが、義光に寝返り、その子光昌は最上氏の属将として各地に転戦している。
　最上氏が改易されたのちに入封した鳥居氏の属城を経て、1667年（寛文7）に破却された。
　現在、曲輪跡・空堀・土塁などが整備されて残る。本丸跡の大杉は、県の天然記念物である。

寒河江城 ◆寒河江氏

寒河江市寒河江

嘉禄年間（1225〜27）、寒河江荘の地頭大江親広が居館を構えた。大江氏は室町初期に寒河江氏を称し、18代約360年間にわたって在城した。
　1584年（天正12）、寒河江氏は出羽統一を図る最上義光に滅ぼされ、城は山形城の属城となる。最上氏の改易後、鳥居氏の預かりとなって二の丸・三の丸の土塁などが崩され、1636年（寛永13）、鳥居氏の改易にともない廃城とされた。
　現在、本丸跡は寒河江小学校の敷地となり、城址碑が立っている。

天童城 ◆天童頼直

天童市天童

天童城址　写真／和田不二男

山形盆地中東部、舞鶴山に築かれた村山地方最大の山城。1375年（天授1・永和1）に初代天童氏となった里見頼直が入城し、以後、10代209年にわたって天童氏の居城。最後の城主頼久（頼澄）は、最上義光の側室の弟であったが、1584年（天正12）、最上の大軍に攻められて落城した。
　本丸跡に義光が創祀したという愛宕神社が建つ。本丸につづく山の支脈には8つの楯（館）があり、天童氏の重臣が置かれていたという。
　この舞鶴山の西麓（田鶴町）に、外堀・内堀をもつ天童藩主の居館（御館）があったが、戊辰戦争のさい、庄内藩の攻撃を受けて焼失した。藩主は信長の次男信雄を祖とする織田氏である。

畑谷城 ◆江口五兵衛

東村山郡山辺町畑谷

慶長年間（1596〜1615）に山城として拡張された。標高549mの丘陵上に所在する。
　1600年（慶長5）、出羽合戦のさいの城主は江口五兵衛。主の最上義光から「撤退して山形へ入城せよ」と命ぜられたが、これを拒否。わずか350の兵で2万の上杉軍と戦い、全員討ち死にして落城した。
　現在、主郭跡に江口五兵衛の記念碑が立つ。空堀もよく残る。

畑谷城本丸

長谷堂城 ◆志村光安

山形市長谷堂

長谷堂城址　写真／山形市教育委員会

標高227mの独立丘に所在する、最上氏山形城の重要な支城。築城者・築城年代は不明だが、1514年（永正11）、伊達稙宗に攻め落とされたという記録が残る。
　1600年（慶長5）、上杉軍2万余の侵攻では、城主の志村光安以下が2週間にわたる攻防戦を展開。関ヶ原の戦いで西軍が敗れたという報が届き、上杉軍はようやく撤退した。

1622年（元和8）、最上氏が改易されたのち廃城になった。

現在、山上に明瞭な曲輪跡が残っている。

中山城 ◆ 蒲生郷可

上山市中山

米沢から上山へ向かう途中の、中山の丘上に築かれた山城。

中山の地は、伊達氏と最上氏の境界にあたるため、伊達輝宗は家臣の中山弥太郎に命じて城を築かせた。以後、伊達氏の家臣が守備した。

1590年（天正18）、蒲生氏が米沢領を支配すると、蒲生郷可が入城した。さらに1598年（慶長3）に上杉領になると、横田旨俊が城代となった。1600年（慶長5）の上杉氏家老直江兼続による最上領侵攻にさいしては、この方面の拠点になった。

城は、丘の上に本丸・二の丸・三の丸を階段状に配置し、本丸には天守台が築かれている。この天守台は石垣の残欠が残り、当時は全面が石垣張りだったと考えられ、蒲生氏が築いた可能性がある。

米沢城 ◆ 上杉景勝

米沢市丸の内

米沢市街地のほぼ中央に立地する平城。鎌倉時代に置賜郡長井荘の地頭大江氏によって築城されたと伝える。戦国時代に伊達氏が本拠とし、伊達政宗は米沢城で誕生した。

1598年（慶長3）、豊臣秀吉によって越後の上杉景勝が会津転封となり、重臣の直江兼続が米沢に配された。関ヶ原の戦い後、西軍に与した景勝は米沢に移され、大規模な城の修築と城下町の造営が行なわれた。築城では石垣を用いず、本丸には天守代用の御三階櫓が聳えた。また、本丸東南隅に上杉謙信を祀る御堂を建立し、二の丸南に集築した真言宗寺院で供養が営まれた。

現在、内堀と土塁、二の丸の堀の一部などが残り、本丸には謙信を祭神とする上杉神社が鎮座。一帯は松が岬公園となり、桜の名所である。

米沢城本丸

城址名	主な城主	所在地	遺構	解説
観音寺城	来次時秀	飽海郡八幡町	曲輪・空堀	武藤・最上・上杉氏に挟まれる。
砂越城	砂越氏	飽海郡平田町	土塁	大宝寺城武藤氏と戦う。
山谷館	不明	飽海郡平田町	土塁・空堀	鷹尾山修験関係の城か。
朝日山城	池田讃岐守	酒田市生石	曲輪・堀切	上杉氏に攻められる。
亀ヶ崎城	武藤氏	酒田市亀ヶ崎	搦手門・土塁	庄内藩酒井氏の支城。
新田目城*	須藤氏	酒田市本楯	土塁・水堀	山形県最古の城。
小国城	小国光基	最上郡最上町	曲輪・空堀	最上氏に従い在城。
判兵衛館	不明	最上郡最上町	曲輪・堀切	2重堀切は壮観。
太郎田館	不明	最上郡最上町	曲輪・空堀	山腹をめぐる多重の空堀あり。
志茂の手館	細川直茂	最上郡最上町	曲輪・畝状空堀	畝状空堀がよく残る。
金山城	丹与惣左衛門	最上郡金山町	曲輪	最上義光、小野寺氏に備え築城。
猿羽根館	猿羽根氏	最上郡舟形町	曲輪・空堀	最上義光に滅ぼされる。
鳥越館	鳥越九右衛門	新庄市鳥越	曲輪・空堀	清水城清水氏の家臣。
上柳渡戸館	高橋石見	尾花沢市上柳渡戸	土塁・空堀	延沢城延沢氏の家臣が在城。
名木沢館	芦沢織部	尾花沢市名木沢	土塁・空堀	最上川に面する要害の城。
井出館	大田佐仲	北村山郡大石田町	土塁・空堀	大田佐仲、善政を敷く。
鷹の巣館	天童頼種	北村山郡大石田町	土塁・空堀	大規模な方形の台地端の城。
楯岡城	楯岡氏	村山市楯岡	曲輪・堀切	最上氏一族楯岡氏の山城。
富並城	富並彦一郎	村山市富並	曲輪・空堀	大規模な空堀、3郭の構造。
東根城	小田島長義	東根市東根	土塁・水堀	近世は東根陣屋が置かれる。
左沢城	大江元時	西村山郡大江町	曲輪・空堀	置賜地方に抜ける要衝の地。
荒谷館	不明	東村山郡山辺町	曲輪・空堀	2重の空堀。上杉勢に備え築く。
高楯城	小簗川貞伴	上山市鶴脛町	曲輪・空堀	最上・伊達境目の城。壮大な空堀。
上山城	武衛義忠	上山市元城内	石垣・土塁	二の丸跡に模擬天守が建つ。
平形館*	平賀氏	東田川郡藤島町	土塁・空堀	珠洲焼が出土。
湯田川館群	不明	鶴岡市湯田川	曲輪・連続堀切	藤沢・鎮台館など9つの城。近世初頭の城の破却の痕跡あり。
丸岡城*	武藤氏	東田川郡櫛引町	空堀・庭石	加藤忠広、改易後この地で過ごす。
小国城*	小国氏	西田川郡温海町	曲輪・空堀	出羽・越後国境の重要拠点。
鮎貝城	鮎貝成宗	西置賜郡白鷹町	土塁・水堀	鮎貝氏は伊達氏の家臣となる。
大塚城	大塚親行	東置賜郡川西町	土塁・空堀	近世上杉氏の年貢米貯蔵所。
朴沢館	不明	東置賜郡川西町	空堀・桝形虎口	単郭。陣城か。
松ノ木館	不明	東置賜郡川西町	空堀・馬出	多重の空堀。伊達氏の城か。
原田館	原田氏	東置賜郡川西町	曲輪・空堀	伊達騒動、原田甲斐累代の城。
戸塚山館	不明	米沢市浅川	土塁・空堀	多重の空堀は壮観。
館山城	伊達政宗	米沢市館山	石垣・桝形虎口	伊達政宗が築城。

*国史跡　*県史跡

福島県

会津若松城

県西部、湯川北岸の扇状地に築かれた平山城。正式には若松城、別称鶴ヶ城。国史跡。

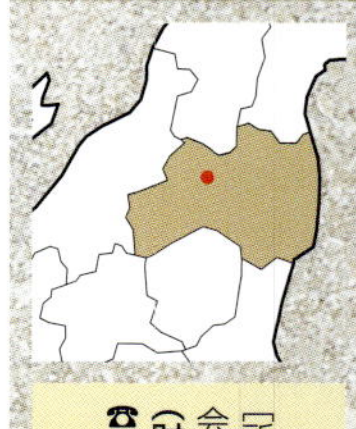

［所在地］
会津若松市追手町
（財）会津若松市観光公社
☎0242・27・4005

室町時代には、蘆名氏の居城黒川城があった。蘆名氏が伊達氏に滅ぼされたあと、1590年（天正18）に入封した蒲生氏郷が名を黒川から若松に改称。92万石の大名にふさわしい近世城郭へと改修した。

氏郷の建てた天守は、江戸時代のはじめに地震で大破。のちに加藤氏が5層5階に改築したが、戊辰戦争後に取り壊された。現在の天守は1965年（昭和40）に復元されたものである。

天守雪景
蒲生氏郷が築いた天守は、豊臣秀吉の大坂城にならい黒い7層だったという。白亜5層になったのは加藤明成時代から。
写真／国府 映

城主一覧

時代	主な城主
鎌倉	佐原義連
室町	蘆名直盛
	蘆名盛政
	蘆名盛久
	蘆名盛詮
	蘆名盛高
	蘆名盛滋
安土桃山	蘆名盛舜
	蘆名盛氏
	蘆名盛隆
	蘆名盛重
	伊達政宗
	蒲生氏郷
	蒲生秀行
	上杉景勝
江戸	蒲生秀行
	蒲生忠郷
	加藤嘉明
	加藤明成
	保科正之
	松平正容
	松平容貞
	松平容頌
	松平容衆
	松平容敬
	松平容保

蒲生家家紋「左三つ巴」

蒲生氏郷画像
興徳寺蔵　写真／会津若松市

若松城天守東面
会津若松市蔵　1874年（明治7）に取り壊される直前の姿。会津戦争の新政府軍の砲撃により、屋根や白壁が破損している。

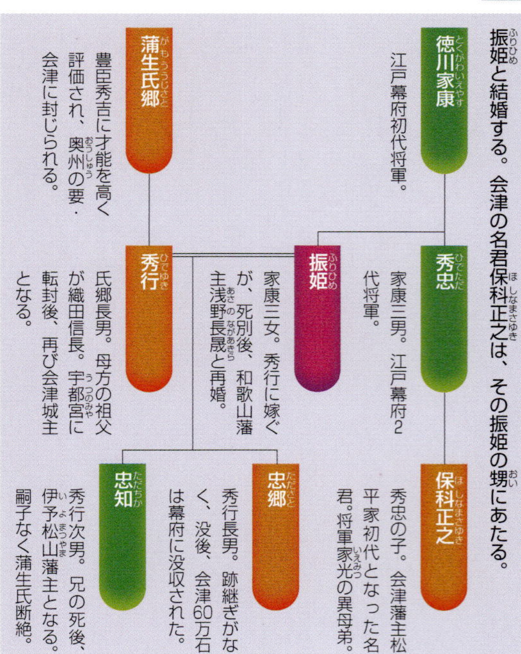

織田信長と蒲生氏郷の血を引く若松城主蒲生秀行は、徳川家康の娘振姫と結婚する。会津の名君保科正之は、その振姫の甥にあたる。
徳川家康
江戸幕府初代将軍。
秀忠
家康三男。江戸幕府2代将軍。
保科正之
秀忠の子。会津藩主松平家初代となった名君。将軍家光の異母弟。
振姫
家康三女。秀行に嫁ぐが、死別後、和歌山藩主浅野長晟と再婚。
忠郷
秀行長男。跡継ぎがなく、没後、会津60万石は幕府に没収された。
蒲生氏郷
豊臣秀吉に才能を高く評価され、奥州の要・会津に封じられる。
秀行
氏郷長男。母方の祖父が織田信長。宇都宮に転封後、再び会津城主となる。
忠知
秀行次男。兄の死後、伊予松山藩主となる。嗣子なく蒲生氏断絶。

鉄門　天守との間を結ぶ渡櫓とともに1965年（昭和40）に復元。写真／佐藤英世

猪苗代城 ◆ 蘆名経連 ＊

耶麻郡猪苗代町古城町

室町時代に、蘆名経連が猪苗代に城を築いて入城したのが始まりという。猪苗代城の蘆名氏は以後、姓を猪苗代氏と変えている。

この城が史上有名になったのは、1589年（天正17）に城の西、磨上原で合戦が行なわれたからである。それまで会津の宗家蘆名方であった猪苗代氏14代盛国が突然裏切り、伊達政宗を猪苗代城に迎え入れる。そして磨上原で合戦となり、伊達軍が勝利した。

江戸時代は若松城の支城として、亀ヶ城ともよばれた。現在、城跡には桝形の石垣や空堀が残る。

猪苗代城桝形の石垣

神指城 ◆ 上杉景勝

会津若松市神指町

越後から会津へ転封となり、若松城主となった上杉景勝が、1600年（慶長5）築城に着手した平城。若松城の北西約4kmの神指原に、およそ12万人を動員して築いた。

時は関ヶ原の戦い前夜。大規模な築城は、秀吉亡きあとの天下をほしいままにする徳川家康を挑発しておびき寄せ、石田三成と挟撃する密約の一環だったともいわれる。

結局、神指城は未完成のまま打ち捨てられた。上杉軍は会津盆地に封じ込められ、関ヶ原の戦いで勝利した家康によって、戦後、米沢へ転封とされた。

現在、本丸・二の丸の土塁の一部と堀などが残る。

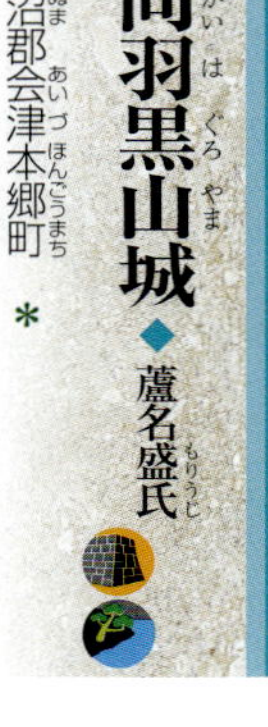

向羽黒山城 ◆ 蘆名盛氏 ＊

大沼郡会津本郷町

会津盆地南部の阿賀野川が裾野を洗う向羽黒山に、蘆名盛氏が築いた山城。

1568年（永禄11）に城が完成すると、盛氏はそれまで居城だった黒川館を嫡子盛興に譲り、ここを隠居城とした。しかし、その後盛興が早世したため、盛氏は黒川館に戻り向羽黒山城は廃城になったといわれている。

だが、城の壮大さや巧緻に富んだ縄張から、その後も利用され、蘆名氏ののち会津を支配した蒲生氏や上杉氏が改修を加えた可能性がある。

城は山頂から北側の山腹にかけておびただしい数の曲輪を配置し、要所に空堀や虎口を築いている。

向羽黒山城桝形虎口

久川城 ◆ 河原田氏 ＊

南会津郡伊南村青柳

会津の最南端、伊南川に面する丘の上に築かれた山城。

蘆名盛氏を破り会津に侵攻した伊達氏に備えるため、この地の豪族河原田氏が1589年（天正17）に築いたという。その翌年、蒲生氏が会津に封じられると、南会津支配のため、蒲生郷可が久川城に入った。

その後1598年（慶長3）に上杉領になり、清野長範が入城。関ヶ原の戦いののちに再び蒲生領になると、蒲生忠右衛門が城代となった。寛永年間（1624～44）に廃城となっている。

城は東に向けて突き出た山の北面に大きな土塁を築き、その下に土塁囲みの四角い曲輪を配置している。随所に石垣を築き、桝形虎口も設けられている。特徴的なのは、南側の山麓に設けられた巨大な桝形虎口である。これは、蒲生氏が築いたと思われる。

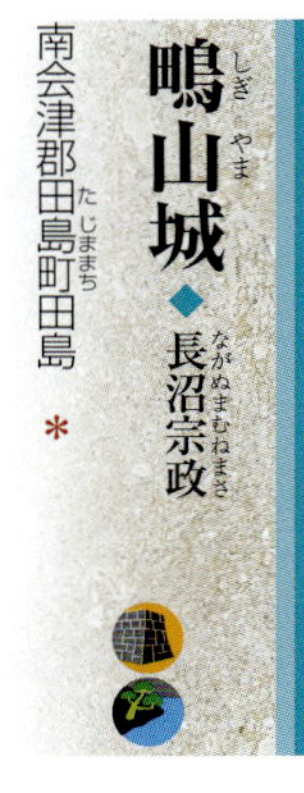

鴫山城 ◆ 長沼宗政 ＊

南会津郡田島町田島

南北朝時代、長沼氏により築かれた。その子孫は城主として蘆名氏に属する。1589年（天正17）、磨上原合戦の前日、城主盛秀は突然伊達方に寝返る。そして蘆名方と合戦中に討ち死にしてしまった。その後、城は伊達・蒲生・加藤氏の支配となり、加藤氏時代に廃城とされている。愛宕山に残る城郭遺構は、現在もきわめて良好に保存されている。

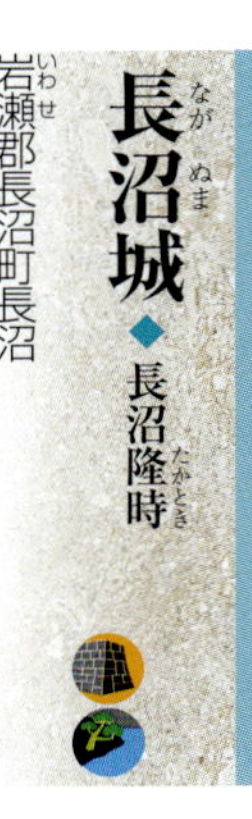

長沼城 ◆ 長沼隆時

岩瀬郡長沼町長沼

牛臥城、千代城ともいう。

1260年（文応1）に長沼隆時が築いた。戦国時代は蘆名氏の配下となり、磨上原合戦で敗れる。
当時の城主新国上総介は城に籠ったが、伊達軍猪苗代盛国らの攻撃で落城。以後、蒲生・上杉・加藤氏らの支配下に置かれた。1627年（寛永4）に廃城、破却された。

長沼城本丸石垣

小峰城 ◆丹羽長重

白河市字郭内

阿武隈川が東流する白河丘陵の小峰ヶ岡に築かれた平山城。南北朝時代、結城親朝（小峰氏の祖）が館を構えたのに始まる。白河城とも。別に、白川結城氏が本拠とした白川城（山城）があり、分家小峰氏と対立して衰退した。小峰氏は1590年（天正18）、小田原城攻めに参加しなかったことを咎められ、豊臣秀吉に領地を没収された。
1627年（寛永4）、棚倉藩主丹羽長重が移封され、幕命により小峰城の大改修を行なった。完成したのは1632年（寛永9）。梯郭式の縄張で、本丸と二の丸は石垣造り。天守に替わる三重櫓のほか、10余の櫓が上がった。戊辰戦争で建物を焼失したが、1991年（平成3）三重櫓が、3年後には前御門が忠実に復元された。

小峰城三重櫓と前御門

棚倉城 ◆丹羽長重

東白川郡棚倉町棚倉

1625年（寛永2）、幕府の命で丹羽長重が築城に着手した。2年後、長重は小峰城に移り、以後、内藤・太田・松平・小笠原氏などの譜代大名が、棚倉藩5万石の藩主として居城し、阿部氏のときに戊辰戦争で落城している。内堀と土塁に囲まれた本丸跡が公園となり、石垣がわずかに残る。

棚倉城本丸屋敷跡　写真／外川 淳

三春城 ◆田村義顕

田村郡三春町三春

1504年（永正1）、田村義顕がそれまでの本拠守山城から移り、三春の大志多山に城を築いた。隆顕・清顕とつづいたが、清顕が嗣子なく死去したため、家中は女婿伊達政宗に従った。江戸時代に政宗の孫宗良が田村家を再興、一関藩主となっている。城はのちに三春藩秋田氏の居城となり、明治まで存続。
現在は曲輪跡がよく整備され、石垣・竪堀が一部残る。

二本松城 ◆丹羽光重

二本松市郭内

室町初期、畠山高国が奥州探題として下向し、その曾孫満泰が白旗ヶ峰に築いた山城。別名、霞ヶ城。標高345mの山頂に本城が築かれ、山下には居屋敷があって畠山氏歴代の居城となった。
1586年（天正14）、伊達政宗に攻められて落城し、畠山氏も滅亡。その後、若松城の支城となったが、1643年（寛永20）、丹羽長重の三男光重が陸奥白河より入封。10年をかけて城を修築し、三の丸御殿、箕輪門などを建造し、城下町を整備した。戊辰戦争では、新政府軍に攻められ落城。二本松少年隊が戦死した悲劇でも知られる。
山上、山下ともに高さ10mにもおよぶ石垣が残り、1982年（昭和57）、箕輪門と付櫓が推定復元された。

二本松城箕輪門と付櫓　写真／二本松市商工観光課

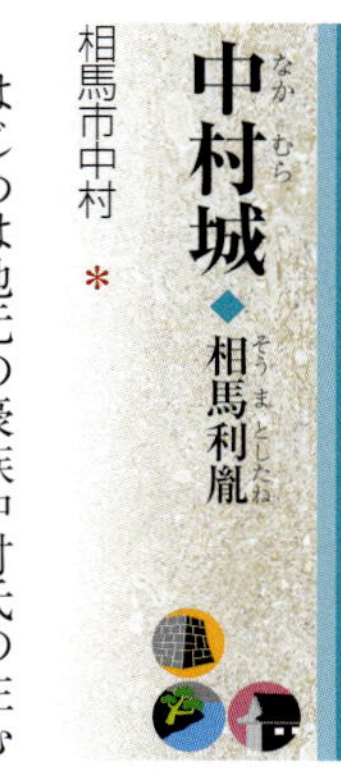

中村城 ◆相馬利胤

相馬市中村 *

はじめは地元の豪族中村氏の住む

館であったが、1563年（永禄6）に相馬隆胤が入城。1611年（慶長16）に利胤が新たに平山城を築いた。別名馬陵城。

江戸時代は、相馬氏が13代つづいて明治維新を迎えている。

現在、城址一帯は馬陵公園となり、大手門と石垣、水堀、土塁が残されている。

中村城水堀 写真／外川 淳

小高城 ◆相馬重胤

相馬郡小高町小高 ＊

1326年（嘉暦1）に相馬重胤が築いた。以後、相馬氏代々の居城となる。16代義胤の代に伊達政宗に攻められるが、豊臣秀吉の停戦命令で落城は免れた。

17代利胤になって、新たに築いた中村城へ移り、小高城は廃城とされている。

現在、小高神社がある場所が本丸跡である。今も小高神社で催されている「野馬懸」は、野馬追の原点であろう。荒馬を素手で捕らえて奉納するという、勇壮なものである。

平城 ◆鳥居忠政

いわき市平

1602年（慶長7）に磐城10万石の領主となった鳥居忠政が、物見ヶ岡に築いた城である。「磐城名物三階櫓、竜のお堀に浮いて立つ……」と謳われた。

以後城主は、内藤・井上氏と替わる。1747年（延享4）に安藤信成が入ってからは、安藤氏が明治維新までつづいた。

戊辰戦争では、奥羽越列藩同盟に加盟したので、新政府軍の攻撃を受け、城は炎上し落城してしまった。

そのためあまり跡をとどめてはいないが、一部の石垣・堀が残り、城跡には物見ヶ岡稲荷神社がある。

平城石垣 写真／外川 淳

城址名	主な城主	所在地	遺構	解説
黒木城	黒木正光	相馬市黒木	土塁・空堀	内郭と外郭の堀がよく残る。
中館	桑折元家	相馬郡鹿島町	土塁・空堀	相馬氏が黒木城攻めで本陣を置く。
蓑首城	相馬盛胤	相馬郡新地町	土塁・空堀	伊達政宗の猛攻により落城。
駒ヶ峰城	相馬盛胤	相馬郡新地町	土塁・空堀	伊達氏に備え築城したが、政宗が攻略。
牛越城	相馬義胤	原町市牛越	曲輪・空堀	一時、相馬氏の本城。小高城に戻る。
白土城	岩城氏	いわき市平南白土	曲輪	岩城氏の本城。
石母田城	石母田氏	伊達郡国見町	土塁・空堀	石母田氏は伊達氏の重臣。
河股城	桜田資親	伊達郡川俣町	曲輪・空堀	伊達政宗が南下のため築城。
桑折西山城＊	伊達氏	伊達郡桑折町	土塁・空堀	天文年間の伊達氏の本城。
梁川城＊	伊達氏	伊達郡梁川町	土塁・庭園	伊達氏初期の本城。心字池が残る。
大鳥城	佐藤氏	福島市飯坂町	土塁・空堀	源義経家臣佐藤兄弟ゆかりの城。
大森城	伊達晴宗	福島市大森	曲輪・空堀	伊達政宗、二本松城攻めの拠点。
福島城	杉目行信	福島市杉妻町	土塁	大仏城・杉目城ともいう。現在県庁が建つ。
高田館	平石武頼	二本松市平石町	曲輪・空堀	伊達政宗、この城で作戦会議を開く。
田子屋館	遊佐丹波	安達郡安達町	土塁・空堀	伊達成実、この城の火事で火傷。
百目木城	石川氏	安達郡岩代町	曲輪・堀切	小浜城の大内定綱と戦う。
小手森城	石橋家盛	安達郡東和町	曲輪	政宗、落城後男女800人皆殺しにする。
守山城	田丸中務	郡山市田村町	曲輪・空堀	発掘で蒲生氏時代の石垣あらわれる。
曲師館	蒲生氏	郡山市逢瀬町	土塁・空堀・馬出	安土桃山時代の陣城か。
葉山館	不明	郡山市大槻町	曲輪・空堀	桝形虎口の残る城。
下宿御所館	不明	須賀川市森宿	土塁・空堀	阿武隈川に面する巧緻な縄張。
稲村御所	足利満貞	須賀川市稲	土塁・空堀	鎌倉公方足利満兼の弟が入城。
道谷坂城	上杉氏	岩瀬郡長沼町	土塁・空堀	1600年（慶長5）、徳川氏に備えた陣城。
馬入峠防塁	上杉氏	岩瀬郡天栄村	土塁・空堀	対徳川戦、壮大な長城ラインで峠を封鎖。
三芦城	石川氏	石川郡石川町	曲輪・土塁	城主石川昭光は政宗の叔父。
小野城	田村氏	田村郡小野町	土塁・空堀	三春城田村氏の支城。
関ノ森城	結城氏	白河市旗宿	土塁・空堀	白河の関押さえの城。
観音山館	中畑晴辰	西白河郡矢吹町	土塁・空堀	巨大な空堀は圧巻。
赤館	佐竹義重	東白川郡棚倉町	土塁・空堀	伊達・佐竹戦の佐竹氏本営。
羽黒館	佐竹氏	東白川郡塙町	土塁・竪堀	佐竹氏の陸奥侵出拠点。
柏木城	芦名氏	耶麻郡北塩原村	石垣・馬出	檜原口の伊達勢に備え構築。
檜原城	伊達政宗	耶麻郡北塩原村	空堀・馬出	政宗の蘆名領侵略の拠点。
陣ヶ峰城	城氏	河沼郡会津坂下町	土塁・空堀	大規模な2重堀は壮観。
九々布城	不明	南会津郡下郷町	空堀・虎口	桝形虎口は、蒲生氏の構築か。
簗取城	不明	南会津郡只見町	土塁・空堀	政宗が攻め、落城。城兵全滅。

＊国史跡　＊県史跡

関東の城

関東には、上野国（群馬県）、下野国（栃木県）、常陸国（茨城県）、上総・下総・安房国（千葉県）、武蔵国（東京都・埼玉県）、相模国（神奈川県）の8か国があり、俗に「関八州」とよばれている。古くから朝廷とも関係が深く、とくに上野・常陸・上総の3か国は「親王任国」といい、親王（天皇の兄弟・皇子）しか国守（国司の長官）になれない大国であった。

平安中期、桓武天皇の曾孫平高望が上総介（上総国司の次官）として下向すると、土着した桓武平氏の一流が関東一円に武士団を形成した。しかし、平将門の乱（935〜940）や平忠常の乱（1028〜31）を機に衰退し、北条氏・江戸氏・葛西氏・千葉氏などと名乗った子孫は、かわって関東に勃興した清和源氏に従っている。

1192年（建久3）に征夷大将軍に任ぜられた源頼朝が鎌倉に幕府を開くと、関東は日本の中心として発展していった。守護・地頭職に補任された御家人は鎌倉街道沿いに館を構え、「いざ、鎌倉」に備えている。こうした館は、正方形の堀・土塁に囲まれていたため、「方形館」とよばれ、大きさは最小でも方一町、すなわち一辺が約100mほどだった。

室町時代、関東には幕府の出先機関として鎌倉府が置かれ、鎌倉公方足利氏と、それを補佐する役目の関東管領上杉氏が支配するところとなる。しかし、足利氏と上杉氏は対立を繰り返したため、その隙に北条氏の台頭をゆるしてしまう。小田原城を本城とする北条氏は、100を超えるともいう支城によって関東を制覇したが、1590年（天正18）、氏政・氏直父子が豊臣秀吉への従属を拒んだために滅ぼされた。

かわって、北条氏の旧領を与えられたのが徳川家康である。家康は江戸城を居城に定めると、その周囲に位置する高崎城に井伊直政、館林城に榊原康政、佐倉城に土井利勝、大多喜城（千葉県夷隅郡大多喜町）に本多忠勝、小田原城に大久保忠世というような重臣を配した。

江戸時代を通じて、譜代大名の禄高は低く抑えられていたため、関東の城にはほとんど天守や石垣は築かれていない。しかし老中や若年寄に任ぜられる城主を輩出するなど、政治的には大きな意味をもっていた。

江戸城の桜田門

茨城県

水戸城

県中央部、那珂川と千波湖に挟まれた台地に築かれた平山城。県史跡。

室町時代には常陸（茨城県）守護代江戸氏の居城だった。1590年（天正18）、豊臣秀吉に服属した佐竹義重・義宣が攻略。佐竹氏が常陸54万石を領して近世城郭に改修した。

しかし、義宣は関ヶ原の合戦で西軍に通じたとして秋田に転封。のち徳川家康の十一男頼房が入封すると、御三家の居城として大改築された。二の丸に建てられた天守がわりの三階櫓は、空襲によって焼失した。

弘道館
9代藩主徳川斉昭によって創設された日本最大の藩校。重文の正庁、至善堂、正門などが現存。写真／領幡眞一

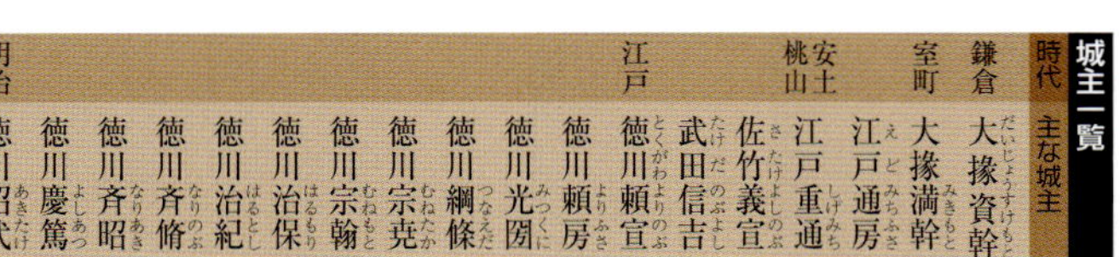

時代	主な城主
鎌倉	大掾資幹
室町	大掾満幹
	江戸通房
安土桃山	江戸重通
	佐竹義宣
	武田信吉
江戸	徳川頼宣
	徳川頼房
	徳川光圀
	徳川綱條
	徳川宗尭
	徳川宗翰
	徳川治保
	徳川治紀
	徳川斉脩
	徳川斉昭
	徳川慶篤
明治	徳川昭武

水戸城三階櫓 1769年（明和6）に再建されて瓦葺きとなったが、1945年（昭和20）に焼失した。写真提供／水戸市立博物館

徳川家家紋「三つ葵」

徳川光圀像（千波公園）

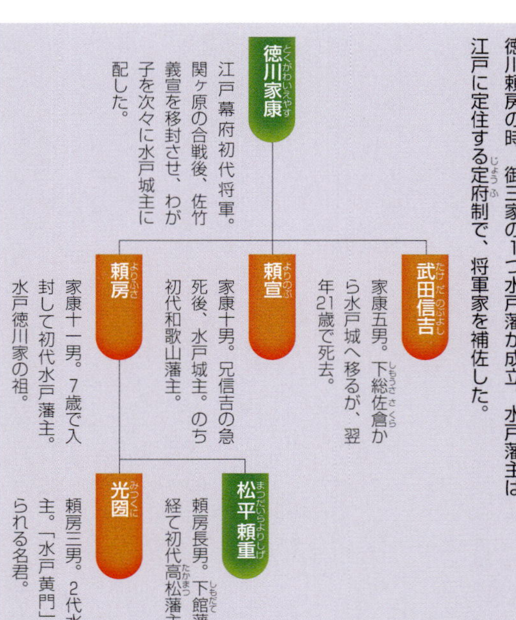

徳川頼房の時、御三家の1つ水戸藩が成立。水戸藩主は江戸に定住する定府制で、将軍家を補佐した。
徳川家康
江戸幕府初代将軍。関ヶ原の合戦後、佐竹義宣を移封させ、わが子を次々に水戸城主に配した。
武田信吉
家康五男。下総佐倉から水戸城へ移るが、翌年21歳で死去。
頼宣
家康十男。兄信吉の急死後、水戸城主。のち初代和歌山藩主。
頼房
家康十一男。7歳で入封して初代水戸藩主。水戸徳川家の祖。
松平頼重
頼房長男。下館藩主を経て初代高松藩主。
光圀
頼房三男。2代水戸藩主。「水戸黄門」で知られる名君。

偕楽園
徳川斉昭が1842年（天保13）に造園。梅の名所として名高く、兼六園（金沢）・後楽園（岡山）と並ぶ日本3名園の1つ。
写真／世界文化フォト

［所在地］水戸市三の丸
水戸市産業経済部観光課
☎029・224・1111

太田城 ◆ 佐竹義宣

常陸太田市中城町

太田郷の台地に所在した丘城で、平安時代から久慈川流域を支配下に治めた佐竹氏の本拠城。

戦国時代になると佐竹氏は、南は小田・北条氏と、北は陸奥に進出し伊達氏らと争った。1590年(天正18)、佐竹義宣は秀吉の小田原攻めに参陣し、常陸国を安堵され近世大名となった。この時、居城は南方の水戸城に移された。

現在城跡は市街地となり、旧状は失われたが、堀跡が少し残っている。

石神城 ◆ 小野崎通老

那珂郡東海村石神内宿

久慈川低湿地に面する台地端に構築された丘城。1490年(延徳2)、佐竹氏被官の小野崎通老は、伊達氏との戦いで戦死した父の戦功により、石神の地に所領を与えられ、石神城を築いた。

小野崎氏はその後石神氏と称して佐竹氏のもとで活躍したが、1536年(天文5)、城主の石神通長が、同族の額田城主小野崎就通と所領争いを起こした末、戦いに敗れ落城している。

この城は、舌状台地の先端に細長い本丸を置き、順次二の丸・三の丸を配置する縄張である。各曲輪の間は、高い土塁と、深い空堀により仕切られている。本丸・二の丸は発掘調査が行なわれ、建物跡や陶磁器類が出土した。

笠間城 ◆ 笠間時朝

笠間市佐白山

笠間市街を望む要衝に位置する山城。鎌倉時代、笠間時朝によって築かれたと伝えられる。

豊臣秀吉の小田原攻めで、笠間氏は北条方に味方したことから滅亡。1598年(慶長3)、蒲生秀行の領土となると、重臣の蒲生郷成が配され、今日に伝えられる天守曲輪の石垣が築かれた。

秀行が会津に再封されたのち、転封が繰り返され、浅野長矩の曾祖父にあたる長重が城主だった時代もあった。

1747年(延享4)、笠間に入封した牧野氏は、明治維新まで城主の座にあった。

移築された八幡櫓が、市内の真浄寺に現存する。

笠間城石垣

結城城 ◆ 結城氏朝

結城市結城

結城氏の本拠となった丘城。近年の調査では、室町時代の築城と推測されている。

1440年(永享12)、結城氏朝は、鎌倉公方足利持氏の遺児を迎え、室町幕府を相手に挙兵。1年近くの攻防の末、城は陥落した。

結城氏はその後再興し、徳川家康の次男で豊臣秀吉の養子となっていた秀康を養嗣子に迎えた。秀康は1601年(慶長6)、越前北庄(福井)へ転封となった。

幕末、結城藩主の水野勝知は、彰義隊に加勢したため官軍の攻撃を受け、結城城は落城し、破却された。

古河城 ◆ 足利成氏

古河市中央町

渡良瀬川東岸に所在した平城。

永享の乱(1438~39)で自害した鎌倉公方足利持氏の四男成氏は、1454年(享徳3)、父の仇である関東管領上杉憲忠を殺害。翌年、幕府軍の攻撃で鎌倉を追われ、古河城を築いて古河公方と称した。

その後千葉・武田・里見らを味方につけ、山内・扇谷両上杉氏やその家臣太田道灌らと激しく戦った。

古河公方家はその後4代つづくが、1590年(天正18)、秀吉によって下野喜連川に移された。江戸時代、古河城は近世城郭として改修され、明治まで存続する。

遺構は大正年間の河川改修工事で大半が失われたが、諏訪曲輪の土塁と水堀が残った。しかし近年博物館用地となり庭園風に改造された。

古河城水堀と土塁(右手)

真壁城 ◆ 真壁長幹

真壁郡真壁町古城 ＊

平安末期、常陸大掾多気直幹の四男長幹が真壁の地を領し、古代の郡家跡に築城したという丘城。

真壁氏は八田知家に従い、源頼朝の奥州征伐で功をあげた。南北朝時代には、小田城に籠城する北畠親房に呼応、南朝方として戦った。

戦国時代になると、真壁氏は小田

真壁城の発掘された堀（V字型断面）

氏からの自立をはじめ、１５６９年（永禄12）、真壁氏幹は手這坂の戦いで小田氏治勢を撃破。１６０２年（慶長7）、佐竹氏の国替えに従い、秋田角館に移った。真壁氏のあとには浅野長政の隠居地として真壁藩が成立。長政没後に三男長重が真岡から転封して陣屋を構えた。

城の縄張は、本丸の周囲を二の丸が取り巻き、北側に外郭が連なる。外郭の土塁・空堀はよく残る。

大和村の楽法寺黒門は、真壁城の大手門であったといわれる。

小幡城 ◆ 小幡義幹

東茨城郡茨城町小幡

１４１７年（応永24）、常陸大掾詮幹の三男義幹が、小幡氏を称して築城した平城。

小幡氏は義清の時、それまで親交のあった水戸城の江戸氏と断交し、対立した。１５３２年（天文1）、小幡春信は、江戸通忠に大洗磯前神社で謀殺され、小幡城は江戸氏のものとなった。その江戸氏も１５９０年（天正18）佐竹氏に討たれ、その後、佐竹氏が秋田へ移封となった時に廃城となった。

現在は、本丸を中心に5つの曲輪と、それを囲む壮大な土塁・空堀がほぼ完全な状態で保存されている。

小田城 ◆ 八田知家

つくば市小田 ＊

鎌倉幕府創設の功労者で、小田氏の始祖八田知家がはじめに築いたといわれる平城。

南朝方についた小田治久は、北畠親房を城内に迎え北朝方と争ったが、高師冬に敗れた。この時、親房は城内で、『神皇正統記』と『職原抄』を著している。

常陸守護職を奪われた小田氏はその後衰退し、１５８３年（天正11）、佐竹氏に降伏した。

城は、本丸を中心にした輪郭式縄張で、堀跡がよく残っている。

小田城址　写真／外川 淳

土浦城 ◆ 土屋政直

土浦市中央 ＊

土浦城太鼓門
写真／土浦市広報広聴課

湖沼に囲まれた平城だったことから、亀城の別名でも知られる。

平将門の築城というが伝承に過ぎない。15世紀前半、土豪の若泉氏によって築かれ、戦国時代には小田氏の勢力圏に組み込まれた。

１５９０年（天正18）、徳川家康の関東転封にともない、結城秀康の所領の一部となった。秀康の北庄（福井）転封後は、譜代・親藩大名が城主を歴任し、土屋氏の時代に明治維新を迎えた。本丸には、江戸前期に創建された太鼓門（櫓門）が伝えられ、櫓2基が復元された。

鹿島城 ◆ 鹿島政幹

鹿嶋市城山

常陸大掾氏の一族の鹿島政幹が、鎌倉初期に築城したという丘城。

鹿島氏は源平合戦に従軍し、頼朝から鹿島神宮の総追捕使の職に任じられた。戦国時代になると一族・家臣が分立し、１５２３年（大永3）、当主の義幹が下総に追放された。

１５９１年（天正19）、当主晴房が佐竹義宣に招かれた太田城で騙し討ちにあい、鹿島氏は滅亡した。剣豪として名高い塚原卜伝も、この鹿島氏の一族である。

城は、JR鹿島神宮駅の裏手の台地上、鹿島神宮の西に位置する。城跡は公園になり、１５０m四方の本丸の周囲に深い空堀が残る。

島崎城 ◆ 島崎氏

潮来市牛堀

鎌倉初期、常陸大掾氏の一族行方宗幹の次男高幹が島崎氏を称して、この地に居館を置いたという。

島崎氏は領内に数か所の支城を置き、とくに戦国後期になると所領を拡大し、「南方三十三館」とよばれる、鹿島・行方両郡諸豪族の筆頭の地位を得るにおよんだ。

しかし１５９１年（天正19）、島崎安定は、佐竹義宣に招かれた太田城で、ほかの三十三館の館主とともに謀殺され、城も廃された。
　利根川を望む半島状の台地の上に築かれた平城で、台地の先端に本丸を置き、大小5つの曲輪を配置する縄張。それを囲む土塁と空堀は、大規模かつ雄大である。

木原城 ◆ 土岐治英

稲敷郡美浦村木原

木原城址　写真／三島正之

　1562年（永禄5）、江戸崎城主土岐治英が、霞ヶ浦南岸の台地の端に築いた丘城。県下最大級の城域と、壮大な空堀を有する。
　江戸崎と龍ヶ崎を本拠にする土岐氏は、戦国末期、北条氏の勢力が北上すると、牛久城の岡見氏とともにその傘下に入った。これに対し佐竹氏は南下の姿勢をみせ、土岐・岡見領を攻撃。1574年（天正2）、その猛攻の前に城は陥落した。
　1590年（天正18）の北条氏滅亡とともに廃城となった。

牛久城 ◆ 岡見氏

牛久市城中町

　16世紀中ごろ、牛久沼に突き出た舌状台地を利用して岡見氏が築いたという丘城。
　岡見氏は小田氏に属していたが、小田氏が滅ぶと、北条氏の傘下に入った。北条氏は、岡見氏から牛久城を接収し、大改修を行なった。
　牛久城には、北条氏配下の部将が交替で在番し、警戒にあたった。1590年（天正18）に北条氏が滅亡すると廃城になったが、1628年（寛永5）、城内の一画に牛久藩の陣屋が置かれた。
　台地先端に深い空堀で防御された主郭部を配し、台地続きの北方約1kmまで城域を広げている。

牛久城土橋と空堀

城址名	主な城主	所在地	遺構	解説
龍子山城	大塚氏	高萩市下手綱	空堀・水堀	山城が龍子山城、平城は松岡城。
助川海防城＊	徳川斉昭	日立市助川町	本丸表門礎石	斉昭が異国船監視のため築く。
馬坂城	佐竹氏	常陸太田市天神林町	曲輪・空堀	佐竹氏初期の居城。
金砂山城	佐竹秀義	常陸太田市上宮河内町	土塁	佐竹秀義、源頼朝勢を引きつけ籠城。
国安城	山入氏	常陸太田市国安町	曲輪・空堀	山入一揆の山入氏の本城。
宇留野城	宇留野時景	常陸大宮市宇留野	土塁・空堀	佐竹氏家臣、宇留野氏の城。
部垂城	佐竹義元	常陸大宮市北町	曲輪・土塁	義元、兄義篤と家督を争い敗死。
長倉城	長倉氏	常陸大宮市長倉	曲輪・空堀	長倉氏は山入一揆の一方の旗頭。
瓜連城＊	楠木正家	那珂市瓜連	曲輪・空堀	南朝方の楠木正家が守る。
額田城	額田氏	那珂市額田	土塁・空堀	広大な城域をもつ城。
南酒出城	佐竹氏	那珂市南酒出	土塁・空堀	小規模ながら深い空堀は壮観。
石塚城	石塚氏	東茨城郡城里町	土塁・空堀	佐竹氏一族。複雑で大規模な城。
那珂西城＊	那珂西氏	東茨城郡城里町	土塁・空堀	那珂西氏は藤原秀郷の末裔。
大山城	大山氏	東茨城郡城里町	土塁・空堀	山入一揆で佐竹宗家に味方。
宮ヶ崎城	宮ヶ崎氏	東茨城郡茨城町	土塁・空堀	涸沼に突き出た台地の上にある。
宍戸城	宍戸氏	西茨城郡友部町	土塁	近世初期、秋田氏が移封される。
難台山城＊	小田藤綱	西茨城郡岩間町	曲輪・空堀	藤綱、小山若犬丸と籠城。
羽黒山城	春日顕国	西茨城郡岩瀬町	土塁・空堀	伝承では南北朝、遺構は戦国期。
勝倉城	飯島氏	ひたちなか市勝倉	土塁・空堀	江戸氏の支城。佐竹氏と合戦。
金上城	金上明直	ひたちなか市金上	土塁・空堀	小規模ながら深い空堀は壮観。
足崎城	足崎氏	ひたちなか市足崎	土塁・空堀	城内に独立堡塁がある城。
河和田城	春秋氏	水戸市河和田町	土塁・水堀	江戸氏が大掾氏から奪取。
長者山城	小曾沼氏	水戸市渡里町	土塁・空堀	伝承では古代築城、遺構は戦国期。
片野城	太田三楽斎	新治郡八郷町	土塁・空堀	太田三楽斎築城の巨城。
柿岡城	梶原政景	新治郡八郷町	土塁・空堀	太田三楽斎の息子政景が在城。
藤沢城	小田氏	新治郡新治村	土塁・空堀	万里小路藤房が配流された城。
小栗城	小栗満重	真壁郡協和町	土塁・空堀	結城・宇都宮氏が争奪戦を繰り返す。
城山城	平維幹	つくば市北条	土塁・空堀	山麓の空堀ライン、戦国末期か。
林城	林氏	鹿嶋市林	土塁・空堀	巧緻な縄張の城。
中居城	中居氏	鹿島郡大洋村	土塁・空堀	念仏堀、城主の死に領民念仏。
小高城	小高氏	行方郡麻生町	土塁・空堀	南方三十三館。佐竹氏に謀殺される。
手賀城	手賀氏	行方郡玉造町	土塁・空堀	佐竹氏に太田城で騙し討ちにあう。
下館城	藤原秀郷	下館市甲	土塁・空堀	水谷氏が8代つづけて居城。
久下田城＊	水谷正村	下館市樋口	土塁・空堀	名将水谷正村が築城。
栗橋城	北条氏照	猿島郡五霞町	土塁・空堀	北条氏流縄張の巨城。

＊県史跡

栃木県

宇都宮城

県中央部、鬼怒川の支流、田川の西岸に築かれた平城。

平安後期、宇都宮氏の祖である藤原宗円が築城したという。以来、500年にわたって宇都宮氏歴代の居城となったが、1597年（慶長2）、国綱の代に石高隠匿の罪で改易とされる。

1619年（元和5）、15万石で入封した徳川家康の重臣本多正純が近世城郭として改修。将軍の日光社参の宿所としても整備されたが、戊辰戦争の時、大鳥圭介率いる旧幕府脱走軍に攻撃されて灰燼に帰した。

宇都宮御城内外絵図
宇都宮市教育委員会蔵
慶応年間（1865～68）の宇都宮城下の町割りを示す。市指定文化財。

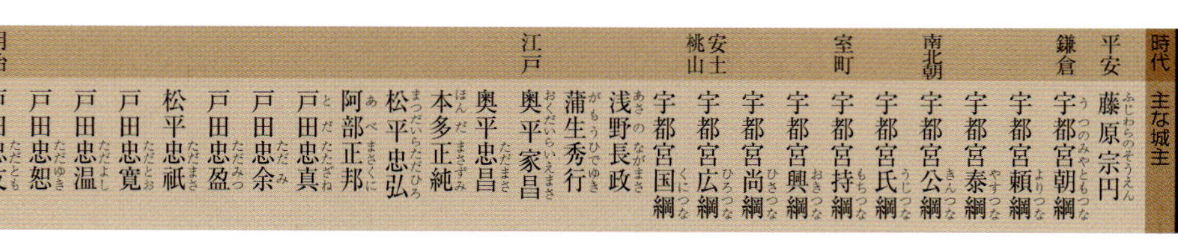

城主一覧

時代	主な城主
平安	藤原宗円
鎌倉	宇都宮朝綱
	宇都宮頼綱
	宇都宮泰綱
南北朝	宇都宮公綱
	宇都宮氏綱
室町	宇都宮持綱
	宇都宮興綱
	宇都宮尚綱
安土桃山	宇都宮広綱
	宇都宮国綱
	浅野長政
	蒲生秀行
江戸	奥平家昌
	奥平忠昌
	本多正純
	松平忠弘
	阿部正邦
	戸田忠真
	戸田忠余
	戸田忠盈
	松平忠祇
	戸田忠寛
	戸田忠温
	戸田忠恕
明治	戸田忠友

本多家家紋「丸に立葵」

徳川家側近として父とともに辣腕を振るった本多正純。宇都宮藩主となるが、2代将軍秀忠に疎まれ、改易のうえ、出羽に配流となる。

本多正信
三河出身で家康・秀忠の側近。知謀に長け、徳川政権の中核を担った。家康とは水魚の交わりであったという。

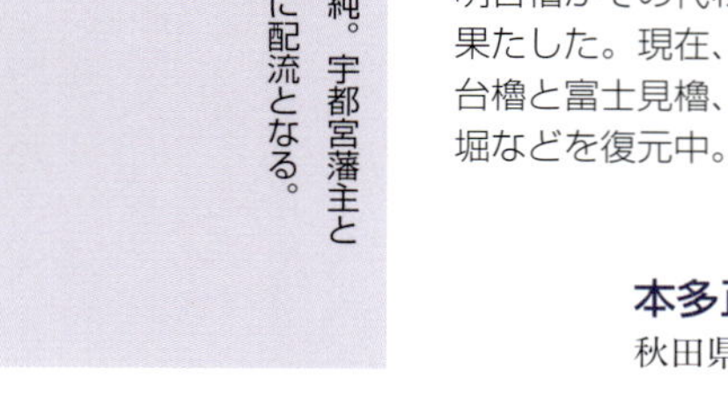

正純
正信長男。家光暗殺を企てたという「宇都宮釣天井」伝説の張本人。

政重
正信次男。宇喜多秀家などに仕え、最後は前田家の国老。

忠純
正信三男。大坂の陣の軍功で下野榎本藩主。皆川藩領を加封。

政遂
政重の子。叔父忠純の養子となり、2代皆川藩主。

宇都宮城模型
宇都宮市蔵
江戸中期の宇都宮城を再現。天守はなく、清明台櫓がその代わりを果たした。現在、清明台櫓と富士見櫓、土塀・堀などを復元中。

本多正純の墓
秋田県横手市

（復元中）（復元中）

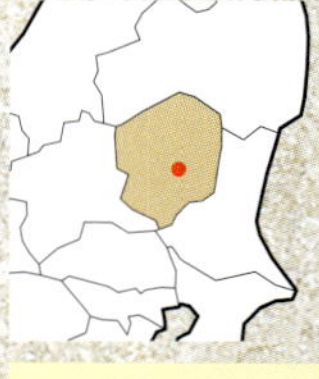

［所在地］宇都宮市本丸町
清明館
☎028・638・9390

大田原城 ◆ 大田原晴清

大田原市元町

1545年（天文14）、大田原資清が蛇尾川に沿った丘陵の先端部に築いた丘城。

大田原氏は那須七騎とよばれた那須氏配下の有力国人で、那須氏領国北方の重鎮であった。1590年（天正18）、秀吉の小田原攻めにさいし、那須宗家は参陣に遅延して領地没収の憂き目をみた。それに対し大田原晴清はいち早く参陣したため、1万2000石余の領地を安堵され、大名として明治維新まで存続した。戊辰戦争では、会津攻めの官軍側の軍事基地として利用された。

丘陵の先端に本丸を置き、大小いくつもの曲輪を配し、その間を大規模な空堀で遮断する縄張である。

大田原城土塁　写真／外川 淳

黒羽城 ◆ 大関高増

那須郡黒羽町前田

那珂川に沿って南北にのびる河岸段丘上に築かれた丘城である。

1542年（天文11）、白旗城の大関増次は、西隣する大田原資清に殺され、資清の子の高増が大関氏を継いだ。高増は、1576年（天正4）に黒羽城を築き、本拠を移した。

大関氏は、1590年（天正18）の小田原攻めに参陣し、秀吉から本領を安堵された。また関ヶ原の戦いでも家康の会津攻めに協力し、2万石を領する黒羽藩主として幕末までつづいた。

城は、南北に連なる丘の上に、壮大な空堀で防御された本丸・二の丸・三の丸を配置し、南側の大関氏菩提寺の大雄寺にも土塁がめぐる。

烏山城 ◆ 沢村資重

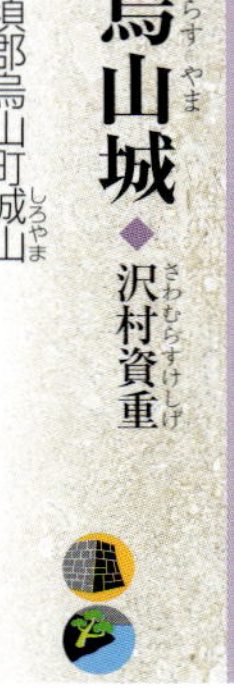

那須郡烏山町城山

標高202mの八高山全体を城郭化した山城。1418年（応永25）に沢村（那須）資重が築いたといわれる。別名臥牛城。

那須氏は、弓の名手の那須与一で知られる。戦国時代には勢力をのばし、関東八館の1つに数えられたが、小田原参陣の遅れを理由に、秀吉に領地を没収された。

その後は織田氏・成田氏や堀氏など城主がめまぐるしく入れ替わったが、大久保氏が入封して8代つづき、明治維新に至った。

城は本丸と二の丸を中心に、尾根に複数の曲輪を構築し、多重の空堀や堀切で防御を固めている。

烏山城石垣　写真／烏山町教育委員会

茂木城 ◆ 茂木知基

芳賀郡茂木町茂木

標高161mの桔梗山に、広大な範囲で築かれた山城。桔梗城とも。八田知家は、茂木保に三男の知基を配し、茂木氏を名乗らせた。戦国時代には、宇都宮氏・佐竹氏らと結び、北上する北条氏に対抗した。

1585年（天正13）に北条氏方の結城政勝と戦い、一時城を奪われるが、佐竹氏の後援をえてすぐに城を奪還する。

その後茂木氏は佐竹氏の配下になり、1602年（慶長7）秋田移封に随伴した。1610年（慶長15）、熊本藩主細川忠興の弟興元が茂木藩主となり、明治維新までつづいた。

現在は城山公園となっている。

西明寺城 ◆ 益子氏

芳賀郡益子町益子

益子町の東方に聳える高館山に築かれた山城。城の南下には、城名の由来となった独鈷山西明寺がある。

城の創設は11世紀、紀正隆によるとの伝承があるが、確証はない。南北朝時代には南朝方の拠点であったという。室町・戦国時代は宇都宮氏家臣の益子氏の本城であった。

益子氏は、宇都宮氏に従い各地に転戦し戦功をあげるが、1589年（天正17）主家に背き、芳賀高継らに攻められ滅亡。廃城となった。

山頂の本丸を中心に、四方にのびる尾根上に、多数の曲輪を配置し、各曲輪に土塁がよく残っている。

飛山城 ◆ 芳賀高俊

宇都宮市竹下町字飛山 ＊

永仁年間（1293〜99）に築かれた丘城。名称は、古代の飛ぶ火、すなわち烽火（狼煙）に由来するといわれ、古代遺物も出土したが、城郭化された烽火台であった確証はない。現在、鬼怒川東岸の河岸段丘上に残る土塁と空堀の遺構は、戦国時代のものであると推測される。
　この城を居城とした芳賀氏は、宇都宮氏股肱の臣であったが、１５９７年（慶長2）、宇都宮国綱の養子をめぐり主家と対立。内乱を引き起こし、宇都宮氏は秀吉により領地を没収された。それとともに飛山城も廃城となった。

飛山城の発掘された堀

石那田館 ◆ 小池氏
宇都宮市石那田町岡

　日光山へ向かう道路沿いに所在する中世の館。構築者や構築年代は不明だが、戦国時代には、宇都宮氏家臣の小池氏の居館であったという。
　北条氏の侵略を受けた宇都宮氏が、多気城の支城として、北条氏と気脈を通じる寺院勢力の日光山に備えたものであろう。
　１９７４年（昭和49）、発掘が行なわれ、土師器や土器などの日常什器が出土した。館跡東側は道路で削られたが、西側と北側の土塁と空堀はよく残っている。

多気城 ◆ 宇都宮国綱
宇都宮市田下町

　標高３７７mの多気山に築かれた栃木県内最大規模を誇る山城。
　宇都宮城に本拠を置く宇都宮氏は、平安時代以来の名族。鎌倉・室町時代は、下野国の中央部を支配し、関東八館の１つに列された。
　戦国末期、北条氏の侵攻を受けた宇都宮氏は、佐竹氏と同盟しこれに対抗。平城の宇都宮城では不利なため、要害の多気山に築城して、１５８５年（天正13）に移転したが、１５９７年（慶長2）の宇都宮氏の領地没収とともに廃城となった。
　雄大な多気山麓を半周する土塁と空堀は、壮大でまさに戦国末期の風を伝える。

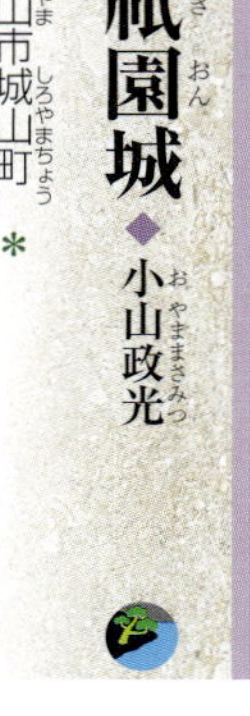

祇園城 ◆ 小山政光
小山市城山町　＊

　小山城ともよぶ。思川の西岸台地上に、１１４８年（久安4）小山政光が築いたという。
　小山氏は鎌倉幕府創設に功があり、代々下野南部を支配し、宇都宮氏や結城氏などとともに関東八館に列せられた。１５７６年（天正4）秀綱の代に、関東地方制覇を目指す北条氏の軍門に降る。城は、北条氏政の弟氏照が入ったのち大改修が行なわれ、馬出や深い空堀などが構築された。
　徳川家康が石田三成の挙兵を知り、小山評定を行なった城としても有名である。１６１６年（元和2）本多正純が入るが、3年後宇都宮に転封となり、廃城となった。

祇園城空堀

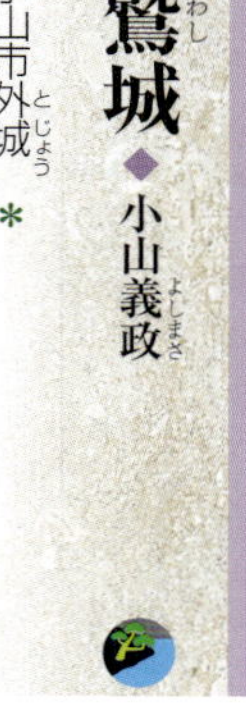

鷲城 ◆ 小山義政
小山市外城　＊

　祇園城の西南約２km、思川東岸の台地上に築かれた平城。本丸にあたる中城と南にある外城からなり、いずれの曲輪も広大。曲輪を画する土塁と空堀も巨大で、土塁は高さ５m、空堀は幅８m、深さ10mある。
　小山義政は、１３８０年（天授6・康暦2）鎌倉公方足利氏満に反乱を起こし、関東管領上杉憲方率いる鎌倉幕府の大軍をこの鷲城で迎え撃った。義政は4か月間の籠城ののち降伏するが、翌年また反旗を翻し籠城。幕府軍が空堀に埋草を投じるなど猛攻をしかけたため、6か月後降伏。しかし、翌年3度目の反乱を起こし、滅亡した。

唐沢山城 ◆ 佐野氏
佐野市冨士町

　標高２４７mの唐沢山に築かれた山城。藤原秀郷の築城といわれるが、あくまでも伝承である。秀郷の末裔を称する佐野氏がこの地域を支配し、戦国時代に本格的な築城がなさ

唐沢山城石垣

れたのであろう。

佐野氏は戦国末期、北条氏政と上杉謙信に領国を脅かされた。とくに謙信は1561年（永禄4）から1574年（天正2）にかけて合計10回もこの城を攻めた。

北条氏滅亡後、豊臣秀吉は戦功のあった天徳寺了伯（佐野宗綱の弟房綱）に佐野領3万9000石を安堵。了伯は本丸周辺を石垣造りに改修したと思われる。佐野氏が佐野城に移り、1607年（慶長12）廃城となった。

遺構は、山頂の本丸を中心として、広範囲に展開する。本丸跡には藤原秀郷を祀る唐沢山神社が建つ。

佐野城 ◆佐野信吉

佐野市若松町

春日（岡）城ともいい、佐野市の中心部の小高い独立丘上にある平山城。佐野信吉が1602年（慶長7）に築城を開始し、それまでの居城唐沢山城から、完成を待たずに移転した。移った理由として、徳川氏の山城禁止令が伝えられるが、領国経営には平野部にある佐野城のほうが適していたと考えられる。

信吉は、1614年（慶長19）、大久保長安事件に連座したために改易され、信州松本藩お預けとなり、佐野城も廃城となった。

現在は城山公園となっている。

足利氏館 ◆足利義兼

足利市家富町 ＊

源義家の曾孫、足利義兼によって鎌倉時代はじめに築かれたという。義兼は鎌倉幕府創設に尽力し重用された。その子孫も幕府の要職につき、鎌倉末期に当主となった尊氏が鎌倉幕府を倒して、のちに室町幕府を開いた。

二町四方の台形館で、四面をめぐる水堀と土塁がよく残っている。館内には鑁阿寺が建てられ、足利氏の氏寺として一族の崇敬を集めた。また、館の南方には「坂東の大学」と称せられた足利学校があり、全国から俊才が集まった。

足利氏館水堀と土塁

城址名	主な城主	所在地	遺構	解説
芦野城	芦野氏	那須郡那須町	土塁・空堀	陣屋として明治まで存続。
伊王野城	伊王野氏	那須郡那須町	土塁・空堀	那須七騎の山城の1つ。
白旗城	大関氏	那須郡黒羽町	土塁・空堀	大関氏黒羽城移転前の城。
武茂城＊	武茂氏	那須郡馬頭町	土塁・空堀	那須氏と佐竹氏争奪の地。
那須神田城＊	那須氏	那須郡小川町	土塁・空堀	方形館。那須氏初期の本拠。
稲積城	那須氏	那須郡烏山町	土塁・空堀	那須氏の烏山城築城前の本拠。
川崎城	塩谷朝業	矢板市川崎反町	土塁・空堀	本丸は大量の盛土で整形。
御前原城＊	塩谷氏	矢板市早川町	土塁・空堀	塩谷氏は宇都宮氏の一族衆。
大宮城	大宮氏	塩谷郡塩谷町	土塁・空堀	虎口に横矢、堅固な縄張。
喜連川館	足利頼氏	塩谷郡喜連川町	土塁・空堀	再興古河公方の喜連川御所。
勝山城	氏家公頼	塩谷郡氏家町	土塁・空堀	宇都宮氏重臣の氏家氏、那須氏を警戒。
阿久津城	野沢若狭守	塩谷郡高根沢町	土塁・空堀	城内を東北本線が通過。
板橋城	板橋将監	今市市板橋	土塁・空堀	北条氏家臣板橋氏の前進基地。
猪倉城	鹿沼右衛門	今市市猪倉	土塁・堀切	宇都宮氏の支城。対北条氏。
鹿沼城	壬生綱房	鹿沼市今宮町	土塁・空堀	壬生氏の本城。
加園城	渡辺綱重	鹿沼市加園	土塁・空堀	3重空堀は壮観。
下南摩城	南摩氏	鹿沼市下南摩町	土塁・空堀	一城別郭の縄張。
犬飼城	犬飼氏	宇都宮市上欠町	土塁・空堀	小型で巧緻な縄張。
下横倉城	横倉氏	宇都宮市下横倉町	土塁・空堀	多気城の支城。
徳次郎城	新田氏	宇都宮市徳次郎町	土塁・空堀	新田徳次郎が、多気城普請を手伝う。
逆面城	逆面氏	河内郡河内町	土塁・空堀	主郭部を囲む空堀は壮観。
上三川城	今泉氏	河内郡上三川町	土塁・空堀	住宅地の中に空堀よく残る。
多功城	多功氏	河内郡上三川町	土塁・空堀	上杉謙信が攻撃、多功合戦。
粟野城	皆川氏	上都賀郡粟野町	土塁・空堀	皆川氏支城。谷口を空堀で遮断。
西方城	宇都宮氏	上都賀郡西方町	土塁・空堀	宇都宮氏南方最大の軍事拠点。
千本城＊	千本為隆	芳賀郡茂木町	土塁・空堀	別名教ヶ岡城。
杉山城	薄葉家継	芳賀郡市貝町	土塁・空堀	馬出を設けた城。
村上城＊	村上藤良	芳賀郡市貝町	土塁・空堀	同心円状の3重の空堀は壮観。
児山城＊	児山氏	下都賀郡石橋町	土塁・空堀	輪郭式平城。宇都宮氏支城。
羽生田城	壬生氏	下都賀郡壬生町	土塁・空堀	壬生氏の支城。3重の囲郭。
壬生城	壬生氏	下都賀郡壬生町	土塁・空堀	壬生氏の本城。複郭の平城。
深沢城	皆川氏	下都賀郡都賀町	土塁・空堀	皆川氏支城。山腹の城壁は見事。
皆川城	皆川氏	栃木市皆川城内町	土塁・空堀	皆川氏本城。麓の空堀は雄大。
中久喜城＊	小山氏	小山市中久喜	土塁・空堀	小山氏・結城氏境目の城。
中里城	柳田伊豆守	足利市福居町	土塁・空堀	方形居館。土塁よく残る。

＊国史跡　＊県史跡

群馬県

高崎城

県南部、利根川の支流烏川東岸の河岸段丘上に築かれた平城。

［所在地］高崎市高松町
高崎市教育委員会文化財保護課
☎027・321・1292

関東に入部した徳川家康の命で、1598年（慶長3）、家臣の井伊直政が信越地方に通じる要衝に築城を開始し、この地を高崎と命名した。

直政は関ヶ原の合戦後、彦根へ転封。その後に入封した安藤重信によって城は拡張され、重長・重博3代の在城中に完成した。江戸時代に存在していた天守（三重櫓）などは、明治維新後に取り壊されている。

乾櫓　昭和に入り移築修復された2重の櫓。高崎城には４基の隅櫓が存在したが、乾櫓はその中で最小のもので、寛政年間（1789～1801）の改築という。写真／和田不二男

井伊家家紋「彦根橘」

東門　かつては三の丸にあった門。乾櫓と同じく民間に払い下げられ、のち大手門跡の南側に移築された。写真／フォト・オリジナル

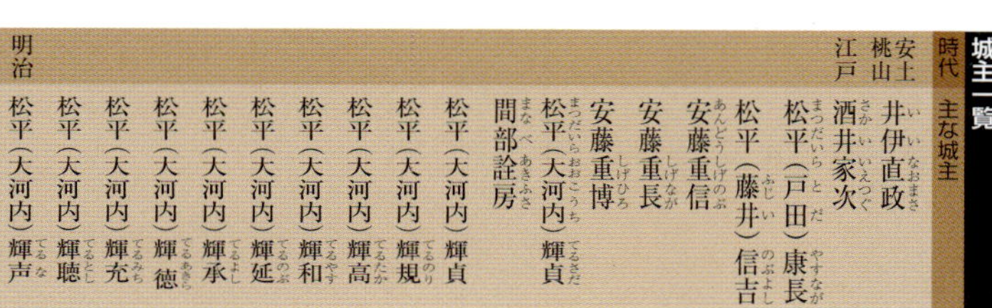

城主一覧

時代	主な城主
安土桃山	井伊直政
江戸	酒井家次
	松平（戸田）康長
	松平（藤井）信吉
	安藤重信
	安藤重長
	安藤重博
	松平（大河内）輝貞
	間部詮房
	松平（大河内）輝貞
	松平（大河内）輝規
	松平（大河内）輝高
	松平（大河内）輝和
	松平（大河内）輝延
	松平（大河内）輝承
	松平（大河内）輝徳
	松平（大河内）輝充
	松平（大河内）輝聴
明治	松平（大河内）輝声

「井伊の赤備え」で知られる勇将直政。井伊家は代々譜代筆頭として徳川家を支えつづけた。

井伊直政　関ヶ原の戦いなどで大功をあげた徳川四天王の1人。高崎城を築く。のち初代彦根藩主。

直継　直政長男。病弱のため家督を弟直孝に譲り、上野安中3万石で分家立藩。直勝と改名。

直孝　直政次男。2代彦根藩主。大坂夏の陣で先陣をつとめ大功をあげている。

直滋　直孝長男。国政をみたが、突如蟄居を命じられ、百済寺で出家。

直縄　直孝四男。直時とも。4代彦根藩主直興の父。

直澄　直孝五男。3代彦根藩主。大老。

高崎城古写真　深井正昭氏蔵
兵舎の奥に明治初期まで残されていた３重の天守が見える。「お櫓」または「三重櫓」とよばれた。

井伊直政画像
彦根城博物館蔵

館林城　◆徳川綱吉

館林市城町

築城者・築城時期は不明だが、霊狐の導きで縄張を行なったという伝説が残り、尾曳城ともよばれた。1471年（文明3）、上杉氏に攻められた時の城主は赤井文三・文六。その後、城主は長尾氏と北条氏の間で入れ替わる。

1590年（天正18）に豊臣秀吉の北条攻めで開城し、榊原康政が入城。江戸時代、のちの5代将軍徳川綱吉も城主となった。1683年（天和3）に廃城となるが、1708年（宝永5）に松平（越智）清武が入封して再建に着手している。

1874年（明治7）に火災で建物を焼失したが、現在、本丸・三の丸跡に土塁が残り、土橋門が復元されている。

館林城土橋門　写真／館林市教育委員会

金山城　◆岩松家純

太田市金山町　＊

金山城大手虎口　写真／太田市教育委員会

1469年（文明1）、新田氏の後裔岩松家純が家臣の横瀬国繁に築城させた。代表的な中世山城として知られ、「関東七名城」の1つに数えられた。

のちに、下克上によって横瀬（由良）氏が城主となる。戦国時代には、上杉謙信、武田勝頼、北条氏政・氏直父子らによって何度も攻撃を受けるが、その都度撃退し、難攻不落を誇った。

現在は史跡整備事業が進み、大手虎口の石垣、日ノ池・月ノ池などが復元されている。

山上城　◆山上高綱

勢多郡新里村山上　＊

鎌倉時代、藤原秀郷の子孫という土豪山上高綱が築城したと伝えられている。

室町時代、山上氏は関東管領上杉氏の重臣として在城していたが、1555年（弘治1）、北条氏康が奪う。その後は上杉氏・北条氏・武田氏が争奪戦を繰り広げ、戦国末期に武田勝頼に攻められて落城。以後、廃城になったという。

曲輪跡・空堀・櫓台や土塁などがよく残り、山上城跡公園として整備されている。

山上城土塁　写真／新里村教育委員会

長井坂城　◆猪俣邦憲

勢多郡赤城村・利根郡昭和村　＊

沼田盆地から関東平野に抜ける要地にある。現在、城の真下を関越道長井坂トンネルが通っている。

1560年（永禄3）、上杉謙信は沼田城を攻略するため、この地に陣を置いた。ただし、この時に城が築かれていたかどうかは、明らかでない。

その後、真田氏が占領して城兵を置いたが、1582年（天正10）北条氏邦が5000余騎でこの城を包囲したため撤退した。のちに氏邦の部将猪俣邦憲が入り、再び沼田城攻略の拠点とした。

城は崖に面してつくられており、土塁と空堀に囲まれた2つの曲輪からなる。馬出や横矢の張り出しもつくられており、北条氏の改修が認められる。

前橋城　◆長野方業

前橋市大手町1丁目

1489年（延徳1）に長野方業（固山宗賢）が築いたといわれ、古くは厩橋城とよばれた。

戦国期には武田・上杉・北条氏の間で攻防が展開され、江戸時代は徳川家譜代・親藩の大名が城主となる。

1749年（寛延2）に松平朝矩が入封するが、利根川の浸食で城の崩壊が進み、1767年（明和4）、川越城に移る。その後、城は廃城となる。幕末になると幕府から再建の許可が出て、旧城三の丸を本丸とする新城を築き、1867年（慶応3）に松平氏が戻った。

県庁北に土塁、東に車橋門跡が残されている。

沼田城 ◆真田信之

沼田市西倉内町

薄根川の南岸に沿った段丘上に沼田顕泰によって、1532年（天文1）に築かれた。その後、上杉・北条・武田氏の居城と変転している。

1580年（天正8）に武田氏の部将真田昌幸が攻略、以後、北条氏との間で攻防戦が行なわれる。秀吉の裁定で北条氏の領有となるが、北条方が真田氏の名胡桃城を奪ったため、秀吉の小田原攻めにあい北条氏は滅んだ。沼田城は真田氏に返され、昌幸の長子信之が城主となる。

1681年（天和1）に真田氏が改易となって取り壊されるが、1703年（元禄16）に本多氏が入り再び復興される。

現在、土塁・西櫓台などの残る城跡は、沼田公園として整備されている。

沼田城（沼田公園）　写真／沼田市商工観光課

名胡桃城 ◆真田氏

利根郡月夜野町下津 ＊

利根川西側の丘上にあり、明応年間（1492～1501）に沼田（名胡桃）景冬によって、沼田城の支城として築かれたとも、また、沼田城を攻撃するさいの対の城として、真田氏が築いたともいう。

沼田地方をめぐる北条氏との争奪戦では、1589年（天正17）、豊臣秀吉の裁定で真田氏の領有となり、鈴木重則が在城した。

現在も、曲輪跡や空堀が残っており、県史跡として整備されている。

名胡桃城堀切に架かる土橋

宮野城空堀　写真／外川 淳

宮野城 ◆上杉氏

利根郡新治村猿ヶ京 城山

猿ヶ京温泉の一画、赤谷人造湖に突き出した舌状台地の先端にある。

城の創設は定かでないが、上杉謙信は越山のおりに、たびたびこの城に宿泊した。

1560年（永禄3）、謙信がここに一泊したとき、8本の歯が抜けて手に落ちる夢を見て不審がった。家臣の直江景綱はそれを「関八州を手に入れる吉兆」と説き、謙信を喜ばせた。謙信は申年の生まれで、その年も申年だったので、この瑞兆にちなみ猿ヶ京と命名した。

城には、2本の横矢の張り出しを設けた空堀と土塁がよく残っている。本丸跡には、温泉ホテルが建つ。

岩櫃城 ◆斎藤憲行

吾妻郡吾妻町原町平沢

吾妻川が中流域で大きく蛇行する付近の北岸に、際立って魁偉な山容の岩山が見える。これが岩櫃山で、その中腹を中心に1405年（応永12）に斎藤憲行が築いた城。

以後、代々斎藤氏の居城であったが、戦国時代になると、甲斐の武田信玄が、真田幸隆を先鋒にして進出。1562年（永禄5）に、真田氏は斎藤氏を破り、上杉謙信のもとに走らせた。真田氏は、部将の矢沢氏を置いてこの城を守らせたが、関ヶ原の戦いの後、廃城となった。

城は岩櫃山中腹の本丸から、東側の城下方面と北側斜面に向けて遺構が展開する規模壮大な縄張である。

岩櫃城本丸跡　写真／外川 淳

箕輪城 ◆ 長野尚業

群馬郡箕郷町西明屋 *

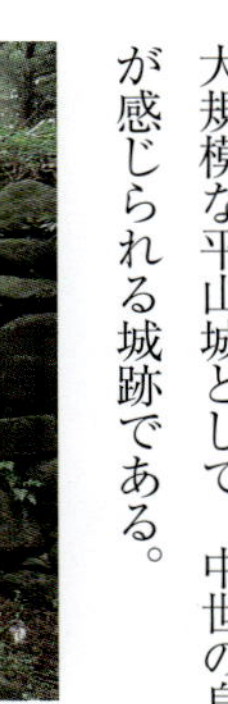

室町末期に、長野尚業が築城し、子の憲業によって拡張されたといわれている。

城主が業盛の1566年（永禄9）、武田信玄に攻略された。武田氏の滅亡後は、織田信長の家臣滝川一益、次に北条氏邦の支配下に入る。北条氏滅亡後の1590年（天正18）に井伊直政が入封するが、1598年（慶長3）、高崎に移り、廃城とされた。

曲輪跡・馬出・堀などがよく残り、大規模な平山城として、中世の息吹が感じられる城跡である。

箕輪城石垣（右手の大石）　写真／外川 淳

根小屋城 ◆ 武田信玄

高崎市山名町城山

高崎市の南郊、烏川に面して聳える城山に築かれた山城。

1563年（永禄6）、武田信玄は上杉氏に属していた倉賀野城を攻めた。城の防備が固いと見た信玄は、倉賀野城を見下ろす烏川対岸の山上に根小屋城を築き、持久戦を展開。1565年（永禄8）に落城させた。

信玄がこの時に根小屋城を築いたという史料上の裏付けはないが、斜面に設けられた空堀から放射状にのびる竪堀など、武田氏の山城の特徴が認められる。

松井田城 ◆ 北条氏

碓氷郡松井田町高梨子ほか

天険碓氷峠の東山道口に位置する巨大山城。

戦国時代に安中氏により築かれたといわれるが、その後、武田氏の領有に帰した。武田氏滅亡後は、北条氏の支配下に入り、大道寺政繁が城将に任命された。政繁は1587年（天正15）に城の大改修を行なった。豊臣秀吉の小田原攻めを予測しての措置で、政繁のもとに小田原から虎の印判状が発給されている。

1590年（天正18）、上杉・前田氏らの豊臣軍に包囲され、政繁父子の奮戦むなしく落城した。

本丸を中心に北側へのびる5本の尾根に、無数の曲輪と堀切を設けて防備を固めている。また、北条氏特有の桝形虎口も随所に見られる。

城址名	主な城主	所在地	遺構	解説
小中城	小中氏	利根郡片品村	土塁・堀切	片品川上流、会津街監視の城。
諏訪の木城	関義範	利根郡新治村	空堀・石垣	本丸周辺の空堀は石垣積み。
小沢城	沼田氏	沼田市町田町	土塁・空堀	沼田氏の初期の居城。
仙蔵城	成田氏	吾妻郡中之条町	曲輪・堀切	真田氏、この城から嵩山城を攻める。
中山城	北条氏	吾妻郡高山村	土塁・空堀	北条氏の兵站基地。
岩下城	斎藤憲次	吾妻郡吾妻町	土塁・堀切	岩櫃城の支城。一城別郭の山城。
嵩山城	斎藤城虎丸	吾妻郡吾妻町	曲輪	真田幸隆が攻陥。城虎丸、岩壁より投身。
柏原城	長尾景春	吾妻郡東村	土塁・堀切	長尾景春、この城に逃げ込む。
長野原城	羽尾幸全	吾妻郡長野原町	曲輪・堀切	信玄、湯元善大夫に城を委託。
丸岩城	羽尾幸全	吾妻郡長野原町	土塁・堀切	頭状岩峰に占地、真田氏が守る。
棚下の砦	上杉謙信	勢多郡赤城村	空堀・馬出	本丸虎口に丸馬出を敷設。
真壁城	神谷氏	勢多郡北橘村	空堀・馬出	大手虎口にあづち馬出あり。
箱田城	箱田地衆	勢多郡北橘村	土塁・空堀	楕円単郭、高土塁めぐる。
大胡城*	大胡氏	勢多郡大胡町	土塁・空堀	上杉謙信の家臣北条高広が在城。
女淵城	長尾氏	前橋市粕川町	土塁・水堀	上杉・由良・北条氏領有。
膳城*	膳氏	前橋市粕川町	土塁・空堀	武田勝頼による「素肌攻め」が有名。
高津戸城	山田氏	山田郡大間々町	土塁・空堀	里見兄弟、父の仇討ちで籠城。
桐生城	桐生六郎	桐生市梅田町	曲輪・堀切	桐生氏の城。山麓に居館残る。
白井城	長尾景仲	北群馬郡子持村	土塁・空堀	白井長尾氏本拠の城。
里見城	里見河内	群馬郡榛名町	土塁・空堀	箕輪城長野氏の家臣。信玄攻める。
鷹留城	長野業尚	群馬郡榛名町	曲輪・空堀	箕輪城と相互防衛の城。
小泉城	富岡直光	邑楽郡大泉町	土塁・空堀	謙信に従軍。惣構の堀残る。
反町館*	新田義貞	新田郡新田町	土塁・空堀	北条氏邦の金山城攻め本陣。
伊勢崎陣屋	酒井忠寛	伊勢崎市曲輪町	曲輪・土塁	伊勢崎藩2万石酒井氏9代の陣屋。
茂呂城	那波氏	伊勢崎市茂呂町	曲輪・空堀	広瀬川を自然の要害にした連郭平城。
磯部城	佐々木盛綱	安中市鷺宮	土塁・空堀	磯部温泉。本丸から三の丸が残る。
板鼻城	武田信玄	安中市板鼻	曲輪・空堀	信玄が築き、依田肥前守を置くという。
安中城	安中忠政	安中市安中	曲輪・堀	城主安中忠成、信玄に降る。
愛宕山城	北条氏	碓氷郡松井田町	空堀・馬出	碓氷峠越関所の城。角馬出あり。
真下城	真下吉行	多野郡鬼石町	曲輪・空堀	巧緻な縄張。
内匠城	倉股氏	富岡市内匠	土塁・空堀	国峯城攻略時、藤田信吉が在城。
国峯城	小幡氏	甘楽郡甘楽町	曲輪・堀切	武田氏赤備え、小幡氏の本城。
白倉城	白倉氏	甘楽郡甘楽町	曲輪・空堀	仁井屋・麻場城からなる、別城一郭の城。
高山城	高山氏	藤岡市下日野	土塁・堀切	北条氏改修か。障子堀検出。
平井城	上杉憲実	藤岡市西平井	曲輪・空堀	関東管領山内上杉氏、本拠の城。

*県史跡

川越城

県中央部、入間川流域の台地上に築かれた平山城。県史跡。

1457年（長禄1）、上杉持朝が家臣太田道灌に命じて築城させた。その80年後、北条氏綱が攻略してからは小田原城の支城となったが、1590年（天正18）、豊臣秀吉の小田原攻めで開城している。

江戸時代には、江戸に近い要地として譜代大名が入封。松平信綱が城主のとき、近世城郭に大改修された。明治維新後、天守代用の富士見櫓をはじめとする建物は取り壊されたが、本丸御殿・玄関が現存している。

本丸御殿　1848年（嘉永1）に藩主松平斉典（なりつね）が再建。大唐破風、霧除けのついた玄関は往時のまま。

太田家家紋「太田桔梗」

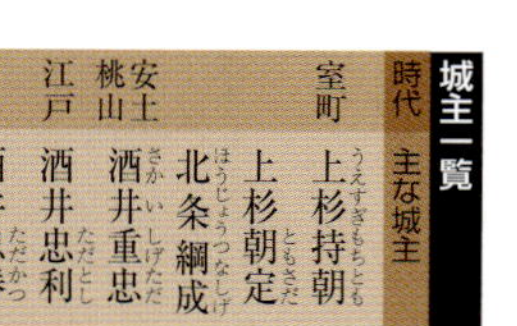

城主一覧

時代	主な城主
室町	上杉持朝
	上杉朝定
	北条綱成
安土桃山	酒井重忠
江戸	酒井忠利
	酒井忠勝
	堀田正盛
	松平信綱
	松平輝綱
	松平信輝
	柳沢吉保
	秋元喬知
	秋元喬房
	秋元喬求
	秋元凉朝
	松平朝矩
	松平直恒
	松平直温
	松平斉典
	松平典則
	松平直侯
	松平直克
明治	松平（松井）康英
	松平（松井）康載

本丸御殿の杉戸絵「松図」

本丸御殿内には11面の杉戸絵が残り、松・竹林・蘆雁（ろがん）などが描かれている。

写真／川越市立博物館

太田道灌像（川越市役所前）

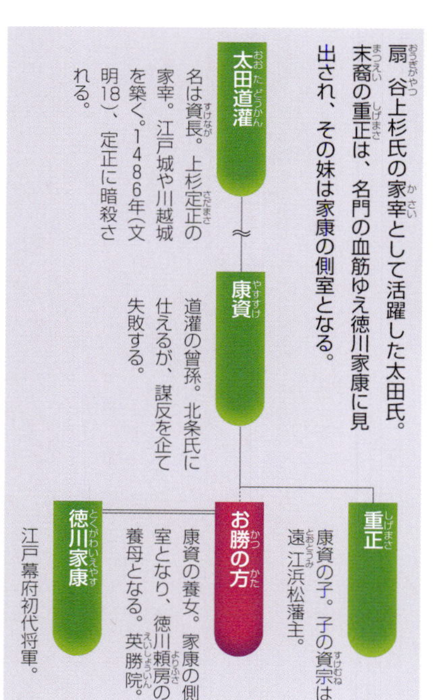

扇谷上杉氏の家宰として活躍した太田氏。末裔の重正は、名門の血筋ゆえ徳川家康に見出され、その妹は家康の側室となる。

太田道灌　名は資長。上杉定正の家宰。江戸城や川越城を築く。1486年（文明18）、定正に暗殺される。

≈

康資　道灌の曾孫。北条氏に仕えるが、謀反を企て失敗する。

重正　康資の子。子の資宗は遠江浜松藩主。

お勝の方　康資の養女。家康の側室となり、徳川頼房の養母となる。英勝院。

徳川家康　江戸幕府初代将軍。

家老詰所

民間に払い下げられていたものを、1988年（昭和63）に移築復元した。10畳の「老中の間」では、3体の人形で藩政を論じる場面を再現している。

［所在地］川越市郭町

川越城本丸御殿

☎049・224・6015

難波田城 ◆難波田憲重

富士見市下南畑

鎌倉時代に難波田氏の居館として築かれ、戦国時代に拡張整備が行なわれたとされる平城である。

勇名を馳せた城主が、扇谷上杉氏の重臣弾正憲重。憲重は「歌合戦」の異名をもつ松山城攻防戦でも有名。１５４６年（天文15）、「川（河）越夜戦」で討ち死にした。天正年間（１５７３〜９２）以降、城は廃城とされた。

現在、難波田城公園として城門・堀・土塁が復元されており、資料館では復元模型などを見学できる。

難波田城址　写真／富士見市立難波田城資料館

岩槻城 ◆太田道真・道灌

岩槻市太田 ＊

１４５７年（長禄1）に扇谷上杉持朝が、古河公方を樹立させた足利成氏を包囲するため、家宰の太田道真・道灌父子に命じて築城させたという丘城。

その後は、道灌の孫資頼と曾孫資正が城主となった。資正は、上杉謙信と結び北条氏に対抗するが、１５６４年（永禄7）、北条氏の謀略により、次男の梶原政景とともに城を追われ、佐竹氏のもとへ奔った。

北条氏は城に改修を加えるが、秀吉の小田原攻めのさい、浅野長政に攻囲され落城。江戸時代は岩槻藩の藩城となり、譜代衆が交替で領有し、明治まで存続した。

城址は公園として整備され、空堀が随所に残り、黒門と裏門が移築保存されている。

岩槻城黒門　写真／外川 淳

伊奈氏陣屋 ◆伊奈忠次

北足立郡伊奈町小室 ＊

１５９０年（天正18）、伊奈忠次が関東郡代となって陣屋を築いた。１６４２年（寛永19）、伊奈陣屋は廃止されて赤山（川口市赤山）へ移される。

広大な陣屋跡地には、当時の堀や土塁の一部が残されているが、現在、その大部分は民有地となっている。

近年、この地からは障子堀なども発掘され、陣屋以前にも城郭が存在していたことが確認された。

忍城 ◆成田氏長

行田市本丸

行田市の中心に位置し、周囲の沼沢を天然の堀とした平城。戦国時代、成田氏によって築かれ、その本拠として利用された。

豊臣秀吉の小田原攻めでは、石田三成が率いる軍勢が攻め寄せ、忍城を水攻めとした。城主の成田氏長は小田原に参陣して不在だったが、留守の城兵が城を守り抜いたことから、天下の堅城として名を高めた。

徳川家康の関東転封後は、家康の四男松平忠康（忠吉）が入封したのをはじめ、譜代大名が城主を歴任。老中の阿部忠秋をはじめ、多くの幕閣を輩出し、松平（奥平）氏の時代に明治維新を迎えた。

近年の整備事業により、本丸周辺の堀と土塁が復元されるとともに、御三階櫓が建設された。

忍城の復元された御三階櫓

深谷城 ◆上杉房憲

深谷市本住町

深谷城址公園　写真／深谷市教育委員会

１４５６年（康正2）、深谷上杉房憲が築城したと伝えられる。城の形が木瓜の花（または実の断面）に似ているところから、木瓜城とも称された。

１５９０年（天正18）、豊臣秀吉の北条攻めで開城。以後、徳川一門や徳川家譜代の家臣が封じられるが、１６２６年（寛永3）、酒井忠勝が忍に転封となって廃城とされた。

現在、城域の一部が深谷城址公園として市民の憩いの場となっている。

松山城 ◆上田政広 ＊

比企郡吉見町北吉見

応永年間（1394〜1428）初期に、扇谷上杉氏の家臣上田左衛門尉友直によって築かれたとされる山城である。

北武蔵の要衝に位置し、戦国時代、北条氏綱・氏康、上杉謙信、武田信玄などの名将たちが攻防を繰り広げた。俗に「歌合戦」と称される和歌の応答があった松山城攻防戦は、1537年（天文6）、城主政広のときである。

上杉方の太田資正が守っていた1562年（永禄5）、北条・武田連合軍に攻撃されて落城し、以後、北条氏の属城となる。北条氏滅亡後は、松平（桜井）家広の居城となった。1601年（慶長6）、弟（いとことも）の忠頼が遠江浜松城へ転封後に廃城となる。

現在、空堀・曲輪跡などが残る。

松山城空堀

山田城 ◆成田氏

比企郡滑川町山田

築城者は不明だが、戦国時代に築かれたといわれる。武蔵丘陵森林公園内にあり、よく整備され、中世城郭を観察するには格好の城である。

100m四方の単郭で、周囲に土塁と空堀がめぐる。空堀は上幅5m、深さ2・4mで、現在芝生が張ってあるので、とても見やすい。土塁もよく残り、2か所の虎口に切れ込みがある。曲輪内部は土塁と空堀が若干残るが、未完成に終わったようである。臨時的な陣城の可能性もある。

忍城主成田氏の家臣が居城していたが、豊臣秀吉の小田原攻めのさい、前田利家に攻められ陥落したという伝承がある。

杉山城 ◆北条氏？ ＊

比企郡嵐山町杉山

西に市野川と鎌倉街道を見下ろす丘の上に築かれている。

この城に関する文献史料はいっさい残されておらず、築城者や築城年代などは明らかでない。平安末期に金子十郎家忠が築城したなど諸説あるが、いずれも伝承の域を出ない。しかし、現在残る遺構は、明らかに戦国末期のものと考えられる。

城の縄張は、中央に本丸を置き、東・南・北にのびる尾根へ複雑に曲輪を連ねていく形式がとられている。大部分の虎口には横矢が掛かり、通路は巧妙に屈折させて、まっすぐ本丸まで進めないように工夫され、馬出も設けられている。

縄張上の特徴から、寄居方面へ向かう街道の確保などの目的で北条氏が築城したものと推測できる。

杉山城土塁と空堀

菅谷城 ◆北条氏 ＊

比企郡嵐山町菅谷

鎌倉幕府の御家人畠山重忠の館跡。本丸は、重忠の館を原形にした可能性もあるが、全体の城の縄張は戦国時代のものである。

都幾川に面する断崖上に本丸を置き、その北側に二の丸・三の丸を同心円状に配置する縄張となっている。それぞれの曲輪は、土塁と深い空堀によって守られ、虎口にいたる土橋には横矢が掛かる。二の丸から三の丸に向けて、大型の馬出が設けられている。北条氏が戦国時代に築城したものと思われる。

現在、城址には県立歴史資料館が建ち、公園として整備されている。

菅谷城の木橋　写真／嵐山町教育委員会

小倉城 ◆遠山光景 ＊

比企郡玉川村田黒

蛇行する槻川に囲まれた標高136mの山上にあり、北条氏家臣の遠山光景が築いたといわれる。1587年（天正15）に卒した光景と妻の位牌が、城下の寺に伝わる。

永禄年間（1558〜70）の北条氏と上杉氏の松山城攻防戦のさいには、北条方の軍事拠点として利用されたものと思われる。

土塁や堀切などが良好な状態で保存され、崩れた石垣も残る。

大築城 ◆上田朝直？

比企郡都幾川村椚平

外秩父山系の東端、標高468m

の城山山頂に築かれた山城。

応永年間（1394〜1428）に吾野憲光が築いたという説と、天正年間（1573〜92）に松山城主上田能登守朝直が、北条氏の慈光寺攻めのさいに築いたという説がある。現存する遺構からみて、後者の上田氏築城説が正しいように思われる。平地からかなり離れた山上にあり、小規模なため、臨時的な陣城の目的で築かれた可能性が高い。

城は、山頂の4段の曲輪と、中腹のモロドノ曲輪とよばれる部分から構成されている。桝形虎口が多用され合理的な縄張のため、築城には北条氏が関与していたことがうかがえる。山頂からの展望は素晴らしい。

鉢形城 ◆北条氏邦

大里郡寄居町鉢形 ＊

築城時期には諸説があるが、文明年間（1469〜87）に山内上杉氏の家臣長尾景春によって築かれたとする説が有力である。

鉢形城城門　写真／外川 淳

1560年（永禄3）ころ、山内上杉氏の家老藤田康邦の娘婿として北条氏邦が入り、大城郭へと拡大整備した。

1590年（天正18）、豊臣軍5万の攻撃を受けたが、3000の城兵は頑強に抵抗して1か月間籠城。その後、説得されて開城し、以後廃城となった。各曲輪跡や土塁が明瞭に残る。発掘整備が進み、鉢形城歴史館も完成した。

花園城 ◆藤田氏

大里郡寄居町末野

荒川に沿って東から西にのびる尾根の先端に築かれた山城。戦国時代にこの一帯を支配した藤田氏代々の居城といわれる。

藤田氏は15代康邦の時、北条氏康の四男氏邦を養子に迎え、同氏の傘下に属した。その後氏邦は、鉢形城を改修して移り、花園城はその支城として荒川流域の監視にあたったが、鉢形城陥落とともに落城した。

折れ曲がった登城路、竪堀や腰曲輪を多用していることが特徴的で、とくに竪堀は多重にすることで、斜面上を攻める敵から城を守る。

また、緑泥片岩を平積みにした石垣も残り、これは藤田氏が関わる山城にみられる。緑泥片岩はよく板碑に使われる石で、近くの産地を藤田氏が押さえていたのであろう。

城址名	主な城主	所在地	遺構	解説
花崎城	細萱光仲	加須市花崎	空堀・水堀	障子堀が検出された。
足利政氏館＊	足利政氏	久喜市本町	空堀	古河公方足利政氏の居館。
源経基館＊	源経基	鴻巣市大間	土塁・空堀	源経基は清和源氏の祖。
石戸城	藤田八右衛門	北本市石戸	土塁・水堀	北条氏が水攻めで落とす。
赤山城（陣屋）	伊奈忠治	川口市赤山	空堀	関東郡代伊奈氏の陣屋、小室から移転。
岡城	太田氏	朝霞市岡	土塁・空堀	都心から近く、遺構よく残る。
青鳥城＊	斧沢修理	東松山市石橋	土塁・空堀	北条氏の兵站基地。
羽尾城	山崎若狭守	比企郡滑川町	土塁・空堀	松山城上田氏の家臣。
三門館	五所五郎丸	比企郡滑川町	土塁・空堀	陣城として利用か。
大蔵館＊	源義賢	比企郡嵐山町	土塁・空堀	木曾義仲の父義賢の館。
青山城	上田氏	比企郡小川町	土塁・堀切	小倉城と尾根続き。虎口明瞭。
腰越城＊	山田氏	比企郡小川町	土塁・堀切	松山城の支城か。
四津山城	石井政綱	比企郡小川町	土塁・堀切	鉢形城の支城。畝状竪堀あり。
毛呂山城	茂呂季光	入間郡毛呂山町	土塁・空堀	関東では珍しい丘腹切り込み式の城。
大堀山館	不明	川越市下広谷	土塁・空堀	多重空堀の平地城館。
河越氏館＊	河越重隆	川越市上戸	土塁・空堀	武蔵武士団河越氏の本拠。
柏原城山	上杉憲政	狭山市柏原	土塁・空堀	川越夜戦の時の陣城か。巧みな縄張。
滝の城＊	北条氏	所沢市城	土塁・空堀	北条氏の巧緻な縄張の城。
勝楽寺城	山口高忠	所沢市上山口	土塁・空堀	狭山湖に突き出た丘城。
御嶽城	長井政実	児玉郡神川町	堀切・石垣	武蔵二の宮金鑚神社の裏山。
雉岡城＊	上杉顕定	児玉郡児玉町	土塁・水堀	城内に塙保己一記念館あり。
猪俣城	猪俣兵庫頭	児玉郡美里町	堀切・竪堀	猪俣氏代々の居城。
円良田城	不明	児玉郡美里町	曲輪・堀切	円良田湖の近くの山城。
用土城	藤田康邦	大里郡寄居町	なし	花園城から退き築城、用土氏を名のる。
諏訪城	諏訪民部	秩父市大野原	土塁・空堀	荒川に突出した尾根にあり。
下原城	橋久保大膳	秩父市下影森	土塁・空堀	横矢張り出しが壮観。
長者屋敷山城	重野刑部	秩父市下影森	堀切	琴平ハイキングコース内にある城。
永田城	寺尾彦三郎	秩父市寺尾	土塁・空堀	秩父二十二番札所の栄福寺あり。
天神山城	藤田康邦	秩父郡長瀞町	竪堀・石垣	鉢形城の有力な支城。模擬天守あり。
虎ヶ岡城	猪俣範綱	秩父郡長瀞町	曲輪・堀切	1590年（天正18）、豊臣勢が攻略。
竜ヶ谷城	用土正光	秩父郡皆野町	石垣・堀切	千馬山城とも。藤田氏系城郭の典型例。
日尾城	諏訪部定勝	秩父郡小鹿野町	曲輪・堀切	武田信玄に備え築城。
塩沢城	長尾景春	秩父郡両神村	曲輪・堀切	景春が築城。太田道灌と戦う。
熊倉城	長尾景春	秩父郡荒川村	曲輪・堀切	景春がここで再起を図る。太田道灌が攻略。
根古屋城	朝見伊賀守	秩父郡横瀬町	曲輪・堀切	北条氏邦が築城。正丸峠を監視。

＊国史跡　＊県史跡

大多喜城

県南東部、夷隅川に囲まれた台地に築かれた平山城。県史跡。

1590年（天正18）、北条氏の滅亡後に関東に入部した徳川家康の命で、10万石に封ぜられた本多忠勝が館山城の里見氏を牽制するために築城した。

江戸時代のはじめに里見氏が転封されると、城の重要性も低下。その後、城の規模は徐々に縮小されていった。城内の建物は明治維新後に取り壊され、現在は天守を模した千葉県立総南博物館が建てられている。

天守 1975年（昭和50）、本丸跡に建てられた。内部は千葉県立総南博物館。
写真／千葉県立総南博物館

薬医門
二の丸御殿の門。大井戸とともに貴重な遺構。写真／千葉県立総南博物館

本多忠勝画像 良玄寺蔵
写真／千葉県立総南博物館

渡辺家住宅
大多喜には城下町の面影を残す建物が点在する。渡辺家は藩の御用金を任された豪商で、住宅は1849年（嘉永2）の建築。重文。
写真／大多喜町商工観光課

本多家家紋「丸に立葵」

城主一覧

時代	主な城主
安土桃山	本多忠勝
江戸	本多忠朝
	本多政朝
	阿部正次
	青山忠俊
	阿部正能
	阿部正春
	稲垣重富
	松平（大河内）正久
	松平（大河内）正貞
	松平（大河内）正温
	松平（大河内）正升
	松平（大河内）正路
	松平（大河内）正敬
	松平（大河内）正義
	松平（大河内）正和
明治	松平（大河内）正質

徳川家康は関東に入ると、功臣本多忠勝を大多喜に封じた。忠勝は井伊直政、酒井忠次、榊原康政とともに徳川四天王の1人。

徳川家康 江戸幕府初代将軍。

秀忠 家康三男。江戸幕府2代将軍。

千姫 秀忠長女。豊臣秀頼に嫁ぐが、大坂夏の陣後、忠刻に再嫁。

本多忠勝 三河出身。50余度の戦いで一度も負傷しなかったという歴戦のつわもの。大多喜城主のあと初代伊勢桑名藩主。通称、平八郎。

忠政 忠勝長男。桑名藩主を経て姫路藩主となり、姫路城を修築。

忠刻 忠政長男。千姫と結婚し、姫路城に居住。美男子だったという。

忠朝 忠勝次男。父の旧領を継ぎ初代大多喜藩主。大坂夏の陣で戦死。

政朝 忠政次男。叔父忠朝の跡を継ぎ2代大多喜藩主。のち姫路藩主。

［所在地］
夷隅郡大多喜町大多喜
千葉県立総南博物館
☎0470・82・3007

関宿城◆松平康元

野田市関宿町

1457年（長禄1）、古河公方足利成氏の家臣簗田成助の築城という。1574年（天正2）以後は北条氏の持ち城となり、北条氏が滅びたあと、家康の弟松平（久松）康元が入城し、関宿藩が開かれた。

以後多くの譜代大名が城主として入り、1705年（宝永2）久世氏の入封以後は、久世氏が8代つづいて明治に至った。

現在、利根川と江戸川の分岐する地点に城址碑が立つ。500m北に県立関宿城博物館があり、3層4階の天守形式の建築は、江戸城の富士見櫓を模したもの。

県立関宿城博物館　写真／外川 淳

国府台城◆千葉氏

市川市国府台3丁目

1455年（康正1）の内紛で自害した千葉氏宗家胤直の甥実胤と自胤が、江戸川をのぞむ断崖上に砦を築いた。兄弟は武蔵に敗走するが、1479年(文明11)、自胤を援助する太田道灌が城を整備した。

城は2度合戦の場となった。第1次国府台合戦は、1538年（天文7）、北条氏綱と里見義堯・足利義明連合軍の戦い。第2次は1564年（永禄7）、北条氏康と里見義弘との戦いで、どちらも北条氏が勝利している。徳川家康の関東入府で廃城となった。城跡は里見公園となり、土塁と里見兵士供養碑が残る。

佐倉城◆土井利勝

佐倉市城内町

鹿島川に面する台地上に未完のまま残されていた千葉氏の城跡に、1611年（慶長16）、徳川家重臣土井利勝が築城を開始、約6年かけて完成させた。石垣は使用せず、天然の地形を活かして築かれ、3層の天守が本丸の南西にあった。

江戸外郭の防衛拠点として重視されたため、城主は目まぐるしく変わるが、1746年（延享3）、堀田正亮の入封後、明治維新まで堀田氏がつづいた。現在は城址公園と国立歴史民俗博物館となり、堀・土塁がよく保存されている。

佐倉城　馬出の空堀　写真／外川 淳

本佐倉城◆千葉輔胤

印旛郡酒々井町本佐倉ほか ＊

鎌倉幕府創設最大の功労者、千葉常胤の流れを汲み、関東八館に列せられた名門である千葉氏の本城。

1455年（康正1）の馬加康胤の乱で、千葉本宗家を乗っ取った馬加系千葉氏は、輔胤の代の文明年間（1469～87）にこの城を築き、千葉城（猪鼻城）から移転した。その後1590年（天正18）の滅亡まで9代にわたり居城とした。

千葉氏は本宗家を中心とした庶家の連合体で、強力な戦国大名化は果たせなかった。戦国末期には、一族の原氏の勢力が強くなり、本宗家は有名無実の存在であった。

城は本城部・向根古谷・惣構などからなり、壮大な空堀と土塁が残る。千葉氏の格式にふさわしい城だ。

本佐倉城空堀

坂田城◆井田友胤

山武郡横芝町坂田

井田友胤が、1555年（弘治1）に築いたと伝わる。

井田氏は友胤の祖父にあたる俊胤が、文安年間（1444～49）に小池郷に拠ったのに始まる。友胤の代になると、勢力の伸張にともない、居城を高谷川流域の大台城に移した。

坂田城土橋

さらに三谷氏の内紛に乗じ、宝馬野の合戦でこれを破ると、栗山川流域の坂田郷を手に入れた。井田氏は当初千葉氏に仕えたが、北条氏の勢力がこの地におよぶとその傘下に属し、友胤の子胤徳は北条氏の命で転戦し、常陸牛久城の在番を数年つとめた。

巨大な舌状台地を大規模な空堀と土塁で防御する縄張で、土橋を睨む張り出し櫓台が特徴的な城である。

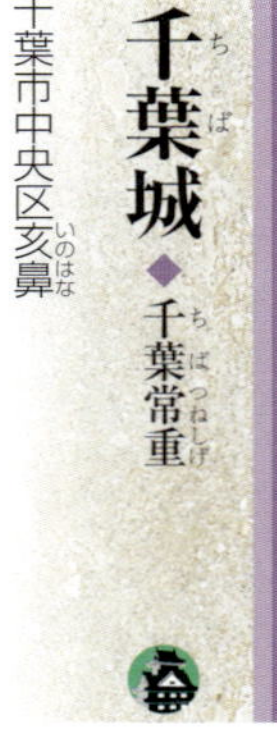

千葉城 ◆ 千葉常重

千葉市中央区亥鼻

別名、亥鼻城。１１２６年（大治1）千葉常重が築城。１４５５年（康正1）に一族の内紛で焼亡するまで、３３０年にわたり全国に勢力をのばした千葉氏の本拠となった。

その後、本佐倉城に本拠を移した千葉氏は、里見氏に対抗するため小田原北条氏と結ぶ。そして１５９０年（天正18）、北条氏とともに滅亡した。

本丸跡には、市立郷土博物館として天守様式の建築が建てられているが、千葉城は中世城郭なので、天守は存在しなかった。

千葉城（千葉市立郷土博物館）

土気城 ◆ 酒井定隆

千葉市緑区土気町

城の草創は奈良時代にまでさかのぼり、鎮守府将軍大野東人が、当地に貴船城を築いたのが始まりといわれる。

１４８７年（長享1）、酒井定隆は畠山氏からこの城を奪い、大改修を加えた。定隆は遠江に生まれ、大望を抱いて関東に下向し、古河公方足利成氏について各地を転戦。そして土気と東金の地を得たという。

その後酒井氏は5代１００年にわたり土気城を居城とし、里見氏傘下ののち北条氏の配下に属す。城は小田原落城とともに廃城となった。

九十九里平野を見下ろす台地端に築かれた城で、本丸を中心に大規模な曲輪群で構成される。

壮大な空堀と土塁が、酒井氏の栄華を偲ばせる。

大椎城 ◆ 平 忠常

千葉市緑区大椎町

桓武平氏の流れを汲み、千葉氏、上総氏の始祖となった平忠常が、平安時代に築いたと伝わる平山城。忠常は、朝廷に対し長元の乱を起こし追討を受けたが、その子孫は代々大椎城を居城とした。

１１２６年（大治1）、忠常から数えて5代目の千葉常重のときに、千葉城（猪鼻城）を築いて移り、大椎城は歴史から姿を消す。戦国時代になると、土気城酒井氏の支城として利用されたものと思われる。

城は、東西にのびる舌状台地の先端に本丸を置き、3本の空堀を入れて、二の丸・三の丸を築いている。

創設は古いが、現存する遺構は、戦国末期に酒井氏が改修を加えて完成させたものと思われる。

万喜城 ◆ 土岐頼春

夷隅郡夷隅町万木城山

万木城とも。１４１２年（応永19）に土岐頼元（時政とも）が、摂津国富山城から移り築城したといわれる。土岐氏が代々居城し、戦国時代になると大きく勢力をひろげた。

安房の里見氏と姻戚関係を結び友好を図っていた土岐氏だが、１５６４年（永禄7）の第2次国府台合戦で里見氏が惨敗すると、北条氏の傘下に入る。そのため、里見氏とその家臣の大多喜根古屋城主正木氏や庁南城主武田氏らから攻撃を受けたが、城主頼春はそれらを万喜城に引き受け、撃退に成功した。徳川家康の関東入国ののち、本多忠勝により攻略され、城は落ちた。

本丸には天守風の展望台が建ち、そこから肥沃な夷隅平野と太平洋が望まれる。本丸から北方尾根続きに向け延々と城壁ラインがのびる。

万喜城展望台　写真／夷隅町産業課

久留里城 ◆ 大須賀忠政

君津市久留里

雨城ともよばれる。標高１８０mの城山山頂にある。15世紀なかばに上総武田氏が築いた城を、里見義堯が攻略。１５３８年（天文7）ごろ、それまで城があった峰続きに新城を築いた。１５９０年（天正18）、里見氏の領地没収により、大須賀忠政が入封。のち土屋氏を経て一時廃城とされたが、１７４２年（寛保2）、黒田氏が入封して城を改築。明治維新まで存続した。

本丸跡の天守台わきに天守が建てられ、二の丸跡に城址資料館がある。

久留里城天守 写真／外川 淳

稲村城 ◆ 里見成義

館山市稲城山

標高63mの丘上にある里見氏初期の居城。

房州里見氏の祖・義実は、千田城から稲村に城を移そうと築城を開始したが、途中で死去したため、嫡子の成義が引き継ぎ、1491年（延徳3）に完成したという。3代目の義通が臨終のとき、嫡子義豊が幼少のため、15歳の元服まで当主の座を弟の実堯に託した。しかし、実堯は義豊が20歳になっても国政を譲ろうとしなかったため、1533年（天文2）、義豊は稲村城に夜襲をかけ、実堯を自刃に追い込んだ。

実堯の嫡子義堯は翌年、父の仇を討つため兵をあげ、犬掛で義豊軍と激突し、これを破った。義豊は稲村城に逃げ込んだが、包囲され自刃する。義堯はその後稲村城を廃し、上総久留里城に本拠を移した。

本丸は高い削り残しの土塁によって、背後を守られている。

館山城 ◆ 里見義康

館山市館山

里見義康が1590年（天正18）に築城した。里見氏は南総最大の豪族であったが、この年、豊臣秀吉の小田原攻めへの遅参を理由に、安房一国を残して上総の領地を没収された。さらに1614年（慶長19）、後継者忠義が小田原城主大久保忠隣の改易事件に連座して領地を没収され、城も破却された。忠義も伯耆（鳥取県）に移され、29歳で憤死。この時に殉死した8人の家臣をモデルに、滝沢馬琴が『南総里見八犬伝』を書いている。

1982年（昭和57）、館山市立博物館分館として、3層4階の模擬天守が建造された。土塁と石垣がわずかに残る。

館山城天守 写真／外川 淳

城址名	主な城主	所在地	遺構	解説
大倉城	大蔵親胤	佐原市大倉	土塁・空堀	1582年（天正10）栗林氏が攻め、落城。
下小野城	国分氏	佐原市下小野	土塁・空堀	巧緻な縄張の城。
大崎城	国分氏	佐原市大崎	土塁・空堀	矢作城とも。千葉六党、国分氏の本城。
助崎城	大須賀胤信	香取郡下総町	土塁・空堀	広大な城域を確保する。
村田城	村田氏	香取郡大栄町	土塁・空堀	空堀が果てしなくつづく。
荒北城	東明胤	香取郡栗源町	土塁・空堀	2重堀は壮観。
小見川城	粟飯原朝秀	香取郡小見川町	土塁・空堀	前方後円墳を城として利用。
上小堀城	増田左衛門	香取郡小見川町	土塁・空堀	単郭を3重堀が取り巻く。
森山城	千葉昌胤	香取郡小見川町	土塁・空堀	千葉胤富、この城から本家を継ぐ。
見広城	島田義広	海上郡海上町	土塁・空堀	里見氏の家臣正木氏が攻め、落城。
中島城	千葉氏	銚子市中島町	土塁・空堀	利根川を見下ろす平城。
網戸城	大橋康忠	旭市イ	水堀	木曾義昌、信州より転封される。
飯高城*	平山刑部	八日市場市飯高	土塁・空堀	城内に日蓮宗飯高檀林あり。
新村城	三谷胤重	八日市場市新	土塁・空堀	井田氏支城。角馬出あり。
増尾城	平川若狭守	柏市増尾	土塁・空堀	コンパクトな縄張。
小金城	高城氏	松戸市大谷口	土塁・空堀	高城氏本城。障子堀検出。
師戸城	原氏	印旛郡印旛村	土塁・空堀	中世城郭の縄張観察に最適。
臼井城	原氏	佐倉市臼井田	土塁・空堀	原氏本城。外郭線が延々とつづく。
御茶屋御殿	徳川家康	千葉市若葉区御殿町	土塁・空堀	家康の鷹狩用の御殿。
小弓城	原胤高	千葉市中央区南生実町	土塁・空堀	小弓公方足利義明の御所。
立堀城	不明	千葉市緑区辺田町	土塁・空堀	方形単郭、土塁・空堀がよく残る。
津辺城	井田氏	山武郡成東町	空堀・馬出	坂田城の支城。角馬出あり。
成東城	印東四郎	山武郡成東町	土塁・空堀	成東駅の南西台地上。城址よく残る。
東金城	酒井定隆	東金市東金	土塁・空堀	土気・東金両酒井氏の本城。
池和田城	和田正治	市原市池和田	曲輪・空堀	里見氏属城。北条氏が攻陥。
佐是城	武田国信	市原市佐是	土塁・空堀	北条氏に内通。里見氏が攻陥。
椎津城	武田氏	市原市椎津	曲輪・空堀	武田氏の内部抗争時に使用される。
真里谷城	武田信長	木更津市真里谷	土塁・空堀	甲斐武田氏一族。古河公方家臣。
勝浦城	正木時忠	勝浦市勝浦	曲輪・堀切	勝浦正木氏の海賊城。
金谷城	真里谷信興	富津市金谷	空堀・石垣	東京湾を見下ろす海城。
佐貫城	武田義広	富津市佐貫	土塁・空堀	里見義弘の本城。
峰上城	武田信武	富津市上後	土塁・堀切	北条氏のゲリラ部隊在城。
岡本城	里見義頼	安房郡富浦町	空堀・石塁	里見義頼・義康2代の居城。
宮本城	里見成義	安房郡富浦町	土塁・堀切	里見義豊、ここから稲村城攻め。
白浜城	里見義実	安房郡白浜町	曲輪・堀切	初代義実、安房統一の拠点。

*県史跡

江戸城（えどじょう）

都の東部、武蔵野台地の突端に築かれた平城。国の特別史跡。

1457年（長禄1）、太田道灌が築城した。のち北条氏の支城となったが、豊臣秀吉の小田原攻めにより開城。かわって関東に移封された徳川家康が入城した。

江戸開幕後は、将軍家の居城として家康・秀忠・家光3代の間に5層の天守を擁する日本最大の城郭に拡張される。大政を奉還した慶喜が1868年（慶応4）に開城し、江戸城は東京城と改称されて皇居となった。

伏見櫓と二重橋
伏見櫓は西の丸に建つ隅櫓。西の丸には引退した将軍や世継ぎの御殿があった。写真／PPS通信社

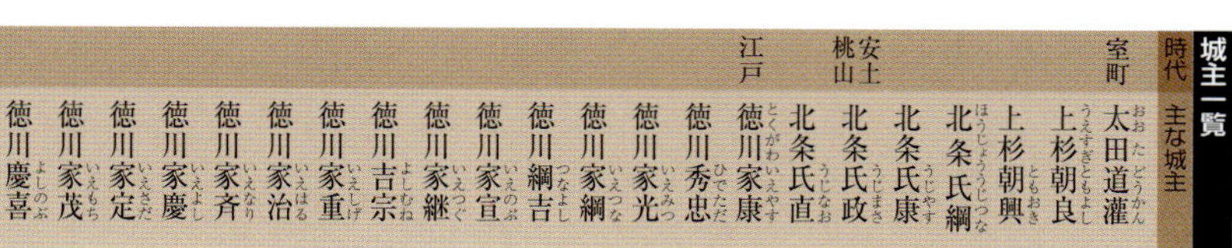

城主一覧

時代	主な城主
室町	太田道灌
	上杉朝良
	上杉朝興
	北条氏綱
	北条氏康
安土桃山	北条氏政
	北条氏直
江戸	徳川家康
	徳川秀忠
	徳川家光
	徳川家綱
	徳川綱吉
	徳川家宣
	徳川家継
	徳川吉宗
	徳川家重
	徳川家治
	徳川家斉
	徳川家慶
	徳川家定
	徳川家茂
	徳川慶喜

徳川家康銅像（駿府公園）

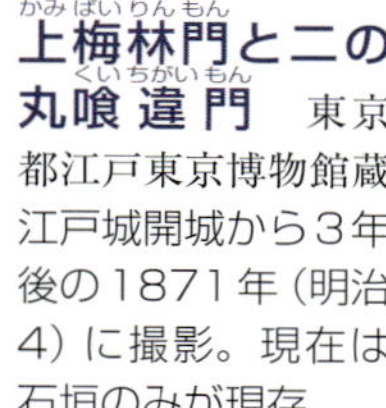

上梅林門と二の丸喰違門 東京都江戸東京博物館蔵
江戸城開城から3年後の1871年（明治4）に撮影。現在は石垣のみが現存。

徳川家家紋「葵紋」

江戸に幕府を開いた徳川家は、将軍の居城にふさわしい天下の巨城を築き、封建体制を確立した。

- **徳川家康** 松平広忠の長男。関ヶ原の戦いで勝利し、1603年（慶長8）に江戸幕府を開く。
  - **松平信康** 家康長男。織田信長に武田勝頼への内通の嫌疑をかけられ、切腹。
  - **結城秀康** 家康次男。豊臣秀吉の養子。のち越前北庄藩68万石の藩祖。
  - **徳川秀忠** 家康三男。江戸幕府2代将軍。幕藩体制の基礎を固めた。
    - **徳川家光** 秀忠次男。母は浅井長政の娘お江与。江戸幕府3代将軍。
    - **徳川忠長** 秀忠三男。兄家光にうとまれ、高崎で自害。通称、駿河大納言。
    - **保科正之** 秀忠四男。会津藩主。家光の異母弟で、4代将軍家綱を補佐した。

天守台
江戸城には5層の天守が3度建造されたが、1657年（明暦3）の大火で焼失して以来、再建されることはなかった。

［所在地］千代田区千代田 皇居東御苑（宮内庁）
☎03・3213・1111

平塚城 ◆豊島泰経

北区上中里1丁目～西ケ原2丁目

平安末期、当地の領主豊島近義によって築かれ、豊島氏の本拠となった。豊島氏は現在の北・練馬・板橋区付近を領有し、多くの一族を率いた名族であった。

１４７７年（文明９）、豊島泰経・泰明兄弟が江古田・沼袋原の戦いで太田道灌に敗れ、練馬・石神井両支城を失った。翌年正月には平塚城も陥落、豊島氏は滅亡する。

平塚城は、現在のJR上中里駅の南西側坂上、帯状台地の上にあった。城域は平塚神社から、飛鳥山公園のあたりまでと推定されている。神社裏手に、城鎮護のために源義家3兄弟の鎧を埋めた甲冑塚がある。

赤塚城本丸跡

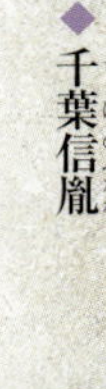

志村城 ◆千葉信胤

板橋区志村2丁目

１４５６年（康正２）以後に、千葉信胤が赤塚城の前衛拠点として築城。１５２４年（大永４）、江戸城を逃れた扇谷上杉朝興を追う北条氏綱の攻撃で落城した。

志村小学校や熊野神社周辺が城跡であり、わずかに土塁や空堀も残る。

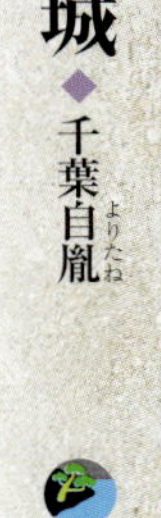

赤塚城 ◆千葉自胤

板橋区赤塚5丁目

１４５６年（康正２）、古河公方足利成氏軍に攻められ、下総の国府台城から逃れてきた千葉自胤が築城したと考えられている。

自胤は太田道灌麾下の武将となり、道灌とともに石神井城などを落とし、豊島氏を滅ぼした。千葉氏は、道灌が暗殺されると小田原北条氏に属し、１５９０年（天正18）の北条氏滅亡で赤塚城は廃城とされた。

現在の城址公園は、かつて城の中心部であった本丸跡である。空堀の一部が残るが、遺構は少ない。

石神井城 ◆豊島泰経

練馬区石神井台1丁目

鎌倉末期の正安年中（１３００年ごろ）、地元の豪族豊島泰景が築城したと伝わる。１４７７年（文明９）、城主泰経のときに、太田道灌に攻撃され落城した。

泰経は平塚城へ逃れ、その後相模の小机城に逃れたという。しかし地元の伝承は少し異なる。落城時、泰経は黄金の鞍とともに三宝寺池に没し、愛娘照姫も、あとを追って入水したという。

三方を丘陵に囲まれた三宝寺池は、昔のままの面影が残る。江戸時代までは、天気の良い日に水底に黄金の鞍が光って見えたという言い伝えもある。氷川神社の東の林中に、内郭の土塁と空堀が残っている。

石神井城空堀

世田谷城 ◆吉良氏

世田谷区豪徳寺2丁目

14世紀中ごろの築城と思われる。世田谷に本拠を置き、２００数十年にわたり栄えた吉良氏８代の居城であった。

吉良氏は、小田原北条氏と婚姻関係を結び、戦国時代になっても、一度も戦いをしなかったという珍しい戦国大名である。１５９０年（天正18）、豊臣秀吉の北条氏攻めによって領地を没収され、廃城となった。

世田谷城址公園から豪徳寺へつづく小高い丘が城域であったと思われる。豪徳寺は、吉良氏５代政忠が、伯母のために城内に建てた弘徳院を前身としている。

沢山城 ◆北条氏照

町田市三輪町

小田急線鶴川駅の東南、鶴見川を

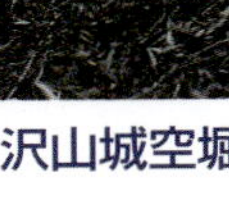

沢山城空堀

見下ろす台地の端に築かれた丘城。三輪城ともいう。鶴見川流域や近くを通る鎌倉街道を掌握するために築かれたのであろう。

八王子城主の北条氏照は、豊臣軍の小田原攻めに備えて、沢山城の兵糧米を小田原へ輸送するよう、近隣の広袴郷に印判状を出した。

現在、七面堂が建つ本丸の櫓台は、その下をめぐる空堀を監視するように張り出しており、当時の威容を偲ばせる。

片倉城 ◆北条氏

八王子市片倉町 *

京王線片倉駅の南方、湯殿川と宇津貫川にはさまれた舌状台地の先端にある。大江広元の子孫である長井氏が築いたという。

相模方面から御殿峠を越えた鎌倉街道のルート上にあることから、八王子方面への進出を狙う北条氏が、1524年（大永4）ごろに城を改修し、拠点として利用したと考えられる。

片倉城本丸と二の丸間の堀

城は、本丸と二の丸からなり、随所に北条氏の縄張の特徴が見られる。とくに城外から二の丸に入るためのルートには、長い区間に城内から横矢が掛かる。また、馬出や独立堡塁も設けられ、防御が強化されている。

現在は城址公園となり、カタクリの花の名所としても知られる。

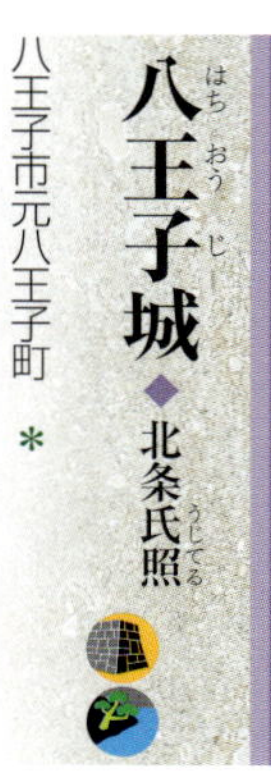

八王子城 ◆北条氏照

八王子市元八王子町 *

八王子城の発掘された石垣

はじめ滝山城の支城として築かれた。本格的な城構えとなったのは、北条氏照の入城した1584〜87年（天正12〜15）ごろのことである。

1590年（天正18）6月22日、豊臣方の上杉景勝・前田利家連合軍1万5000に包囲された。城主の氏照は小田原に行って留守で、残された城兵は約1000人前後であった。1日の戦闘であっけなく落城し、城中の女子供は城下の川へ身を投げて死んだ。この時、廃城となる。

麓の御守殿地区に石垣などが復元され、山城の石垣も壮観である。

松竹城 ◆北条氏照

八王子市下恩方町浄福寺

陣馬峠に向かう陣馬街道の右手、浄福寺の裏山に築かれた山城。浄福寺城ともいう。1384年（元中1・至徳1）に大石氏が築き、二宮城から移ったという説がある。

戦国末期、武田・徳川氏などの脅威に備えるため、滝山城主の北条氏照は、八王子に城を移すことを決意する。

八王子城の築城が進められる中、大石氏の築いたこの城にも改修が加えられ、支城として取り立てられたものと思われる。甲斐（山梨県）へ至る陣馬街道のルート上にあったために重要視されたのだろう。

城は、四方にのびる尾根に堀切を何本も入れて厳重に防御し、軍事的に利用された様子をうかがわせる。

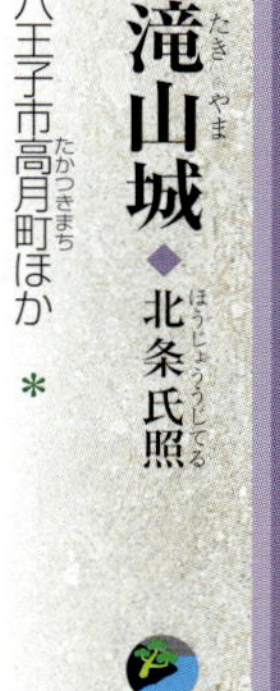

滝山城 ◆北条氏照

八王子市高月町ほか *

築城時期については諸説あるが、1521年（大永1）に築かれたというのが一般的見方であろう。

城主大石定久は、北条氏の勢力下に入り、氏康の子氏照を養子とした。

1569年（永禄12）、甲斐の武田信玄に二の丸まで攻め込まれたが、なんとか撃退する。この城に構造的な弱点があることを知った城主氏照は、本拠を要害の八王子に移した。

現在、一帯は都立自然公園となり、森の中にすぐれた縄張が展開し、土塁や空堀が残されている。

滝山城本丸跡

勝沼城 ◆三田氏

青梅市東青梅 *

JR青梅駅北側に連なる丘陵上に築かれた丘城。師岡城ともいう。

戦国時代、青梅から西の多摩川流域を支配した三田氏の居城として築かれた。

三田氏は農業生産とともに、奥多摩の森林資源を確保したため富裕で、連歌師の柴屋軒宗長を勝沼城に招くなど、文化的な面でも名を残している。最初は山内上杉氏の家臣であったが、北条氏が進出してくると、その傘下に属した。

しかし、上杉謙信が越山して小田原を攻めると上杉氏に従った。そのため、1563年（永禄6）、謙信が越後に帰国中に、北条氏に詰の城の辛垣城を攻められ滅亡した。

勝沼城にはその後、三田氏一族の師岡氏が入るが、北条氏が大改修を加えたようである。現存する城の縄張には北条氏の特徴が顕著である。

勝沼城址遠景

檜原城 ◆ 平山氏

西多摩郡檜原村本宿 *

秋川と南秋川の合流点の西側山上に築かれた山城。

この城の築かれた檜原口は、戦国時代、甲斐と武蔵を結ぶ主要街道が通る要衝の地であった。

北条氏はこの城を「大切之境目の城」として対武田氏の重要拠点に位置づけ、秋川下流に戸倉城を築き、この城と連携して守りを固めた。そのため、1569年（永禄12）武田氏は檜原口を避け、北条氏の意表をついて小仏峠を越えている。

1588年（天正16）には、八王子城主北条氏照が豊臣秀吉との戦いに備えて、城の普請と守備を厳重にするよう、城主の平山氏に指示している。

多重の堀切や、山麓に達する長い竪堀など、厳重に防備がほどこされている様子を、遺構からうかがうことができる。

檜原城堀切　写真／外川 淳

城址名	主な城主	所在地	遺構	解説
葛西城 *	大石石見守	葛飾区青戸	水堀	江戸期、将軍の鷹狩の休憩所に利用。
稲付城	太田道灌	北区赤羽	空堀	城内の静勝寺に道灌の木像を安置。
板橋城	板橋氏	板橋区東山町	なし	板橋氏は豊島氏の一族。
愛宕山塁	太田道灌	練馬区上石神井	空堀	道灌、石神井城攻めの陣城。空堀出土。
練馬城	豊島景村	練馬区向山	なし	石神井城の支城。豊島園内。
中野城山	平重俊	中野区中野	なし	尭恵『北国紀行』に登場。障子堀出土。
御殿山城	太田道灌	新宿区築土八幡町	なし	太田道灌の別館。
渋谷城	渋谷金王丸	渋谷区渋谷	空堀	金王八幡境内。堀跡は道路になる。
白金長者屋敷 *	柳下上総介	港区白金台	土塁	自然教育園内にあり。
品川台場 *	江戸幕府	港区台場	石垣・砲台	ペリーの黒船来襲に備える。
品川氏館	品川氏	品川区西大井	なし	貴船神社境内。小高い丘の上。
奥沢城	大平出羽守	世田谷区奥沢	土塁	九品仏境内。世田谷城吉良氏の支城。
三宿城	吉良氏	世田谷区三宿	なし	目黒川・北沢川合流点の台地上。
深大寺城 *	扇谷上杉朝定	調布市深大寺町	土塁・空堀	上杉氏がここで北条氏と対戦。公園化。
小沢天神山城	小沢重政	稲城市矢野口	曲輪・堀切	矢野口の渡し確保の城。
大丸城	北条氏	稲城市大丸	土塁・空堀	多摩川渡河点確保の城。
立川氏館 *	立河（川）氏	立川市柴崎町	土塁	立河氏は武蔵七党西党の流れ。
三田氏館	津戸氏	国立市谷保	土塁・空堀	戦国時代以前の豪族居館。
高幡城	高幡氏	日野市高幡	堀切・竪堀	高幡不動の裏山に遺構が残る。
平山城	平山氏	日野市平山	曲輪	鎌倉武士平山季重ゆかりの城。
今井城	今井氏	青梅市今井	土塁・空堀	土橋に横矢、北条氏が改修。
藤橋城	藤橋氏	青梅市藤橋	土塁・空堀	2重の土塁残る。
辛垣城	三田氏	青梅市二俣尾	曲輪・堀切	北条氏が攻略、三田氏滅ぶ。
枡形城	北条氏	青梅市二俣尾	堀切・虎口	辛垣城攻めの陣城か。
楯の城	三田氏	青梅市日向和田	土塁・空堀	街道の押さえの城か。虎口よく残る。
御岳城	神官浜名氏	青梅市御岳山	堀切・竪堀	御岳神社に武装勢力が拠る。
城	平将門	西多摩郡奥多摩町	土塁・堀切	将門伝説あり。
網代城	北条氏	あきる野市網代	曲輪・堀切	対武田戦、連絡網の城。
戸倉城 *	北条氏	あきる野市戸倉	堀切・竪堀	檜原城・網代城連絡網の中継基地。
小田野城	小田野氏	八王子市西寺方町	曲輪・空堀	八王子城の支城。
高月城	大石顕重	八王子市高月町	土塁・空堀	滝山城移転前の大石氏本城。
戸吹城	平山氏	八王子市戸吹町	空堀・竪堀	秋川に臨む険阻な山上。
初沢城	椚田氏	八王子市初沢町	土塁・堀切	山内上杉氏が攻略、城主を生け捕り。
小野路城	小山田重義	町田市小野路町	土塁・空堀	小山田城の支城。街道の押さえか。
小山田城	小山田有重	町田市下小山田町	空堀・馬出	角馬出は北条氏の改修か。

*国史跡　*都史跡

小田原城

県南西部、箱根外輪山の山麓に築かれた平山城。国史跡。

室町時代に北条早雲が攻略して以来、北条氏の居城となった。上杉謙信と武田信玄の攻撃を籠城により撃退。周囲約9kmを塁と堀で囲む総構に守られた城は、難攻不落と謳われる。しかし、1590年（天正18）、豊臣秀吉21万の大軍に攻囲されて開城した。

関東に入部した徳川家康は総構を破却。稲葉氏時代に今日残る姿に整備された。おもな建物は明治に解体され、現在は天守などが復元されている。

小田原城天守
相模湾を望み、そびえ立つ3層4階の天守は、1960年（昭和35）、江戸時代の旧態どおりに外観復元された。写真／小田原城天守閣

城主一覧

時代	主な城主
室町	大森氏
	北条早雲
	北条氏綱
	北条氏康
安土桃山	北条氏政
	北条氏直
江戸	大久保忠世
	大久保忠隣
	阿部正次
	稲葉正勝
	稲葉正則
	稲葉正通（正往）
	大久保忠朝
	大久保忠増
	大久保忠方
	大久保忠興
	大久保忠由
	大久保忠顕
	大久保忠真
	大久保忠愨
明治	大久保忠礼
	大久保忠良

北条氏康画像
小田原城天守閣蔵

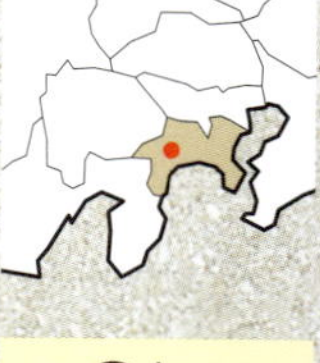

北条家家紋「北条鱗」

北條五代祭り 毎年5月3日に開催。殺陣の演技、早馬、三献の儀などの出陣の宴につづき、総勢2000人の行列が市内を練り歩く。写真／小田原市観光協会

小峯の大堀切
小峯の丘に残る空堀・土塁は、小田原城の現存遺構の中で最大のもの。写真／フォト・オリジナル

北条早雲は伊豆を制圧後、小田原城を攻略して本拠とする。末裔が豊臣秀吉に滅ぼされるまで、北条氏5代は関東一円に勢威をふるった。

北条早雲 姓名は伊勢盛時、通称新九郎。今川氏の食客から戦国大名になる。

北川殿 早雲の妹。今川義忠の正室。

今川義忠 駿河守護。急死したため家督争いが起こる。

氏綱 早雲の子。北条氏2代。江戸城を落として関東南部を平定。

長綱 早雲三男。箱根権現別当金剛王院主で、法名幻庵。

氏親 義忠の子。伯父早雲に助けられ、家督を継ぐ。遠江を平定。

氏康 氏綱長男。北条氏3代。領地を関東一円に広げ、全盛期を築いた。

瑞渓院 義元の姉。氏康の室。

義元 氏親の子。今川氏の全盛期を築くが、桶狭間の戦いで討ち死に。

［所在地］小田原市城内
小田原城
☎0465・23・1373

神奈川台場 ◆ 江戸幕府

横浜市神奈川区神奈川

ペリーの浦賀来航以来、幕府は沿岸の警備体制強化を各藩に命じた。とくに江戸湾は幕府の喉頸にあたるため、台場の構築が急がれた。

1852年（嘉永5）から翌年にかけて、小田原・品川台場が築かれ、天然の良港の神奈川には、1859年（安政6）5月に台場構築が開始され、翌1860年（万延1）6月に竣工した。工事担当は伊予松山藩で、藩主松平（久松）勝善は海防に強い関心をもっていた。

台場の設計は、当時幕府講武所砲術師範だった勝海舟が行ない、海中に、237×86・4mの規模で石垣造りの台場を築き、計14本の大砲が設置された。

台場はその後、鉄道建設などで破壊され、現在、JR貨物線東高島駅構内などに石垣の一部が残る。

神奈川台場の石垣

茅ヶ崎城 ◆ 北条氏

横浜市都筑区茅ケ崎町

鶴見川の支流、早渕川南岸の台地縁に築かれた丘城。

城の歴史は不明であるが、当初は早渕川沿いの開発領主の居館から出発したものと思われる。その後、北条氏が多摩川を越えて進出する1524年（大永4）以前に、改修したという。初期の北条氏の縄張を知る貴重な遺構である。

城は中央に本丸を置き、東・北・西の3面に曲輪を配置する縄張。曲輪間は空堀や土塁によって仕切られるが、横矢の張り出しによる屈曲は見られない。小机城より古い縄張であることは明白である。

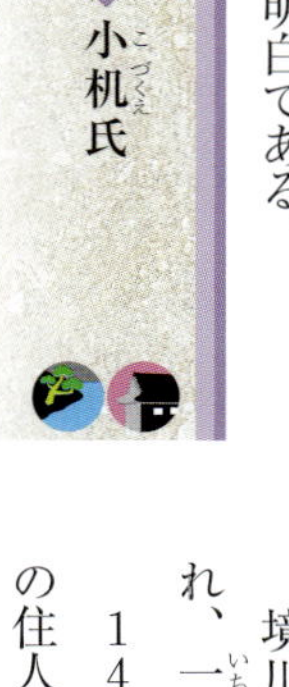

小机城 ◆ 小机氏

横浜市港北区小机町城山

鶴見川南岸の丘陵先端にある。築城年代は不明だが、文明年間（1469〜87）には、土地の豪族小机氏の居城であったという。

北条氏時代にはその属城となる。笠原信為が城主となり3代つづいた。1590年（天正18）の小田原城開城とともに、廃城とされている。

現在は公園として遺構が保存され、模擬櫓なども造られているが、道路が城址を2つに切断してしまっている。

小机城空堀

深見城 ◆ 山田経光？

大和市深見

境川が裾を巻く台地の縁に築かれ、一の関城山ともよばれる。

1452年（享徳1）ごろ瀬谷郷の住人山田経光が居城にしたといわれるが、確証はない。

小田原と江戸を結ぶ矢倉沢往還に近く、境川に隣接しているため、ここに目をつけた北条氏が、街道や河川交通の確保、境目の防衛を兼ねた軍事拠点を置いた可能性が高い。

台地の端に長方形の曲輪を置き、台地続きを土塁と深い空堀で遮断する。その空堀の外側に、馬出状の小曲輪を3つ配置し、敵を掘ぎわに近寄らせないように工夫してある。これらの技法は北条氏のものだろう。

深見城空堀

玉縄城 ◆ 北条早雲

鎌倉市城廻

北条早雲が新井城に籠った三浦一族と対決するため、1512年（永正9）に築いた城。

1561年（永禄4）、上杉謙信の小田原攻めの時、攻撃を受けたが撃退したほどの堅城である。小田原合戦時には、徳川家康麾下の本多忠勝に城を明け渡した。

1615年（元和1）の一国一城令により廃城とされている。

城址は、清泉女学院のある丘陵一帯であり、堀切などが残る。

大庭城 ◆上杉朝良

藤沢市大庭

平安末期、大庭氏が築いたとされている。一時期、扇谷上杉朝良が城主となっていた。

１５１２年（永正9）、北条早雲に攻められて落城する。この時、１人の老婆が、天然の堀になっている沼の水の抜き方を寄せ手に告げたので、落城したのだという伝説が伝えられている。

現在は、大庭城址公園として整備されている。

大庭城址公園

岡崎城 ◆三浦道寸

伊勢原市岡崎・平塚市岡崎

平安末期、三浦一族の岡崎義実が築いた城。戦国時代には三浦道寸（義同）が居城とした。１５１２年（永正9）、北条早雲の攻撃を受け、道寸は城を捨てて住吉城へ逃れ、さらに新井城に籠った。

城跡には、無量寺が建っている。

津久井城 ◆北条氏

津久井郡津久井町根小屋

津久井湖の南に聳える山が城跡である。鎌倉初期に津久井氏が築城したという。戦国時代は北条氏の属城であった。

１５６９年（永禄12）、武田信玄の小田原城攻撃の帰途、三増峠合戦があったが、その時、武田軍が津久井城を攻撃した記録がある。

１５９０年（天正18）、豊臣秀吉の小田原城攻撃のさいに開城した。

現在も、山中に空堀や土塁が残されている。

津久井城宝ヶ池　写真／外川 淳

河村城障子堀

河村城 ◆北条氏

足柄上郡山北町山北 ＊

酒匂川の上流、現在、東名高速道路の通る谷筋の独立峰上に築かれた山城。

藤原秀郷の系統の河村氏が南朝方に属し、新田氏とともに河村城に籠城したという記録がある。しかし、南北朝時代までは東の浅間山にあり、現存する城跡は、本丸直下の堀切から障子堀の遺構が検出されたことから、北条氏によって築かれたことが実証された。

障子堀は、堀底を移動できないように設けられた障壁で、山中城や小田原城などの北条氏後期の城郭に見られる。御殿場方面の武田氏の動きを封じるために築かれた城と推測される。

足柄城 ◆北条氏

南足柄市矢倉沢

古代東海道の要衝、足柄峠上に築かれた山城。東海道は平安時代の富士山の噴火で箱根を通過するようになるが、足柄峠も併用された。

足柄峠には古来より関所が置かれた。北条氏はこれを本格的な城郭として築き直したが、それは１５６８年（永禄11）に御殿場の深沢城が武田氏の攻撃を受けたのちであろう。

築城工事は１５６９年（永禄12）から１５７１年（元亀2）にかけてつづけられ、堅固な縄張の城郭が完成した。それを察知したのか、信玄は足柄峠を越えて軍勢を動かすことはなかった。その後、豊臣軍の侵攻を予想して普請がつづけられ、さらに堅固になったが、井伊直政に攻め

足柄城本丸跡と空堀

られて落城した。

城は、空堀が随所に設けられ、石垣も多用されている。

今井陣場 ◆ 徳川家康

小田原市寿町

1590年（天正18）、小田原城を包囲した豊臣軍として、徳川家康が布陣した場所が、酒匂川を背にした今井である。関東の北条方支城と小田原城との連絡を遮断できる要所であった。

現在、東照宮の小祠と「神祖大君営跡之碑」が立っている。

石垣山城 ◆ 豊臣秀吉

小田原市早川 ＊

豊臣秀吉が、小田原城の北条氏を攻めたさいに、長期戦にそなえて築いた。別名一夜城。

1590年（天正18）年3月、豊臣秀吉は、北条氏討伐の軍をあげ、四方から関東になだれ込んだ。そして、4月5日より小田原城を眼下に見下ろす石垣山（笠懸山）に陣城の構築を開始した。

陣城といっても本格的な総石垣造りの城郭であり、天守や井戸曲輪も設けられた。城は6月ごろに完成し、大坂から淀殿などもよばれて、茶会が開かれた。

その後、小田原城が開城したため廃城となった。

現在は歴史公園となり、市民の憩いの場となっている。石垣は破却の跡もあるがよく残り、とくに淀殿の化粧井戸とよばれる井戸曲輪の高石垣は壮観である。本丸の眼下に小田原城の天守があり、その先には相模湾が広がる。

石垣山城　地震でうねった石垣

鷹ノ巣城 ◆ 北条氏

足柄下郡箱根町鷹巣山

芦之湯の北東、約1kmに位置。標高が834mあり、平坦面の南側を鎌倉古道が通っている。

小田原合戦時には、徳川方の松平康重、牧野康成隊が攻撃した。城兵70人を討ちとったが、ほかの者は小田原城へ逃げ込んだという。

現在では、山中に城の遺構はほとんど見当たらない。

城址名	主な城主	所在地	遺構	解説
枡形山城	[illegible]	川崎市多摩区枡形	曲輪	多摩川大道の要。[illegible]の陣城。
寺尾城	諏訪三河守	横浜市鶴見区馬場	土塁・空堀	諏訪三河守は北条氏家臣。
亀之甲山陣城	太田道灌	横浜市港北区新羽町	なし	道灌の小机城攻めの陣城。
青木城	多米周防守	横浜市神奈川区桐畑	なし	権現山城を拡張してできた城。
蒔田城	吉良頼康	横浜市南区蒔田町	なし	世田谷吉良氏の蒔田御所。
荏田城	曾禰氏	横浜市青葉区荏田町	土塁・空堀	田園都市線江田駅近く。
榎下城	上杉憲清	横浜市緑区三保町	土塁・空堀	旧城寺の境内。喰違い虎口あり。
佐江戸城	猿渡内匠助	横浜市都筑区佐江戸町	曲輪	鶴見川東岸。街道の押さえ。
鎌倉城（切通し＊）	源頼朝	鎌倉市	切通し・切岸	鎌倉防衛の城。
杉本城	斯波家長	鎌倉市二階堂	曲輪	杉本観音の裏山。新田氏ら攻め、落城。
住吉城	三浦道寸	逗子市小坪	曲輪	道寸、早雲に攻められ新井城へ退去。
浦賀城	三浦道寸	横須賀市東浦賀町	曲輪・堀切	北条氏水軍の根拠地。
大矢部城	三浦義澄	横須賀市大矢部	土塁・堀切	衣笠城の支城。
衣笠城	三浦義明	横須賀市衣笠町	曲輪	三浦義明、源頼朝に呼応して挙兵。
新井城	三浦道寸	三浦市三崎町	土塁・空堀	北条早雲が攻め、三浦氏玉砕。
三崎城	北条氏	三浦市城山町	土塁	里見氏警戒のための海賊城。
早川城	渋谷氏	綾瀬市早川	土塁・空堀	渋谷庄司の本拠。
小沢城	金子掃門助	愛甲郡愛川町	曲輪・空堀	金子掃門助、太田道灌に敵対し籠城。
細野城	内藤定行	愛甲郡愛川町	土塁・空堀	内藤氏は北条氏の家臣。
小松城	永井氏	津久井郡城山町	空堀・櫓台	殿舎形式の城。
荻野山中藩陣屋	大久保氏	厚木市中荻野	曲輪	小田原藩大久保氏支藩。
七沢城	上杉憲忠	厚木市七沢	なし	両上杉氏による実蒔原合戦に登場。
丸山城	上杉定正	伊勢原市下粕屋	土塁・空堀	上杉館説が有力。太田道灌が暗殺される。
真田城	上田氏	平塚市真田	土塁・空堀	山内上杉氏が攻め、落城。
山下長者屋敷	山下氏	平塚市山下	土塁・空堀	北条早雲利用か。
鴨沢要害	北条早雲	足柄上郡中井町	堀切	早雲、上杉軍にゲリラ戦仕掛ける。
新城	北条氏	足柄上郡山北町	曲輪	北条氏、国境関門の城。
浜居場城	北条氏	南足柄市内山	土塁・空堀	足柄峠の間道押さえの城。
沼田城	沼田氏	南足柄市沼田	土塁・空堀	沼田氏の居城。
富士山陣城	細川忠興	小田原市板橋	土塁・空堀	小田原城攻めの豊臣軍陣城。
湯坂城	北条氏	足柄下郡箱根町	石垣・空堀	東海道の湯坂道押さえの城。
進士ヶ城	北条氏	足柄下郡箱根町	土塁・堀切	芦ノ湖畔の城。
御所山陣城	豊臣氏	足柄下郡箱根町	土塁・虎口	豊臣軍、小田原攻めの陣城。
屏風山塁	北条氏	足柄下郡箱根町	土塁・空堀	北条氏、豊臣軍に備え構築。
土肥城	土肥実平	足柄下郡湯河原町	土塁・堀切	湯河原温泉の上、眺望絶景。

＊国史跡

中部の城

中部地方は、越後・佐渡国（新潟県）、越中国（富山県）、越前国（福井県）、加賀・能登国（石川県）、信濃国（長野県）、美濃・飛騨国（岐阜県）、甲斐国（山梨県）、駿河・遠江・伊豆国（静岡県）、尾張・三河国（愛知県）、伊勢・志摩国（三重県）からなる。

大和朝廷は、東海道・中山道・北陸道に、それぞれ伊勢鈴鹿（三重県亀山市）・美濃不破（岐阜県不破郡関ヶ原町）・越前愛発（福井県敦賀市）のいわゆる「三関」を設け、畿内への入口を固めた。もともとは、この三関より東を「関東」といったのである。

平安後期には、国司として下向した清和源氏の一流が土着して武士団を形成。治承・寿永の内乱（１１８０～８５）で源頼朝に従うと、鎌倉時代にはこの地方の守護などに任ぜられた。子孫は武田氏・小笠原氏・今川氏・土岐氏などを名乗り、室町時代には有力な守護となっている。

守護の居館は領国支配に有利な平地に構えられたため、有事に籠城するための山城が別に設けられていた。たとえば、駿河の今川氏は駿府館の背後に賤機山城（静岡市）を、甲斐の武田氏は躑躅ヶ崎館の背後に要害城（甲府市）を築いている。

戦国期、今川義元は遠江・三河を領有し、武田信玄は信濃に進出して越後の上杉謙信と覇を競った。しかし、義元は桶狭間の戦いで尾張の織田信長に討たれ、信玄の子勝頼もまた、長篠・設楽原の戦いで信長に敗れてしまう。徳川家康の駿河・遠江・三河を除く中部地方のほとんどを信長が領有すると、その家臣柴田勝家が北庄城（福井城の前身）を、前田利家が金沢城を築いた。

１５８２年（天正10）、本能寺の変で信長が討たれたあとは、家康が甲斐と信濃とを併合して5か国の大名となる。ほどなく豊臣秀吉の命により関東へ転封となった家康は、江戸に幕府を開くと、中部地方には親藩・譜代の大名を配した。

その多くは小藩であったが、家康の隠居城としての駿府城（静岡市）をはじめ、家康の次男結城秀康の福井城、六男松平忠輝の高田城（上越市）、九男徳川義直の名古屋城などは、天下普請によって大規模に築城されている。

松本城の埋橋 写真／佐々木信一

新潟県

春日山城

（かすがやま）

県南西部、標高180mの春日山に築かれた巨大な山城。国史跡。

室町時代、越後守護代長尾為景が本格的に築城をはじめ、その子謙信（景虎）が完成させた。謙信は、春日山城を居城として関東・甲信越・北陸地方を転戦。関東管領上杉憲政から姓を譲られている。

1598年（慶長3）、謙信の養子景勝は豊臣秀吉の命で会津120万石に転封。かわって入封した堀氏が日本海に面する直江津に新城を築いて移り、廃城となった。

春日山城遠望
かつては春日山全体に櫓や屋敷が建ち並んだ。石垣は築かれず、土塁や空堀などで多くの曲輪を守った。写真／文化印刷

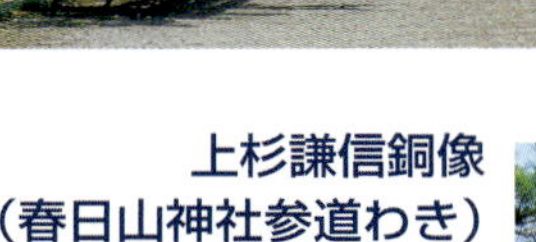

上杉謙信銅像（春日山神社参道わき）

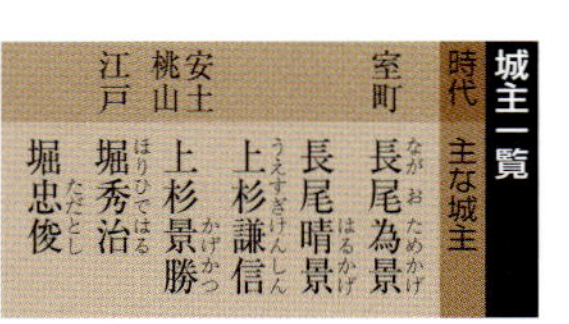

城主一覧

時代	主な城主
室町	長尾為景
	長尾晴景
	上杉謙信
安土桃山	上杉景勝
	堀秀治
江戸	堀忠俊

謙信公祭の武締式
謙信が出陣を前にして、軍神を招くために行なった儀式。毎年8月16日、春日山神社境内で再現される。写真／上越市

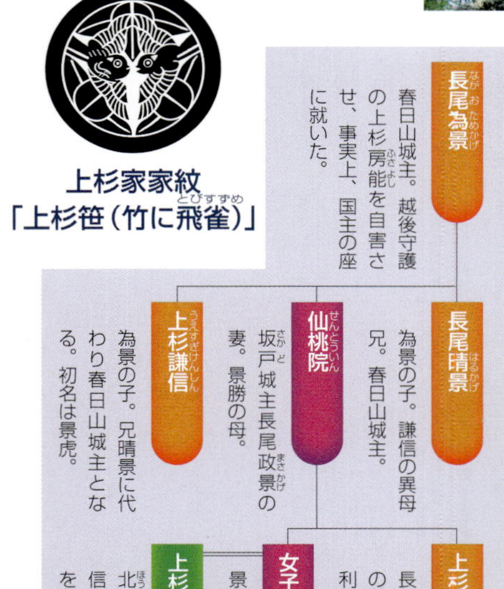

上杉家家紋「上杉笹（竹に飛雀）」

越後の虎と恐れられた戦国武将上杉謙信。後継者となった景勝は、その後米沢に移り、代々米沢藩主として繁栄した。

- **長尾為景**　春日山城主。越後守護の上杉房能を自害させ、事実上、国主の座に就いた。
- **長尾晴景**　為景の子。謙信の異母兄。春日山城主。
- **仙桃院**　坂戸城主長尾政景の妻。景勝の母。
- **上杉謙信**　為景の子。兄晴景に代わり春日山城主となる。初名は景虎。
- **上杉景勝**　長尾政景の次男。謙信の養子。御館の乱に勝利し、春日山城主。
- **女子**　景勝の妹。
- **上杉景虎**　北条氏康の七男。謙信の養子。景勝と家督を争うが敗れ、自刃。

毘沙門堂への道
上杉勢の「毘」の旗印は、謙信が毘沙門天に深く帰依したため。謙信は毘沙門堂で次の戦いに備えて思索にふけったという。

［所在地］
上越市中屋敷・大豆ほか
春日山城跡ものがたり館
☎025・544・3728

村上城 ◆本庄繁長

村上市本町 ＊

別名、本庄城、舞鶴城。

標高１３５ｍの臥牛山に築かれた平山城。

戦国期の築城で、謙信時代の城主は揚北衆（阿賀野川以北の豪族）の１人本庄繁長。一時、甲斐の武田信玄と結び、謀反を起こすが、降伏後は上杉軍の武将として活躍した。

上杉景勝が会津へ国替えになると繁長も同行。のちに村上頼勝が入封し、城主となった。

つづいて堀直寄が入封し、現状の村上城と城下町の基礎を築いた。

村上藩には側用人間部詮房、内藤氏９代などが入封して明治維新を迎える。

山上の本丸には天守台が残り、日本海までの眺望が開ける。苔むした高石垣がひときわ美しい。

平林城 ◆色部氏

岩船郡神林村平林 ＊

室町末期に色部氏が築き、本拠とした山城。戦時は標高２８１ｍの要害山の山城に入り、平時は麓の居館で暮らした。謙信時代の城主は揚北衆の１人色部勝長。光長の時、上杉氏の会津転封に従い、平林城は廃城となった。

堀切や曲輪跡などがよく残り、山頂からは佐渡島や飯豊山系が見わたせる。居館跡の土塁も壮観。

鳥坂城 ◆中条房資

北蒲原郡中条町羽黒 ＊

標高２９８ｍの白鳥山に築かれた山城。１２０１年（建仁１）、城資盛と叔母の板額が鳥坂城で鎌倉打倒の兵を挙げた。板額は巴御前と並び聞こえる勇婦だったが鎮圧され、城氏は滅亡。その後、和田氏が入り中条氏を称する。１４５３年（享徳２）、中条房資が新城を築く。

謙信時代の城主は揚北衆の巨頭中条藤資。１５９８年（慶長３）、中条氏が上杉景勝の会津移封に同行したため、廃城。山頂には曲輪跡や堀切が見られ、日本海まで眺望できる。

新発田城 ◆溝口秀勝

新発田市大手町６丁目

旧新発田城は室町時代に築かれた。上杉謙信時代の領主新発田長敦は揚北衆の重鎮。新発田氏は御館の乱では景勝方として活躍するが、恩賞に不満をもち、織田信長に通じて景勝に背く。７年間の抗争の末、景勝軍に攻囲されて自刃した。

１５９８年（慶長３）に溝口秀勝が入封、旧城址に新しい平城を築く。藩主溝口氏は明治維新までつづき、現存の表門と旧二の丸隅櫓が国重要文化財。２００４年（平成16）、３匹の鯱を上げた三階櫓と辰巳櫓が忠実に復元された。

新発田城三階櫓　写真／新発田市教育委員会

津川城 ◆金上氏

東蒲原郡津川町津川 ＊

阿賀野川と常浪川の合流点に聳える麒麟山の西端に主郭を配した山城。麒麟山城ともいう。蘆名氏一族の金上氏が居城したと伝わる。

津川の地は、古来より会津と越後を結ぶ交通の要衝であり、とくに水運の中継地として重視された。

１５８９年（天正17）に蘆名氏が滅び、その後会津に入封した蒲生氏郷は、一門を津川に配し城を改修させた。現在残る石垣は、この時に築かれたものと思われる。上杉氏、さらにまた蒲生氏と継承され城代が置かれたが、１６２７年（寛永４）、加藤嘉明の時に廃城となった。

石垣は安土桃山時代の特徴を示し、山頂の本丸から麓の川岸にかけて築かれ、壮観である。城の近くには、麒麟山温泉がある。

津川城石垣

与板城 ◆直江景綱

三島郡与板町与板 ＊

標高１０４ｍの山城。上杉氏の重臣直江氏の居城である。

一説に直江景綱（実綱）が天正年間（１５７３〜９２）に築き、北方２kmの本与板城から移ったという。

１５７７年（天正５）、景綱が死去。娘のお船に婿養子長尾信綱を迎えたが、御館の乱後に殺害され、名跡の断絶を惜しむ上杉景勝の命によって兼続が直江氏の跡を継いだ。

景勝の会津移封にともなって廃

城。大小の曲輪跡や堀切が残る。山頂の実城（本丸）には稲荷神社が祀られ、兼続の碑と海音寺潮五郎による「直江山城守旧城跡本丸」碑が立つ。

また、与板町歴史民俗資料館には兼続像が建っている。

与板城本丸跡の神社と城址碑　写真／外川 淳

栃尾城 ◆上杉謙信

栃尾市大野 *

舞鶴城ともよばれた。

標高227mの山城である。奈良時代に、防人の在営地として築かれたと伝えられる。室町時代に越後長尾氏の属城となり、1543年（天文12）、城代本庄実乃の時、14歳の謙信が入城して19歳まで在城。兄晴景に代わって長尾家を継ぐこととなり、春日山城に移った。

上杉景勝の会津移封後、春日山城主となった堀秀治の家臣神子田政友が城主となるが、堀氏の改易とともに廃城となった。

現在も野面積みの石垣、最大20mの空堀などの遺構が残る。

栃尾城本丸跡　写真／外川 淳

栖吉城 ◆古志長尾氏

長岡市栖吉町 *

標高328mの山城。

蔵王堂城に拠った古志長尾氏が、室町後期に本拠を移した。古志長尾氏は、上杉謙信の母の実家である。

謙信没後、養子の景勝・景虎が相続争いをした「御館の乱」では、越中に派遣されていた城主河田長親は景勝に味方したが、城は景虎方に属し落城。景勝の会津移封により廃城となった。

曲輪・空堀・土塁などが残る。

北条城 ◆北条氏

柏崎市北条

標高140mの山城である。室町時代に、毛利氏嫡流の北条氏によって築かれた。戦国時代の当主北条高広は、上杉謙信により1561年（永禄4）以降、厩橋（前橋）城の城代に抜擢された。御館の乱では景虎方となり、景勝軍の攻撃を受けて落城。景勝の会津移封にともない、廃城とされた。

現在も曲輪跡や堀切が残り、大手門の位置は専称寺に、搦手門の位置は普広寺にあたる。

北条城堀切　写真／外川 淳

坂戸城 ◆長尾政景

南魚沼市坂戸 *

標高634mの山城。南北朝時代、南朝方の新田氏一族により築城されたと伝え、やがて上田長尾氏の本拠となる。

謙信時代には、長尾政景の居城となる。山麓に居館と家臣団の屋敷があった。謙信の姉仙桃院の嫁ぎ先で、上杉景勝が誕生した地。直江兼続の父樋口氏は政景の家臣で、兼続誕生の地でもある。

景勝が春日山城に入ると番城となり、会津移封後は堀直竒が入る。しかし1610年（慶長15）、直竒が信濃飯山へ転封となり、廃城。

山麓の居館跡前に石垣が残り、山頂の実城には石垣や櫓台がある。

坂戸城本丸石垣

高田城 ◆松平忠輝

上越市本城町 *

旧高田市街（現在の上越市）の中心部に位置する平城。1614年（慶長19)、徳川家康の六男松平忠輝は、堀氏が築いた福島城を廃棄し、新たに築いた高田城へ本拠を移した。

築城にあたっては、前田家や上杉家など、外様大名が動員されたが、石垣は利用されず、土塁と堀が防御の中心となったことから、戦国時代以来、東国を中心に発展した「土の城」の掉尾を飾ったともいえよう。

忠輝が父家康の不興をかって改易処分とされたのち、高田城には、松平家や譜代大名が城主として封じられ、榊原氏15万石の時代に明治維新を迎えた。現在、城跡には築城当時の土塁と堀が伝えられるとともに、1993年(平成5)に三重櫓が復興されている。

高田城三重櫓

鮫ヶ尾城

◆堀江宗親

新井市宮内・雪森 *

創築年は明らかでないが、永禄年間(1558〜70)に上杉謙信が、武田信玄の侵攻に備えて築いたといわれる。

1578年(天正6)に謙信が急死すると、ともに養子の景勝と景虎により、越後を二分する継承争い「御館の乱」が起こった。

3年にわたった跡目争いも、景虎の籠った御館の陥落によって幕を閉じた。景虎は実家北条氏の本拠・小田原へ逃亡を企てたが、急迫を受け、味方の堀江宗親の鮫ヶ尾城に逃げ込んだ。しかし、宗親が景勝に通じたため、城中で自刃して果てた。

御館の乱での兵火で焼けたという焼き米が、今日でも出土する。曲輪や堀切もよく残る。

鮫ヶ尾城址 写真／外川 淳

城址名	主な城主	所在地	遺構	解説
猿沢城	本庄氏	岩船郡朝日村	畝状竪堀	本庄繁長、謙信に叛乱し、敗れて蟄居。
大葉沢城*	鮎川氏	岩船郡朝日村	畝状空堀	針鼠のような50本の空堀を構築。
上関城	三潴氏	岩船郡関川村	空堀・虎口	巧緻な縄張の平城。
江上館*	中条氏	北蒲原郡中条町	土塁・空堀	国人領主中条氏歴代の居館。
加地城	加地氏	新発田市東宮内	土塁・堀切	加地氏は北朝方の下越後方面総大将。
竹俣新城	竹俣氏	新発田市上三光	畝状竪堀	竹俣氏が戦国期に築城。
天神山城	小国氏	西蒲原郡岩室村	土塁・堀切	直江兼続の弟実頼が、小国氏相続。
黒滝城	上杉氏	西蒲原郡弥彦村	曲輪・堀切	北陸道の要衝確保の番城。
護摩堂城	長尾為景	南蒲原郡田上町	土塁・空堀	長尾為景、永正の乱で死守。
加茂城	早部氏	加茂市上条	曲輪・空堀	上杉氏番城、1570年(元亀1)築城。
本与板城*	飯沼氏	三島郡与板町	土塁・堀切	直江氏の与板城移転前の居城。
夏戸城	志駄氏	三島郡寺泊町	土塁・空堀	志駄氏、彌彦神社に長船太刀を奉納。
小木の城	荻(小木)氏	三島郡出雲崎町	土塁・空堀	荻氏、南朝方で活躍。
桝形城	甘粕長重	三島郡越路町	土塁・堀切	上杉謙信の部将、甘粕氏の居城。
雷城	丸田高俊	中蒲原郡村松町	堀切・虎口	会津口の関門。上杉氏、蘆名氏を防ぐ。
見附城	丸田氏	見附市元町	畝状竪堀	三条長尾氏の臣、丸田氏の居城。
二日町城	三本木氏	栃尾市二日町	畝状竪堀	要所に畝状竪堀を構築。
岩野城	黒川備前守	長岡市雲出町	土塁・空堀	山麓に居館跡あり。
片刈城	森氏	長岡市高頭町	土塁・空堀	森氏は御館の乱では景虎方につく。
滝谷城	野呂氏	刈羽郡刈羽村	土塁・堀切	野呂氏は景勝の重臣斎藤朝信の家来。
下倉山城*	福王子孝重	魚沼市堀之内	土塁・堀切	孝重は長尾為景腹心。巨大な土塁あり。
時水城	曾根氏	小千谷市時水	曲輪・堀切	薭生城の平子氏に攻め落とされる。
薭生城	平子氏	小千谷市稗生	畝状竪堀	畝状竪堀は壮観。
大井田城*	大井田氏	十日町市中条	畝状竪堀	大井田氏は上州里見氏一族。
六万騎城	福島政為	南魚沼市麓	土塁・堀切	尾根続きに別郭あり。
樺沢城*	栗林政頼	南魚沼郡塩沢町	土塁・堀切	御館の乱では北条氏が占拠。
荒戸城*	上杉景勝	南魚沼郡湯沢町	空堀・馬出	柴原峠押さえの城。御館の乱の時に構築。
今井城	上杉氏	中魚沼郡津南町	畝状竪堀・馬出	武田氏侵攻に備え築城。
福島城	松平忠輝	上越市港町	なし	典型的な平城。7年余りで廃城。
箕冠城	大熊氏	上越市板倉区	土塁・空堀	大熊氏、謙信に背き信玄のもとに出奔。
直峰城*	樋口兼豊	上越市安塚区	曲輪・堀切	上杉氏の番城。11本の堀切が壮観。
不動山城	山本寺氏	糸魚川市越	土塁・空堀	山本寺氏は上杉氏の有力部将。
根知城*	上杉氏	糸魚川市根小屋	曲輪・堀切	姫川筋・信州方面警備の城。
勝山城	上杉景勝	西頸城郡青海町	土塁・堀切	北陸道を眼下に見下ろす春日山城の支城。
羽茂城*	羽茂本間氏	佐渡市羽茂本郷	土塁・空堀	羽茂本間氏本城。上杉景勝が攻陥。

*国史跡 *県史跡

富山県

富山城（とやま）

県中央部、神通川の扇状地に築かれた平城。

越中守護代神保氏の居城であったが、上杉謙信に攻略された。のち、神保氏を支援した織田信長が城を奪還。上杉氏に備えるべく、佐々成政を封じて城を修築させた。

信長の死後、羽柴秀吉と対立した成政は肥後に転封。富山は前田利長に加封され、1639年（寛永16）に10万石を分封された前田利次が入城して大幅な改修を行なった。現在、城址には模擬天守が建てられている。

天守と本丸石垣
3層4階の天守は1954年（昭和29）の建築で、内部は富山市郷土博物館。石垣や水堀が旧観をとどめる。写真／フォト・オリジナル

城主一覧

時代	主な城主
室町	神保長職
安土桃山	上杉謙信
	神保長住
	佐々成政
江戸	前田利長
	前田利常
	前田利次
	前田正甫
	前田利興
	前田利隆
	前田利幸
	前田利与
	前田利久
	前田利謙
	前田利幹
	前田利保
	前田利友
	前田利声
明治	前田利同

佐々家家紋「七割四つ目」

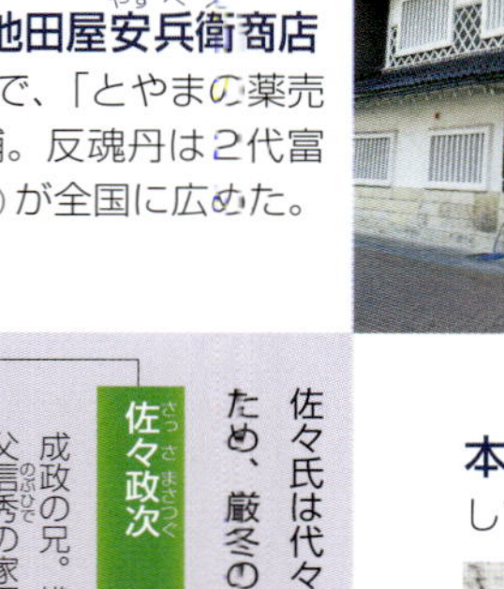

「越中反魂丹」の老舗・池田屋安兵衛商店
1830年（天保1）創業で、「とやまの薬売り」の伝統を伝える老舗。反魂丹は2代富山藩主前田正甫（まさとし）が全国に広めた。
写真／JTBフォト

佐々成政画像
富山市郷土博物館蔵

佐々氏は代々織田家の家臣。成政は秀吉と対峙する徳川家康に会うため、厳冬の立山を越えた「さらさら越え」の逸話で知られる。

佐々政次 成政の兄。織田信長の父信秀の家臣、のち信長にも仕える。

佐々成政 織田信長に仕え、越中富山を与えられる。のち羽柴秀吉に攻められて降伏。肥後領主に配されるが、国人領主層の一揆をまねいて切腹させられた。

宗能 成政の甥。成政の養子となり、家老職として成政の肥後治世を補佐。

直勝 宗能の弟。備前守。加藤清正の重臣となり、熊本城唯一の水堀「備前堀」に名を残す。

本丸御殿古写真 富山市郷土博物館蔵 明治維新後も富山県庁舎として使用されたが、1899年（明治32）に焼失した。

［所在地］富山市本丸
富山市観光振興課
☎076・443・2072

高岡城 ◆ 前田利長

高岡市古城 ＊

第2代金沢藩主利長は、隠居して富山城にいたが、1609年（慶長14）の大火で城が全焼し、高岡の地に新しい城を築くことにする。縄張は高山右近で、同年に完成した。

利長は逝去する1614年（慶長19）まで、足かけ6年この城で過ごしている。翌1615年（元和1）、一国一城令によって廃城とされた。建物は取り壊されたが、石垣や堀はそのまま残されている。

現在は「高岡古城公園」となっている。

高岡城水堀　写真／フォト・オリジナル

白鳥城 ◆ 神保長職

富山市呉羽町

富山平野を東西に仕切る呉羽山の最高峰に築かれた山城。

1562年（永禄5）、上杉謙信の越中攻めに備え、神保長職が築いたものと思われる。

1585年（天正13）、羽柴秀吉は佐々成政を攻める陣城としてここを利用した。成政降伏後は前田氏が領有し、城将を置いて、まだ越中の一部を支配していた成政に備えた。現存する縄張は、この時に完成されたものと思われる。その後成政が肥後に転封となり、利長が富山城に入ると廃城になった。

土塁や空堀が残り、複数の曲輪と虎口を複雑に配置した城である。

松倉城 ◆ 椎名氏

魚津市鹿熊 ＊

魚津市の東南約8km、角川右岸の標高418mに所在する山城。鎌倉末期に築かれたと思われるが、築城者は不明。南北朝期、南朝方と北朝方の間で、松倉城をめぐって激しい争奪戦が展開された。

室町期、畠山氏の守護代椎名氏が入るが、椎名康胤が上杉謙信に背いて攻め落とされ、以後上杉氏の部将が入る。謙信没後の1582年（天正10）、織田軍の攻撃で落城し、佐々成政が領有、成政が肥後に転封されると前田氏に与えられた。

慶長年間（1596～1615）の初めころ、廃城とされている。

現在城跡には、曲輪跡・堀切・石垣・土塁などが残る。

城址名	主な城主	所在地	遺構	解説
宮崎城＊	上杉謙信	下新川郡朝日町	土塁・堀切	越中・越後境目の城。
魚津城	椎名氏	魚津市本町	なし	織田軍攻城、本能寺の変の翌日に落城。
天神山城	上杉謙信	魚津市小川寺	土塁・空堀	上杉景勝、魚津城後詰に利用。
升方山城	椎名氏	魚津市升方	畝状竪堀	80本の畝状竪堀を装備。
坪野城	椎名氏	魚津市坪野	堀切・竪堀	松倉城の有力支城。
郷田砦	土肥正繁	中新川郡上市町	土塁・堀切	佐々成政の弓庄城攻め陣城。
弓庄城	土肥氏	中新川郡上市町	曲輪・空堀	佐々成政、城攻めのさい人質を磔にする。
日中城	佐々成政	中新川郡立山町	土塁・空堀	佐々成政の弓庄城攻略用の付城。
樫の木城	村田与十郎	上新川郡大山町	土塁・空堀	上杉謙信、飛騨三木氏に城番命ず。
中地山城	江馬輝盛	上新川郡大山町	土塁・空堀	飛騨の江馬氏が越中に進出し築城。
湯端城	畑九郎	上新川郡大山町	土塁・空堀	方形単郭、虎口に横矢掛かる。
猿倉城	塩屋筑前守	上新川郡大沢野町	曲輪	塩屋氏、飛騨より進撃して築く。
富崎城	神保氏	婦負郡婦中町	土塁・空堀	上杉謙信が攻め落とす。
大道城	神保氏	婦負郡八尾町	土塁・空堀	神保氏家臣が守る。鉄砲出土。
城生城	斎藤氏	婦負郡八尾町	土塁・空堀	斎藤氏、信長から優遇される。
楡原山城	畠山氏	婦負郡細入村	土塁・堀切	飛騨街道の押さえの城。
阿尾城＊	菊池氏	氷見市阿尾	曲輪	富山湾に突き出た独立丘上に築城。
荒山城	菊池氏	氷見市小滝	土塁・空堀	上杉勢・前田勢、この城で激突。
芝峠城	前田利家	氷見市小滝	曲輪・堀切	前田利家、上杉勢迎撃（荒山合戦）。
森寺城	長沢筑前守	氷見市森寺	土塁・石垣	氷見地方最大の山城。
海老瀬城	前田利家	氷見市余川	土塁・馬出	加越合戦時、利家が築く。
千久里城	鞍川氏	氷見市中尾	土塁・空堀	規模の大きな山城、眺望良い。
中村山城	長尾左馬助	氷見市中村	畝状竪堀	上杉氏の氷見地方の軍事拠点。
堀田城	堀田氏	氷見市堀田	土塁・堀切	一城別郭の縄張。
飯久保城	狩野中務	氷見市飯久保	土塁・堀切	大手の虎口の造りは巧緻。
古国府城	神保氏	高岡市伏木	土塁・空堀	越中国府跡に築城、勝興寺境内。
守山城	桃井氏	高岡市東海老坂	曲輪	神保氏の有力支城。
赤丸城	中山国松	西砺波郡福岡町	土塁・堀切	上杉謙信、攻め落とす。
木舟城＊	石黒氏	西砺波郡福岡町	曲輪	石黒氏、近江長浜で信長に粛清される。
土山城	佐々成政	南砺市土山	土塁・空堀	街道を封鎖し、前田利家の迂回を阻止。
広瀬城	加藤氏	南砺市館	曲輪・堀切	佐々成政逃げ込み伝説あり。
増山城＊	神保氏	砺波市増山	曲輪・空堀	越中守護代神保氏の本城。
一乗寺城	佐々成政	小矢部市八伏	土塁・堀切	佐々成政、前田勢に備え修築か。
今石動城	前田利家	小矢部市城山町	曲輪・堀切	佐々成政に備え、前田利家が築城。
源氏ヶ嶺城	佐々成政	小矢部市道林寺	土塁・虎口	佐々成政、倶利伽羅峠で利家と対戦。

＊県史跡

金沢城

県中央部、小立野台地の突端に築かれた平山城。

室町時代、ここには石山本願寺の支院金沢御坊があり、加賀一向一揆の拠点となっていた。1580年(天正8)、織田信長の命により佐久間盛政が御坊を攻略。賤ヶ岳の合戦で盛政が敗北したあとは、前田利家が入封して、近世城郭へと改修した。

3代利常の時、120万石にふさわしい城に拡張されたが、天守は竣工まもなく落雷で焼失。以後、再建されることはなかった。

石川門 二の門の高麗門、一の門の櫓門、続櫓と2層2階の石川櫓(写真左)からなる。1788年(天明8)の再建。重文。写真／JTBフォト

前田家家紋「剣梅鉢(加賀梅)」

兼六園 霞ヶ池
日本三名園の兼六園は、金沢城付属の外園として5代藩主前田綱紀の時代に作庭が始まった。写真／田畑みなお

前田利家像(石川門付近)

東の丸北面の石垣
野面積みで、金沢城初期の姿を伝える貴重な石垣。

城主一覧

時代	主な城主
安土桃山	佐久間盛政
	前田利家
江戸	前田利長
	前田利常
	前田光高
	前田綱紀
	前田吉徳
	前田宗辰
	前田重煕
	前田重靖
	前田重教
	前田治脩
	前田斉広
	前田斉泰
明治	前田慶寧

前田利家とまつが礎を築いた加賀百万石。のちに上野七日市1万石、富山10万石、大聖寺7万石も庶流の領するところとなった。

まつ 利家の正室。利長の代に人質として江戸に赴く。芳春院。

前田利家 初代金沢藩主。豊臣政権五大老の1人。加賀大納言。

千代 利家の側室。はじめは、まつの侍女であったという。

利長 利家長男。2代金沢藩主。母まつを人質として江戸へ送る。

麻阿姫 利家三女。豊臣秀吉の側室となり、加賀殿とよばれる。

利常 利家四男。兄利長の隠居で3代金沢藩主。藩政の基礎を固めた。

光高 利常長男。4代金沢藩主。31歳で急死。

利次 利常次男。初代富山藩主。富山の城下町を整備した。

利治 利常三男。初代大聖寺藩主。九谷焼を創始。

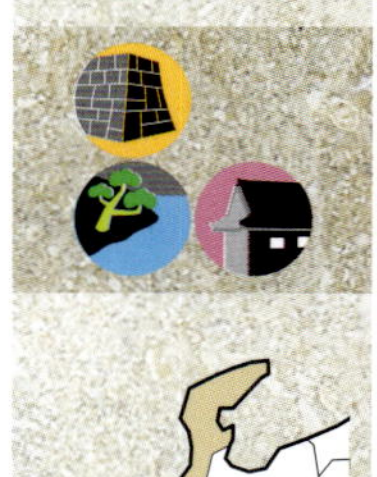

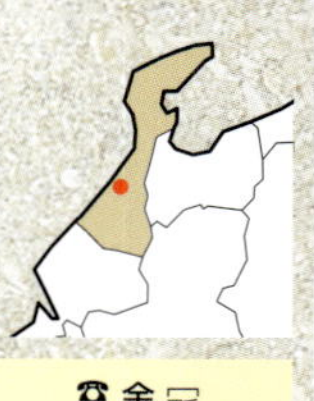

[所在地] 金沢市丸の内
金沢城・兼六園管理事務所
☎076・234・3800

穴水城 ◆ 長氏

鳳至郡穴水町川島

穴水湾に臨む城山に築かれた平山城。築城時期・築城者ともに不明だが、南北朝時代から戦国時代にかけて、能登の有力国人であった長氏が居城としたと伝えられる。

1576年（天正4）、長綱連が守護畠山氏の居城七尾城に詰めている間に、穴水城は上杉軍に攻略されてしまう。そして七尾城も落城。

当時城を不在にしていた長氏一族唯一の生き残り連龍は、1578年（天正6）、織田軍の能登攻略に参陣し穴水城を奪い返す。やがて前田利家が能登入りすると連龍は与力として活躍し、のちに長氏が金沢藩「八家」に列する礎を築いた。

現在、伝本丸跡に案内看板が立ち、曲輪跡や空堀などが残る。

小丸山城 ◆ 前田利家

七尾市馬出町

1581年（天正9）に能登に入った前田利家は、初め七尾城を居城とした。しかし標高が高く、非常に不便であった。

そこで翌年、港に近い、交通の便利な所口村に居城を移すことにし、小丸山（標高約22m）に平山城を築城した。

1583年（天正11）に利家は、織田信長の後継者となった羽柴秀吉から加賀2郡を加増されると、金沢に移ることになる。

小丸山城主には、利家の兄安勝、利家の次男利政、安勝の子利好らが任ぜられた。しかし1615年（元和1）の一国一城令で廃城とされる。

現在は小丸山公園として整備され、土塁や堀切が残る。

小丸山城址　写真／七尾市

七尾城 ◆ 畠山氏

七尾市古城町 ＊

石動山系北端の標高300mの尾根に築かれた山城。能登守護畠山氏の本城で、その規模は全国の戦国大名の本城の中でも五指に入る壮大さを誇る。

築城の時期は、畠山氏の当主が在国を始める16世紀の初頭で、英明な7代当主義総のころまでに、ほぼ完成したものとみられる。

彼の治世下、打ちつづく戦乱で荒廃した京から、公家をはじめとする文化人・芸能人が城下に集まり、能登畠山文化が花開いた。しかし、義総の死後、遊佐・温井などの家臣団の内訌により、畠山氏は凋落に向かった。1577年（天正5）、上杉謙信に攻められ七尾城は陥落し、能登畠山氏は滅亡した。

1581年（天正9）に能登一国を領した前田利家が、小丸山城を築いたため、廃城となった。

本丸付近は3段の石垣で固められ、壮観をきわめる。

七尾城石垣

末森城 ◆ 土肥親真

羽咋郡押水町南吉田・宿・竹生野 ＊

築城時期は、戦国初期と思われるが、築城者は不明である。

標高138.8mの末森山に築かれた山城で、加賀・越中・能登3国を押さえる要衝であった。

1553年（天文22）には、土肥親真が城主であったことが記録に残る。親真は上杉謙信につき、のちに前田利家に従ったが、賤ヶ岳の合戦で討ち死にする。利家は家臣奥村永福らを入れて、城を修築させた。

この城を有名にしたのは、1584年（天正12）9月の「末森合戦」である。越中の佐々成政の大軍が、前田利家の領国である加賀・能登を分断するため、前田軍の拠る末森城を包囲した。前田勢は粘り強い抵抗の末、佐々軍を越中に敗走させた。その後間もなく廃城となっている。

発掘調査で曲輪や建造物跡が確認されているが、遺構は見られない。

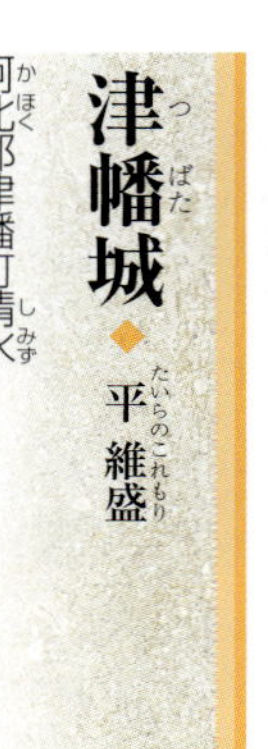

津幡城 ◆ 平維盛

河北郡津幡町清水

津幡川に面した小高い丘が城跡である。平安時代、平維盛がここに

津幡城址　写真／津幡町教育委員会

砦を設けたと伝えられる。

1576年（天正4）から一向一揆勢が立て籠っていたが、1581年（天正9）、織田信長の武将柴田勝家らに包囲されて落城した。1584年（天正12）、前田利家が再び築城、弟の秀継に守らせている。

同年9月、前田利家は、末森城を包囲している佐々軍攻略の軍議をこの城で開いた。翌年、秀継が越中木舟城に移ると、廃城とされた。

現在、城跡には「津幡城趾」の石標が立てられている。

高尾城 ◆富樫政親

金沢市高尾町

築城は戦国初期、築城者は加賀守護富樫政親と思われる。

場所は金沢市の南、高尾町の東に聳える170m余の高尾山頂である。1488年（長享2）、20万の一揆軍が守兵500の高尾城を包囲した。政親は自害して落城。以後、加賀国は、一向宗支配が約100年つづくことになる。

現在は県の教育センターが建てられているが、背後に曲輪跡などが確認できる。

鷹巣城 ◆平野氏？

金沢市西市瀬町・瀬領町

金沢城の東南約10km、犀川縁の台地上に築かれた丘城。

城の歴史は明確でないが、1576年（天正4）ごろ、平野神右衛門が居城していたという。1580年（天正8）、織田氏の部将佐久間盛政が金沢に入城した時に改修され、城番が置かれた。

1583年（天正11）、前田利家が金沢に入城するとその属城となり、佐々成政が襲来し城に放火した時には、駆けつけ撃退している。

城は台地が細くなった部分に本丸を置き、扇を開いたような形に曲輪を配置している。折り歪みのある空堀や馬出曲輪は、織豊系城郭の特徴を示す。

朝日山城 ◆村井長頼

金沢市加賀朝日町

加賀と越中の国境を南北に走る丘陵の一画に築かれた山城。約2・4km先の稜線上には松根城がある。

1584年（天正12）、富山城主佐々成政は徳川家康と結び、能登と加賀を領する前田利家と戦端を開く。その緒戦がこの朝日山・松根城の戦いであった。

利家は家臣の村井長頼を派遣して朝日山に築城しようとしたが、普請途中で松根城の佐々勢に襲われた。一時は占領の危機に陥ったが、援軍を得て挽回し、佐々勢を追い、逆に松根城を奪取した。その後この方面の戦局は膠着し、決戦の舞台は能登方面に移った。

城は、堀切によって区画された3つの曲輪によって構成されている。

鳥越城 ◆鈴木出羽守

白山市鳥越 ＊

標高312mの山頂にある。

1580年（天正8）に、加賀一向一揆の本拠金沢（尾山）御坊は、織田軍柴田勝家・佐久間盛政らの攻撃で陥落した。残った門徒集団は、各地で抵抗する。その最後の拠点が鳥越城と二曲城であった。

鳥越城は、一揆集団「山内衆」の指導者となった鈴木出羽守が築いたものである。しかし、柴田勝家の猛攻の前に落城し、出羽守と息子の二曲城主鈴木右京進は一族とともに殺された。

鳥越城石垣と城門　写真／白山市教育委員会

山内衆は翌年に城を奪還するなど、激しい攻防が繰り広げられるが、1582年（天正10）3月の決戦で鎮圧された。この時、佐久間盛政は門徒の捕虜300人以上を磔にしたという。

5つの曲輪と3つの腰曲輪からなる山城で、空堀と石垣が残る。山頂に城門や石垣が復元されている。

二曲城 ◆二曲右京進

白山市鳥越 ＊

二曲城址　写真／白山市教育委員会

大日川をはさみ、鳥越城の対岸にある山城。もとは二曲右京進の屋敷背後にある城であったという。

1531年（享禄4）に起きた、享禄の錯乱とよばれる加賀国内を二分した一揆の内紛で、城主の二曲右京進は本願寺方について活躍し、勢力を拡大した。

鈴木出羽守が鳥越城を築くと、そ

の支城となり、1580年（天正8）に鳥越城とともに落城した。
谷を塞ぐ防御ラインが設けられているのが特徴的な城である。

小松城 ◆ 若林長門

小松市丸内町

戦国末期、加賀一向一揆の拠点として築かれた。

元和の一国一城令で廃城とされたが、1639年（寛永16）、第3代金沢藩主前田利常が隠居城とするために修築し、以後、明治の破却まで存続する。

位置は梯川と前川の合流点近くにあり、天然の堀に守られた堅城といえる。各曲輪が、堀で区切られているというより、湖沼内に島のように点在する水城であった。

県立小松高校敷地内に残る天守台と、市内来生寺に移築された長屋門が往時を偲ばせる。

小松城天守台石垣 写真／外川 淳

大聖寺城 ◆ 戸次広正

加賀市大聖寺錦城山公園

大聖寺駅の西北、錦城山とよばれる小高い山が城跡である。南北朝時代の築城と考えられ、戦国時代は加賀一向一揆の重要拠点であったが、朝倉氏と和議が結ばれ破却された。

1575年（天正3）に織田信長が修築し、城主には戸次広正、のちに拝郷家嘉らが任ぜられた。

山口宗永が城主だった1600年（慶長5）、金沢の前田利長軍に攻略される。以後前田領となり、1615年（元和1）に廃城とされている。

現在、城山一帯に、良好な曲輪が残されている。

大聖寺城址 写真／フォト・オリジナル

城址名	主な城主	所在地	遺構	解説
飯田城	飯田与左衛門	珠洲市飯田町	畝状竪堀	上杉謙信、長景連を城将に配置。
正院川尻城	長景連	珠洲市正院町	曲輪・空堀	長景連の居城。
甲山城	上杉氏	鳳至郡穴水町	土塁・空堀	上杉氏の水軍基地。
丸山城	上杉氏	鳳至郡穴水町	土塁・空堀	甲山城の支城、制海権確保の目的。
棚木城	長景連	鳳至郡能都町	曲輪・堀切	景連、前田氏の隙を突き入城。
五十里城	嶋倉泰明	鳳至郡柳田村	曲輪・空堀	嶋倉氏は上杉謙信の家臣。
八田城ヶ峰城	不明	七尾市八田町	曲輪・堀切	七尾城と石動山繋ぎの城か。
熊木城	熊木氏	七尾市中島町	土塁・堀切	上杉謙信、七尾城攻略時に攻める。
町屋城	国分左兵衛	七尾市中島町	畝状竪堀	単郭構造、陣城か。
桝形山城	不明	七尾市中島町	畝状竪堀	町屋城と縄張が似る。
二穴城	畠山氏	七尾市能登島二穴町	曲輪・堀切	七尾湾航行船舶の監視所。
勝山城	神保氏	鹿島郡鹿島町	竪堀・堀切	佐々成政の能登攻略の拠点。
石動山城*	石動山衆徒	鹿島郡鹿島町	曲輪・空堀	天平寺伽藍防御のため築城か。
金丸城	桃井盛義	鹿島郡鹿西町	曲輪・堀切	長連龍、温井氏等を攻める。
徳丸城	長連龍	鹿島郡鹿西町	曲輪・堀切	連龍、ここの城兵で佐々成政を撃退。
御館の館	不明	羽咋郡押水町	土塁・空堀	館城形式、遺構よく残る。
末吉城	河野肥前	羽咋郡志賀町	曲輪	上杉謙信に攻められ落城。
高松城	富樫高家	かほく市高松	曲輪・空堀	一向一揆の拠点。
龍ヶ峰城	村上右衛門	河北郡津幡町	曲輪	上杉謙信や佐々成政の加賀攻めの拠点。
切山城	不破光治	金沢市桐山町	土塁・空堀	加越戦争で使用か。
鞍ヶ嶽城	林光明	金沢市倉ヶ岳町	土塁	林光明は木曾義仲に従い平氏と合戦。
高峠城	坂井日向守	金沢市小二又町	曲輪・土塁	不破氏も在城。
松根城	佐々成政	金沢市松根町	土塁・虎口	佐々軍、加越国境最大の防御拠点。
和田山城	朝倉教景	能美市和田町	櫓台・空堀	一向一揆超勝寺の寺院城郭。
虚空蔵山城	金剛寺幸松	能美市和気町	土塁・堀切	一向一揆軍事拠点の1つ。
松任城	鏑木氏	白山市松任	土塁	鏑木氏は一向衆旗本。
舟岡城	若林長門	白山市八幡町	土塁・空堀	若林長門は石山本願寺が派遣。
象ヶ崎館	服部三大夫	白山市桑島	石塁	福井藩の番所。手取ダムで水没。
岩倉城	柴田氏	小松市原町	土塁・虎口	織豊系城郭の縄張。
岩淵城	徳田志摩	小松市岩淵町	土塁・堀切	一向一揆方の部将守る。
波佐谷城	宇津呂氏	小松市波佐谷町	土塁・空堀	城内から青磁香炉・白磁皿出土。
御幸塚城	富樫泰高	小松市今江町	土塁・空堀	泰高、一向一揆の大将になる。
金吾城	朝倉教景	加賀市大聖寺岡町	曲輪・空堀	朝倉氏が一向一揆討伐の拠点に利用。
日谷城	一向一揆衆	加賀市日谷町	土塁・空堀	朝倉教景が攻め落とす。
松山城	徳山則秀	加賀市松山町	土塁・空堀	織田氏の一向一揆討伐の拠点。

*国史跡

福井県

福井城

県北部、足羽川流域の低地に築かれた平城。

この地には、織田信長の命で柴田勝家が築いた北庄城があった。しかし1583年（天正11）、勝家が賤ヶ岳の合戦で羽柴（豊臣）秀吉に敗れたあと、大軍に攻囲されて落城している。

関ヶ原の合戦後、68万石で入封した徳川家康の次男結城秀康が新城を築く。金沢の前田氏を牽制する壮大な城が完成し、3代藩主松平忠昌の時、福居（のち福井）と改称された。4層の天守は、17世紀後半の大火で焼失している。

石垣と桜
笏谷石（しゃくだにいし）で築かれた石垣が現存する。堀をめぐらした本丸跡には、現在、福井県庁や議事堂などが建ち並ぶ。
写真／世界文化フォト

結城秀康画像　運正寺蔵

養浩館庭園
福井城の北にある福井藩主松平家の別邸。「御泉水（おせんすい）屋敷」とよばれた。国名勝。写真／ＪＴＢフォト

越前松平家家紋「丸に三つ葵」

城主一覧

時代	主な城主
江戸	結城秀康
	松平忠直
	松平忠昌
	松平光通
	松平昌親（吉品）
	松平綱昌
	松平昌親（吉品）
	松平吉邦
	松平宗昌
	松平宗矩
	松平重昌
	松平重富
	松平治好
	松平斉承
	松平斉善
	松平慶永（春嶽）
明治	松平茂昭

柴田勝家の北庄城本丸北側に福井城を築いた結城秀康。子孫は越後糸魚川・美作津山・出雲松江藩などの藩祖となって栄えた。
柴田勝家
北庄城主。賤ヶ岳の戦いで羽柴秀吉に敗れ、北庄城で自刃。
お市の方
織田信長の妹。浅井長政没後、再嫁した勝家とともに自害。
徳川家康
江戸幕府初代将軍。
お江与
浅井長政とお市の方の三女。秀忠の正室。3代将軍家光の母。
秀忠
家康三男。江戸幕府2代将軍。
結城秀康
家康次男。初代北庄藩（のちの福井藩）藩主。越前松平家の祖。
勝姫
秀忠三女。忠直に嫁ぎ、忠直の配流後は江戸高田屋敷に住む。
松平忠直
秀康長男。2代北庄藩主。豊後萩原に配流される。
松平忠昌
秀康次男。兄忠直の改易で3代福居（福井）藩主となる。

明治初年の福井城
大手門（瓦御門〈かわらごもん〉）と御本城橋。
写真／福井市立郷土歴史博物館

［所在地］福井市大手3丁目
福井市観光課
☎0776・20・5346

丸岡藩砲台跡 ◆ 丸岡藩

坂井郡三国町梶 ＊

江戸時代も末期になると、外国船の来航が相次ぎ、幕府は各地の藩に命じて海岸線に砲台を築かせた。

丸岡藩では、1852年（嘉永5）、三国港近くの梶浦に砲台を築く。石垣の銘によれば、砲術家の高島秋帆に学んだ栗原源左衛門が設計したという。

現在までほぼ完全な形で伝わり、東西約33m、幅約6m、高さ1・8mの胸壁に5個の砲眼が開く。

丸岡藩砲台跡　写真／外川 淳

丸岡城 ◆ 柴田勝豊

坂井郡丸岡町霞町

福井平野に屹立する丘陵上に位置する平山城。1576年（天正4）柴田勝豊によって築かれた。築城者の勝豊は、叔父勝家の養子に迎えられながら、厚遇されなかったことから、羽柴秀吉への従属をよぎなくされた「非道の武将」として知られる。

築城以来、丸岡城は北庄（福井）城の支城として位置づけされていたが、1613年（慶長18）、譜代大名の本多氏が入封して以来、独立した藩庁としての役割を果たした。本多氏改易後に入封した有馬氏は、8代にわたって丸岡城主として君臨し、明治維新を迎えた。

現存最古とされる天守（重文）は、福井大地震で倒壊後、旧材を利用して復旧された。（26～27ページ参照）

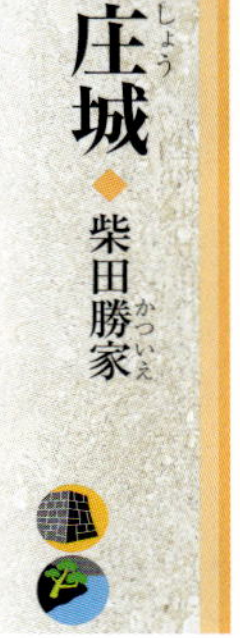

北庄城 ◆ 柴田勝家

福井市中央1丁目

福井平野の中央に位置し、足羽川を天然の堀とする。1575年（天正3）、柴田勝家は織田信長より北庄を与えられると、北陸支配の拠点として北庄城を築いた。勝家は、賤ヶ岳合戦に敗れると、北庄城へ逃げ戻り、9層の天守に立て籠って抵抗をつづけたすえ、妻お市とともに覚悟の自害を遂げた。

のちに結城秀康は、関ヶ原合戦の功により越前を与えられると、旧北庄城の北側に本丸を移し、新たに4層の天守を築くなど、近世城郭（のちの福井城）へと変貌させた。

柴田氏時代の本丸跡では、発掘された石垣が整備を加えられて保存されている。

北の庄城址公園　写真／毛利秀行

一乗谷館 ◆ 朝倉孝景

福井市城戸ノ内町 ＊

一乗谷川沿いの細長い平地部中央に建てられた居館。その背後には、一乗谷城という巨大な山城を擁し、「詰の城」の役割を担っていた。

朝倉孝景は、越前の守護代から戦国大名へと成長する過程の中で、1471年（文明3）、一乗谷館を築いた。以後、一乗谷館は、朝倉氏5代の本拠として繁栄をつづけるが、1573年（天正1）、朝倉氏滅亡とともに灰燼に帰した。

「失われた城下町」一乗谷では、発掘を中心とした調査事業が進められ、戦国城下町に対するイメージが覆されつつある。

発掘とともに整備事業も併行して進められ、城下町の街路や下城戸門の石垣が復元されるなど、戦国時代の史跡活用のモデルケースとして注目を集めている。

一乗谷朝倉館跡に建つ松雲院唐門と水堀

大野城 ◆ 金森長近

大野市城町 ＊

大野市街を望む亀山に位置する平山城。1576年（天正4）、金森長近によって築城が始められた。

長近は、美濃の名族土岐氏の一族だったが、織田信長に仕え、朝倉氏との戦いで武功を立てたことから、一城の主へ取り立てられた。

長近は大野城に大天守・小天守を築き、コンパクトでありながら堅固な城塞とした。また、上水道を整備するなど、城下町大野の発展の基礎を整えている。

賤ヶ岳合戦では柴田方に属した

が、羽柴秀吉への従属を認められて城主の座を守り、のちに飛騨高山への転封を命じられた。
江戸時代には、譜代・親藩大名が封じられ、土井氏4万石の時代に明治維新を迎えた。
本丸には、1968年（昭和43）復興の大天守と天狗書院が建つ。

大野城天守と石垣

府中城 ◆前田利家
武生市府中1丁目

1575年（天正3）、織田信長が越前を平定し、家臣の前田利家に築かせた城である。
豊臣秀吉の時代には、木村・青木・堀尾氏らが城主となり、1601年（慶長6）に結城秀康が越前に入ると、その家臣本多富正が城主となった。
通称を越府城、藤垣城などとよばれたが、居館が主体である。現在の武生市役所およびその周辺が城域であった。
市役所前に城址碑が建っている。

小丸城 ◆佐々成政
武生市五分市町 ＊

越前一向一揆を平定した織田信長は、府中10万石を前田利家・佐々成政・不破光治に分封した。
1575年（天正3）、佐々成政は鞍谷川によって形成された扇状地の丘陵を利用して築城を開始した。1581年（天正9）、成政は越中に転封され、わずか6年間で廃城となった。未完成のまま、廃城になった可能性もある。
現在、本丸・土塁・堀跡・城門跡などが残る。

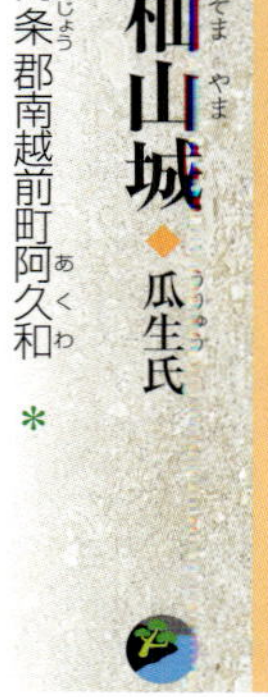

杣山城 ◆瓜生氏
南条郡南越前町阿久和 ＊

標高492mの杣山山頂にある。岩石がそそり立つ険しい山城で、中腹に本丸があり、山頂は詰の城であった。
鎌倉時代、のちに南朝方となった瓜生氏が築城したと伝えられる。戦国時代には斯波氏家臣の甲斐氏が本拠とし、越前朝倉氏と戦ったが敗れた。朝倉氏は河合宗清を城代としたが、宗清は1573年（天正1）に討ち死にし、以後廃城となる。しかし翌年、一向一揆勢が城跡に立て籠ったという。
現在も曲輪跡や堀切などが残る。

杣山城堀切

金ヶ崎城 ◆朝倉景恒
敦賀市金ヶ崎町 ＊

築城時期・築城者ともに不明だが、1336年（延元1・建武3）以前の築城であることは間違いない。天筒山からのびる尾根が海に向かって突出した先に位置し、天筒山城と一体として、城郭の機能を発揮したものと思われる。
1336年に、南朝方800が籠る金ヶ崎城を、北朝方6万の軍が包囲した。そして翌年落城している。
戦国時代は朝倉氏の属城となり、1570年（元亀1）、織田信長によって攻略され、廃城とされた。堀切・曲輪跡などが残されている。

金ヶ崎城空堀　写真／外川 淳

玄蕃尾城 ◆柴田勝家
敦賀市刀根・滋賀県伊香郡余呉町柳ケ瀬 ＊

越前と近江の国境、内中尾山（柳ヶ瀬山）山上に所在する。
1583年（天正11）の賤ヶ岳合戦時に柴田勝家が布陣した場所であり、勝家が羽柴秀吉との対戦に備えて築城したと考えられる。
本丸には櫓台を築き、馬出・虎口・土塁の配置は、織田信長軍団の

玄蕃尾城櫓台

築城に典型的に見られるものといわれる。

遺構として、曲輪跡・土塁・空堀が当時のままの姿で残されている。

国吉城 ◆ 粟屋勝久

三方郡美浜町佐柿

若狭・越前国境に築かれた後瀬山城の支城で、標高197mの城山山頂に所在する。若狭武田氏の重臣粟屋勝久が、1556年（弘治2）に古城を修築して居城とした。

1563年（永禄6）以降、何度か越前朝倉氏の攻撃を受けたが、すべて撃退する。粟屋氏は織田信長に属したが、その没後、転封となった。以後、城主はたびたび交代し、1634年（寛永11）、酒井忠勝が小浜に入封したのちに廃城とされる。

本丸は上下2段に分かれている。

小浜城 ◆ 京極高次

小浜市城内1丁目 ＊

1600年（慶長5）に若狭国小浜藩主となった京極高次が、翌年から築城を開始した城である。南川・北川を外堀とし、西は海という水城であった。

工事途中に酒井忠勝が小浜藩主となり、1638年（寛永15）に天守を完成させた。以後、明治維新による廃城まで酒井氏が居城とした。

小浜城天守台

現在は、本丸の3分の1ほどが神社敷地となり、周囲の石垣や天守台が残る。

後瀬山城 ◆ 武田元光

小浜市伏原 ＊

標高168mの後瀬山山頂にある。1522年（大永2）、若狭守護の武田元光によって築かれた。

1568年（永禄11）、城主武田元明は朝倉氏に攻められ、越前に連れ去られる。朝倉氏が織田信長に滅ぼされると、信長の家臣丹羽長秀が封じられ、1582年（天正10）に城郭の補強をした。

以降、浅野長政・木下勝俊と受け継がれ、1600年（慶長5）に京極高次が入封すると、小浜城を築いて移り、廃城とされる。

現在も曲輪・土塁・石垣・堀切などが良好な状態で残されている。

城址名	主な城主	所在地	遺構	解説
勝山城	柴田勝安	勝山市元町	[illegible]	九頭竜川の河岸段丘上に築城。
戌山城	朝倉景鏡	大野市犬山	畝状竪堀	竪堀群あり。一乗谷の背後守る。
松丸館	御所五郎丸	大野市松丸	土塁・空堀	発掘で天目茶碗・染付などが出土。
朝倉山城	朝倉景連	福井市深坂町	土塁・空堀	織田軍の越前侵攻に備え築城。
成願寺城	前波九郎兵衛	福井市成願寺町	堀切・竪堀	一乗谷前衛防御の城。
東郷槙山城	朝倉正景	福井市小路町	土塁・堀切	成願寺城と呼応し一乗谷を守る。
鎗嚙山城	鳴神新吾左衛門	福井市安田町	曲輪・堀切	山麓の居館跡に湧水あり。
大窪鎌太館	大窪鎌太	丹生郡越前町	土塁・空堀	方形館、平家落人伝説あり。
御床ヶ岳城	保科越前守	丹生郡越前町	曲輪・堀切	南北朝期、北朝方の斯波高経が拠る。
栗屋城	島津忠綱	丹生郡越前町	堀切	敵の死体を投げこんだ死人谷の地名あり。
川島城	河島惟頼	鯖江市川島町	石垣・空堀	河島氏は南朝方に属す。のち朝倉氏支城。
天神山城	立待和泉守	鯖江市西番町	腰曲輪・堀切	多数の腰曲輪を配置。
松山城	樋口兼光	鯖江市下新庄町	土塁・堀切	朝倉敏景攻陥させる。6本の堀切残る。
三峰城	平泉寺衆徒	鯖江市上戸口町	堀切・虎口	平泉寺衆徒が南朝に属し築く。
文殊山城	不明	鯖江市南井町	畝状竪堀	朝倉氏の築城か。
大滝城	大滝寺	今立郡今立町	曲輪・堀切	攻めた滝川一益、戦勝を謝して鐙を埋蔵。
茶臼山城	朝倉氏	南条郡南越前町	堀切・竪堀	北国街道の要衝鯖波宿を押さえる城。
燧城	木曾義仲	南条郡南越前町	石垣・馬出	柴田氏などの改修か。
木ノ芽峠城	朝倉氏	南条郡南越前町	土塁・空堀	峠道を曲輪ではさみ遮断する。
西光寺丸城	西光寺真敬	南条郡南越前町	土塁・横堀	一向一揆衆、信長を迎え撃つ。
鉢伏城	安波賀三郎	南条郡南越前町	土塁・虎口	木の芽峠城の側面を防御。
天筒山城	朝倉氏	敦賀市天筒町	曲輪・堀切	信長、朝倉攻めの緒戦で攻陥させる。
疋壇城＊	疋田氏	敦賀市疋田	土塁・空堀	織田軍により2度落城。
大倉見城	熊谷直之	三方郡三方町	土塁・空堀	国吉城攻めの朝倉勢が来襲。
鈴ヶ岳城	武田五郎	三方郡三方町	曲輪・竪堀	若狭武田氏一族の城。
狩倉山城	朝倉氏	三方郡美浜町	土塁・空堀	朝倉氏が若狭侵略のために築く。
中山の付城	朝倉氏	三方郡美浜町	土塁・空堀	国吉城攻めの朝倉方の向城。
麻生野城	香川大和守	遠敷郡上中町	曲輪・堀切	本丸は前方後円墳を利用か。
熊川城	沼田統兼	遠敷郡上中町	堀切・竪堀	統兼、連歌師里村紹巴と交流。
天ヶ城	内藤勝高	小浜市福谷	土塁・堀切	内藤氏、のちに信長に仕える。
加茂城	白井清胤	小浜市加茂	土塁・堀切	白井氏は武田・織田・豊臣氏に仕える。
賀羅岳城	山県政秀	小浜市太良庄	土塁・空堀	武田信方、信長と対立し攻める
新保山城	粟屋元隆	小浜市新保	曲輪・堀切	粟屋氏、主家武田氏に反抗し没落。
石山城	武藤友益	大飯郡大飯町	櫓台・石垣	武藤氏、武田信方と結び信長に反抗。
砕導山城	逸見昌経	大飯郡高浜町	土塁・堀切	昌経、主家武田氏に反逆する。

＊県史跡

山梨県

躑躅ケ崎館

県中央部、相川の扇状地に築かれた平城。国史跡。

1519年（永正16）、武田信虎がここに本拠を定めて以来、信玄・勝頼3代の居館となった。しかし、長篠の戦いに大敗した勝頼はまもなく館を放棄。新府城（山梨県韮崎市）で退勢の挽回を図るも1582年（天正10）、織田信長によって滅ぼされた。信長が本能寺の変にたおれたあと、徳川家康が館を大幅に拡張。天守台や曲輪が新設されたが、南方2kmの地に甲府城が築かれるにおよび破却された。

旧大手口土橋の石組み
土橋の幅は9mの堅固なもので、脚部を自然石の石積みで補強する。
写真／佐藤英世

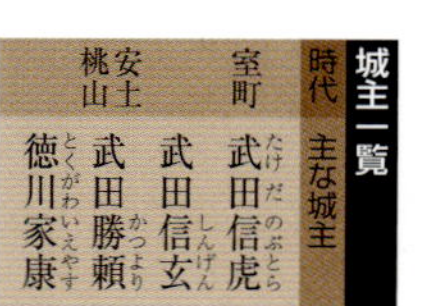

城主一覧

時代	主な城主
室町	武田信虎
	武田信玄
安土桃山	武田勝頼
	徳川家康

武田信玄銅像（甲府駅前）

信玄公祭り
信玄の命日に近い4月の上旬に行なわれる。写真／甲府市

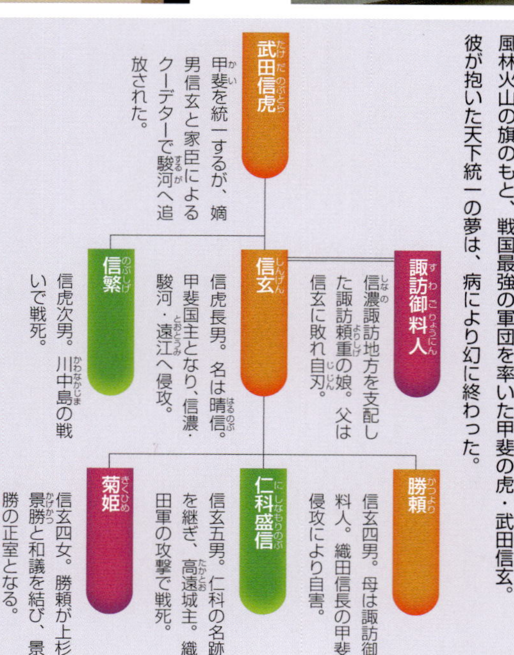

風林火山の旗のもと、戦国最強の軍団を率いた甲斐の虎・武田信玄。彼が抱いた天下統一の夢は、病により幻に終わった。

武田信虎
甲斐を統一するが、嫡男信玄と家臣によるクーデターで駿河へ追放された。

諏訪御料人
信濃諏訪地方を支配した諏訪頼重の娘。父は信玄に敗れ自刃。

信玄
信虎長男。名は晴信。甲斐国主となり、信濃・駿河・遠江へ侵攻。

信繁
信虎次男。川中島の戦いで戦死。

勝頼
信玄四男。母は諏訪御料人。織田信長の甲斐侵攻により自害。

仁科盛信
信玄五男。仁科の名跡を継ぎ、高遠城主。織田軍の攻撃で戦死。

菊姫
信玄四女。勝頼が上杉景勝と和議を結び、景勝の正室となる。

武田神社の神橋と鳥居
館跡には信玄を祭神とする武田神社が鎮座。神橋付近に現在見られる石垣は後世のもの。
写真／和田不二男

武田家家紋「武田菱」

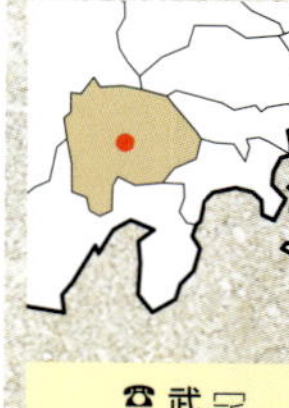

［所在地］甲府市古府中町
武田神社
☎055・252・2609

駒宮城 ◆不明

大月市七保町駒宮

葛野川と浅川の合流点の北側に聳える標高496mの天神山に築かれた小規模な山城。

『甲斐国志』に「御前原烽火台」とあるのみで、城主や築城年は不明である。葛野川流域の小菅・丹波山地域と岩殿城を結ぶ、中継基地として築城されたと推測される。

4本の堀切を東西にのびる尾根に入れて、3つの曲輪を配置する形式をとっている。簡潔明瞭な縄張は、軍事的機能を優先させていたことをうかがわせる。

岩殿城 ◆小山田氏

大月市賑岡町岩殿 *

築城時期や築城者は不明。『甲斐国志』『甲陽軍鑑』によれば、武田家譜代小山田氏の居城であったとされるが、おそらく出城だったのだろう。

岩殿山の標高は634m、周囲は断崖で、南の桂川と北東の葛野川を自然の堀とした天険である。甲斐武田氏の、東の備えの一翼を担っていたものと推測される。

現在も、山頂部に用水池・空堀などの遺構が残っている。

岩殿城址

御坂城 ◆北条氏

南都留郡富士河口湖町河口・笛吹市御坂町藤野木

北条氏が御坂峠の尾根上に築いた山城。

本能寺の変で織田信長がたおれると、甲斐国は徳川家康と北条氏の間で争奪戦が行なわれた。いち早く甲府盆地を制した家康に対し、北条氏直は碓氷峠を越え、信濃佐久郡から南下。相模玉縄城主の北条氏繁も郡内（大月・都留地方）を占領し、郡内と国中（甲府盆地）の間に聳える標高1575mの御坂峠に御坂城を築いた。

新府城に本営を置く家康に対し、氏直は若神子の本隊と御坂城の別動隊で挟撃しようと考えたが、峠を下った御坂城の部隊は、麓の黒駒で家康の部将鳥居元忠と合戦になり大敗を喫した。その後、家康と氏直は睨み合いをつづけたが、最後は家康優位で和睦した。

峠を中心として、尾根の両側に深い空堀をめぐらせている。

勝沼氏館 ◆勝沼信友

東山梨郡勝沼町勝沼字御所 *

勝沼氏館跡

日川右岸河岸段丘上に立地する中世の館跡。武田信虎の弟信友が築き、勝沼氏を称したという。

信友は信虎から信頼され、郡内（大月・都留地方）の目付として峡東の地に配された。信友が1535年（天文4）に北条氏綱との戦いで戦死すると、長男の信元が継いだ。信元は武田信玄のもとで信濃攻略戦に従軍し戦功をあげるが、謀反の疑いをかけられ、1560年（永禄3）に勝沼氏は滅ぼされた。

発掘調査により、館をめぐる内堀と外堀、建物や門の跡が確認され、さらに陶磁器類などの遺物が出土した。

勝山城 ◆油川信恵

東八代郡中道町上曽根勝山

勝山は、甲斐から駿河へ通じる中道往還が通る要地であった。そこに油川信恵が居城として築いたのが、勝山城である。この城は、何度か戦いの場となり、駿河今川軍に占領されたことがある。

1515年（永正12）、今川軍2000人が来襲、一時占領され、1521年（大永1）にも、福島正成率いる今川軍が甲斐に侵攻、再び占領された。

現在は桃と桑畑のなだらかな丘陵であり、土塁・空堀などが残存している。

勝山城堀切

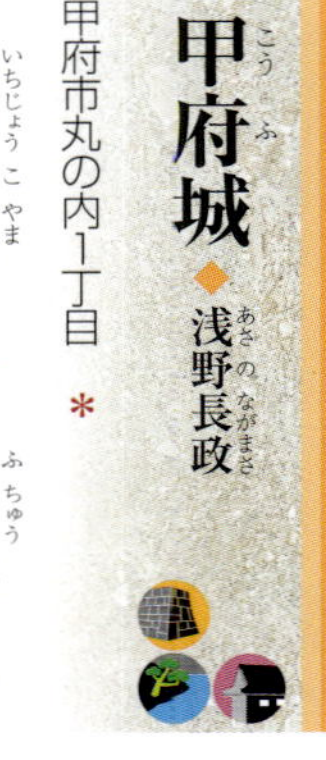

甲府城 ◆浅野長政

甲府市丸の内1丁目 ＊

甲府城稲荷櫓

一条小山城または府中城、後年には舞鶴城ともよばれた。

1583年（天正11）、武田氏滅亡後に徳川家康の命を受けた平岩親吉が築城を始めた城である。その後羽柴秀勝・加藤光泰が工事を継続、浅野長政・幸長の時代に完成した。

江戸時代は、徳川忠長・綱重・綱豊（のちの6代将軍家宣）が入城。1704年（宝永1）に柳沢吉保の入封後、大修築を実施している。その子吉里が大和郡山へ転封後は、幕府の直轄地となった。

現在は内城の部分が城跡としての景観を保ち、雄大な石垣の残る曲輪は、「舞鶴城公園」として、市民の憩いの場となっている。

また、2004年（平成16）、稲荷櫓と、鍛冶曲輪門など3つの門が復元された。

要害城 ◆武田信虎

甲府市上積翠寺町 ＊

要害城址遠景

積翠寺城とも。標高780mの要害山山頂に築かれている。1519年（永正16）に躑躅ヶ崎館が完成し、翌年、武田信虎がその詰の城として築いた。信玄が出生したのも、この城である。しかし、実際に使用される機会は少なかった。

武田氏滅亡後、1600年（慶長5）の関ヶ原合戦後に廃城とされた。

山頂に「信玄生誕の地」碑が建っている。

白山城 ◆武田氏

韮崎市神山町鍋山 ＊

釜無川右岸の標高567mの鍋山に築かれた山城。麓には武田八幡宮や武田氏の遠祖信義の館跡がある。

鎌倉時代のはじめ、武田信義によって築かれたという伝承がある。室町から戦国時代にかけて、付近は武川衆という在地武士団が支配していた。

コンパクトに縄張された山城だが、桝形虎口や馬出曲輪を設け、かなり堅固なつくりである。また、山腹に設けられた放射状の竪堀は特徴的で、武田氏が各地に築いた山城にも同様な遺構が見られる。

白山城は従来、武田信義や武川衆などによって築かれたと思われていたが、以上の縄張から、1581年（天正9）、武田勝頼の新府城築城と同時期に築かれたと推測できる。

新府城 ◆武田勝頼

韮崎市中田町中条上野 ＊

長篠の合戦に敗れた武田勝頼は、鉄砲装備の戦闘に耐えうる新城の必要性を痛感し、1581年（天正9）12月、新府城を築き、躑躅ヶ崎館から移った。

しかし、織田信長の甲信攻めが開始され、翌年3月新府城を捨てて岩殿城をめざすが、途中、田野の地で自刃する。

新府城外郭の空堀

武田氏滅亡後、甲斐を領有することになった徳川家康は、甲府城を築き、新府城を廃城とした。現在、本丸は韮崎市立公園となり、曲輪跡や土塁・堀などが残っている。

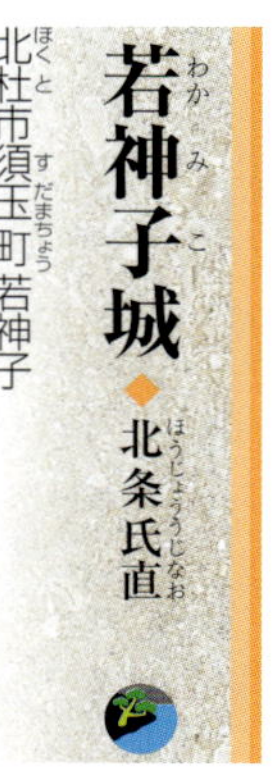

若神子城 ◆北条氏直

北杜市須玉町若神子

八ヶ岳南麓の尾根上に位置し、古城・大城とよばれる遺構を中心に、谷を挟んで南北の台地上に広がる。

平安末期、新羅三郎源義光が築いた館に始まるという伝承がある。戦国時代には、武田軍の信濃攻略の国境玄関口として重要視され、狼煙通信の中継地でもあった。

武田氏滅亡後の1582年（天正10）、北条氏直は甲斐の領有をめぐり、この城を本営とし、新府城の徳川家康と対陣した。

現在はわずかに曲輪・空堀などが残り、「須玉町ふるさと公園」として整備された大城に、釣瓶式狼煙台が復元されている。

獅子吼城◆江草信康

北杜市須玉町江草

浦城、江草城ともいう。応永年間(1394〜1428)に江草信康が築いたといわれ、標高788mの山頂に所在する。

武田氏滅亡後、徳川と北条が甲斐の覇権を争い、1582年(天正10)、獅子吼城に立て籠る北条軍に対し、服部半蔵率いる徳川の伊賀組と旧武田家臣団が夜襲をかけて落城させた。この戦いが甲斐国における最後の合戦となった。

現在も山頂には石塁群が残る。

獅子吼城石垣

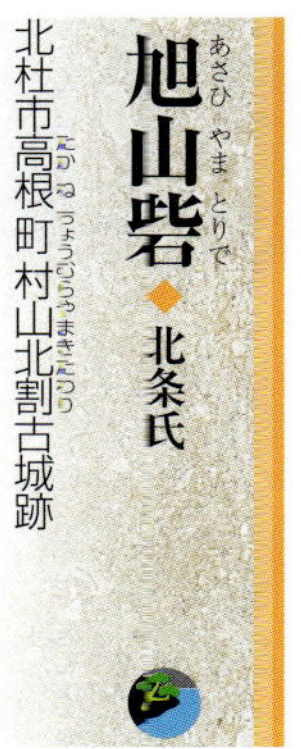

旭山砦◆北条氏

北杜市高根町村山北割古城跡

八ヶ岳東麓の旭山にある戦国期の山城。

武田氏滅亡後の1582年(天正10)、徳川氏と甲斐国の領有を争った北条氏が、軍勢の駐屯地と街道の押さえを兼ねて築いたという陣城。

土塁や空堀などの遺構がよく残る。曲輪をつくらず、自然地形を空堀で囲んで陣地とし、南の大横矢は北条流の縄張を示している。

谷戸城◆逸見清光 *

北杜市大泉村谷戸

山梨県内で最古の城といわれ、1130年(大治5)、甲斐へ流罪となった源清光が、土着後に築いたとの伝承がある。清光は以後、逸見姓を名乗った。

清光の男子は11人、甲斐源氏が発展し、次男の信義は武田氏の始祖となった。

『甲斐国志』では、武田氏滅亡後の1582年(天正10)、城は北条氏によって修築されたと推測されている。

城址名	主な城主	所在地	遺構	解説
笹尾城	下社牢人衆	北巨摩郡小淵沢町	土塁・空堀	武田信虎が諏訪下社牢人衆に築かせる。
大坪城	勝頼家臣	北杜市高根町	空堀	天正壬午の乱で、北条氏利用。
長坂氏屋敷	長坂氏	北杜市長坂町	土塁・空堀	武田勝頼の寵臣長坂長閑斎の屋敷。
深草城*	堀内下総守	北杜市長坂町	土塁・空堀	武田氏の有力家臣堀内氏の館。
中山城	武川衆	北杜市白州町	土塁・堀切	武川衆、北条氏とこの城で対戦。
能見城	武田勝頼	韮崎市穴山町	土塁・空堀	新府城外郭の支城。
武田信義館	武田信義	韮崎市神山町	土塁	武田氏始祖信義の館。源頼朝に協力。
金丸氏館	金丸氏	南アルプス市徳永	土塁・空堀	金丸虎義は信玄の有力家臣。
中野城	秋山光朝	南アルプス市中野	土塁・堀切	秋山氏、源頼朝に攻められ滅亡。
落合氏屋敷	落合氏	甲府市国玉町	土塁	甲府盆地の豪族屋敷。
湯村山城	武田氏	甲府市湯村	土塁・石塁	躑躅ヶ崎館の西側の守り。
熊城	武田氏	甲府市上積翠寺町	土塁・畝状竪堀	要害城南側防備の城。
小田野城	安田義定	東山梨郡牧丘町	曲輪・堀切	跡部氏も利用。古い縄張の山城。
浄古寺城	大村氏	東山梨郡牧丘町	空堀・櫓台	戦国末に徳川氏が改修。
岩崎館	岩崎氏	東山梨郡勝沼町	曲輪・空堀	岩崎氏の居館。戦国初期に滅亡。
茶臼山城	勝沼氏	東山梨郡勝沼町	曲輪・堀切	笹子峠との繋ぎの城。
栗原氏館	栗原氏	山梨市上栗原	土塁	武田信虎に反旗を翻すも降伏。
連方屋敷*	古屋氏	山梨市三ヶ所	土塁・空堀	国宝清白寺仏殿の近くにある方形館。
於曾屋敷*	於曾氏	塩山市下於曾	土塁・空堀	鎌倉期の方形居館跡がよく残る。
小山城	穴山氏	笛吹市八代町	土塁・虎口	鳥居元忠、黒駒合戦にこの城から出撃。
旭山城	武田信昌	笛吹市一宮町	曲輪・堀切	武田信昌、関東勢に備えて築城。
蜂城	岩崎氏	笛吹市一宮町	曲輪・竪堀	甲府盆地東端の本格的山城。
大倉城	不明	上野原市大倉	土塁・堀切	国境警備の城の1つ。
四方津城	不明	上野原市四方津	土塁・堀切	甲斐・相模国境監視の城。
牧野城	不明	上野原市四方津	曲輪・堀切	甲斐・相模の交通の押さえの城。
中津森館	小山田氏	都留市金井	曲輪・空堀	小山田氏初期の居館。
古渡城山	小山田氏	都留市鹿留	土塁・堀切	小山田氏繋ぎの城。
谷村城	小山田氏	都留市下谷	曲輪・堀切	小山田氏繋ぎの城。
与縄城	谷内豊後守	都留市与縄	曲輪・空堀	河岸段丘を利用した館城。
吉田城山	北条早雲	富士吉田市新屋	曲輪・堀切	北条早雲、陣城に利用。
右左口城	松平家忠	東八代郡中道町	曲輪・竪堀	家康、家忠に守備させる。
本栖の城山	武田氏	西八代郡上九一色村	石垣・堀切	勤番衆宛の信玄朱印状あり。
穴山氏館	穴山氏	南巨摩郡身延町	なし	別名下山城。武田一族穴山氏の居館。
南部城山	南部氏	南巨摩郡南部町	曲輪・堀切	奥州南部氏の発祥地。
真篠城*	原大隈守	南巨摩郡南部町	馬出・畝状竪堀	富士川水運監視の城。

*県史跡

長野県

上田城

県中東部、千曲川の河岸段丘上に築かれた平城。国史跡。

1583年（天正11）、真田昌幸が築城した。関ヶ原の合戦の時、西軍についた昌幸は上田城に籠城して、徳川秀忠率いる3万8000の大軍の西上を阻止。秀忠は関ヶ原の合戦に間に合わなかった。合戦後に城は破却され、東軍についた昌幸の長男信之も、ほどなく松代に転封。かわって入封した仙石忠政によって、城は現在の姿に復興された。江戸時代を通じて天守はなかったが、7基の櫓が建てられていた。

桜咲く上田城
中央が入口の東虎口櫓門（復元）。左の南櫓、右の北櫓は1641年（寛永18）建造。写真／上田市

城主一覧

時代	主な城主
安土桃山	真田昌幸
江戸	真田信之
	仙石忠政
	仙石政俊
	仙石政明
	松平忠周
	松平忠愛
	松平忠順
	松平忠済
	松平忠学
	松平忠固
明治	松平忠礼

真田幸村銅像

真田家家紋「六連銭」

廃城直後の上田城　上田市立博物館蔵
1874年（明治7）に廃城後、南北の櫓は妓楼に転用された。写真は、すでに南櫓が撤去されたようす。

二の丸空堀の欅並木
関ヶ原の戦いののち埋められたが、仙石氏によって再興された空堀。
写真／ＪＴＢフォト

1585年（天正13）と1600年（慶長5）の2度、上田城で徳川の大軍を撃退した真田父子。知将真田の血脈は、長男信之が後世に伝えた。

本多忠勝
徳川家康の重臣で、四天王の1人。
真田昌幸
上野沼田城・上田城主。寡兵で徳川の大軍を撃退した知将。
小松姫
忠勝の娘。徳川家康の養女となり、信之の正室になる。
信之
昌幸長男。関ヶ原の戦いで東軍につき、上田城主、のち松代藩主。
幸村
昌幸次男。「真田十勇士」を率いた名将として名高い。名は信繁。
信政
信之次男。沼田藩主を経て、2代松代藩主。
幸昌
幸村長男。母は大谷吉継の娘。父とともに大坂の陣を戦い自刃。

［所在地］上田市二の丸
上田市立博物館
☎0268・22・1274

飯山城 ◆上杉謙信

飯山市飯山 ＊

越後の上杉氏が信濃へ進出するさいの基地でもあった丘城。

かつて泉氏の館であったのを、1564年（永禄7）、上杉謙信が本格的に城として築き、武田信玄との攻防の重要拠点となった。千曲川に面した丘の南端に本丸が置かれている。

江戸時代に入ると、多くの大名が入れ替わり領地とした。そして、1717年（享保2）に本多氏が入封すると、明治維新までつづいた。

現在、城跡全体が公園となり、曲輪跡や石垣が残され、櫓門も復元されて、桜の名所として知られる。

飯山城櫓門　写真／外川 淳

葛山城 ◆上杉謙信

長野市茂菅葛山

1555年（弘治1）、第2次川中島の戦いのさい、犀川河岸の大塚に本陣を敷いた武田軍に対し、上杉謙信がこれを牽制するため築いた城。両軍の対陣は長引き、いったんは今川義元の仲介で和睦が成立したが、翌年、城を守る落合氏の一族が武田部将の真田幸隆に籠絡されて内応し、武田軍の攻撃を受けて陥落。

規模の大きな山城で、登山ルートをたどると、連続する堀切や竪堀、曲輪跡が確認できる。

松代城 ◆真田信之

長野市松代町殿町 ＊

千曲川沿いに開けた善光寺平に位置する平城。1553年（天文22）武田信玄により、川中島一帯を支配するために築かれ、築城当初は海津城と称された。

武田氏が滅亡すると、上杉景勝が混乱に乗じて海津城を占拠し、義父謙信の悲願ともいえる川中島一帯を上杉領へ組み込むことに成功する。

その後、豊臣氏の蔵入地となり、田丸直昌が城主となると徐々に整備され、森忠政の時代に本格的な築城工事が行なわれて、1622年（元和8）、真田信之が上田から松代へ転封されたころには、すでに近世城郭としての姿が整えられていた。

信之以降、真田氏の居城として明治まで存続した。

近年の工事により、櫓門が復元、石垣も修復され、江戸時代の姿が再現されつつある。

松代城本丸太鼓門と橋詰門

牧之島城 ◆武田信玄

上水内郡信州新町牧野島 ＊

犀川が蛇行してできた半島状台地の基部に築かれた平城。

1561年（永禄4）、ここに居館を構えていた香坂氏を滅ぼした武田信玄が、築城を命じた。この地が松本と善光寺の中継点にあたるため、兵站基地としての価値を認めたからと思われる。城将には、名将として名高い馬場信房が着任した。

武田氏滅亡後は上杉景勝が一時領有するが、1603年（慶長8）、徳川家康の六男松平忠輝が松代に入城するとその領有下に入った。その後に家老が城代として置かれたが、1616年（元和2）、忠輝の改易とともに廃城となった。

武田氏城郭の特徴である丸馬出があり、外側の三日月堀は水堀で、桝形虎口は発掘成果に基づいて復元された。

木舟城 ◆仁科氏

大町市社

大町市街の東方に聳える山塊に築かれた山城で、南城・北城からなる。仁科氏は平安時代から仁科荘を支配し、麓の館之内に居館を構えた。そして、鎌倉時代に城を築いたといわれるが、現存する城の遺構から考えて、戦国時代に築かれたことが推測される。南城に本城が置かれていたものと思われる。

武田氏は仁科氏を従属させ、信玄の五男盛信が仁科氏に入嗣した。その後、城の大改修が行なわれ、北城が外郭線として城域となり、現在みられる大規模城郭が完成した。

青柳城 ◆青柳氏

東筑摩郡坂北村青柳 ＊

四阿屋山の西尾根上に、8つの曲

輪と7つの空堀をもつ山城。青柳氏が築き、麓の居館に居住した。

戦国時代、青柳氏は武田氏に従ったため、上杉謙信の来攻を受け、城下は放火された。

武田氏が滅ぶと、筑摩郡北部は上杉景勝と、松本城を奪回した小笠原貞慶の争奪の舞台となる。1583年（天正11）、貞慶は精鋭の越後勢の前に敗れ去り、小笠原氏に従った青柳氏も城を失った。その後、景勝が軍を引いたので、すかさず貞慶が筑北を制圧し、青柳氏は城に帰還を果たした。

城は数度の攻防戦により防御力が強化された。本丸の高石垣や外郭の2重堀切は壮観である。

葛尾城 ◆ 村上義国

埴科郡坂城町坂城 *

1384年（元中1・至徳1）、村上義国によって、千曲川に大きく突き出した標高805mの葛尾山に築かれたと伝わる。信濃の東北地域で最大の勢力を誇った村上氏の居城であった。

1548年（天文17）には上田原合戦で、1550年（天文19）には戸石城で武田軍を破った村上軍だが、1553年（天文22）、再び攻撃してきた武田軍に敗れて落城し、当主の義清は上杉謙信を頼り、越後に逃れている。

城はその後、廃城となり、当時の土塁跡、堀切跡を残すだけである。

戸石城 ◆ 村上氏

上田市上野伊勢山 *

砥石城とも。標高791mに位置し、山城の延長は約4kmある。

築城時期や築城者はよくわからない。東信濃の豪族海野氏の属城であったが、1541年（天文10）に村上氏が攻略し、村上義清の出城となった。

1550年（天文19）の武田信玄による攻撃を撃退したが、翌年、再び攻撃される。この時は、武田氏の部将真田幸隆が、村上陣営に対し事前に招降工作を行なっており、そのため幸隆の奇襲攻撃が簡単に成功したといわれる。

その後、この地を領地とした真田昌幸は、上田城を築いて本拠地を移すが、戸石城も詰の城として使用していた。

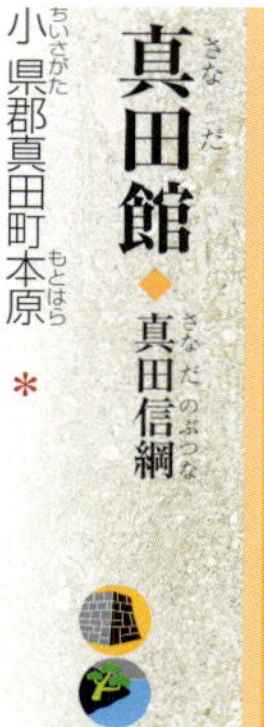

真田館 ◆ 真田信綱

小県郡真田町本原 *

真田氏の本拠地にある居館。北東に真田山城、東に天白城、北に横尾城・洗馬城、西に戸石城と、周囲に諸城が配置された好位置に立地している。

永禄年間（1558〜70）ころ、信綱が築いたという。「御屋敷」とも呼称され、現在もお屋敷公園とよばれている。

真田館跡　写真／宮下常雄

小諸城 ◆ 仙石秀久

小諸市丁 *

千曲川沿いの断崖上に位置する平山城。戦国時代、土豪大井氏によって築かれたという。武田信玄の領土に組み込まれると、山本勘助が縄張を担当し、戦国城郭として整備されたと伝えられる。

豊臣家有数の闘将として知られた仙石秀久は、豊後（大分県）戸次川合戦で大敗を喫したことから大名の座を失ったが、小田原攻めの武功により、小諸城主の座を秀吉から与えられた。秀久は、天守台の石垣を築くなど、今日に伝えられる小諸城の姿を形作った。仙石氏の転封後は、譜代・親藩大名が城主を歴任し、牧野氏1万5000石の時代に明治維新を迎えた。

城跡は、懐古園という史跡公園となり、その表口には三ノ門が現存するほか、少し離れた市街には大手門が残されている。

小諸城天守台石垣　写真／小諸市

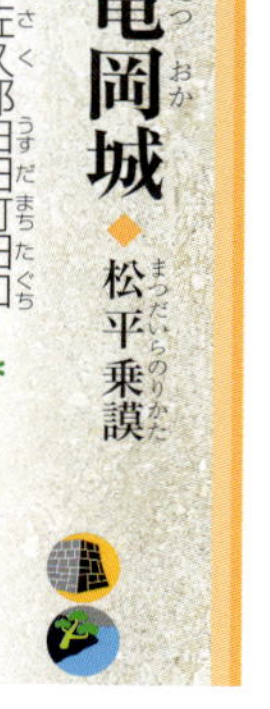

竜岡城 ◆ 松平乗謨

南佐久郡臼田町田口 *

1866年（慶応2）、田野口藩主松平（大給）乗謨が完成させた城郭である。築城にあたっては、フランスの築城家ボーバンの稜堡式城塞を採用した。そこで五稜郭ともよばれる。

函館の五稜郭に比べてかなり小型であるが、現在も石垣・土塁と堀、建物は御台所が残る。星形の内部ほとんどが、田口小学校の敷地となっている。

竜岡城水堀　写真／外川 淳

平瀬城 ◆ 平瀬氏

松本市島内下平瀬

松本平を望む要衝に位置する山城。戦国時代、土豪の平瀬氏によって築かれた。

主家小笠原氏の本拠である林城が武田信玄によって攻略されても、城主の平瀬氏は頑強に抵抗をつづけた。だが、1551年（天文20）、武田勢の総攻撃を受け、平瀬城は敵の手に落ちた。

以後、平瀬城には原虎胤が城将として配置され、深志（松本）城の詰の城として強化された。武田氏滅亡後も、小笠原氏の支城として利用されていたが、戦国乱世が終局を迎えるころ、存在意義が失われ、廃城となった。

城跡には、尾根を遮断する深い空堀をはじめ、武田流築城術の粋が集められた遺構が、良好な状態で伝えられる。

松本城 ◆ 石川数正

松本市丸の内 *

松本平の中央に位置する平城。深志城ともいう。林城主の小笠原氏の支城として築かれた。

武田信玄が宿敵小笠原氏との戦いに勝利すると、松本平一帯を支配する拠点として整備された。小笠原長時・貞慶父子は、旧領回復の悲願を達成するため、諸国を点々とし、本能寺の変の混乱に乗じ、旧領の奪還に成功した。

小笠原氏が豊臣秀吉の命で古河へ転封すると、主君徳川家康を見限り、秀吉に仕えた石川数正が入封。その子康長の代に、今日に伝えられる5層の天守（国宝）が完成した。

石川氏が改易処分にされると、いったんは小笠原氏が城主に復帰するが、小倉へと転封。その後、譜代・親藩大名が城主を歴任し、戸田氏6万石の時代に明治維新を迎えた。

（12〜15ページ参照）

林城 ◆ 小笠原清宗

松本市里山辺 *

林城は信濃守護小笠原氏の本城で、大城と小城に分かれる。大嵩崎集落をはさんで相対している。

大城（別名、金華山城）は標高846m、比高約200mの山頂にある。

信濃守護となった小笠原氏が清宗の代に築城し、井川館から移った。以後、ここを本拠として筑摩・安曇・伊那地方に勢力をのばしている。そして1550年（天文19）、武田信玄に攻められて城を捨てた。

信濃守護の本城にふさわしく、その規模は大きい。山頂には、野面積みの石垣や土塁・空堀の一部が残されている。

いっぽう小城は別名福山城といい、標高787m。

小城は「古城」とも書くので、大城よりは古い築城と思われていたが、最近は縄張からみて、逆に新しいと考えられるようになった。

林城石垣　写真／外川 淳

桐原城 ◆ 桐原氏

松本市入山辺 *

寛正年間（1460〜66）に、土地の豪族桐原真智が築いて、代々居城した山城である。

林城と同じ縄張で、曲輪なども同一人物がつくったように見える。

1550年（天文19）7月15日、城主桐原真実の時、武田軍の来襲があった。城兵は本城である林城の一行と行動をともにし、城を放棄してしまった。

城の随所に石垣が使われ、虎口・土塁・石塁・空堀の一部が往時の名残をとどめている。

高島城 ◆ 日根野高吉

諏訪市高島

諏訪湖畔に築かれ、浮城とも別称される平城。1590年（天正18）、織田旧臣の日根野高吉は、豊臣秀吉から諏訪一帯を領地として与えられると、新城建設を計画。7年の歳月をかけ、石垣構えの堅城を建設した。

関ヶ原の戦い後の論功行賞では、日根野氏は転封を命じられ、旧領への復帰を願う諏訪頼忠・頼水父子に高島城が与えられた。諏訪頼忠は、名族諏訪氏の一族として生を受けたが、諏訪氏は武田信玄によって滅ぼされてしまう。頼忠は武田氏滅亡後、

高島城天守

徳川家康に仕え、ようやく長年の労苦を認められ、旧領への復帰を許された。

以来、諏訪氏は、10代にわたって諏訪高島3万石の領主として君臨し、明治維新を迎えた。

桑原城◆諏訪氏

諏訪市四賀上桑原

別名高島屋城といい、諏訪氏の居城であった。文明年間（1469～87）に桑原氏の砦をもとにして築城されたと思われる。

1542年（天文11）の武田信玄による諏訪侵攻で、上原城から移った当主頼重は謀殺され、以後、武田氏代官が管理する。1582年（天正10）、織田信長の部将河尻秀隆の家臣弓削重蔵が郡代として茶臼山城に入ると、桑原城は廃城となった。山頂に本丸跡が残る。

桑原城本丸跡　写真／諏訪市教育委員会

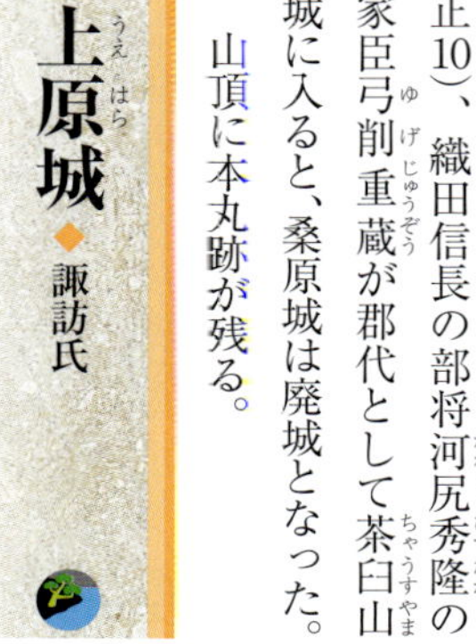

上原城◆諏訪氏

茅野市ちの上原

霧ヶ峰高原に連なる永明寺山の西麓に位置する。

築城年代は明らかでないが、地元の豪族諏訪氏によって築かれたものと推測されている。諏訪氏は、諏訪大社の神職でもあった。

文献にあらわれる最初の城主は、1466年（文正1）の諏訪信満。そして頼重の代、武田信玄に攻められて滅亡した。以後、武田氏の代官が居城する。1549年（天文18）には、その代官も茶臼山城へ移った。1582年（天正10）の武田氏滅亡後、廃城になったと思われる。

現在、曲輪跡や土塁、堀切などが残る。

上原城堀切

高遠城◆仁科盛信

上伊那郡高遠町東高遠

三峰川と藤沢川が合流する段丘に位置する平山城。1547年（天文16）、武田信玄によって築かれ、周辺地域の支配拠点として利用された。

1582年（天正10）、織田信長の甲州攻めでは、織田信忠率いる軍勢が高遠城に殺到した。城主の仁科盛信は、譜代の重臣や一族までもが武田家を見限る中、兄勝頼に尽くすため、降伏勧告を無視し、城を枕にして壮絶な討ち死にを遂げた。

江戸時代には、保科氏・鳥居氏を経て、1691年（元禄4）、内藤氏が3万3000石で入封し、8代頼直の時代に明治維新を迎えた。その間、大奥表年寄の絵島が当地に配流されるという一幕もあった。

廃城後、城跡にはコヒガンザクラが植えられ、信州の山間に春が訪れるころ、古城は花見客でにぎわう。

大島城◆武田信玄

下伊那郡松川町元大島

天竜川に突出する河岸段丘に築かれた丘城。典型的な武田氏城郭である。

大島氏の古城地に、1571年（元亀2）信玄の命を受けた飯田城代秋山信友が奉行になって築城した。三河侵攻作戦の後方基地として、この城を取り立てたのであろう。

1582年（天正10）、織田信長

高遠城本丸太鼓櫓

が侵攻した時、信玄の弟の信廉らが守備していたが、織田軍の猛攻の前にあっけなく落城した。

城の一番外側に設けられた丸馬出と、それにつづく桝形虎口など、武田氏築城技術の粋が集められている。丸馬出の外側の三日月堀は2重になり、桝形は躑躅ヶ崎館の桝形虎口と類似する。

大島城空堀

飯田城 ◆ 坂西氏

飯田市追手町2丁目

室町時代、信濃守護小笠原氏の子孫である坂西氏が築いた。戦国時代になると、甲斐の武田氏の下伊那での中継基地となっている。1582年（天正10）の武田氏滅亡後は、一時徳川家康の領地となった。家康の関東移封後は、毛利秀頼・京極高知が封ぜられる。関ヶ原合戦後の城主は、小笠原・脇坂・堀氏と交代し、城は明治維新まで存続した。

現在、本丸跡には長姫神社が建つ。また、桜丸赤門が合同庁舎前に、二の丸八間門が市内松尾に移築されて現存する。

松尾城 ◆ 小笠原長清

飯田市松尾代田＊

天竜川の河岸段丘を利用して、連郭式縄張によって築かれた。小笠原長清が、建保年間（1213〜19）に居館として築いたと伝わる。以後、小笠原氏代々の居城であったが、1590年（天正18）に武蔵国本庄（埼玉県）に移封されると、廃城とされた。

現在は、巨大な堀切が残り、公園内に城址碑が建っている。

松尾城址

城址名	主な城主	所在地	遺構	解説
仙当城	上杉氏	下水内郡栄村	土塁・畝状竪堀	上杉氏の街道確保の城。
替佐城	武田氏	下水内郡豊田村	二重竪堀	武田氏の最北の山城。
中野小館	高梨氏	中野市中野	土塁・空堀	北信の雄高梨氏の居館。
壁田城	上杉氏	中野市壁田	畝状竪堀・堀切	武田氏が築城、縄張は上杉氏。
野尻城	上杉氏	上水内郡信濃町	土塁・虎口	野尻湖畔、上杉氏境目の守り。
矢筒城	島津氏	上水内郡牟礼村	土塁・空堀	島津氏は薩摩島津氏の一族。
柏鉢城	市川梅印	上水内郡中条村	虎口・堀切	武田氏の在番衆が守る。
三日市場城	武田氏	北安曇郡白馬村	空堀・竪堀	武田氏築城。放射状竪堀に特色。
井上城＊	井上氏	須坂市井上町	土塁・堀切	一城別郭の城。
大倉城	島津氏	長野市豊野町	堀切・石垣	一揆勢籠城、森氏が攻め、皆殺し。
髻山城	上杉氏	長野市吉	石垣・空堀	中腹の空堀ラインは壮観。
大峰城	上杉氏	長野市箱清水	土塁・空堀	川中島の戦いで落城。
旭山城	武田氏	長野市安茂里	石垣・堀切	信玄、鉄砲300丁入れる。
霞城	大室氏	長野市松代町	石垣・虎口	平石積みの高石垣は壮観。
塩崎城	赤沢氏	長野市塩ノ井	石垣・竪堀	大塔合戦時、小笠原長秀が逃げ込む。
砦山城	武田氏	長野市大岡	石垣・堀切	武田氏の縄張。小さいが丸馬出あり。
屋代城	屋代氏	千曲市屋代	堀切・石垣	屋代氏代々の居城。
鷲尾城	倉科氏	千曲市倉科	石垣・堀切	本丸をめぐる高石垣は壮観。
松尾古城	真田氏	小県郡真田町	土塁・空堀	真田氏の詰の城。本丸を石垣で囲む。
禰津城	禰津氏	東御市祢津	土塁・空堀	禰津氏代々の城。遺構壮大。
平原城	平原氏	小諸市平原	土塁・空堀	広大な城域をもつ城。
堀ノ内城	布下氏	小諸市大久保	丸馬出・空堀	巨大な丸馬出構築。
望月城	望月信雅	北佐久郡望月町	土塁・空堀	望月氏代々の城。
内山城	大井氏	佐久市内山	石垣・堀切	武田軍の猛攻で陥落。
平賀城＊	平賀氏	佐久市平賀	土塁・堀切	武田軍、城の前に生首並べる。
小岩嶽城	古厩氏	南安曇郡穂高町	土塁・竪堀	武田氏の攻撃で、城兵皆殺し。
埴原城＊	小笠原氏	松本市中山	石垣・堀切	広い範囲に城郭遺構展開。
山家城＊	小笠原氏	松本市入山辺	石垣・堀切	武田氏構築の別郭付属。
飯縄城	小笠原氏	塩尻市上西条	土塁・堀切	山頂から山麓まで遺構が展開。
樋沢城	諏訪氏	茅野市宮川	曲輪・堀切	諏訪大祝継満、総領家倒し籠城。
的場の城山	高遠氏	上伊那郡高遠町	土塁・空堀	武田氏改修か。
福島城	木曾義康	木曽郡木曽福島町	堀切・竪堀	戦国期木曾氏の本城。
妻籠城＊	木曾氏	木曽郡南木曽町	土塁・馬出	木曾氏、徳川軍を迎え撃つ。
松岡城	松岡氏	下伊那郡高森町	石垣・空堀	松岡氏代々の城。
鈴岡城＊	小笠原氏	飯田市駄科	土塁・空堀	守護小笠原氏、伊那の居城。

＊県史跡

岐阜県

岐阜城

県南西部、標高329mの金華山上に築かれた山城。

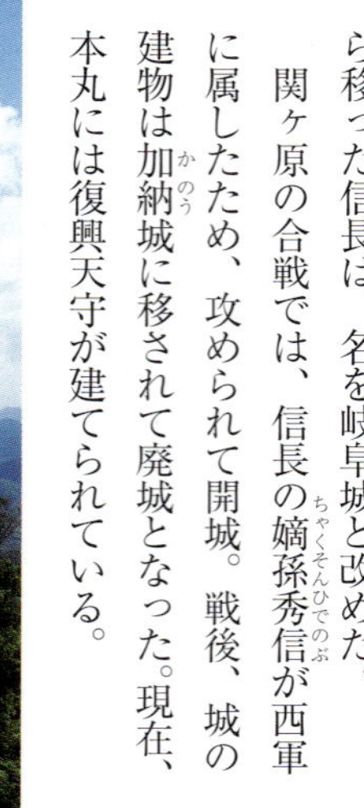

古くは稲葉山城といい、斎藤道三が入城してからは、義龍・龍興3代の居城となった。しかし、1567年（永禄10）、龍興が織田信長に攻められて開城。小牧山城から移った信長は、名を岐阜城と改めた。

関ヶ原の合戦では、信長の嫡孫秀信が西軍に属したため、攻められて開城。戦後、城の建物は加納城に移されて廃城となった。現在、本丸には復興天守が建てられている。

天守（左）と岐阜城資料館　明治末期に復興された天守は焼失し、現在の天守は1956年（昭和31）に完成。写真／牧野貞之

斎藤家家紋
「二頭波頭立波」

天守の石垣　明治末の復興天守の石垣は信長時代の石を積み直したもの。石垣保存のため、現天守の重量は岩盤が支えている。写真／牧野貞之

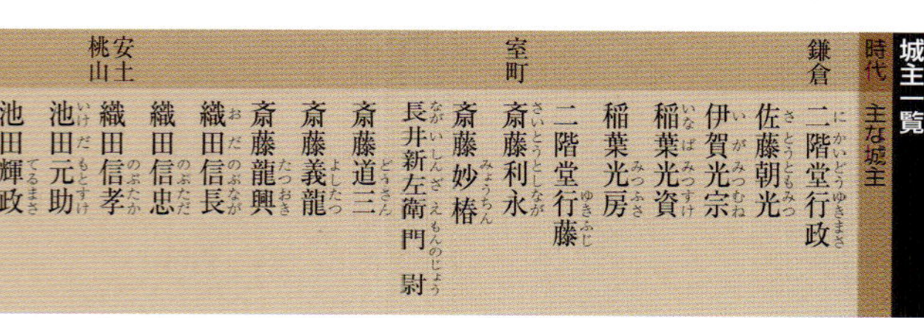

城主一覧

時代	主な城主
鎌倉	二階堂行政
	佐藤朝光
	伊賀光宗
	稲葉光資
	稲葉光房
	二階堂行藤
室町	斎藤利永
	斎藤妙椿
	長井新左衛門尉
	斎藤道三
	斎藤義龍
	斎藤龍興
	織田信長
	織田信忠
安土桃山	織田信孝
	池田元助
	池田輝政
	羽柴秀勝
	織田秀信

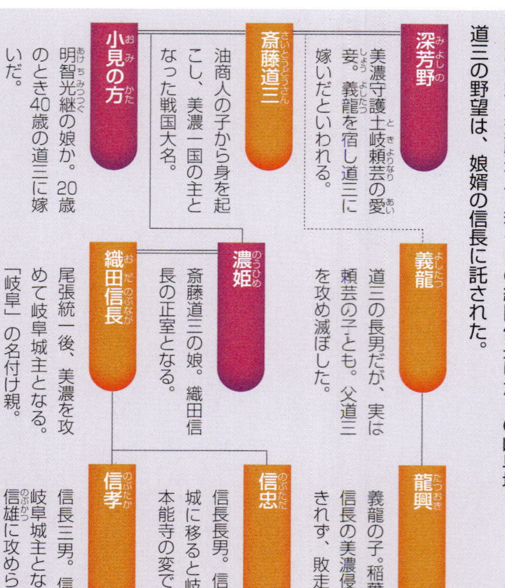

美濃の蝮・斎藤道三と若き日の織田信長ゆかりの岐阜城。
道三の野望は、娘婿の信長に託された。

深芳野　美濃守護土岐頼芸の愛妾。義龍を宿し道三に嫁いだといわれる。

斎藤道三　油商人の子から身を起こし、美濃一国の主となった戦国大名。

小見の方　明智光継の娘か。20歳のとき40歳の道三に嫁いだ。

義龍　道三の長男だが、実は頼芸の子とも。父道三を攻め滅ぼした。

濃姫　斎藤道三の娘。織田信長の正室となる。

織田信長　尾張統一後、美濃を攻めて岐阜城主となる。「岐阜」の名付け親。

龍興　義龍の子。稲葉山城主。信長の美濃侵攻に抗しきれず、敗走。

信忠　信長長男。信長が安土城に移ると岐阜城主。本能寺の変で自刃。

信孝　信長三男。信長没後、岐阜城主となるが、兄信雄に攻められ自刃。

斎藤道三画像
重文　常在寺蔵
写真／佐藤英世

岐阜城天守から長良川を望む
濃尾平野を見下ろす天守からの眺望は圧巻。
写真／牧野貞之

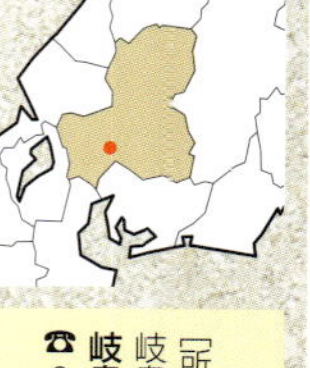

［所在地］
岐阜市金華山天守閣
岐阜城
☎058・263・4853

鍋山城 ◆鍋山豊後守

高山市松之木町 ＊

高山市街の東方約3km、標高753mの鍋山にある。天文年間（1532〜55）に、三仏寺城から移った鍋山豊後守が築城したという。

豊後守は、飛騨で三木自綱の勢力が強まると、実子がいるにもかかわらず、自綱の弟顕綱を養子に迎えて家名の存続をはかった。しかし、その顕綱は、武田氏と通じたとされて兄自綱に毒殺されてしまう。

1585年（天正13）、金森長近の飛騨攻めで落城。長近が居城し、城下の建設にも着手したが、山地に囲まれた狭い地だったため、高山に転居した。高山城の築城により廃城となる。

鍋山は3峰に分かれ、大鍋山に本丸、小鍋山に二の丸、下鍋山に出丸が築かれた。このうち、本丸跡に総長40m、幅5・5m、高さ2mほどの石垣と、二の丸跡の両西隅にも石垣が残る。

鍋山城址のある鍋山　写真／高山市教育委員会

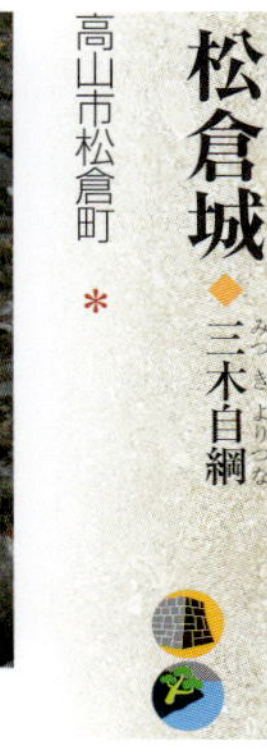

松倉城 ◆三木自綱

高山市松倉町 ＊

標高857mの松倉山に築かれた城である。

三木自綱によって1579年（天正7）に築城された。三木氏は自綱の代に飛騨のほぼ全域を支配する。自綱は、松倉城には嫡子の秀綱を封じた。

その自綱も、中央の羽柴秀吉と対立、秀吉の武将金森長近・可重父子に攻め落とされて滅亡、廃城となっている。

山頂の城跡には当時の石垣が残り、往時を偲ばせる。

松倉城石垣

苗木城 ◆遠山景村

中津川市苗木 ＊

建武年間（1334〜38）に、遠山景村が築いたとされている。以後約100年間、代々遠山氏が居城とした。

本能寺の変後、秀吉派の森長可により落城したが、1600年（慶長5）には旧領地復活がかなう。以後12代270年に渡って遠山氏が支配した。

城山の麓には、苗木領の歴史を紹介する苗木遠山史料館がある。

苗木城櫓台

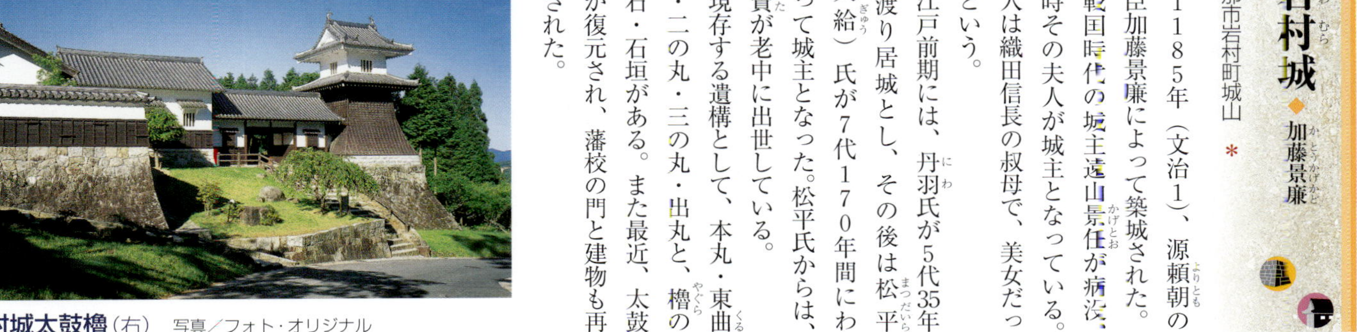

岩村城 ◆加藤景廉

恵那市岩村町城山 ＊

1185年（文治1）、源頼朝の家臣加藤景廉によって築城された。

戦国時代の城主遠山景任が病没、一時その夫人が城主となっている。夫人は織田信長の叔母で、美女だったという。

江戸前期には、丹羽氏が5代35年に渡り居城とし、その後は松平（大給）氏が7代170年間にわたって城主となった。松平氏からは、乗賢が老中に出世している。

現存する遺構として、本丸・東曲輪・二の丸・三の丸・出丸と、櫓の礎石・石垣がある。また最近、太鼓櫓が復元され、藩校の門と建物も再建された。

岩村城太鼓櫓（右）　写真／フォト・オリジナル

明知城 ◆遠山景朝

恵那市明智町東町 ＊

「明智城」とも。別名白鷹城。1247年（宝治1）に遠山景朝が築いた。典型的な山城で、通称城山山頂に本丸、一段低いところに腰曲輪・二の丸・出丸などがある。

代々遠山系明智氏の居城であったが、1572年（元亀3）に甲斐武田氏の攻撃を受けて落城した。

その後、関ヶ原の合戦のさい、城主子孫の遠山利景が東美濃を平定し、明知城を西軍から奪回。徳川家康より旧領を与えられた。しかし1615年（元和1）の一国一城令で山城を廃し、山麓に陣屋を構える。陣屋は、旧城の大手門あたりに設けられたと思われる。

遠山氏は、旗本として明治に至っている。

金山城 ◆斎藤正義

可児郡兼山町 ＊

1537年（天文6）、美濃の国盗りを狙う斎藤道三が、東美濃制圧のため、猶子正義に古城山（標高273m）に築かせた山城。

正義はこの城を烏峰城と称し、近隣に武勇を轟かせたが、土岐氏により謀殺された。

1565年（永禄8）、織田信長は東美濃に進出し、森可成をこの城に配した。可成は改修を加えたうえ、金山城と改めた。

だが森氏には不運がつづき、可成は近江宇佐山で、息子の蘭丸は本能寺で、嫡男長可は長久手の戦いでそれぞれ戦死をとげた。そのため、長可の末弟である忠政が、1584年（天正12）から1600年（慶長5）の信濃川中島移封まで在城し、移封後廃城となった。

石垣や桝形虎口がみごとに残る。

金山城石垣　写真／三島正之

郡上八幡城 ◆遠藤慶隆

郡上市八幡町 ＊

郡上市街を望む八幡山に位置する山城。1559年（永禄2）、遠藤盛数によって築かれた。

遠藤氏は、奥美濃の名族東氏の一族だったが、本家を滅亡へと追い込み、小戦国大名の地位を勝ち得た。だが、賤ヶ岳の戦いで、盛数の子遠藤慶隆が柴田方に呼応したことから、城主の座を失った。

その後、稲葉貞通が城主となり、今日に伝えられる石垣が築かれた。関ヶ原の戦いでは、慶隆は西軍に属した郡上八幡城を攻めたことから、その功績を認められ、旧領への復帰を許された。

遠藤氏5代常久が幼少で死に、改易処分となったのち、井上氏・金森氏が入封。金森氏が農民一揆などを咎められて取り潰されると、譜代大名の青山氏が入封し、明治維新まで城主として君臨した。

郡上八幡城天守　写真／世界文化フォト

篠脇城 ◆東氏

郡上市大和町牧 ＊

下総千葉氏の一族の東氏が築いた山城。

東氏は、承久の乱の恩賞として、郡上郡山田庄を拝領し、当地に一族を配した。当初は北の阿千葉城を居城としたが、南北朝時代に篠脇城を築き移転する。

15世紀中期の当主常縁は、宗家千葉氏の内乱のため下総へ遠征中、城を美濃守護代斎藤妙椿に奪われる。常縁は妙椿に和歌を送り、領地と城の返還を訴えた。妙椿は、その和歌をみて感動し、常縁の要求に応じたという。

1540年（天文9）とその翌年には、越前の朝倉氏の軍勢が侵攻した。東氏は2度とも撃退に成功するが、この後、要害堅固な東殿山に居城を移し、篠脇城は廃城となった。

山腹には、本丸・二の丸を囲んで、臼の目堀と称する戦国末期特有の畝状竪堀が残る。

揖斐城 ◆土岐頼雄

揖斐郡揖斐川町三輪

1343年（興国4・康永2）に、土岐頼雄が築いた。頼雄は揖斐出羽守と称し、その後、揖斐氏代々の居城となる。5代基信は、土岐政房の子光親を養子に迎え、跡を継がせた。

1547年（天文16）、斎藤道三と子の義龍との抗争で、光親は義龍側についたため、道三に攻められて落城、その後廃城となった。

標高約220mの城台山山頂に城址があり、周辺は公園として整備されているが、現在も曲輪跡や土塁などの遺構がよく残されている。

大垣城 ◆戸田氏鉄

大垣市郭町

大垣市の中心部に位置する平城。16世紀初期、土豪の竹腰氏によって築かれたと伝えられるが、異説もある。

1583年（天正11）、池田恒興が城主となったころから、城郭として整備され、伊藤氏時代に白亜の天守が築かれたという。

関ヶ原の戦いで西軍の本営として利用され、石田三成が率いる主力部隊は大垣城から決戦の地へ出撃。東軍は関ヶ原盆地で繰り広げられた決戦に勝利を収めると、大垣城を包囲。福原直高は、妻の兄にあたる三成から留守を任されていたが、降伏勧告に応じて開城した。

江戸時代には、譜代・親藩大名が城主を歴任し、戸田氏10万石の時代に明治維新を迎えた。天守は戦災によって焼失したが、1959年（昭和34）に再建されている。

大垣城天守　写真／外川 淳

曽根城 ◆稲葉通貞

大垣市曽根町1丁目

永禄年間（1558～70）初期、稲葉通貞により築かれた。その子良通（一鉄）は織田信長に仕え、貞通の代の1588年（天正16）に郡上八幡に移封。後には西尾光教が入封するが、1600年（慶長5）の関ヶ原の合戦後に揖斐に移り、廃城とされる。

1734年（享保19）、稲葉一鉄が母の菩提を弔うために建立した華渓寺が、本丸跡に移築された。

1989年（平成1）の発掘調査で本丸石垣が出土したが、現在は埋め戻されている。また、城址周辺は曽根城公園として整備され、6月には2万株余りの花菖蒲で彩られる。

加納城 ◆本多忠勝

岐阜市加納丸の内 ＊

関ヶ原の合戦に勝利した徳川家康が、西に備える要衝として、本多忠勝に城を築かせた。廃城となった岐

加納城石垣　写真／岐阜市

阜城から天守などを移築し、櫓・城門・居館などを整えている。

1601年（慶長6）、奥平信昌が10万石の城主としてこの地に封じられた。信昌の妻は家康の娘亀姫である。

その後城主はたびたび交代したが、1756年（宝暦6）に永井氏が入封してからは6代つづいて幕末に至った。

現在、本丸跡を中心に加納公園となっており、門跡や土塁・石垣などが残る。

鷺山城 ◆佐竹秀義

岐阜市鷺山

稲葉山城の眼下、標高68mの丘に設けられた城。鎌倉時代の文治年間（1185～90）に佐竹秀義が築いたという。居館は東南の麓にあった。

斎藤道三の隠居城として知られている。1549年（天文18）、道三の娘濃姫が織田信長のもとへ嫁入りしていったのも、この城からであった。頂上に城址碑がある。

北方城 ◆土岐頼興 ＊

本巣郡北方町北方

美濃守護土岐頼遠の四男頼興が築いたと伝わる。

その後、西美濃三人衆の1人安藤伊賀守守就が居城とした。守就は主が斎藤龍興の代、斎藤家を見限って織田信長に仕える。

しかし1580年（天正8）、嫡子の尚就が武田方に内通したとして、領地を没収された。本能寺の変後、旧地に復帰したが、稲葉一鉄に攻められ落城している。

江戸時代、北方の地には陣屋が置かれていた。現在は、住宅地の中に城址碑があるのみである。

墨俣城 ◆木下藤吉郎

安八郡墨俣町墨俣

1566年（永禄9）、長良川の美濃側の岸に、尾張織田方の木下藤吉郎（のちの豊臣秀吉）が築いた城とされる。

一夜にして築いたと巷間に伝わるが、建築資材を筏に組んで上流から流し、2、3日で組み立てたものであった。そして藤吉郎は、完成した城の城主に据えられたという。

現在は河川改修で城址の半分が削られてしまったが、残された土地に4層6階建ての天守様式の墨俣一夜城歴史資料館が建つ。資料館では、築城当時のようすが映像などによって解説・展示されている。

墨俣一夜城歴史資料館 写真／和田不二男

竹ヶ鼻城 ◆竹腰尚隆

羽島市竹鼻町丸の内3丁目

応仁年間（1467～69）、竹腰尚隆の築城と伝える。1581年（天正9）、織田信長の家臣不破広綱が城の規模を拡張した。

1584年（天正12）、信長の次男信雄と羽柴秀吉との争いの時、秀吉による水攻めに遭って落城。その後、池田恒興・輝政の家臣伊木忠次が城主になった。

関ヶ原合戦では、城主杉浦重勝は西軍に属した。東軍の福島正則に攻められ、城に火をかけて自刃、城はそのまま廃城とされている。

現在、竹ヶ鼻城をイメージして建てられた羽島市歴史民俗資料館前に、竹ヶ鼻城本丸跡の石碑がある。

高須城 ◆氏家氏

海津郡海津町高須町

高須城の館（海津歴史民俗資料館）

木曽川・揖斐川・長良川に挟まれた低湿地に位置する平城。南北朝時代、氏家氏によって築かれたと伝えられる。

戦国時代には織田氏の勢力圏に組み込まれ、城将が配置された。関ヶ原の戦いでは、城主の高木氏は西軍に属し、東軍の攻撃を受けて開城を余儀なくされた。合戦後、柴田家旧臣の徳永寿昌が高須城に配され、近世城郭として整備された。だが、2代昌重は不行跡によって改易処分とされた。

1700年（元禄13）、尾張藩主の徳川光友の次男にあたる松平義行が高須城主となり、以来、高須松平家は、尾張徳川家の支藩として廃藩置県まで存続した。

町内の海津歴史民俗資料館に、高須藩松平氏の居館（高須城）の一部が復元されている。

菩提山城（ぼだいさんじょう）◆竹中重元

不破郡垂井町岩手

菩提山城址 写真／タルイピアセンター

標高401mの菩提山山頂に築かれ、岩手城ともよばれた。築城は1544年（天文13）以前と推定されている。ただし、1559年（永禄2）築城説もある。

築城者は竹中重元。嫡男の半兵衛重治は、豊臣秀吉の軍師として有名である。

その子重門は、文禄・慶長年間（1592〜1615）に山城を廃し、山麓に館（竹中氏陣屋）を構えた。

山頂には、曲輪や土塁・堀切が良好な状態で残されている。

竹中氏陣屋（たけなかしじんや）◆竹中重門

不破郡垂井町岩手 ＊

菩提山城を廃城としたのち、竹中重門がその山麓に築いた陣屋。

竹中氏は江戸時代には5000石の旗本として存続し、明治維新を迎えている。

陣屋には木造白壁塗りの櫓門や目隠し石垣、空堀が残る。

西高木家陣屋◆高木貞利

養老郡上石津町宮 ＊

関ヶ原合戦の功によって、1601年（慶長6）、高木家が多良に入封した。高木家は西高木家・東高木家・北高木家の3家があり、それぞれ陣屋を構え、明治維新まで交代寄合（旗本）としてつづいた。

西高木家陣屋跡には長屋門が移築されており、周辺部には石垣が残る。とくに埋門の石垣はほぼ完存という。また、東高木家には蔵が残る。

陣屋跡にある上石津町郷土資料館で、陣屋などの資料が見学できる。

旗本西高木家陣屋跡長屋門

写真／上石津町教育委員会

城址名	主な城主	所在地	遺構	解説
江馬下館＊	江馬氏	飛騨市神岡町	空堀・庭園跡	北飛騨の雄江馬氏の京風庭園。
高原諏訪城＊	江馬氏	飛騨市神岡町	堀切・竪堀	江馬氏館の詰の城。武田氏進出。
小島城＊	姉小路氏	飛騨市古川町	曲輪・石垣	飛騨国司姉小路氏の本城。
蛤城＊	古川氏	飛騨市古川町	曲輪	城内の蛤石が城名となる。
増島城＊	金森長近	飛騨市古川町	石垣・水堀	長近、越前大野から進出し築城。
小鷹利城＊	小鷹利氏	飛騨市古川町	曲輪	小鷹利氏は姉小路氏の一族。
高山城＊	金森長近	高山市城山	石垣・水堀	金森氏時代の石垣一部残る。
田中城	広瀬利治	高山市国府町	畝状竪堀	畝状竪堀が全面取り巻く城。
尾崎城	塩谷秋貞	高山市丹生川町	空堀・虎口	多量の明銭出土。金鶏伝説あり。
向牧戸城	内ヶ島氏	高山市荘川町	曲輪・堀切	内ヶ島氏、白川郷押領。
桜洞城	三木直頼	下呂市萩原町	石垣・土塁	三木氏代々の城。松倉城へ移る。
萩原諏訪城＊	佐藤秀方	下呂市萩原町	石垣・水堀	秀吉の命で佐藤氏が築く。
向鷲見城	鷲見氏	郡上市高鷲町	土塁・堀切	金森長近に攻められる。
阿千葉城	東氏	郡上市大和町	曲輪・堀切	東氏初期の城。
東殿山城	東常慶	郡上市八幡町	曲輪・石垣	東氏、一族の遠藤氏に攻められる。
中山城	福手氏	郡上市八幡町	石垣・堀切	八幡の入口を押さえる城。
苅安城	遠藤氏	郡上市美並町	堀切・竪堀	遠藤氏、東氏を滅ぼす。
猿啄城	田原氏	加茂郡坂祝町	石垣・櫓台	織田信長、川尻鎮吉を配置。
小里城山城＊	小里光忠	瑞浪市稲津町	石垣	小里氏、秀吉に反抗。家康に属す。
久々利城	土岐康貞	可児市久々利	曲輪・土塁	主家斎藤正義を城内で謀殺する。
大森城	奥村又八郎	可児市大森	土塁・空堀	森長可が攻め落とす。
妻木城＊	土岐頼重	土岐市妻木町	石垣・虎口	山麓の侍屋敷跡も県の史跡。
大洞城	宇佐見氏	関市富之保大洞	石垣・堀切	一柳直末が改修し、遠藤氏に対す。
小倉山城	金森長近	美濃市小倉山	石垣・虎口	長近、関ヶ原の恩賞で加封され築城。
堂洞城	岸信周	美濃加茂市蜂屋町	曲輪・櫓跡	織田信長が攻め落とす。
鵜沼城	大沢氏	各務原市鵜沼南町	曲輪	大沢氏、信長による暗殺を恐れ逃亡。
大桑城	逸見義重	山県市高富	土塁・堀切	土岐氏の詰の城。
祐向山城	藤崎氏	本巣市法林寺	曲輪	斎藤道三、土岐氏よりこの城を拝領。
揖斐城	揖斐氏	揖斐郡揖斐川町	土塁・堀切	道三に攻められ落城。
小島城	土岐頼康	揖斐郡揖斐川町	曲輪・竪堀	土岐氏は室町幕府の追討を受ける。
本郷城	国枝氏	揖斐郡池田町	櫓台・土塁	関ヶ原合戦で東軍の攻撃を受け焼失。
革手城	土岐頼康	岐阜市正法寺町	なし	南北朝期の土岐氏本拠。
黒野城	加藤貞泰	岐阜市黒野	土塁・水堀	貞泰は秀吉に従い各地を転戦。
西保北方城	不破光治	安八郡神戸町	石垣・空堀	光治は信長に従い越前へ出兵。
松尾山城	樋口氏	不破郡関ヶ原町	土塁・虎口	関ヶ原合戦時、小早川秀秋の陣所。

＊国史跡　＊県史跡

静岡県

駿府城（すんぷ）

県中央部、安倍川（あべ）の扇状地に築かれた平城（ひらじろ）。

室町時代、ここには駿河（するが）守護今川氏の居館があった。今川氏の滅亡後、徳川家康が1585年（天正13）より築城を開始。浜松（はままつ）城から居城を移した。

家康は、豊臣秀吉の命で関東に入部した後、江戸に幕府を開くが、将軍職を退くと1607年（慶長12）、再び駿府に入城。城は家康の隠居城として大改修された。この時に建てられた5重の天守は火災で焼失。家康の死後、再建されることはなかった。

二の丸堀（中堀）越しに見る巽櫓（たつみやぐら）
二の丸堀の石垣は現存。巽櫓は二の丸南東の隅櫓で、近年、木造復元された。

今川義元木像 臨済寺蔵
写真／三河武士のやかた家康館

二の丸水路
本丸堀（内堀）と二の丸堀を結ぶ石敷きの水路で、本丸堀の水位を保つ役割を果たした。幅4.5m、長さは95mあった。

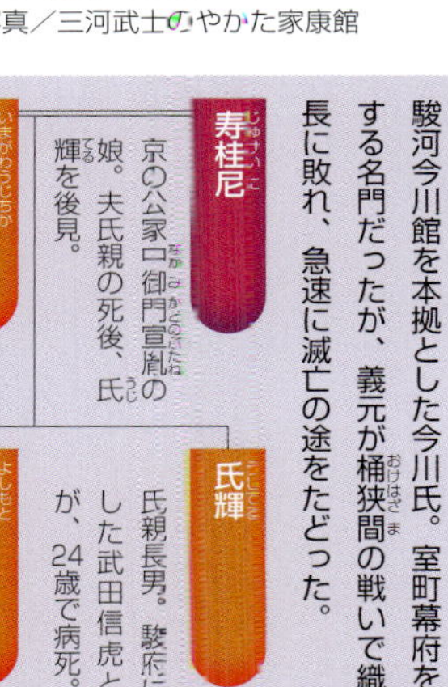

駿河今川館を本拠とした今川氏。室町幕府を補佐する名門だったが、義元が桶狭間（おけはざま）の戦いで織田信長に敗れ、急速に滅亡の途をたどった。

寿桂尼（じゅけいに）
京の公家中御門宣胤（なかのみかどのぶたね）の娘。夫氏親の死後、氏輝（うじてる）を後見。

今川氏親（いまがわうじちか）
母は北条早雲（ほうじょうそううん）の妹。早雲の助力で家督を継ぐ。歌人としても著名。

武田信虎（たけだのぶとら）
甲斐（かい）の守護。嫡男信玄と対立し、女婿義元のもとへ追放される。

氏輝（うじてる）
氏親長男。駿府に侵攻した武田信虎と戦うが、24歳で病死。

義元（よしもと）
氏親五男。兄氏輝の死後、家督を継ぐ。今川氏の全盛時代を築く。

女子
信虎の娘。信玄の姉。

氏真（うじざね）
義元の子。父の死後、家督を継ぐが、武田信玄・徳川家康に攻められ、次々に領地を失った。子孫は江戸幕府の高家（こうけ）。

今川家家紋
「丸の内に二つ引両」

東御門（ひがしごもん）の鯱（しゃちほこ） 静岡市蔵
家康が隠居時に築いた二の丸東御門の大棟に載っていたという。青銅製。

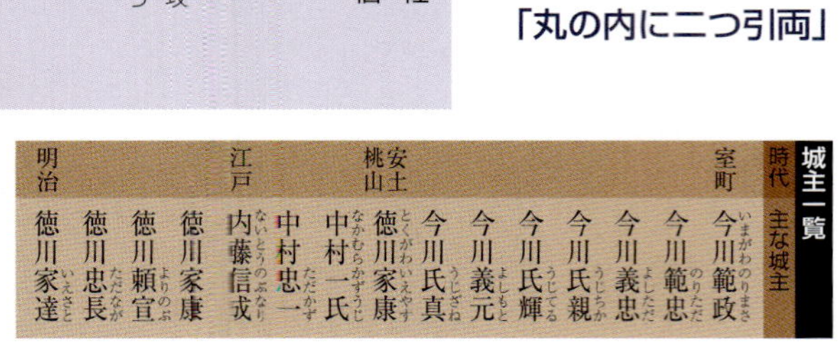

城主一覧

時代	主な城主
室町	今川範政（いまがわのりまさ）
	今川範忠（のりただ）
	今川義忠（よしただ）
	今川氏親（うじちか）
	今川氏輝（うじてる）
	今川義元（よしもと）
	今川氏真（うじざね）
安土桃山	徳川家康（とくがわいえやす）
	中村一氏（なかむらかずうじ）
	中村忠一（ただかず）
江戸	内藤信成（ないとうのぶなり）
	徳川家康
	徳川頼宣（よりのぶ）
	徳川忠長（ただなが）
明治	徳川家達（いえさと）

[所在地]
静岡市駿府公園
静岡市公園緑地課
☎054・221・1121

下田城 ◆北条氏直

下田市3丁目

天然の良港、下田湾口に突き出た半島に築かれた海賊城。

1588年（天正16）、豊臣軍の小田原攻めを意識した北条氏直は、沿岸地域の港湾施設の確保を急ぎ、豊臣水軍が小田原に航行するさいに利用するであろう下田港に築城した。城将は、水軍の運用に長じた伊豆衆の清水康英を抜擢した。

1590年（天正18）、豊臣氏の大軍は城を包囲し、猛攻を加える。康英はわずか600人で城を守り、1か月間籠城ののち開城した。

下田城は、本丸・二の丸などの曲輪がない。土塁と空堀を山中にめぐらし、巧みに港を防御する縄張である。空堀は障子堀となり防御が強化されている。

韮山城 ◆外山豊前守

田方郡韮山町韮山

堀越公方足利政知の家臣外山豊前守が築いたと伝わる山城。

1493年（明応2）、北条早雲は堀越公方の内乱に乗じ、父足利政知を殺した足利茶々丸を討って、伊豆を平定。国中平野の中心地である韮山に新城を築き、興国寺城から移転して居城とした。その後、三浦氏を滅ぼし相模国を手中にした早雲は、88年の生涯をここで閉じた。

韮山城の曲輪の二塁

早雲の死後、嫡子氏綱は本拠を小田原城に移し、韮山城は有力な支城となった。1590年（天正18）の秀吉の小田原攻めのさいは、北条氏規・氏忠兄弟が立て籠り、4万400の豊臣軍を引きつけ善戦した。城は、小田原攻めの前に改修を受けたが、障子堀などの遺構が今も残っている。

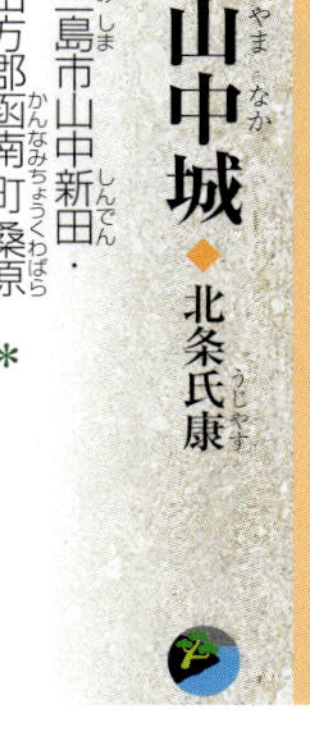

山中城 ◆北条氏康

三島市山中新田・田方郡函南町桑原 ＊

箱根山中、標高580mに位置する。築城年代は明確でない。1587年（天正15）から、北条氏政・氏直父子が豊臣秀吉との対決に備えて大改築した。

1590年（天正18）3月29日、豊臣方7万の兵が包囲する。城方は松田康長以下4000。寄せ手は大軍で攻撃を開始したが、城方の射撃が巧く、空堀は豊臣軍の死者で埋まる。しかし寄せ手は次々と新手を繰り出し、城方が弾丸を詰め替える余裕も与えない。城兵たちは奮戦したものの、わずか数時間で落城した。

現在城址には、障子堀など旧状が残されており、国の史跡に指定された史跡公園となっている。

山中城障子堀

深沢城 ◆今川氏

御殿場市深沢 ＊

16世紀のはじめ、今川氏によって築かれたという丘城。

駿河・相模・甲斐の国境線に隣接するため、今川氏・北条氏・武田氏にとって重要な城であった。今川氏が滅ぶと、北条氏と武田氏はこの城をめぐり攻防を繰り広げた。

1570年（元亀1）暮れから、武田信玄は大軍をもって北条綱成の守る深沢城を包囲。翌年正月3日、信玄は城主綱成宛ての開城勧告の矢文を城内に射込む。有名な「深沢城の矢文」である。しかし、綱成は応じない。武田軍は甲斐の金山衆を動員して坑道を掘り、城壁を崩した。これにより、やむなく開城した。

その後、武田氏は深沢城に大改修を加え、丸馬出をもつ武田流の城に改修した。今も丸馬出と前面の三日月堀はよく残る。

葛山城 ◆葛山氏

裾野市葛山

山城と麓の居館が一対になった、典型的な根小屋型城館。

葛山氏は駿東郡の有力な国人領主で、代々今川氏に仕えていた。今川氏滅亡後は武田氏の配下となり、信玄の六男信貞を養子に迎えた。信玄が葛山氏を重視したのは、葛山の地を駿河進出の拠点としようと考えたからであろう。

山城の本丸下の腰曲輪から、放射状に設けられた竪堀は、武田流城郭の特徴の1つである。武田氏は、進出した地域の拠点城郭に改修を加え、城の縄張を大幅に変えた。居館の土塁もよく残り、葛山氏の威風を今に伝える。

興国寺城 ◆ 北条早雲

沼津市根古屋 ＊

興国寺城天守台の石垣

愛鷹山南麓の丘陵上にある。長享年間（１４８７～８９）、北条早雲はこの城で一城の主となり、拠点として、伊豆地方へ侵攻を開始した。

１６０１年（慶長6）、徳川家康の部将天野康景が入城するが、部下が天領の農民を殺害した罪で領地を没収される。以後廃城となった。

現在は、天守台や土塁・空堀が残る史跡公園として整備されている。

丸子城 ◆ 斎藤氏

静岡市丸子

今川氏家臣の斎藤氏が築いたという山城。鞠子城とも書く。丸子は駿府城の西の関門で、3つの街道が交差する交通の要衝である。

斎藤氏が代々居城としたようであるが、今川氏が駿府に居城を構えてからは、その有力な支城となった。

１５７０年（元亀1）、駿河全土を制した武田信玄は、丸子城に在番を置いた。その後大改修を加え、現在見られる形が完成した。

縄張は西側を警戒したつくりで、長大な横堀ラインとその外に築かれた保塁がとくに目を引く。

諏訪原城 ◆ 武田信玄

榛原郡金谷町菊川字城山 ＊

大井川に面する牧野原台地の東端に築かれた城。

武田信玄は１５７０年（元亀1）駿河国を平定すると、次に遠江の領国化を開始した。その手始めとして、国境の大井川の対岸に、橋頭堡を築いた。実際に城が築かれたのは、勝頼の代の１５７３年（天正1）で、馬場信房が築城の任にあたった。

長篠の戦いで武田氏が敗退すると、徳川家康が攻め落とし領有した。

武田流築城術の見本となる城で、武田氏特有の丸馬出が3つ、二の丸の空堀外側に設けられている。

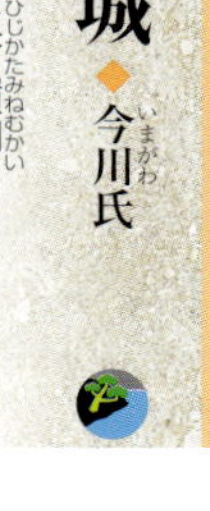

高天神城 ◆ 今川氏

小笠郡大東町上土方嶺向 ＊

標高１３２mの鶴翁山にある山城。戦国時代、「高天神城を制する者は、遠州を制す」といわれた。

高天神城址　写真／外川 淳

今川氏の支城だったこの城を、１５６９年（永禄12）に手に入れた徳川家康は、城将に小笠原長忠を配し、２０００の兵で守りを固めた。１５７１年（元亀2）武田信玄は、2万の軍勢でこの城を攻めたが、守りが固いのをみて兵を引いた。信玄の跡を継いだ勝頼は、１５７４年（天正2）に攻めて開城させた。

勝頼は城に改修を加えたが、長篠の戦いで大敗して以降、後詰の余力がなく、１５８１年（天正9）、城は再び家康のものになった。

城は四方にのびる尾根の上に、複数の曲輪を配する複雑な縄張で、土塁・井戸・堀切が残る。

二俣城 ◆ 大久保忠世

天竜市二俣町二俣

天竜川と二俣川の合流点を望む、標高90mの丘上にある。

今川氏の支配のもと、二俣氏・松井氏が城主となるが、徳川家康が遠江を支配すると、鵜殿氏長が城番になった。

１５７２年（元亀3）の三方ヶ原合戦のおり、武田信玄は兵を進め二俣城を包囲したが、家康の臣中根正照が守りを固め善戦した。武田軍は城方が飲料水を井楼で天竜川から汲み上げているのに気づき、上流から筏を流してこの井楼を粉砕。水の手を断たれた城はまもなく落城した。

武田氏は依田信蕃を入れて城を守らせるが、長篠の戦い以後、再び徳川氏の手に戻った。１５７９年（天正7）家康は、信長の命で嫡男信康をこの城にて切腹させている。

家康家臣の大久保忠世が城主となって城を整備したが、家康の関東移封で１５９０年（天正18）廃城。

本丸には天守台の石垣が残る。

二俣城天守台　写真／天竜市

掛川城天守

掛川城 ◆山内一豊

掛川市掛川

逆川沿いの小高い丘に位置する平山城。15世紀後半、今川氏重臣の朝比奈氏によって築かれた。

1568年（永禄11）、今川氏真は武田勢の侵攻を受け、歴代の本拠である駿府今川館を失うと、掛川城へ逃亡した。翌年、掛川城は徳川勢の攻撃を凌いだが、孤立無援の状態となったことから、氏真は降伏を決意。今川家は滅亡した。

徳川家康が関東へ転封されたのち、山内一豊が掛川城を与えられ、3層の天守を築くなど、今日に伝えられる遺構の基礎を築いた。江戸時代には、譜代大名11家が城主を歴任し、太田氏5万石の時代に明治維新を迎えた。

1994年（平成6）に木造工法で天守が復元された。幕末に再建された二の丸御殿（重文）が現存する。

浜松城 ◆徳川家康

浜松市元城町

三方ヶ原台地の東南端に築かれた平山城。

今川氏滅亡後、遠江を平定した徳川家康は、1570年（元亀1）本拠を三河から遠江に移し、引馬城に入り新城の築城を開始する。この年家康は信長の対朝倉戦に従軍するなど多忙であったが、9月には普請も完了し、浜松城と名付け入城した。

1572年（元亀3）、武田信玄に三方ヶ原で大敗を喫した家康は、命からがら浜松城に逃げ込んだ。

1586年（天正14）、家康が駿府に本拠を移転すると、家臣の菅沼定政が城を預かる。家康の関東移封後は、豊臣秀吉の家臣堀尾吉晴が入城したが、のちに出雲松江に移封となった。以後江戸時代は徳川譜代大名が交代で入城し、幕閣への登竜門「出世城」として意識された。

浜松城天守

城址名	主な城主	所在地	遺構	解説
南一色城	不明	駿東郡長泉町	土塁・空堀	長久保城に近接、支城か。
長久保城	松平家忠	駿東郡長泉町	土塁・空堀	丸馬出あり。武田氏築城か。
戸倉城	北条氏尭	駿東郡清水町	堀切	氏尭、家臣の寝返りで武田勝頼に奪われる。
大畑城	葛山氏	裾野市大畑	土塁・堀切	葛山城の支城。
沼津城	水野忠友	沼津市大手町	石垣	水野忠友が築いた新城。
長浜城*	北条氏	沼津市内浦長浜	土塁・堀切	北条氏の水軍基地。
鎌田城	朝倉氏	伊東市鎌田	空堀・馬出	北条氏流の縄張。
上山田城	豊臣氏	田方郡韮山町	土塁・虎口	1590年（天正18）韮山城包囲の向城。
金山城	畠山国清	田方郡大仁町	曲輪・堀切	足利基氏に反旗。畠山三城の1つ。
狩野城	狩野茂光	伊豆市青羽根	土塁・堀切	北条早雲に攻められ落城。
修善寺城	畠山国清	伊豆市本立野	曲輪・石垣	国清、鎌倉公方軍と徹底抗戦。
河津城	蔭山勘解由	賀茂郡河津町	土塁・堀切	勘解由は足利持氏の遺児。
蒲原城	北条新三郎	庵原郡蒲原町	石垣・空堀	武田勝頼が一番乗りし、攻め落とす。
賤機山城	今川氏	静岡市大岩	土塁・堀切	今川氏、駿府今川館の詰の城。
安倍城	狩野貞長	静岡市内牧	曲輪・堀切	狩野氏、南朝方で挙兵。
久能山城*	武田信玄	静岡市根古屋	曲輪・土塁	信玄築城、駿河湾の監視。
朝比奈城	朝比奈氏	志太郡岡部町	曲輪・堀切	今川氏重臣朝比奈氏の本城。
勝間田城	勝間田氏	榛原郡榛原町	土塁・堀切	勝間田氏代々の城、武田氏利用。
小長井城	武田氏	榛原郡本川根町	空堀・丸馬出	重ね馬出あり。
小山城	武田信玄	榛原郡吉田町	空堀・丸馬出	3重の三日月堀は壮観。
滝堺城	武田信玄	榛原郡相良町	土塁・空堀	信玄、高天神城攻めのさいに築城。
田中城	武田信玄	藤枝市田中	土塁・水堀	同心円状の縄張。武田氏築城。
天方城	山内道実	周智郡森町	土塁・空堀	家康攻める。のち武田氏占領。
犬居城	天野藤秀	周智郡春野町	丸馬出	丸馬出のある武田流山城。
横須賀城*	大須賀康高	小笠郡大須賀町	曲輪・水堀	高天神城攻めのさい築城。
横地城	横地氏	菊川市東横地	土塁・堀切	鎌倉時代の名族横地氏の居城。
久野城	久野宗隆	袋井市鷲巣	土塁・空堀	雨期には浮城。発掘・整備が進む。
社山城	徳川氏	磐田郡豊岡村	土塁・空堀	信玄・家康対戦時に構築。
高根城	武田氏	磐田郡水窪町	土塁・堀切	中世の城郭建物を復元。
鶴ヶ城	鶴山氏	磐田郡佐久間町	土塁・空堀	武田氏改修か。
鳥羽山城	徳川家康	天竜市二俣町	石垣・桝形	二俣城攻めのさい築城。石垣よく残る。
大平城	井伊氏	浜北市大平	曲輪・堀切	南北朝期に築城、戦国期改修か。
千頭峯城	今川氏	引佐郡三ヶ日町	土塁・堀切	戦国期の遺構。信州街道の押さえ。
三岳城*	井伊氏	引佐郡引佐町	空堀・虎口	南北朝期利用、井伊氏詰の城。
宇津山城	今川氏親	湖西市入出	土塁・空堀	浜名湖に突き出た岬に築城。

*国史跡

愛知県

名古屋城

県北西部、名古屋台地上に築かれた平城。国の特別史跡。

室町時代には那古野城といい、駿河今川氏の支城だった。のち織田信秀によって攻略され、その子信長が清洲城に移ったあと一時は廃城となる。

1610年(慶長15)、徳川家康は大坂城の豊臣秀頼を牽制するため、九男義直を尾張一国53万石に封じ、那古野城の大改修を命じた。諸大名を動員する天下普請によって完成した御三家の居城は、第2次世界大戦の空襲で焼失。現在の天守は、戦後に再建されたものである。

大天守

金の鯱をいただく5層(7階地下1階)の天守は層塔型。戦災で焼失したが、1959年(昭和34)に再建。写真/世界文化フォト

城主一覧

時代	主な城主
室町	今川氏豊
	織田信秀
	織田信長
	織田信光
	林秀貞
江戸	徳川義直
	徳川光友
	徳川綱誠
	徳川吉通
	徳川五郎太
	徳川継友
	徳川宗春
	徳川宗勝
	徳川宗睦
	徳川斉朝
	徳川斉温
	徳川斉荘
	徳川慶臧
	徳川慶勝
	徳川茂徳
明治	徳川義宜

徳川義直画像(模本)

徳川美術館蔵

本丸御殿の上洛殿一之間

豪華な欄間彫刻で飾られていたが、戦災により焼失。写真/名古屋城管理事務所

尾張徳川家家紋「尾州三つ葵」

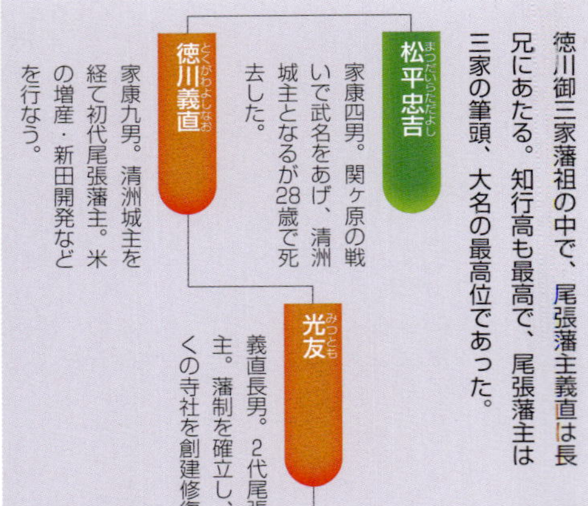

徳川御三家藩祖の中で、尾張藩主義直は長兄にあたる。知行高も最高で、尾張藩主は三家の筆頭、大名の最高位であった。

松平忠吉 家康四男。関ヶ原の戦いで武名をあげ、清洲城主となるが28歳で死去した。

徳川義直 家康九男。清洲城主を経て初代尾張藩主。米の増産・新田開発などを行なう。

光友 義直長男。2代尾張藩主。藩制を確立し、多くの寺社を創建修復。

綱誠 光友長男。3代尾張藩主。5代将軍綱吉御成りで、藩財政が逼迫。

松平義行 光友次男。母は3代将軍家光の娘。初代高須藩(岐阜県)藩主。

松平義昌 光友三男。初代梁川藩(福島県)藩主。

西北隅櫓

3層3階の入母屋造り。清洲城の古材が用いられたといわれ、別名「清洲櫓」。重文。写真/名古屋城管理事務所

[所在地]
名古屋市中区本丸
名古屋城管理事務所
☎052・231・1700

犬山城 ◆ 織田信康

犬山市大字犬山字北古券

木曾川沿いの段丘上に築かれた平山城。1537年（天文6）、織田信康によって築かれて以来、激しい争奪戦が繰り返された。

戦国時代、織田信長は城主の織田信清を追い出し、犬山城を手中に収めることにより、尾張統一を成し遂げた。小牧合戦にさいしては、織田信雄の重臣が犬山城に配されていたが、羽柴方の池田恒興に攻められて陥落。関ヶ原の戦いでは、城主の石川貞清が西軍に属したことから、東軍の攻撃を受け、またもや落城させられている。

江戸時代、尾張徳川氏付家老の成瀬氏が城主となり、廃藩置県を迎えた。国宝指定の天守は、築城と同時に建設されたとすれば、現存最古の天守となるが、完成年代は不明な点が多い。（20〜23ページ参照）

小牧山城 ◆ 織田信長

小牧市堀の内

濃尾平野に屹立する小牧山（国史跡）に築かれた城。1563年（永禄6）、織田信長が美濃攻めの拠点とするために築城し、本拠を清洲城から移した。斎藤氏滅亡とともに、信長が本拠を岐阜城へ移すと、いったん廃城となった。

1584年（天正12）、徳川家康は羽柴秀吉と雌雄を決する覚悟を固めると、三河より尾張へと出陣し、小牧の古城に本陣を構えた。今日、山麓を取り囲む土塁と空堀が部分的に残されているが、これは徳川勢が小牧合戦のおりに改修したものとされる。小牧合戦が両軍痛み分けに終わると、再び廃棄された。

現在、山頂にある小牧城（小牧市歴史館）からは濃尾平野が一望され、小牧山城が歴史に果たした意味合いの大きさを知ることができる。

小牧城（小牧市歴史館）　写真／外川 淳

勝幡城 ◆ 織田信定

中島郡平和町六輪

1504年（永正1）、織田信定が築城した。

信定の子信秀は、この地から勢力をのばし、主家の清洲織田氏を凌いで尾張下4郡を掌中に収める。のちに那古野城へ進出。そして、小さな勝幡城は廃城とされたのであろう。以後、史書には名が出てこない。

織田氏発祥の城ともいうべき城であり、一説に信秀の子信長もこの城で出生したといわれる。現在は、木立の中に、城跡を示す石碑が立つのみである。

勝幡城址　写真／平和町教育委員会

清洲城 ◆ 織田信長

西春日井郡清洲町朝日城屋敷

清須城とも書く。濃尾平野の中央に位置し、五条川を天然の堀とした平城。15世紀前半、尾張守護の斯波氏によって築かれたと伝えられる。

信秀・信長父子が尾張統一を進める過程の中で、織田氏の本拠となった。信長が本拠を清洲から小牧を経て岐阜へと移しても、尾張一国を統治する拠点としての役割を失うことはなかった。

織田信長が非業の最期を遂げると、織田家の重臣たちは、清洲城に参集し、相続者や遺領の分配を定めた。この清洲評定の結果、清洲城は織田信雄（信長次男）に与えられたが、のちに信雄は豊臣秀吉によって城主の座を追われた。

1610年（慶長15）からの名古屋城改築で、石材や木材が新城建設に転用され、廃城となった。

清洲城天守

末森城 ◆ 織田信秀

名古屋市千種区城山町2丁目

織田信秀が、1548年（天文17）に東山丘陵の東端、標高43mの地に築いた城である。守山城（名古

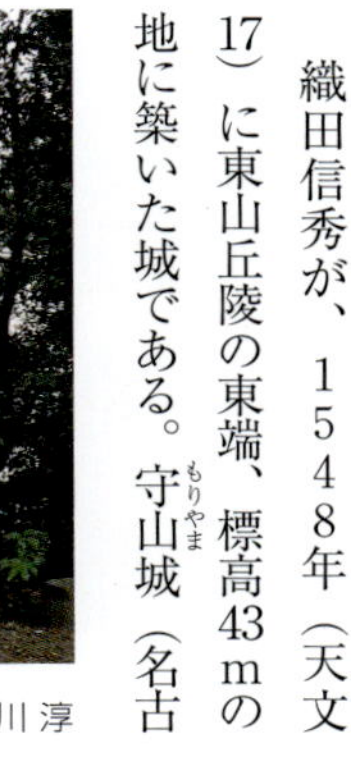
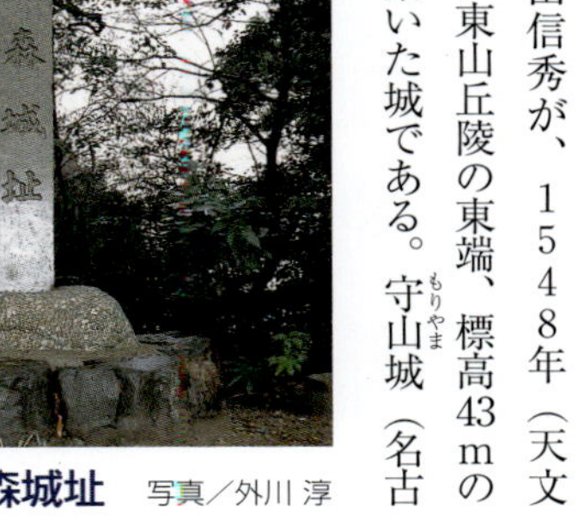

末森城址　写真／外川 淳

屋市守山区）と連携して、駿河今川方に対する最前線であった。
信秀病死後は、その子信行が城主となる。しかし信行は、兄信長への謀反の罪で、1557年（弘治3）殺害された。
城の本丸跡は、城山八幡宮となって空堀などが残されている。

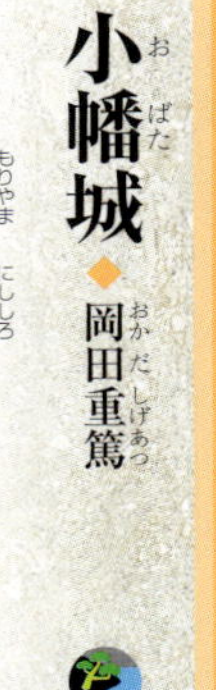

小幡城 ◆岡田重篤

名古屋市守山区西城

1522年（大永2）、織田方の岡田重篤が築城したと伝わる。城地は庄内川と矢田川の間にあり、美濃・三河への街道を押さえる要地であった。
1584年（天正12）の小牧の対陣では、羽柴別動隊を討った家康が小幡城に引き上げている。
秀吉軍が押し寄せると、家康軍はすでに小牧本陣に戻ったあとであった。そこで秀吉軍は、小幡城を焼き払ってしまったという。
わずかに堀・土塁が残る。

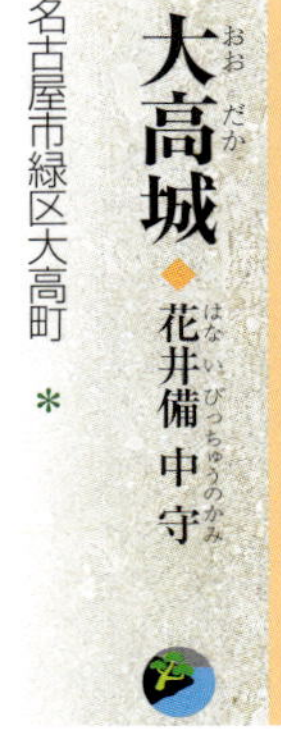

大高城 ◆花井備中守 *

名古屋市緑区大高町

標高20mの丘上にある。永正年間（1504〜21）に花井備中守によって築かれたという。
1560年（永禄3）、駿河の今川義元は尾張へ兵を進めた。すると、それまで織田方であった鳴海城の山口教継が今川方に転じ、大高城を攻略してしまう。あわてた織田方は、鷲津・丸根砦を築いて、大高城と今川本隊との間を遮断する。
このとき、今川方先鋒となった19歳の武将松平元康（のちの徳川家康）が、敵中突破をして城に兵糧を運び込んだ逸話は有名である。桶狭間合戦直前のことであった。
現在、大高城と鷲津・丸根砦の跡は、国の史跡に指定されている。

大高城土塁 写真／外川 淳

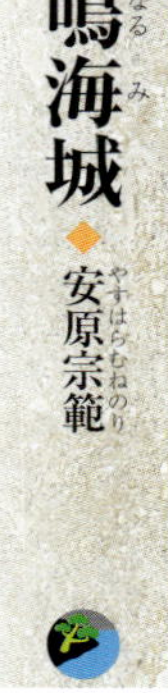

鳴海城 ◆安原宗範

名古屋市緑区鳴海町城

1394年（応永1）、安原備中守宗範が築城した。標高20mの丘上にあり、尾張織田・駿河今川氏の最前線に位置する。
永禄年間（1558〜70）、今川義元は岡部元信（長教）を守将に任じた。元信は桶狭間合戦で主の義元が敗死したと聞いても、引きあげようとはしない。織田信長と戦いつづけ、義元の首を引き取り、ようやく駿河に戻った。
現在、主郭部は城跡公園となり、東曲輪跡の天神社境内に城址碑が立つ。

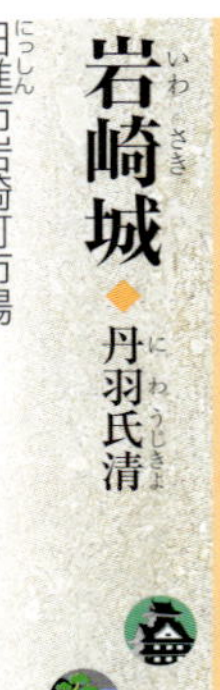

岩崎城 ◆丹羽氏清

日進市岩崎町市場

1538年（天文7）、丹羽氏清が築いたと伝わる。高さ40mの丘上に本丸があったという。
1584年（天正12）、小牧の対陣で城主丹羽氏次は、徳川家康とともに小牧山の本陣に詰め、岩崎城は弟の氏重が守っていた。ところが、羽柴秀吉方の別動隊が家康の本拠三河を奇襲すべく、岩崎城の前を通過する。これを知った氏重は、300の城兵で戦いを挑み、討ち死にした。
城跡は城址公園となり、現在、天守風展望塔をもつ岩崎城歴史記念館が建っている。

岩崎城歴史記念館
写真／外川 淳

沓掛城 ◆近藤景春

豊明市沓掛町東本郷

沓掛城址公園 写真／外川 淳

1394年（応永1）に藤原義行が築いたと伝わる。室町期に近藤氏代々の居城となった。1560年（永禄3）、今川義元が桶狭間に進む直前に本陣を置くが、桶狭間合戦で城主近藤景春が戦死し、空城となる。のちに城は織田方となり、簗田・織田・川口氏らが入った。
現在、旧本丸周囲と空堀が整備され、沓掛城址公園となっている。

岡崎城 ◆徳川家康

岡崎市康生町

矢作川と乙川の合流点近くの段丘上に位置する平山城。15世紀後半、土豪の西郷氏によって築かれたと伝えられる。
松平氏は、安祥城から本拠を岡

崎城へ移し、三河統一へと突き進むが、当主が2代に渡って急死したことから、勢いを失った。そのため、岡崎城内で生を受けた松平竹千代（のちの徳川家康）は、今川方の人質となり、苦難の少年時代を過ごす。桶狭間合戦によって今川義元が討ち死にすると、家康は岡崎城を取り戻す。以後、家康の長男信康、豊臣氏の家臣田中吉政などが城主となる。江戸時代には、譜代・親藩大名が城主を歴任し、本多氏5万石の時代に明治維新を迎えた。

現在、曲輪や石垣・堀が残り、天守や城門などが復興されている。

岡崎城天守

古宮城 ◆ 馬場信房

南設楽郡作手村清岳

三河高原の盆地中央の小丘上に築かれた丘城。

1571年（元亀2）、武田信玄は徳川領の東三河への侵攻を開始。家康の本拠岡崎城を衝くためには、この高原地帯から南下するのが有利であり、その作戦遂行のため、この地に兵站基地を築く必要があった。

信玄は築城家として名高い名将馬場信房に築城を命じた。作戦時には兵員の駐屯地として、平時には周辺在地土豪の監視に利用されたと思われる。

武田氏特有の枡形虎口を有し、土塁・空堀がよく残る。

長篠城 ◆ 奥平信昌

南設楽郡鳳来町長篠字市場 *

豊川と宇連川の合流点の要害に築かれている。

1508年（永正5）に菅沼元成が築城したと伝えられる。1571年（元亀2）、武田氏の属城となる。1573年（天正1）徳川家康はこの城を奪い、大改修を加えた。城将には奥平信昌を任命し、武田軍の再攻に備えさせた。

1575年（天正3）、武田勝頼は大軍をもって来攻し、付城を築き厳重に包囲した。武田軍の金山衆を入れて城壁を崩す戦術で、城は落城寸前まで追いやられる。しかし、織田・徳川連合軍が来援。勝頼は設楽原で織田・徳川軍に決戦を挑み、大敗を喫した。

現在、本丸・弾正曲輪に土塁・空堀が残り、激戦の跡をうかがわせる。

城址名	主な城主	所在地	遺構	解説
楽田城	織田久長	犬山市楽田	土塁・空堀	日本最初の天守建造説は誤り。
荒子城	前田利春	名古屋市中川区	なし	前田利家の父、利春が築城。
善照寺砦	織田信長	名古屋市緑区	なし	鳴海城の付城。信長はここから桶狭間へ向かう。
丸根砦 *	織田信長	名古屋市緑区	曲輪・空堀	今川勢攻めで、佐久間大学討ち死に。
鷲津砦 *	織田信長	名古屋市緑区	なし	桶狭間合戦前日に落城。
長久手城	斎藤氏	愛知郡長久手町	空堀	長久手合戦で登場。
村木砦	今川義元	知多郡東浦町	なし	信長、桶狭間合戦の前哨戦で略取。
緒川城	水野貞守	知多郡東浦町	なし	刈谷水野氏の最初の城。
市場城	鱸親信	西加茂郡小原村	石垣・竪堀	足助氏一族鱸氏の城。
刈谷城	水野忠政	刈谷市城町	曲輪・水堀	城主忠政は家康の外祖父。
安祥城	織田信広	安城市安城町	土塁	今川方雪斎和尚が攻略、信広と竹千代を人質交換。
桜井城	松平信定	安城市桜井町	土塁	桜井松平氏、一向一揆に属し家康に反抗。
本証寺 *	空誓	安城市野寺町	土塁・水堀	三河一向一揆の本拠。
大給城 *	松平乗元	豊田市大内町	石垣・堀切	大給松平氏の城。
松平城 *	松平親氏	豊田市松平町	土塁・横堀	徳川家康の祖、松平氏発祥の地。
丸根城	丸根宗勝	豊田市野見町	土塁・空堀	馬出曲輪あり。
岩津城	松平信元	岡崎市岩津町	空堀・馬出	馬出を駆使した巧緻な縄張。
山中城	天野景泰	岡崎市羽栗町	土塁・堀切	今川氏に対する松平氏の拠点。
西尾城	酒井正親	西尾市錦城町	土塁・水堀	江戸期に天守を二の丸に移す。
飯盛城	足助重長	東加茂郡足助町	曲輪・空堀	足助氏代々の居城。
大沼城	木村安信	東加茂郡下山村	曲輪・空堀	足助七城の1つ。
武節城	菅沼定信	東加茂郡稲武町	土塁・空堀	武田勝頼、長篠で敗戦後、武節城経由で逃走。
田峯城	菅沼定成	北設楽郡設楽町	曲輪・空堀	山家三方衆の田峯菅沼氏の居城。
柿本城	鈴木重勝	南設楽郡鳳来町	土塁・堀切	足助鈴木氏の流れ。
亀山城	奥平定俊	南設楽郡作手村	土塁・堀切	作手奥平氏の本城。
賽之神城	武田氏	南設楽郡作手村	土塁・竪堀	武田氏、亀山城を牽制。
宇利城 *	熊谷重実	新城市中宇利	曲輪・堀切	松平清康、今川方のこの城攻撃。
大野田城	菅沼定継	新城市野田	土塁・空堀	1571年（元亀2）信玄攻める。
野田城	菅沼定則	新城市豊島	曲輪・空堀	信玄鉄砲狙撃伝説あり。空堀よく残る。
長沢山城	松平伊忠	宝飯郡音羽町	土塁・空堀	東海道を押さえる要衝の城。
畔田城	畔田遠江守	豊橋市城下町	土塁・空堀	遠州灘の絶壁上に立地。
二連木城	戸田宗光	豊橋市仁連木町	土塁・空堀	武田勝頼、この城攻める。
吉田城	牧野古白	豊橋市今橋町	石垣・空堀	隅櫓を復興。
田原城	戸田宗光	田原市田原町	石垣・水堀	田原藩1万2000石の城。
上ノ郷城	鵜殿氏	蒲郡市神ノ郷町	土塁・空堀	今川義元戦死後も今川氏に従う。

*国指定　*県史跡

三重県

津城

県中東部、安濃川と岩田川の三角州に築かれた平城。

1568年（永禄11）、安濃津とよばれて繁栄していた港湾都市を織田信長が攻略。弟の信包に命じて5重の天守を擁する城を築かせた。

信長の死後、豊臣秀吉の家臣富田信広が入城。関ヶ原の合戦ではその子知信が東軍に属したため、西軍3万余の大軍に攻囲され、城は天守とともに焼失してしまう。その後、城は22万石で入封した藤堂高虎によって復興されたが、天守は再建されなかった。

三重隅櫓　かつて東黒門・東鉄門のあった東の丸出口に、1958年（昭和33）復元。本丸内は洋風公園として整備されている。

明治初年の津城　個人蔵　手前が丑寅（うしとら）三重櫓。右奥が戌亥（いぬい）三重櫓。

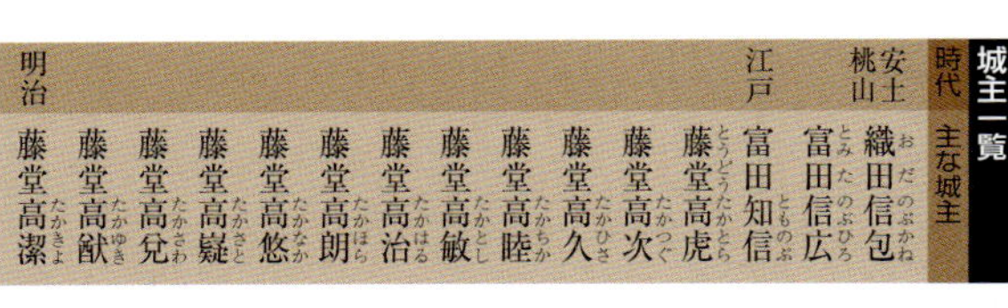

城主一覧

時代	主な城主
安土桃山	織田信包
	富田信広
江戸	富田知信
	藤堂高虎
	藤堂高次
	藤堂高久
	藤堂高睦
	藤堂高敏
	藤堂高治
	藤堂高朗
	藤堂高悠
	藤堂高嶷
	藤堂高兌
	藤堂高猷
明治	藤堂高潔

藤堂家家紋「藤堂蔦」

藤堂高虎画像
重文　四天王寺（津市）蔵
写真／京都国立博物館

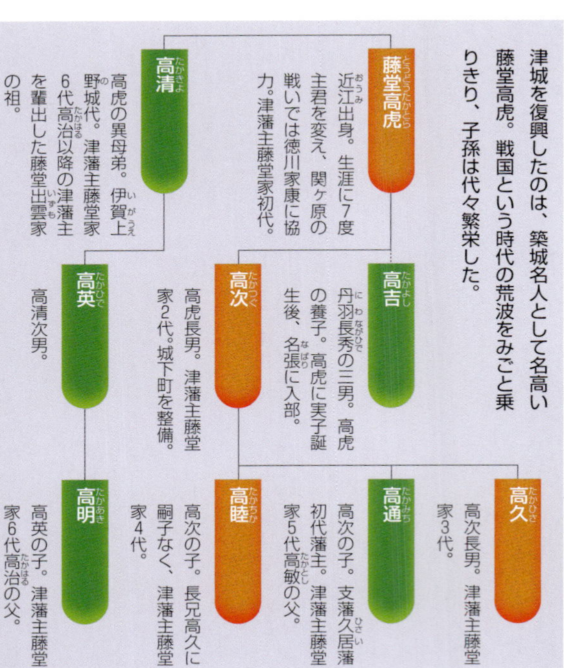

津城を復興したのは、築城名人として名高い藤堂高虎。戦国という時代の荒波をみごと乗りきり、子孫は代々繁栄した。

藤堂高虎　近江出身。生涯に7度主君を変え、関ヶ原の戦いでは徳川家康に協力。津藩主藤堂家初代。

高清　高虎の異母弟。伊賀上野城代。津藩主藤堂家6代高治以降の津藩主を輩出した藤堂出雲家の祖。

高吉　丹羽長秀の三男。高虎の養子。高虎に実子誕生後、名張に入部。

高次　高虎長男。津藩主藤堂家2代。城下町を整備。

高英　高清次男。

高久　高次長男。津藩主藤堂家3代。

高通　高次の子。支藩久居藩初代藩主。津藩主藤堂家5代高敏の父。

高睦　高次の子。長兄高久に嗣子なく、津藩主藤堂家4代。

高明　高英の子。津藩主藤堂家6代高治の父。

入徳門　二の丸にあった藩校有蔵（ゆうぞう）館の門。西の丸跡に移築保存された。

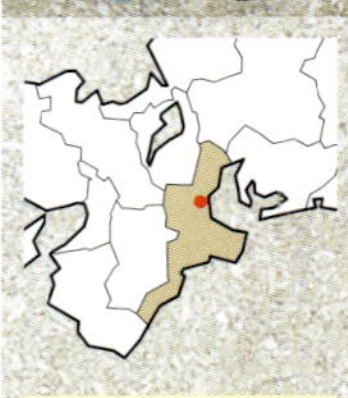

［所在地］津市丸之内
津市教育委員会文化課
☎059・229・3251

桑名城 ◆ 本多忠勝

桑名市吉之丸 ＊

1601年（慶長6）、本多忠勝がこの地に入り、約10年を要して巨大な城を築いた。

1617年（元和3）、忠勝の子忠政は播磨姫路へ移封になり、松平（久松）定勝が封じられる。松平氏は一度転出するが、1823年（文政6）に再び桑名に戻り、明治まで居城とした。

当主定綱の時、天守が築かれたが、1701年（元禄14）に城下町から出火した火災で類焼。

そして幕末、1868年（慶応4）の戊辰戦争時、城の一部を焼失、その後解体された。

現在は「九華公園」として、ツツジや桜の名所である。幅の広い堀や天守台が残り、市内の了順寺に城門が移設されている。

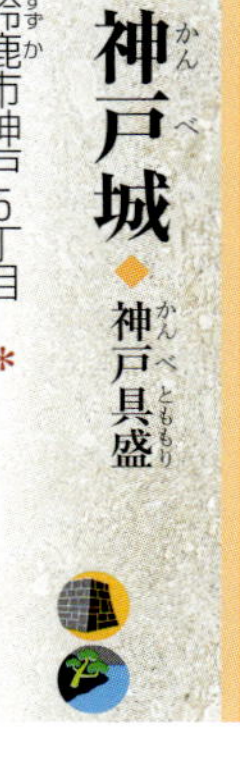

神戸城 ◆ 神戸具盛

鈴鹿市神戸5丁目 ＊

天文年間（1532～55）に、神戸具盛が築いたと伝わる。

神戸氏は、織田信長の侵攻にあい、信長の三男信孝を養子とする条件で和睦する。

関ヶ原合戦後、一柳直盛が封ぜられたが、1636年（寛永13）、伊予西条に転じ、以後天領とされて城は破却されてしまった。

1732年（享保17）、本多忠統が入封、陣屋住まいをしていたが、1746年（延享3）に築城許可を得て、2年後に完成させた。

現在、城跡の本丸部分は神戸公園となり、天守台が残る。また太鼓櫓が市内の蓮華寺鐘楼として、大手門は四日市市の顕正寺の山門として移されている。

神戸城天守台　写真／外川 淳

亀山城 ◆ 岡本重政

亀山市本丸町 ＊

亀山は、北伊勢の中心であり、交通の要衝なので、古くから関氏が城（亀山古城）を築いていた。1590年（天正18）、岡本重政が築きなおして居城とした。それが亀山城である。

重政は、関ヶ原合戦では西軍に属して戦い滅亡、以後城主は目まぐるしく替わった。1744年（延享1）に石川総慶が入封、以後、石川氏代々の居城として明治までつづく。

遺構としては、堀と石垣、天守台に建てられた多門櫓が残る。櫓は、県下の城址に唯一現存する城郭建造物。市内の遍照寺に二之丸御殿玄関が移築されている。

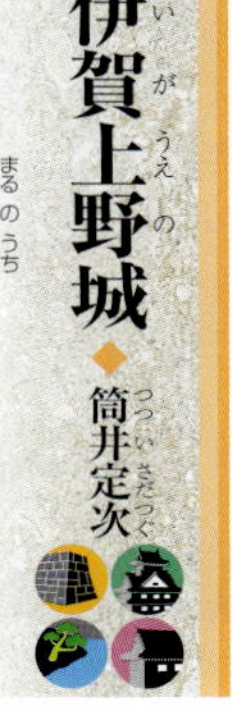

伊賀上野城 ◆ 筒井定次

伊賀市上野丸之内 ＊

伊賀盆地中央の台地に位置する平山城。1585年（天正13）、大和郡山より伊賀へ転封となった筒井定次によって築かれた。

筒井氏改易ののち、藤堂高虎の所領となると、5重の大天守が造営されるなど、堅固な城塞に姿を変えた。徳川家康は、大坂の陣を前にして、伊賀上野城をはじめ、篠山城・膳所城などを築城することにより、包囲網を形成しようとしたとされる。

藤堂氏は、一族を城代家老として配置。廃藩置県まで、津藩藤堂家の支城として、伊賀一国の統治拠点としての役割を担いつづけた。

日本有数の高さを誇る石垣をはじめ、「築城の名手」として知られる高虎が心血を注いで築いた遺構が今日に伝えられる。1935年（昭和10）に大天守・小天守を建造。

伊賀上野城の大天守（右）と小天守

丸山城 ◆ 滝川雄利

伊賀市下神戸

伊賀盆地の中央に位置する中世の山城。

1575年（天正3）、伊勢の北畠具教が、伊賀支配のため築城を試みるも果たせず、本格的な築城は、織田信長の次男信雄が北畠家の養子に入ったのち、家臣滝川雄利によって行なわれた。

伊賀国は鎌倉時代以来、小土豪が割拠し、守護大名の一元支配に強い抵抗を示してきた。そのため、滝川雄利は土豪衆の襲撃を受け、築城なかばで放棄し撤退した。

1581年（天正9）、信長は大軍をもって伊賀に乱入し、土豪衆を徹底的に鎮圧した。この天正伊賀の乱後、雄利は丸山城に戻り城を完成させた。

城は、織田氏の伊賀支配の拠点城

郭にふさわしく、本丸に巨大な天守台や桝形虎口が築かれている。

名張城 ◆ 松倉重政

名張市丸之内 *

1585年(天正13)、筒井定次が伊賀上野に入り、家臣の松倉重政が名張に城を築いた。藤堂氏が伊賀に入国したのちの1617年(元和3)、一国一城令により廃城とされている。

1636年(寛永13)、藤堂高虎の養子高吉が、名張藤堂家を起こした。そして旧名張城跡に、陣屋を築いて居住する。

城跡は現在、名張小学校・名張中学校の敷地だが、陣屋(殿館)の建物の一部が残る。また太鼓門が寿栄神社に移されている。

霧山城 ◆ 北畠顕能

一志郡美杉村上多気 *

標高560mの山頂に所在する。

1342年(興国3・康永1)に北畠顕能が築いて、8代具教まで本拠地とした。

具教は織田軍の侵攻を受け、信長の次男信雄を養子にすることを条件に和睦する。具教と信雄との間には確執があり、1576年(天正4)に具教が暗殺されると、霧山城も織田軍に攻撃されて落城、以後廃城となった。

山麓に、発掘調査で石垣や建物跡がみつかっている。また、北畠氏館跡庭園が、国の名勝・史跡に指定されている。

阿坂城 ◆ 北畠満雅

松阪市大阿坂町桝形 *

標高321mの尾根筋に所在する。応永年間(1394~1428)に、伊勢国司北畠満雅によって築かれた。

1569年(永禄12)、織田信長軍に侵攻されて落城、廃城となる。

北曲輪を椎の木城、南曲輪を白米城ともよんだ。白米城の名は、籠城戦のさい、馬にかける水がなく、その代わりに米をかけて、水不足を知られぬよう敵を欺いた白米伝説が伝わるからである。

山頂に、曲輪跡や堀切が残る。

松ヶ島城 ◆ 北畠具教

松阪市松ヶ島町城の腰 *

1567年(永禄10)、織田信長軍の来襲に備えて、北畠具教が築いたものである。そのころは、細首城とよんでいた。

のちに具教は、信長の子信雄を養子として迎え、和睦。

1580年(天正8)、田丸城を焼失した信雄がここに入った。5層の天守を築き、名も松ヶ島と改める。小牧・長久手の戦いで、信雄は徳川家康と組んで秀吉に対抗したが、秀吉軍に攻略され、松ヶ島には蒲生氏郷が入封した。

しかし1588年(天正16)、氏郷は松坂へ築城して移り、以後廃城とされる。

天守山とよばれる20m四方の台地が、本丸天守台の跡と考えられる。

松坂城 ◆ 蒲生氏郷

松阪市殿町 *

松坂城天守台

1588年(天正16)、松ヶ島城に入った蒲生氏郷は、城が狭く海岸に近すぎるので、古城砦のあった四五百森(宵の森)に大規模な要害城を築いた。このときに、3層の天守も建てられたという。

そして吉祥の「松」の字と、豊臣秀吉の居城大坂城の「坂」の字を賜わって松坂城と名付けた。

氏郷は2年後、会津へ移り、そのあとへ服部一忠が入封。1595年(文禄4)、一忠は関白秀次事件に連座して改易。ついで古田重勝が入封した。

1619年(元和5)以後は、紀州藩領となり、城代が置かれた。そして1644年(正保1)、大風のために天守が倒壊してしまう。

現在は松阪公園となり、天守台や本丸・二の丸に石垣が残る。本丸の南に位置する隠居丸に、本居宣長の旧宅が城下から移されている。

田丸城 ◆ 北畠親房

度会郡玉城町田丸 *

南北朝時代の1336年(延元1・建武3)、玉丸山とよばれる丘に北

田丸城天守台

畠親房が築き、愛洲氏を城主として南朝軍の拠点とした。1575年（天正3）、北畠氏の養子となった織田信雄が堅固な城に築き直すが、火災で焼失し、信雄は松ヶ島城に移った。1619年（元和5）には、紀州藩領となり、家老久野氏の一族が、代々城代を務めている。

現在、城跡は城山公園として整備され、本丸には天守台があり、外堀も残されている。

鳥羽城 ◆九鬼嘉隆

鳥羽市鳥羽3丁目 *

鳥羽湾を望む高台に位置する平山城。1594年（文禄3）、九鬼嘉隆によって築かれた。

九鬼水軍の本拠地にふさわしい「海賊城」として知られ、船溜まりを囲い込むような縄張が採用されている。

関ヶ原の戦いでは、九鬼氏は父嘉隆が西軍に属し、子の守隆が東軍に味方するという苦肉の策によって命脈を保った。だが、守隆の死後、御家騒動により、九鬼氏は山間の地である摂津三田への転封を命じられ、水軍としての命脈は断たれた。

その後、鳥羽城には譜代・親藩大名が封じられ、稲垣氏3万石の時代に明治維新を迎えた。幕末には、伊勢神宮を外国船の脅威から守るため、沿岸に多数の砲台を築かざるをえず、鳥羽藩の財政が圧迫されるという一幕もあった。

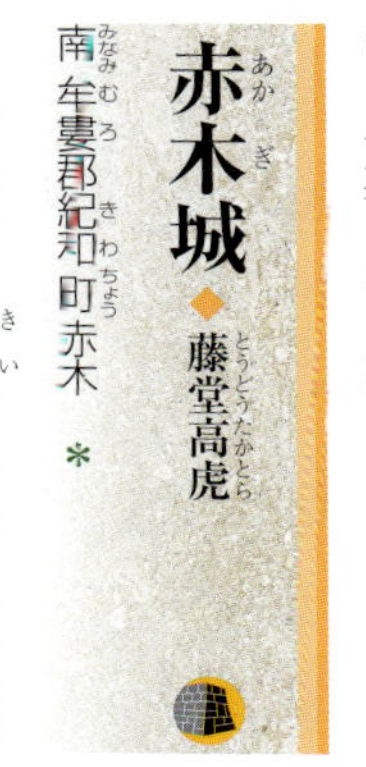

赤木城 ◆藤堂高虎

南牟婁郡紀和町赤木 *

豊臣秀吉の紀伊攻めに加わった藤堂高虎が、1589年（天正17）に築いた。

高虎は、秀吉の弟秀長の配下に属して紀州入りし、太閤検地に反対する北山郷を攻め、地侍・農民を田平子峠で獄門にかけた。そして、この地を鎮圧する拠点として築城した。

北山郷は土豪衆の独立性が強く、1614年（慶長19）にも北山一揆を起こし、浅野氏がこの城を拠点に鎮圧にあたった。

城は小規模であるが、石垣がよく残り、桝形虎口もこの時期に築かれた城の特徴を顕著に示している。

赤木城本丸石垣

城址名	主な城主	所在地	遺構	解説
田辺城	木造具康	いなべ市北勢町	土塁・空堀	木造氏は北畠氏分家。戸木城より移る。
金井城	種村高盛	いなべ市員弁町	土塁・空堀	種村氏は近江六角氏の出。土岐氏撃退。
長島城	伊藤重晴	桑名市長島町	石垣	一向一揆の一大拠点。信長を苦しめる。
菰野陣屋	土方雄氏	三重郡菰野町	土塁・石垣	菰野藩1万2000石の陣屋。
田光城	田光隼則	三重郡菰野町	空堀・天守台	巡見街道を押さえる位置に築城。
伊坂城	春日部氏	四日市市伊坂町	土塁・空堀	武蔵の春日部から移住し築城。
市場城	朝倉氏	四日市市市場町	土塁・空堀	台地上に屋敷群の跡に土塁残る。
保々西城	朝倉氏	四日市市西村町	土塁・空堀	室町幕府奉公衆。屋敷群跡残る。
峯城 *	関政実	亀山市川崎町	土塁・空堀	滝川儀太夫籠城、秀吉攻囲。
正法寺山荘 *	関盛貞	亀山市関町	土塁・石垣	京都大徳寺末寺、別荘に改修。
安濃城	細野氏	安芸郡安濃町	土塁・空堀	伊勢最大規模の城館。信長に反抗。
長野氏城 *	長野祐藤	安芸郡美里村	土塁・堀切	『太平記』に登場、長野氏初期の城。
細野城	細野祐宗	安芸郡美里村	土塁・堀	3つの城よりなる。長野氏分家。
増地氏城	増地氏	伊賀市中村	土塁・空堀	信長死後、伊賀一揆の拠点。
田矢伊予守城	田矢伊予守	伊賀市西湯舟	土塁・石垣	伊賀の乱の時、河合七郷の侍が籠城。
永井氏城	永井内膳	伊賀市出後	土塁・空堀	永井氏、伊賀の乱参戦。
福地氏城 *	福地伊予守	伊賀市柘植町	石垣・虎口	福地氏、伊賀攻めの教導役。
掛田城	富増伊予守	伊賀市下川原	土塁・空堀	伊賀の乱の時、信長侵攻に備え築く。
百地丹波城	百地丹波	伊賀市喰代	土塁・空堀	伊賀上忍の百地丹波の碑が建つ。
宮山城	木造具政	久居市戸木町	土塁・虎口	1583年（天正11）蒲生氏郷改修か。
久居陣屋	藤堂高通	久居市西鷹跡町	空堀	藤堂家支藩、久居藩5万石の陣屋。
滝川氏城	滝川三郎兵衛	名張市下小波田	土塁・空堀	天正伊賀の乱時、織田軍の陣城。
柏原城	滝野貞清	名張市赤目町	土塁・空堀	伊賀の乱、土豪衆最後の拠点。
下山甲斐守城	下山甲斐守	名張市下比奈知	土塁・空堀	下山氏は北畠氏家臣、伊賀旗頭。
北畠具親城	北畠具親	名張市神屋	土塁・空堀	具親、北畠氏再興の拠点。
稲垣城	川原田実秀	一志郡白山町	土塁・空堀	蒲生氏郷に攻められる。
八鉢城	小田越中守	一志郡美杉村	土塁・空堀	近江六角氏を迎え撃つ。
天花寺城	天花寺氏	松阪市嬉野天花寺町	土塁・空堀	信長に抵抗、3年城守る。
大河内城 *	北畠具教	松阪市大河内町	曲輪・堀切	伊勢国司北畠氏の戦国期の本城。
神山城	潮田幹景	松阪市中万町	土塁・堀切	古刹神山一乗寺に隣接。
笠木館	北畠氏	多気郡多気町	土塁・空堀	台地上に37の曲輪が残る。
五箇篠山城	北畠具親	多気郡勢和村	土塁・堀切	具親、北畠氏再興をかけて蜂起。
五ヶ所城 *	愛洲氏	度会郡南勢町	土塁・空堀	五ヶ所湾見下ろす景勝地。
鬼ヶ城	有馬氏	熊野市木本町	曲輪・堀切	国指定名勝鬼ヶ城の岬の上。
京城	堀内氏善	南牟婁郡紀宝町	石垣・竪堀	1588年（天正16）北山攻略時に構築。

*国史跡 *県史跡

近畿の城

近畿地方は、古代に五畿内とよばれた山城国（京都府）、摂津・河内・和泉国（大阪府）、大和国（奈良県）の5か国と、その近辺の丹波・丹後国（京都府）、播磨・但馬国（兵庫県）、紀伊国（和歌山県）、近江国（滋賀県）なども含む。近畿の「畿」とは「都」の意味であるから、近畿とは都の周囲にある国々ということになる。

藤原京・平城京・長岡京・平安京のような古代の都においては、唐の都長安にならって都城が整備された。都を囲繞する城壁だけは築かれなかったが、それは異民族の侵入を想定していなかったためである。ひとたび都城が攻撃されれば、逃げ出すよりほかなかった。

鎌倉末期、倒幕の兵を挙げて京都を追われた後醍醐天皇は笠置寺（京都府相楽郡笠置町）に、その皇子護良親王は金峯山寺（奈良県吉野郡吉野町）に入り、このような山岳寺院を城塞化して籠城している。楠木正成の上赤坂城（大阪府南河内郡千早赤阪村）は落城したが、その詰城である千早城はその後も楠木氏の本城となった。

合戦の形態が野戦から籠城戦へと移行するのにともない、室町時代には、山城が多く築かれるようになる。北近江の浅井氏は標高４９５ｍに小谷城（滋賀県東浅井郡湖北町）を築き、南近江の六角氏は標高４３３ｍに観音寺城（滋賀県蒲生郡安土町）を築いたが、戦国期にはともに織田信長に滅ぼされてしまう。

信長は、この地に安土城を築き、その後継者となった豊臣秀吉は、畿内に大坂城・聚楽第・伏見城を築いて天下を統一する。これらの城はいずれも平城・平山城だったが、戦乱の終息とともに、山城は次第に築かれなくなっていったのである。

江戸に幕府を開いた徳川家康は、朝廷との折衝のため聚楽第に替わる二条城を築き、関ヶ原の戦いで焼失した伏見城を「天下の家老」として再築する。さらに、彦根城・膳所城（大津市）・亀山城（亀岡市）・篠山城などを大坂城の周囲に天下普請で築くと、１６１５年（元和１）、大坂夏の陣で豊臣家を滅亡させた。

その後、豊臣家ゆかりの伏見城は廃城とされ、徳川秀忠・家光によって再建なった大坂城が江戸時代には畿内の中心となる。公武関係の安定とともに二条城はひとまずその役割を終え、家光の上洛を最後に、幕末まで将軍の入城はなかった。

朝の姫路城 写真／世界文化フォト

滋賀県

安土城

県の中央部、琵琶湖に突き出た安土山に築かれた平山城。国の特別史跡。

1579年（天正7）、織田信長が東海と北陸を押さえる要衝に5層7階の壮麗な天守を擁する城を築いた。

しかし1582年（天正10）、信長が本能寺の変で明智光秀に討たれると、その混乱の中で城も焼失。のち羽柴秀吉によって廃城とされた。そのさい安土城の城下町は羽柴秀次の築いた八幡山城（滋賀県近江八幡市）にそのまま移されている。

織田信長銅像（清洲公園内）

安土城大手道の復元ＣＧ
発掘調査の成果をもとに制作された。天守は内藤昌氏の復元考証による。写真／国立歴史民俗博物館　ＣＧ制作／アート＆サイエンス

織田信長の家紋「五つ木瓜」

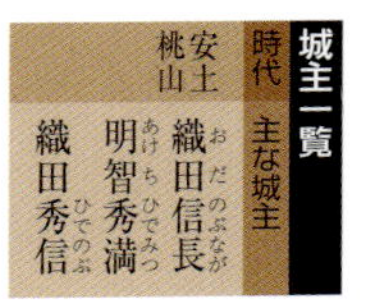

城主一覧

時代	主な城主
安土桃山	織田信長
	明智秀満
	織田秀信

安土城の金箔瓦
物資の搬入ルートである琵琶湖畔から出土。
写真／滋賀県安土城郭調査研究所

伝徳川家康邸跡周辺の石垣　中央の石段は大手道。安土城の山麓から山腹にかけて、織田家の部将邸が並んでいたといわれる。
写真／世界文化フォト

織田信長と安土城は、本能寺の変により運命をともにする。織田家は江戸時代、信長の弟長益、次男信雄の家系が小藩の藩主となり、幕末につづいた。

織田信長　尾張から天下統一を目指すが、本能寺の変でたおれる。享年49。

長益　信長の弟。晩年は有楽斎と名乗り、茶人として有名。

お市の方　信長の妹。浅井長政、のち柴田勝家の妻。淀殿などの母。

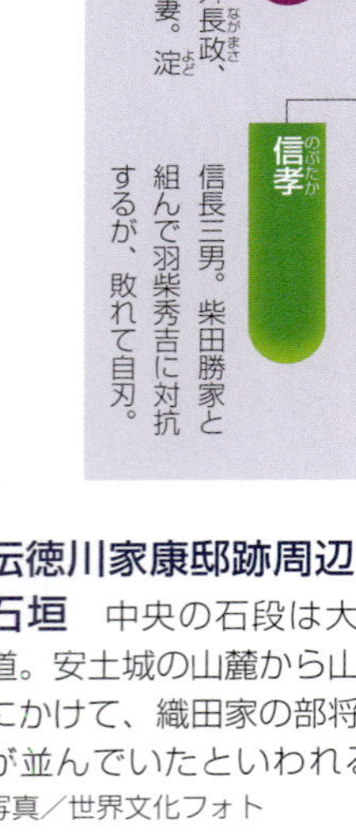

信忠　信長長男。武田勝頼攻めの先鋒大将。本能寺の変で自刃。

信雄　信長次男。晩年は京都在住。大和松山5万石を領する。

信孝　信長三男。柴田勝家と組んで羽柴秀吉に対抗するが、敗れて自刃。

秀信　信忠長男。幼名、三法師。信長の家督相続者で岐阜城主となるが、関ヶ原の戦いで落城。その後、出家して高野山に入る。

［所在地］蒲生郡安土町
滋賀県立安土城考古博物館
☎0748・46・2424

膳所城◆戸田一西

大津市本丸町

琵琶湖に注ぎ込む相模川河口の堆積地に築かれた水城。

関ヶ原の戦い後の1601年（慶長6）、徳川家康の命で築城が開始され、完成後大津城より戸田一西が3万石で入城した。家康は水陸交通の要衝、瀬田を控えた膳所の地を、西国方面への前衛基地にしようと考えたのであろう。

戸田氏移封後は譜代大名が交代で入城するが、1651年（慶安4）以降は本多氏の世襲となり、6万石で明治維新までつづいた。

膳所藩の重要な任務として、京都の警衛、とくに禁中火番や洛中火消という消防活動を幕府から命ぜられ、幕末までその任務が遂行されていた。

城は、湖中にせり出すように本丸・二の丸・三の丸が築かれた。城跡は公園となり、城門・堀・石垣などが模擬復興されている。城門が膳所神社の表門として現存する。

膳所城跡公園　写真／世界文化フォト

宇佐山城◆森可成

大津市錦織

宇佐山城石垣

1570年（元亀1）、織田信長が越前朝倉氏らに対抗するため、森可成に命じて築かせた山城。

別名を志賀城といい、標高336mの宇佐山にある。山頂からは琵琶湖南部一帯を望める。

同年9月、浅井・朝倉連合軍の攻撃を受けた。城主森可成は、寡兵を率いて撃って出て、坂本で討ち死にしている。

その後、信長配下の明智光秀が入城したが、翌年に坂本城を築いて移った。

坂本城◆明智光秀

大津市下阪本3丁目

1571年（元亀2）9月、織田信長は比叡山を焼き討ちしたあと、明智光秀に志賀郡の支配を命じ、湖岸の下坂本に築城させた。

水陸の要衝地である坂本城の任務は、延暦寺の監視と西近江の警戒である。

本能寺の変が起こり、光秀が山崎で敗死すると、安土城にいた明智一族の秀満は、湖水を渡って坂本城に入った。しかし、堀秀政軍に攻撃されて落城する。

城跡の一部は現在、湖畔の公園として整備され、光秀像が建てられている。

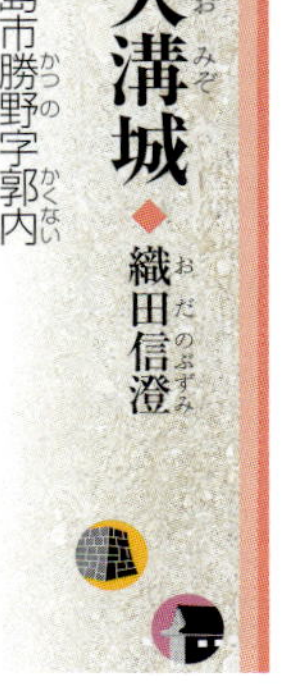

大溝城◆織田信澄

高島市勝野字郭内

1578年（天正6）、明智光秀が縄張をし、娘婿の織田信澄が築いたと伝わる。本能寺の変後、信澄は丹羽長秀に殺害された。

その後、城主には多くの大名が入れ替わった。1619年（元和5）分部光信が2万余石で入封、明治まで12代に及んだ。

現在JR湖西線近江高島駅の東側に、石垣をめぐらせた本丸天守台が残され、昔の面影をとどめている。

朽木城◆朽木元綱 *

高島市朽木野尻

鎌倉初期に、佐々木信綱が朽木荘に居館を構えたのが始まりという。曾孫の義綱から朽木姓を名乗った。

当主元綱時代の1570年（元亀1）、織田信長が越前朝倉攻めに出陣したおり、浅井長政に退路を断たれた。その時、元綱が朽木越えを案内し、信長を逃がしている。

1600年（慶長5）、関ヶ原合戦では西軍として布陣していたが、東軍に内応した。そのため朽木氏は、明治維新まで存続している。

城跡の大半は消失したが、土居の一部と堀・石垣・井戸跡がわずかに残る。跡地には朽木村郷土資料館が建つ。

大溝城天守台と石垣

東野山城址（二の丸の土塁から本丸を望む）

東野山城 ◆堀秀政

伊香郡余呉町東野

賤ヶ岳の戦いにさいし、羽柴秀吉方の堀秀政によって築かれた砦。1583年（天正11）、柴田勝家と対峙した秀吉は、勇将の誉れ高い堀秀政を右翼最前線に位置する東野山に配した。勝家は東野山城に攻撃を仕掛けるが、秀政の奮闘によりことごとく撃退された。合戦は、柴田方の佐久間盛政の奇襲に付け込んだ秀吉軍の圧勝に終わった。

残存状況は良く、土塁や空堀などが残る。

山本山城 ◆山本氏

東浅井郡湖北町山本

奥琵琶湖を望む標高325mの山城である。阿閉山城ともよばれた。平安末期、近江源氏山本氏によって築かれ、山本義経が居城した。

一時、京極氏の家臣阿閉氏が本拠としていたが、その後小谷城浅井氏の支城となる。1572年（元亀3）に木下藤吉郎（のちの羽柴秀吉）の攻撃を受け、阿閉氏は説得されて、翌年、織田方に帰順した。しかし本能寺の変のおり、阿閉氏は明智方につき、秀吉勢に城を攻められて廃城となった。

山頂付近に本丸・二の丸跡などが残されている。この山を近江高天原とする天孫降臨伝説があり、山頂からの竹生島・塩津湾など奥琵琶湖の眺めは絶景だ。

小谷城 ◆浅井長政

東浅井郡湖北町郡上・伊部ほか ＊

琵琶湖を一望する小谷山に位置する山城。16世紀前半、浅井亮政によって築かれ、戦国大名浅井氏3代の本拠として使用された。

浅井長政は、織田信長の妹お市を妻に迎えながら、朝倉方に味方したことから、小谷城周辺では、浅井勢と織田勢との間で死闘が繰り広げられた。1573年（天正1）、小谷城は陥落の時を迎え、長政は妻と3人の娘たちを信長の元へ送ったのち、自害を遂げた。

なかば崩れた石垣や、大規模な空堀をはじめ、戦国の山城らしい遺構が今日に伝えられる。

小谷城山王丸下の大石垣

虎御前山城 ◆織田信長

東浅井郡湖北町河毛・虎姫町中野

小谷山の目前南にある、標高229mの虎御前山に築かれた山城。1572年（元亀3）、信長が小谷城攻撃の前線基地として築いた城である。

信長の一代記『信長公記』に、「巧みに仕上げられた砦の結構なことは、これまで見聞した多くの砦に見られないもので、皆、目をみはった」とあり、堅固に築かれた要塞の様子がうかがえる。

しかし、小谷城にいた朝倉方の兵が忍び込んで放火、建物は焼失してしまった。のちに信長は横山城までの押さえとして、虎御前山南尾根の八相山と、宮部に砦を築き、小谷山側に高さ約3mの塀を5kmに渡って造り、小谷城攻めに備えたという。全山に信長や家臣の陣地跡が残る。

長浜城 ◆羽柴秀吉

長浜市公園町

琵琶湖の辺に位置する平城。1574年（天正2）、羽柴秀吉が築城工事を開始し、翌年には小谷城より本拠を移した。

秀吉にとり長浜城は、一城の主の座を与えられ、はじめて築いた居城として思い出の多い城であったが、清洲評定の結果、柴田勝家に譲り渡すことを余儀なくされた。柴田勝豊・山内一豊が城主を歴任したのち、譜代大名の内藤家が入封したが、その高槻への転封にともない、1575年（天正3）廃城。城跡には、湖水に没する井戸跡が残されているほか、模擬天守がある。

長浜城天守

横山城 ◆浅井長政

長浜市石田町・堀部町
米原市鳥脇・朝日

横山城は、小谷城のある小谷山とは、姉川を挟んで対峙している。南北に横たわる延長8kmの丘陵上に築かれた山城で、標高312mの頂上から三方にのびる尾根上に、Y字形に遺構が残る。

小谷城の支城として1561年（永禄4）、浅井長政によって築城された。

難攻不落といわれた小谷城の前面にあるため、ここを攻略しなければ、小谷城攻略はおぼつかない。そこで1570年（元亀1）、横山城を攻略しようとした織田軍と、救援しようとした浅井・朝倉連合軍が戦ったのが、姉川の合戦である。

この合戦に勝利した織田軍は、横山城を手中にし、木下藤吉郎を城代として入れる。彼の職務は、小谷城の監視、同城攻略のための味方兵糧の確保、浅井氏部将を織田方へ帰順するよう工作することであった。

横山城は、1573年（天正1）9月に浅井氏が滅亡するまで、北近江攻略の基地として、織田軍団の重要な拠点となっていた。秀吉は約3年間この城を本拠とし、のちの賤ヶ岳合戦で秀吉勢が使用したあと、廃城とされている。

現在も20か所以上の曲輪跡が確認され、空堀や井戸・土塁が残存している。

上平寺城 ◆京極高清

米原市弥高・藤川 ＊

永正年間（1504～21）に、京極高清が築城し、本拠を太平寺城（米原市太平寺）から移した。

標高1377mの伊吹山南側にのびる刈安尾という尾根上669mに主郭が所在し、北国脇往還と中山道を見下ろす要衝にあった。1523年（大永3）、京極氏に内紛があり焼失する。

その後、美濃から侵攻してくる信長を監視する国境警護の城として、1570年（元亀1）、朝倉軍の援助で浅井長政が改修を加えたことが『信長公記』に見える。

しかし、城を守る堀氏と樋口氏が信長に内応したことによって意味を失い、まもなく廃城になったと考えられる。

山麓には庭園をそなえた京極高清の守護館があり、南には城下町も形成されていた。館跡は伊吹神社の境内一帯で、奥には巨石を配置した庭園跡が残る。

上平寺城跡と京極氏館跡、家臣屋敷跡は、「京極氏遺跡」として、2004年（平成16）に国史跡に指定された。

弥高寺跡 ◆京極氏

米原市弥高 ＊

山岳寺院を城郭化した典型的な遺跡で、上平寺城から谷を挟んで西側尾根上、標高700m付近に広がる。

伊吹山には古代から山岳仏教の聖地として寺院が築かれ、その中心が「伊吹四か寺」と称される太平寺・弥高寺などの4寺であった。京極氏の館を守るために城塞化され、高清のころ、京極氏の出城として利用された。

本坊跡を頂点に、60を超える坊跡が扇状に段をなし、桝形虎口に空堀をめぐらせた「大門跡」や巨大な堀切など、軍事設備が確認されている。「京極氏遺跡」の一部として国史跡になった。

弥高寺大門跡

鎌刃城 ◆堀氏

米原市番場 ＊

鎌倉時代に土肥氏が居城として築いたと伝わる。のちに堀氏が居住した。標高384mの山頂にあり、鎌の刃状の屋根を越えてたどりつく急峻な山上に所在する。南近江と北近江の領地境の「境目の城」として築かれた。

1570年（元亀1）、堀氏は織田信長に属することになった。しかし1574年（天正2）に改易となり、城は信長直轄となる。その後間もなく廃城となった。

総石垣の主郭や桝形虎口、建物礎石などに、近世初期の高度な築城技術が見られ、県の史跡に指定されている。

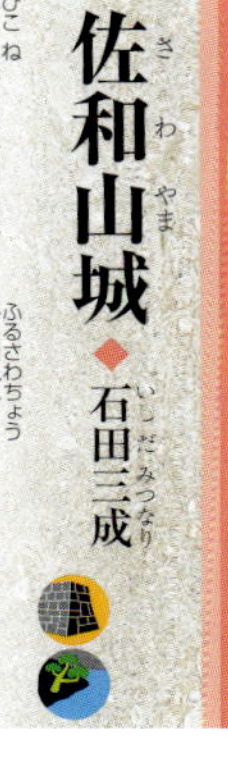

佐和山城 ◆石田三成

彦根市佐和山町・古沢町

北国街道と中山道を押さえる要衝に位置する山城。鎌倉時代、佐保時綱の築城と伝わる。戦国時代には、六角氏と浅井氏が激しい争奪戦を繰り広げた。

1590年（天正18）、石田三成は佐和山城を与えられると、5層の天守を築くなど、「三成に過ぎたるもの」と称されるほどの威容を誇る堅城へと改修した。

関ヶ原の戦いで西軍が大敗を喫すると、東軍の猛攻撃を受けて陥落。彦根築城とともに廃城となった。
　建物にとどまらず、石材までもが彦根城に転用され、佐和山に往時の遺構はほとんど残されていない。

彦根城からみる佐和山城址

彦根城 ◆ 井伊直継

彦根市金亀町 ＊

　琵琶湖畔の小高い丘に位置する平山城。徳川四天王の1人として知られる井伊直政は、関ヶ原の戦い後の論功行賞により、佐和山城を与えられたが、戦傷を悪化させて死去。直継は父直政の遺志を受け継ぎ、1603年（慶長8）、彦根城築城の工事に着手。3年後に天守が完成した。
　江戸時代を通じて、彦根城は井伊氏の居城だったが、井伊直弼が桜田門外の変で暗殺されたのち、禄高は30万石から20万石へ減封された。
　国宝指定の天守をはじめ、数多くの城郭建築が今日に伝えられている。（16～19ページ参照）

山崎山城 ◆ 山崎氏

彦根市清崎町・賀田山町など

山崎山城本丸跡

　山崎山城は、近江守護佐々木六角氏の家臣、山崎氏の居城であった。山崎山の背後は琵琶湖と荒神山であり、周囲は宇曽川と沼地に囲まれていて、下街道（のちの朝鮮人街道）を真正面から見下ろす、標高約150m、比高約50mの丘陵地に位置した。山頂部分は東西90m、南北20mを城域とする。織田信長が下街道整備のさいに築いたとも伝わる。
　山崎氏は六角氏配下から織田信長に属し、のち羽柴秀吉幕下となった。1582年（天正10）、摂津三田に移封された後、廃城とされる。
　平成4年度から、市教育委員会により3年間の発掘調査がなされた。山頂部の尾根を取り巻くように築かれた石垣が発見され、曲輪は連郭式であった。城跡は、史跡公園として整備され、2003年（平成15）から開放されている。

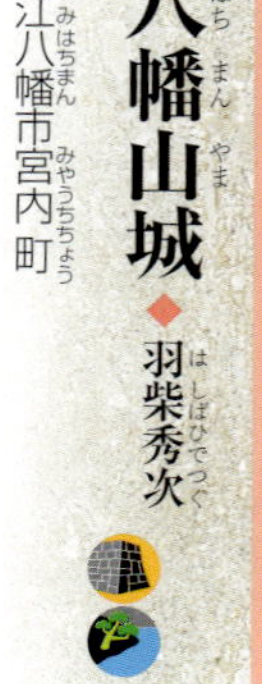

八幡山城 ◆ 羽柴秀次

近江八幡市宮内町

　1585年（天正13）、羽柴秀吉の甥秀次が鶴翼山（通称八幡山）の南半分を利用して築いた山城。
　山上の本丸などの主郭部と山麓の居館部が同時に構築され、石垣によって固められた。城下町の建設も進められ、琵琶湖から水を引いた八幡堀によって町の周囲が防御された。城下町には、安土城下より住民を移住させたため、安土と同名の地名が多く残る。
　秀次の尾張清洲移封で京極高次が入るが、1595年（文禄4）の秀次切腹の時、廃城となった。
　本丸には現在、村雲御所瑞龍寺が建ち、そこから望む琵琶湖は絶景である。居館跡には壮大な石垣が残り、金箔瓦も出土した。

八幡山城居館跡の石垣

岡山城 ◆ 九里氏

近江八幡市牧町

　1508年（永正5）、九里信隆が琵琶湖の孤島水茎の岡に築いたという。1521年（大永1）、六角軍の攻撃を受けて城主九里氏は自刃、滅亡した。
　現在は干拓されて陸続きとなったが、標高147mの通称頭山とよばれる山頂に、土塁や空堀の遺構が見られる。

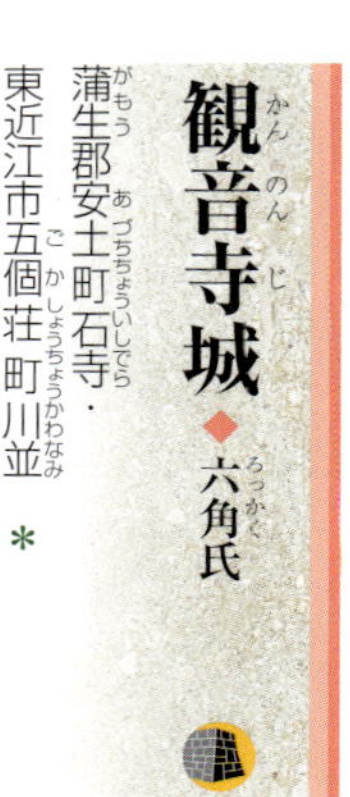

観音寺城 ◆ 六角氏

蒲生郡安土町石寺・東近江市五個荘町川並 ＊

　標高433mの繖山のほぼ全域に築かれた日本最大級の山城。
　築城年代は明らかではないが、1335年（建武2）、六角氏頼が築城したという史料がある。以後、六角氏が代々の居城とした。1568年（永禄11）、時の城主義賢・義治父子は、眼前に織田信長軍の箕作城攻撃の凄まじさを見ると、城を捨てて甲賀へ逃亡してしまった。以後、城は廃城とされる。
観音正寺のある城跡には、今も多くの石垣が残されている。

日野城 ◆ 蒲生賢秀

蒲生郡日野町西大路

蒲生貞秀の築城と伝えられる。中野城ともいい、日野城は通称。1568年（永禄11）、貞秀の子賢秀の時代に、織田信長が近江に侵入、勇敢に抗戦したが、一族神戸友盛の説得で降り、子息を人質として出した。のちの氏郷である。

1582年（天正10）、氏郷は本能寺の変を聞くと、安土城にいる信長の妻子を日野城にかくまい、明智光秀の誘いを退けた。氏郷の伊勢松坂へ移封後、日野城には田中吉政・長束正家が入った。
1603年（慶長8）、廃城とされたが、日野川ダムの北岸に大きな堀の一部が残されている。
なお、日野町音羽に遺構の残る音羽城は、日野城の属城であった。

水口城 ◆ 加藤明友

甲賀市水口町本丸 *

1634年（寛永11）、徳川家光の上洛の宿館として、小堀遠州によって築城された平城。
築城にあたっては、関ヶ原の戦い後に廃城となった水口岡山城の石垣を崩して運び、転用した。
1682年（天和2）、加藤明友が水口城主に任じられ、水口藩が成立した。
城は、現在水口高校の敷地になっているが、方形を呈する本丸の東西の石垣と水堀はよく残る。現存する布積みの石垣は、寛永期の築城の面影を伝える。
近年、櫓を模した水口城資料館が建ち、内部には水口城の資料が展示されている。

水口城資料館

城址名	主な城主	所在地	遺構	解説
行市山砦	佐久間盛政	伊香郡余呉町	二塁	賤ヶ岳城塞群。盛政は柴田勝家の甥。
別所山砦	拝郷五左衛門	伊香郡余呉町	土塁・空堀	賤ヶ岳城塞群。柴田方。
中谷山砦	前田利家	伊香郡余呉町	土塁・空堀	賤ヶ岳城塞群。柴田方。
橡谷山砦	金森長近	伊香郡余呉町	土塁・空堀	賤ヶ岳城塞群。柴田方。
神明山砦	山路将監	伊香郡余呉町	土塁・空堀	賤ヶ岳城塞群。羽柴方。
堂木山砦	木村隼人	伊香郡余呉町	二塁・空堀	賤ヶ岳城塞群。羽柴方。
賤ヶ岳砦	桑山重晴	伊香郡余呉町	土塁・空堀	賤ヶ岳城塞群。羽柴方。激戦地。
大岩山砦	中川清秀	伊香郡余呉町	土塁	賤ヶ岳城塞群。羽柴方。清秀戦死。
岩崎山砦	高山右近	伊香郡余呉町	土塁	賤ヶ岳城塞群。羽柴方。
田上山城	羽柴秀長	伊香郡木之本町	土塁・馬出	賤ヶ岳城塞群。秀長は秀吉弟。
下坂氏館 *	下坂氏	長浜市下坂中町	土塁・空堀	下坂氏は浅井氏滅亡後帰農。
鯰江城	鯰江貞景	東近江市鯰江町	土塁	観音寺城落城後も信長に抵抗。
箕作城	六角氏	東近江市五個荘山本町	曲輪	信長上洛戦で鎧袖一触。
長光寺城	佐々木政堯	近江八幡市長光寺町	曲輪・堀切	勝家籠城し、瓶割柴田の異名とる。
佐久良城	小倉氏	蒲生郡日野町	土塁・堀切	蒲生氏の攻撃で落城。
星ヶ崎城	鏡氏	蒲生郡竜王町	曲輪・石垣	鏡氏は佐々木氏一族。
小堤城山城	永原氏	野洲市小堤	石垣・堀切	永原氏は六角氏の旗頭。
鈎 陣屋	足利義尚	栗東市上鈎	土塁・空堀	六角高頼追討のさいの将軍陣屋。
三雲城	三雲氏	湖南市三雲	石垣・桝形	六角高頼を助け将軍義尚と戦う。
小川城 *	鶴見伊予守	甲賀市信楽町	土塁・空堀	家康が伊賀越えの時に宿泊。
嶬峨城	嶬峨俊光	甲賀市水口町	土塁・空堀	甲賀五十三家の1家。
篠山城	篠山景春	甲賀市甲賀町	土塁・空堀	景春、家康に長束正家の謀略を告知。
滝川城	滝川一益	甲賀市甲賀町	土塁・空堀	信長重臣一益の本貫地。
和田城	和田惟政	甲賀市甲賀町	土塁・空堀	惟政、足利義昭を助け信長と上洛。
望月城	望月氏	甲賀市甲南町	土塁・空堀	望月氏、六角承禎を匿い信長に抵抗。
土山城	土山氏	甲賀市土山町	土塁・馬出	織田氏の甲賀攻めの拠点に改修か。
黒川城	黒川玄蕃佐	甲賀市土山町	土塁・石垣	黒川氏は六角氏傘下の有力土豪。
窪江城	山岡景祐	大津市大江	石垣	瀬田橋を監視する要衝の地。
壺笠山城	浅井長政	大津市坂本本町	曲輪	長政が布陣して信長と対峙する。
上寺城	田中氏綱	高島市安曇川町	土塁・堀切	高島七頭の1家。
清水山城 *	高島（佐々木）氏	高島市新旭町	畝状竪堀	高島七頭総領家の巨大山城。
田屋城	田屋氏	高島市マキノ町	土塁・竪堀	田屋氏は浅井氏と姻戚関係。
西山城	朽木氏	高島市朽木市場	土塁・堀切	朽木領を守る山城。
朽木氏岩神館	佐々木信綱	高島市朽木岩瀬	空堀・庭園	朽木氏は流浪の室町将軍を匿う。
野尻坂城	朽木氏	高島市朽木野尻	土塁・堀切	将軍を追う細川晴元勢を撃退。

*国史跡　*県史跡

京都府

福知山城

京都府の北西部、由良川と土師川の合流点の朝暉ヶ丘丘陵に築かれた平山城。

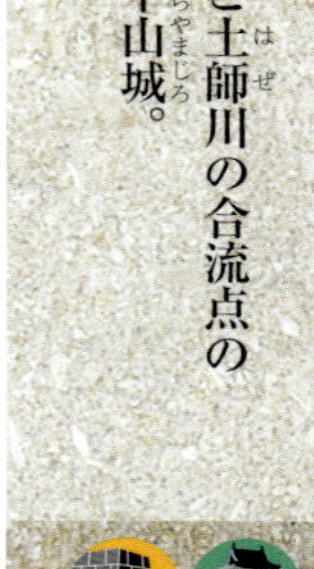

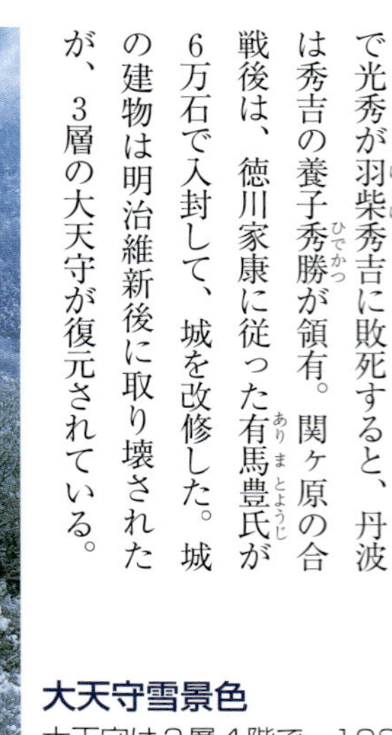

織田信長に丹波平定を命じられた明智光秀が、1579年（天正7）、旧横山城の地に築城した。1582年（天正10）、山崎の合戦で光秀が羽柴秀吉に敗死すると、丹波は秀吉の養子秀勝が領有。関ヶ原の合戦後は、徳川家康に従った有馬豊氏が6万石で入封して、城を改修した。城の建物は明治維新後に取り壊されたが、3層の大天守が復元されている。

大天守雪景色
大天守は3層4階で、1986年（昭和61）の復元。写真／福知山市商工観光課

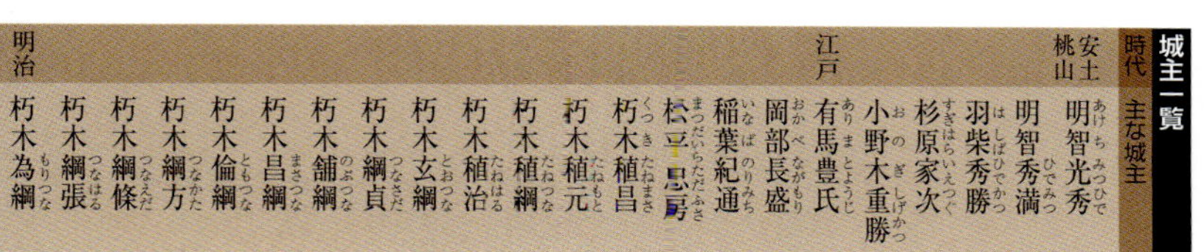

城主一覧

時代	主な城主
安土桃山	明智光秀
	明智秀満
	羽柴秀勝
	杉原家次
	小野木重勝
江戸	有馬豊氏
	岡部長盛
	稲葉紀通
	松平忠房
	朽木稙昌
	朽木稙元
	朽木稙綱
	朽木稙治
	朽木玄綱
	朽木綱貞
	朽木舗綱
	朽木昌綱
	朽木倫綱
	朽木綱方
	朽木綱條
	朽木綱張
明治	朽木為綱

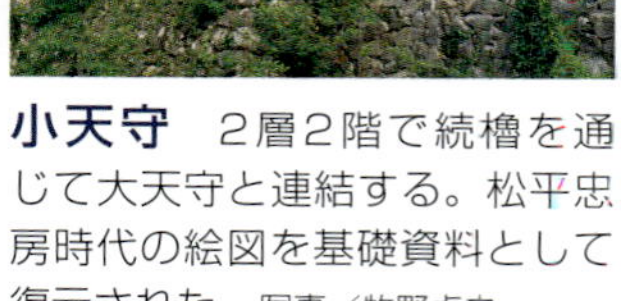

小天守 2層2階で続櫓を通じて大天守と連結する。松平忠房時代の絵図を基礎資料として復元された。写真／牧野貞之

明智光秀画像 本徳寺蔵
写真／大阪城天守閣

明智光秀の家紋「水色桔梗」

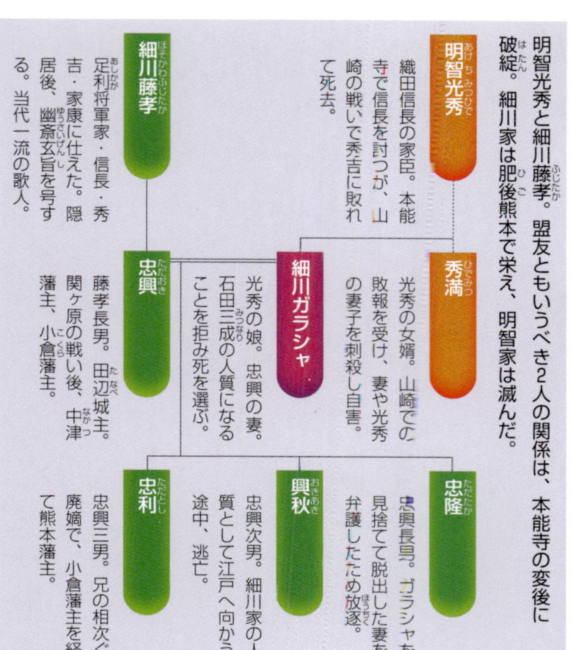

明智光秀と細川藤孝。盟友ともいうべき2人の関係は、本能寺の変後に破綻。細川家は肥後熊本で栄え、明智家は滅んだ。

明智光秀 織田信長の家臣。本能寺で信長を討つが、山崎の戦いで秀吉に敗れて死去。

秀満 光秀の女婿。山崎での敗報を受け、妻や光秀の妻子を刺殺し自害。

細川藤孝 足利将軍家・信長・秀吉・家康に仕えた。隠居後、幽斎玄旨を号する。当代一流の歌人。

忠興 藤孝長男。田辺城主。関ヶ原の戦い後、中津藩主、小倉藩主。

細川ガラシャ 光秀の娘。忠興の妻。石田三成の人質になることを拒み死を選ぶ。

忠隆 忠興長男。ガラシャを見捨てて脱出した妻を弁護したため放逐。

興秋 忠興次男。細川家の人質として江戸へ向かう途中、逃亡。

忠利 忠興三男。兄の相次ぐ廃嫡で、小倉藩主を経て熊本藩主。

［所在地］福知山市字内記
福知山市郷土資料館
☎0773・23・9564

石塔類を転用した石垣
野面積みの本丸石垣には、多くの五輪塔や宝篋（ほうきょう）印塔、石仏の破片が転用されている。写真／毛利寿行

聚楽第◆豊臣秀吉

京都市上京区一条堀川～千本丸太町付近

1586年（天正14）、豊臣秀吉が旧平安京大内裏跡地に築いた城郭風邸宅である。

周囲に堀をめぐらしているので、聚楽城ともよばれた。外観4層の天守もつくられ、翌年正月には完成する。そして豊臣秀吉政権の政庁となった。

「壮大かつ華麗、木造の建物としてはこれ以上は望めない」と宣教師ルイス・フロイスは賛嘆している。1588年（天正16）には、後陽成天皇の行幸もあり、秀吉の力を天下に誇示した。

1591年（天正19）、関白の地位とともに、聚楽第を甥の秀次に譲るが、その後2人の間は不和となり、1595年（文禄4）に秀次は自害、秀吉の命で聚楽第は破却されてしまった。

建物などは伏見城へ移築、慶長年間（1596～1615）末期には遺構すらなくなった。

現在、上京区下長者町通松屋町東入ル北側に残る井戸が、『聚楽第図屏風』に描かれる「梅雨の井戸」の跡と伝えられるが、異論もある。発掘調査により、金箔瓦などが出土している。

二条城◆徳川家康

京都市中京区二条通堀川西入ル二条城町　＊

洛中（京都市街）の中央に位置する平城。1602年（慶長7）、徳川家康が築城工事を開始。翌年には、完成間もない城内において、将軍職就任の拝賀の式が挙行された。

以来、徳川将軍家の上洛のさいの宿舎として利用されるとともに、1626年（寛永3）には、後水尾天皇による行幸が行なわれた。この時、大規模な修築工事が行なわれ、当時の技術の粋を集めた御殿や庭園が造営された。幕末には、徳川慶喜が大政奉還を公表する場として利用された。

伏見城から移築した5層の天守は落雷によって失われたのち、再建されることはなく、本丸には天守台の石垣が残される。今日に伝えられる二の丸御殿は、貴重な御殿建築の遺構として国宝に指定されている。

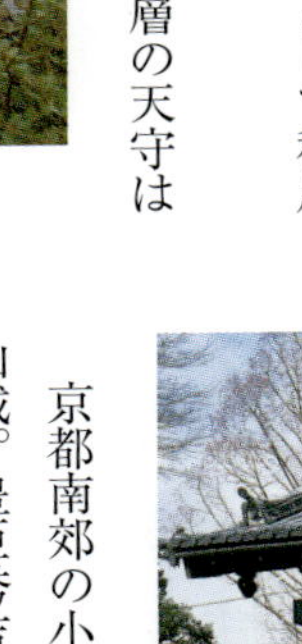

二条城東大手門

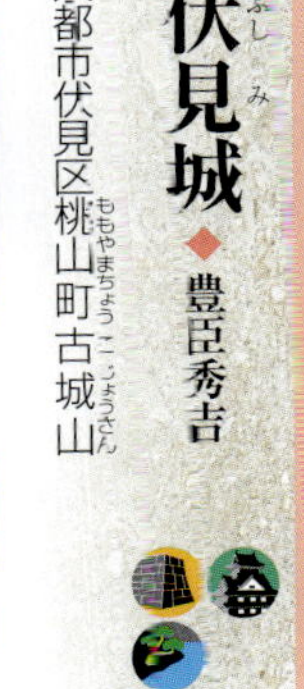

伏見城◆豊臣秀吉

京都市伏見区桃山町古城山

京都南郊の小高い丘に築かれた平山城。豊臣秀吉は、聚楽第を甥の秀次に譲り渡すと、1592年（天正20）、自身の隠居所として築城工事を開始した。

慶長の大地震によって大損害を受けたものの、本丸の位置をずらして再建。城内で秀吉が病没したのち、徳川家康が城の管理にあたった。

関ヶ原の戦いの前哨戦では、西軍の攻撃を受けたことから、城将の鳥居元忠は壮絶な討ち死にを遂げ、伏見城は灰燼に帰した。

その後、家康の命により、いったんは再建されているが、二条城の修築によって存在意義が薄れたこともあり、1623年（元和9）、廃城となった。

本丸一帯は、明治天皇の伏見桃山陵が造営されたことから立ち入りはできないが、城の御花畑山荘跡に模擬天守が建設されている。

伏見城の遺構である御香宮神社の神門

写真／JTBフォト

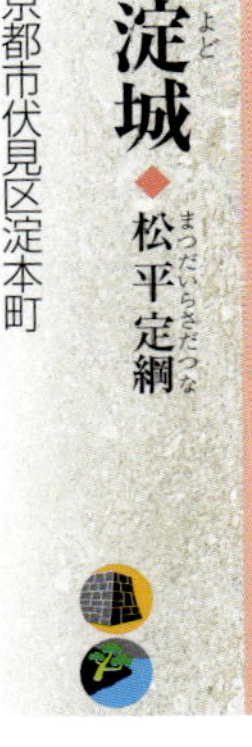

淀城◆松平定綱

京都市伏見区淀本町

豊臣秀吉の側室、茶々の城として知られている。しかしそれは「淀古城」のこと。現在残る城跡は、1623年（元和9）に、徳川秀忠が松平定綱に命じて築いた新城である。

松平氏のあと、永井・石川・戸田・松平・稲葉氏とつづき、幕末の鳥羽伏見の戦いで焼失した。

京阪電鉄淀駅前に、本丸の堀と石垣が残されている。

淀城本丸の石垣　写真／倉下生代

勝龍寺城公園

勝龍寺城 ◆ 細川藤孝

長岡京市勝竜寺

勝龍寺城は、南からの敵に対して、山崎につづく京都防衛の拠点ともいえる場所に位置する。1339年（延元4・暦応2）に細川頼春によって築かれた。応仁の乱（1467～77）の時、畠山義就によって修築された。

戦国末期は、松永久秀や三好三人衆の属城となる。1568年（永禄11）からは細川藤孝が領し、大規模に改修。本能寺の変直後は一時明智光秀に属した。光秀が山崎の合戦（1582年）で敗死したのち、廃城になったようである。

現在は、城址に櫓風の管理棟（資料展示室）や庭園などを備えた勝龍寺城公園となっている。

槇島城 ◆ 槇島氏

宇治市槇島町下村付近

室町時代、宇治に勢力を張った槇島氏の居城とされる。槇島氏は奉公衆として足利将軍家につかえた。

1573年（天正1）、将軍足利義昭が織田信長に反旗を翻して槇島城で挙兵、両者の激戦の地となったことは名高い。そして城に籠った義昭は敗れ、槇島昭光とともに落ちのび、足利幕府は滅んでいる。

槇島城は宇治川の中州に所在した。しかし、現在は川の流れもかわり、城域と推定される場所の一隅に「この付近、槇島城」という石碑が立つ。2004年（平成16）8月、槇島公園内に新しく記念碑も建てられた。

亀山城 ◆ 明智光秀

亀岡市荒塚町内丸

1577年（天正5）前後に、明智光秀が中世の砦跡を拡張して築城した平山城。

光秀以後の城主は、羽柴秀勝・小早川秀秋など。江戸時代に入ってからは岡部長盛が城主となり、天下普請で城郭と城下町を整備した。以後、松平氏・青山氏など数家が入り、明治維新を迎え廃城となった。

現在は宗教法人大本の敷地となっているが、天守台や石垣・内堀などが残る。また長屋門が移築され、市内の小学校の校門として使用されている。

八木城 ◆ 内藤氏

船井郡八木町八木

1431年（永享3）ころ、丹波守護代としてこの地を所領としていた内藤氏が築城したものと思われる。京街道（山陰道）を眼下に望む、標高約340mの城山に所在する。

1579年（天正7）ごろ、明智光秀の攻撃を受けて落城した。

現在も本丸跡に石垣の一部が、尾根伝いには曲輪や土塁・堀切が残る。またここは、キリシタン武将であった内藤ジョアン（貞勝）ゆかりの城としても知られている。

園部城 ◆ 小出吉親

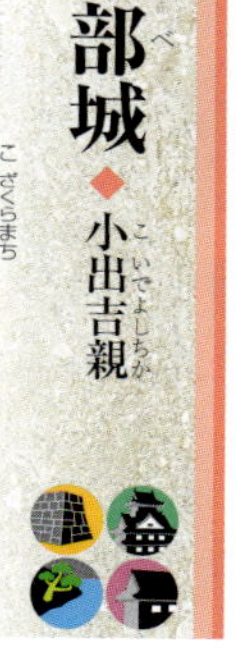

船井郡園部町小桜町

1619年（元和5）、但馬（兵庫県）出石から、小出吉親が園部に移り築造した。園部盆地の小麦山東側台地上にあり、山を取り囲む外堀や、内堀・中堀も設けられ、陣屋とはいえ、城の様相を呈していた。

明治維新期に櫓や櫓門築造など大幅に改修を行ない、現在では園部城として広く知られる。江戸時代を通して、小出氏10代の居城として存続した。

現在は園部高校の敷地で、城門・巽櫓などが現存。隣接する公園に天守風の国際交流会館が建つ。また、太鼓櫓が安楽寺に移築されている。

園部城城門と巽櫓　写真／フォト・オリジナル

周山城 ◆ 明智光忠

北桑田郡京北町周山

1579年（天正7）、丹波攻めの一環として宇都（宇津）氏を討伐した明智光秀が築いた山城。

光秀は、宇都氏の宇津城にも改修を加えるが、新しく周山城も築き、いとこの明智光忠を配した。光忠はこの後、本能寺の変まで在城する。

光秀が新城を周山と名づけたのは、みずからを周の武王になぞらえ、信長を殷の紂王にたとえたという説もあるが後世の創作だろう。

明智氏の滅亡後は廃城となり、使用されることがなかった。そのため、現存する石垣・天守台・桝形虎口は、織豊系城郭初期の形態を示す貴重な遺構である。

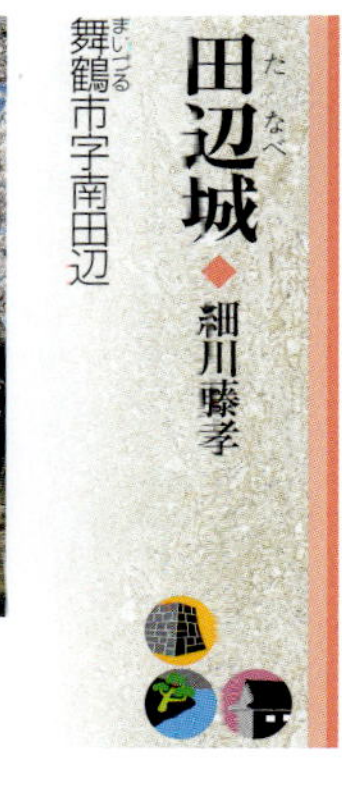

田辺城 ◆ 細川藤孝

舞鶴市字南田辺

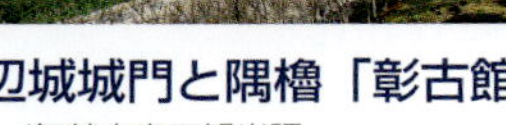

田辺城城門と隅櫓「彰古館」

写真／舞鶴市商工観光課

舞鶴市の中心に位置する平城。別名を舞鶴城という。1580年（天正8）、細川藤孝（幽斎）が築城に着手した。

関ヶ原の戦いでは、息子の忠興が東軍に属して出陣したことから、隠居の藤孝が留守にあたった。数万の西軍が田辺城へ押し寄せたのに対し、籠城兵は500名に過ぎなかったが、藤孝は自身が古今伝授という和歌の秘伝の継承者であることを最大限に利用し、籠城戦を長引かせた。その結果、藤孝は東軍の勝利に陰ながら貢献。また、忠興が関ヶ原での決戦で武功を立てたことから大幅な加増を受け、小倉へ転封された。

その後、田辺城には京極氏を経て譜代大名の牧野氏が3万5000石で入封し、廃藩置県まで存続した。

城跡の一部は舞鶴公園となり、隅櫓や城門が復興されている。

建部山城 ◆ 一色氏

舞鶴市喜多

八田城・田辺城ともよばれた。標高320mの山城である。

1392年（元中9・明徳3）、一色満範が丹後守護として入国、ここを居城として、丹後85城を支配したという。

第10代義道の時代の1579年（天正7）、織田信長の命を受けた細川藤孝・忠興父子が、明智光秀の援軍を得て侵攻してきた。内通者があって城は落ち、城主義道は脱出したが、陣没してしまう。

現在、跡地には土塁・空堀が残る。

建部山城址　写真／舞鶴市教育委員会

城址名	主な城主	所在地	遺構	解説
静原城	三好長慶	京都市左京区	土塁・堀切	明智光秀、陣城を築き攻める。
勝軍山城	足利義晴	京都市左京区	土塁・空堀	将軍足利義晴・義輝が籠城。
中尾城	足利義晴	京都市左京区	土塁・堀切	志賀越押さえる城。
如意岳城	多賀高忠	京都市左京区	土塁・空堀	大文字山に築かれた大規模陣城。
二条古城	織田信長	京都市上京区	石垣・堀	信長が足利義昭のために築く。
御土居＊	豊臣秀吉	京都市上京区ほか	土塁・空堀	秀吉、洛中を土塁の城壁で囲い込む。
嵐山城	香西元長	京都市西京区	桝形・堀切	讃岐香西氏築城。景勝地嵐山にある。
霊山城	足利義輝	京都市東山区	なし	三好長慶の襲撃を受け、陥落。
山科本願寺	蓮如兼寿	京都市山科区	土塁	蓮如、一向宗畿内布教の拠点にする。
山崎城	羽柴秀吉	乙訓郡大山崎町	土塁・空堀	秀吉、山崎合戦勝利を誇示し改築。
笠置城＊	後醍醐天皇	相楽郡笠置町	土塁・堀切	後醍醐天皇挙兵。戦国期に利用。
鹿背山城	松永久秀	相楽郡木津町	土塁・堀切	南山城最大の山城。松永氏支城。
猪倉城	井内筑前守	亀岡市宮前町	土塁・空堀	明智光秀改修か。
神尾山城	柳本賢治	亀岡市宮前町	土塁・堀切	明智光秀丹波攻めの基地。
滝ヶ嶺城	森美作守	亀岡市本梅町	石垣・櫓台	森美作守、光秀に協力し八木城攻める。
法貴山城	酒井三河守	亀岡市曽我部町	土塁・空堀	酒井氏、笑路城長沢氏を光秀に従わす。
笑路城	長沢氏	亀岡市西別院町	石垣・桝形	光秀の改修か。
井尻城	谷垣兵部	船井郡瑞穂町	土塁・堀切	八田谷口の交通の要衝。
須知城	須知景光	船井郡丹波町	石垣・土塁	石垣は光秀改修か。
大戸城	塩貝将監	船井郡日吉町	堀切・竪堀	光秀に攻められ落城。
黒田城	森宗政	船井郡園部町	土塁・堀切	観音峠・笹川街道押さえる。
宍人城	小畠左馬助	船井郡園部町	土塁・空堀	左馬助、信長から感状貰う。
宇津城	宇都頼高	北桑田郡京北町	曲輪・石垣	光秀改修し、周山城に移る。
生貫山城	高田豊後守	綾部市八津合町	曲輪・櫓台	畝状竪堀を破却し埋める。
位田城	位田晴長	綾部市位田町	畝状竪堀	高城・低城上下2城からなる。
直見城	直見武綱	天田郡夜久野町	土塁・空堀	応仁の乱で東軍側につく。
荒河置山城	不明	福知山市荒河	土塁・堀切	山腹めぐる土塁ラインが見どころ。
猪崎城	塩見利勝	福知山市猪崎	櫓台・空堀	光秀が攻め、落城。
中村城	塩見義近	福知山市中	土塁・堀切	光秀攻め落とす。
中山城	沼田幸兵衛	舞鶴市中山	土塁・堀切	細川幽斎が落とし、沼田氏を配置。
弓木城	稲富伊賀守	与謝郡岩滝町	土塁・堀切	伊賀守は鉄砲の名人。
山田城	下山氏	与謝郡野田川町	曲輪・堀切	広い曲輪どりの山城。
宮津城	細川忠興	宮津市鶴賀	なし	細川藤孝の築城。京極高広が再建。
府中城	延永修理進	宮津市成相寺	石垣・堀切	丹後守護代延永氏代々の城。
木津城	赤尾但馬守	京丹後市網野町	曲輪・堀切	赤尾氏は将軍足利義晴直臣。

＊国指定

大阪府

大坂城

大阪府の中央部、上町台地の北端に築かれた平城。国の特別史跡。

石山本願寺が織田信長に敗れて退去した場所に、1583年(天正11)から羽柴(豊臣)秀吉が絢爛豪華な城を築いた。1615年(慶長20)、豊臣秀頼の時に大坂夏の陣で落城。堀や石垣は地下に埋められた。

のち、徳川秀忠がその上に城を再築。政権交替を示す壮大な城を完成させたが、戊辰戦争の時に建物の大半を焼失した。現在の城は、徳川時代の堀や石垣をもとに、豊臣時代の天守を模して復興されたものである。

大坂城遠望

現在の天守は1931年(昭和6)、豊臣時代の天守を復興したもので、5層8階。平成に大修復された。写真/登野城弘

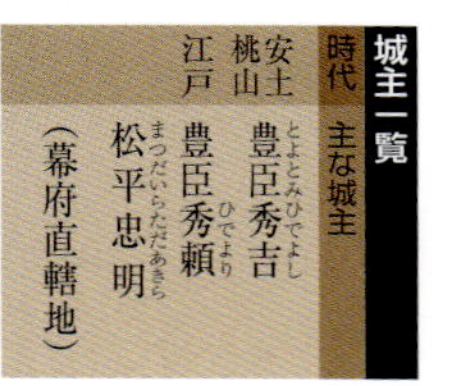

時代	主な城主
安土桃山	豊臣秀吉
	豊臣秀頼
江戸	松平忠明
	(幕府直轄地)

豊臣秀吉木像

大阪城天守閣蔵

本丸石垣

本丸の地下より発掘された豊臣時代の石垣。巨石はなく、大小の石を野面積みにしている。写真/登野城弘

豊臣家家紋「太閤桐」

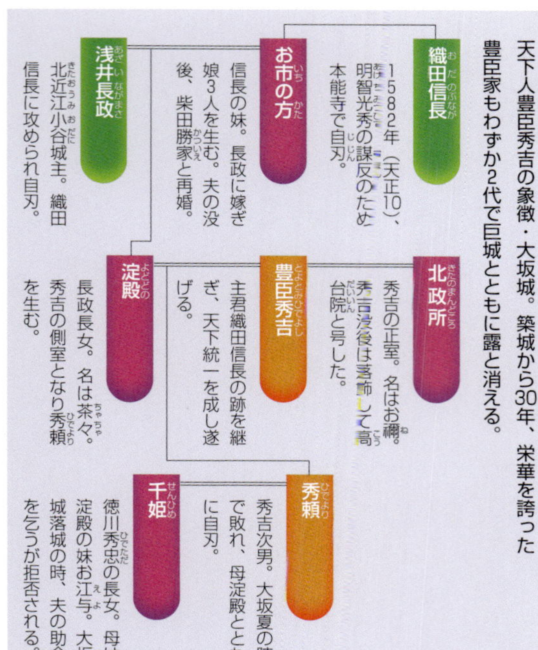

天下人豊臣秀吉の象徴・大坂城。築城から30年、栄華を誇った豊臣家もわずか2代で巨城とともに露と消える。
織田信長
1582年(天正10)、明智光秀の謀反のため本能寺で自刃。
お市の方
信長の妹。長政に嫁ぎ娘3人を生む。夫の没後、柴田勝家と再婚。
浅井長政
北近江小谷城主。織田信長に攻められ自刃。
北政所
秀吉の正室。名はお禰。秀吉没後は落飾して高台院と号した。
豊臣秀吉
主君織田信長の跡を継ぎ、天下統一を成し遂げる。
淀殿
長政長女。名は茶々。秀吉の側室となり秀頼を生む。
秀頼
秀吉次男。大坂夏の陣で敗れ、母淀殿とともに自刃。
千姫
徳川秀忠の長女。母は淀殿の妹お江与。大坂城落城の時、夫の助命を乞うが拒否される。

千貫櫓(左)と多聞櫓 千貫櫓は大手門を守る2層隅櫓。1620年(元和6)の造営。多聞櫓は1848年(嘉永1)の再建。ともに重文。写真/倉下生代

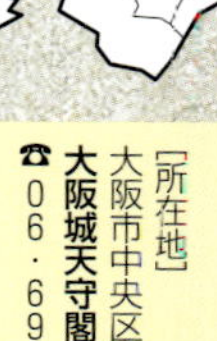

[所在地]
大阪市中央区大阪城
大阪城天守閣
☎06・6941・3044

池田城 ◆ 池田氏

池田市城山町

室町初期に池田教依が築いたと伝える。１５０８年（永正５）、池田貞正の時、焼失・落城する。嫡子久宗が奪回し、のち織田信長に属した。その後荒木村重が入るが、伊丹城に移り、廃城とされた。

現在は城跡公園として、城門や櫓風展望台が設けられている。

池田城櫓風展望台　写真／倉下生代

茨木城 ◆ 片桐且元

茨木市上泉町・片桐町・本町・元町

築城者に諸説がある。建武年間（１３３４～３８）に、楠木正成が築城したという説。応仁の乱で、野田泰忠が布陣した説。室町幕府御番衆の茨木氏説などである。安土桃山時代には、中川清秀が在城、その後は豊臣秀吉の直轄地になった。

１６０１年（慶長６）に城主となったのが、賤ヶ岳の合戦「七本槍」の１人であり、のちに豊臣家重臣となった片桐且元である。まもなく元和一国一城令が出て、茨木城は破却された。

現在は、城跡の茨木小学校に大手門の櫓門が復元され、茨木神社東門は搦手門を移建したものといわれている。

復元された茨木城大手門　写真／登野城弘

芥川城 ◆ 能勢頼則

高槻市殿町／原（三好山）

はじめ芥川氏が平地に居館を構えたが、応仁の乱で敗れ落城。その後能勢頼則が近くの山に新たに山城を築いた。和田惟政・高山右近が城主となるが、天正年間（１５７３～９２）に高槻城に移り、廃城になる。

居館跡地には石碑が立ち、周辺に低い土塁がわずかに認められる。山城は標高１９０ｍにあり、石垣や土塁が残る。

上空からみる芥川城址
写真／高槻市埋蔵文化財センター

高槻城 ◆ 高山右近

高槻市城内町　＊

平安時代に近藤忠範が館を構えたのが始まりという。戦国末期には、和田惟政が城主であったが、その子惟長のとき、家臣の高山氏に城を追われた。城主となった高山右近はキリシタン大名で、城内に教会を建て、宣教師を招くなどして、キリシタンの町としてにぎわった。

江戸時代に入ると城主も次々に替わったが、永井氏入城後は明治までつづく。

現在、城址公園には「城跡碑」が立ち、石垣が一部復元されている。また、三の丸跡には高槻市立しろあと歴史館があり、市の文化財が公開されている。遺構としては、本行寺に移築された城門が残る。

高槻城址　写真／外川 淳

津田城 ◆ 津田氏

枚方市津田

津田の地は、山城・大和・河内３国の国境に位置し、河内から山城へ抜ける交通の要衝であった。城は延徳年間（１４８９～９２）に、津田正信が築城したと伝えられる。標高２８６ｍの国見山山頂にある。１５７５年（天正３）、織田信長によって攻略された。城跡の山頂部には、土塁や削平地などの遺構が残る。

守口城 ◆杉九郎

守口市

応永の乱に、大内義弘家臣杉九郎が居城したと伝わる。この地は、応仁の乱や石山本願寺合戦のさいに、戦場となっている。守口は、1477年（文明9）に蓮如の開基と伝えられる守口坊舎（現難宗寺）を中心として営まれた寺内町である。そのため、石山本願寺の兵糧供給地にもなっていた。

今では城の正確な位置も不明で、竜田通説、土居町説など諸説ある。

飯盛山城 ◆三好長慶

四条畷市南野

河内・大和国境に聳える飯盛山に築かれた山城。

南北朝時代も四条畷合戦のさいに陣所として利用されたようだが、本格的な築城は戦国時代に入ってから、河内守護畠山氏家臣で守護代の木沢長政によってなされた。

1531年（享禄4）、長政は主君の畠山義宣を裏切り、敵対関係の細川晴元につき、飯盛山城に籠城している。

1560年（永禄3）には、畠山高政の家臣で河内守護代の安見直政を城から追って、三好長慶が入城した。以後、長慶の居城となり、芥川城・高屋城とともに、一時畿内政権を専断した三好氏の政権中枢に置かれたが、長慶の死後まもなく廃城。

峻険な山頂には、累々と曲輪が築かれ、所々に石垣が残る。

飯盛山城石垣　写真／外川 淳

若江城 ◆三好義継

東大阪市若江本町・南町・北町

1392年（元中9・明徳3）ごろ、河内守護畠山基国が築城した。

城主が三好義継であった1573年（天正1）、織田信長に攻められて落城した。信長はこの城を若江三人衆とよばれた池田教正らに与え、石山本願寺攻めの織田軍拠点とする。本願寺が石山から退去すると城の利用価値はなくなり、破却されて池田教正は八尾城に移る。

北町の若江公民分館と、南町の若江小学校の東隣に城跡碑が立つ。

八尾城 ◆池田教正

八尾市南本町7丁目・安中町

南北朝時代、八尾別当顕幸が築城して居城したと伝わる。織田信長の石山本願寺攻めが終息すると、若江城からキリシタン武将池田教正が移ってきた。1584年（天正12）、教正の美濃移封で廃城となった。

城跡は、現在の八尾神社周辺であろうと思われる。境内に「八尾城跡」碑が立っている。

丹南陣屋 ◆高木正次

松原市丹南町3丁目

1615年（元和1）から丹南は、徳川氏代官支配地となっていた。8年後、高木正次が大坂城定番となり、丹南1万石を与えられる。

その陣屋は来迎寺の東側に所在したが、現在遺構は何もない。陣屋碑は、来迎寺門前に立っている。

また来迎寺の奥座敷は、陣屋御殿の一部であったものを、明治の廃藩後に移築したものと伝わる。

千早城 ◆楠木正成

南河内郡千早赤阪村千早 ＊

名峰金剛山の西懐に抱かれた千早城は、楠木正成の智謀を尽くした籠城により広く知られた山城である。

千早城址　写真／外川 淳

上赤坂城を自焼して山中に潜伏した正成は1333年（元弘3・正慶2）、千早城を築き、再び鎌倉幕府に反旗を翻した。幕府は大軍を派遣し、城を厳重に包囲する。正成は攻め寄せる幕府軍に大石・大木を落下させ、ひるむ隙に矢の雨を降らせて甚大な損害を与え、また、谷に梯子を渡して攻めかかる敵に対しては、火攻めを用いてこれを粉砕した。

正成は吉野・十津川の郷士と連携を保ち、金剛山中の城塞群を駆使してゲリラ戦を展開した。籠城100余日にして鎌倉幕府は滅亡する。

1392年（元中9・明徳3）に畠山基国の急襲を受け、落城した。

城跡には正成を祀る千早神社が建つ。現在の城跡は戦国期のもの。

岸和田城 ◆小出秀政

岸和田市岸城町 ＊

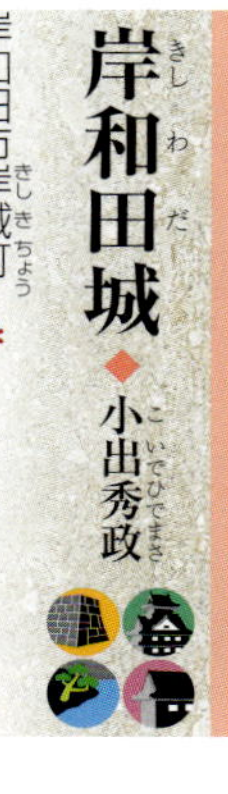

岸和田市街の中央に位置する平

城。千亀利城ともよばれ、南北朝時代、楠木党の和田氏によって築かれたと伝えられる。

羽柴秀吉は、大坂城に本拠を構えると、不穏な動きを見せる雑賀衆への押さえとして、子飼いの家臣である中村一氏を城主とした。一氏が水口城へと移されると、1585年（天正13）、秀吉の縁戚にあたる小出秀政が城主となり、石垣や堀をはじめ、今日に伝えられる遺構が築かれた。

小出氏3代ののち、松平氏を経て岡部氏が城主となり、明治維新を迎えた。なお、岡部氏は、徳川家中にあっては珍しい今川家の旧臣として知られる。

かつては5層の天守が聳えていたが、落雷によって失われ、今日では3層の模擬天守と隅櫓が建つ。

岸和田城隅櫓と天守

城址名	主な城主	所在地	遺構	解説
上杉城	小塩氏	豊能郡能勢町	土塁・空堀	本丸から鉄刀が出土。
地黄陣屋	能勢頼次	豊能郡能勢町	石垣・桝形	頼次は善政実施。明治まで存続。
野間城・居館	野間高頼	豊能郡能勢町	土塁・堀切	野間氏は多田源氏の末裔。
森上城	能勢氏	豊能郡能勢町	土塁・堀切	尾根続きに出城の今西城あり。
山辺城	大町宗清	豊能郡能勢町	土塁・石垣	織田氏が攻陥。廃跡残る。
余野本城	能勢氏	豊能郡能勢町	土塁・空堀	曲輪中央に天守台あり。
塩山城	塩山貫信	箕面市下止々呂美	曲輪・堀切	塩山氏は多田源氏末流。
枚方城	本多政康	枚方市枚方上之町	なし	本多氏は百済氏の後裔。
交野城	安見直政	交野市私部	曲輪・空堀	河内守護代安見氏の城。
田原城	田原氏	四条畷市上田原	土塁・堀切	飯盛山城の支城。
野崎城	畠山氏	大東市野崎	曲輪	飯盛山城の支城。野崎観音の裏山。
久宝寺寺内町	蓮如	八尾市久宝寺	土塁・環濠	一向宗顕証寺の寺内町。
恩智城	恩智満一	八尾市恩智中町	曲輪・土塁	恩智氏は楠木正成・正行に従う。
高安山城	松永久秀	八尾市服部川	土塁・空堀	松永氏信貴山城の支城。
野田城	織田信長	大阪市福島区	なし	石山本願寺攻めの織田氏陣城。
真田丸出城	真田幸村	大阪市天王寺区	なし	大坂冬の陣で徳川軍を撃破。
大塚城	徳川家康	大阪市天王寺区	曲輪	大坂冬の陣家康本陣、夏の陣幸村陣所。
岡山砦	徳川秀忠	大阪市生野区	曲輪	大坂冬・夏の陣で秀忠本陣。古墳利用。
我堂環濠	西川氏	松原市天美我堂	環濠・石垣	村の周囲を水堀めぐる。
小山城	安見氏	藤井寺市津堂	曲輪・水堀	前方後円墳を利用した城。
白木陣屋	石川総長	南河内郡河南町	石垣・表門	伊勢神戸藩2万石の河内役所。
平石城＊	平石氏	南河内郡河南町	曲輪・堀切	後醍醐天皇を迎える計画あり。
上赤坂城＊	楠木正成	南河内郡千早赤阪村	曲輪・堀切	正成、幕府の大軍を引き寄せ戦う。
金胎寺城	楠木正成	富田林市嬉	曲輪・堀切	楠木氏河内17城の1つ。
狭山陣屋	北条氏信	大阪狭山市狭山	池	小田原北条氏、明治まで命脈つなぐ。
堺城	大内義弘	堺市宿院町	水堀	自由都市堺の環濠集落。
烏帽子形城	楠木正成	河内長野市喜多町	曲輪・空堀	戦国時代に全面改修。
国見城	楠木正成	河内長野市滝畑	曲輪・堀切	楠木氏の和泉方面に対する支城。
大沢城	大沢氏	岸和田市大沢町	曲輪・天守跡	大沢氏は室町幕府奉公衆か。
土居城	平松宗時	岸和田市山直中町	土塁・水堀	宗時、秀吉の根来攻めに従軍。
貝塚寺内町	卜半斎了珍	貝塚市中	土塁・環濠	和泉地域の一向宗の拠点。
根福寺城	松浦肥前守	貝塚市秬谷	畝状竪堀	根来寺勢力が領有。
土丸城	日根野氏	泉佐野市土丸	曲輪・堀切	南北朝期に築城。
井山城	日根野氏	阪南市箱作	曲輪・堀切	南北朝期に築城、戦国期改修。
淡輪城	淡輪氏	泉南郡岬町	土塁	淡輪氏、豊臣秀次に従う。

＊国史跡　＊府史跡

姫路城

県南西部、瀬戸内海に臨む姫山に築かれた平山城。国の特別史跡。ユネスコ世界文化遺産。

1580年（天正8）、織田信長に中国平定を命じられた羽柴秀吉が、播磨守護赤松氏の支城であった姫山城を3層の天守をもつ城に修築し、名も姫路城と改めた。

関ヶ原合戦後は、「姫路宰相100万石」と称された徳川家康の娘婿池田輝政が入封。大坂城の豊臣秀頼を牽制するため、5層の天守を擁する実戦的な城に改修した。今日残る姫路城は、この時に完成された。（8～11ページ参照）

月夜の姫路城　大天守は外観5層で、1609年（慶長14）建造。国宝。写真／北村泰生

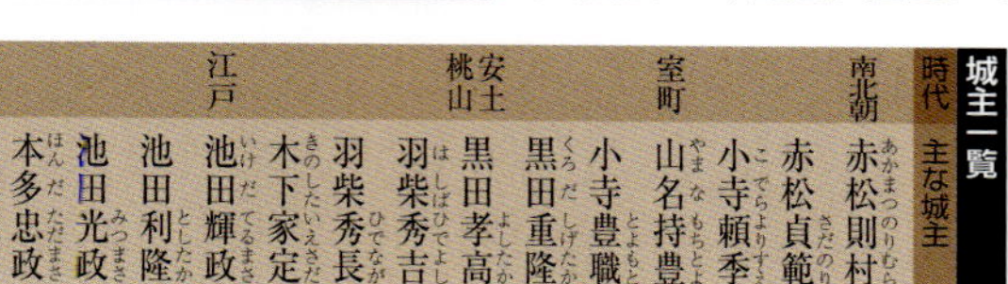

城主一覧

時代	主な城主
南北朝	赤松則村
	赤松貞範
	小寺頼季
室町	山名持豊
	小寺豊職
	黒田重隆
安土桃山	黒田孝高
	羽柴秀吉
	羽柴秀長
	木下家定
江戸	池田輝政
	池田利隆
	池田光政
	本多忠政
	松平忠明
	榊原忠次
	松平直矩
	本多忠国
	榊原政邦
	榊原政永
	松平明矩
	酒井忠恭
	酒井忠実
	酒井忠績
	酒井忠惇
明治	酒井忠邦

池田家家紋「備前蝶」

池田輝政画像　鳥取県立博物館蔵

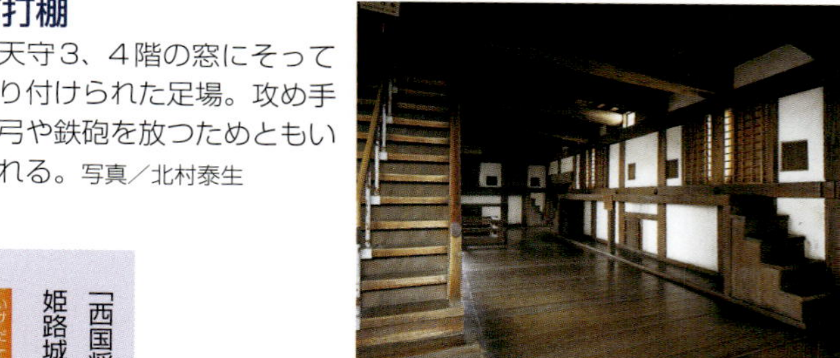

石打棚
大天守3、4階の窓にそって取り付けられた足場。攻め手に弓や鉄砲を放つためともいわれる。写真／北村泰生

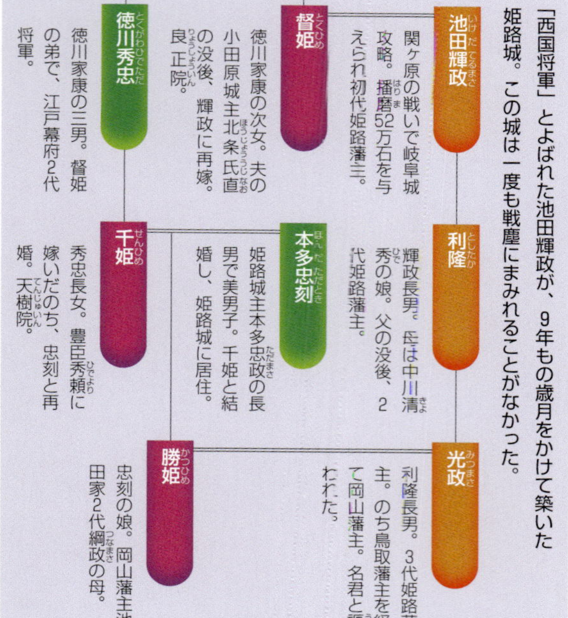

「西国将軍」とよばれた池田輝政が、9年もの歳月をかけて築いた姫路城。この城は一度も戦塵にまみれることがなかった。
池田輝政
関ヶ原の戦いで岐阜城攻略。播磨52万石を与えられ初代姫路藩主。
利隆
輝政長男。母は中川清秀の娘。父の没後、2代姫路藩主。
光政
利隆長男。3代姫路藩主。のち鳥取藩主を経て岡山藩主。名君と謳われた。
督姫
徳川家康の次女。夫の小田原城主北条氏直の没後、輝政に再嫁。良正院。
本多忠刻
姫路城主本多忠政の長男で美男子。千姫と結婚し、姫路城に居住。
勝姫
忠刻の娘。岡山藩主池田家2代綱政の母。
徳川秀忠
徳川家康の三男。督姫の弟で、江戸幕府2代将軍。
千姫
秀忠長女。豊臣秀頼に嫁いだのち、忠刻と再婚。天樹院。

乾小天守から内庭方向を望む　乾小天守（非公開）は、「ほ」の門の眼前に建つ。写真／北村泰生

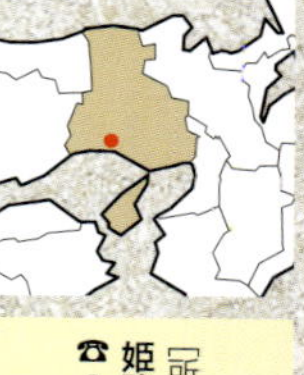

［所在地］姫路市本町
姫路城
☎0792・85・1146

置塩城 ◆ 赤松政則

飾磨郡夢前町宮置

標高３６０ｍの置塩山に築かれた典型的な山城である。１４６９年（文明1）に赤松政則が築いて、姫路城から移り居城とした。以後、赤松氏の本城となる。羽柴秀吉による播磨攻めで降伏、１５８１年（天正９）に廃城とされた。

現在も山上には、土塁・堀切、三の丸・二の丸・本丸の曲輪跡が見られる。大手門は姫路城に「と」の門として移築されている。

龍野城 ◆ 脇坂安政

龍野市龍野町上霞城

１４９９年（明応８）に、鶏籠山に城を築いたのは赤松政則と伝わる。

一時、姫路池田氏の支城となったが、江戸時代の城主は、本多・小笠原・岡部・京極氏と交替した。１６７２年（寛文12）に脇坂氏となってからは10代つづいて、明治維新を迎えている。

南麓にある現在の城地は、脇坂氏が移封してきた時に造られたものである。

１９７９年（昭和54）に、多聞櫓・埋門・本丸御殿などが復興された。

龍野城多聞櫓　写真／外川 淳

赤穂城 ◆ 浅野長直

赤穂市上仮屋 ＊

古くは仮屋城とよばれていた。戦国時代に宇喜多秀家が起工した城である。のち、姫路城池田輝政の持城となり、その子輝興が城主となった。しかし輝興が病んで改易、１６４５年（正保２）に浅野長直が移封されてきた。

浅野長直は、10数年をついやして旧城を改造、１６６１年（寛文１）に完成させる。

浅野氏は、長矩の代に断絶。以後、城主は永井氏が1代、森氏が12代つづいて明治維新となった。

１９９６年（平成８）、本丸内部を修復整備、本丸櫓門も復元されている。

赤穂城大手口　写真／外川 淳

白旗城 ◆ 赤松則村

赤穂郡上郡町 ＊

白旗山の標高は約４４０ｍ。源氏の白旗が空から降ったという伝説がある。鎌倉末期、この山頂に城を築いたのは、赤松則村である。西側には千種川、南には鞍居川が流れ、山城としては絶好の地に構えられた。

１３３６年（延元１・建武３）、足利尊氏の九州敗走の時、新田義貞は6万の大軍で白旗城を攻めたが、どうしても落ちなかったという。

現在は、本丸跡に石碑が立ち、曲輪跡・堀切・石垣が残る。

上月城 ◆ 尼子勝久

佐用郡上月町上月・寄延

１３３６年（延元１・建武３）、上月景盛によって築城されたという山城。3代景則の時に滅亡、赤松氏が修復する。１５７７年（天正５）に羽柴秀吉に攻められて落城。

その秀吉に城を与えられた尼子勝久・山中鹿之介主従も翌年、毛利の大軍に囲まれて敗れ、勝久は自刃、鹿之介は斬殺されている。

羽柴秀吉による播磨統一後は、蜂須賀・福島・木下・小出氏が城主となるが、まもなく廃城となった。

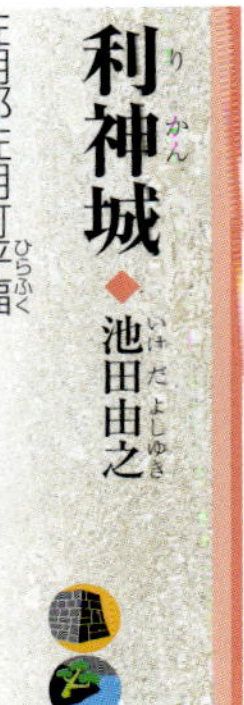

利神城 ◆ 池田由之

佐用郡佐用町平福

標高３７３ｍの利神山上にある。雲突城ともいう。城としては古く、１３４９年（正平４・貞和５）、別所敦範が築いた。１５７８年（天正６）、上月城の山中鹿之介らに攻撃され落城する。

１６００年（慶長５）の関ヶ原合戦後に姫路城主となった池田輝政は、利神城には甥の由之を封じた。すると由之は、3層の天守を築き、近世城郭に改造する。それがあまりに堅固な構えだったので、謀反の心ありと誤解された。由之は退城させられ、天守も破壊される。

１６３１年（寛永８）、池田氏の転封後には旗本松平氏が入る。山城は廃城とし、麓に平福陣屋を置いた。山城跡には、現在も石垣が残されている。

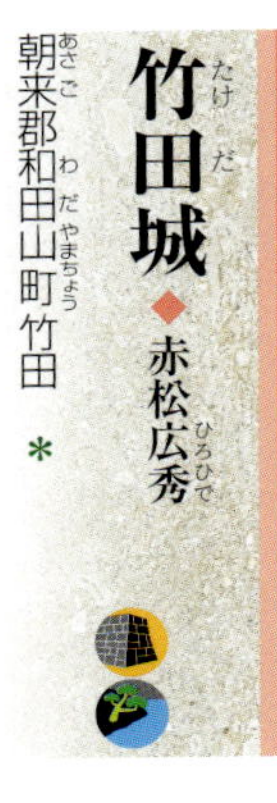

竹田城 ◆ 赤松広秀

朝来郡和田山町竹田 ＊

但馬守護山名氏の家臣、太田垣氏

竹田城本丸より二の丸の石垣を望む

が室町時代に築いた城に始まるといわれる。その後、太田垣氏は毛利方に属した。

1577年（天正5）の羽柴秀吉軍の侵攻で一時落城。しかし、太田垣氏が取り戻した。そして、1585年（天正13）に赤松広秀が入封。1600年（慶長5）の関ヶ原合戦が起こると広秀は西軍に属し、敗れたために廃城となった。

現在残る石垣は、文禄年間（1592～96）から慶長年間（1596～1615）初期、広秀が修築したもの。

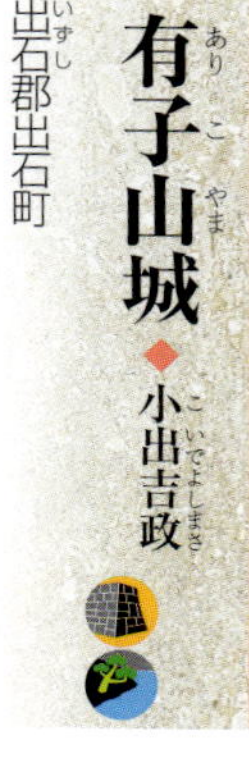

有子山城 ◆小出吉政

出石郡出石町

但馬守護の山名祐豊が1574年（天正2）に標高約322mの有子山に築いた山城。祐豊のそれまでの居城は、有子山の北に位置する此隅山城であったが、1569年（永禄12）、羽柴秀吉の猛攻を受け落城したため、此隅山より高い有子山を築城地に選び移った。しかし1580年（天正8）、再び秀吉軍の攻撃を受け、有子山城も落城した。

まもなく前野長康が城主となるが、秀次事件に連座して滅ぼされ、1595年（文禄4）、播磨龍野から小出吉政が6万石を領有して入城。現在見られる山頂の本丸・西の丸の石垣は小出氏の改修と思われる。吉政の子吉英の代になると、山麓に出石城を築き移転した。

有子山城山頂の石垣  写真／出石町

出石城 ◆小出吉英

出石郡出石町

有子山の山裾に位置する平山城。1604年（慶長9）、小出吉英は、有子山城があまりにも険峻な山城だったことから、その山裾に出石城を築いた。

小出氏は、豊臣秀吉とは縁戚関係にあったことから大名に取り立てられた。関ヶ原合戦では西軍に属して田辺城攻めに加わりながらも、幸運にも大名の座を守ることができた。

小出氏が無嗣によって断絶処分を受けたのち、松平（藤井）氏を経て仙石氏が入封。仙石騒動によって減封処分を受けたが、廃藩置県まで存続した。

出石城西の隅櫓

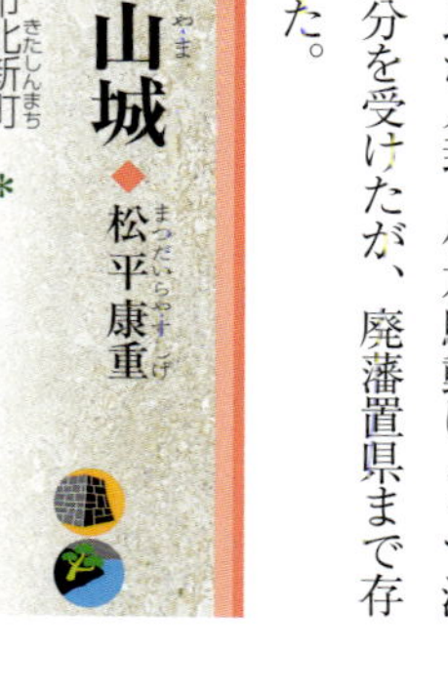

篠山城 ◆松平康重

篠山市北新町 ＊

篠山盆地の中心に位置する平山城。1609年（慶長14）、西国の諸大名が動員された「天下普請の城」として築かれた。

徳川家康は、豊臣家との戦いを前にして、西国大名が豊臣氏と連携することを恐れ、山陰方面からの援軍を遮断するため、篠山築城を命じた。縄張には、「築城の名手」として知られる藤堂高虎があたり、高度な石垣造営技術を誇る穴太衆が動員されるなど、当時における最高レベルの築城技術が利用された。

松平（松井）康重が初代城主として配されたのをはじめ、譜代・親藩大名が歴代城主に名をつらね、青山氏6万石の時代に、明治維新を迎えている。

高石垣や水堀が今日に伝えられるとともに、近年、大書院が再建され、ありし日の姿が偲ばれる。

篠山城の石垣

三木城 ◆別所長治

三木市上の丸町

別名釜山城という。1492年（明

応1）に別所則治が釜山城を大修築したのが、三木城の始まりである。以後別所氏の居城となる。

三木城の名は、羽柴秀吉による「三木の干殺し」として、戦国合戦史上有名になった。秀吉軍は城の包囲を足かけ3年つづけ、城方の糧道を遮断する。そこで城主別所長治は、やむなく城兵の助命を条件にして自刃、開城した。1580年（天正8）のことである。

その後、中川秀政らが入城したが、元和の一国一城令で廃城となる。

現在も丘上の本丸跡には、長治の辞世の歌碑が立ち、空井戸が残る。

明石城 ◆ 小笠原忠真

明石市明石公園 ＊

明石海峡近くまで迫った丘陵に築かれた平山城である。

大坂夏の陣で戦功をたて、1617年（元和3）に明石10万石を賜わった小笠原忠真は、はじめ船上城に入った。しかし交通の要所に新規築城を計画する。資材は、一国一城令で廃城になった周辺の三木・高砂・船上・枝吉城などから運ばせた。1619年（元和5）に完成。

以後城主は、戸田・大久保・松平・本多・松平氏と替わって、明治維新を迎える。

石垣や堀、櫓2基（重文）が現存。巽櫓は、船上城の遺構である。坤櫓は伏見城の遺構と伝わる。

洲本城 ◆ 脇坂安治

洲本市小路谷・山手1丁目 ＊

洲本市内の三熊山の山上とその麓に築かれた平山城である。16世紀前半、安宅氏によって築かれ、戦国時代には、淡路水軍の本拠として使用された。

羽柴秀吉は、織田信長より淡路平定を命じられると、洲本城を攻略して子飼いの仙石秀久を淡路に配した。1585年（天正13）には、脇坂安治が城主となり、今日に伝えられる壮大な石垣を造営するなど、堅固な城塞へと変貌させた。

江戸時代には、徳島城主の蜂須賀氏の所領に加えられ、重臣の稲田氏が城代として配された。1631年（寛永8）、麓に居館（下の城）が築かれた。山上に復興天守が建つ。

洲本城天守

城址名	主な城主	所在地	遺構	解説
瀬戸台場	豊岡藩	豊岡市瀬戸	土壇・積石	豊岡藩の幕末海防台場。
宮井城	篠部伊賀守	豊岡市宮井	曲輪・堀切	秀吉に攻められ落城。
楽々前城	垣屋氏	城崎郡日高町	土塁・堀切	垣屋氏代々の居城。
鶴ヶ峰城	垣屋氏	城崎郡日高町	曲輪	永正年間、垣屋氏、楽々前城より移る。
宵田城	垣屋氏	城崎郡日高町	曲輪・土塁	宵田表戦で垣屋氏が秀吉に勝つ。
志馬比城	篠部有徳	城崎郡香住町	畝状竪堀	秀吉来攻に備え畝状竪堀構築か。
中山城	八木氏	美方郡村岡町	曲輪・堀切	八木城の支城。
温泉城	奈良氏	美方郡温泉町	畝状竪堀	小代一揆の拠点か。
朝倉城	朝倉信高	養父市八鹿町	曲輪・石垣	越前朝倉氏本貫の地。
宿南城	宿南氏	養父市八鹿町	曲輪	秀吉に攻められ滅亡。
八木城 ＊	八木豊信	養父市八鹿町	石垣・堀切	落城後、秀吉が石垣構築か。
亀ヶ城	太田昌明	出石郡但東町	土塁・堀切	太田氏が鎌倉時代から居城。
此隅山城	山名祐豊	出石郡出石町	土塁・堀切	秀吉に攻められ有子山城に移転。
諏訪城	不明	朝来郡山東町	畝状竪堀・横堀	戦国末期に改修か。
朝日城	荻野氏	丹波市春日町	畝状竪堀	明智光秀、陣城として利用か。
黒井城 ＊	赤井直正	丹波市春日町	石垣・堀切	赤井氏、丹波の覇権を握る。
岩尾城 ＊	佐野栄有	丹波市山南町	石垣・天守台	瓦出土。織豊系初期の遺構。
八上城	波多野氏	篠山市八上町	石垣・堀切	波多野氏代々の居城。光秀が落とす。
大上西ノ山城	明智光秀	篠山市大上	横堀・竪堀	八上城攻めのさいの光秀の陣城か。
金山城	明智光秀	篠山市追入	石垣・虎口	光秀が八上城落城後に築城。
伊丹城	荒木村重	伊丹市伊丹	土塁	村重、信長に反逆して籠城。
尼崎城	戸田氏鉄	尼崎市北城内ほか	なし	4層の天守があった。
西宮砲台 ＊	江戸幕府	西宮市西波止町	石造トーチカ	勝海舟が異国船に対する防備で構築。
鷹尾城	瓦林政頼	芦屋市城山	土塁・堀切	瓦林氏、松永弾正に従う。
内神城	有馬四郎	三田市中内神	土塁・空堀	巧緻な縄張の城。
淡河城	淡河弾正	神戸市北区	土塁・空堀	三木城支城。弾正、秀吉相手に善戦。
滝山城	松永久秀	神戸市中央区	土塁・堀切	久秀、三好長慶を招き連歌会開催。
三木城攻め陣城群	羽柴秀吉	三木市	土塁・空堀	8か所確認。三木城包囲の陣城。
小谷城	宇野氏	加西市北条町	畝状竪堀	三木別所氏境目の城。
中導子山城	赤松氏則	加古川市志方町	土塁・堀切	秀吉攻める。
下土井城	不明	相生市若狭野町	堀切・竪堀	岡氏築城、太田林山城か。
恒屋城	恒屋氏	神崎郡香寺町	畝状竪堀	恒屋氏は、のちに黒田氏家臣になる。
篠の丸城	宇野光景	宍粟郡山崎町	畝状竪堀	秀吉落とし、黒田官兵衛城主となる。
仁位山城	毛利氏	佐用郡上月町	畝状竪堀	上月城攻めの毛利氏本陣か。
炬口城	安宅氏	洲本市炬口	土塁・堀切	淡路に君臨した安宅氏の支城。

＊国史跡　＊県史跡

奈良県

大和郡山城

県北部、郡山丘陵の突端に築かれた平城。正式名称は郡山城。県史跡。

1580年（天正8）、畿内を制した織田信長に大和一国を与えられた筒井順慶が本格的に築城した。のち、100万石で入封した羽柴秀吉の弟秀長が大幅な拡張に着手。城は秀長の死後、増田長盛が城主の時に完成している。

しかし長盛は、関ヶ原の合戦で西軍石田三成に従い、改易。一時廃城となって荒廃したが、大坂の陣後、6万石で入封した水野勝成によって、縮小した規模で復興された。

さかさ地蔵　逆さに組み込まれた地蔵が、天守台の北面の石垣に見える。羽柴秀長は城の増築にあたり、多くの地蔵・墓石などを徴発した。写真／牧野貞之

追手向櫓　1987年（昭和62）に復元された2層櫓。その右に追手門の屋根が見える。写真／ＪＴＢフォト

筒井順慶画像　傳香寺蔵
写真／大和郡山市教育委員会

城主一覧

時代	主な城主
安土桃山	筒井順慶
	筒井定次
	羽柴秀長
	豊臣秀保
	増田長盛
江戸	水野勝成
	松平忠明
	本多政勝
	本多政長
	松平信之
	本多忠平
	本多忠常
	本多忠直
	本多忠村
	本多忠烈
	柳沢吉里
	柳沢信鴻
	柳沢保光
	柳沢保泰
	柳沢保興
明治	柳沢保申

筒井順慶の家紋「剣梅鉢」

筒井順昭
大和の国衆順興の長男。貝吹山城を本拠とする越智氏を破って、大和の支配権を確立。
順慶
順昭の子。松永久秀と攻防を繰り返す。久秀を逐った織田信長に従い、大和一国を領する。
定慶
順慶の養子。郡山城在番。大坂夏の陣で豊臣方に城を奪われ自害。
織田信長
上洛後、松永久秀に大和一国の支配を安堵したが、のち謀反をしたため攻略。
秀子
信長の娘。
定次
順慶の養子。郡山城主、のち伊賀上野城主。大坂冬の陣後に自害。

長年の宿敵である松永久秀を破り、ついに大和一国を支配した筒井順慶。順慶は明智光秀の助力を得て、郡山城を築いた。

追手東隅櫓　東隅櫓は1984年（昭和59）の復元。かつては時を知らせる太鼓が置かれた。

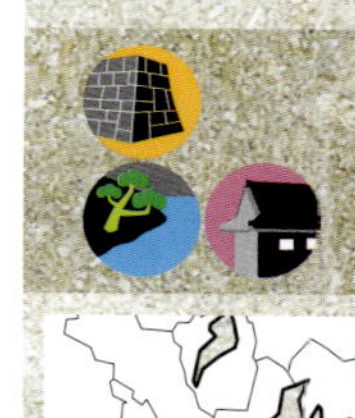

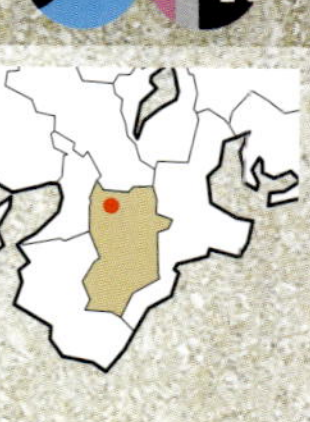

［所在地］大和郡山市城内町
柳沢文庫
☎0743・58・2171

柳生城 ◆柳生氏

奈良市柳生町

柳生城は、地元の豪族柳生氏の城として、標高320mの山上に所在した。

1544年(天文13)、大和統一を進める筒井順昭の兵糧攻めにあって降伏する。

1571年（元亀2）の筒井順慶と松永久秀の合戦では、当主宗厳（石舟斎）は松永方に属して追われ、その後、柳生谷に籠った。

再び世に出たのは、宗厳の五男宗矩の代である。関ヶ原合戦の功もあり、宗矩は徳川2代将軍秀忠の兵法指南役になった。

そして1636年（寛永13）、大名となって正木坂に陣屋を構える。

現在、陣屋跡は史跡公園となり、「柳生城」の石碑が立っている。

柳生陣屋跡　写真／フォト・オリジナル

多聞城 ◆松永久秀

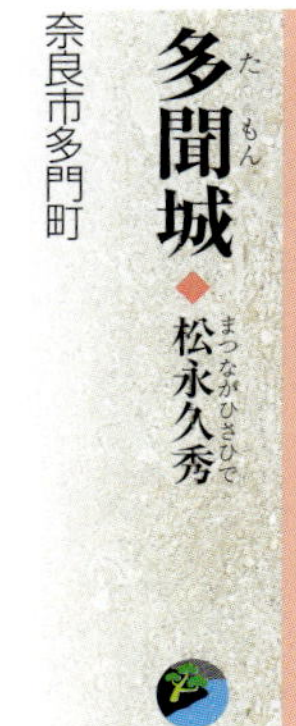

奈良市多門町

多聞城址　写真／牧野貞之

1560年（永禄3）、松永久秀が眉間寺山に築いた丘城。

久秀の素性は明らかでないが、三好氏の当主長慶に仕え、しだいに頭角をあらわした。1559年（永禄2）、筒井順慶などの国衆を掃討し、翌年から5年の歳月をかけ城を完成させて、大和を支配した。

1565年（永禄8）に城を訪れた宣教師ルイス・デ・アルメイダの通信文によれば、天守に相当する4階櫓や、城名に由来する多聞櫓が建ち並び、これらは城壁とともに白壁塗りになっていたという。

1577年（天正5）、久秀が信貴山城で自害したのち、信長の命を受けた順慶により城は取り壊され、その短い歴史を閉じた。

城跡には市立若草中学校が建つ。

筒井城 ◆筒井順慶

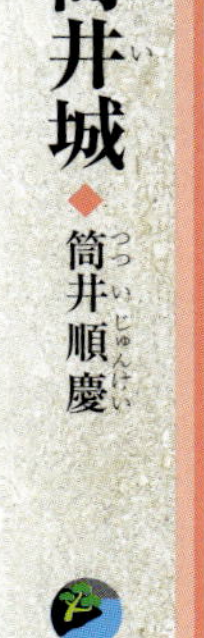

大和郡山市筒井町シロ畑・堀田

1430年（永享2）、筒井順永によって筒井氏の本城として築かれた平城。その後、応仁の乱から戦国期を通じて、筒井城をめぐる攻防戦は数多かった。

1559年（永禄2）、松永久秀が大和に入り、筒井順慶と死闘を繰り広げることになる。順慶は、久秀軍により2度も城を追われた。しかし、1571年（元亀2）には奪還している。

そして久秀が滅亡し、順慶が郡山城へ移った1580年（天正8）に破却された。

現在、集落の諸処にある蓮池が堀の名残をとどめ、路傍に「筒井順慶城趾」の石碑が立つ。

筒井城跡に建つ菅田比売神社
写真／大和郡山市教育委員会

小泉城 ◆小泉氏

大和郡山市小泉町

室町時代に、小泉氏によって築城された平城。

1459年（長禄3）、筒井順永に攻められて落城。その後、1475年（文明7）にも落城、1580年（天正8）に破却される。

1623年（元和9）、片桐貞隆が入封して陣屋を構え、小泉藩祖となった。

現在、内堀の一部が残り、公園になっている。城跡碑も立てられ、2層の模擬隅櫓が建造された。また、小泉神社に移設された城門が現存している。

信貴山城 ◆松永久秀

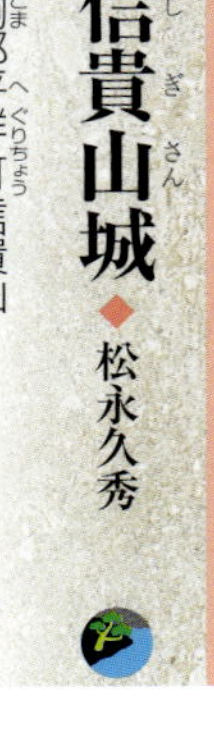

生駒郡平群町信貴山

標高437mの信貴山雄岳山頂に位置する。古代の高安城内に含まれるが、中世ここに城を築いたのは木沢長政で、1536年（天文5）のことである。

1559年（永禄2）、松永久秀が大規模な城郭を再興。久秀は、翌年築城の多聞城とあわせ大和支配の拠点とするが、1577年（天正5）、織田信長に反抗して信貴山城に籠城、敗死する。

現在本丸のあった山頂には、信貴山朝護孫子寺の空鉢堂が建てられている。

二上山城 ◆木沢長政

葛城市加守・染野

大和・河内国境の標高515mの二上山雄岳の山頂に所在する。

最初に城を築いたのは、楠木正成だとも伝わるが、確証はない。

記録上では、室町時代に畠山氏によって築かれた。また、1541年（天文10）木沢長政が築城したともいう。しかし翌年落城し、長政は戦死した。その後、二上山城は松永久秀に属したと思われる。

現在、山頂部の本丸・二の丸跡は公園として整備されており、曲輪跡や空堀も残されている。

高田城 ◆高田氏

大和高田市高田

高田城は、1432年（永享4）に築かれたとも、もう少し早い時期に築かれたともいう。

大和の豪族高田（当麻）氏は、筒井氏と友好関係を保つが、松永久秀の登場により、敵対関係に変わった。高田城は4年間、筒井氏の攻撃にさらされる。一時は久秀に救われたが、久秀が滅びると、高田氏も衰退した。大和が筒井順慶により統一されると、臣従を求められる。当主が拒絶したので、暗殺され、城も破却された。

現在、城跡は市立片塩小学校の敷地であり、片隅の小公園に城跡を示す石碑と案内板がある。

十市城 ◆十市遠忠

橿原市十市町城垣内

室町時代に、地元の豪族十市氏が築いたものと思われる平城。

戦乱の中、十市氏は筒井氏とともに成長しつづけ、1545年（天文14）に死去した当主遠忠の時代に最盛期を迎えた。

松永久秀の大和入封後、十市氏は松永・筒井氏の間で揺れ動き、家臣団も分裂。久秀が滅亡すると筒井氏に属したが、1585年（天正13）、筒井氏は伊賀に移封された。十市一族の多くがこれに従い、残った者たちは羽柴秀長に仕えたという。

遺構はなく、畑の片隅に、「十市城之跡」碑が立つばかりである。

龍王山城 ◆十市遠忠

天理市田町

天文年間（1532〜55）に十市城の十市遠忠によって築かれた。

龍王山城には北城と南城があり、北城が本城となっている。北城の標高が521m、南城が585mと少し高い。

十市氏は、当初筒井氏と盟約していたが、その後対立した。

1559年（永禄2）、松永久秀が大和に入ると、抵抗しきれずその傘下となる。久秀と筒井氏のはざまで、家中でも対立が生じた。松永氏が滅びると、龍王山城も破却されてしまう。

現在、曲輪跡や土塁・空堀が山上に残り、広大な城域を有している。

西上空より望む龍王山城の南城址
写真／天理市教育委員会

沢城 ◆高山図書

宇陀郡榛原町沢

南北朝時代、土地の豪族沢氏によって築かれた。標高538mの山上に所在している。

1560年（永禄3）、松永久秀に敗れて落城、久秀麾下の武将高山図書が入城した。図書は、キリシタン大名高山右近の父である。

1567年（永禄10）ごろ、松永久秀の勢力が後退し、沢氏が復帰した。1580年（天正8）、廃城。

現在も、みごとな曲輪跡などが往時を偲ばせる。また、高山右近ゆかりの城として整備されつつある。

沢城遠景　写真／榛原町教育委員会

宇陀松山城 ◆福島高晴

宇陀郡大宇陀町春日

標高470mの古城山上にある山城。秋山城ともいう。南北朝時代、ここは秋山氏の領地であったが、1585年（天正13）、羽柴秀長の大和入りで秋山氏は追放され、豊臣家配下の大名が領した。

1600年（慶長5）に入封した福島高晴の時、城下町の名を松山と

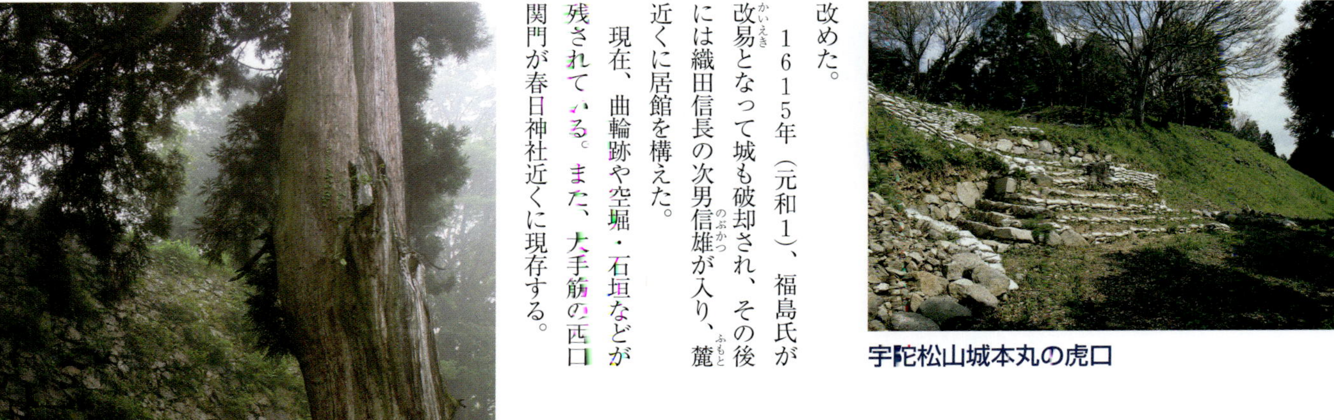

宇陀松山城本丸の虎口

改めた。

1615年（元和1）、福島氏が改易となって城も破却され、その後には織田信長の次男信雄が入り、麓近くに居館を構えた。

現在、曲輪跡や空堀・石垣などが残されている。また、大手筋の西口関門が春日神社近くに現存する。

高取城本丸の石垣

高取城 ◆ 本多利久

高市郡高取町高取 ＊

標高584mの高取山に築かれた日本有数の山城。鎌倉末期、越智氏により築かれたというが、戦国時代になって豊臣秀長の重臣である本多利久が大改修した。

1595年（文禄4）、増田長盛が大和に入国するが、本多氏はそのまま高取城に残った。

本多氏の断絶後、1640年（寛永17）に植村家政が入城。明治まで植村氏が在城する。1863年（文久3）には天誅組が城の乗っ取りを謀るが、撃退した。3重の天守と小天守をもつ城であった。

建物は明治時代に取り壊されたが、完全な姿で残る高石垣は、まさに圧巻である。

城址名	主な城主	所在地	遺構	解説
稲垣氏城	稲垣氏	添上郡月ヶ瀬村	土塁・空堀	土豪の城、伊賀形式の縄張。
上狭川城	狭川福岡氏	奈良市西狭川町	曲輪・堀切	興福寺の一乗院福智庄の中心。
西方院山城	古市氏	奈良市高畑町	2重空堀	奈良ホテルの東隣。構築記録あり。
下狭川城	狭川氏	奈良市下狭川町	曲輪・空堀	狭川氏、春日神人の殺害を画策。
超昇寺城	超昇寺氏	奈良市佐紀町	曲輪・空堀	松永久秀が、筒井方のこの城を破却。
椿尾上城	筒井順慶	奈良市北椿尾町	畝状竪堀	順慶、この城で松永久秀を悩ます。
平清水城	平清水氏	奈良市平清水町	土塁・空堀	南城・北城からなる。
水間城	水間氏	奈良市水間町	曲輪・空堀	方形単郭の城。
三里城	不明	生駒郡平群町	曲輪・空堀	城壁ラインが城内をめぐる。
番条環濠	番条氏	大和郡山市番条町	水堀	筒井氏に攻められ、番条氏は自焼没落。
稗田環濠	古市氏	大和郡山市稗田町	水堀	古市氏、筒井氏を破り布陣。
豊田城	豊田氏	天理市豊田町	土塁・空堀	松永氏が攻め落とし、改修する。
福住井之市城	越智氏	天理市福住町	堀内障壁	山内方面に進出して築いた山内新城か。
竹之内環濠	竹内氏	天理市竹之内町	水堀	奈良盆地で最高所にある環濠。
仁興城	仁興氏	天理市下仁興町	曲輪・堀切	3重の堀切で尾根続きを遮断。
毛原城	気原長門守	山辺郡山添村	土塁・堀切	2重堀切と土塁で守る。
畑城	奥田忠高	山辺郡山添村	石垣・堀切	伊賀と大和間の街道を押さえる城。
小倉南・北城	小倉氏	山辺郡都祁村	土塁・堀切	小倉氏、染王天神講の一員。
貝那木山城	多田延実	山辺郡都祁村	畝状竪堀	多田氏は山内衆の頭目。
馬場城	山田氏	山辺郡都祁村	石垣・堀切	東山内では珍しい複郭式山城。
多田下城	多田氏	宇陀郡室生村	土塁・空堀	多田氏の居館。高い土塁が囲繞。
赤埴城	赤埴氏	宇陀郡榛原町	空堀・馬出	赤埴氏は宇陀郡七人衆の1人。
檜牧城	檜牧氏	宇陀郡榛原町	土塁・空堀	外縁土塁に石落しの切り込みあり。
五津城	不明	宇陀郡大宇陀町	曲輪・空堀	空堀ラインが山腹をめぐる。
赤尾城	戒重西阿	桜井市赤尾	土塁・空堀	戒重氏が築いた6城の1つ。
小夫城	小夫氏	桜井市小夫	石垣・竪堀	小夫氏は松永氏に従うが、のちに反抗。
多武峰城塞群	多武峰寺	桜井市多武峰	土塁・堀切	衆徒、幕府軍や松永勢と戦う。
片岡城	松永久秀	北葛城郡上牧町	曲輪・堀切	松永氏の支城。明智光秀が攻陥。
布施城	布施氏	葛城市寺口	石垣・土塁	布施氏は筒井氏に味方し人質串刺。
万歳山城	万歳氏	葛城市當麻	畝状竪堀	有力国人万歳氏の居城。
岡城	不明	高市郡明日香村	曲輪・空堀	飛鳥岡寺の近く。単郭。
貝吹山城	越智氏	高市郡高取町	曲輪・土塁	越智氏の詰の城。筒井氏が攻略。
佐味城	木沢長政	御所市鴨神	土塁・空堀	碁盤目状に屋敷群が区画。
楢原城	楢原氏	御所市楢	畝状竪堀	楢原氏は大乗院配下の有力国人。
吐田城	吐田氏	御所市関屋	曲輪・堀切	水越峠口押さえの城。

和歌山県

和歌山城

県北西部、紀ノ川河口の丘陵に築かれた平山城。国史跡。

1585年（天正13）、紀伊を平定した羽柴秀吉の命で弟秀長が築城し、大坂に近い要衝を押さえた。

関ヶ原の合戦後、浅野幸長が入封して近世城郭へと改修。大坂の陣後、浅野氏が広島に転封となると、替わって徳川家康の十男頼宣が55万石余で入封し、御三家の居城として大幅に拡張した。現在の天守は、空襲で焼失したのち、復元されたものである。

大天守
3層3階。1958年（昭和33）に復元。写真／牧野貞之

徳川頼宣画像（南龍公神影図）
和歌山県立博物館蔵

徳川頼宣の家紋「紀州三つ葵」

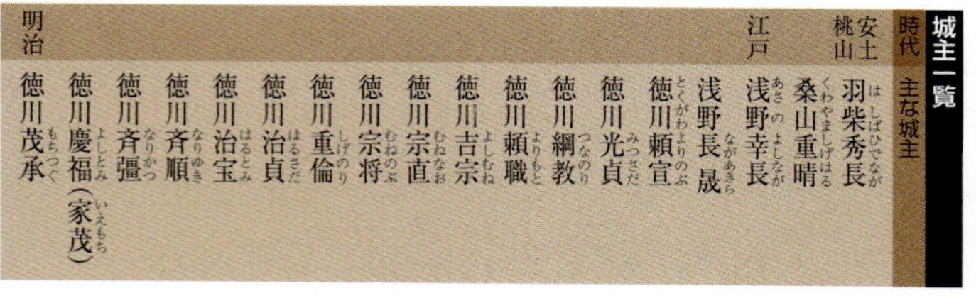

城主一覧

時代	主な城主
安土桃山	羽柴秀長
	桑山重晴
江戸	浅野幸長
	浅野長晟
	徳川頼宣
	徳川光貞
	徳川綱教
	徳川頼職
	徳川吉宗
	徳川宗直
	徳川宗将
	徳川重倫
	徳川治貞
	徳川治宝
	徳川斉順
	徳川斉彊
	徳川慶福（家茂）
明治	徳川茂承

岡口門 城の南東に位置する江戸時代の遺構。もと大手門だったが、浅野時代後期に搦手門となった。重文。写真／牧野貞之

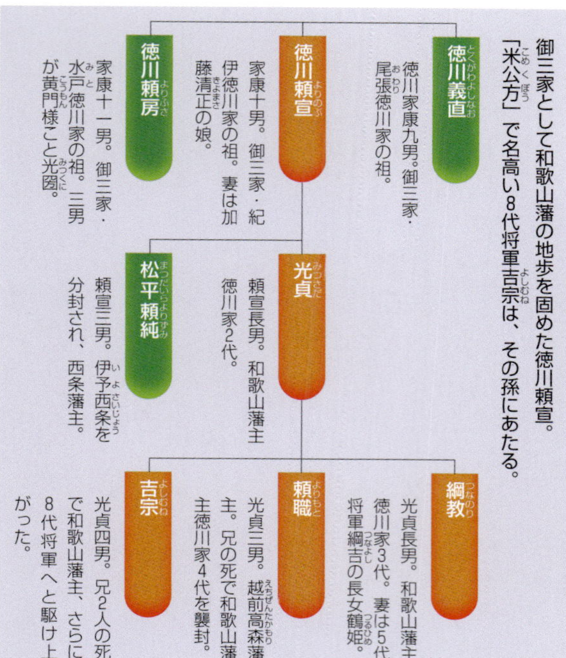

御三家として和歌山藩の地歩を固めた徳川頼宣。「米公方」で名高い8代将軍吉宗は、その孫にあたる。

徳川義直
徳川家康九男。御三家・尾張徳川家の祖。
徳川頼宣
家康十男。御三家・紀伊徳川家の祖。妻は加藤清正の娘。
徳川頼房
家康十一男。御三家・水戸徳川家の祖。三男が黄門様こと光圀。
光貞
頼宣長男。和歌山藩主徳川家2代。
松平頼純
頼宣三男。伊予西条を分封され、西条藩主。
綱教
光貞長男。和歌山藩主徳川家3代。妻は5代将軍綱吉の長女鶴姫。
頼職
光貞三男。越前高森藩主。兄の死で和歌山藩主徳川家4代を襲封。
吉宗
光貞四男。兄2人の死で和歌山藩主、さらに8代将軍へと駆け上がった。

西の丸庭園（紅葉渓庭園） 徳川頼宣が造営した藩主の隠居用庭園。国名勝。写真／和田不二男

[所在地] 和歌山市一番丁
和歌山城天守閣
☎073・422・8979

中野城（なかのじょう）◆ 貴志教信（きしのりのぶ）

和歌山市中野

築城時期は不明だが、城主は貴志教信と伝わる。中野城は水運の開けた地に築かれた。1577年（天正5）、雑賀衆（さいかしゅう）は織田信長軍の侵攻を阻止する前線基地として、中野城の整備を行なう。しかし、合戦で信長軍に奪われ、逆に雑賀城攻めの陣地とされている。

城跡に現在　民家や水田、貴志小学校などになり、堀跡や石垣がわずかに見られる。

太田城（おおたじょう）◆ 太田定久（おおたさだひさ）

和歌山市太田

言・延徳年間（1489〜92）に紀俊連（きのとしつら）が築いたとも、また、文明年間（1469〜87）に築城という説もある。1576年（天正4）、その地に太田定久が新たに城を築き直した。

太田城址　写真／和歌山市

1585年（天正13）、羽柴秀吉が6万ともいう兵で紀伊に侵攻。根来寺（ねごろじ）を焼き払い、太田城を包囲。そして持久戦法をとり、城の周囲に堤を築いた。紀ノ川にそそぐ大門川（だいもんがわ）（宮井川（みやいがわ））の水を塞（せ）きとめて水攻めを行なう。城は約1か月もちこたえたが、城兵に疲れがではじめ、城将らが自刃（じじん）して落城したという。

本丸跡とされている市内来迎寺（らいごうじ）の境内に城址碑が立ち、城門が大立寺（だいりゅうじ）（同市橋向丁（はしむかいちょう））の山門として移されている。

雑賀城（さいかじょう）◆ 鈴木佐大夫（すずきさだゆう）

和歌山市和歌浦（わかのうら）

織田信長の侵攻に備えて鈴木佐大夫が築き、鈴木氏一族が本拠としたといわれる。

1577年（天正5）2月、佐大夫の子孫一（まごいち）の時代に〝雑賀合戦〟が起こった。この時、信長軍は雑賀衆の鉄砲攻撃に敗れ、一時退却している。しかし、雑賀衆には余力がなく、力尽きて落城してしまう。

妙見山（みょうけんざん）の北端、通称千畳敷（せんじょうじき）とよばれる場所が城跡と伝わるが、現在、古城の面影はどこにも見えない。

大野城（おおのじょう）◆ 山名義理（やまなよしただ）

海南市大野中（かいなんしおおのなか）

藤白城（ふじしろじょう）ともいう。標高443mの東ノ城と、標高423mの西ノ城とに分かれている。

1382年(弘和2・永徳2)ごろ、北朝方の山名義理が攻略して大野城の城主となった。以後、南朝方と北朝方が入れ替わり属城としている。のち、畠山（はたけやま）氏が入城したが、本拠を広（ひろ）城に移した。

廃城時期もはっきりしていない。天正年間（1573〜92）の織田信長の攻撃があった時とも、羽柴秀吉の紀伊侵攻のさいとも伝えられている。

現在は、東ノ城跡に空堀や石垣が残り、海南市の歴史民俗資料館に出土品が展示されている。

大野城址　写真／海南市教育委員会

鳥屋城（とやじょう）◆ 畠山満国（はたけやまみつくに）＊

有田郡金屋町中井原（ありだぐんかなやちょうなかいばら）

鳥屋城は、標高300mの鳥屋城山の山頂にある。古くからこの地は、軍事上要害の地として重要視されていた。

築城時期は不明だが、鎌倉末期か南北朝時代ごろ、土地の豪族湯浅宗明（ゆあさむねあき）、もしくは宗秀（むねひで）のころに砦（とりで）が築かれたと伝わる。石垣城ともよばれた。1401年（応永8）ごろ、紀伊国守護職畠山基国（もとくに）の弟の満国が築き直し、以後、秀吉の紀州攻めまでの180年余り畠山氏の居城となる。この時、外山城とあらため、その後また鳥屋城と変えた。

現在、山頂に曲輪（くるわ）跡や石垣・井戸などがあり、畠山氏の館跡も山麓（さんろく）に所在する。

亀山城（かめやまじょう）◆ 湯川光春（ゆかわみつはる）

御坊市湯川町丸山（ごぼうしゆかわちょうまるやま）

標高110mの亀山山上に位置する。湯川城・丸山城ともよばれた。室町時代の初期、湯川光春によって

亀山城址　写真／御坊市商工振興課

築かれ、以後代々に渡って湯川氏の居城となる。
11代直光の時の1549年（天文18）、山頂では風害があるので、山麓に大規模な館を築いて住居とした。この館を小松原館という。
1585年（天正13）に羽柴秀吉軍の侵攻があり、亀山城は落城。現在、山頂には土塁が、小松原館跡には水堀の一部が残されている。

入山城 ◆ 青木氏

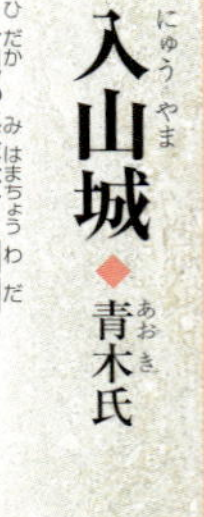

日高郡美浜町和田

青木勘兵衛由定が、天正年間（1573～92）に築いたという記録があるが、この記録は疑問視されている。湯川氏の本拠、亀山城が至近距離にあり、由定は羽柴秀吉軍に加わって湯川氏と戦い、亀山城を監視するために入山城を設けたという説もある。
入山城は、入山丘陵の中央に近いところに位置し、現在も曲輪跡や石垣・空堀などが残る。

平須賀城 ◆ 野辺氏

日高郡みなべ町東本庄・西本庄

室町時代、湯川氏の武将野辺忠房が築いた城。標高207mの平須賀山に所在する。当主春弘の代、西方の要害城に移り、廃城となったとも伝えられる。

平須賀城址　写真／みなべ町教育委員会

現在は、階段状の曲輪跡や空堀などが残されている。数度の発掘調査で、畝状竪堀などの遺構も発見された。

田辺城 ◆ 安藤直次

田辺市上屋敷町

会津川東岸に築かれた平城。錦水城ともいう。
関ヶ原の戦いの後、紀州を領有した浅野幸長は、田辺に重臣である浅野左衛門佐氏重を配した。
氏重は、海辺に近い洲崎城を築いて移るものの、その翌年暴風雨により城が流失。そのため、会津川東岸に新たに湊城を築いた。これが田辺城の前身である。
1619年（元和5）、新しく紀州藩主となった徳川頼宣は、付家老である安藤直次を田辺3万8000石に封じた。
直次が城主となって以降、幾度となく修復が繰り返された。体裁が整ったのは天保年間（1830～44）のころであったが、天守は建てられず、御殿や番所のある陣屋造りのものであった。
明治維新後に廃城となり、ほとんど唯一の遺構として水門が残る。

田辺城水門

龍松山城 ◆ 山本氏

西牟婁郡上富田町市ノ瀬

天文年間（1532～55）に山本氏が地頭となって築城したといわれ、標高120mの山頂にある。北東は急斜面、西南は富田川をひかえた要害堅固の地であった。
2代忠継の時代、城が大改修された。この時、二の丸大手口に地を這う龍のような形をした松の木があったことから、「龍松」の名がつけられたと伝わる。
1585年（天正13）、羽柴秀吉軍の侵攻に対しては、ゲリラ戦術で対抗。戦いは3か月つづき、和睦の話が出た。その交渉のために当時の城主山本康忠ら13人は、秀吉軍の陣営に出かける。それが罠で、騙し討ちにあって全員殺害されたという。
現在も、城山の山頂部に曲輪跡や堀、土塁を残している。

龍松山城本丸跡　写真／上富田町教育委員会

安宅本城 ◆ 安宅氏

西牟婁郡日置川町安宅

熊野水軍領主の安宅氏の館（平城）を安宅本城とよび、石垣や井戸跡が残る。北500mにある支城の八幡山城にも、空堀・土塁・石垣などがよく残っている。

江戸後期の軍記物『安宅一乱記』に、1530年（享禄3）、安宅実俊の跡目相続をめぐり、子の安定丸と弟定俊に内紛が勃発し、合戦が繰り返されたとある。真偽は不明だが、城周辺の山や岬に、8か所の城塞跡がある。

勝山城 ◆ 廓之坊塩崎氏

東牟婁郡那智勝浦町

浜の宮王子社・補陀洛山寺の裏山にあり、那智山の玄関口ともいうべき地点に築かれた。

築城年代は不明だが、那智山の有力社家であった廓之坊塩崎氏が室町中期に勝山に移り、屋敷として築いたものがしだいに城郭化したと考えられる。

とくに戦国末期、新宮に本拠を置く堀内氏の活動が活発化すると軍事的緊張が高まり、現在の規模・形状に整備されたとみられる。

1578年（天正6）、新宮の堀内氏から攻撃を受けたが、この時は撃退している。しかし、1581年（天正9）に再び堀内氏が来襲し、3か月の戦闘後、今度は落城してしまった。

現在、曲輪跡や土塁・空堀が残っている。

新宮城 ◆ 水野重仲

新宮市新宮

熊野川河口に近い右岸に位置する。丹鶴城・沖見城ともよばれた。

1618年（元和4）、浅野忠吉が築城を計画したが、工事途中で安芸三原（広島）に転封となり、工事は中止される。

そして、紀伊国に徳川頼宣が入り、付家老の水野重仲が新宮に封ぜられた。水野氏が築城工事も引き継ぎ、重良の代の1633年（寛永10）にようやく完成させている。以後、水野氏代々の居城として明治維新までつづいたが、歴代城主はみな才人ぞろいであった。

現在、丹鶴城公園となっているが、曲輪跡や石垣が残されている。

新宮城の桝形の石垣

城址名	主な城主	所在地	遺構	解説
霜山城	野口氏	橋本市隅田町	土塁・空堀	隅田党野口氏の城、2郭構造。
長藪城	牲川義春	橋本市細川	曲輪・堀切	信長、城攻めに大砲を使う。
飯盛山城	高野山衆徒	那賀郡那賀町	土塁・空堀	信長の高野山攻めの時に衆徒布陣。
茶臼山城	高野山衆徒	那賀郡那賀町	堀切	高野七砦の1つ。信長に備える。
猿岡山城	藤堂高虎	那賀郡粉河町	なし	高虎、紀州攻めの功で粉河を領す。
和佐山城	畠山義深	和歌山市禰宜	土塁・空堀	北朝畠山氏の山城。遺構は戦国末のもの。
加茂城	加茂氏	海草郡下津町	曲輪・堀切	加茂氏は秀吉に攻められ、西国に逃げる。
岩室城	畠山基国	有田市宮原町	土塁・堀切	畠山氏の一族、戦国期に改修。
藤並城	藤並氏	有田郡吉備町	空堀	みかん園の中に残る半町四方の方形館。
阿瀬川城	保田氏	有田郡清水町	土塁・空堀	高野山一揆勢に攻められる。
二川天城	保田氏	有田郡清水町	曲輪・堀切	阿瀬川城支城。二川氏が居城。
湯浅城	湯浅氏	有田郡湯浅町	土塁・空堀	地方武士団「湯浅党」の本拠。
広城	畠山基国	有田郡広川町	土塁・堀切	本丸陥落後も勘三郎が東の丸を死守。
鹿ヶ瀬城	鹿瀬荘司	日高郡由良町	石垣・堀切	南朝の残党が籠城。畠山氏攻略。
鞍賀多和城	崎山家正	日高郡日高町	石垣・空堀	阿波三好氏の侵攻に対し急遽築城。
天路山城	湯川直春	日高郡日高町	石垣・堀切	直春、天正末年（1592）に築く。
小坊子城	三好義長	日高郡日高町	曲輪・空堀	義長、阿波より渡海し、築城。
志賀城	三好氏	日高郡日高町	曲輪	5段の曲輪。小坊子城の支城か。
本之脇城	美濃左衛門	日高郡美浜町	石垣・堀切	小規模ながら石垣よく残る。
赤松城	湯川氏	日高郡印南町	石垣・堀切	赤松円心（則村）の築城説あり。
名杭城	不明	日高郡印南町	石垣・空堀	3か所に出城をもつ複合山城。
鶴ヶ城	玉置直虎	日高郡龍神村	石垣・堀切	山地玉置氏の居城。秀吉軍が攻略。
手取城	玉置大宣	日高郡みなべ町	土塁・空堀	規模・保存状態は県内随一。
鳶之巣城	龍神頼綱	日高郡みなべ町	土塁・空堀	龍神氏、大和高取で敗れ滅亡。
衣笠城	愛洲氏	田辺市中三栖	土塁・空堀	愛洲氏の居城。埋蔵金伝説あり。
高地山城	山本氏	田辺市中三栖	土塁・石垣	龍松山城の支城か。
中峯城	目良氏	田辺市秋津川	土塁・堀切	2重堀切の先に3郭が並ぶ。
鴻巣城	内ノ川氏	西牟婁郡白浜町	石垣・堀切	1534年（天文3）に攻城戦あり。
血深城	富田八郎	西牟婁郡白浜町	岩壁・柱穴	天然の石造の城。抜け穴あり。
要害山城	堅田善行	西牟婁郡白浜町	土塁・堀切	龍松山城山本氏の家臣の城。
中山城	榎本直光	西牟婁郡日置川町	土塁・空堀	榎本氏、安宅玄蕃に攻められ従属。
八幡山城	安宅氏	西牟婁郡日置川町	土塁・横堀	安宅氏城塞群の主要城郭。
神田城	宇都宮道直	西牟婁郡すさみ町	畝状竪堀	下野宇都宮氏の直系。永禄年間に築城。
佐部城	堀内氏善	東牟婁郡串本町	土塁・堀切	佐部合戦で城主を鉄砲で狙い撃つ。
石倉山城	清水門善坊	東牟婁郡那智勝浦町	土塁・石垣	堀内氏善、門善坊を攻めて城を奪う。

中国・四国の城

中国地方は、備前・備中・美作国（岡山県）、備後・安芸国（広島県）、周防・長門国（山口県）、因幡・伯耆国（鳥取県）、出雲・石見・隠岐国（島根県）に分かれ、四国地方は阿波国（徳島県）、讃岐国（香川県）、伊予国（愛媛県）、土佐国（高知県）に分かれている。

中国という名称は、近畿を「近国」、九州を「遠国」とした場合、この地方の国々がその中間に位置することに由来する。そして、対岸の四国との間に広がる瀬戸内海は、外洋に比べてはるかに安全であるため、古来より近畿と九州を結ぶ航路として発展した。

平安後期、瀬戸内海の海賊を追捕した平正盛が平氏興隆の道を開いたのち、正盛・忠盛・清盛3代の間に、平氏はこの地方を勢力圏としている。

しかしその後、覇権を源氏に握られた平氏は、壇ノ浦の合戦に敗れて没落した。

鎌倉時代には、平氏の没官領に地頭職を与えられた東国の御家人が移住したが、このような御家人を西遷御家人という。安芸の毛利氏も、もとはといえば西遷御家人だった。

室町末期には、郡山城（広島県安芸高田市吉田町）に拠る毛利元就が、周防の大内義隆を倒した陶晴賢を厳島の戦いで破り、出雲の尼子義久を月山富田城（島根県安来市広瀬町富田）から追って、中国を制覇。岡豊城（高知県南国市岡豊町八幡）に拠る長宗我部元親が讃岐の十河存保や伊予の河野通直を降して、四国を制覇した。

しかし、ほどなく織田信長と羽柴秀吉による中国・四国攻めを受けて両氏は降伏する。毛利氏が備中・美作・伯耆を、長宗我部氏が阿波・讃岐・伊予を失った結果、この地方には、生駒親正の高松城、蜂須賀家政の徳島城、藤堂高虎の宇和島城が築かれた。

さらに、１６００年（慶長５）の関ヶ原合戦では、毛利氏も長宗我部氏も西軍に属したため、徳川家康によって毛利氏は周防・長門２国に減封、長宗我部氏は除封とされている。合戦後、この地方には有力な外様大名が配されたため、堀尾吉晴の松江城、山内一豊の高知城、加藤嘉明の伊予松山城、藤堂高虎の今治城など、石垣と天守を擁する巨大な城郭が多く築かれた。

紅葉と丸亀城石垣 写真／藤田 健

鳥取県

鳥取城

県東部、標高263mの久松山に築かれた山城。国史跡。

室町時代には因幡守護山名氏の支城だったが、1581年（天正9）、織田信長から中国平定を命じられた羽柴秀吉に攻囲され、3か月余の籠城の末に開城した。

関ヶ原の合戦後、6万石で入封した池田輝政の弟長吉が、山頂に2層の天守を建てるなどして改修。しかし江戸時代に天守は落雷で焼失、その後に天守代用としていた山麓の御三階櫓も、明治維新後に取り壊されている。

二の丸御三階櫓台

1692年（元禄5）に山上の天守が焼失すると、二の丸が城の中心となった。写真／世界文化フォト

池田光仲の家紋「因州蝶」

池田光仲画像

鳥取県立博物館蔵

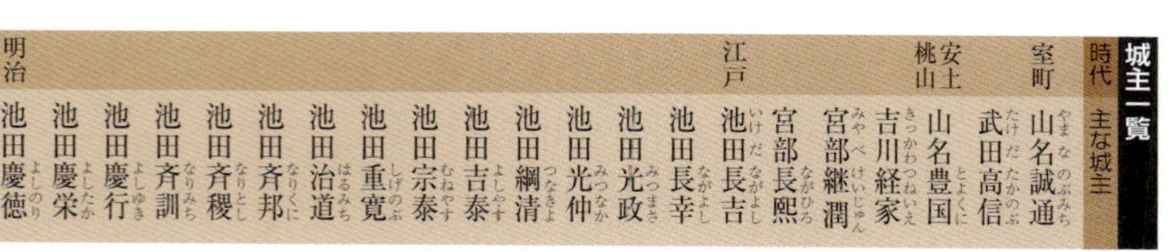

城主一覧

時代	主な城主
室町	山名誠通
	武田高信
安土桃山	山名豊国
	吉川経家
	宮部継潤
	宮部長熙
江戸	池田長吉
	池田長幸
	池田光政
	池田光仲
	池田綱清
	池田吉泰
	池田宗泰
	池田重寛
	池田治道
	池田斉邦
	池田斉稷
	池田斉訓
	池田慶行
	池田慶栄
明治	池田慶徳

鳥取城二の丸古写真

鳥取市歴史博物館蔵

1877年（明治10）ごろの二の丸。写真左から、御三階櫓・走櫓・菱櫓。

箕浦家武家門

2000石の上級家臣箕浦家の屋敷の表門。鳥取県庁近くに移築され、武家屋敷のたたずまいを偲ばせる。

関ヶ原の戦い後、姫路城主池田輝政の弟・甥・孫が相次いで鳥取城主になる。孫光仲の家系が代々鳥取藩主となった。

- **池田輝政**：池田恒興の次男。関ヶ原の戦いの功で、初代姫路藩主となる。
  - **利隆**：輝政長男。妻は徳川秀忠の養女で榊原康政の娘鶴姫。2代姫路藩主。
    - **光政**：利隆長男。姫路・鳥取・岡山藩主。仁政を敷き名君として知られる。
  - **忠雄**：輝政三男。母は徳川家康の娘督姫。利隆の異母弟。備前岡山藩主。
    - **光仲**：忠雄長男。3歳で家督を継ぎ、いとこ光政との国替えで鳥取藩主。
- **池田長吉**：恒興三男。秀吉の養子。関ヶ原の戦いの功で初代鳥取藩主。
  - **長幸**：長吉長男。鳥取・備中松山藩主。大坂夏の陣では、利隆軍に帰属した。
    - **長常**：長幸長男。備中松山藩主を継ぐが、嗣子なく絶家。

［所在地］鳥取市東町

鳥取市教育委員会文化財室

☎0857・22・8111

二上山城 ◆山名氏

岩美郡岩美町岩常 *

標高334mの二上山に築かれた山城。岩常城とも。南北朝時代の文和年間（1352〜56）に因幡守護に任じられた山名時氏によって築かれたといわれる。この地に守護所が置かれ、山名勝豊が1466年（文正1）に布施天神山へ居城を移すまでの間、因幡支配の拠点となった。戦国時代にも道竹城の三上兵庫頭の詰の城として利用されていたらしい。1580年（天正8）の羽柴秀吉による第1次因幡侵攻のさい、秀吉配下の垣屋光成が城将の任につき、関ヶ原の戦いののちに廃城となった。

峻険な山上には一の平・二の平などの曲輪が階段状に配置され、そこからは中国産の陶磁器片が採取されている。

若桜城 ◆矢部氏

八頭郡若桜町若桜 *

若桜鬼ヶ城ともいう。標高446mの鶴尾山頂に所在する。

1200年（正治2）ごろに矢部暉種によって築城され、矢部氏代々が居城とした。その後、尼子氏に侵略され、1578年（天正6）からは羽柴秀吉領となった。そして荒木重堅、山崎家盛が在城する。1617年（元和3）に山崎氏が備中成羽に移ると、一国一城令により廃城とされた。

今は、山頂に天守台・曲輪跡・虎口の石垣などが残る。

若桜城本丸跡

景石城 ◆磯辺康氏

鳥取市用瀬町用瀬

標高325mの山に築かれた山城。磯辺城とも。築城者は不明。

1580年（天正8）、第1次因幡侵攻作戦を遂行する羽柴秀吉は、この地の重要性に目をつけ、但馬攻めで配下に取り立てた剛勇の磯辺康氏を在城させた。当時毛利氏傘下の鳥取城主山名豊国は、目障りなこの城を再三攻撃した。

ある時、康氏の留守中を狙い山名氏は城を攻め落とし、属城とした。みずからの不注意で城を奪われた康氏は、1581年（天正9）、秀吉の第2次因幡侵攻で奮戦し軍功をあげた。秀吉は以前の失敗を許し、若桜城の木下備中守（荒木重堅）の与力として再び康氏を景石城に配した。元和の一国一城令で廃城。

城は、岩盤が露出する峻険な山上の本丸を中心に、数段の曲輪を築き、要所を石垣や堀切で固める縄張となっている。

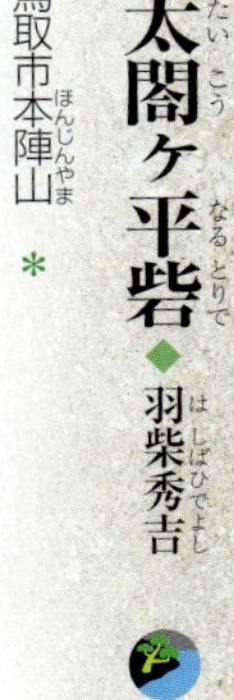

太閤ヶ平砦 ◆羽柴秀吉

鳥取市本陣山 *

標高241mの本陣山（旧帝釈山）は、1581年（天正9）、羽柴秀吉が鳥取城攻撃のさいに本陣を置いたところである。現在も山頂には、土塁・空堀の跡がある。

太閤ヶ平砦の土塁（左）と空堀

天神山城 ◆山名勝豊

鳥取市湖山町南3丁目 *

1466年（文正1）、因幡守護山名勝豊が築き、それまでの居城である二上山城から移った。

1573年（天正1）、当主豊国の代に居城を鳥取城に移し、天神山城は廃城とされる。現在、県立鳥取緑風高校の敷地となった天神山には、曲輪跡や櫓台が残されている。

防己尾城 ◆吉岡定勝

鳥取市福井

天正年間（1573〜92）に、吉岡将監定勝によって築かれた。湖山池の西岸に位置する。

1581年（天正9）の羽柴秀吉による因幡侵攻時、籠城した定勝らはしばしば出撃し、秀吉軍の背後を

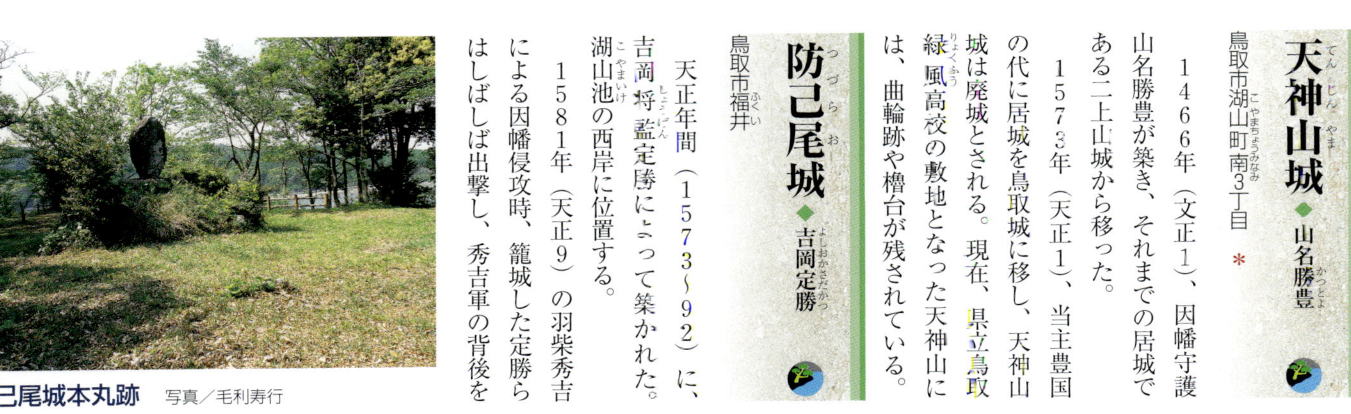

防己尾城本丸跡　写真／毛利寿行

襲撃した。しかし、秀吉軍の兵糧攻めの包囲作戦が始まると、やがて兵糧が尽き、落城した。
本丸と三の丸は、湖山池公園の休養ゾーンとして整備されている。

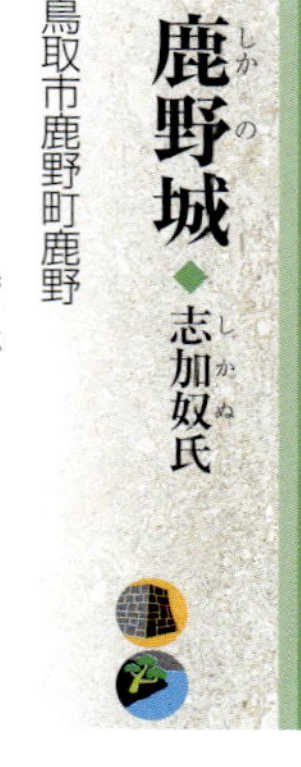

鹿野城 ◆志加奴氏

鳥取市鹿野町鹿野

志加奴城、王舎城とも。築城年代は不明だが、因幡守護山名氏麾下の志加奴氏代々の居城であった。
永禄年間（1558〜70）の城主は山名豊成。天正年間（1573〜92）初期は毛利氏の属城だったが、羽柴秀吉の鳥取城攻めのさい、攻略された。
そして亀井茲矩が城主となり、「オランダ櫓」「朝鮮櫓」を築くが、1617年（元和3）には津和野へ転封。日置豊前が入るも、1628年（寛永5）に出火し、鹿野城は廃城となっている。
現在は、一部が鹿野中学校の敷地であり、天守の礎石や堀が残る。

鹿野城水堀　写真／毛利寿行

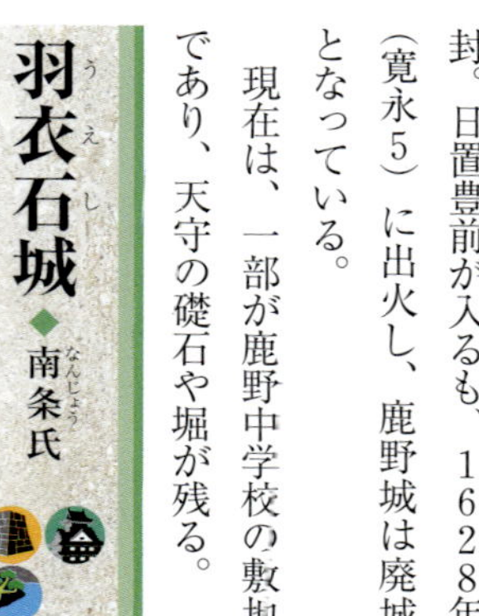

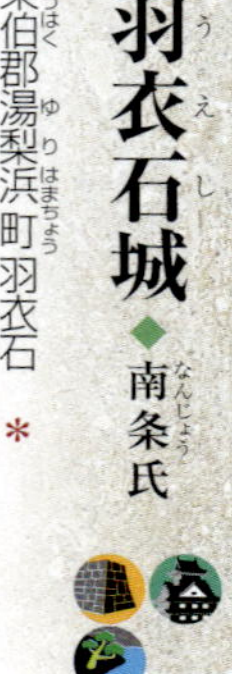

羽衣石城 ◆南条氏

東伯郡湯梨浜町羽衣石 ＊

1366年（正平21・貞治5）、南条貞宗が築いて南条氏代々の居城としている。貞宗は因幡守護山名氏に属していた。
1524年（大永4）、山名氏は尼子氏に敗れ、当主南条宗勝も城を追われて流浪の身となる。のち、毛利氏の援助を受けて羽衣石城に復帰。しかし宗勝は、尾高城（城主は毛利氏の武将杉原盛重）での酒宴後に急死。その子元続は杉原氏に恨みをもち、さらに時勢をみて、羽柴秀吉に属する。関ヶ原合戦時、元続の子、元忠は西軍に属して敗れ、廃城となる。
城址には1934年（昭和9）に3層の模擬天守が建てられ、1990年（平成2）、改築された。

羽衣石城天守　写真／毛利寿行

由良台場 ◆鳥取藩

東伯郡大栄町由良宿 ＊

1863年（文久3）、由良川河口に築かれた台場。
ペリー艦隊の浦賀来航以来、海岸線を有する諸藩にとって沿岸防備は急務であったが、とくに因幡・伯耆2か国の長い海岸線を藩領にもつ鳥取藩池田氏にとって、海防は最重要課題であった。そのため、由良台場をはじめとして、沿岸の枢要7か所に台場を構築した。
台場のプランは台形で、周囲を土塁で掩蔽し、前面に4か所の砲座を設けている。この砲座には、弾丸重量36kg、14・4kg、18kgの台場砲各1門と、15cm口径の御銘入台場砲1門の計4門が配備された。台場の守備は武信潤太郎が指揮をとり、近在から徴募された農民が、民兵を組織して警備にあたった。
日本海を望む台場跡に土塁が残り、現在、公園となっている。

由良台場の土塁　写真／外川 淳

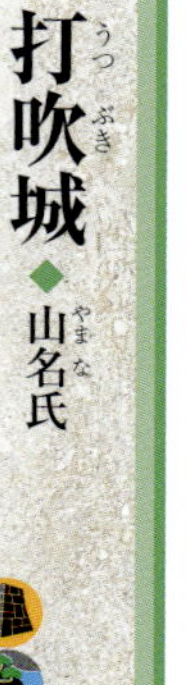

打吹城 ◆山名氏

倉吉市仲ノ町

倉吉市街を一望する標高204mの打吹山上に位置する山城。14世紀中期、山名師義によって築かれたと伝えられる。
戦国時代には、尼子氏と毛利氏による激しい争奪戦が繰り広げられた末、毛利領に組み込まれた。
関ヶ原の戦いののち、中村一忠が米子城主となると、打吹城は支城の1つとなり、近世城郭として整備された。中村氏が無嗣断絶となると、幕府直轄領となった。
その後、鳥取城主の池田氏の所領に加えられたが、打吹城は一国一城令によって廃城となり、堀は埋め立てられ、石垣は崩された。
一国一城令での廃城は、建物の撤

去程度ですまされることが多く、打吹城ほど徹底した破却は類例が少ない。本丸周辺には、破却を免れた石垣が点々と残される。

打吹城址 写真／毛利寿行

米子城 ◆ 中村一忠

米子市久米町 ＊

中海と米子市街を望む要衝に位置する平山城。室町時代、山名氏が築いたと伝えられるが定かではない。

戦国時代、毛利氏は尼子氏との激しい争奪戦の末、米子城を手中に収めた。月山富田城主の吉川広家は、米子城へ本拠を移すため増築工事を行ない、1591年（天正19）、4層4階の天守を建設。だが、完成を前にして広家は岩国城へ移された。

その後、米子城へ封じられた中村一忠は、吉川氏時代よりも本丸を拡張し、4層5階の天守を建設。米子城は山陰一の巨城へと姿を変えたが、一忠が跡取りを決めないまま若死にしたことから、中村氏は断絶処分となった。そして鳥取城主の池田氏の所領となり、重臣の荒尾氏を城主として配し、幕末までつづく。

天守台ほか石垣が大規模に残る。

米子城本丸石垣

尾高城 ◆ 杉原盛重

米子市尾高

小鷹城とも。築城年代は不明だが、交通の要衝として、戦国時代には山名氏麾下の行松正盛や毛利氏の杉原盛重が入った。関ヶ原合戦後は、米子城主中村一忠の領地となる。

一忠は米子城完成まで尾高城に在城、城の完成とともに移り、尾高城は廃城とされた。

大山山麓の丘陵に、現在も5つの曲輪跡、土塁・空堀が保存整備されている。

城址名	主な城主	所在地	遺構	解説
浦富台場＊	鳥取藩	岩美郡岩美町	土塁	江戸初期の見張番所を幕末に台場に改修。
桐山城	山中鹿之介	岩美郡岩美町	曲輪	豊臣秀吉は但馬との繋ぎの城に利用。
道竹城	三上兵庫	岩美郡岩美町	曲輪	三上氏は但馬山名氏一族。
甑山城	山中鹿之介	鳥取市国府町	曲輪	山中鹿之介、武田氏の大軍を撃破。
蛇山城	荒神谷氏	鳥取市有富	曲輪・堀切	曲輪・堀切を階段状に配置。
浜坂台場	鳥取藩	鳥取市浜坂	土塁	1863年（文久3）構築の海防台場。大砲3門。
鵯尾城	武田高信	鳥取市玉津	曲輪	高信、山名豊国に叛するが、のち誅殺。
丸山城	吉川経家	鳥取市丸山町	曲輪・空堀	鳥取城補給用の城。
蓑上城	吉岡将監	鳥取市吉岡温泉町	曲輪・堀切	防己尾城支城。羽柴秀吉軍を悩ます。
大崎城	樋土佐右衛門	鳥取市気高町	曲輪	樋氏、毛利氏に属すがのちに秀吉に降る。
勝山城	首藤豊後守	鳥取市気高町	曲輪・土塁	秀吉家臣の亀井茲矩が計略で奪取。
富吉城	田公氏	鳥取市気高町	曲輪	田公氏は山名氏家臣。秀吉に通じ毛利氏攻陥。
釜谷城	海老名氏	鳥取市鹿野町	曲輪	相模国海老名郷から新補地頭で西遷。
荒神山城	矢田氏	鳥取市鹿野町	曲輪・堀切	亀井茲矩に攻められ落城。
金剛城	兵主氏	鳥取市鹿野町	曲輪・空堀	亀井茲矩、城主を踊り見物に誘い城を奪取。
杉原土囲	杉原盛重	鳥取市鹿野町	土塁	鹿野城包囲の毛利軍の陣城。
桝形城	福良氏	鳥取市河原町	曲輪	武田又三郎に攻め落とされる。
市場城	毛利氏	八頭郡郡家町	曲輪	毛利氏代々の城。秀吉に攻められる。
[illegible]ヶ城	小松氏	八頭郡八東町	曲輪	平家落人。山中鹿之介に攻め落とされる。
鴉ヶ城	山中鹿之介	八頭郡智頭町	曲輪	尼子氏山陰平定の拠点。
唐櫃城	木原元信	八頭郡智頭町	曲輪	矢筈城の草刈氏に攻められ落城。
奈義能山城	赤松氏	八頭郡智頭町	曲輪	美作国境の黒尾峠を押さえる城。
赤崎台場	鳥取藩	東伯郡琴浦町	土塁	1863年（文久3）構築の海防台場。大砲3門。
条山城	吉川元春	東伯郡琴浦町	曲輪・堀切	岩倉城攻めの吉川元春の陣城。
船上山城＊	名和長年	東伯郡琴浦町	土塁・空堀	後醍醐天皇、倒幕旗揚げの城。
岩倉城	小鴨氏	倉吉市岩倉	曲輪・石垣	尼子勝久が3日3晩攻め落城。
石井垣城	篦津氏	西伯郡中山町	土塁・空堀	大山山麓の縄張巧緻な丘城。
淀江台場＊	鳥取藩	西伯郡淀江町	土塁	1863年（文久3）構築の海防台場。大砲2門。
天万山城	浅野氏	西伯郡南部町	曲輪・堀切	尼子経久が攻め落とす。
法勝寺城	毛利氏	西伯郡南部町	土塁・空堀	毛利氏部将の三村家親が守る。
境台場＊	鳥取藩	境港市花町	土塁	1863年（文久3）構築の海防台場。大砲8門。
江美城	蜂塚安房守	日野郡江府町	土塁・空堀	蜂塚氏は尼子氏に忠節を尽くし玉砕。
鏡山城	関一政	日野郡日野町	土塁・石垣	伊勢の関氏が1610年（慶長15）築城。
亀井山城	山名景行	日野郡日南町	曲輪・堀切	毛利氏属城。鏡山城が完成し移る。
湯谷城	不明	日野郡日南町	畝状竪堀	畝状竪堀、4重堀切はこの地方では異例。

＊国史跡

島根県

松江城（まつえじょう）

県北東部、宍道湖湖畔の亀田山に築かれた平山城。国史跡。

関ヶ原の合戦後、出雲・隠岐24万石に封ぜられた堀尾忠氏とその父吉晴は、当初この地の中心だった尼子氏の居城月山富田城（島根県安来市）に入城した。しかし、富田城は城下町の形成に不利な山城だったため松江移転を計画。1607年（慶長12）に築城を開始し、3代忠晴の時に5層の天守を擁する城が完成した。現存の天守は、この時に建てられたものである。（28〜29ページ参照）

松江城遠景 左の建物から興雲閣・南櫓・多門・中櫓・天守・太鼓櫓。写真／松江市

天守から市外を望む
天守の外観は5層だが、内部は地階を含めて6階造り。写真／JTBフォト

城主一覧

時代	主な城主
江戸	堀尾忠晴
	京極忠高
	松平直政
	松平綱隆
	松平綱近
	松平吉透
	松平宣維
	松平宗衍
	松平治郷（不昧）
	松平斉恒
	松平斉貴
明治	松平定安

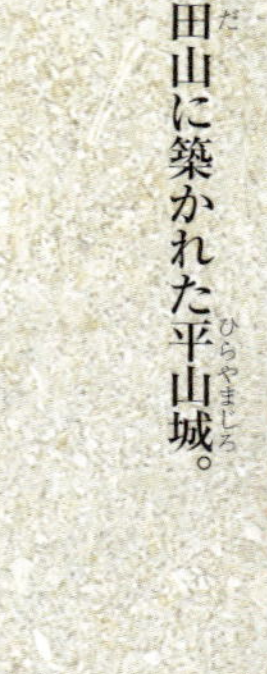

堀尾家家紋「堀尾目結」

堀尾忠氏画像 安達不傳筆
松江城天守閣蔵 写真／板垣 宏

普請名人堀尾吉晴が、子の忠氏とともに心血を注いだ松江城築城計画。だが忠氏は急逝、吉晴も完成直前に力尽きた。

堀尾吉晴 豊臣秀吉・徳川家康に仕え、武功を立てる。息子忠氏の死後、孫忠晴を後見。

大方夫人 吉晴正室。息子金助の33回忌に出身地・熱田の裁断橋を修築。擬宝珠に母の思いあふれる銘文が刻まれた。

金助 吉晴長男。小田原の陣で病没。18歳だったという。

忠氏 吉晴次男。関ヶ原の戦功で出雲・隠岐24万石を賜わり、月山富田城に入城。初代松江藩主。享年28。

忠晴 忠氏長男。6歳で家督を継ぎ松江城を完成させた。35歳で没し、嗣子なくお家断絶。

武家屋敷
中級武士の屋敷。1733年（享保18）の大火ののちに再建され、長屋門奥の母屋には14の部屋がある。写真／JTBフォト

［所在地］松江市殿町
松江城山公園管理事務所
☎0852・21・4030

新山城 ◆ 尼子勝久

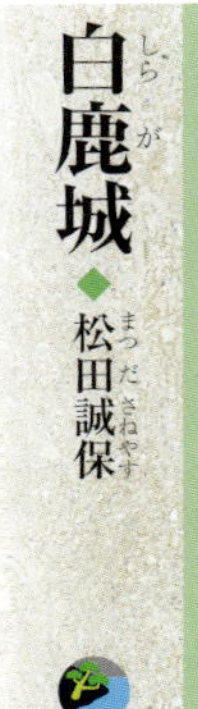

松江市西持田町・法吉町

真山城とも書く。標高256mの新山の頂上にある。創建は平安時代で、平忠度が築いたというが、はっきりしない。

1569年（永禄12）、山中鹿之介は尼子家の再興を図り、一族の尼子勝久を奉じて挙兵した。そして毛利方の新山城を陥落させる。しかし、毛利の援軍が来て敗退し、新山城にいた勝久も城を捨てて脱出した。

関ヶ原合戦ののち、廃城となっている。曲輪・石垣がわずかに残る。

白鹿城 ◆ 松田誠保

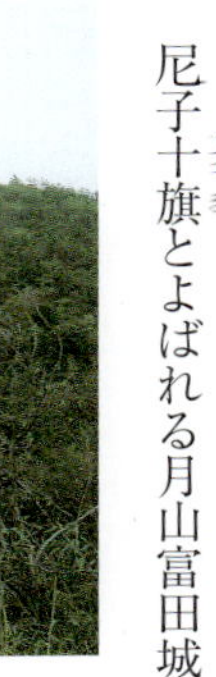

松江市法吉町

尼子十旗とよばれる月山富田城10支城の1つ。標高154mの山城である。永禄年間（1558〜70）に尼子晴久の一族、松田誠保が毛利氏に備えて築いた。

1563年（永禄6）10月、出雲に侵攻してきた毛利元就によって陥落している。月山富田城落城後、廃城となった。

白鹿城址遠景　写真／外川 淳

月山富田城 ◆ 尼子経久

安来市広瀬町富田　＊

出雲平野と山間部との中間に位置する、標高184mの月山にある山城。平安末期に佐々木氏によって築かれたと伝えられる。

尼子経久は、出雲国守護代から戦国大名へと成長する過程の中で、月山富田城を「山陰の雄」尼子氏の本拠にふさわしい巨大山城へと進化させた。

だが、1566年（永禄9）、毛利元就の攻撃を受け、月山富田城は陥落し、尼子氏は事実上滅亡した。その後、吉川元春・広家父子が城主となったが、関ヶ原合戦後の論功行賞により、堀尾吉晴が徳川家康より月山富田城を与えられた。

1611年（慶長16）、松江城築城とともに廃城となり、歴史の表舞台から姿を消した。

近年の発掘調査により、戦国時代を代表する巨大山城の全容が明らかになりつつある。

月山富田城の山中御殿跡　写真／外川 淳

三笠城 ◆ 牛尾氏

雲南市大東町南村

牛尾城ともいう。標高302mの三笠山にある。月山富田城10支城の1つ。

城主牛尾幸清は、1562年（永禄5）からの毛利元就の富田城攻めのさい、尼子方として奮戦した。しかし、当主尼子義久の側近の家臣が、重臣たちを次々に「裏切ったらしい」

と讒言し殺害したため、やむなく毛利方に降ったという。
その後は、牛尾豊前守が在城したが、関ヶ原合戦ののちに廃城とされた。
現在は尾根に削平地が残る。

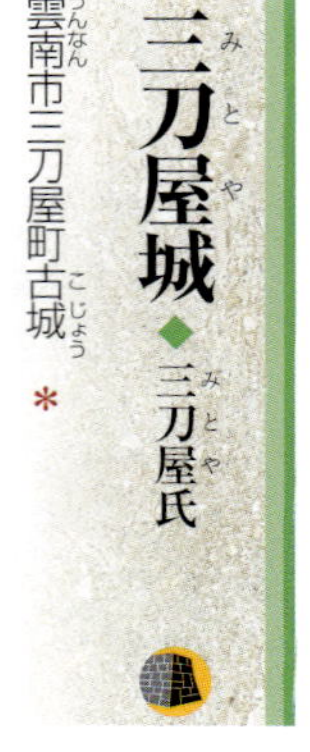

三刀屋城 ◆三刀屋氏

雲南市三刀屋町古城 ＊

高さ120mの古城山にある、月山富田城10支城の1つ。1221年（承久3）、三刀屋地頭職に補せられた諏訪部扶長が築いたと伝わる。諏訪部氏は、第10代為扶のときに三刀屋氏に改姓した。

1562年（永禄5）、毛利氏が圧倒的な大軍で出雲に侵入。三刀屋久扶ら多くの国人が降伏した。しかし久扶は、1588年（天正16）に上洛したさい、徳川家康と面会したため、毛利輝元から疑われて三刀屋城を追われ、領地も没収された。

現在、山頂は城址公園として整備されている。

三刀屋城本丸跡

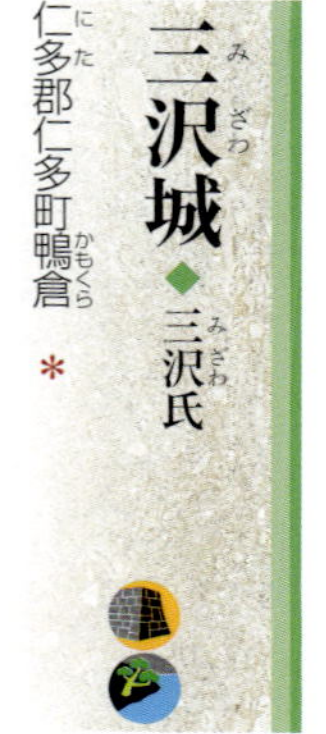

三沢城 ◆三沢氏

仁多郡仁多町鴨倉 ＊

三沢城址　写真／PANA

鎌倉幕府の御家人飯島氏の一族がこの地に来て三沢氏を名乗り、1304年（嘉元2）に城郭を構えて居住したと伝わる。月山富田城10支城の1つであった。

城は標高419mの要害山上に所在する。要害山は、古くは鴨倉山、また夕景山ともよばれた。第13代為清の時の1557年（弘治3）、尼子方から毛利方に降った。1589年（天正17）、第14代為虎が安芸（広島県）に移って廃城となる。

山上には、当時の遺構がそのまま残されている。

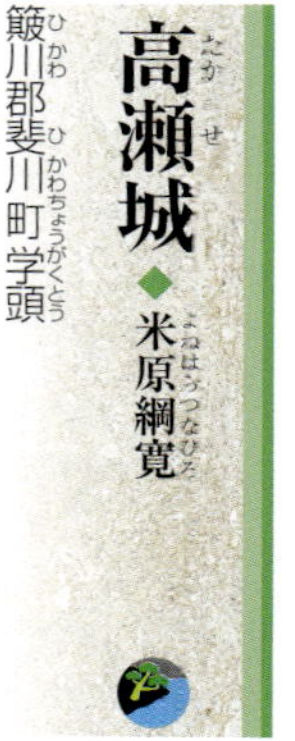

高瀬城 ◆米原綱寛

簸川郡斐川町学頭

標高306mの高瀬山に所在する。南北朝時代に建部伊賀が築いたと伝わり、月山富田城10支城の1つでもあった。戦国時代の城主、米原綱寛が大改築を行なっている。

1570年（元亀1）、毛利軍に包囲され、兵糧攻めにされた。そこで綱寛は、翌年3月、新山城へ退去したという。

曲輪跡などがわずかに残る。

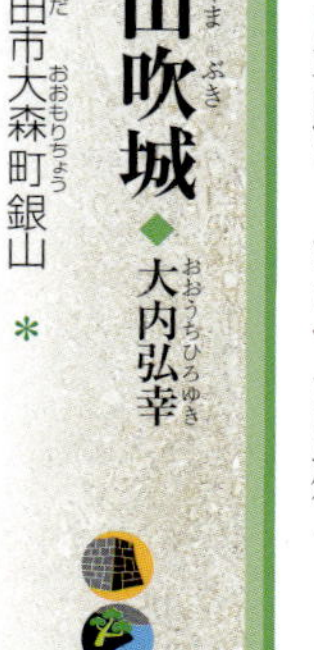

山吹城 ◆大内弘幸

大田市大森町銀山 ＊

標高430mの要害山に所在した山城。

山吹城城門（西本寺）　写真／竹重満憲

大森に銀山が発見されてから、銀山守護のために、1309年（延慶2）ころ、大内弘幸が築いたという。

戦国時代には、銀山争奪のため、山吹城をめぐって、大内・尼子・毛利氏らの戦いが、何度も繰り返されている。江戸時代には天領となり、廃城となった。

遺構としては、城門が西本寺の山門として移築されて残る。

鵜の丸城 ◆毛利元就

邇摩郡温泉津町温泉津 ＊

沖泊湾の東端丘上に築かれた城で、港が一望できる。

1570年（元亀1）、毛利元就が港を防御するために築城したもので、毛利水軍の基地であった。都野氏に在番を命じ、出雲攻略の足場としたという。

1600年（慶長5）に廃城とされた。

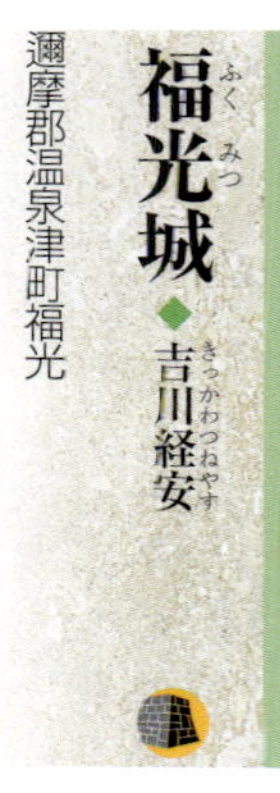

福光城 ◆吉川経安

邇摩郡温泉津町福光

城の標高は200mほどある。この城が、不言城・物不言城ともよばれるのは、垂仁天皇の皇子がこの城に寄ったとき、言葉が出なくなったという伝説があるためという。

戦国時代は福光氏の館城であったが、1559年（永禄2）、吉川氏分家の吉川経安が入った。この時、館城を大幅に改造し、戦国城郭らしくしている。のちに鳥取城主となった吉川経家は、福光城主経安の嫡子である。

関ヶ原合戦以後、吉川氏は周防（山口県）岩国に移り、廃城とされる。

浜田城 ◆古田重治

浜田市殿町 ＊

浜田城の石段　写真／竹重満憲

1620年（元和6）、古田重治により築城された。松原湾を北に望む標高約70mの亀山にあり、亀山城ともよばれる。山上の本丸には、3層の天守（櫓）が聳えていた。

幕末の1866年（慶応2）、第2次幕長戦争のさい、近代装備の長州軍の攻撃で、城主松平（越智）武聡はみずから城に火を放って美作（岡山県）に脱出した。

現在は城山公園となり、本丸周辺に石垣が残る。

津和野城 ◆吉見氏

鹿足郡津和野町後田 ＊

三本松城ともよばれる。吉見頼行が、1295年（永仁3）に築いた山城と伝える。

吉見氏は、14代320年に渡ってこの城を居城にしたが、吉見広行は関ヶ原合戦後、西軍総大将として減封処分を受けた毛利輝元に従い、津和野を去った。その後、戦功のあった坂崎出羽守直盛が3万石で入城。坂崎氏時代の大改修により、石垣造りの近世城郭に生まれ変わった。

坂崎氏が1616年（元和2）の千姫事件で改易されると、因幡鹿野城から亀井政矩が4万3000石を拝領して着任した。亀井氏の治世は明治維新までつづいた。

大和高取城・備中松山城とともに近世三山城に数えられ、山上に天守台や櫓の石垣が残る。麓の藩邸跡に馬場先櫓・物見多聞櫓が現存。

津和野城石垣

城址名	主な城主	所在地	遺構	解説
十神山城	尼子氏	安来市安来町	曲輪	尼子十砦の1つ。安来港に浮かぶ海城。
勝山城	毛利元就	安来市広瀬町	畝状竪堀	月山富田城攻めの元就本陣。
京羅木山城	毛利元就	安来市広瀬町	畝状竪堀	毛利氏の尼子攻めの陣城・駐屯地。
布部城	尼子勝久	安来市広瀬町	曲輪・堀切	尼子軍、布部中山合戦で毛利軍に惨敗。
豊岡城	毛利氏	安来市伯太町	土塁・空堀	尼子氏の亀遊山城攻めの陣城か。
荒隈城	毛利元就	松江市国屋町	土塁・空堀	毛利氏の尼子攻めの兵站基地。
茶臼山城	村井伯耆守	松江市山代町	土塁・堀切	連郭式山城。数か所に堀切を設ける。
檜ヶ山城	多久弾正	平田市多久町	曲輪・堀切	檜を切り倒して毛利勢を防いだ。
熊野城	熊野兵庫	八束郡八雲村	曲輪・堀切	尼子十旗の熊野氏居城。
金山要害山城	宍道八郎	八束郡宍道町	土塁・空堀	京極氏一族宍道氏、代々の城。
神西城	神西氏	出雲市東神西町	曲輪・堀切	尼子十旗の神西氏居城。
鳶ヶ巣城	毛利元就	出雲市西林木町	土塁・堀切	出雲制圧に向けて交通路確保。
唐墨城	不明	出雲市朝山町	土塁・堀切	出雲平野を一望のもとに監視。
高麻城	大西氏	雲南市大東町	曲輪	尼子十旗の大西氏居城。
亀嵩城	三沢為清	仁多郡仁多町	曲輪・石垣	為清の隠居城、のち本城になる。
夕景城	馬来氏	仁多郡横田町	曲輪・石垣	尼子十旗の馬来氏居城。
瀬戸山城	赤穴氏	飯石郡飯南町	石垣・堀切	堀尾氏時代に石垣を構築。
岩山城	田子辰敬	大田市久手町	曲輪	田子辰敬、尼子氏に忠義を貫き玉砕。
本明城	福屋氏	江津市有福温泉町	曲輪	1522年（大永2）、尼子経久が攻める。
松山城	川上氏	江津市松川町	曲輪	川上氏、本明城の福屋氏に攻められ滅ぶ。
泉山城	出羽氏	邑智郡美郷町	曲輪・堀切	赤名の衣掛城も望見できる。
要路城	佐波氏	邑智郡美郷町	堀切・竪堀	毛利氏が石見銀山攻略に利用。
飯の山城	福屋氏	邑智郡川本町	土塁・堀切	石見銀山領有をめぐる重要拠点。
温湯城	小笠原長氏	邑智郡川本町	曲輪・石垣	毛利氏の包囲を受ける。
熊ヶ峠城	福屋氏	邑智郡邑南町	曲輪	山岳城郭。毛利氏攻める。
二ツ山城	出羽氏	邑智郡邑南町	曲輪・堀切	安芸の高橋氏に圧迫される。
本城	高橋氏	邑智郡邑南町	曲輪・堀切	高橋氏は本城氏を名乗り勢力拡大。
矢羽城	志道通良	邑智郡邑南町	畝状竪堀	志道氏は毛利氏の先兵となり活躍。
周布城	周布氏	浜田市周布町	畝状竪堀	幕末長州藩士の周布政之助先祖の城。
一本松城	佐々木氏	那賀郡金城町	畝状竪堀	交通の要衝に立地。
三隅城	三隅氏	那賀郡三隅町	畝状竪堀	尼子氏に加担し毛利氏に攻め落とされる。
七尾城＊	益田氏	益田市七尾町	畝状竪堀	西石見の雄益田氏代々の居城。
益田氏城館＊	益田氏	益田市三宅町	土塁・空堀	益田氏230年間の居館。
下瀬山城	下瀬氏	鹿足郡日原町	曲輪・堀切	津和野城の有力支城。
国府尾城	隠岐清政	隠岐郡隠岐の島町	曲輪・石垣	隠岐氏、尼子氏の支援で隠岐平定。

＊国史跡

岡山県

岡山城

県南部、旭川河口の丘陵に築かれた平山城。国史跡。

室町末期、宇喜多直家が攻略して居城とした。その子秀家は、豊臣秀吉に従って57万石余を領すると、1590年（天正18）、城の改修に着手。5重の天守を擁する城を完成させ、この地を岡山と命名した。

しかし秀家は関ヶ原の戦いに敗れて除封。かわって入封した小早川氏、池田氏の時代に城域が2倍に拡張された。現在の天守は、空襲で焼失したあとに復元されたものである。

天守と塩蔵（左）
黒漆塗りの下見板張りと金の鯱が特徴の天守は、1966年（昭和41）の復元。写真／JTBフォト

後楽園　延養亭
池田綱政が14年の歳月をかけて完成させた天下の名園。延養亭は来園した藩主の座所。写真／JTBフォト

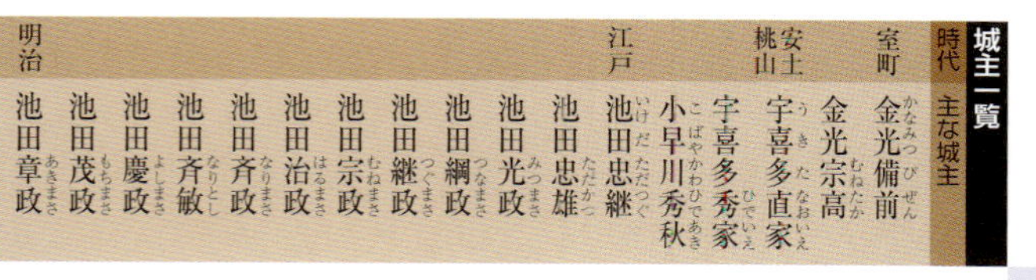

城主一覧

時代	主な城主
室町	金光備前
	金光宗高
安土桃山	宇喜多直家
	宇喜多秀家
	小早川秀秋
江戸	池田忠継
	池田忠雄
	池田光政
	池田綱政
	池田継政
	池田宗政
	池田治政
	池田斉政
	池田斉敏
	池田慶政
	池田茂政
明治	池田章政

宇喜多秀家画像　岡山城蔵
写真／岡山市観光経済交流課

明治初期の岡山城
岡山市立中央図書館蔵
内下馬橋の先に大納戸櫓、写真右手に天守を遠望する。大納戸櫓は宇喜多直家の旧居城亀山城（沼城）天守を移築したものという。

戦国大名にのし上がった宇喜多直家。その子秀家は関ヶ原の戦いに敗れ、寝返った怨敵小早川秀秋に岡山城を明け渡す。

豊臣秀吉
関白・太政大臣。秀家の母であるお福を見初め、寵愛する。

お福
はじめ三浦貞勝、貞勝自刃後に直家の妻。直家没後、秀吉の側室として大坂城に移る。

宇喜多直家
攻略した石山城（岡山城の前身）を拠点に主家浦上宗景を追放。

豪姫
前田利家の四女。母はまつ。豊臣秀吉の養女で秀家の正室。

秀家
岡山城主。豊臣政権五大老の1人。関ヶ原の戦いで西軍主力として奮戦するが敗れ、八丈島に流罪。

秀高
秀家長男。関ヶ原の戦いののち、父や弟の秀継らとともに八丈島へ配流。当地で死去。

宇喜多家家紋
「児文字」

［所在地］岡山市丸の内
岡山城事務所
☎086・225・2096

三石城 ◆浦上氏

備前市三石 ＊

１３３３年（元弘３・正慶２）、伊東大和二郎が築城したと伝わる山城である。

標高２９０ｍの天王山山頂に所在し、戦国時代には、備前守護代浦上氏の居城であった。浦上政宗が播磨室津城に移ると、弟の天神山城主宗景の支城となる。そしてしだいに存在意義を失い、廃城とされた。

津山城 ◆森忠政

津山市山下 ＊

別名を鶴山城という。美作の守護であった山名氏が築いた砦が津山城の前身という。

１６０３年（慶長８）、18万６５０石で美作に入封した森忠政（森蘭丸の弟）は、津山盆地の中央に位置する鶴山を築城地に選び、地名を津山と改め築城を開始した。城の完成には、約13年もの時を要した。

津山城天守台

津山城は、本丸・二の丸・三の丸を階段状に配する「一二三段」とよばれる縄張と、幾重にも積み重ねられた急勾配の石垣が特徴で、実戦的な防備を施している。５重の天守を中心に、77の櫓と41の門を擁した壮麗な城であった。

明治に入り建物は取り除かれたが、現在は鶴山公園として整備され、桜の名所としても知られる。

２００５年（平成17）には、本丸に備中櫓が復元される予定となっている。

岩屋城 ◆山名教清

津山市中北上 ＊

１４４１年（嘉吉１）、美作守護の山名教清によって築城された山城である。

岩屋城堀切

美作の中心に所在し、要害堅固な城として有名であった。その後、応仁の乱の時、赤松政則によって攻略された。戦国時代になると、浦上・尼子・毛利・宇喜多氏らによる争奪戦が展開され、城主も次々と替わっている。

１５９０年（天正18）、宇喜多氏の部将長船氏時代に廃城となった。

高田城 ◆三浦貞勝

真庭郡勝山町勝山

高田城のあった如意山（中央）と勝山（右）

写真／ＪＴＢフォト

14世紀の末に、地頭であった三浦氏が築いた山城。如意山（標高３２２ｍ）に本丸が、その南の勝山（標高２６１ｍ）に出丸があった。

高田城は交通の要衝にあるため、戦国時代は出雲の尼子氏、備前の宇喜多氏、備中の三村氏、安芸の毛利氏がこの城をめぐり激しい戦いを繰り広げた。

１５６５年（永禄８）、城主の三浦貞勝は、三村氏の攻撃を受け自刃。貞勝の妻であるお福（のちの法鮮尼）は、嫡子桃寿丸を連れて城を脱出、宇喜多直家を頼った。その後お福は直家の妻となり、秀家を生むこととなる。

江戸初期には津山藩の支城となったが、一国一城令により廃城となった。しかし、１７６４年（明和１）、かつて城主であった三浦氏と同祖異系の三河西尾藩主、三浦明次が２万３０００石で入封し、勝山藩が成立した。明次は新たに城を築き、高田城の名を勝山城と改めた。

現在残る遺構は、おもに明和期以降に修築されたものである。

楪城 ◆新見氏

新見市上市小谷

標高４８８ｍの「要害」と通称されている険しい絶壁状の山頂に所在する。鎌倉時代の末に、新見氏によって築城されたという以外、はっきりしたことは不明。

以来、新見氏の居城となるが、１５６５年（永禄８）三村家親に敗れる。家親の子元親は備中松山城を本拠とし、この城に弟元範を入れた。１５７４年（天正２）に毛利軍に包囲され、翌年に落城している。

現在城址には、二の丸・三の丸跡がよく残っている。

備中松山城 ◆水谷勝宗

高梁市内山下 ＊

高梁川を天然の堀とする要衝に築かれた山城。城としての歴史は、鎌倉時代にまで遡るが、三村元親が城主となり、戦国の山城として本格的に整備された。だが、毛利輝元の軍勢が備中松山城へと攻め込んだことから、元親は自害を強いられた。

江戸時代には、池田氏2代ののち、外様大名の水谷勝隆が5万石で備中松山に移され、次の勝宗が近世城郭として整備した。今日に伝えられる天守や、累々たる石垣の主要部分は、水谷氏時代に築かれた。

水谷氏改易ののち、備中松山城には譜代大名が配置され、非運の宰相として知られる板倉勝静の時代に明治維新を迎えた。

重要文化財の天守・櫓などが残る。（30～31ページ参照）

金川城 ◆松田氏

御津郡御津町金川

標高225mの臥龍山上に築かれていて、玉松城ともよばれた。築城時期と築城者には2説ある。承久年間（1219～22）の松田盛朝、1483年（文明15）の松田元成である。

以後、松田氏代々の居城であったが、1568年（永禄11）、宇喜多直家に攻められて落城。直家は弟の春家を城主としたが、1603年（慶長8）に廃城となった。

山頂一帯に、曲輪・土塁・堀切などが残されている。

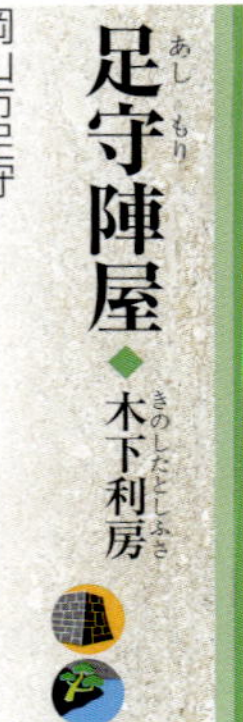

足守陣屋 ◆木下利房

岡山市足守

1615年（元和1）、木下利房は足守2万5000石を与えられると、屋形構とも称される陣屋を築き、藩庁とした。

利房は、豊臣秀吉の正室北政所の甥にあたる。いったん改易されたが、大坂の陣による功績が認められ、徳川家康より小大名の座を与えられた。以来、秀吉の旧姓木下を名乗る大名が廃藩置県まで存続した。

石垣と堀が今日に伝えられ、周囲には藩主木下氏の大名庭園「近水園」（県史跡）や、家老杉原家の武家屋敷などが残されている。

足守陣屋跡

備中高松城 ◆清水宗治

岡山市高松 ＊

戦国時代も末期の永禄年間（1558～70）ころ、幸山城主の石川久式（孝）が築いた。久式の没後は、女婿である清水宗治が城を受けついでいる。

1577年（天正5）以降、織田信長は中国地方へ羽柴秀吉を進出させた。当時、備中の城主たちは、ほとんど毛利方に属し、宮路山・冠山・高松・加茂・日幡・松島・庭瀬の〝境目七城〟を強化して対抗していた。

1582年（天正10）4月、羽柴軍は高松城を包囲する。しかし城の周囲は沼地であり、なかなか攻略は難しい。すると秀吉の軍師である黒田官兵衛の献策があった。足守川を塞きとめて、水を高松城に引き入れての水攻めがよいという。さっそく堤防工事を開始、水を城に誘導した。

高松城は水の中に孤立する。もう戦いにはならない。秀吉と毛利方の和議が始まるが、なかなかまとまらない。応援のために、近くに布陣している毛利軍も宗治に使いを出して「降伏して再挙を計られよ」と勧告する。そんな時、主君信長死去の知らせが秀吉に届く。秀吉は急いで毛利方との和睦に応じた。ただし条件は、城主宗治の切腹である。

毛利方は承諾しなかったが、宗治が受けてしまった。6月4日、兄の入道月清とともに切腹して果てる。それを見届けてから秀吉は、軍を返して京を目指して急行した。

江戸時代に入り、高松城はしばらく陣屋として使用された。

現在は城址公園として整備され、清水宗治の首塚が残り、資料館もある。また、水攻めの堤防跡の一部も残存している。

備中高松城城址公園　写真／毛利寿行

庭瀬城 ◆戸川逵安

岡山市庭瀬

撫川城（岡山市撫川）と庭瀬城は、もともと一体の城郭とみられ、古くは「旧城」とよばれる撫川城が、その中心であった。現在いわれる庭瀬城は、庭瀬藩の陣屋として発達したものである。

関ヶ原合戦後、戸川逵安が入封。以後、久世・松平・板倉氏と城主も替わって明治維新までつづいた。跡地の一部に石垣と堀が残る。

常山城 ◆上野隆徳

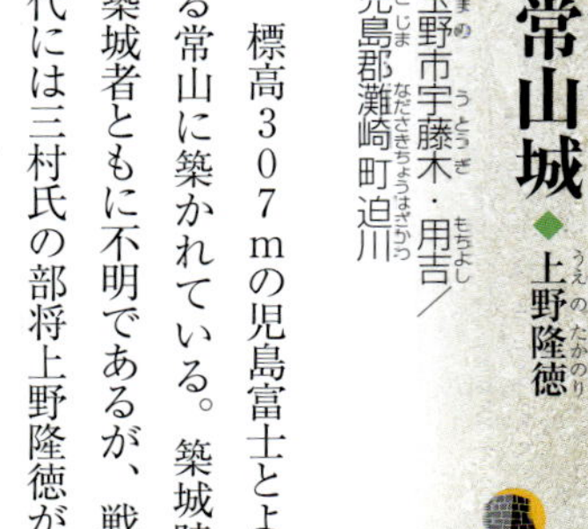

玉野市宇藤木・用吉／児島郡灘崎町迫川

標高307mの児島富士とよばれる常山に築かれている。築城時期、築城者ともに不明であるが、戦国時代には三村氏の部将上野隆徳が在城していた。

1575年（天正3）、毛利の大軍に包囲される。城主隆徳の妻梢の前（鶴姫）も、30余人の女性で編成された女軍を率いて戦った。そして全滅した城として名高い。

以後、宇喜多氏の重臣戸川秀安、ついで子の逵安が城主となるが、1603年（慶長8）に廃城とされている。

常山城に残る女軍の墓　写真／毛利寿行

下津井城 ◆宇喜多秀家

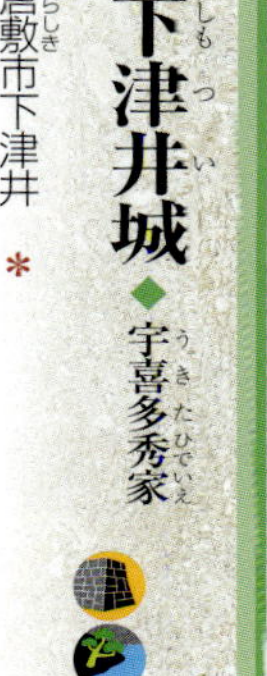

倉敷市下津井 *

長浜城、鳥留守城ともよばれた。

文禄年間（1592～96）に、宇喜多秀家が築城したともいわれている。

関ヶ原合戦後に備前に入った小早川秀秋も、瀬戸内海の制海権を考えてこの城を強化した。その後に入国した池田氏も、近世城郭として整備している。一国一城令が発布されたのちの1639年（寛永16）、廃城となった。

城址に石垣が残り、城門の1つが倉敷市にある正福寺に山門として移されている。

下津井城石垣

城址名	主な城主	所在地	遺構	解説
富田松山城	浦上景行	備前市東片上	土塁・堀切	備前焼を積み出す片上港を押さえる城。
天神山城*	浦上宗景	和気郡佐伯町	石垣・堀切	戦国大名浦上宗景一代の居城。
茶臼山城	笹部勘二郎	赤磐郡吉井町	土塁・堀切	5重堀切は圧巻。模擬天守が建つ。
三星城	後藤勝基	英田郡美作町	畝状竪堀	東美作の雄、後藤勝基の居城。
林野城	川副久盛	英田郡美作町	土塁・堀切	三星城後藤氏の襲来を撃退。
竹山城	新免宗貫	英田郡大原町	曲輪・堀切	尼子氏に奪われた領地奪還。
医王山城	湯原春綱	津山市吉見	畝状竪堀	毛利氏と宇喜多氏の争奪戦激烈。
神楽尾城	毛利氏	津山市総社	畝状竪堀	宇喜多氏の部将花房職秀が奪取。
荒神山城	花房職秀	津山市荒神山	畝状竪堀	職秀は宇喜多氏の前線指揮官。
矢筈城	草刈衡継	津山市加茂町	堀切・竪堀	美作第一の険阻な要害。
葛下城	中村頼宗	苫田郡鏡野町	土塁・堀切	尼子氏、のちに毛利氏の属城。
一之瀬城	竹内久盛	久米郡旭町	石垣・堀切	宇喜多氏が火攻めで落とす。
篠葺城	江原親次	真庭郡久世町	畝状竪堀	宇喜多氏が2万人動員し奪回。竪堀壮観。
大寺畑城	牧兵庫	真庭郡久世町	石垣・堀切	吉川元春が攻め、落城。
佐井田城	山田重英	上房郡北房町	曲輪・堀切	山田方谷の先祖が築く。
石蟹山城	石蟹氏	新見市石蟹	石垣・堀切	石蟹氏、一族の三村氏から独立。
鶴首城	三村家親	高梁市成羽町	曲輪・堀切	北備中の雄、三村氏初期の居城。
紫城	平川高親	高梁市備中町	堀切・虎口	尼子氏の遠征軍を撃退。
亀山城	佐野忠職	総社市三須	土塁・堀切	忠職に、幸山城主石川氏の有力家臣。
経山城	中島大炊助	総社市黒尾	石垣・桝形	寡兵で尼子氏1万の軍勢を撃退。
虎倉城	伊賀氏	御津郡御津町	石垣・堀切	毛利勢を迎撃し、大戦功あげる。
徳倉城*	松田親秀	御津郡御津町	石垣・堀切	金川城松田氏の有力支城。
亀山城	中山信正	岡山市沼	土塁・空堀	直家、舅殺害し城乗っ取る。沼城とも。
冠山城	林重真	岡山市下足守	曲輪・竪堀	秀吉軍の猛攻の前に陥落。
高取山城	島村豊後守	岡山市長沼	曲輪・堀切	豊後守、宇喜多直家に謀殺される。
富山城	松田元隆	岡山市矢坂東町	石垣・虎口	西備前の雄松田氏、一時本城とする。
撫川城*	三村氏	岡山市撫川	石垣・水堀	県内屈指の平城。
両児山城	宇喜多氏	玉野市八浜町	畝状竪堀	八浜合戦での宇喜多氏の本陣。
砥石城	宇喜多能家	瀬戸内市邑久町	石垣・堀切	能家、島村豊後守の急襲により自刃。
幸山城	石川氏	都窪郡山手村	土塁・堀切	備中守護代石川氏の本城。
本太城	能勢氏	倉敷市児島	石垣・堀切	香西氏の水軍を打ち破る。
南山城	不明	吉備郡真備町	畝状竪堀	防御厳重。戦国末期の縄張。
猿掛城	荘氏	小田郡矢掛町	石垣・堀切	備中守護代荘氏代々の居城。
鴨山城	細川満国	浅口郡鴨方町	石垣・堀切	備中守護細川氏代々の居城。
折敷山城	有岡氏	笠岡市走出	曲輪・堀切	毛利氏が遠征途中に軍議開く。

*県史跡

広島城

県西部、太田川河口の三角州に築かれた平城。国史跡。

［所在地］
広島市中区基町
広島城
☎082・221・7512

1589年（天正17）、毛利輝元が築城を開始した。10年後には、5重の大天守と3重の小天守2基を擁する、8か国120万石の大名にふさわしい壮大な城郭が完成。この地は、広島と命名された。しかし、輝元は関ヶ原の合戦に敗れ、周防・長門2国に減封。完成間もない広島城を失い、東軍についた福島正則が入城する。

複連結式の天守は原爆で倒壊し、現在、大天守のみが復興されている。

二の丸の表御門と平櫓・多聞櫓
表御門わきに平櫓、写真右奥に向かって多聞櫓、太鼓櫓とつづく。1989年（平成1）から94年にかけて木造で復元。写真／竹重満憲

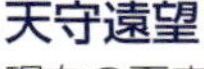

天守遠望
現在の天守は1958年（昭和33）の復興。写真／J－Bフォト

城主一覧

時代	主な城主
安土桃山	毛利輝元
	福島正則
江戸	浅野長晟
	浅野光晟
	浅野綱晟
	浅野綱長
	浅野吉長
	浅野宗恒
	浅野重晟
	浅野斉賢
	浅野斉粛
	浅野慶熾
	浅野長訓
明治	浅野長勲

大正期ごろの広島城 広島市公文書館蔵
南西から見た天守。堀には蓮が密生している。

幼少より秀吉に仕えて出世を遂げた福島正則。関ヶ原の戦い後は広島城主となったが、江戸幕府により蟄居を命ぜられ、晩年は不遇だった。

福島正信
尾張出身。妻の縁で秀吉に仕え、小牧・長久手の戦いに従軍。

木下氏
秀吉の叔母と伝える。

大政所
織田家の足軽であった弥右衛門に嫁ぎ、秀吉を生む。名はなか。号は天瑞院。

正則
正信長男。秀吉子飼いの猛将で賤ヶ岳七本槍の1人。清洲城主、広島城主。

高晴
正信次男。秀吉の家臣。関ヶ原の戦い後は、初代大和松山藩主。

豊臣秀吉
同郷の縁者、加藤清正や福島正則を重臣に取り立てた。

忠勝
正則三男。父とともに信濃高井野に蟄居するが、父に4年先立って死去。

忠政
高晴の子。父が伊勢山田に蟄居、所領を没収されたが、家名存続は許された。

福島正則画像
東京国立博物館蔵

福島正則の家紋
「福島沢瀉」

神辺城 ◆山名氏

深安郡神辺町川北・川南

神辺城址　写真／竹重満憲

神辺平野の東端、小丘陵の先端に位置する。備後の中心となる重要な場所といえる。1335年（建武2）、朝山景連が備後国守護となり、築城した。以後、約250年間守護所としてつづく。

戦国時代は山名氏の居城となったが、神辺をめぐり、周防大内氏と出雲尼子氏とで争奪戦を繰り広げた。一国一城令で廃城となり、1619年（元和5）には水野勝成が備後に入り、福山城を築いた。

現在、城跡公園として整備され、曲輪跡や空堀が良好な保存状態で残る。また、城門が福山市実相寺へ移設されている。

福山城 ◆水野勝成

福山市丸の内 ＊

1619年（元和5）、徳川家康のいとこ、水野勝成が備後東南部に入封して築城を開始、3年後に城と城下町が完成する。地名を福山と名づけ、福山城と称したが、久松城・葦陽城ともよばれた。

城主は水野氏5代ののち、幕領時代を経て松平氏が10年とつづく。1710年（宝永7）から阿部氏が10代つづいて、明治維新を迎えた。

現在、山陽新幹線福山駅ホームの北側にある福山城公園に、5層7階の復元天守が聳えている。江戸時代の建物で現存するのは、伏見櫓・筋鉄御門（以上重文）・鐘櫓。また、月見櫓・鏡櫓・御湯殿と天守は、1966年（昭和41）に復元されたもの。天守の内部は、福山城博物館となっている。

福山城伏見櫓

相方城 ◆有地元盛

福山市新市町大字相方 ＊

相方城虎口の石段と石垣

相方城の歴史は不明な部分が多いが、1563年（永禄6）、有地元盛によって築城されたと伝えられる。有地氏は、毛利氏に属して周辺地域に勢力を拡大していった。

城跡は、東に岡山県西部地域を視野に入れ、山陽道・瀬戸内海筋の情報を即座に収集できる立地にある。

現在も、城山山頂から山麓への広い範囲に、7つの曲輪跡と大規模な石垣などの遺構が残されている。また城門が、同町戸手の素盞嗚神社に移築されて残る。

三原城 ◆小早川隆景

三原市城町 ＊

三原湾岸に位置する平城。1567年（永禄10）から小早川隆景によって築かれた。隆景は、本拠とした新高山城が内陸の山城であったことから、瀬戸内海交通の要衝に位置する三原城を第2の本拠とした。三原城は、小早川水軍の母港の役割も果たす海賊城でもあった。

隆景は、養子の秀秋に筑前の所領を譲ると、三原城を隠居所として晩年を過ごした。このころ、近世城郭として整備され、今日に伝えられる石垣や堀が造営された。

関ヶ原合戦後、福島正則の所領となったが、福島氏が改易されると、広島城主の浅野氏の支城となり、城代が配された。

都市化と鉄道建設により、遺構の多くが失われたものの、山陽新幹線三原駅ホームの真横に天守台が残さ

三原城天守台

れ、往時の姿が偲ばれる。

高山城 ◆小早川茂平

三原市高坂町真良・豊田郡本郷町本郷・船木 ＊

鎌倉初期、沼田小早川氏の茂平による築城と伝え、小早川氏が約３５０年間居城とした山城。

１５５２年（天文21）、竹原小早川氏から当主となった隆景の代に、新高山城に居城を移した。

現在、曲輪跡や石垣・土塁が残る。

新高山城 ◆小早川隆景

豊田郡本郷町本郷・船木 ＊

沼田川を挟み、西側に新高山城、東側に高山城が位置する。１５５２年（天文21）に小早川隆景が築いた、標高１９７ｍの峻険な山城。三原城築城後に廃城とされた。

現在、曲輪跡や石垣、礎石の一部が残る。また大手門が、三原市内宗光寺山門として移されている。

新高山城石垣

吉田郡山城 ◆毛利氏

安芸高田市吉田町吉田 ＊

吉田郡山城三の丸の崩れた石垣

吉田の市街を見渡す独立丘に位置する山城。南北朝時代、安芸毛利氏の祖時親が築いたと伝えられる。

１５４０年（天文9）、尼子晴久が率いる3万の軍勢が吉田郡山城に押し寄せたが、城主の毛利元就は、大内氏の援軍とともに尼子勢の撃退に成功した。

この郡山合戦により、吉田郡山城は天下の堅城として知られるとともに、元就は戦国大名として飛躍のきっかけをつかんだ。

元就の孫にあたる毛利輝元は、広島城を築き、１５９１年（天正19）に本拠を移した。そして、一国一城令によって廃城処分となったことから、吉田郡山城は歴史の表舞台から姿を消した。

本丸を中心にして、無数といえるほどの曲輪群が今日に伝えられ、戦国時代有数の巨大山城の姿が思い起こされる。

猿掛城 ◆毛利弘元

安芸高田市吉田町多治比 ＊

標高３７０ｍの丘陵上に所在する山城。

明応年間（１４９２～１５０１）ごろに、元就の父弘元によって築かれた。毛利元就が青少年期を過ごした城と伝わるが、ほかの歴史には不明な部分が多い。

現在、曲輪跡や土塁・空堀などが残され、山腹には毛利弘元夫妻の墓もある。

小倉山城 ◆吉川経見

山県郡北広島町新庄 ＊

江の川の上流、新庄盆地北側の丘陵上に位置する山城。

南北朝後期に、吉川経見が本拠を大朝本庄の駿河丸城から新庄に移したさいに築城したとされ、１５５０年（天文19）に元春が日山城に移るまでの約１７０年間、吉川氏はこの城を本拠とした。

標高４６０ｍの山頂に、本丸（甲の丸）を中心とする約10の曲輪からなる堅固な山城であった。

多くの曲輪・堀切が残り、現在、史跡公園として整備中である。

なお、北広島町内には、駿河丸城・日山城も城址が残り、国の史跡に指定されている。

吉川元春館 ◆吉川元春

山県郡北広島町海応寺 ＊

１５８３年（天正11）、毛利元就の次男吉川元春が元長に家督を譲った後、隠居所として設けた館である。背後に低丘陵を控えた志路原川の

吉川元春館の石垣　写真／竹重満憲

河岸段丘上にあり、海応寺の地名は吉川氏の菩提寺にちなむという。

丘陵上に石垣や国名勝の庭園跡が残り、現在、史跡公園として整備中。

銀山城（かなやま）◆武田元繁（たけだもとしげ）

広島市安佐南区祇園町・安古市町 *

1221年（承久3）、安芸国守護の武田信宗が、標高411mの武田山山頂に築いたといわれる山城。武田氏は承久の乱の恩賞として安芸守護に任命され、甲斐守護を兼任した。

南北朝時代には、甲斐・安芸両家に分かれてそれぞれの領国を統治したが、安芸国は国人領主の独立性が強く、隣国には強大な勢力をもつ大内氏が進出の機会をうかがっていた。そのため、安芸武田氏の勢力は国中の3郡におよぶ程度で、それもしだいに銀山城下の太田川流域に狭められていった。

退勢を挽回すべく武田元繁は、1517年（永正14）有田城を攻めたが、有田合戦において毛利元就に敗れ戦死した。武田氏は、その後出雲の尼子氏と結び回復を試みるも、1541年（天文10）、元就に銀山城を落とされ滅亡した。

城は自然の岩山をうまく利用して築かれ、城門の石積みは桝形の原形をとどめる。

銀山城址 写真／竹重満憲

桜尾城（さくらお）◆穂田元清（ほいだもときよ）

廿日市市桜尾本町

鎌倉時代に、厳島神社の神主によって築城されたという。

戦国時代は、安芸武田氏・周防大内氏・出雲尼子氏の間の争乱に巻き込まれてしまった。

厳島合戦の前年（1554年）に毛利氏は、重臣の桂元澄を入れて戦いに臨み、勝利を得た。

その後、元就四男穂田元清が城主となるが、関ヶ原合戦後に廃城にされた。

跡地は住宅地の中の小高い丘にあり、現在は桂公園となっている。遺構はほとんどない。

城址名	主な城主	所在地	遺構	解説
蔀山城*	山内通資	比婆郡高野町	土塁・堀切	多賀山円首藤氏代々の居城。
黒岩城	和泉久勝	比婆郡口和町	曲輪・堀切	家臣が当主を殺し毛利氏に従う。
大富山城	宮高盛	比婆郡西城町	曲輪・堀切	宮氏は毛利輝元の怒りを買い伯耆へ移封。
五品岳城	宮景友	比婆郡東城町	石垣・堀切	備後北部の国人領主宮氏の居城。
甲山城*	山内通資	庄原市山内町	土塁・堀切	通資、蔀山城より居城を移す。
九鬼城	馬屋原正国	三次市三和町	土塁・堀切	鞍部の5重堀切は壮観。
南天山城	和智師実	三次市吉舎町	土塁・堀切	毛利隆元毒殺容疑で和智兄弟を誅殺。
姫ヶ嶽城	槙原氏	三次市布野町	土塁・堀切	比叡尾山三吉氏の支城。
福山城	高尾越中守	三次市君田町	土塁・堀切	比叡尾山三吉氏の支城。
比叡尾山城	三吉氏	三次市畠敷町	堀切・竪堀	鎌倉時代からの三吉氏本城。
比熊山城	三吉広高	三次市三次町	石垣・桝形	比叡尾山城から移転。近世城郭。
尾関山城	上里守光	三次市三吉町	曲輪	江の川を水堀とし、比熊山城大手の守り。
国広山城	国広氏	三次市和知町	土塁・堀切	巨大山城。尼子対毛利戦に関係か。
勝山城	粟屋氏	三次市粟屋町	石垣・竪堀	比叡尾山三吉氏の支城。
八幡山城	三吉氏	三次市志和町	畝状竪堀	毛利攻めの尼子国久が陣城に利用。
笠城山城	糸井氏	三次市糸井町	畝状竪堀	旗返山城の支城。毛利氏が攻略。
旗返山城	江田氏	三次市三若町	土塁・竪堀	尼子方につき毛利氏に攻められる。
楢崎城	楢崎豊武	府中市阿字町	石垣・堀切	楢崎氏、毛利元就に従い各地に転戦。
桜山城*	桜山茲俊	福山市新市町	曲輪・堀切	南朝方茲俊、楠木正成に呼応して挙兵。
一乗山城	渡辺兼	福山市熊野町	石垣・堀切	渡辺党の城。4重堀切あり。
鞆城	毛利氏	福山市鞆町	曲輪・石垣	将軍足利義昭を迎えるため築城。
鷲尾山城*	杉原氏	尾道市木ノ庄町	土塁・堀切	尼子晴久が一時略取、のち奪回。
余崎城	因島村上氏	御調郡向島町	曲輪・石垣	因島村上水軍の海賊城。
青山城	尼子晴久	安芸高田市吉田町	土塁・空堀	尼子氏の郡山城攻めの陣城。
五龍城*	宍戸朝家	安芸高田市甲田町	石垣・堀切	宍戸氏、常陸より移住して築く。
高塚城	鷹司大膳	東広島市福富町	畝状竪堀	竪堀が本丸周囲全面を覆う。
鏡山城*	大内氏	東広島市西条町	土塁・堀切	尼子経久攻略後、内応者の首を刎ねる。
頭崎城*	平賀興貞	東広島市高屋町	畝状竪堀	興貞、大内・尼子帰属問題で父と対立。
高松城*	熊谷氏	広島市安佐北区	石垣・堀切	武蔵熊谷郷から西遷して居城。
尾首城	松浦氏	広島市安佐北区	畝状竪堀	城の全面を竪堀が取り巻く城。
駿河丸城*	吉川経高	山県郡北広島町	土塁・空堀	吉川氏最初の居城。小倉山城へ移転。
日山城*	吉川元春	山県郡北広島町	石垣・土塁	元春、小倉山城から本拠を移す。
土肥城	藤田政嘉	山県郡北広島町	土塁・空堀	巨大な空堀をめぐらした館城。
宮尾城	毛利元就	佐伯郡宮島町	曲輪・堀切	厳島合戦に向け元就築城。
亀居城	福島正則	大竹市小方	石垣・堀切	安芸移封後、1603年（慶長8）築城。

*国史跡　*県史跡

山口県

萩城（はぎ）

県北部、阿武川河口の三角州に築かれた平山城。国史跡。

関ヶ原の合戦に敗れた毛利輝元は、中国8か国から周防・長門2か国に減封され、居城の安芸広島城を失ったため、1604年（慶長9）から長門の萩に築城を開始。以来、萩藩は長州藩とよばれるようになった。

しかし幕末になると、外国艦船からの砲撃を避けるため、政庁は周防の山口に移転。萩城は事実上の廃城となり、明治維新後、5層の天守を含め建物はすべて撤去された。

指月山と本丸の石垣 指月山は標高143m。山頂に詰丸、麓の本丸には天守や藩主の居館があったが、今は石垣が残るのみ。
写真／世界文化フォト

菊屋家住宅と菊屋横丁 菊屋家は藩の御用商人。主屋など多くの建物が重文。菊屋横丁の中ほどに高杉晋作旧宅がある。写真／ＪＴＢフォト

城主一覧

時代	主な城主
江戸	毛利輝元
	毛利秀就
	毛利綱広
	毛利吉就
	毛利吉広
	毛利吉元
	毛利宗広
	毛利重就
	毛利治親
	毛利斉房
	毛利斉熙
	毛利斉元
	毛利斉広
	毛利敬親

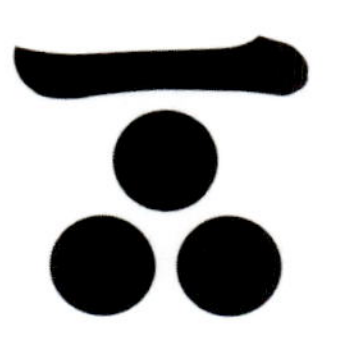

毛利家家紋「長門三星」

毛利輝元像
写真／萩市

明治初期の天守 天守は5層5階の望楼型。266年存続したが、1874年（明治7）に解体された。写真／萩市

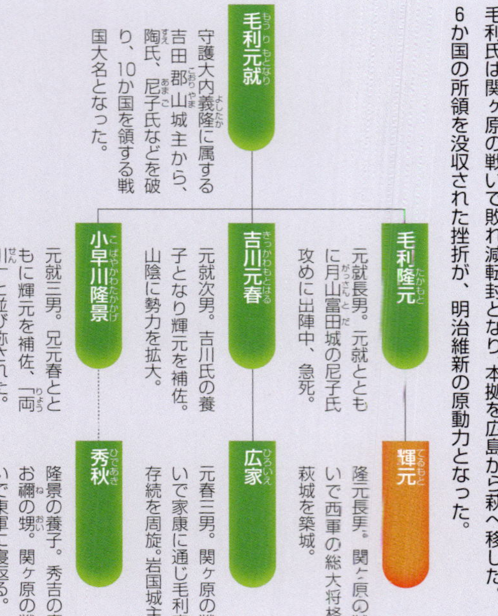

毛利氏は関ヶ原の戦いで敗れ減転封となり、本拠を広島から萩へ移した。6か国の所領を没収された挫折が、明治維新の原動力となった。

毛利元就 守護大内義隆に属する吉田郡山城主から、陶氏、尼子氏などを破り、10か国を領する戦国大名となった。

毛利隆元 元就長男。元就とともに月山富田城の尼子氏攻めに出陣中、急死。

輝元 隆元長男。関ヶ原の戦いで西軍の総大将格。萩城を築城。

吉川元春 元就次男。吉川氏の養子となり輝元を補佐。山陰に勢力を拡大。

広家 元春三男。関ヶ原の戦いで家康に通じ毛利家存続を周旋。岩国城主。

小早川隆景 元就三男。兄元春とともに輝元を補佐、「両川」と並び称された。

秀秋 隆景の養子。秀吉の妻お禰の甥。関ヶ原の戦いで東軍に寝返る。

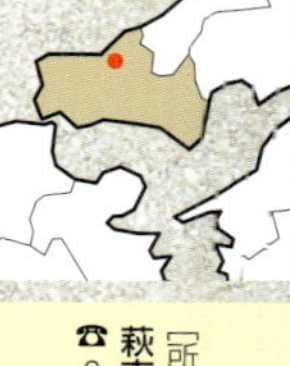

［所在地］萩市大字堀内字旧城
☎ **萩市観光課** 0838・25・3139

岩国城 ◆ 吉川広家

岩国市横山3丁目城山

錦川を天然の堀とし、岩国市街を見渡す横山にある平山城。1602年（慶長7）、吉川広家によって築城工事が開始され、約5年の歳月をかけて一応の完成をみた。

岩国城は、山麓部の「御土居」と称される居館部分に加え、背後の山頂には詰の城が設けられ、3層4階・物見付の天守が建てられた。

1615年（元和1）の一国一城令により、天守をはじめ、山頂の城は破却された。御土居は破却を免れ、明治維新まで、岩国吉川氏6万石の政庁として存続した。

現在、山上に旧天守台の石垣や大空堀などが残存し、位置をやや移して復興天守が建つ。御土居跡には水堀が残り、錦川に架かる5連アーチの錦帯橋は、岩国城の城門橋である。

岩国城天守

鞍掛城址　写真／玖珂町産業経済課

鞍掛城 ◆ 杉隆泰

玖珂郡玖珂町谷津

標高240mの鞍掛山にある大内氏の支城。1546年（天文15）、大内氏重臣の杉隆泰が築城した。

1555年（弘治1）の厳島の戦いで、毛利元就が陶晴賢に勝利すると、隆泰は毛利氏に降った。

しかし大内氏再興を策し、大内義長に通じたことから、同年11月、鞍掛合戦となる。杉方2600の兵は、毛利の兵7000に包囲されて落城した。

城跡の麓にあたる谷津の古戦場に、戦死者を供養する千人塚がある。

徳山城 ◆ 毛利就隆

周南市公園区

毛利輝元の次男就隆は、1617年（元和3）、兄の萩藩主毛利秀就より周防国都濃郡に3万石を分与され、下松に館を築いた。

その後、野上に館を移して地名を徳山と改め、1650年（慶安3）、萩藩支藩の徳山藩4万5000石が成立した。

1836年（天保7）、城主格となり、藩主館を徳山城と称する。

建物は昭和の戦災で焼失。跡地は徳山動物園・文化会館などになり、わずかに庭園跡や、藩主ゆかりの遥拝石が残る。

若山城 ◆ 陶晴賢

周南市福川・夜市 ＊

標高217mの若山山頂にあり、富田若山城ともいう。築城は南北朝時代の陶弘政とも、室町時代の陶弘護ともいわれ、大内氏重臣陶氏代々の居城となった。

1555年（弘治1）、城主陶晴賢は若山城を嫡子長房に守らせ、厳島で毛利氏と戦うが、敗れて自刃。直後に若山城も杉重輔に攻められ、落城する。長房は龍文寺で自刃し、陶氏は滅亡した。その後、城は毛利氏によって破却された。

尾根上に三の丸・二の丸・本丸・西の丸・蔵屋敷がつづく連郭式の山城で、山頂に曲輪跡や空堀・石垣が残されている。

若山城石垣

大内氏館 ◆ 大内弘世

山口市大殿大路 ＊

南北朝時代、周防・長門・石見の守護となった大内弘世が建てた館といわれる。大内氏の本拠で城郭に相当し、ここで約200年、領国の治世をとった。

1551年（天文20）、当主大内義隆は陶晴賢の反逆で追われ、自刃して果てた。そして晴賢が豊後（大分県）大友氏から迎えた大内義長（義隆の甥で大友宗麟の弟）も毛利元就に攻められ、1557年（弘治3）自刃。大内氏は滅亡した。

館跡には、毛利隆元が義隆の菩提所とした龍福寺が建つ。発掘調査によれば、館は東西160m、南北170m以上と、全国最大級の守護館であった。

築山館 ◆ 大内教弘

山口市上竪小路 ＊

室町時代に大内弘世の孫教弘が、大内氏館の北側に造営した別館。その豪華さは京の建物に劣らず、また、築山と池の景色はことに優れていたという。
幕末、萩藩が萩城から山口に藩庁を移した時に、館の石垣を運び去っている。
跡地には八坂神社・築山神社が建ち、館を囲う築地(土塁)が一部残っている。

築山館の土塁　写真／竹重満憲

山口藩庁 ◆ 毛利敬親

山口市滝町

藩内での呼称は山口屋形。外部からは山口城ともよばれた。

1863年(文久3)、萩城主の毛利敬親は、湯田温泉への湯治を名目として、山口へ移動。山口に本拠を移すことを内外に宣言した。

日本海に面する萩城は、領土の北端に位置することから、本拠の移転は長州藩の長年の悲願ともいえた。幕府に対しては「山口の政庁は城ではない」と伝えてはいたが、堀によって守りが固められるなど、山口城の名に恥じることがない施設が建設された。

薬医門形式の表門と、堀の一部のみが今日に伝えられる。

山口藩庁の水堀

高嶺城 ◆ 大内義長 ＊

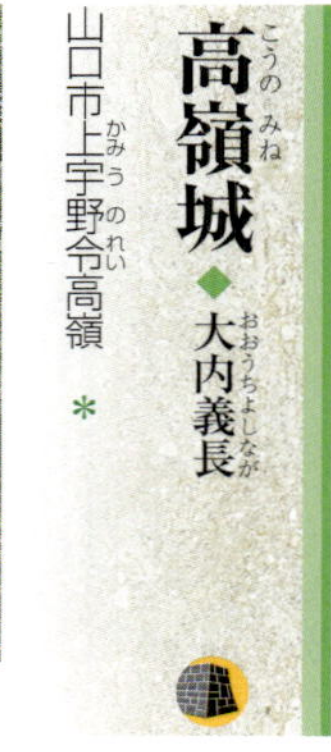

山口市上宇野令高嶺

高嶺城石垣

1556年(弘治2)、標高338mの鴻ノ峰に大内義長が築いたが、完成しないうちに毛利氏の攻撃が始まる。義長は城を捨てて下関の勝山城に移った。

のち、毛利氏が城番市川経好を置いた。留守中に大内再興をねらう大内輝弘が攻め込んだため、経好夫人が指揮をとり、約10日の激戦の末、城を守ったという。

1615年(元和1)の一国一城令で廃城となった。石垣や井戸の跡が残る。

清末陣屋 ◆ 毛利元知

下関市清末陣屋

1653年(承応2)、長府藩主毛利秀元の三男元知が1万石を分与され、萩藩支藩の清末藩を創設した。1659年(万治2)に清末の小高い丘上に居館を設け、長府から移っている。

「清末御殿」とよばれた居館は明治初期まで存続したが、現在、跡地は市立東部中学校となっている。遺構として、表門が阿内八幡宮、裏門が渡辺邸、御殿の玄関や書院が明円寺に移築されている。

勝山城 ◆ 入江加賀守

下関市大字小野

且山城とも書く。標高361mの山城で、築城時期や築城者は不明である。

1557年(弘治3)3月、大内義長は高嶺城から移って、内藤隆世とともに勝山城に立て籠った。毛利軍は追撃し、元就重臣の福原貞俊が、義長の命を助けるとの条件で明け渡しを迫る。隆世は義長を脱出させて自刃。城は陥落した。

義長は長府の長福寺(現功山寺)に入ったが、毛利軍に包囲され自刃している。

のち元就は、大内氏の旧臣入江氏

に城を守らせ、下関方面の押さえとした。

現在、石垣がわずかに残る。

勝山御殿 ◆ 毛利元周

下関市大字田倉

勝山御殿石垣　写真／毛利寿行

1863年（文久3）、長州藩が攘夷を決行し、関門海峡の外国船に砲撃を開始した。長府藩主毛利元周は、外国船の報復攻撃に備えて、海岸に近い串崎城麓の藩邸を離れ、覚苑寺に仮住まいする。

そして、わずか7か月で急造した藩邸が勝山御殿である。1864年（元治1）2月に完成し、廃藩置県まで存続した。

現在も高い石垣が大規模に残り、建物の一部も覚苑寺ほかに移設されている。

串崎城 ◆ 毛利秀元

下関市長府外浦町・長府宮崎町

櫛崎城とも書く。周防灘に突出した台地の断崖上にあり、文献上ではすでに940年（天慶3）、城に関する記述が見える。

1569年（永禄12）、長門守護代内藤隆春が城番を置き、居城としている。

関ヶ原の合戦後、毛利秀元は宗家より3万6000石を分与されて長府藩を創設。1602年（慶長7）に当城を再築して入城、雄山城と名付けた。しかし、1615年（元和1）の一国一城令で廃城とされ、以後は麓の藩主居館が藩邸となった。

現在、城跡には整備された石垣の一部があり、本丸に天守台が復元されている。藩邸跡は豊浦高校となっている。

上空から見る串崎城　写真／下関市教育委員会

城址名	主な城主	所在地	遺構	解説
東郷山城	来島通康	大島郡周防大島町	曲輪	来島水軍の出城。
成君寺山城	大内氏	玖珂郡本郷村	曲輪・堀切	一揆勢籠城、毛利氏攻める。
冷泉氏館	冷泉隆豊	玖珂郡周東町	石垣・土塁	大内氏家臣冷泉氏の居館。
蓮華山城	椙杜隆康	玖珂郡周東町	曲輪・堀切	鞍掛城攻略時に利用。
伊賀道城	高井三佐守	柳井市日積	曲輪・堀切	鉄砲台石あり。
上関城	村上吉敏	熊毛郡上関町	なし	村上水軍による帆別銭徴収の海関。
八海山城	光井氏	光市光井	曲輪	光井氏、大内氏に従い各地を転戦。
三丘嶽城	大内氏	周南市小松原	曲輪・石垣	大内氏支城。
陶氏館	陶弘政	周南市下上	曲輪・堀切	陶氏代々の居館。詰の城あり。
沼城	大内氏	周南市須々万本郷	なし	毛利元就、沼に編竹・薦を敷き渡渉攻撃。
藤掛山城	吉見氏	周南市鹿野上	曲輪・堀切	暴政に領民蜂起し吉見氏を追放。
敷山城*	静尊	防府市牟礼	曲輪	僧静尊、南朝方で挙兵。山岳寺院を城郭利用。
右田岳城	右田氏	防府市下右田	曲輪	右田氏居城。石州街道押さえる。
古城ヶ岳城	大内氏	山口市上宇野令	石垣・空堀	大内氏、山口統治の防衛拠点。
障子ヶ岳城	問田亀鶴	山口市上宇野令	曲輪	大内氏遺臣が義隆の遺児亀鶴を擁し籠城。
姫山城	内藤隆世	山口市大内御堀	曲輪・石垣	毛利氏の来攻に備える。
鹿ヶ嶽城	吉見氏	阿武郡田万川町	曲輪・堀切	津和野の吉見氏支城。
鰐坊山城	益田氏	阿武郡田万川町	石垣・堀切	益田氏、城督に大谷氏入れる。
賀年城	波多野滋信	阿武郡阿東町	曲輪・堀切	吉見氏、大内義隆の弔い合戦で挙兵。
元山城	陶晴賢	阿武郡阿東町	曲輪・堀切	吉見氏攻略のための陣城。
渡川城	大内氏	阿武郡阿東町	曲輪・堀切	石見口境目の城。
櫛山城	吉見広頼	萩市大井	曲輪	津和野吉見氏、1600年（慶長5）転封後居城。
要害山城	山田氏	萩市見島	石垣・堀切	見島の島酋山田氏の居城。
深川城	鷲頭弘忠	長門市東深川	曲輪	大内教弘に攻め滅ぼされる。
青景城	青景秀通	美祢郡秋芳町	曲輪・堀切	カルスト地形にある山城。居館あり。
真名城	厚東氏	美祢郡美東町	曲輪・堀切	厚東氏支城。
霜降城*	厚東氏	宇部市末信	曲輪・空堀	長門守護厚東氏本城。南北朝期の築城。
荒滝城	内藤隆春	宇部市東吉部	曲輪・石垣	内藤氏は大内氏重臣。のち毛利氏に従う。
丸嶽山城	阿川氏	下関市豊北町	曲輪	阿川氏は大内氏家臣。
一ノ瀬城	豊田氏	下関市豊田町	土塁・堀切	豊田氏は防長の三大名族。
青山城	不明	下関市形山	曲輪	「長門富士」ともよばれる山上にある。
佐加利山城	不明	下関市長府前八幡町	曲輪	四王司山城の前衛陣地。
四王司山城	厚東氏	下関市長府四王司町	曲輪	大内氏内紛時に戦場となる。
松屋城	松屋氏	下関市松屋	曲輪	眼下に関門海峡を望む景勝地。
三井館	三井氏	下関市富任町	土塁・空堀	三井氏居館。別名「三太屋敷」。

*国史跡（敷山城）　*県史跡（霜降城）

徳島城

県の北東部、吉野川河口の三角州にある丘陵に築かれた平山城。国史跡。

室町時代、ここには阿波守護細川氏の支城があった。1582年（天正10）、長宗我部元親が攻略。しかし、その3年後には羽柴秀吉の四国攻めで降伏したため、長宗我部氏は城を追われた。

かわって蜂須賀正勝の子家政が、四国平定の功により阿波一国18万石で入封。城を新たに築き、この地を徳島と命名した。東二の丸に建てられた天守（3重櫓）は、明治時代に取り壊されている。

鷲の門

瓦葺き総欅造りの薬医門。唯一の遺構だったが戦災で消失。1989年（平成1）に復元。

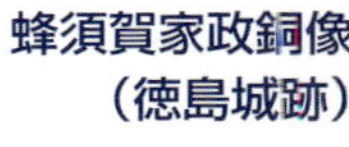

蜂須賀家政銅像（徳島城跡）

城主一覧

時代	主な城主
安土桃山	蜂須賀家政
江戸	蜂須賀至鎮
	蜂須賀忠英
	蜂須賀光隆
	蜂須賀綱通
	蜂須賀綱矩
	蜂須賀宗員
	蜂須賀宗英
	蜂須賀宗鎮
	蜂須賀至央
	蜂須賀重喜
	蜂須賀治昭
	蜂須賀斉昌
	蜂須賀斉裕
明治	蜂須賀茂韶

蜂須賀家家紋「丸に卍」

1872年（明治5）ごろの徳島城

徳島市立徳島城博物館蔵
左に見えるのが鷲の門、中央は月見櫓。

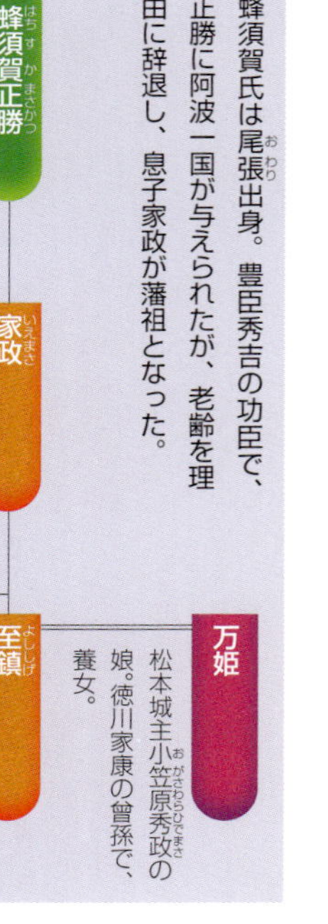

蜂須賀氏は尾張出身。豊臣秀吉の功臣で、正勝に阿波一国が与えられたが、老齢を理由に辞退し、息子家政が藩祖となった。

蜂須賀正勝
通称、小六。出世街道を進む秀吉に仕え、墨俣城の築城などに尽力。播磨龍野城主。

家政
正勝長男。徳島藩祖。関ケ原の戦いでは西軍に与したが出陣せず、嫡子至鎮を東軍に出陣させたため、本領安堵。

万姫
松本城主小笠原秀政の娘。徳川家康の曾孫で、養女。

至鎮
家政長男。初代徳島藩主。大坂の陣の戦功で淡路一国を加増される。

阿喜
家政の娘。彦根藩主井伊直孝の室。

旧徳島城表御殿庭園

桃山様式を伝える名庭。庭園面積9917㎡。国名勝。写真／藤田 健

［所在地］徳島市徳島町城内
徳島市立徳島城博物館
☎088・656・2525

一宮城 ◆ 小笠原氏

徳島市一宮町 ＊

1338年（延元3・暦応1）、小笠原長宗によって築かれた山城。

本丸は標高144mの位置にある。周囲の峰々に、明神丸・小倉丸などの曲輪を配置した堅固な城であった。

1585年（天正13）の羽柴秀吉による四国攻めの時には、長宗我部元親の属城となっており、元親の重臣谷忠澄が守っていた。谷忠澄は秀吉軍の猛攻を前に、けっきょく城を明け渡している。

同年、蜂須賀家政が阿波に入封し居城としたが、翌年、徳島に城を築いて移った。阿波九城とよばれる国内要衝9か所の支城の1つ。

現在、曲輪跡に石垣・堀切などが残されている。

一宮城本丸虎口

勝瑞城 ◆ 十河存保

板野郡藍住町勝瑞 ＊

築城年代には諸説あるが、一説には、1363年（正平18・貞治2）に細川頼春が築いたという。その後250年間、細川氏・三好氏によって、阿波守護所として四国地方の政治の中心であった。三好氏は、ここを拠点として畿内・京都に進出していく。

1582年（天正10）、城主の十河存保は、長宗我部元親軍と中富川で戦って敗れ、城も落ち、以後廃城となった。

現在、本丸跡には城主三好氏の菩提寺見性寺が建ち、土塁と堀の一部が残る。

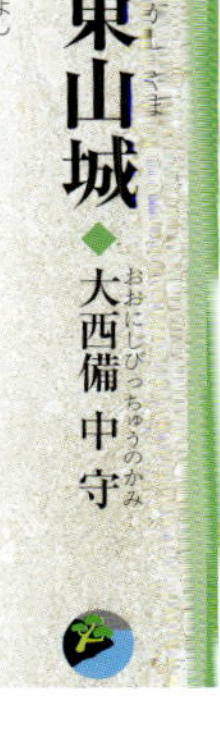

東山城 ◆ 大西備中守

三好郡三好町東山

吉野川に向かって北から突き出した尾根の先端を利用して築かれた山城である。

戦国期、三好郡に勢力を張った、白地城主大西氏の一族で備中守を名乗る者が居城していたという。1577年（天正5）、長宗我部元親の攻撃を受け落城したと伝える。

現在残る縄張は、長宗我部氏の築城術によるものと思われ、横堀や竪堀を合理的に配置している。

城址名	主な城主	所在地	遺構	解説
木津城	篠原自遁	鳴門市撫養町	曲輪	長宗我部氏に攻められ、淡路へ逃走。
土佐泊城	森元村	鳴門市鳴門町	石垣・堀切	鳴門海峡を睨む海賊城。
秋月城	秋月氏	板野郡土成町	空堀	室町初期に守護所が置かれる。
日開谷城	新田氏	阿波郡市場町	曲輪・堀切	南北朝時代の利用と伝わる。
脇城	稲田氏	美馬郡脇町	石垣・空堀	蜂須賀氏阿波九城の1つ。
岩倉城	三好康俊	美馬郡脇町	曲輪・空堀	元親、勝瑞城の軍勢を誘い出し殲滅。
重清城	小笠原長政	美馬郡美馬町	土塁・空堀	2重空堀がみごとに残る。
貞光城	小笠原長定	美馬郡貞光町	空堀	長宗我部氏の侵攻に備え築城。
森遠城	木屋平氏	美馬郡木屋平村	曲輪・空堀	木屋平氏代々の城。
大西城	牛田氏	三好郡池田町	石垣	蜂須賀氏阿波九城の1つ。
白地城	大西氏	三好郡池田町	曲輪・空堀	「四国の鍵」とよばれる要衝地。
青木城	市原兼行	吉野川市山川町	曲輪・空堀	祖先は下総市原郷出身。南北朝期移る。
上桜城＊	篠原長房	吉野川市川島町	土塁・堀切	三好氏の知将長房最期の城。
山島城	工藤甲斐守	吉野川市鴨島町	曲輪・空堀	長宗我部氏に攻められ落城。
茶臼山城	佐々木氏	名西郡石井町	曲輪・堀切	本丸腰曲輪が同心円状に取り巻く。
上山城	一宮氏	名西郡神山町	曲輪	鮎喰川上流の小盆地に立地。
夷山城	細川真之	徳島市八万町	曲輪	長宗我部元親、近隣城主を次々誘殺。
鬼神岳城	河南吉清	徳島市上八万町	曲輪	吉清、夷山城で元親に誘殺される。
熊山城	本庄国兼	徳島市丈六町	曲輪	[illegible]
矢野城	矢野国村	徳島市国府町	曲輪・空堀	小規模ながら空堀よく残る。
今山城	大栗右近	勝浦郡勝浦町	曲輪・空堀	細川真之の逃走に従い廃城。
茨ヶ岡城	細川真之	那賀郡鷲敷町	曲輪・堀切	阿波守護細川氏終焉の城。
仁宇城	湯浅兼朝	那賀郡鷲敷町	曲輪・空堀	反蜂須賀、仁宇谷一揆の中心。
上大野城	仁木伊賀守	阿南市上大野町	曲輪・堀切	階段状に曲輪を配置。
高源寺塁	桑野氏	阿南市桑野町	堀切・竪堀	桑野城の支城。堀切3本あり。
西方城	東条関之兵衛	阿南市長生町	土塁・堀切	長宗我部氏の阿波南部方面基地。
牛岐城	新開道善	阿南市富岡町	曲輪	元親、道善を丈六寺へよび謀殺。
野々島城	不明	阿南市椿泊町	石垣・堀切	橘湾口の島にある海賊城。
森甚五兵衛屋敷	森村春	阿南市椿泊町	石垣	土佐泊から移転。徳島藩水軍総帥。
日和佐城	日和佐肥前守	海部郡日和佐町	石垣	肥前守、元親から起請文もらう。
牟岐城	牟岐大膳允	海部郡牟岐町	土塁	長宗我部氏に人質出し降伏。
加島城	浅川有辰	海部郡海南町	曲輪	海部城支城。
吉野城	藤原持共	海部郡海南町	曲輪・空堀	持共、宍喰城から移り築城。
吉田城	吉田氏	海部郡海部町	土塁・空堀	長宗我部氏の臣北村氏が改修。
海部城	海部友光	海部郡海部町	石垣・土塁	長宗我部氏に攻められ落城。

＊県史跡

香川県

高松城

県の中央部、瀬戸内海に面した海岸に築かれた平城。国史跡。

1588年（天正16）、羽柴秀吉の四国平定後に讃岐一国15万石で入封した生駒親正が、3重の天守を擁する城を築き、瀬戸内水軍の押さえとした。

生駒氏は御家騒動のため3代で転封となり、かわって入封した徳川光圀の兄松平頼重が城を拡張。この時、最上層が下層よりも張り出す南蛮造りで改築された天守は、明治維新後に取り壊されている。

艮櫓
3層3階の層塔型隅櫓。1967年（昭和42）、現在地に移築された。重文。
写真／藤田 健

生駒親正画像 弘憲寺蔵 写真／香川県歴史博物館

玉藻公園と高松港
高松城は瀬戸内海に面した水城。堀には海水を取り込んでいる。
写真／ＪＴＢフォト

明治初年の高松城天守
玉藻公園管理事務所蔵
天守は1884年（明治17）に取り壊された。

生駒家家紋「生駒車」

生駒氏は大和生駒荘出身で室町時代に東海地方へ移った。親正が讃岐一国の領主となったが、曾孫高俊の代にお家騒動が起こり、領地没収、転封。

生駒親正：織田信長、豊臣秀吉に仕え活躍。関ヶ原の戦いで西軍についたため、その責により隠居。

一正：親正の子。関ヶ原の戦いでは父とは反対に東軍に属する。その功により、初代高松藩主。

正俊：一正長男。関ヶ原の戦いでは西軍につくが、許されてのちに2代高松藩主となる。

藤堂高虎：伊勢津藩主。外孫高俊が幼少で3代高松藩主となったため後見。藩士西嶋八兵衛を派遣し、藩政に関与させた。

女子：藤堂高虎の娘。正俊の正室。

城主一覧

時代	主な城主
安土桃山	生駒親正
江戸	生駒一正
	生駒正俊
	生駒高俊
	松平頼重
	松平頼常
	松平頼豊
	松平頼桓
	松平頼恭
	松平頼真
	松平頼起
	松平頼儀
	松平頼恕
	松平頼胤
明治	松平頼聰

［所在地］高松市玉藻町
玉藻公園管理事務所
☎087・851・1521

勝賀城 ◆香西氏

高松市鬼無町・中山町

承久年間（1219〜22）、標高364mの勝賀山に築城されたと伝える、香西氏18代の居城である。

城をめぐる攻防戦はたびたび行なわれたが、つねに撃退していた。しかし1582年（天正10）、長宗我部元親軍の攻撃があったさいには和議を結んでいる。1585年（天正13）、羽柴秀吉の四国攻略で城を明け渡し、以後、廃城となった。

現在、山頂一帯に曲輪跡が認められる。

丸亀城 ◆生駒氏

丸亀市一番丁 ＊

讃岐平野に屹立する亀山に位置する平山城。高松城主の生駒氏が支城として築いたものの、一国一城令によって廃城となった。

1641年（寛永18）、山崎家治が丸亀5万石に封じられると、翌年から大改修工事に着手。1658年（万治1）、山崎氏が無嗣断絶処分となると、京極氏が龍野から入封し、今日に伝えられる3層の天守（重文）が完成した。

山麓から山頂の本丸まで、3層の石垣がおりなす光景を目にすれば、築城の名手として知られる家治の腕の確かさを知ることができる。（32〜33ページ参照）

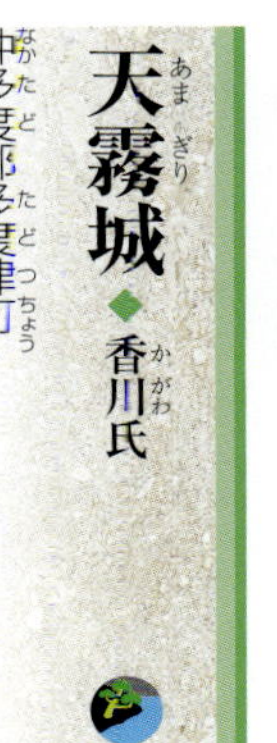

天霧城 ◆香川氏

仲多度郡多度津町・善通寺市・三豊郡三野町 ＊

雨霧城とも書く。標高382mの天霧山に、本格的に城が築かれたのは、貞治年間（1362〜68）のこと。築いたのは、地元の豪族香川氏と思われる。

1578年（天正6）、長宗我部元親軍が来攻すると、香川信景はこれに臣従した。

しかし1585年（天正13）、今度は羽柴秀吉の四国攻略が始まる。長宗我部氏が降伏すると天霧城も開城し、以後廃城となった。

現在も、山頂に曲輪跡・土塁・空堀などが残るが、山半分が採石場となっている。

天霧城址　写真／藤田 健

城址名	主な城主	所在地	遺構	解説
星ヶ城＊	佐々木信胤	小豆郡内海町	土塁・横堀	南朝方で挙兵、遺構は戦国期。
引田城	四宮右近	東かがわ市引田	石垣・虎口	仙石氏、長宗我部軍に惨敗。
虎丸城	寒川氏	東かがわ市与田山	堀切・櫓台	十河存保籠城、長宗我部氏が攻略。
昼寝城	寒川氏	さぬき市前山	曲輪	城兵が昼寝できるほど険阻な城。
雨滝城	安富盛長	さぬき市大川町	石垣・堀切	長宗我部氏に攻められ落城。
喜岡城	高松氏	高松市高松町	曲輪・空堀	仙石秀久、攻略失敗。
佐料城	香西氏	高松市鬼無町	曲輪・水堀	勝賀城香西氏の居館。
藤尾城	香西氏	高松市香西本町	曲輪	香西氏の居館を佐料城から移す。
芝山城	香西氏	高松市香西本町	曲輪・土塁	勝賀城下、海岸警備の城。
神内城	神内氏	高松市西植田町	土塁・空堀	神内氏、十河氏に従い長宗我部氏と戦う。
十河城	十河存保	高松市十川東町	土塁・空堀	鬼十河とよばれた存保の本城。
前田城	前田氏	高松市前田西町	土塁・空堀	前田氏、十河氏の部将として活躍。
由佐城	由佐氏	香川郡香南町	堀	細川氏家臣。長宗我部氏に降る。
羽床城	羽床氏	綾歌郡綾南町	土塁・桝形	羽床氏は[illegible]
聖通寺城	奈良元安	綾歌郡宇多津町	土塁・空堀	奈良氏、阿波中富川合戦で戦死。
笠島城＊	福田又次郎	丸亀市本島町	土塁・空堀	塩飽水軍の根拠地の1つ。
垂水城	藤田大隅守	丸亀市垂水町	土塁・空堀	豪族居館。
甲山城	朝比奈氏	善通寺市弘田町	曲輪	讃岐併合を狙う三好実休を迎え撃つ。
仲村城	不明	善通寺市中村町	土塁・空堀	豪族居館。
多度津陣屋	京極高賢	仲多度郡多度津町	家中屋敷	丸亀支藩1万石。1827年（文政10）構築。
櫛梨山城	長宗我部氏	仲多度郡琴平町	空堀・桝形	長宗我部氏、讃岐制圧の拠点。
西長尾城	長尾氏	仲多度郡満濃町	土塁・堀切	元親配下の豪族集め讃岐制圧の拠点。
金丸城	小亀城太郎	仲多度郡満濃町	土塁・空堀	城太郎、南朝方で奮戦。
丸山城	飯尾国盛	仲多度郡仲南町	曲輪・堀切	飯尾氏、長宗我部氏に阿波を追われ入城。
詫間城	詫間氏	三豊郡詫間町	曲輪	山地氏、細川氏に従い甲斐から入部。
海崎城	海崎氏	三豊郡詫間町	曲輪・堀切	荘内半島先端、眺望絶佳。
大見城	藤田宗遍	三豊郡三野町	曲輪	富士山型の山容、瀬戸内海の眺望抜群。
仁保城	細川頼弘	三豊郡仁尾町	なし	長宗我部氏に攻められ落城。
麻城	近藤国久	三豊郡高瀬町	曲輪・堀切	長宗我部氏に攻められ落城。
爺神山城	詫間氏	三豊郡高瀬町	曲輪	詫間氏、長宗我部氏の急襲を受け滅亡。
神田城	近藤但馬守	三豊郡山本町	曲輪・堀切	財田氏の本篠城の支城。
本篠城	財田氏	三豊郡財田町	土塁・堀切	香川氏の援軍なく落城。
獅子の鼻城	大平国祐	三豊郡豊浜町	土塁・空堀	讃岐・伊予国境の要衝の城。
九十九山城	細川氏	観音寺市室本町	土塁・石垣	瀬戸内海に面する険阻な山城。
藤目城	斎藤氏	観音寺市粟井町	曲輪・空堀	長宗我部氏に降伏。

＊県史跡

愛媛県

伊予松山城（いよまつやま）

県の中部、道後平野に孤立する勝山に築かれた平山城。正式名称は松山城。国史跡。

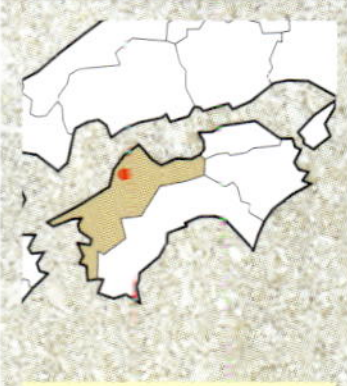

［所在地］松山市丸之内
☎089・921・4873
松山城総合事務所

1602年（慶長7）、20万石で入封した加藤嘉明が、勝山の山上に起工し、松山と命名した。

しかし、竣工間近に嘉明は会津に転封。替わって入封した蒲生忠知の代に完成された。嗣子なく蒲生氏が断絶したあと、徳川家康の甥松平（久松）定行が入封。この時、5重から3重に改築された天守は、幕末に落雷で焼失。まもなく再建されて現存している。（34〜35ページ参照）

本壇の建築群　天守を中心とした曲輪を本壇という。写真中央上部の一番高い建築が天守で、重文。写真／松山市

松山城空撮
写真／松山市

加藤嘉明画像
藤栄神社蔵
写真／滋賀県水口町

城主一覧

時代	主な城主
安土桃山	加藤嘉明
江戸	蒲生忠知
	松平定行
	松平定頼
	松平定長
	松平定直
	松平定英
	松平定喬
	松平定功
	松平定静
	松平定国
	松平定則
	松平定通
	松平勝善
	松平勝成
	松平定昭
明治	松平勝成

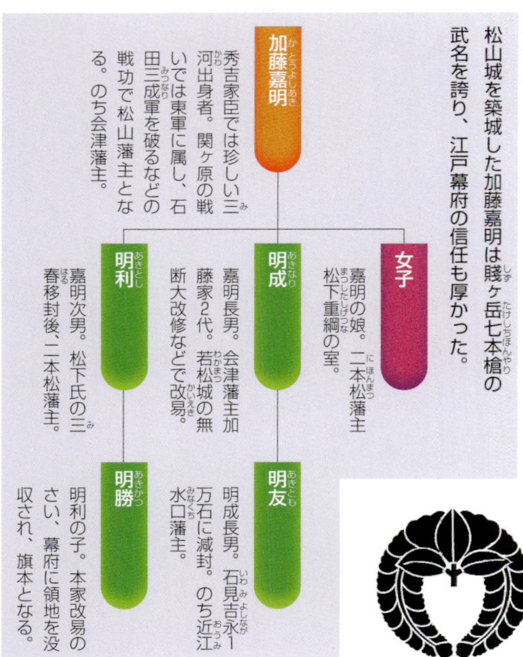

松山城を築城した加藤嘉明は賤ヶ岳七本槍の武名を誇り、江戸幕府の信任も厚かった。

加藤嘉明　秀吉家臣では珍しい三河出身者。関ヶ原の戦いでは東軍に属し、石田三成軍を破るなどの戦功で松山藩主となる。のち会津藩主。

女子　嘉明の娘。二本松藩主松下重綱の室。

明成　嘉明長男。会津藩主加藤家2代。若松城の無断大改修などで改易。

明友　明成長男。石見吉永1万石に減封。のち近江水口藩主。

明利　嘉明次男。松下氏の三春移封後、二本松藩主。

明勝　明利の子。本家改易のさい、幕府に領地を没収され、旗本となる。

加藤家家紋「下がり藤」

戸無門（左）と筒井門
大手側の重要な防御拠点。左上は太鼓櫓。戸無門は重文。写真／牧野貞之

川之江城（かわのえ）◆河上安勝

四国中央市川之江町

仏殿城ともよばれる。伊予の東端、海陸の要衝にある鷲尾山上の城。1337年（延元2・建武4）、河野氏の砦として土肥義昌が築いた。

以後、細川氏の相次ぐ攻撃を受ける。戦国時代には、河野氏の部将河上安勝が城主となった。1582年（天正10）、長宗我部元親の攻撃により落城。この時、姫ヶ嶽から安勝の娘年姫が燧灘に身を投じて自害したという伝説が残る。

秀吉の四国制圧後、城主はめまぐるしく変わり、加藤嘉明の時に廃城となった。

1986年（昭和61）、3層4階の模擬天守が完成し、涼櫓・櫓門・隅櫓などが建てられている。天守台の下に石垣が残る。

川之江城天守　写真／愛媛県

西条藩陣屋（さいじょうはん）◆一柳直重

西条市明屋敷

1636年（寛永13）、伊勢神戸から入封予定の一柳直盛が病死したため、長男の直重が3万石を継承して、西条藩を立藩した。しかし、子の直興が改易となり、西条藩はいったん幕府直轄となった。

その後の1670年（寛文10）、紀伊徳川頼宣の次男松平頼純によって再び西条藩が興され、明治に至っている。

現在、陣屋の跡地は、西条高校の敷地である。唯一の遺構、薬医門造りの大手門は高校の正門となり、立派な水堀が残る。

西条藩陣屋大手門　写真／西条市商工観光課

今治城（いまばり）◆藤堂高虎

今治市通町　＊

来島海峡を望む海辺に位置する平城。1602年（慶長7）、藤堂高虎によって築城工事が開始され、2年後に一応の完成をみた。

高虎は、自身の居城というより、西国大名の押さえとして、幕府のために今治城を築いたともいえる。高虎の津城への転封後、その養子高吉が城主を務めたが、1635年（寛永12）、松平（久松）氏が入封し、明治維新までつづいた。

3重の堀に囲まれた水城であったが、現在は内堀内に本丸・二の丸とその石垣が残る。5層6階の天守ほか、櫓4基が復興されている。

今治城天守と山里櫓（左）

能島城（のしま）◆村上武吉

今治市宮窪町能島　＊

1419年（応永26）に村上雅房が築城した。大島と鵜島の間、周囲720mの能島に築かれた水軍城である。能島村上氏は、村上武吉の時代、厳島合戦で毛利軍の勝利に貢献するなど活躍し、武吉は「日本一の海賊」といわれた。

しかし1585年（天正13）の秀吉の四国攻めに従わず、小早川隆景の攻撃を受けた。武吉は全軍をあげて反撃。攻めあぐねた隆景は、強風の日に麦藁を大量に積んだ何百という小舟に火をつけ、潮流に乗せて流した。火は建物に燃え移り、島全体が火に包まれ落城したという。

岩礁に、桟橋跡の柱穴（ピット）460個が残っている。

能島城址　写真／愛媛県

甘崎城（あまざき）◆今岡民部

今治市上浦町甘崎　＊

大三島、甘崎の沖合にある古城島に、白村江の戦いがあった7世紀ごろ築かれたと伝え、日本最古の水軍城ともいう。

河野・村上水軍の基地として利用され、元亀年間（1570～73）には今岡民部が居城した。その後、藤堂高虎の弟藤堂新七郎が城主となった。文禄・慶長の役にも、瀬戸内水軍はこの地から出発した。

1691年（元禄4）、ドイツ人医師ケンペルが沖を通航し、『日本誌』に「海中より聳える堡塁あり」と記す。

島の周囲に、桟橋の柱跡や石垣の礎石が残っている。

湯築城（ゆづき）◆河野通直

松山市道後公園　＊

建武年間（1334～38）に、伊予の守護河野通盛が築いた。

風早郡河野郷（北条市）を本拠とした河野氏は、以後、湯築城を居城として伊予を支配していたが、1585年（天正13）、河野通直の時、羽柴秀吉軍の小早川隆景に降伏している。

そして、加藤嘉明が松山城築城のさい、石垣などすべてを持ち去り、廃城となった。

丘の周囲に2重の堀をめぐらせた平山城全体が道後公園となり、復元区域には武家屋敷や湯築城資料館、土塁展示室が設けられていて見ごたえがある。

湯築城址（道後公園）
写真／愛媛県土木部道路都市局都市整備課

大洲城（おおず）◆加藤貞泰

大洲市大洲　＊

肱川を天然の堀とし、大洲市街の中心に位置する平山城。鎌倉時代、伊予守護の宇都宮氏によって築かれた地蔵嶽城に始まる。

1595年（文禄4）、藤堂高虎に大洲城が与えられると、近世城郭としての基礎が整えられた。脇坂安治が入封すると、4層の天守が築かれたという。

1617年（元和3）、加藤貞泰が封じられ、加藤家6万石は、廃藩置県を迎えるまで、13代に渡って城主として君臨した。

大洲城には、計4棟の櫓（いずれも重文）が残されるとともに、近年、天守が木造で復元された。

大洲城天守、台所櫓（左）と高欄櫓（右）
写真／藤田 健

三滝城（みたき）◆紀氏

西予市城川町窪野　＊

永享年間（1429～41）に、紀貫之の子孫である紀実次が築いたと伝わる。紀氏は西園寺十五将の1人であり、7つの城の城主を兼ねていた。7城とは、甲之森・三滝・大番・鎧ヶ端・白岩・猿ヶ森・白石の各城である。

城をめぐって何度か攻防戦があり、1583年（天正11）、土佐長宗我部軍の攻撃で落城。当時の城主北之川親安は討ち死にして、以後廃城となった。

標高642mの山頂には、現在、曲輪跡や石垣・井戸などが残る。

三滝城址　写真／毛利寿行

松葉城（まつば）◆西園寺氏

西予市宇和町下松葉

初期は岩瀬城、その後松葉城とよばれることになった。これには、ある日、城主の杯に松の葉が飛んできたので、吉兆として城名を改めたという伝承がある。

城は、山上に2段に分かれて築かれている。築城時期などは不明だが、西園寺氏が宇和地方の領主として本拠とした城であった。

西園寺氏は、鎌倉時代からつづき、戦国時代、宇和郡に君臨した豪族。20代つづいたが、公家の代に居城を西南区の黒瀬城に移した。

現在、城址に曲輪跡や石積みなどが残る。

黒瀬城（くろせ）◆西園寺氏

西予市宇和町卯之町

宇和西園寺氏の本拠である。標高350ｍの山頂に、1546年（天文15）、西園寺実充が築いた。そしてその子公家の代に、松葉城から移っている。

1585年（天正13）、羽柴秀吉の四国平定が始まり、伊予諸城は小早川隆景軍に相次いで降伏。1587年（天正15）、大洲城に戸田勝隆が封ぜられると、当主公広も謀殺されてしまった。

宇和島城（うわじま）◆伊達秀宗

宇和島市丸之内 ＊

宇和島湾と宇和島市街を望む要衝に位置する平山城。戦国時代、西園寺氏によって築かれたが、このころは板島丸串城とよばれた。

1595年（文禄4）、藤堂高虎に板島が与えられ、翌年から築城を開始、約6年かけて完成させた。

1614年（慶長19）、伊達秀宗が板島（伊達氏入封後に宇和島と改称）城を与えられて以来、宇和島伊達氏は明治の廃藩置県まで9代にわたり領有した。

秀宗は、伊達政宗の長男として生まれたが、政宗の正室愛姫との間に生まれた次男忠宗が伊達宗家の後継者となった。徳川秀忠は、秀宗の境遇を憐れみ、10万石の領地を与えた。

2代宗利の時代に修築された天守が伝えられ、重要文化財になっている。（36～37ページ参照）

河後森城（かごもり）◆河原淵教忠

北宇和郡松野町松丸 ＊

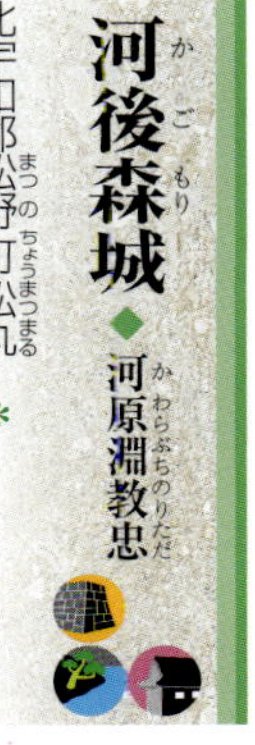

県内最大級の中世城郭である。発掘調査の成果から、おもに15世紀から16世紀にかけて完成したことがわかっている。戦国時代には土佐一条氏から養子として河原淵教忠が入り、その後、重臣の芝氏にとって代わられた。

羽柴秀吉の四国平定後も残り、元和の一国一城令（1615年）で廃城になったと考えられている。

藤堂高虎の時代に、天守が宇和島城へ移されて月見櫓になったという。現在も発掘調査や建物・土塁などの復元整備が行なわれている。

空から見た河後森城址

写真／松野町教育委員会

城址名	主な城主	所在地	遺構	解説
畠山城	河野氏	四国中央市川之江町	曲輪・石垣	川之江城の支城。
岡崎城	藤田孫次郎	新居浜市神郷	曲輪・堀切	高峠城石川氏に属す有力国人。
新居大島城	村上義弘	新居浜市大島	石垣・堀切	瀬戸内海燧灘に浮かぶ大島の海賊城。
高尾城	石川氏	西条市氷見	土塁・空堀	三好氏、伊予に侵攻し攻略。
高峠城	石川氏	西条市洲之内	石垣・空堀	戦国時代は石川氏の本城。
世田山城	大館氏明	西条市三芳	曲輪・堀切	大館氏は南朝方で活躍。
剣山城	黒川元春	西条市小松町	石垣・堀切	高尾城石川氏と領地争い。
来島城	村上吉房	今治市波止浜	石垣・ピット	海賊城。桟橋跡の柱穴（ピット）が残る。
国府城	村上武吉	今治市古国分	石垣・空堀	武吉、小早川氏に城を明け渡す。
霊仙山城	中川親武	今治市旦	石垣・堀切	国府城支城。小早川氏攻め落とす。
木ノ浦城	紀氏	今治市伯方町木浦	石垣・堀切	伯方島にある巨大山城。
隈ヶ嶽城	村上氏	今治市吉海町	曲輪・石垣	宋・明銭・硯など出土。
怪島城	神野氏	今治市大西町	堀切・ピット	無人島になり遺構よく残る。
高仙山城	池原通吉	今治市菊間町	石垣・堀切	小早川氏攻め、城主自害。
亀山城	村上備中守	越智郡上島町	曲輪・ピット	岩城水道制圧の海賊城。
恵良城＊	河野氏	松山市上難波	曲輪	天然の岩山を利用。
鹿島城	村上（来島）氏	松山市辻	石垣・土塁	北条港に浮かぶ来島氏の本城。
三十三台城	河野氏	松山市猿川	石垣・堀切	細川氏来攻。河野勢集結。
高穴城	不明	松山市横谷	石垣・堀切	眺望絶佳、斎灘を望む。
荏原城＊	平岡氏	松山市恵原町	土塁・水堀	河野十八将の1人。方形館。
葛籠屑城	村上氏	松山市堀江町	土塁・堀切	河野勢に急襲され落城。
岩伽羅城	和田氏	東温市樋口	石垣・空堀	和田氏、河野氏に反抗して攻められる。
大除城	大野氏	上浮穴郡久万高原町	石垣・空堀	河野氏の重臣大野氏3代の居城。
曾根城	曾根高昌	喜多郡内子町	曲輪・堀切	宇都宮氏に属し西園寺氏と戦う。
米津城	津々喜谷氏	大洲市米津	石垣・堀切	落城時、城主奥方が滝に投身。
萩森城	宇都宮房綱	八幡浜市大平	石垣・空堀	宇都宮氏、1532年（天文1）以降の居城。
白木城	宇都宮乗綱	西予市野村町野村	石垣・堀切	城代となった緒方氏がのちに城主となる。
甲之森城	紀実次	西予市城川町土居	曲輪・空堀	三滝城の支城。長宗我部軍攻略し落城。
大森城	土居清良	北宇和郡三間町	石垣・堀切	西園寺十五将の1人、土居氏居城。
岡本城	河野通賢	北宇和郡三間町	畝状竪堀	長宗我部氏による改修か。
金山城	今城氏	北宇和郡三間町	石垣・堀切	大友宗麟の渡海攻撃を撃退。
高森城	中野氏	北宇和郡三間町	石垣・堀切	河野氏一族の中野氏居城。
石城	土居清宗	北宇和郡吉田町	石垣・堀切	大友宗麟の攻撃を撃退。
吉田藩陣屋	伊達宗純	北宇和郡吉田町	石垣	宇和島支藩3万石の陣屋。
常盤城	勧修寺冬顕	南宇和郡愛南町	曲輪・堀切	南伊予南端の守り。

＊県史跡

高知城

県の中央部、鏡川と江ノ口川に挟まれた大高坂山に築かれた平山城。国史跡。

1588年（天正16）、長宗我部元親が築城を試みたが、水害を克服することができずに断念している。

その子盛親が関ヶ原の合戦に敗れて除封となったあと、土佐一国を拝領して入封した山内一豊が築城を開始。工事は次の忠義の時に完了し、高智（のち高知）と命名された。創建時の天守は大火で焼失。まもなく再建されて現存している。（38・39ページ参照）

天守と本丸御殿（懐徳館）

天守は望楼型独立天守で外観4層、構造上は3層6階。本丸御殿が接続する。ともに1749年（寛延2）再建で、重文。

写真／フォト・オリジナル

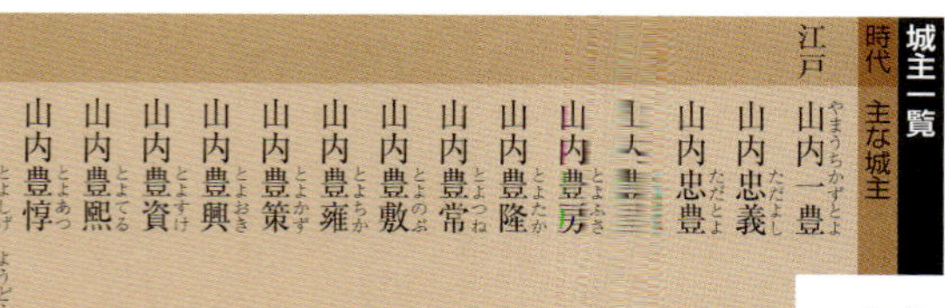

城主一覧

時代	主な城主
江戸	山内一豊
	山内忠義
	山内忠豊
	山内豊昌
	山内豊房
	山内豊隆
	山内豊常
	山内豊敷
	山内豊雍
	山内豊策
	山内豊興
	山内豊資
	山内豊熙
	山内豊惇
	山内豊信（容堂）
明治	山内豊範

山内家家紋「丸三葉柏」

山内一豊像（県立図書館前）　写真／高知市観光課

徳川家康　江戸幕府初代将軍。

山内一豊　織田信長、豊臣秀吉に仕える。初代土佐藩主。

見性院　一豊の妻。持参金の黄金10枚で夫に名馬を買い求めさせた賢夫人。

康豊　一豊の弟。2万石を分与され中村に居住。2代藩主忠義を後見。

阿姫　家康の養女。家康の異父弟松平定勝の娘。

忠義　康豊長男。2代土佐藩主。高知城の全城郭を完成。野中兼山を登用し、藩政を確立させた。

忠豊　忠義長男。3代土佐藩主。強圧的な政策が不人気な兼山政治を一掃。課役の減免など藩政改革を行なう。

山内一豊は尾張出身。関ヶ原の戦いの功により、遠江掛川城主から土佐一国の国持大名となった。

高知城全景

天守・本丸御殿を中心に、左回りに東多聞櫓・廊下橋門櫓・西多聞櫓・黒鉄門・納戸多聞櫓などが建つ。すべて重文。

写真／高知城管理事務所

詰門（廊下橋）

二の丸と本丸を結ぶ2層の櫓からなる。重文。

写真／高知市観光課

「所在地」高知市丸ノ内

高知城管理事務所

☎088・824・5701

安芸城◆安芸国虎

安芸市土居

東を流れる安芸川や西の矢川などを天然の堀とし、小高い丘に位置する平山城。鎌倉時代、安芸氏によって築かれたと伝えられる。

1569年（永禄12）、長宗我部元親は矢流の戦いに勝利した勢いに乗じ、安芸城を包囲。20日間にわたる攻防戦の末、城主安芸国虎は降伏を決意し、城兵の助命を条件に浄貞寺で切腹。長宗我部元親と土佐の覇権を競った名族安芸氏は滅亡した。

山内一豊の土佐入国後、家老の五藤氏が安芸に配されると、安芸城は安芸土居と称された。土居とは、山内氏が領内の支配のため、安芸のほか、佐川・窪川・宿毛・本山に配置した支城であり、一国一城令の適用除外例として知られる。

山裾には、五藤氏時代に築かれた堀や石垣が残される。

安芸城水堀

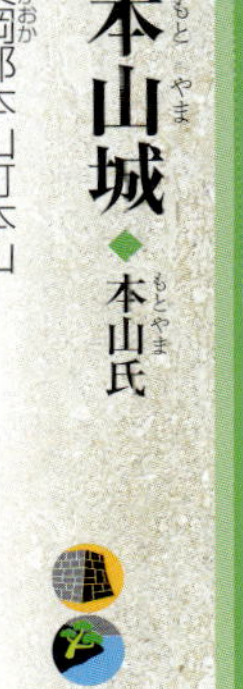

本山城◆本山氏

長岡郡本山町本山

本山町は、吉野川の上流の四方を山に囲まれた小さな町である。

築城年代は定かでないが、町並みの背後に迫る尾根の先端部に、戦国時代、この地の豪族本山氏の居城があった。

本山氏の全盛期は天文年間（1532～55）であった。城主が本山茂辰の時代の1564年（永禄7）、長宗我部元親に攻められて落城している。

現在、空堀・曲輪跡が残るが、かなり破壊されている。

岡豊城◆長宗我部元親

南国市岡豊町八幡 ＊

中世の初期から、長宗我部氏代々の居城であった。

1509年（永正6）、長宗我部元秀（兼序）の時代、本山茂宗に攻められて落城している。元秀は戦死したが、その子国親は脱出した。国親は1518年（永正15）に本山氏と和睦し、ようやく岡豊城に戻った。

元親もこの城で出生し、父国親の急死後、家督を継ぐ。元親は宿敵本山氏を1568年（永禄11）に破り、1574年（天正2）には中村の一条氏を駆逐、翌年土佐を統一した。

1585年（天正13）には四国全体を掌中に収める。その後、羽柴秀吉の四国攻めで降伏し、土佐一国を安堵された。そして1588年（天正16）に、大高坂城に居城を移している。

現在、岡豊山歴史公園として整備され、建物跡や堀切などの遺構が、出土状態のまま保存されている。中腹に県立歴史民俗資料館がある。

岡豊城址　写真／高知県立歴史民俗資料館

大津城◆長宗我部国親

高知市大津

大津城を築城したのは天竺氏であったと伝えられるが、その系譜は明らかでない。天竺氏は津野氏に滅ぼされ、城はさらに一条氏の持ち城となるが、1547年（天文16）ころに長宗我部国親の手に落ちた。

香長平野の南部、舟入川の南にある城山が大津城跡である。

大津城址　写真／高知県立歴史民俗資料館

秦泉寺城◆秦泉寺茂景

高知市東秦泉寺

高知市街の北方、東秦泉寺の城山の上に築かれた山城。

最初は、土佐を二分する一大勢力本山氏傘下の吉松氏の居城であったようだ。

戦国期には、同じく本山氏傘下の秦泉寺茂景が城主だったが、1556年（弘治2）、長宗我部国親の攻撃を受け、さらに1560年（永禄3）にはその嫡男の元親に攻囲されて降伏、茂景は万々城に移った。元親は、その後家臣の中島大和守を城将として置いた。しかし、中島父子は元親の怒りを買い、1588年（天正16）に城を攻められて滅亡し、秦泉寺城は廃城になった。

城は尾根の先端に、本丸と二の丸を配置し、それを腰曲輪が取り巻く小規模な造りである。しかし尾根先と尾根続きには、6重と4重の堀切を入れて徹底的に遮断し、敵を城に近づけないよう工夫している。

浦戸城 ◆ 長宗我部元親

高知市浦戸

桂浜の背後の高台に築かれた平山城。大高坂に城を築いていた長宗我部元親は、治水工事に失敗し、城地を変更して、1591年（天正19）、浦戸城へ移転した。関ヶ原合戦で当主盛親は敗れ、山内一豊が土佐を賜わって入部。この時、遺臣たちが城の引き渡しを拒んで籠城をつづけた（浦戸一揆）が、謀略により全滅している。

天守台などの石垣が一部残る。

浦戸城址 写真／高知県立歴史民俗資料館

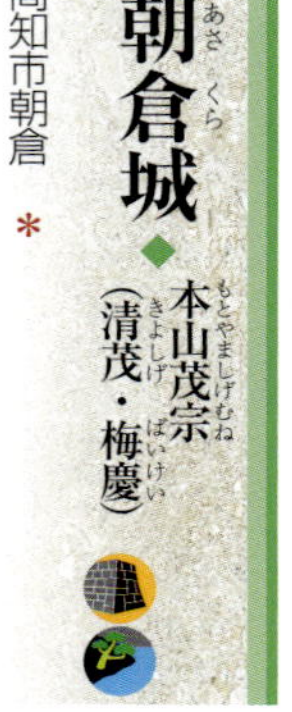

朝倉城 ◆ 本山茂宗（清茂・梅慶）

高知市朝倉 *

大永年間（1521〜28）に、標高103mの城山に本山氏が築いた。本山氏の本拠地は本山城である。朝倉城は、南方へ進出する拠点として築いたものであった。城の規模は、長宗我部氏の本拠岡豊城に優っていたという。

1562年（永禄5）9月、長宗我部元親の攻撃を受ける。激戦を繰り広げた（朝倉合戦）が、翌年1月、本山茂辰は城に火をかけて本山城に撤退した。

堀や井戸、石垣が見られる。

朝倉城址 写真／高知県立歴史民俗資料館

吉良城 ◆ 吉良氏

吾川郡春野町弘岡上字大谷

吉良城址 写真／高知県立歴史民俗資料館

築城者や築城年代は不明だが、吉良氏歴代の居城であった。吉良氏は戦国期の土佐七族の1つである。

しかし、1540年（天文9）2月、当主の吉良宣直が城を出て、仁淀川で鮎漁中、本山茂辰が奇襲をかけて落城させた。宣直も河原で敗死、名門吉良氏は滅亡した。

吉良城は本山氏の支城となるが、1563年（永禄6）に本山氏は退去。かわって長宗我部氏が進出、当主元親は実弟親貞を城主とし、吉良姓を名乗らせた。発掘で建造物跡がみつかり、堀切なども残る。

姫野々城の発掘で出土した石垣

姫野々城 ◆ 津野氏

高岡郡津野町姫野々

新庄川上流、姫野々集落の北側に聳える山城で、津野氏代々の居城であった。913年（延喜13）、伊予（愛媛県）に流された藤原経高が築城、津野氏を名乗って一帯を治めたとされる。

戦国時代、津野氏は長宗我部氏の武力に押され、元親の三男親忠を養子に迎えて家名の存続を図る。1593年（文禄2）、拠点を須崎へ移した。石垣、堀切が残る。

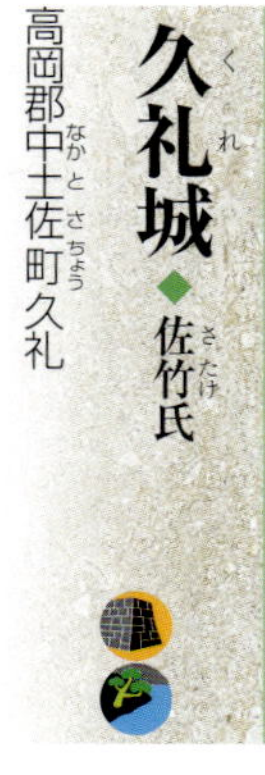

久礼城 ◆ 佐竹氏

高岡郡中土佐町久礼

久礼城は、標高約104mの城山山頂にある。北側には長沢川が、南には大坂川が流れている。

城主である佐竹氏は、鎌倉末期に久礼に来て城を築いたと伝える。南北朝時代は、細川氏配下の北朝方として活躍した。

戦国時代には、高岡郡の津野氏や幡多郡の一条氏配下の有力武将とともに勢力をのばしている。当主信濃守の時の1571年（元亀2）、長宗我部氏の軍門に降って、以後その麾下となった。

久礼城址　写真／高知県立歴史民俗資料館

中村城 ◆一条氏

中村市丸の内

中村平野に屹立する要害の地に位置する山城。前関白の一条教房は、応仁の乱による京都の混乱を避け、一族とともに中村へと疎開し、中村城を築いた。以後、一条氏は国司として土佐国内に君臨し、戦国大名に匹敵する勢威を誇った。

土佐統一を目指す長宗我部元親は、一条家4代兼定を豊後（大分県）に追放。1575年（天正3）、兼定は、中村城下で繰り広げられた四万十川合戦に敗れ、間もなく土佐一条家は滅亡した。

その後、土佐一国の主が長宗我部氏から山内氏に替わっても、中村城は土佐西部の支配拠点であったが、元和の一国一城令で廃城となった。

三の丸には、天守風建築の幡多郷土資料館が建設され、城跡には山内氏時代の石垣が随所に残される。

宿毛城 ◆依岡伯耆守

宿毛市宿毛

宿毛は土佐の西端であり、伊予との国境に近い。戦国時代には、たえず伊予との小競り合いが行なわれていたと思われる。築城年代は不明であるが、土地の豪族松田兵庫の居城であった。のちに依岡伯耆守の城となる。

1575年（天正3）に長宗我部元親に攻められて落城。以後、元親一族や重臣が城代となっている。長宗我部氏滅亡後の1601年（慶長6）、山内一豊の家臣安東可氏が城代となった。1615年（元和1）の一国一城令で廃城となる。

市街地の東北にある丘が城跡である。現在、城跡には石槌神社が建ち、天守台・石塁などが残る。

城址名	主な城主	所在地	遺構	解説
崎浜城	大野家貞義	室戸市佐喜浜町	曲輪・空堀	長宗我部元親の進出に激しく抵抗。
甲浦城	惟宗出羽守	安芸郡東洋町	曲輪・堀切	甲浦湾に臨む海賊城。
野根城	惟宗国長	安芸郡東洋町	土塁・堀切	元親に攻められ逃走する。
安田城	安田氏	安芸郡安田町	曲輪・空堀	安芸氏滅亡後、元親に降る。
上夜須城	吉田氏	香美郡夜須町	土塁・空堀	3つの城からなる。吉田氏は元親家臣。
姫倉城	姫倉右京	香美郡香我美町	土塁・空堀	土御門上皇の観月伝説あり。
五百蔵城	五百蔵筑後守	香美郡香北町	土塁・空堀	中富川・戸次川合戦で一族戦死。
芳野城	野中頼重	香美郡香北町	土塁・空堀	断崖沿いの城。野中氏居城。
大谷城	大谷出雲守	香美郡野市町	曲輪・空堀	長宗我部国親に攻められ降伏。
香宗我部城	香宗我部氏	香美郡野市町	土塁	元親の弟親泰が香宗我部氏を継ぐ。
山田城	山田氏	香美郡土佐山田町	土塁・堀切	山田氏は土佐七守護の1人。
佐岡土居	広井俊将	香美郡土佐山田町	土塁・堀切	2重の堀切残る。
岩村土居	[illegible]	南国市[illegible]	土塁	方形に配置された土塁の跡残る。
田村城館	細川頼益	南国市田村	土塁・空堀	守護細川氏の居館、土佐守護所。
十市城	細川重隆	南国市十市	曲輪・土塁	守護細川氏が一族配置。
吉田城	吉田氏	南国市岡豊町	土塁	吉田氏は山内首藤氏の流れを汲む。
古井の森城	不明	高知市土佐山中切	曲輪・空堀	発掘で耳つき壺・擂鉢など出土。
布師田金山城	久武内蔵助	高知市布師田	土塁・空堀	元親の三十二老分の1人。
万々城	吉松氏	高知市万々	堀切・竪堀	元秦泉寺城主、降伏して移る。
神田南城	細川宗桃	高知市神田	土塁・竪堀	元親、[illegible]
[illegible]森城	神森氏	高知市[illegible]	土塁・虎口	元親、本山氏攻めの前哨戦あり。
杓田城	大黒親周	高知市本宮町	土塁・石垣	大黒氏の居城。元親に降伏する。
波川城	波川玄蕃	吾川郡いの町	曲輪	元親の妹婿、反乱起こし一族滅亡。
芳原城	吉良氏	吾川郡春野町	曲輪・空堀	城主目まぐるしく交代。
蓮池城	一条氏	土佐市蓮池	土塁・空堀	元親、一条兼定追い城を略取。
戸波城	津野氏	土佐市本村	曲輪・空堀	元親いとこ、戸波氏を継ぐ。
岡本城	長宗我部氏	須崎市新荘	畝状竪堀	元親、略取後に畝状竪堀構築か。
佐川城	中村信義	高岡郡佐川町	土塁・堀切	1571年（元亀2）、元親に降る。
窪川城	窪川氏	高岡郡窪川町	土塁・堀切	窪川氏は仁井田五人衆の1人。
佐賀城	伊与木氏	幡多郡佐賀町	曲輪・土塁	太平洋を見下ろす海賊城。
上長谷城	武光兵庫	幡多郡三原村	堀切・横堀	2重の堀切入れ、横堀をめぐらす。
九樹城	杉本氏	中村市九樹	土塁・堀切	軍事的指向性の強い山城。
有岡城	有岡氏	中村市有岡	曲輪・堀切	渡川合戦に利用か。
鶴ヶ城	十市備後守	宿毛市山奈町	曲輪・空堀	元親に従い四国を転戦。
大岐城	大岐左京進	土佐清水市大岐	堀切・竪堀	左京進、秀吉の朝鮮出兵で戦死。

九州・沖縄の城

九州とは、筑前・筑後（福岡県）、豊前国（福岡県・大分県）、豊後国（大分県）、肥前国（長崎県・佐賀県）、肥後国（熊本県）、日向国（宮崎県）、薩摩・大隅国（鹿児島県）の9か国をさし、今ではこれに壱岐・対馬国（長崎県）も含まれる。

古来から九州は大陸との接点として重視されており、飛鳥時代にはすでに「遠の朝廷」とも称された大宰府（福岡県太宰府市）が置かれていた。大和朝廷は、その守備のために水城・大野城（福岡県太宰府市・大野城市・糟屋郡宇美町）・基肄城（佐賀県三養基郡基山町・福岡県筑紫野市）などを築いている。

鎌倉時代の後期、九州はいわゆる文永・弘安の役によって元（モンゴル軍）の襲来を受けた。幕府は博多湾に高さ約2m、全長約20kmの石築地を築いて元軍を撃退することに成功したものの、恩賞を出せない外国との戦いが、結果的に幕府の滅亡を早めたことは否めない。

南北朝時代、九州では肥後の菊池氏が後醍醐天皇の皇子懐良親王を隈府城に迎えて勢力をもったが、室町幕府より九州探題に任ぜられた今川貞世（了俊）によって平定された。

室町時代には、少弐氏・大友氏・菊池氏・島津氏といった守護の系譜をひく戦国大名が抗争を繰り返し、末期になると龍造寺隆信・大友宗麟・島津義久が九州において三つ巴の抗争を繰り広げている。

最終的には島津氏が大友氏と龍造寺氏を破って九州を制覇しかけたが、1587年（天正15）、豊臣秀吉の九州攻めを受けて降伏した。その結果、島津氏は薩摩・大隅2国と日向国諸県郡を安堵され、肥後には佐々成政、ついで加藤清正が入って熊本城を築いている。

そして関ヶ原合戦後、九州には黒田長政の福岡城や細川忠興の小倉城など、有力外様大名によって巨大な城郭が築かれた。

いっぽう、沖縄では北山・中山・南山の3勢力が鼎立し、グスクとよばれる城を築いて覇を競っていた。1429年（永享1）、中山王尚巴志が統一して琉球王国を樹立する。

しかし、1609年（慶長14）、薩摩の島津家久に攻められて首里城が落とされると、琉球国は中国と日本への領属を余儀なくされた。

熊本城の長塀　写真／世界文化フォト

福岡県

福岡城

県西部、博多に隣接する福崎の丘陵に築かれた平山城。国史跡。

関ヶ原の合戦後、筑前一国52万石に封ぜられた黒田長政が、父孝高（如水）とともに築城を開始し、この地を黒田氏発祥の地という備前福岡（岡山県瀬戸内市福岡）にちなみ福岡と名づけた。

1607年（慶長12）、壮大な城郭として完成したが、天守が建てられたかは定かでない。広大な城域を埋めていた47基の櫓の大半は、明治期に取り壊されている。

南丸多聞櫓

二の丸西側の防御とした櫓。1854年（嘉永7）の再建。重文。

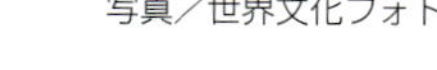

写真／世界文化フォト

城主一覧

時代	主な城主
江戸	黒田長政
	黒田忠之
	黒田光之
	黒田綱政
	黒田宣政
	黒田継高
	黒田治之
	黒田治高
	黒田斉隆
	黒田斉清
	黒田長溥
明治	黒田長知

黒田長政画像

重文　福岡市博物館蔵

旧母里太兵衛邸長屋門

城内に移築復元された武家屋敷門。母里太兵衛は大盃の酒を飲み干し、福島正則から名槍「日本号」を得た。写真／フォト・オリジナル

黒田家家紋「石持」

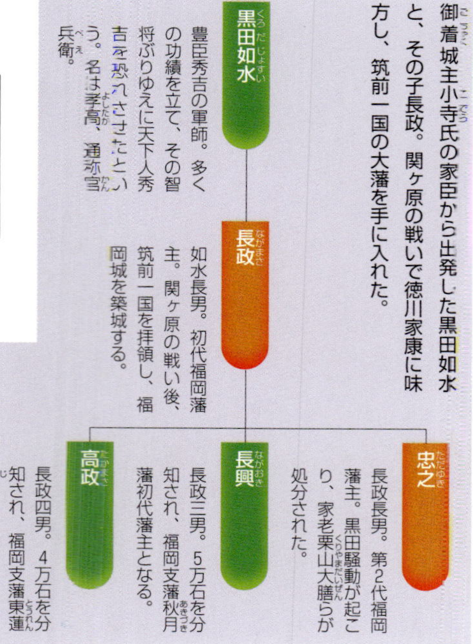

御着城主小寺氏の家臣から出発した黒田如水と、その子長政。関ヶ原の戦いで徳川家康に味方し、筑前一国の大藩を手に入れた。

黒田如水　豊臣秀吉の軍師。多くの功績を立て、その智将ぶりゆえに天下人秀吉を恐れさせたという。名は孝高、通称官兵衛。

長政　如水長男。初代福岡藩主。関ヶ原の戦い後、筑前一国を拝領し、福岡城を築城する。

忠之　長政長男。第2代福岡藩主。黒田騒動が起こり、家老栗山大膳らが処分された。

長興　長政三男。5万石を分知され、福岡支藩秋月藩初代藩主となる。

高政　長政四男。4万石を分知され、福岡支藩東蓮寺藩初代藩主となる。

大濠公園　黒田長政が福岡城築城にあたり、博多湾の入江の一部を埋め立てて外堀とした。昭和初期に公園化された。写真／世界文化フォト

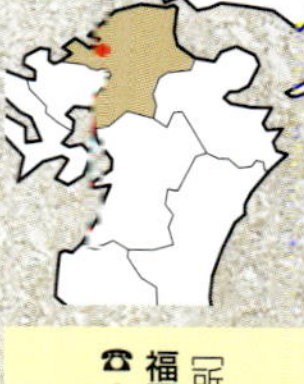

〔所在地〕福岡市中央区城内
☎092・711・4783
福岡市教育委員会

小倉城◆細川忠興

北九州市小倉北区城内

小倉市街の中心に位置する平城。鎌倉時代、緒方氏によって築かれたというが、定かではない。

戦国時代には、安芸の毛利氏と豊後の大友氏との間で激しい争奪戦が繰り広げられた。

関ヶ原合戦後、城主となった細川忠興は、破風のない4層の天守や、今日に伝えられる壮大な石垣と堀を造営したのをはじめ、小倉城を近世城郭として整備した。

細川氏が熊本に転封されると、譜代大名の小笠原氏が入封。1866年（慶応2）、第2次幕長戦争のおりには、高杉晋作率いる長州軍による猛攻を受けた。小笠原氏主従は、小倉城を自焼して退却し、[illegible]先の香春で明治維新を迎えた。

再建された天守には、幾重もの破風があり、築城当時の特徴的な姿が再現されなかった。

小倉城天守

花尾城石垣

花尾城◆麻生氏

北九州市八幡西区鳴水花ノ尾

標高348mの花尾山山頂にある。1194年（建久5）に宇都宮重業が築いたとされる。重業は麻生氏を称し、代々の居城とした。

明応年間（1492〜1501）の大内氏の攻撃に対して、3年間戦いつづけた花尾城攻防戦は有名である。1587年（天正15）の豊臣秀吉の九州平定後は、小早川隆景の所領となった。黒田長政の筑前入封後、麻生氏は黒田家の家臣となって代々つづいた。

現在は花尾山公園として整備され、古城の面影を残す。

立花城◆立花道雪

糟屋郡新宮町・久山町・福岡市東区

標高367mの立花山に所在し、立花山城ともいう。

建武年間（1334〜38）に大友貞載が築城し、立花氏を名乗って居城とした。1571年（元亀2）、戸次鑑連が入り、立花道雪と改名し、城主となる。その養子が立花宗茂であった。宗茂は、島津軍の猛攻に対して、立花城を守り抜いたことで有名である。

豊臣秀吉の九州平定後、宗茂は筑後柳川に移り、城は小早川隆景領となる。黒田長政が筑前に入封すると、1601年（慶長6）に破却された。

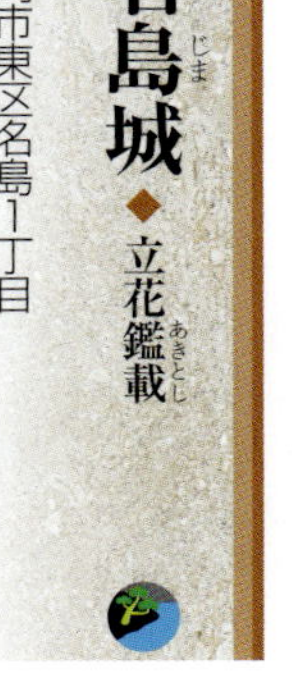

名島城◆立花鑑載

福岡市東区名島1丁目

天文年間（1532〜55）に立花鑑載が築き、のちに小早川隆景が大改修して居城とした。

1600年（慶長5）、黒田長政が筑前に入封して名島城に入る。しかし、城下町が狭いため、2年後に新たに福岡城を築いて移り、名島城は破却された。

現在、城跡は名島神社の境内となり、天守台や堀切が残る。また、福岡城に残る名島門は、この城から移築されて名づけられたもの。博多区の崇福寺の唐門も、名島城の遺構と伝えられる。

名島城址　写真／フォト・オリジナル

岩屋城◆高橋鎮種（紹運）

太宰府市大字太宰府・観世音寺

天文年間に、高橋鎮種が宝満城（宝満山城）の支城として築いたとされている。

1586年（天正14）、薩摩島津氏5万の大軍に包囲された。城兵は760名余り。半月の籠城の末、7月27日に島津軍が突入してみると、城主鎮種以下50余名が、本丸で自刃していたという。

現在本丸跡に、「嗚呼壮烈、岩屋城址」と刻まれた石碑が立つ。

岩屋城本丸跡　写真／和田不二男

馬ヶ岳城 ◆ 黒田如水

行橋市大谷・西谷・京都郡犀川町花熊 ＊

標高216mの馬ヶ岳にある。一説に942年（天慶5）、源経基が築いたともいわれるが、史料に乏しくはっきりしない。城の遺構は、東西2つの峰を中心に曲輪が形成され、西側の峰の平坦地がもっとも広く本丸跡と考えられる。また、東側の峰から北に下る尾根には、約500mにわたって土塁が残る。

江戸時代の軍記物語などには、14世紀半ばから15世紀前半にかけて、新田氏が在城したと記されている。

1587年（天正15）、九州平定の遠征軍を率いて九州に上陸した豊臣秀吉は、この城に逗留している。

九州平定後、馬ヶ岳城は、黒田如水が拠点を中津に移すまでの居城であった。

香春岳城 ◆ 高橋氏

田川郡香春町

鬼ヶ城ともいう。

一ノ岳・二ノ岳・三ノ岳の3つの峻険な山からなる香春岳に所在する。940年（天慶3）、藤原純友が築いたのが始まりという。

天文年間（1532〜55）、当時の城主原田氏・千手氏が大友氏に滅ぼされ、高橋元種が大改修し、居城とした。高橋氏は、豊臣秀吉の九州平定の時に降伏。慶長年間（1596〜1615）には細川氏が居城としたが、1615年（元和1）の一国一城令で廃城となった。

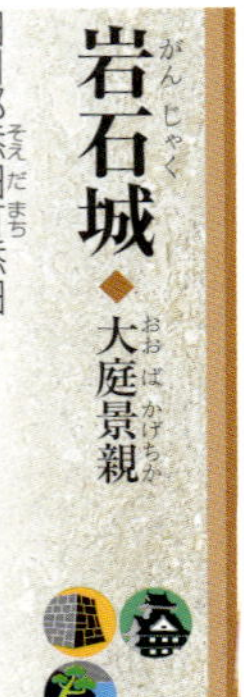

岩石城 ◆ 大庭景親

田川郡添田町添田

標高446mの岩石山山頂に所在する。保元年間（1156〜59）に、平清盛が大庭景親に築かせたという。

豊臣秀吉の九州平定の時、秀吉軍が、最初に本格的な城攻めをしたのが岩石城である。難攻不落の城といわれていたが、猛攻撃をかけて1日で落としてしまった。

現在、中腹に模擬天守が築かれているが、内部は美術館である。

古処山城 ◆ 秋月氏

甘木市秋月町

日本一の黄楊の原生林（特別天然記念物）が覆う標高859mの古処山上に築かれた山城。

秋月氏は本姓を原田氏といい、平安時代の藤原純友の乱で活躍した大蔵春実の子孫だといわれる。

1587年（天正15）、豊臣秀吉は九州攻めの軍を発し、島津氏方の秋月種実・種長父子は、豊臣軍に備えて古処山城に防御強化を行ない籠城した。しかし秀吉は、岩石城をわずか1日で落とし、さらに益富城攻めでは張子の一夜城をつくり、秋月父子の度肝を抜いた。戦意を喪失した秋月父子は、天下の名茶器「楢柴肩衝」を差し出し、さらに娘を人質に出して降伏した。秋月氏は日向高鍋へ移封となった。

山の中腹には、この時築かれたと思われる畝状竪堀が、密集して口を開ける。

古処山城址（写真後方）　写真／甘木市教育委員会

秋月城 ◆ 黒田長興

甘木市野鳥 ＊

戦国時代の秋月盆地では、鎌倉時代以来の名族秋月氏が古処山城を本拠とし、小天地に割拠していた。

1587年（天正15）、秋月氏は豊臣秀吉の命により、高鍋への転封を命じられ、故郷秋月との別れを余儀なくされた。

江戸時代になると、秋月一帯は、福岡城主黒田長政の所領となった。1623年（元和9）、福岡藩祖長政の三男長興は、2代藩主の兄忠之より5万石の領地を与えられ、古処山城の山麓において、秋月城もしくは秋月陣屋と称される居館を構えた。以来、秋月黒田家は、廃藩置県まで福岡藩の支藩として存続した。

堀と石垣が残されるほか、古処山城から移築したと伝えられる城門が残される。

秋月城櫓台

久留米城 ◆ 有馬豊氏

久留米市篠山町 ＊

篠原城・篠山城ともいう。

1583年（天正11）ころは、高良山座主良寛の弟麟圭が在城し、大友氏と戦っている。その後、毛利秀包が入り、それまでの砦程度の旧城を拡大、整備した。

1621年（元和7）、有馬豊氏が入封。元和の一国一城令で廃城となった領内の城の用材を用いて大改修した。以後、有馬氏は久留米城を代々の居城として、明治維新までつづいた。

現在は、石垣と外堀などが残っている。

久留米城石垣　写真／外川 淳

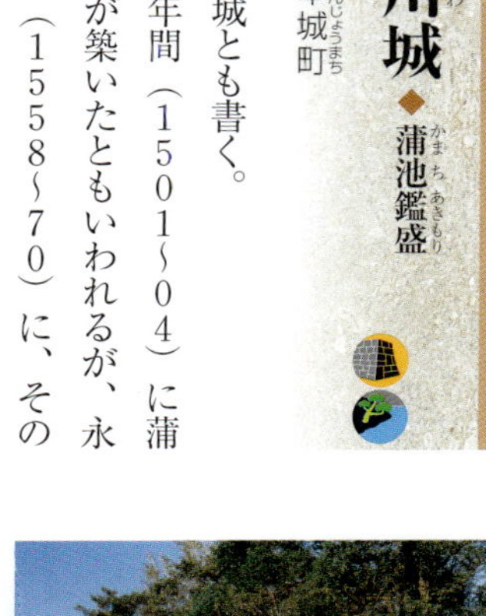

柳川城◆蒲池鑑盛

柳川市本城町

柳河城とも書く。

文亀年間（1501〜04）に蒲池治久が築いたともいわれるが、永禄年間（1558〜70）に、その孫の蒲池鑑盛によって築城されたと思われる。

蒲池氏は豊後大友氏に属したので、柳川城をめぐって、龍造寺氏との争奪戦は壮絶をきわめた。蒲池氏は敗れ、城は龍造寺氏のものとなった。

1587年（天正15）、豊臣秀吉の九州平定後は、立花宗茂が入封する。宗茂は1600年（慶長5）の関ヶ原合戦で西軍に加わり、敗戦後に大坂を脱出して柳川城に籠城したが、結局開城し、除封された。

しかし、立花氏は1621年（元和7）になって、再び返り咲くことになる。以後、明治維新まで立花氏の居城となった。

現在、本丸跡に中学校が建っているが、天守台と一部の石垣が残る。また、藩主別邸が、松濤園として残されている。

柳川城本丸跡　写真／外川 淳

城址名	主な城主	所在地	遺構	解説
門司城	大友氏	北九州市門司区	石垣	明治に門司要塞が置かれる戦略的要地。
猿喰城	門司氏	北九州市門司区	土塁・堀切	門司城の支城。
長野城	長野氏	北九州市小倉南区	畝状竪堀	斜面全域を51本の竪堀が覆う。
貫城	貫氏	北九州市小倉南区	曲輪・空堀	懐良親王の征西時に新田氏が築城。
帆柱山城	麻生氏	北九州市八幡西区	石垣・堀切	麻生氏本城の花尾城の背後を守る城。
山鹿城	麻生元重	遠賀郡芦屋町	土塁・堀切	遠賀川河口に築かれた平山城。
許斐山城	許斐氏	宗像市王丸	土塁・空堀	宗像大社大宮司一族の居城。
白山城	宗像大宮司	宗像市山田	曲輪・土塁	1551年（天文20）大宮司家内紛起こす。
剣岳城	跡部安芸守	鞍手郡鞍手町	石垣・空堀	大友氏落とし、領有。
祇園嶽城	杉氏	鞍手郡宮田町	土塁・空堀	杉氏は秋月氏に属す。畝状竪堀構築。
茶臼山城	森備中守	鞍手郡若宮町	石垣	大友義統が攻め落城。
鷹取山城	母里太兵衛	直方市頓野	畝状竪堀	黒田筑前6支城の1つ。
直方陣屋	黒田高政	直方市山部	土塁・水堀	黒田支藩4万石。元禄期に廃城。
松山城	毛利元秋	京都郡苅田町	土塁・石垣	屋根瓦と考えられる瓦が出土。
障子ヶ岳城	小早川隆景	京都郡勝山町	土塁・空堀	秀吉、九州攻めのさい宿所にする。
萱切城	宇都宮鎮房	築上郡築城町	石垣	名族城井谷宇都宮氏、黒田氏に謀殺される。
元寇防塁＊	北条氏	福岡市西区・東区	石塁	元軍襲来に備え、文永の役後に構築。
柑子ヶ岳城	大内氏	福岡市西区	曲輪・堀切	大内・大友氏が争奪戦繰り返す。
高祖山城	原田氏	前原市高祖	石垣・空堀	大蔵春実子孫の名族原田氏の居城。
益富城	後藤又兵衛	嘉穂郡嘉穂町	土塁・石垣	又兵衛、長政と軋轢起こし逐電。
有智山城	少弐氏	太宰府市内山	土塁・空堀	元寇時の総大将少弐氏代々の城。
荒平城	秋月氏	甘木市野鳥	畝状竪堀	古処山城の麓の城。秀吉2日間滞在。
山隈城	小早川隆景	小郡市山隈	土塁・空堀	隆景、秀吉より筑前拝領。
長尾城	秋月氏	朝倉郡杷木町	畝状竪堀	杷木神護石の一画。秋月二十四城の1つ。
妙見城	星野氏	浮羽郡吉井町	曲輪・空堀	大内義隆に攻められ落城。
福丸城	星野高実	浮羽郡吉井町	曲輪・空堀	大友氏に攻められ豊後へ移る。
西隈上城	隈ノ上氏	浮羽郡浮羽町	曲輪・空堀	二町四方方形館。空堀めぐる。
発心城＊	草野家清	久留米市草野町	畝状竪堀	家清、秀吉の怒りを買い、南関で謀殺される。
住厭城	大友氏	久留米市御井町	畝状竪堀	大友氏の筑後侵攻の拠点。畝状竪堀が見事。
別所城	不明	久留米市御井町	土塁・空堀	南朝懐良親王の本城の伝承あり。
吉見嶽城	八尋式部	久留米市御井町	土塁・空堀	秀吉、島津攻めの陣所置く。
福島城	筑紫広門	八女市本町	石垣・水堀	田中吉政、柳川城支城として改修。
猫尾城＊	黒木氏	八女郡黒木町	石垣・堀切	黒木家永が大友氏に背き、宗麟が攻める。
山下城	蒲池鑑広	八女郡立花町	曲輪・空堀	筑紫広門、秀吉から城拝領。
三池陣屋	高橋直次	大牟田市新町	石橋・堀割	三池藩1万石の陣屋。

＊国史跡　＊県史跡

佐賀県

佐賀城

県南東部、筑紫平野の低湿地に築かれた平城。県史跡。

[所在地] 佐賀市城内
佐賀県立佐賀城本丸歴史館
☎0952・41・7550

室町時代まで、ここは龍造寺氏の居城だった。しかし、龍造寺氏の衰退により、重臣の鍋島直茂が接収して改修を加え、1611年（慶長16）、その子勝茂が天守を擁する壮大な城を完成させている。

建物の大半は明治維新後、佐賀の乱で城が江藤新平率いる旧佐賀藩士らに襲撃されて焼失した。現在、本丸御殿が佐賀県立佐賀城本丸歴史館として復元されている。

鯱の門と続櫓 1835年（天保6）の大火後に建造。門扉には、佐賀の乱のさいに受けた無数の弾痕が残る。重文。

鍋島勝茂画像
鍋島報效会蔵

城主一覧

時代	主な城主
江戸	鍋島直茂
	鍋島勝茂
	鍋島光茂
	鍋島綱茂
	鍋島吉茂
	鍋島宗茂
	鍋島宗教
	鍋島重茂
	鍋島治茂
	鍋島斉直
	鍋島直正
明治	鍋島直大

1919年（大正8）ごろの佐賀城
佐賀県立佐賀城本丸歴史館蔵
左に本丸御殿、右に鯱の門が見える。

鍋島氏家紋「鍋島杏葉」

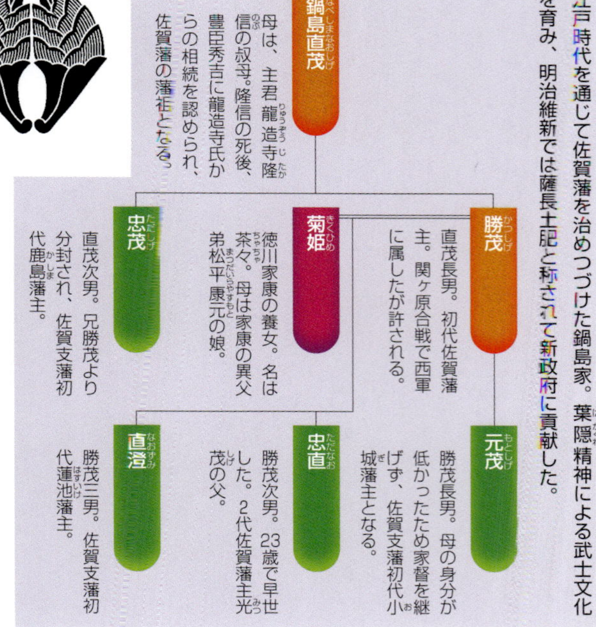
江戸時代を通じて佐賀藩を治めつづけた鍋島家。葉隠精神による武士文化を育み、明治維新では薩長土肥と称されて新政府に貢献した。
鍋島直茂
母は、主君龍造寺隆信の叔母。隆信の死後、豊臣秀吉に龍造寺氏からの相続を認められ、佐賀藩の藩祖となる。
勝茂
直茂長男。初代佐賀藩主。関ヶ原合戦で西軍に属したが許される。
菊姫
徳川家康の養女。名は茶々。母は家康の異父弟松平康元の娘。
忠茂
直茂次男。兄勝茂より分封され、佐賀支藩初代鹿島藩主。
元茂
勝茂長男。母の身分が低かったため家督を継げず、佐賀支藩初代小城藩主となる。
忠直
勝茂次男。23歳で早世した。2代佐賀藩主光茂の父。
直澄
勝茂三男。佐賀支藩初代蓮池藩主。

天守台への道
天守台の高さは10m以上におよぶ。天守は1726年（享保11）の大火災で焼失。以後、再建されることはなかった。

名護屋城 ◆ 豊臣秀吉 ＊

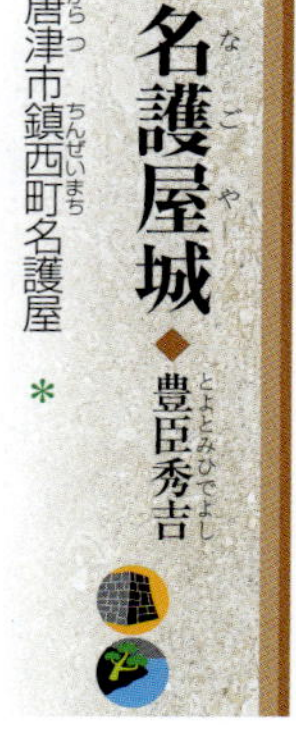

唐津市鎮西町名護屋

名護屋湾を見下ろす小高い丘陵上に位置する平山城。1591年（天正19）、朝鮮出兵の前線基地とするため、豊臣秀吉の命により、島津氏をはじめ、九州の諸大名が動員され、築城工事が開始された。

翌年には、秀吉の御座所としてふさわしい規模を誇り、大坂城や聚楽第に匹敵する壮麗さを兼ね備えた巨城が完成。秀吉の死により、慶長の役が終局を迎えると、廃城となった。

名護屋城跡と23を数える諸大名の陣跡は、国の特別史跡に指定され、発掘と整備が進められている。

唐津城 ◆ 寺沢広高

唐津市東城内

玄界灘を望む半島上の小高い丘陵に位置する平山城。1602年（慶長7）から、寺沢広高によって築城工事が開始され、6年後に完成をみた。寺沢氏は、信長・秀吉・家康と3人の天下人に仕えることにより、着実に出世街道を歩みつづけたが、2代堅高の時、飛び地領の天草において島原の乱が発生したことを咎められ、断絶処分となった。

その後、譜代・親藩大名が封じられ、小笠原氏6万石の時代に明治維新を迎えた。

唐津城天守

岸岳城 ◆ 波多氏 ＊

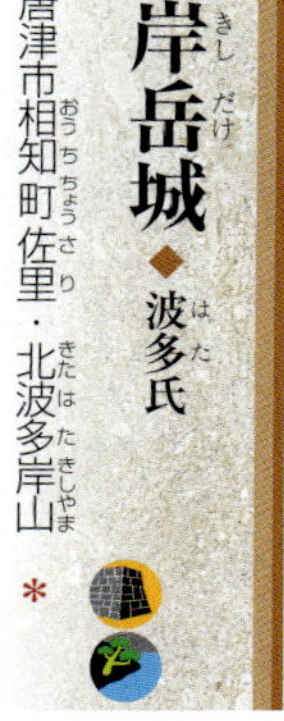

唐津市相知町佐里・北波多岸山

標高320mの岸岳に築かれた山城。松浦党の中でも強大な勢力を誇った波多氏の居城。

波多氏は遠祖源久の系譜を引くため、代々一字名で、戦国時代の興・盛のころが最盛期であった。盛の没後、嗣子に後室の実家である有馬氏から親を迎えるが、家中に異を唱えるものが多く、お家騒動が起きた。一時家臣の日高氏に城を乗っ取られるが、龍造寺氏の支援を受けて、後室と親は城を取り戻す。しかし、親は秀吉から島津攻めの不参加や朝鮮出兵への遅参を咎められ、1594年（文禄3）、突然改易となった。波多氏のあとには、寺沢広高が入城し、のちに唐津城へ移った。

城の遺構は屹立した山上の岸岳城と、山麓の波多城に分かれる。岸岳城は織豊系の総石垣造りで、細長い尾根に延々1kmも石垣がつづく。波多城には畝状竪堀が築かれている。

城址名	主な城主	所在地	遺構	解説
基肄城＊	大内氏	三養基郡基山町	土塁・石垣	古代山城の土塁を改修し、戦国期山城構築。
綾部城	少弐資元	三養基郡中原町	畝状竪堀	宮山城・白虎山城など数城で形成。
旭山城	朝日氏	鳥栖市村田町	曲輪・空堀	朝日氏居城、勝尾城支城。
勝尾城＊	筑紫氏	鳥栖市河内町	石垣・空堀	詰の城と山麓の居館を土塁線で結ぶ。
三瀬城	神代勝利	神埼郡三瀬村	石垣・堀切	名将の勝利、龍造寺氏と対峙。
姉川城＊	姉川氏	神埼郡神埼町	曲輪・水堀	クリークを利用して築城。
勢福寺城	江上氏	神埼郡神埼町	土塁・空堀	山上・山下に遺構あり。
甘南備城	高木氏	佐賀郡大和町	曲輪・石垣	神代勝利と龍造寺隆信が激戦を交える。
蓮池城	小田直光	佐賀市蓮池町	水堀	常陸小田氏一族。龍造寺隆信が略取。
小城城	鍋島元茂	小城郡小城町	庭園	佐賀支藩小城藩7万3000石の陣屋。
千葉城	千葉氏	小城郡小城町	曲輪・石垣	下総千葉氏が地頭となって下向。
梶峰城	多久氏	多久市多久町	曲輪・土塁	津久井氏が築城、多久氏を称する。
黒田長政陣＊	黒田長政	唐津市呼子町	土塁	呼子側の橋根に位置。
毛利秀頼陣＊	毛利秀頼	唐津市呼子町	土塁	典型的な単郭式の陣。
徳川家康陣＊	徳川家康	唐津市鎮西町	石垣	小規模。別陣もあり。
前田利家陣＊	前田利家	唐津市鎮西町	石垣	山上の曲輪と山裾の居館に分かれる。
豊臣秀保陣＊	豊臣秀保	唐津市鎮西町	石垣	大名の陣跡中、最大規模を誇る。
上杉景勝陣＊	上杉景勝	唐津市鎮西町	石塁	石塁による大規模な縄張。
木村重隆陣＊	木村重隆	唐津市鎮西町	石塁	自然石を用いた約3mの石垣。
宗義智陣	宗義智	唐津市鎮西町	土塁	義智、小西行長とともに釜山城を攻撃。
鍋島直茂陣＊	鍋島直茂	唐津市鎮西町	石塁	連郭式とみられる複雑な縄張。
古田織部陣＊	古田織部	唐津市鎮西町	土塁	鏡石積みの石垣を多用。
堀秀治陣＊	堀秀治	唐津市鎮西町	曲輪	数奇屋や能舞台、庭園の存在を確認。
松浦鎮信陣	松浦鎮信	唐津市鎮西町	土塁	小規模ながら2重の空堀。
波多親陣	波多親	唐津市鎮西町	石垣	波多親、秀吉の不興を買い、領地没収。
獅子城＊	鶴田氏	唐津市厳木町	石垣・堀切	岸岳城波多氏家臣、反乱起こす。
飯盛城	山代氏	伊万里市山代町	曲輪	山頂から伊万里湾を一望できる。
日在城	大河野氏	伊万里市大川町	堀切	山頂に巨大な空堀状地形あり。
唐船城	有田氏	西松浦郡西有田町	石垣・空堀	有田氏代々の居城。
潮見城	渋江氏	武雄市橘町	曲輪・堀切	渋江氏代々の居城。有馬氏が落とす。
武雄城	後藤氏	武雄市武雄町	石垣	江戸期には領主の館のみ存続。
住吉城	後藤氏	杵島郡山内町	土塁・空堀	丘上に築かれた方形館。
須古城	平井氏	杵島郡白石町	外堀・曲輪	龍造寺隆信の4度にわたる攻撃で落城。
鹿島城	鍋島氏	鹿島市高津原	赤門・大手門	佐賀支藩鹿島藩2万石の居館。
蟻尾城	大村家徳	鹿島市高津原	曲輪・堀切	千葉氏に攻められ落城。

＊国史跡　＊県史跡

平戸城（ひらどじょう）

県北西部、平戸瀬戸に突き出た亀岡山（かめおかやま）に築かれた平山城（ひらやまじろ）。

鎌倉・室町時代にかけて、この地は水軍として名を馳せた松浦党（まつらとう）の本拠だった。豊臣秀吉による九州平定に従った松浦鎮信（しげのぶ）（法印（ほういん））が、1599年（慶長4）から築城に着手したものの、完成直前に焼失してしまう。

1704年（宝永1）、5代藩主棟（たかし）の時に築城工事が再開され、3年後に完成した。現在、狸櫓（たぬきやぐら）と北虎口門（きたこぐちもん）が残り、模擬天守などが復興されている。

見奏櫓（けんそうやぐら）と平戸瀬戸　平戸城は平戸瀬戸を見下ろす標高約50mの高台に建つ。写真／ＪＴＢフォト

天守　1962年（昭和37）の復興。最上階からは壱岐まで展望できる。写真／フォト・オリジナル

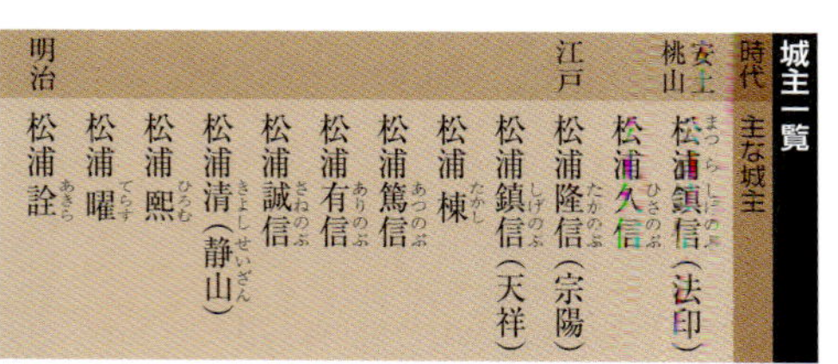
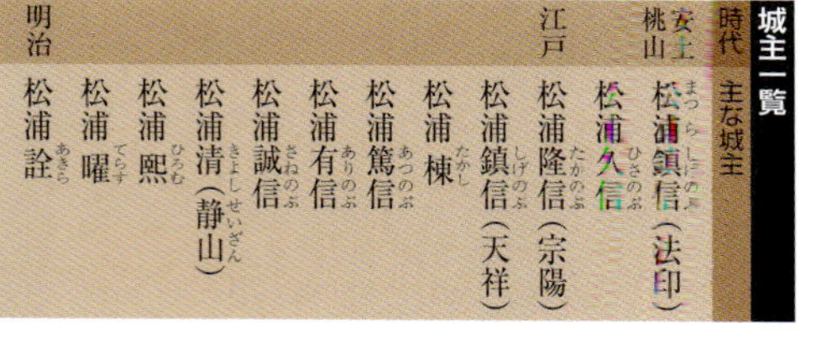

城主一覧

時代	主な城主
安土桃山	松浦鎮信（まつらしげのぶ）（法印）
	松浦久信（ひさのぶ）
江戸	松浦隆信（たかのぶ）（宗陽）
	松浦鎮信（天祥）
	松浦棟（たかし）
	松浦篤信（あつのぶ）
	松浦有信（ありのぶ）
	松浦誠信（さねのぶ）
	松浦清（きよし）（静山（せいざん））
	松浦熙（ひろむ）
	松浦曜（てらす）
明治	松浦詮（あきら）

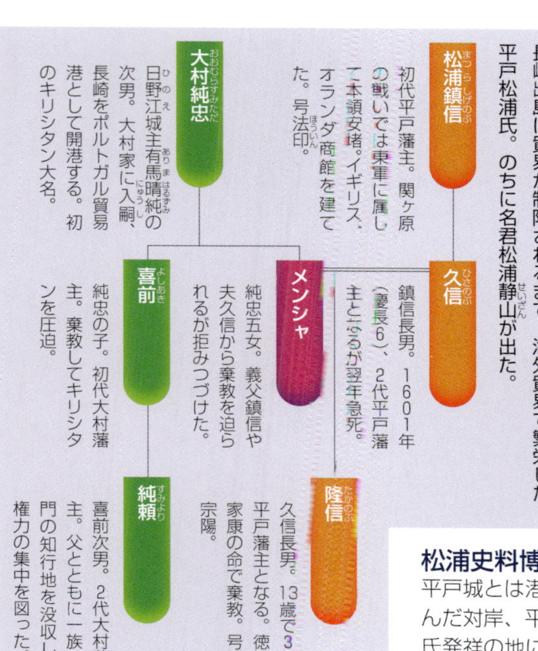

長崎出島（でじま）に貿易が制限されるまで、海外貿易で繁栄した平戸松浦氏。のちに名君松浦静山（せいざん）が出た。
松浦鎮信（まつらしげのぶ）
初代平戸藩主。関ヶ原の戦いでは東軍に属し本領安堵。イギリス、オランダ商館を建てた。号法印（ほういん）。
久信（ひさのぶ）
鎮信長男。1601年（慶長6）、2代平戸藩主となるが翌年急死。
メンシャ
純忠五女。義父鎮信や夫久信から棄教を迫られるが拒みつづけた。
隆信（たかのぶ）
久信長男。13歳で3代平戸藩主となる。徳川家康の命で棄教。号は宗陽。
大村純忠（おおむらすみただ）
日野江（ひのえ）城主有馬晴純（ありまはるずみ）の次男。大村家に入嗣（にゅうし）、長崎をポルトガル貿易港として開港する。初のキリシタン大名。
喜前（よしあき）
純忠の子。初代大村藩主。棄教してキリシタンを圧迫。
純頼（すみより）
喜前次男。2代大村藩主。父とともに一族一門の知行地を没収し、権力の集中を図った。

松浦鎮信（法印）画像
松浦史料博物館蔵

松浦家家紋「松浦梶（かじ）の葉」

松浦史料博物館
平戸城とは港をはさんだ対岸、平戸松浦氏発祥の地に建つ。
写真／世界文化フォト

［所在地］平戸市岩の上
平戸城
☎0950・22・2201

三城城 ◆ 大村純忠

大村市三城町

1564年（永禄7）に大村純忠が築いた平山城である。1572年（元亀3）、三城城は周囲の後藤氏・松浦氏・西郷氏連合軍に包囲された。この時城内には、名のある武士は7人しかおらず、あとは小者や女性ばかりである。その少人数で敵をみごとに撃退した。これを"三城七騎籠"とよんでいる。1599年（慶長4）、大村純忠の子の喜前が玖島城に移り、1637年（寛永14）に幕府の命で廃城にされたという。近年、建物跡などが発掘された。

玖島城 ◆ 大村喜前

大村市玖島1丁目

大村城ともいう。大村氏は三城城を居城としていたが、海に遠く、堅固さもさほどではなかった。そこで、1599年（慶長4）に築城した平山城である。

完成後、三城城の城下町に住む家臣たちも移り住み、以後、江戸時代を通じて居城とした。現在、城跡は大村公園として桜の名所となっている。曲輪跡や石垣などが残り、最近2層の板敷櫓が復元された。また、お船蔵跡は県指定史跡である。

玖島城板敷櫓

島原城 ◆ 松倉重政

島原市城内

1624年（寛永1）、築城の名手として知られる松倉重政が完成させた平城。別名を森岳城という。

築城には7年余りの歳月がかかり、49基もの隅櫓が立ち並ぶ規模は、4万石という石高には過ぎたものであった。領民への負担も大きく、それが島原の乱の原因の1つになったとも考えられる。

島原の乱で一揆側の攻撃を受けても落城しなかったが、城主は松倉氏をはじめ高力氏、松平氏など入れ替わりが激しかった。

折れを幾重にも重ねるみごとな高石垣が特徴の本丸には、昭和に入り破風のない層塔型の模擬天守をはじめ、3つの櫓が復元された。

城西には武家屋敷町が残り、古い町並みを今に伝えている。

島原城天守

鶴亀城 ◆ 神代貴益

南高来郡国見町神代丙

神代城ともよばれる。有明海に面し、三方が海の海城だった。鎌倉末期に神代貴益が築いたという。

戦国時代に神代氏は龍造寺方として有馬氏と対立、1584年（天正12）の沖田畷の合戦となる。神代氏は敗れ、城兵たちは自刃して果てた。

江戸時代に佐賀藩鍋島陣屋が置かれ、現在、長屋門などが残る。

日野江城 ◆ 有馬経澄

南高来郡北有馬町谷川名 *

建保年間（1213〜19）に領主の有馬氏初代経澄が築いたとされ、有馬城ともいう。

戦国時代に入り、有馬氏は大規模な城郭の建設を計画。原城を築き、日野江城も改修した。そして、キリシタン大名として繁栄する。

1612年（慶長17）、幕府の禁教令が出ると、有馬氏は日向県（延岡）に転封となった。新たに領主となった松倉重政は、1618年（元和4）から島原城を築いて移る。以後、日野江城は廃城とされた。

近年の発掘調査で、石段や金箔瓦が出土した。

日野江城の出土した石段

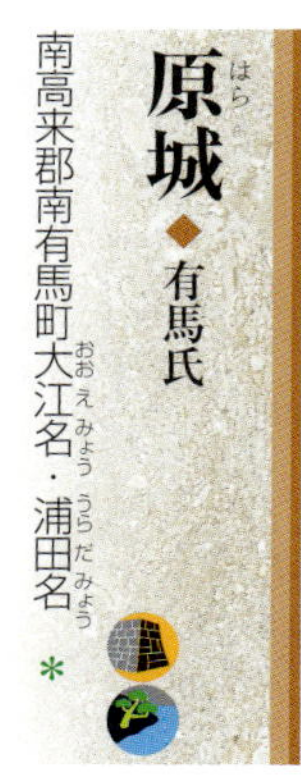

原城 ◆ 有馬氏

南高来郡南有馬町大江名・浦田名 *

1496年（明応5）に有馬貴純が築いたとも、慶長年間（1596〜1615）に有馬晴信が新たに築城したともいわれる。

原城は、島原湾に突き出た標高31mの高台にあり、断崖を背にした要害に築かれた。沖合を通る船人がその美しさに見とれたことから、日暮城という美称をもったという。

1616年（元和2）、松倉重政が入部すると廃城となったが、1637年（寛永14）の島原の乱では2万8000余人ともいわれる一揆軍が籠城し、激戦の舞台となった。

1992年（平成4）から始まった発掘調査により、十字架などのキリシタン遺物のほか、巨大な虎口の遺構や石垣が確認された。島原の乱当時は城としての機能を備えていたものと考えられる。

原城本丸虎口跡

桟原城 ◆ 宗義真

対馬市厳原町桟原

府中城、厳原城ともよばれた。

宗義真が1660年（万治3）から築き始め、18年後の1678年（延宝6）に完成した城（館）である。

宗氏の旧城・金石城では、大人数の朝鮮通信使一行を迎えるには手狭だった。そこで迎賓館を兼ねた城を築き、同時に城下町の整備も進められた。そして宗氏は金石城から移り、13代つづいて明治維新に至る。

遺構として、城壁と城門の石垣が残り、町内の厳原町資料館に、復元された高麗門がある。

清水山城 ◆ 宗義智

対馬市厳原町厳原西里 ＊

金石城を見下ろす標高206mの清水山上に所在する。

1591年（天正19）、豊臣秀吉が朝鮮出兵にさいし、宗義智などに築かせたものである。朝鮮への出兵や物資の輸送基地であり、肥前の名護屋城本営と朝鮮との連絡拠点でもあった。

石垣や曲輪跡など、遺構も比較的良好に残されている。

清水山城虎口の石垣

金石城 ◆ 宗将盛

対馬市厳原町今屋敷 ＊

1528年（享禄1）、それまでの居館であった池館を兵火により失った宗将盛が築いた館。

それをしだいに整備。櫓門や多門櫓などを設け、城と称するようになったが、天守は造られなかった。

現在は石垣や門跡の一部が残されており、庭園についても復元が進められている。一画には資料館も建てられ、大手櫓門が復元された。近くには宗家墓所（国史跡）も残る。

金石城の復元された櫓門

勝本城櫓台

勝本城 ◆ 松浦鎮信

壱岐市勝本町坂本触 ＊

九州と朝鮮半島を結ぶ海上交通の要衝は、対馬のほかに壱岐もある。

1591年（天正19）、豊臣秀吉は朝鮮出兵のとき、松浦鎮信に命じて、勝本港を望む城山に出城を築かせた。

風本城・武末城・雨瀬包城ともいう。朝鮮戦役の兵站基地としての役目を果たし、秀吉の死によって戦役が終了すると、城も破却された。

現在、城跡には桝形の石垣がよく残っており、島民憩いの場となっている。

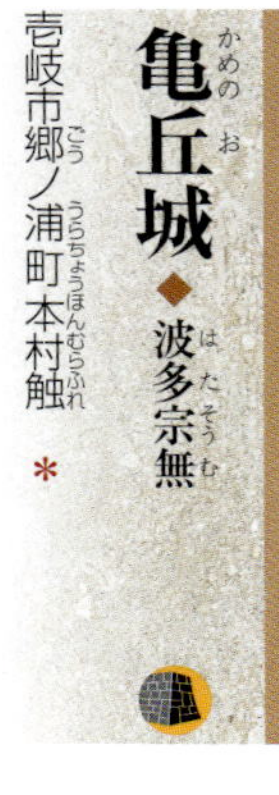

亀丘城 ◆ 波多宗無

壱岐市郷ノ浦町本村触 ＊

亀尾城とも書かれた。

1293年（永仁1）、肥前岸岳城主波多宗無が築いたと伝えられる。壱岐の領主は、波多氏の後、1565年（永禄8）から日高氏となった。その後、日高氏は平戸松浦氏に臣従、戦国末期から近世にかけては、松浦氏が支配した。

1615年（元和1）、一国一城令によって破却されたと思われる。

現在は亀丘公園となり、北面に石垣の一部が残る。

石田城◆五島盛徳

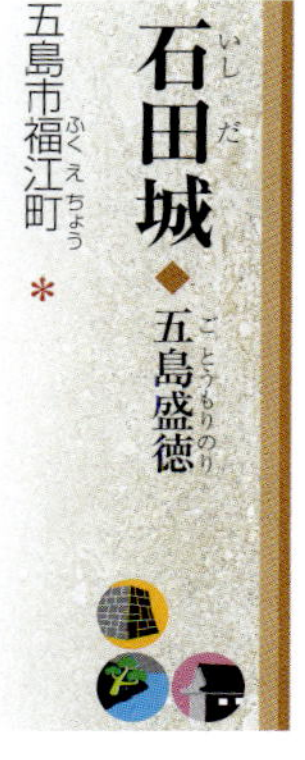

五島市福江町 *

五島列島最大の福江島に築かれた。福江城ともよばれる。

五島藩には城がなく、陣屋住まいであった。幕府に何度も築城許可願いを出したが、認められない。許可が下りたのは、幕末の1849年（嘉永2）、当主が盛成の時である。

完成したのは15年後の1863年（文久3）、当主は盛徳になっていた。しかし、5年後には明治維新となり、城は解体された。

現在、本丸跡は五島高校になっているが、内堀の大部分・城門・石垣などが残されている。

二の丸にある観光歴史資料館や市立図書館は、城郭を模した造りとなっている。

石田城城門 写真／ファインフォトエイジェンシー

城址名	主な城主	所在地	遺構	解説
日の岳城	松浦鎮信	平戸市岩の上町	石垣・櫓台	平戸藩最初の城。放火で焼失。
籠手田城	籠手田氏	北松浦郡田平町	土塁・空堀	2重の空堀と土塁で円形に囲む。
東光寺山城	佐々氏	北松浦郡佐々町	土塁・竪堀	佐々氏、平戸松浦氏配下で活躍。
鳥屋城	志賀田氏	北松浦郡佐々町	曲輪・堀切	平戸松浦氏の南進拠点。
直谷城*	志佐氏	北松浦郡吉井町	土塁・空堀	谷を塞ぐ3重の土塁は壮観。
梶谷城*	松浦久	松浦市今福町	石垣・桝形	北松浦半島北端の要の城。
陣内城	志佐純次	松浦市志佐町	曲輪・空堀	河岸段丘を利用した複郭城郭。
松園屋敷	松園氏	松浦市調川町	土塁・空堀	保存状態良好。単郭小規模の城館。
武辺城	松浦盛	佐世保市竹辺町	畝状竪堀	松浦宗家一時期の本城。
飯盛城	松浦親	佐世保市相浦町	曲輪	宗家松浦親、平戸松浦隆信に備え築く。
井手平城	岡甚右衛門	佐世保市新替町	土塁・空堀	松浦氏の支城。大村氏に攻められ落城。
針尾城	針尾氏	佐世保市針尾中町	土塁・空堀	ルイス・フロイス、城について記述残す。
広田城	佐々加雲	佐世保市広田町	土塁・堀切	松浦氏平戸領南端の守り。堀切は3重。
牛ノ岳城	針尾貞治	佐世保市指方町	曲輪・石垣	新発見の石垣造りの山城。
佐世保城	佐世保氏	佐世保市城山町	土塁・堀切	佐世保市の中心部にあり。
大智庵城	松浦定	佐世保市瀬戸越町	曲輪・空堀	2代9年間の松浦氏の居城。
河原城	川棚氏	東彼杵郡川棚町	土塁・空堀	攻めてきた大内勢を撃退。
松岳城	大村氏	東彼杵郡東彼杵町	石垣	大村純伊、城を奪回、そして大村領回復。
好武城	大村純治	大村市寿古町	土塁・石垣	有馬氏の侵攻に備えて築く。
権現岳城	鶴田近江守	北高来郡小長井町	曲輪・空堀	龍造寺氏来攻に備える。
鳥越城	田川氏	西彼杵郡大瀬戸町	土塁・石垣	田川氏、大村氏に従い転戦。
唖飲城	長与純一	西彼杵郡長与町	曲輪・石垣	純一、大村氏に背き、攻められ落城。
高城	西郷尚善	諫早市高城町	曲輪	肥前最大の結節点。西郷氏の本城。
真崎城	志々岐氏	諫早市真崎町	石塁・空堀	西郷氏支城。大村氏との境目を警備。
魚見岳台場*	福岡藩	長崎市戸町	御石蔵・石垣	1810年（文化7）、幕命で福岡藩構築。
俵石城	深堀純賢	長崎市深堀町	放射状竪堀	深堀氏、長崎氏とたびたび戦う。
丸尾城	島原氏	島原市原町	石垣・空堀	沖田畷合戦時、島津氏の部将が守る。
杉峰城	西郷氏	南高来郡瑞穂町	石垣・空堀	西郷氏支城。舌状台地先端部に築城。
結城城	結城弥平治	南高来郡国見町	石垣	城主はキリシタンのジョルジュ弥平治。
深江城	安富氏	南高来郡深江町	大手門跡	有馬氏一門の安富氏、龍造寺氏につく。
撃方山城	毛利高政	対馬市上対馬町	石垣	朝鮮侵攻のための繋ぎの城。
鶴翔城	塩津留氏	壱岐市芦辺町	石垣・堀切	壱岐の有力領主塩津留氏の居城。
生池城	本城氏	壱岐市勝本町	曲輪・空堀	島内唯一の2重堀の遺構あり。
勘次ヶ城*	不明	五島市富江町	石垣	倭寇が築城か。
富江陣屋	五島盛清	五島市富江町	石倉	福江島南部。五島藩陣屋。

*国史跡　*県史跡

熊本城

県中部、京町台地の丘陵茶臼山に築かれた平山城。国特別史跡。

室町時代、この地には肥後守護菊池氏の支城があり、隈本城とよばれていた。1587年（天正15）、豊臣秀吉の九州平定により佐々成政が入封したが、失政の咎で改易となる。

かわって入封した加藤清正が1607年（慶長12）、52万石の大名にふさわしい壮大な城を完成させ、熊本城と改称した。建物の大半は1877年（明治10）の西南戦争で焼失したが、大・小の天守などが復元されている。

大天守と小天守
大天守は3層6階地下1階、小天守は2層4階地下1階。1960年（昭和35）復元。
写真／水野ヒロシ

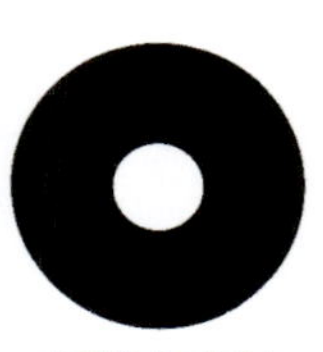

加藤家家紋
「蛇の目」

加藤清正銅像
（本妙寺浄池廟）

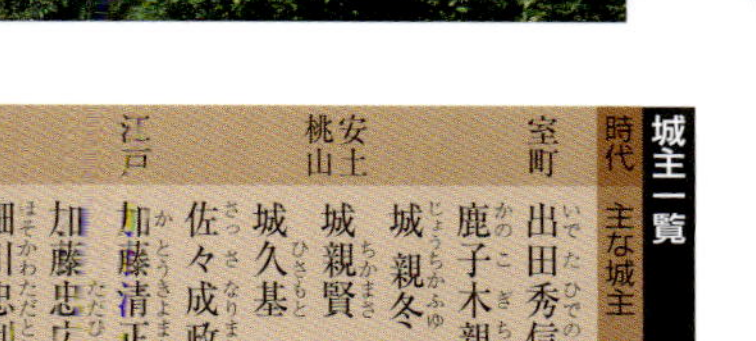

城主一覧

時代	主な城主
室町	出田秀信
	鹿子木親員
	城親冬
安土桃山	城親賢
	城久基
	佐々成政
江戸	加藤清正
	加藤忠広
	細川忠利
	細川光尚
	細川綱利
	細川宣紀
	細川宗孝
	細川重賢
	細川治年
	細川斉茲
	細川斉樹
	細川斉護
明治	細川韶邦

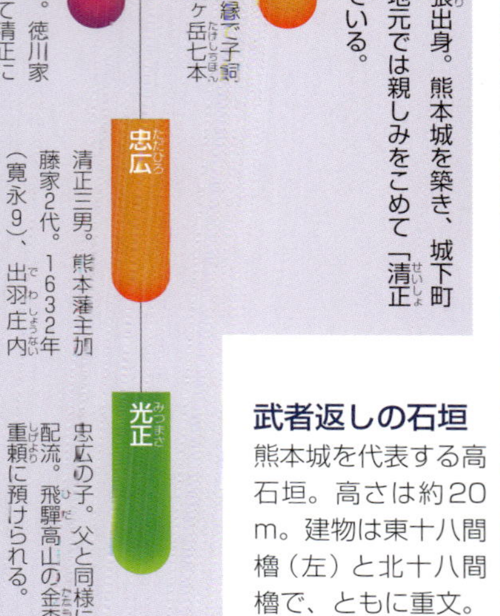

加藤清正は尾張出身。熊本城を築き、城下町を造営した。地元では親しみをこめて「清正公」とよばれている。
加藤清正
豊臣秀吉の遠縁で子飼いの武将。賤ケ岳七本槍の1人。
清浄院
水野忠重の娘。徳川家康の養女として清正に嫁ぐ。
水野勝成
諸国を遊歴、父忠重の死で刈谷に帰参。備後福山藩初代藩主。
忠広
清正三男。熊本藩主加藤家2代。1632年（寛永9）、出羽庄内に配流、当地で没する。
勝俊
勝成長男。2代福山藩主。大坂の陣、島原の乱で戦功を立てる。
光正
忠広の子。父と同様に配流。飛騨高山の金森重頼に預けられる。
勝貞
勝俊次男。3代福山藩主。島原の乱で活躍。

宇土櫓
西南戦争で唯一焼け残った多層櫓で3層5階。重文。
写真／水野ヒロシ

武者返しの石垣
熊本城を代表する高石垣。高さは約20m。建物は東十八間櫓（左）と北十八間櫓で、ともに重文。
写真／水野ヒロシ

［所在地］熊本市本丸
熊本城総合事務所
☎096・352・5900

田中城◆和仁氏

玉名郡三加和町和仁 ＊

築城年代は不明だが、築城者は地元の豪族和仁氏と思われる。

1587年（天正15）、時の城主和仁親実（親賢）は、国守となった佐々成政の検地に反対して籠城。和仁親範・親宗、辺春親行（親家）も加わり、「肥後国衆一揆」が起こった。成政は、対の城を築いて包囲。さらに援兵として立花宗茂、龍造寺・鍋島勢も加わって、その数約1万。包囲軍は攻撃を繰り返すが、攻撃側のみ死傷者が続出。攻めあぐんだ成政は、城中の辺春親行に密書を送り、味方につくことを約束させたという。

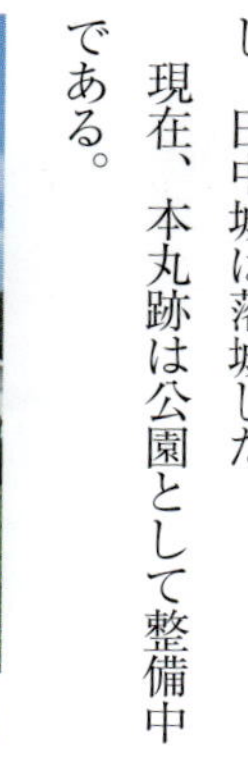

12月5日、親行は寝所で親実の首をあげて合図。成政軍は城内へ乱入し、田中城は落城した。

現在、本丸跡は公園として整備中である。

田中城址（後方の山頂中央部）

守山城◆菊池武政

菊池市隈府

守山城本丸跡に鎮座する菊池神社　写真／菊池市商工観光課

隈府城ともいう。南北朝時代の「勤王菊池氏」本城として有名である。菊池氏16代武政の時に築かれた。要害堅固な城であるが、2度陥落している。

1392年（元中9・明徳3）の南北朝統一後は、菊池氏に戻された。菊池氏は肥後の守護大名として成長したが、戦国時代に入ると、豊後の大友宗麟に圧迫されて滅亡。重臣の隈部親永が城主となったが、1587年（天正15）、豊臣秀吉の九州平定後は、佐々成政の支配下に入っている。

しかし、隈部親永は成政の検地に反対して反乱を起こし、のちに斬られる。そして城も廃城とされた。

宇土城◆小西行長

宇土市古城町

宇土城石垣　写真／外川 淳

宇土城跡は2つある。西岡台にあったものが名和氏の城で、宇土古城（国史跡）とよばれている。城山にあった城が、小西行長が築いた城である。

1588年（天正16）完成の城は石垣と空堀による壮大な縄張で、城門は5つ、3層の天守は数里離れたところからも望めたという。この天守を移したものが、熊本城宇土櫓と伝聞されてきた。

関ヶ原の戦いで敗れた行長が斬首され、加藤清正が領主となると、宇土城には城代が置かれたが、1616年（元和2）に廃城とされた。

現在、城跡は公園として整備され、本丸跡に小西行長の銅像が立つ。

御船城◆甲斐宗運

上益城郡御船町御船

阿蘇氏配下の武将、御船氏が築いたと伝わる。1541年（天文10）、御船房行は阿蘇氏に背き、阿蘇氏の重臣甲斐宗運に討たれ、甲斐氏の城となった。1585年（天正13）、その甲斐氏も島津氏に敗れ、1587年（天正15）に城は佐々成政の領有となり、加藤清正の時代になって廃城とされた。

現在は公園として整備され、本丸跡に「甲斐宗運追善の碑」などが立っている。

岩尾城◆阿蘇惟次

上益城郡山都町城原

鎌倉前期の1222年（貞応1）、阿蘇惟次によって築かれている。阿蘇氏は古代からの豪族であり、その根拠地となった。全盛期には、岩尾城を中心にして24城を有していたが、やがて衰退する。

1585年（天正13）、島津義久軍の攻撃を受けて落城した。

城跡は、矢部町の東南部に所在する比高30mの丘城である。山頂には城山神社が鎮座している。

八代城◆加藤忠広

八代市松江城町 ＊

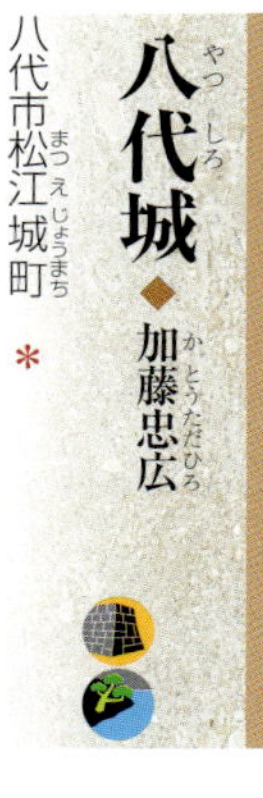

1588年（天正16）に八代郡が小西行長領になると、行長は麦島城を築城した。行長が関ヶ原で敗れたあとは、熊本加藤氏領となり、城代が置かれている。

１６１９年（元和５）の地震で、麦島城は崩壊した。領主加藤忠広は城地を現在地に移し、八代城を築城する。5層の天守と2層の小天守が完成。１６３２年（寛永９）に忠広が改易になると、細川忠利の父忠興の隠居城とされる。１６４６年（正保３）からは筆頭家老松井興長が城代となり、明治までつづいた。

現在、堀と石垣・天守台が残る。

八代城天守台

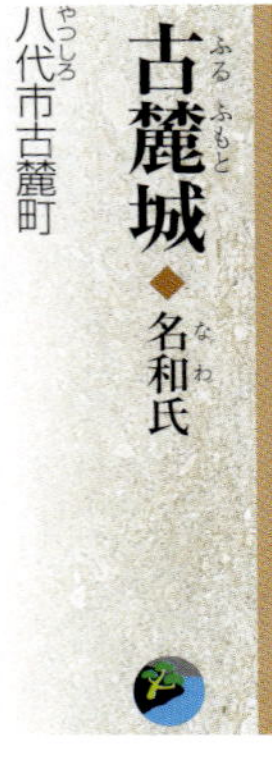

古麓城◆名和氏

八代市古麓町

7つの城（曲輪）からなる。飯盛城が主城。丸山城が対の城、鞍掛城が連絡用、勝尾城が見張り用、八丁嶽城が詰の城で、これらは峰続きである。以上の城は名和氏によって築かれた。

のちに相良氏が新城と鷹峰城を築き、7城をまとめて当時は八代城とよんだ。１５８８年（天正16）に八代に麦島城が築かれてからは、古麓城とよばれるようになる。

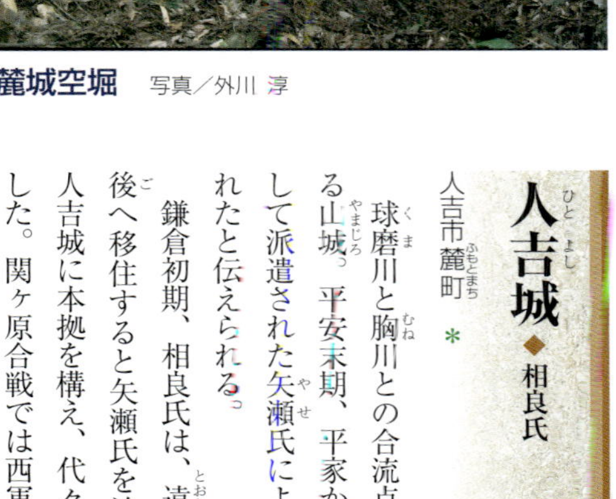

古麓城空堀　写真／外川 淳

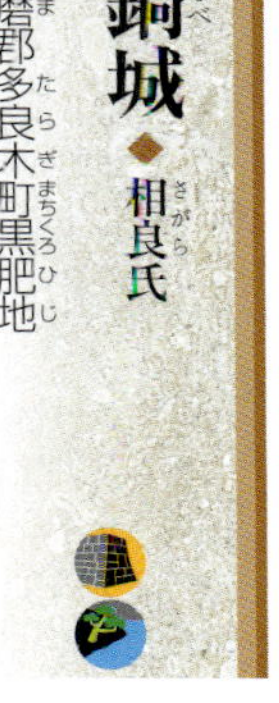

鍋城◆相良氏

球磨郡多良木町黒肥地

鎌倉時代の前半に、相良氏が築いたという。

１４４８年（文安5）、時の城主相良頼観・頼仙兄弟は人吉城を攻めたが、相良長続に返り討ちにあい、滅ぼされた。

城跡は、小椎川と栖山川の合流点、60mほどの丘上にある。

人吉城◆相良氏

人吉市麓町 ＊

球磨川と胸川との合流点に位置する山城。平安末期、平家から代官として派遣された矢瀬氏によって築かれたと伝えられる。

鎌倉初期、相良氏は、遠江から肥後へ移住すると矢瀬氏を追い出し、人吉城に本拠を構え、代々の居城とした。関ヶ原合戦では西軍に属しながらも、２万２０００石の領地を安堵された。

天正年間（１５７３〜９２）から数十年かけて改築された人吉城は、現在も累々とした高石垣が残されている。小藩にしては規模の大きな姿となったのは、薩摩島津氏の北上を阻止するための拠点としての役割を期待されたことによるという。

以来、お家騒動など紆余曲折があったものの、相良氏は領主として明治維新を迎えた。

多聞櫓・長塀・隅櫓などが復元されている。

人吉城本丸の石垣

佐敷城◆佐敷氏

葦北郡芦北町佐敷字下町 ＊

佐敷城桝形虎口

南北朝時代に佐敷氏が築城したとされる山城。八代海に面した標高85mの丘陵上に位置する。

１５８１年（天正９）、島津義久は、この地を領有する相良氏を攻略したが、１５８９年（天正17）、熊本城主加藤清正の領地となり、加藤重次が城代となった。

１５９２年（文禄１）、重次が朝鮮出兵のため留守にした城を、島津家の武将梅北国兼が乗っ取り、留守居役によって謀殺されるという、有名な「梅北の乱」の舞台となった。

元和の一国一城令により廃城。

現在、山頂部には石垣が復元され、曲輪跡が整備されている。

水俣城 ◆ 水俣氏

水俣市古城1丁目

南北朝時代、地元の豪族水俣氏によって築かれたと伝わる。水俣氏は、人吉城の相良氏に属していた。

1579年（天正7）、島津軍に包囲されたが撃退する。1581年（天正9）になり、相良氏が水俣を放棄、城も島津軍に明け渡された。以後、城主は相良氏、寺沢氏、小西氏、加藤氏と変転。1612年（慶長17）に廃城となった。現在は、城山公園として整備されている。

水俣城井戸跡　写真／外川 淳

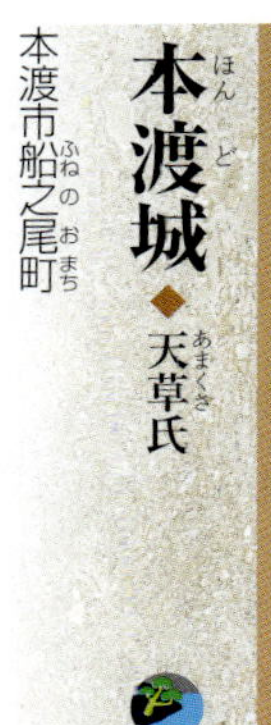

本渡城 ◆ 天草氏

本渡市船之尾町

永禄年間（1558〜70）、天草氏によって築かれたと伝わる山城である。

1637年（寛永14）の島原の乱では、唐津藩代官と一揆軍の激戦地となった。

現在、城跡は殉教公園となり、二の丸跡に市立天草切支丹館が建てられている。

富岡城 ◆ 寺沢広高

天草郡苓北町富岡

関ヶ原合戦の敗戦により小西行長が斬首された後、天草地方は寺沢広高が領有し、1602年（慶長7）に築城して代官を配置したのが富岡城である。

1637年（寛永14）、天草で決起したキリシタン宗徒は、鎮圧に向かった藩兵たちを破り、富岡城を包囲した。二の丸まで抜かれたが、城兵は必死で防戦し、落城は免れた。島原の乱後、山崎家治が城主となって城を修築、戸田氏を経て天領となり、明治維新に至っている。

現在、本丸跡に天草の自然や歴史を紹介する富岡ビジターセンターを整備中。

城址名	主な城主	所在地	遺構	解説
筒ヶ嶽城	小代氏	荒尾市府本	石垣・空堀	小代氏は鎌倉から江戸時代まで存続。
大園山館	小代氏	荒尾市一部	土塁・空堀	2重堀残る。出土遺物は13世紀のもの。
藟ヶ嶽城	大津山氏	玉名郡南関町	石垣・竪堀	長大な竪堀は山麓の居館に達する。
神尾城	大津山氏	玉名郡三加和町	曲輪・堀切	龍造寺氏の猛攻しのぐ。
坂本城	辺春氏	玉名郡三加和町	石垣・堀切	辺春氏、島津義弘に降伏。
焼米城	焼米五郎	玉名郡菊水町	土塁・堀切	焼米の名の由来は不明。
城村城	城氏	山鹿市城	土塁・空堀	国衆一揆の拠点。頑強に抵抗。
隈部館＊	隈部氏	山鹿市菊鹿町	馬出・桝形	隈部氏代々の居館。のちの改修か。
日渡城	富田氏続	山鹿市菊鹿町	土塁・堀切	富田氏は隈部親永の家臣で城代を務める。
山ノ井城	内田相良氏	山鹿市菊鹿町	土塁・堀切	内田相良氏代々の居城。
岩野嶽道祖城	小野良旨	鹿本郡植木町	土塁・竪堀	大規模な竪堀が山麓にのびる。
城林城	城武顕	菊池市木庭	曲輪・空堀	城氏代々の居城。
飛隈城	合志氏	菊池郡泗水町	土塁・空堀	台地端、直下に合志川を見下ろす。
竹迫城	合志氏	菊池郡合志町	土塁・空堀	合志千代松丸、秀吉の安堵状貰う。
鳶ノ尾城	下城氏	阿蘇郡小国町	土塁・堀切	昭和初期に刀の鍔出土。
動馬喜城	北里越前守	阿蘇郡南小国町	土塁・堀切	突出した尾根の先端に築城。
内牧城	辺春盛道	阿蘇市内牧	石垣・水堀	加藤清正による改修あり。
井上城	小[illegible]氏	熊本市改寄町	土塁・堀切	観音堀・どうこん堀の地名あり。
楠原城	鹿子木氏	熊本市楠野町	土塁・堀切	城存立時の銘入りの板碑・五輪塔あり。
宇土古城＊	名和氏	宇土市神馬町	石垣・空堀	発掘で赤絵など陶磁器多数出土。
津森城	光永氏	上益城郡益城町	土塁・空堀	光永氏は阿蘇氏家臣。宗麟が攻め落城。
赤井城	木山惟久	上益城郡益城町	土塁・空堀	木山城と誤認した島津軍攻め落とす。
陣内館	阿蘇惟時	上益城郡甲佐町	土塁・空堀	阿蘇大宮司惟時の館。県内最大。
岩尾野城	三浦氏	下益城郡美里町	空堀・堀切	御船城の甲斐氏に攻められる。
豊福城	名和武真	宇城市松橋町	土塁・水堀	名和・相良・阿蘇氏で争奪戦。
高塚城	相良氏	八代郡竜北町	土塁・空堀	相良氏、名和氏に備え築城。
関城	相良氏	八代市興善寺町	曲輪・堀切	本城の防衛のため一族を配置。
麦島城	小西行重	八代市古城町	曲輪・空堀	海に面した近世城郭。地震で被災し廃城。
野角城	湯浦秀基	葦北郡芦北町	石垣・空堀	大規模な2重空堀設ける。
上村城	上村氏	球磨郡あさぎり町	土塁・堀切	上村氏は相良氏一族。反乱起こし鎮圧。
久米城	久米三郎	球磨郡多良木町	土塁・堀切	1559年（永禄2）、相良氏攻め落城。
上津浦城	上津浦氏	天草郡有明町	曲輪・堀切	東の城と西の城の2城からなる。
志岐城	志岐氏	天草郡苓北町	石垣・堀切	志岐氏宇土城普請手伝い拒否。小西氏攻略。
小宮地城	不明	天草郡新和町	土塁・堀切	2重堀切穿つ小規模山城。
久玉城＊	久玉氏	牛深市久玉町	石垣・堀切	近世風石垣が壮観。

＊国史跡　＊県史跡

大分県

臼杵城

県南東部、臼杵湾に突き出た丹生島に築かれた平山城。県史跡。

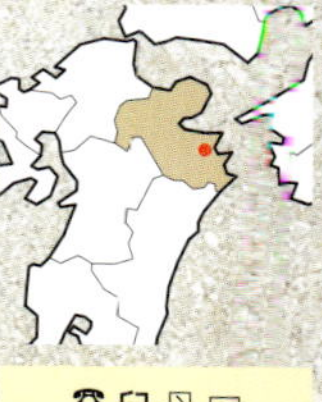

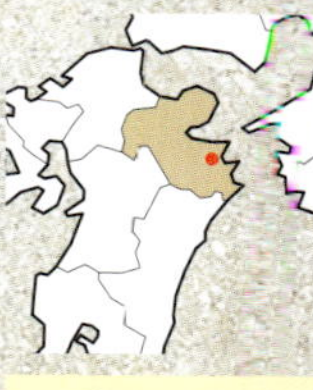

［所在地］臼杵市大字臼杵字丹生島
臼杵市商工観光課
☎0972・63・1111

1562年（永禄5）、大友宗麟が府内（大分市）の居館から本拠を移して築城。豊後に攻め込んできた島津氏を「国崩」とよばれる大砲で撃退している。その子義統は豊臣秀吉の九州平定に従い豊後一国を安堵されたが、文禄の役での失態を咎められて除封となった。

関ヶ原の合戦後、5万石で入封した稲葉氏により、31の櫓が建ち並ぶ近世城郭として整備されたが、大半は明治になって取り壊された。

畳櫓（中央）**と大門櫓**（右）　臼杵城は海に浮かぶ天然の要塞だった。畳櫓など現存櫓は2基。大門櫓は近年の復元。写真／安藤正一

大友家家紋「抱き杏葉」

大友宗麟銅像（豊後府内城）

二王座歴史の道
上級武士の武家屋敷と寺町があった二王座地区は、城下町の風情を残す。旧真光寺前の切通し。

国崩の大砲（レプリカ）
大友宗麟が島津勢を撃退したポルトガル製大砲が臼杵城址に復元されている。

城主一覧

時代	主な城主
安土桃山	大友宗麟
	大友義統
	福原直高
	太田一吉
江戸	稲葉貞通
	稲葉典通
	稲葉一通
	稲葉信通
	稲葉景通
	稲葉知通
	稲葉恒通
	稲葉董通
	稲葉泰通
	稲葉弘通
	稲葉雍通
	稲葉尊通
	稲葉幾通
	稲葉観通
明治	稲葉久通

大友宗麟はキリシタン大名で知られ、大友氏の最盛期を現出。その子義統は、朝鮮在陣中の戦線離脱により改易。江戸時代、大友氏は高家として存続。

大友義鑑　豊後・筑後・肥後3か国の領主。

菊池義武　義鑑の弟。肥後の菊池氏を継ぎ隈本城主。大内氏と結び、兄義鑑と対立。

大内義隆　山口を本拠とする守護大名。最盛期の領地は中国・九州に7か国。

宗麟（義鎮）　義鑑長男。最盛期は北九州6か国などを領し、キリスト教を保護。

大内義長　義鑑の子。大内氏の家督を継ぐが、毛利元就に攻められて自刃。

塩市丸　義鑑の後妻の子。お家騒動で、父母とともに家臣に殺害される。

義統　宗麟長男。豊臣秀吉に豊後1国を安堵されるが、のち除封。

親家　宗麟次男。田原宗家を継ぐ。兄の除封後、細川忠興に仕える。

親盛　宗麟三男。大友氏側近田原紹忍の養子。のち細川氏に仕える。

中津城 ◆ 細川忠興

中津市大字二ノ丁

豊臣秀吉から中津12万5000石を拝領した黒田孝高（如水）が、1588年（天正16）から築城。動乱期のため未完成となった。

孝高は、当地の領主宇都宮鎮房の城井城を攻撃するが、失敗。そこで和議を結び、嫡子長政と宇都宮の姫の婚礼祝いに鎮房を中津城へ招き、謀殺した。

関ヶ原合戦の戦功で、黒田氏は筑前へ転封。その後には細川忠興が入って、城を大改修する。細川氏はのちに小倉城を築いて移り、中津城は支城とされた。以後城主には、小笠原氏、奥平氏が入り明治維新に至っている。

周防灘に臨む中津川の河口に築かれ、日本3大水城の1つ。本丸石垣と薬研堀が残る。天守のない城であったが、現在は5層の模擬天守と模擬櫓が建てられている。

中津城天守

長岩城 ◆ 野仲氏

下毛郡耶馬溪町川原口

標高約600mの扇山一帯に所在する。豊前守護宇都宮信房の弟重房が、1198年（建久9）に城を築き、野仲姓を名乗った。そして本家の宇都宮氏とともに、豊前で一大勢力を保持する。

秀吉による九州統一が達成され、豊前には黒田孝高が入封した。これに抵抗した当主野仲鎮兼は、1588年（天正16）に黒田軍の攻撃を受け滅亡、以後廃城となった。

大規模な山城で、平石の石塁、本丸の礎石、空堀などが残る。また、用途は明らかでないが、「石積櫓」が有名である。

長岩城の「石積櫓」

高田城 ◆ 竹中重利

豊後高田市玉津

桂川が周防灘に注ぐ断崖上にある。1196年（建久7）、高田重定が築城し、大友氏に従う高田氏代々の居城となった。

1594年（文禄3）、竹中重利が入封し、城を増改築する。関ヶ原合戦後、重利は豊後府内城へ移り、空城となった。

1639年（寛永16）、松平（能見）重直が入るが、1645年（正保2）に松平氏が木付へ移封すると、城はまた荒廃した。1669年（寛文9）からは、肥前島原藩の飛び地領となる。本丸跡には豊州陣屋が置かれ、明治を迎えた。

現在、本丸跡には桂陽小学校などが建ち、外堀・内堀の一部や土塁が残る。

杵築城 ◆ 木付氏

杵築市大字杵築

もとは木付城と書いた。

1394年（応永1）、大友氏一族の木付頼直が、八坂川が守江湾に注ぐ台地上に築き、従来の居城竹ノ尾城から移った。

1593年（文禄2）、大友義統が豊後除国となると、城主木付統直は自刃、木付氏は滅亡する。

豊臣時代、前田玄以・杉原長房が入り、近世城郭に改造。のち細川氏の城代が治め、小笠原氏を経て、1645年（正保2）、松平（能見）氏が入封、城を北方の平地に移し、杵築藩の居城として明治維新に至った。現在、3層の模擬天守が建造され、石垣や庭園跡が残る。

杵築城天守　写真／外川 淳

日出城 ◆ 木下延俊

速見郡日出町二の丸

豊臣秀吉の妻、お禰の甥にあたる木下延俊が、日出3万石に封じられたのは、1601年（慶長6）のことである。

そして、別府湾に面した海岸に新城を築き、翌年に完成させた。延俊の妻は隣藩中津藩主細川忠興の妹で、忠興が縄張をし、経済的な援助も授けた。

3代木下俊長が暘谷城と命名。木下氏が16代続き、明治維新を迎えた。

日出城石垣　写真／外川 淳

天守は3層で、2層の櫓5基、平櫓1基を備えた堅城であった。

城址は日出小学校となり、天守台や空堀・石垣が残る。隅櫓が仁王地区に移築されている。

高崎城 ◆大友氏

大分市大字神崎字椚山

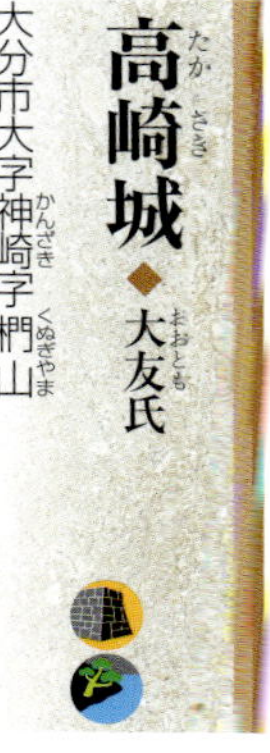

高崎山は標高628mある。この山には古くから砦が存在していたが、本格的な城塞としたのは、南北朝時代の豊後守護大友氏時の時代であった。

府内に本拠を置く守護大友氏の本城である。1586年（天正14）、薩摩島津軍の豊後侵攻時、大友義統は高崎城に退却した。しかし籠城には不利なので、豊前龍王城に向かったという。大友氏の豊後除国とともに廃城となった。

現在、高崎山は天然記念物の日本猿生息地として名高い。山頂には、曲輪跡や土塁・石垣などが残る。

豊後府内城 ◆福原直高

大分市荷揚町 ＊

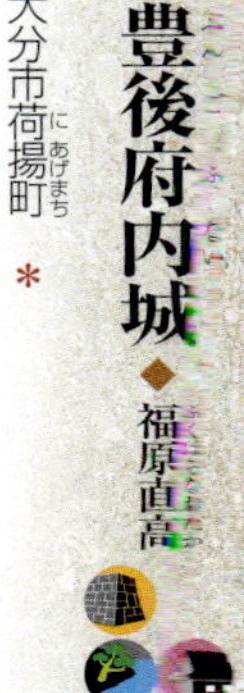

別府湾に流れ込む大分川河口に位置する平城。

1593年（文禄2）、大友義統が朝鮮出兵における軍律違反によって所領を没収されると、府内には早川長敏（長政）、次いで福原直高が配された。直高は大友氏の守護館を廃し、1597年（慶長2）、大分川河口で府内城の建設に着手、石垣によって守られた堅固な城塞とした。

関ヶ原の戦いで、直高は西軍に属したことから自害を命じられた。その後、竹中重利が入封。その子重義は長崎奉行に在職中の不正によって切腹を命じられて断絶となり、日根野吉明が入封した。

日根野氏もまた無嗣断絶となったのち、松平（大給）氏が入封し、10代にわたって府内城主として存続し、明治維新を迎えた。

宗門櫓と人質櫓が現存するほか、大手門と4基の櫓、廊下橋が復興されている。

豊後府内城西の丸西南隅櫓

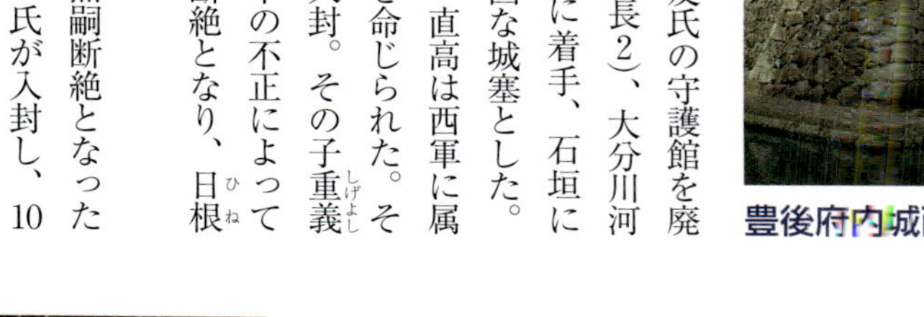

角牟礼城 ◆森氏

玖珠郡玖珠町大字森

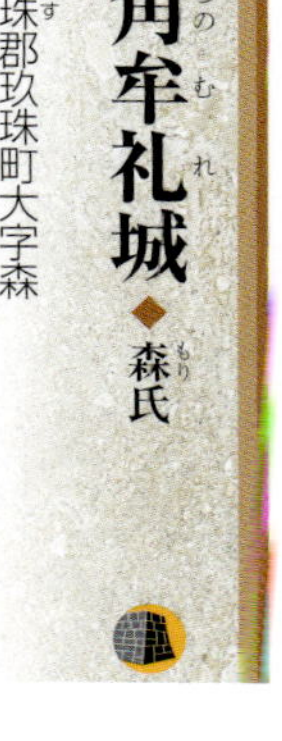

標高577mの要害、角埋山上に所在する。伝説では、源為朝が築城し、弘安年間（1278～88）には、森朝通が居城したとあるが、確証はない。

1586年（天正14）、豊後に侵攻した島津軍が押しよせた。大友氏の被官である森氏・魚返氏・中島氏などの玖珠郡衆は籠城し、島津軍と激しく交戦したが、城を死守している。大友氏の除国後には、日田に入った毛利高政が、玖珠の拠点として城を整備する。

1601年（慶長6）に入封した久留島氏は、城をもつことを許されず、麓に陣屋を築き、山上の城は廃された。

現在も山上には、曲輪跡や土塁、戦国末期の穴太積みの石垣などが残されている。

角牟礼城石垣

月隈城 ◆小川光氏

日田市丸山

関ヶ原合戦後の1601年（慶長6）より、小川光氏が月隈山上にあった古砦を改修し、丸山城と名付け居城とした。

1616年（元和2）、石川忠総が入封、永山城と改める。1639年（寛永16）には天領になり、代官所（永山布政所）が設けられた。

1682年（天和2）、日田藩7万石の大名として松平直矩が入封するが、山上の城は不便なので、山麓に館を設けた。1686年（貞享3）に直矩が出羽山形へ転封し、再び天領に。以後、代官の支配地として180年間つづく。

現在、城跡には石垣や堀が残り、月隈公園として整備されている。

日隈城 ◆毛利高政

日田市亀山町

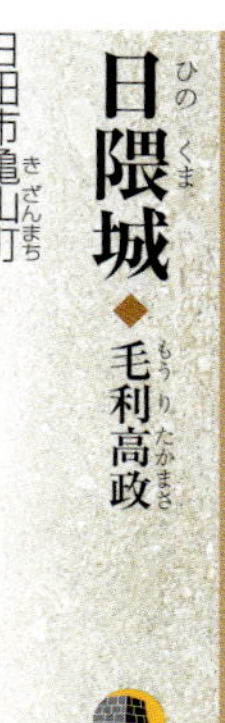

三隈川の中州にある日隈山に所在する。1594年（文禄3）、日田代官宮木長次郎（宮城豊盛）が築城した。

1596年（慶長1）に毛利高政が改修して、5層6階の天守をはじめ、3層の月見櫓・丹後丸櫓・二の丸門櫓・三の丸櫓などを設け、本格的な城郭としたという。5年後、高政は佐伯に移封となるが、日隈城には城代を置いている。1616年（元和2）に廃城となった。

現在は亀山公園となっていて、石垣や大手門跡の桝形などが残されている。

岡城（おかじょう）◆中川秀成（なかがわひでしげ）

竹田市大字竹田 *

標高325mの台地上の要害に築かれた山城。平安末期、緒方氏によって築かれ、南北朝時代には、大友氏一族の志賀氏によって拡張されたというが、定かではない。

戦国時代、志賀氏の本拠は騎牟礼城に置かれていたが、のちに岡城に移された。1586年（天正14）、島津勢が押し寄せた時、城主志賀親次（親善）は岡城を死守し、豊臣秀吉から感状を受けた。

大友氏改易にともない、志賀氏が城主の座を失うと、中川秀成が入封。壮大な石垣が造営され、近世城郭へ変貌を遂げた。以来、中川氏は12代にわたって7万石の領主としてつづいた。

建物は失われたが、累々とした石垣が残され、瀧廉太郎の名曲「荒城の月」のモチーフにもなった。

岡城址

佐伯城（さいきじょう）◆毛利高政（もうりたかまさ）

佐伯市字城山

1601年（慶長6）、豊後日田から2万石で移封した毛利高政は、それまでこの地方の城であった栂牟礼城を廃し、翌年から標高140mの八幡山に山城を築いた。3層の天守をもつ大規模な城で、たいへんな難工事であったと伝わる。

本丸を中心にほぼ南北に羽を広げたような形状をもつことから、鶴屋城・鶴ヶ城・鶴城とよばれた。

以後、佐伯藩毛利氏代々の居城であった。しかし山上では不便なので、1637年（寛永14）に居館を山麓の三の丸に築いて移り住み、明治に廃城となる。

現在、城山歴史公園となり、山城の石垣がほぼ完全に残る。御殿の正門であった1637年建造の三の丸櫓門が残されていて、見どころとなっている。

佐伯城本丸石垣

城址名	主な城主	所在地	遺構	解説
富来城	富来忠政	東国東郡国東町	石垣・空堀	富来氏、大友氏の豊前侵攻で武勲あげる。
安岐城	田原親幸	東国東郡安岐町	土塁・空堀	田原氏、1580年（天正8）大友氏に背く。
真玉城*	真玉統寛	西国東郡真玉町	水堀・空堀	小田原攻め参陣途中に家来反乱。
田原城	田原直平	西国東郡大田村	石垣・空堀	村に残る直平墓は重文に指定。
鞍懸城	田原氏	豊後高田市松行	石垣・空堀	田原親貫、大友氏に背き宗麟に攻められる。
高尾城	麻生親政	宇佐市麻生	曲輪・巨岩	親政の嫡子七郎、田原紹忍の息子刺し、自刃。
蛟ノ尾城	田北氏	速見郡山香町	空堀	田北鎮周、耳川合戦で戦死。
立石陣屋	木下延由	速見郡山香町	なし	日出支藩。延由は豊臣秀頼遺児説あり。
真嶽城	辻間為直	速見郡日出町	曲輪・石垣	豊前方面監視のため築城。
赤井城	佐田親景	宇佐郡安心院町	曲輪・堀切	城主の弟は弓の名手で、敵の大将を射殺す。
龍王城	宇佐(宮司)公泰	宇佐郡安心院町	曲輪・石垣	大内氏属城。宗麟が攻め降服。
龍王陣屋	松平重直	宇佐郡安心院町	石垣	1633年（寛永10）築城、小笠原中津藩支藩。
妙見嶽城	杉氏・田原氏	宇佐郡院内町	畝状竪堀	豊前毛利勢に備え田原紹忍を配置。
奈多城	奈多鑑基	杵築市奈多	土塁・空堀	奈多八幡宮大宮司鑑基の娘は宗麟の正室。
高城	野仲氏	下毛郡耶馬溪町	曲輪・堀切	2重の堀切設ける小規模山城。
馬台城	豊田鎮種	下毛郡耶馬溪町	曲輪・竪堀	長岩城野仲氏と一ツ戸城中間氏が攻略。
一ツ戸城	中間弾正	下毛郡耶馬溪町	曲輪・石垣	中間氏、黒田[illegible]
玖珠城	[illegible]	玖珠郡玖珠町	曲輪・[illegible]	島津氏来攻時、内応者あり落城。
久留島陣屋	久留島通嘉	玖珠郡玖珠町	石垣・庭園	久留島氏は村上水軍の末裔。明治まで存続。
日出生城	帆足鑑直	玖珠郡玖珠町	曲輪・堀切	城主奥方は勇猛で「鬼御前」とよばれた。
鶴賀城	利光宗魚	大分市上戸次	土塁・空堀	島津家久の猛攻をしのぎ城守る。
烏帽子岳城	佐伯惟教	大分市白木	石垣・堀切	島津軍来攻時、農民など避難する。
熊牟礼城	田北紹鉄	大分郡庄内町	曲輪・堀切	田原氏と呼応して大友氏に背き、滅亡。
栗山城	吉田一祐	臼杵市江無田	土塁・空堀	一祐、略奪する島津兵を追撃、武功あげる。
水賀城	臼杵長景	臼杵市江無田	畝状竪堀	23本の竪堀築く。
鍋田城	不明	臼杵市野津町	曲輪	島津軍来攻時、農民など避難する。
松牟礼城	田北修員	直入郡直入町	堀切	2重の空堀めぐらす。島津氏城攻め回避。
山の城	朽網宗暦	直入郡久住町	堀切	老将宗暦、病身をおして督戦。
一万田館	一万田鑑実	大野郡朝地町	曲輪・土塁	鑑実、「墨染めの桜」見物に宗麟を招く。
小牟礼城	一万田鑑実	大野郡朝地町	曲輪・空堀	一万田氏の詰の城。
津賀牟礼城	入田親誠	竹田市入田	曲輪・堀切	親誠、大友宗麟廃嫡に失敗、攻められ自害。
朝日岳城	大友宗麟	南海部郡宇目町	曲輪・空堀	島津氏来攻に備え宗麟築く。
栂牟礼城	佐伯氏	佐伯市古市	畝状竪堀	豊後南部の雄佐伯氏代々の居城。
高城	佐伯氏	佐伯市長谷	曲輪・石垣	佐伯氏一族配置か。
八幡山砦	佐伯氏	佐伯市長谷	曲輪・堀切	栂牟礼城支城。3重堀切あり。

*県史跡

宮崎県

飫肥城

県南部、広渡川の支流酒谷川に囲まれた丘陵に築かれた平山城。

室町時代、この城は島津氏の支城であった。1568年（永禄11）、伊東義祐が攻略して子の祐兵を城主とする。祐兵はまもなく島津義久・義弘に城を追われたが、1587年（天正15）、豊臣秀吉の九州攻めに従うと、再び城主となって城の改築を行なった。

今日残る城は、1684年（貞享1）の大地震で大破したあと、祐実によって大改修された時のものである。

大手門 2階建ての渡櫓で1978年（昭和53）に復元された。写真／JTBフォト

城主一覧

時代	主な城主
室町	新納忠続
	島津忠廉
	島津忠朝
	島津忠広
	島津忠親
安土桃山	伊東祐兵
	上別府常陸守
	福永宮内少輔
	上原尚近
	伊東祐兵
江戸	伊東祐慶
	伊東祐久
	伊東祐由
	伊東祐実
	伊東祐永
	伊東祐之
	伊東祐隆
	伊東祐福
	伊東祐鐘
	伊東祐民
	伊東祐丕
明治	伊東祐相
	伊東祐帰

伊東祐兵画像
日南市教育委員会蔵

伊東家家紋「庵に木瓜」

豫章館
藩主伊東家の屋敷。写真／世界文化フォト

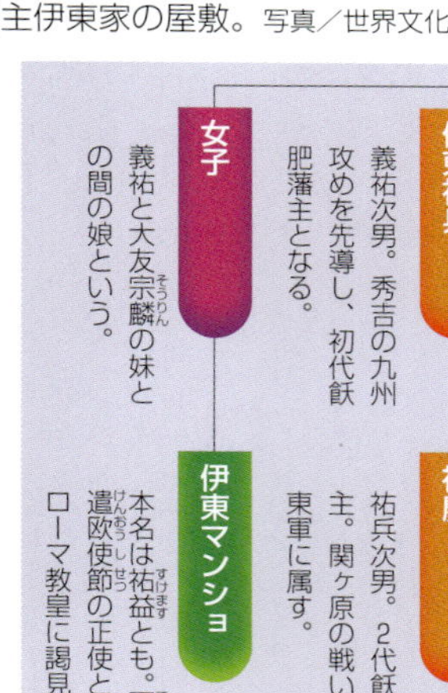

薩摩の島津氏と抗争をつづけた伊東氏。一時、飫肥城を明け渡したが、豊臣秀吉の助力を得て飫肥城主に復帰する。

伊東義益 日向都於郡の領主伊東義祐の長男。
義賢 義益長男。臼杵で受洗し、キリシタンとなる。

伊東祐兵 義祐次男。秀吉の九州攻めを先導し、初代飫肥藩主となる。
祐慶 祐兵次男。2代飫肥藩主。関ヶ原の戦いでは東軍に属す。
祐久 祐慶の子。3代飫肥藩主。島原の乱では天草の富岡城を守備。

女子 義祐と大友宗麟の妹との間の娘という。
伊東マンショ 本名は祐益とも。天正遣欧使節の正使としてローマ教皇に謁見。

武家屋敷通り（横馬場）
城下町はほぼ碁盤目に区画され、武家屋敷は国の重要伝統的建造物群保存地区に指定されている。
写真／世界文化フォト

［所在地］日南市飫肥
飫肥城歴史資料館
☎0987・25・4533

延岡城（のべおかじょう）◆高橋元種

延岡市東本小路城山公園

県城・亀井城ともよばれていた。1603年（慶長8）に、高橋元種が完成させた城である。

元種が改易されたのち、城主は有馬・三浦・牧野・内藤氏と替わるなか、有馬氏の時代に、城名を延岡城と改め、城と城下町はさらに拡大整備された。

現在、城跡は城山公園となって、「千人殺し」とよばれた石垣が残されている。この石垣には仕掛けがあって、1つの石を外すと石垣全部が崩れて、千人を殺すことができるという伝説がある。

延岡城　「千人殺し」とよばれる石垣

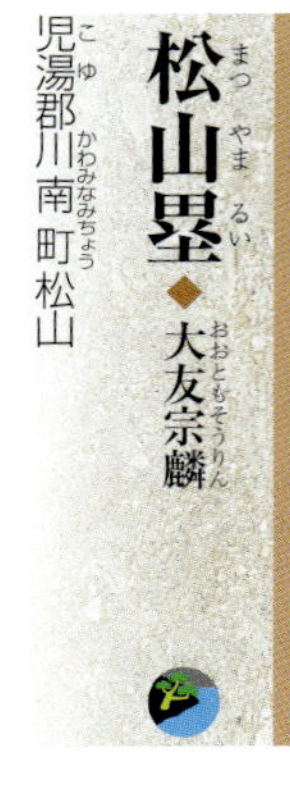

松山塁（まつやまるい）◆大友宗麟

児湯郡川南町松山

高城の東方約500mの切原川左岸に突き出た台地端を利用して築かれた砦。

1578年（天正6）大友宗麟は、日向国をキリスト教の理想郷とすべく5万の大軍を動員して島津方の拠点、高城を攻めた。

高城は山田有信以下500の寡兵でよく善戦し、容易に落ちる気配をみせなかった。そこで、大友方は兵糧攻めにすべく、付城を築いて厳重に包囲した。この時に、構築されたのが松山塁で、佐伯惟教が守備した。

だが、機敏な後詰が功を奏し、島津軍は耳川で大勝利をあげ、大友軍は全軍ことごとく豊後に敗走した。その後、九州攻めのさいにも豊臣秀長がここに陣所を置いた。

巨大な空堀を用いた本格築城で、既存の城の利用も考えられる。

高城（たかじょう）◆島津氏

児湯郡木城町高城

1335年（建武2）、新納時久が築城したと伝わる山城。その後、土持・伊東・島津氏の領有となった。

1578年（天正6）、城主山田有信の時代、大友宗麟軍5万の攻撃を受けた。島津の援軍が来て、得意の伏兵によって大友軍を破り、耳川まで追撃した。大友軍がここで多数の戦死者を出したことから、〝耳川の合戦〟ともよばれる。以後、島津氏の主要な城となるが、1615年（元和1）に廃城とされた。

現在、城跡は城山公園となり、櫓風の時計台が建てられている。

高城址の櫓風の時計台　写真／木城町

高鍋城（たかなべじょう）◆秋月氏

児湯郡高鍋町南高鍋

古称は財部城といった。柏木左衛門尉が築城したと伝えられる。

1604年（慶長9）、秋月氏が入封。財部城を修復して居城とした。1673年（延宝1）に財部の名を高鍋と改め、城は明治初年まで存続していた。

城跡は舞鶴公園となり、高さ4間（7・2m）以上の石垣も残る。

都於郡城（とのこおりじょう）◆伊東氏

西都市都於郡町 ＊

浮舟城ともよばれる山城。

1337年（延元2・建武4）に伊東祐持が築城したと伝えられる。代々伊東氏の居城であったが、火災のため佐土原城・宮崎城へと移った。都於郡城には一族が居住していたが、1577年（天正5）、島津氏の領有となった。1615年（元和1）に廃城とされている。

都於郡城址

佐土原城（さどわらじょう）◆島津氏

宮崎郡佐土原町上田島 ＊

建武年間（1334〜38）に、伊東氏の一族田島休助が築城したと伝わる。

1536年（天文5）、当主伊東

佐土原城の発掘された天守台

義祐は、都於郡城が焼失したため佐土原城に移ったが、この城も焼失し、宮崎城に移っている。そして、佐土原城を再築して戻ってきた。

1577年（天正5）に島津氏領となり、江戸時代には、佐土原藩（薩摩藩の支藩）の居城となった。

佐土原城は、天守をもつ最南端の城であった。現在は、山城の麓に御殿が復元されている。

宮崎城 ◆伊東氏

宮崎市池内町

池内城ともよばれた。1336年（延元1・建武3）に、伊東氏の部将図師慈円が南朝方に呼応して、この城で挙兵している。

伊東氏が島津氏に敗れてからは島津氏の属城となるが、豊臣秀吉の九州平定後は延岡領とされた。1615年（元和1）に廃城とされる。城は標高120mの山頂にあり、7つの曲輪に分かれていた。

綾城 ◆佐土原氏

東諸県郡綾町北俣錦原

元弘年間（1331～34）に細川氏が築城したものと思われる。細川氏は、のちに綾氏を名乗り、伊東氏に属した。

1510年（永正7）、城主長倉若狭守は、伊東氏の後嗣問題で綾城に立て籠り、切腹して果てる。以後、佐土原氏が城主となった。1577年（天正5）以降は島津氏の属城となり、1615年（元和1）に廃城とされた。

綾城天守　写真／フォト・オリジナル

1985年（昭和60）に、木造の中世風模擬城郭が建設されており、付近に国際クラフト館がある。

穆佐城 ◆島津氏

東諸県郡高岡町小山田 ＊

宮崎から都城に向かう街道（現在日豊本線が通る）を扼する丘陵上に築かれている。高城ともいう。築城者や築城年代は不詳である。

足利氏の直轄領があった関係で、南北朝時代から、穆佐城はたびたび戦乱に巻き込まれた。14世紀末期から15世紀初期にかけては島津氏の勢力が伸張したので、その支配下に属し、15世紀中期から16世紀末期にかけては、肥大化した伊東氏の勢力に従い、その傘下に入った。伊東氏は、城将に落合氏を配し、伊東氏四十八城の1つとして、その支配体制の枠組みの中にこの城を置いた。

だが1577年（天正5）の伊東氏没落後は、再び島津氏の領有に帰すことになり、1615年（元和1）の一国一城令によって廃城となった。

幅20m前後の巨大な空堀により、大きく4つの部分に区画されたとされる典型的な群郭式縄張である。

梶山城 ◆島津忠朝

北諸県郡三股町長田

梶山城の３重の堀切

都城盆地から、飫肥平野に抜ける街道を扼する台地上に築かれた群郭式城郭。

島津氏一族の樺山氏が築き、その後、長年にわたって島津氏と伊東氏の戦いの舞台となった。

1441年（嘉吉1）からは島津氏一族の島津忠朝とその子孫が居城したが、1495年（明応4）には、宮崎平野を根拠地にする伊東氏の勢力がこの地におよび、その属城となった。

伊東氏の勢力が衰退すると、再び島津氏が進出し、城の防御を強化した。1599年（慶長4）に起きた庄内の乱では、伊集院忠真方の拠点となった。

城は独立性の強い本丸・二の丸・

仮屋城・杖房の4曲輪が中心で、南斜面の多重の横堀は壮観である。

勝岡城（かつおかじょう）◆樺山氏

北諸県郡三股町蓼池勝岡

都城盆地の東南部の沖水川に向けて突出する台地端を利用して築かれている。

鎌倉時代の終わりごろ、島津氏当主忠宗の五男資久がこの地を分知されて、樺山氏を名乗り、城を築いたのが始まりとされる。

伊東氏の勢力が都城盆地におよぶと、この城も同氏の支配下に置かれた。城には、伊東氏の家臣が一定期間をおいて交代で封じられた。伊東氏の勢力が衰微すると再び島津氏の勢力が浸透した。

1599年（慶長4）、伊集院氏が島津氏に背いた庄内の乱で、この城は伊集院氏の拠点の1つとなった。そのため、3重の堀切、2重の竪堀などの厳重な防備施設や巧緻な縄張がほどこされている。

勝岡城堀切

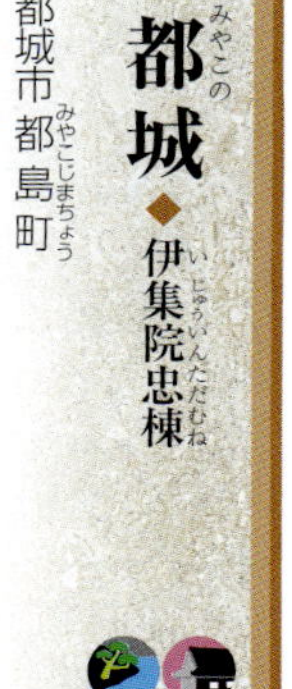

都城（みやこのじょう）◆伊集院忠棟

都城市都島町

大淀川左岸に築かれた南九州特有の群郭式城郭。鶴丸城ともいう。

この城は、北郷氏を称する都城島津氏代々の居城で、島津氏宗家からみても、日向北進のための戦略的要地であった。実際、島津氏はこの城を拠点に北上して、伊東氏を攻略している。

豊臣秀吉の九州攻めの後、城には島津氏重臣の伊集院忠棟が入る。忠棟は主家の転覆を画策するが、当主島津家久（忠恒）の知るところとなり、伏見の島津邸で成敗された。

忠棟惨殺の報を受けた子の忠真は徹底抗戦に立ち上がり、都城をはじめとする12城に籠城する。この1599年（慶長4）6月に起こった庄内の乱は、翌年3月まで激戦が繰り広げられた後、徳川家康の仲介で忠真が降り、終結した。その後北郷氏が再び城主となるが、1615年（元和1）に廃城となった。

独立性の強い曲輪を複数配置する縄張で、その壮大さは群を抜く。現在は城山公園となり、天守風の都城歴史資料館が建つ。

城址名	主な城主	所在地	遺構	解説
務志賀軍営（むしかぐんえい）	大友宗麟	延岡市無鹿町	平坦地	耳川合戦に備え陣所を構える。
門川城（かどがわじょう）	伊東祐堯	東臼杵郡門川町	曲輪・空堀	北日向を支配する門川伊東氏本拠。
小崎城（こざきじょう）	那須氏	東臼杵郡椎葉村	曲輪・空堀	那須氏は那須与市の子孫と伝わる。
星原城（ほしばるじょう）	奈須氏	東臼杵郡南郷村	曲輪・空堀	伊東氏四十八城の1つ。
山陰城（やまげじょう）	米良氏	東臼杵郡東郷町	曲輪・空堀	伊東氏四十八城の1つ。
大野原城（おおのばるじょう）	甲斐・戸高氏	西臼杵郡高千穂町	曲輪・空堀	3か所に深い空堀設ける。
桑ノ内の囲（くわうちのかこい）	芝原氏	西臼杵郡五ヶ瀬町	空堀	2重の空堀めぐらした豪族居館。
塩見城（しおみじょう）	伊東氏	日向市塩見	曲輪・空堀	伊東氏四十八城の1つ
日知屋城（ひちやじょう）	伊東氏	日向市日知屋	曲輪・空堀	伊東氏四十八城の1つ。
石ノ城（いしのじょう）	伊東氏	児湯郡木城町	曲輪・空堀	島津氏が[illegible]
穂北城（ほきたじょう）	[illegible]	西都市穂北	曲輪・空堀	伊東氏四十八城の1つ。
三納城（みのうじょう）	飯田肥後守	西都市三納	曲輪・空堀	伊東氏の勇将の居城。
那珂城（なかじょう）	伊東氏	宮崎郡佐土原町	曲輪・空堀	伊東氏四十八城の1つ。
借屋原城（かりやばるじょう）	清武氏	宮崎郡田野町	曲輪・空堀	伊東氏四十八城の1つ。
清武城（きよたけじょう）	清武氏	宮崎郡清武町	曲輪・空堀	伊東氏四十八城の1つ。空堀は巨大。
石塚城（いしづかじょう）	伊東祐武	宮崎市浮田	曲輪・空堀	伊東氏四十八城の1つ。
倉岡城（くらおかじょう）	島津久豊	宮崎市糸原	曲輪・空堀	伊東氏四十八城の1つ。
紫波州崎城（しはすざきじょう）	[illegible]	[illegible]	曲輪・空堀	[illegible]
[illegible]ヶ城	[illegible]	東諸県郡国富町	曲輪・空堀	伊東氏四十八城の1つ。
木脇城（きわきじょう）	伊東氏	東諸県郡国富町	曲輪・空堀	伊東氏四十八城の1つ。
総陣（そうじん）	羽柴秀長	東諸県郡国富町	不明	島津攻めのための豊臣軍宿営地。
飯田城（いいだじょう）	伊東祐武	東諸県郡高岡町	曲輪・空堀	伊東氏四十八城の1つ。
池ノ尾城（いけのおじょう）	伊東氏	東諸県郡高岡町	曲輪・空堀	名将柚木崎丹後守の居城。
高岡城（たかおかじょう）	比志島国貞	東諸県郡高岡町	曲輪	関ヶ原直後、伊東氏遺臣の蜂起に対処。
古城（こじょう）	垂水氏	東諸県郡高岡町	曲輪	垂水氏は伊東氏の重臣。
紙屋城（かみやじょう）	紙屋氏	西諸県郡野尻町	曲輪・空堀	伊東氏四十八城の1つ。
戸崎城（とざきじょう）	伊東氏	西諸県郡野尻町	曲輪・空堀	伊東氏四十八城の1つ。
三山城（みつやまじょう）	北原氏	小林市真方	曲輪	伊東氏と婚姻結ぶが家を乗っ取られる。
馬関田城（うまがだじょう）	馬関田氏	えびの市西川北	曲輪・空堀	北原氏一族の馬関田氏の居城。
下ノ城（したのじょう）	島津氏	北諸県郡高城町	曲輪・空堀	3重空堀設け防御強化。
野々美谷城（ののみだにじょう）	島津氏	都城市野々美谷町	曲輪・空堀	伊東尹祐、この城を攻城中に頓死。
目井城（めいじょう）	日高源左衛門	南那珂郡南郷町	曲輪	源左衛門は島津氏家臣。伊東氏に降る。
鬼ヶ城（おにがじょう）	島津氏	日南市東弁分	曲輪・空堀	島津氏と伊東氏、争奪繰り返す。
新山城（にいやまじょう）	島津氏	日南市星倉	曲輪	伊東氏の侵攻に備え築く。
櫛間城（くしまじょう）	野辺氏	串間市北方	曲輪・空堀	高鍋藩秋月種長の最初の居城。

鹿児島城

県の中央部、城山の山麓に築かれた平城。城山が国史跡。

関ヶ原の合戦で島津義弘が敗れたあと、その子家久が1602年（慶長7）、城山の麓に天守や重層櫓をもたない館城を築いた。77万石の大名の居城としては小規模であったが、有事には背後の城山を詰の城とする構想だったといわれている。西南戦争の時に西郷隆盛が立て籠ったのも、この城山だった。

城の建物は、明治初期の火災と西南戦争で焼失してしまったため、現在は堀と石垣だけが残されている。

御楼門跡と水堀

御楼門は鹿児島城の東側に開いていた大手門。水堀は城の３方を取り巻いていた。写真／ＪＴＢフォト

明治初期の鹿児島城

尚古集成館蔵

城山を背に建つ２層、入母屋造りの御楼門が写っている。

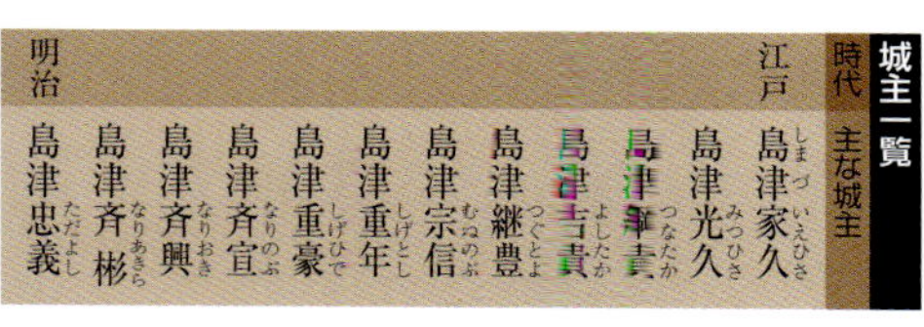

城主一覧

時代	主な城主
江戸	島津家久
	島津光久
	島津綱貴
	島津吉貴
	島津継豊
	島津宗信
	島津重年
	島津重豪
	島津斉宣
	島津斉興
	島津斉彬
明治	島津忠義

島津家家紋「十文字」

島津義弘画像

尚古集成館蔵

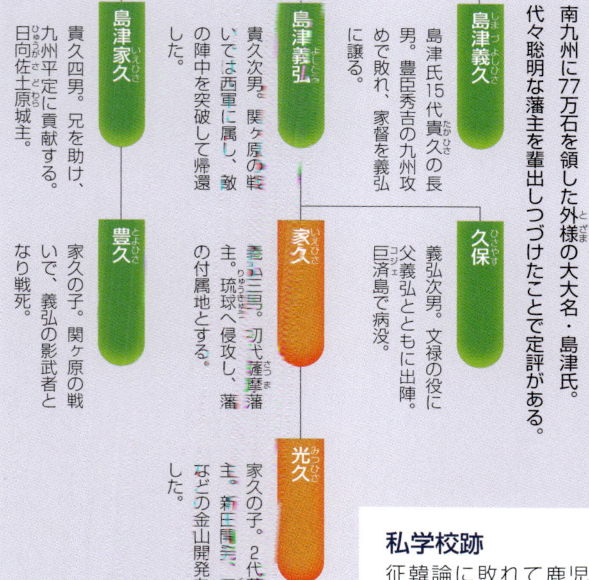

南九州に77万石を領した外様の大大名・島津氏。代々聡明な藩主を輩出しつづけたことで定評がある。

島津義久

島津氏15代貴久の長男。豊臣秀吉の九州攻めで敗れ、家督を義弘に譲る。

島津義弘

貴久次男。関ヶ原の戦いでは西軍に属し、敵の陣中を突破して帰還した。

島津家久

貴久四男。兄を助け、九州平定に貢献する。日向佐土原城主。

久保

義弘次男。文禄の役に父義弘とともに出陣。巨済島で病没。

家久

義弘三男。初代薩摩藩主。琉球へ侵攻し、藩の付属地とする。

豊久

家久の子。関ヶ原の戦いで、義弘の影武者となり戦死。

光久

家久の子。2代薩摩藩主。新田開発、串木野などの金山開発を推進した。

私学校跡

征韓論に敗れて鹿児島に帰った西郷隆盛が設立した学校。写真／鹿児島市観光課

［所在地］鹿児島市城山町

☎099・222・5100 鹿児島県歴史資料センター黎明館

出水城 ◆ 薩州島津氏

出水市麓町

別名亀ヶ城・椙城ともよばれる。建久年間（1190〜99）に和泉兼保が築いたと伝わる。和泉氏滅亡後、島津用久が薩州家を興した。薩州家は、出水城を本拠として栄えたが、豊臣秀吉の時代、第7代忠辰が所領を没収されて廃城となる。

標高80mの丘陵上に所在し、主要6曲輪から構成され、典型的な形態をなしていた。現在は一部が公園化されているが、かなり旧状が残されている。

出水城址　写真／出水市教育委員会

平佐城 ◆ 桂忠昉

薩摩川内市平佐町藤崎

鎌倉末期、薩摩氏により築城されたものと思われる。その後は島津氏の属城となった。

1587年（天正15）、豊臣秀吉の20万と称する大軍が、薩摩征討に襲来する。このとき城主桂忠昉は、約8000の攻撃軍に対し、わずか300余の兵で耐えたことで有名になった。結局、島津義久が降伏したので開城されている。

平佐城のあった丘は白砂採取のために削られ、現在は、小学校敷地の一部に城址碑があるにすぎない。

加治木城 ◆ 加治木氏

姶良郡加治木町反土

錦江湾の最奥、加治木町市街裏の丘陵上に築かれた城。

平安時代、配流となった関白藤原頼忠の三子経平は、地元の豪族大蔵氏の娘を娶り、姓を加治木に改め土着した。それ以来、加治木氏はこの地を代々支配するが、1495年（明応4）島津氏に敗れ、加治木をあとにする。

その後島津氏は、加治木城に伊地知氏や肝付氏を配するが、いずれも島津氏にたびたび反旗を翻した。しかし肝付兼演は許され、その子兼盛は島津貴久のために、敵対する蒲生・渋谷氏連合軍の攻撃から城を守り通した。その後肝付氏は喜入に移り、貴久の次男義弘が帖佐からこの地に居館を構え、移り住んだ。

城は、この地方特有の群郭式縄張で、深い堀に囲まれた複数の曲輪をシラス台地の上に配置している。

栗野城 ◆ 島津義弘

姶良郡栗野町木場

JR鹿児島本線と肥薩線が分岐する栗野の町を見下ろす丘陵上に築かれた群郭式城郭。松尾城ともいう。

城の歴史は、南北朝時代からはじまり、幾多の戦乱をくぐり抜け、何人もの城主の交代をみた。城の歴史とともに、その規模も拡大し、戦国時代の終わりごろには、南九州特有の群郭式城館として完成した。

豊臣秀吉の九州攻めによる戦後の動揺もようやく収まった1590年（天正18）6月、兄義久に代わり、当主となった島津義弘が居城とした。義弘入城にあたって本丸の一部が改修されたが、本丸の虎口を桝形にして、石垣造りとするわずかな部分的改修であった。義弘はこの城に軍勢を集め、朝鮮の役や関ヶ原の戦いに出陣した。

虎口の石垣や館土台石は貴重な遺構である。城跡は桜の名所となっている。

蒲生城 ◆ 蒲生氏

姶良郡蒲生町久末

保安年間（1120〜24）に藤原舜清によって築かれた。蒲生八幡宮も舜清の創建である。

舜清は、地名の蒲生を名字にし、以後430年間、蒲生氏代々の居城となった。蒲生氏は徹底して島津氏に反抗したが、1556年（弘治2）、ついに落城する。以後、島津氏の属城となった。

標高160mの竜ヶ山の丘陵を利用した、周囲8kmという大規模な城郭であった。

蒲生城址　写真／蒲生町教育委員会

東福寺城 ◆ 島津氏

鹿児島市清水町

鹿児島湾の海岸線に沿ってのびる丘陵上を利用し、延々1kmにわたって築かれた群郭式城郭。

藤原純友の末裔の長谷場永純が平安時代に築いたともいわれるが、根拠はない。

この城が史料上頻繁に登場するの

は、南北朝時代である。南朝方の肝付氏が守っていたが、島津貞久が落とし入城している。以来、この城が島津氏の鹿児島支配の拠点となる。

その後、清水城に居城が移されても、鹿児島湾の海防と海上交通の確保のために重視された。幕末に島津藩の砲台が山麓の祇園之洲に置かれたことも、この城の重要性を物語っている。

城は、海岸線に沿って南北にのびる尾根上の5か所に独立性の強い曲輪を配し、その間に堀切や土塁などを設けて城の防備を固めている。

東福寺城址　写真／鹿児島市教育委員会

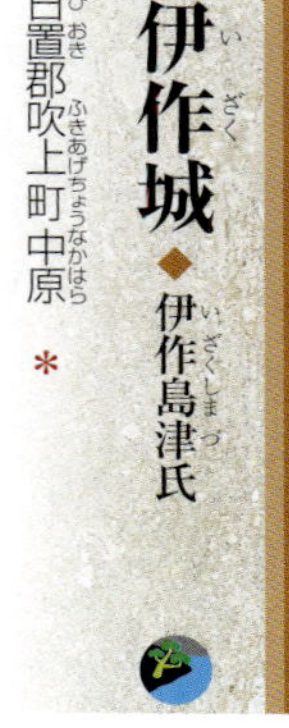

伊作城 ◆伊作島津氏

日置郡吹上町中原 ＊

伊作城は、伊作島津氏代々の居城であった。南北朝時代の1340年代に築城されたと推定されている。

伊作城址　写真／和田不二夫

島津氏は義久・義弘の時代になって、薩摩・大隅（鹿児島県）・日向（宮崎県）を統一し、さらに九州制覇をめざして豊臣秀吉と対決する。その義久・義弘兄弟が出生した城であり、近世島津氏発祥の地ともいえよう。

現在は、県の史跡に指定され、戦国城郭の規模と構造を知ることができる。

加世田城 ◆別府忠明

加世田市武田

別府城ともいう。建久年間（1190～99）から別府氏が代々居城としていた。南北朝時代に島津氏の属城となる。

戦国時代に、島津氏当主の座をめぐって、実久と忠良の間で争いが起こった。この争いは、1539年（天文8）、加世田城攻防戦となり、忠良は実久方であった加世田城を陥落させている。

現在、城址は土地開発のために切り崩されており、記念碑が立つのみである。

知覧城 ◆佐多氏

川辺郡知覧町永里 ＊

知覧の市街を一望する高台に築かれた平山城。鎌倉初期、頴娃氏によって築かれたと伝えられる。

南北朝時代になると、島津一族の佐多氏が知覧城主として配された。以来、戦国時代には伊集院氏の攻撃を受けて陥落したり、近世初頭には種子島氏の所領となった時期もあったが、明治維新を迎えるまで、佐多氏の居城としての役割を担いつづけた。

城下には、往時の面影を色濃く伝える町並みが今日に伝えられる。

知覧城の巨大な空堀

加世田城址　写真／フォト・オリジナル

指宿城 ◆指宿忠光

指宿市西方

文治年間（1185～90）に指宿忠光が最初の城主となった。のちに指宿氏は、島津氏に滅ぼされ、島津氏家臣の阿多・奈良・肝付氏らが城主となる。

指宿城は、海を防御線とした特殊な城郭であった。現在はかなり破壊されているが、松尾崎神社裏手に土塁が残っている。

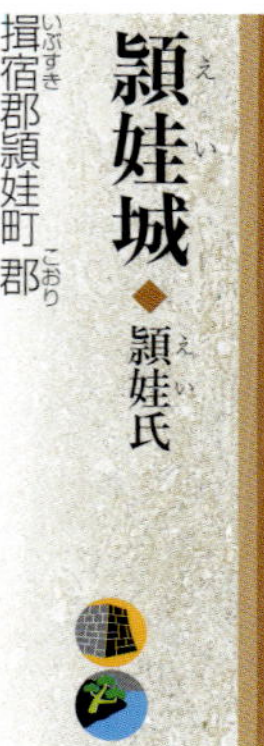

頴娃城 ◆頴娃氏

揖宿郡頴娃町郡

荷辛地峠東方に広がる台地上を利用して築かれた巨大城郭。

鎌倉時代のはじめにこの地を領した川辺氏が頴娃氏を名乗り、代々この城を居城とした。南北朝時代になると、島津氏の勢力がこの地におよび、頴娃氏は排除され、島津久豊の領有するところとなった。

1403年（応永10）に久豊が日向に移ると頴娃氏の一族が一時的に領有するが、すぐに島津氏の支配にもどった。島津氏はこの地に肝付氏の一族を配し、頴娃氏の名跡を継がせた。この頴娃氏は、居城を頴娃城から獅子城と移ったといわれるが、詳細は不明である。

志布志城◆島津氏

曽於郡志布志町＊

城は、大きく2つに分かれ、いくつもの曲輪が土塁と空堀に仕切られる群郭式の縄張である。

古くからの平山城であったらしいが、南北朝時代、諸豪族の争乱期にその名が出てくるようになる。

戦国末期までは、救仁院・楡井・畠山・新納・島津・肝付氏などが城主となった。

1577年（天正5）からは島津領となり、のちに一国一城令により廃城とされている。

志布志城の構成は、内城を中心にして松尾城・高城・新城の4曲輪からなり、総称して志布志城とよばれた。

現在も複雑堅固な遺構が、ほぼ残されている。

志布志城模型　写真／鹿児島県歴史資料センター黎明館

鹿屋城◆伊集院忠棟

鹿屋市北田町

市街北西の城山公園にあった平山城。鎌倉時代以来、この地に勢力を張った肝付氏の支族鹿屋氏が、室町時代に城砦を修築して居城としたという。

1580年（天正8）以降は、島津氏の重臣、伊集院忠棟が居城としている。

忠棟は、豊臣秀吉の島津攻め（1587年）の戦後処理に外交手腕を発揮し、その功によって、1595年（文禄4）、秀吉の命で都城8万石に移封された。これに不満をもった島津氏は、1599年（慶長4）、京都伏見で忠棟を謀殺している。

現在、城址には空堀の遺構が残っている。

城址名	主な城主	所在地	遺構	解説
馬越城	菱刈氏	伊佐郡菱刈町	土塁・空堀	島津貴久に攻められる。
椿城	不明	薩摩郡鶴田町	土塁・空堀	川内川に沿う舌状台地上にあり。
虎居城	大前氏	薩摩郡宮之城町	土塁・堀切	壮大な庭園があったという。
清色城	入来院氏	薩摩川内市入来町	土塁・空堀	入来院氏代々の居城。
大村城	祁答院氏	薩摩川内市祁答院町	土塁・空堀	島津宗家にたびたび反抗。
西牟田城	渋谷良重	薩摩川内市祁答院町	土塁・堀切	凶暴な君主、領民を虐待。
百次城	総州島津氏	薩摩川内市百次町	曲輪・空堀	のちに入来院氏の領有となる。
岩剣城	祁答院良重	姶良郡姶良町	土塁・空堀	島津軍、日本ではじめて城攻めで鉄砲使用。
建昌城	島津季久	姶良郡姶良町	土塁・空堀	島津氏本城の有力候補となった。
平山城	善法寺了清	姶良郡姶良町	土塁・空堀	[illegible]のため築城。
萩峯城	野元季安	姶良郡姶良町	土塁・空堀	建昌城の支城。
富隈城	島津義久	姶良郡隼人町	石垣・水堀	秀吉に降伏後の義久の隠居城。
廻城	廻氏	姶良郡福山町	土塁・空堀	島津貴久、当城をめぐり肝付氏と対戦。
市来鶴丸城	島津氏	日置郡東市来町	曲輪・空堀	宣教師ルイス・デ・アルメイダ立ち寄る。
一宇治城	島津貴久	日置郡伊集院町	土塁・空堀	フランシスコ・ザビエルをこの城に招く。
南郷城	桑波田氏	日置郡吹上町	土塁・空堀	7つの曲輪の群郭式城郭。
千々輪城	谷山氏	鹿児島市下福元町	土塁・空堀	貴久、背いた薩州島津実久から奪還。
比志島城	比志島氏	鹿児島市皆与志町	土塁・空堀	豊州島津氏攻めるも落とせず。
給黎城	給黎氏	鹿児島市喜入町	土塁・空堀	島津氏と伊集院氏で争奪戦。
長尾城	敷根氏	国分市敷根	土塁・空堀	敷根氏代々の居城。
隼人城	税所氏	国分市上小川	土塁・空堀	古代熊襲・隼人の居城説あり。
手取城	岩川氏	曽於郡大隅町	土塁・空堀	不可解な立地・縄張の城。
龍虎城	財部氏	曽於郡財部町	曲輪・空堀	庄内の乱では反乱軍の拠点。
垂野城	市成氏	曽於郡輝北町	曲輪・空堀	市成氏は石清水八幡平山氏一族。
西原城	図師氏	曽於郡輝北町	土塁・空堀	西南戦争で官軍が布陣。
安楽城	安楽氏	曽於郡志布志町	土塁・空堀	島津氏と肝付氏が争奪。
入船城	安楽氏	垂水市牛根麓	土塁・空堀	島津軍の攻撃を1年3か月しのぐ。
垂水本城	伊地知季豊	垂水市本城	土塁・空堀	季豊は築城の名人で40城設計。
大姶良城	富山氏	鹿屋市大姶良町	土塁・空堀	当地域でも規模壮大。
高隈城	肝付氏	鹿屋市上高隈町	土塁・空堀	肝付氏、禰寝氏に城を譲渡。
高山城＊	肝付氏	肝属郡高山町	土塁・空堀	南朝旗頭大隅の雄肝付氏本城。
富山城	富山氏	肝属郡高山町	土塁・空堀	富山氏は肝付氏一族。高山城の有力支城。
富田城	禰寝氏	肝属郡根占町	曲輪・空堀	禰寝氏代々の居城。
辺塚城	竹崎氏	肝属郡佐多町	曲輪・空堀	太平洋に面した海賊警護の城。
楠川城	禰寝重長	熊毛郡上屋久町	土塁・空堀	種子島氏から屋久島奪い築城。

＊国史跡

沖縄県

首里城

沖縄島の南部、首里台地の突端に築かれた平山城。国史跡。遺構はユネスコ世界文化遺産。

1429年（永享1）に琉球統一を果たした尚巴志王が整備したあと、尚真王が王城にふさわしい規模に拡張した。

琉球王国は海外交易によって興隆したが、尚寧王の時に薩摩島津氏の侵攻を受けて衰退。1879年（明治12）、尚泰王が明治政府に城を明け渡すにおよび、琉球王国470年の歴史に幕を閉じた。正殿などの建物はその後も残されていたが戦災で焼失。近年、忠実に復元されている。

正殿
中国様式である石造基壇の建物。中国風の柱・壁に対し赤瓦屋根に琉球文化が盛り込まれた。1992年（平成4）復元。写真／世界文化フォト

尚円王御後絵
沖縄県立芸術大学蔵
写真／鎌倉芳太郎

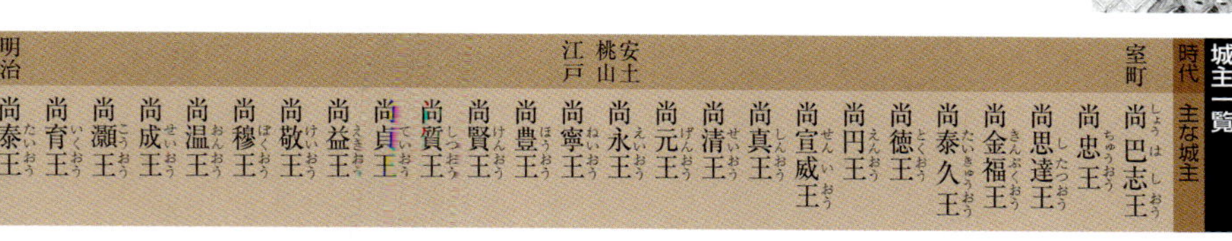

城主一覧

時代	主な城主
室町	尚巴志王
	尚忠王
	尚思達王
	尚金福王
	尚泰久王
	尚徳王
	尚円王
	尚宣威王
	尚真王
	尚清王
	尚元王
安土桃山	尚永王
江戸	尚寧王
	尚豊王
	尚賢王
	尚質王
	尚貞王
	尚益王
	尚敬王
	尚穆王
	尚温王
	尚成王
	尚灝王
	尚育王
明治	尚泰王

第二尚氏家紋
「三つ巴」

守礼門
首里城の第2門。1958年（昭和33）復元。写真／ファインフォトエイジェンシー

北面の石垣
沖縄のグスク（城）の城壁は直線的ではなく、ゆるやかなカーブを描く。写真／ファインフォトエイジェンシー

第二尚氏王統は3代尚真王の治世に黄金時代を迎えたが、7代尚寧王の時に薩摩藩に侵攻されて、薩摩と清国に両属した。

尚円　第一尚氏王統尚徳王の時、クーデターが起こり、第二尚氏王統の初代王座に就く。農民出身で通称金丸。

尚宣威　尚円王の弟。2代王位に就くが神託が得られず、6か月で退位。

尚真　尚円王の長男。3代王で在位50年。諸按司（地方領主）の首都集住、身分制度の創設などで中央集権体制を確立。

尚維衡　尚真王の長男。王位を継承できず、浦添へ隠遁した。

尚清　尚真王の五男。4代王で在位29年。先王につづき、国家体制の確立をめざした。

正殿・北殿
南殿など
【所在地】那覇市首里当蔵町
（財）海洋博覧会記念公園管理財団首里城公園管理センター
☎098・886・2020

今帰仁城址

今帰仁城（なきじんぐすく）◆攀安知王（はんあんちおう）

国頭郡今帰仁村字今泊 ＊

本部半島北東の石灰台地に位置するグスク。12～13世紀に築かれたと伝えられる。

三山時代には、北山王朝の都城として繁栄した。このころの琉球では、北山・中山・南山の3王朝が覇権争いを繰り広げたことから、グスクと称される独特の城郭が発展をつづけた。1416年、[illegible]朝の尚氏に滅ぼされ、以後、今帰仁城には北山監守が置かれ、尚氏による支配拠点として利用された。1665年、尚王朝による支配は安定期を迎え、北山監守は首里へ引き揚げたことから、今帰仁城は廃棄された。

城跡には、「百曲がり」と称される石垣が累々と残され、北山王朝の都城時代を偲ばせる。首里城などとともに世界遺産に指定されている。

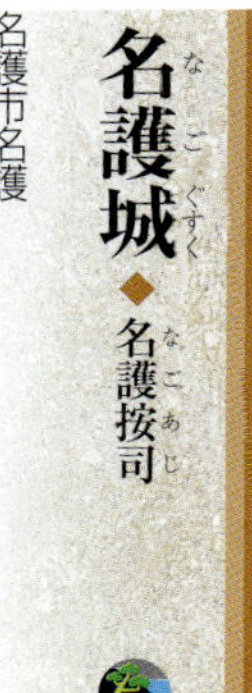

名護城（なごぐすく）◆名護按司（なごあじ）

名護市名護

名護城址　写真／ファインフォトエイジェンシー

名護城とも。今帰仁世の主（今帰仁城主）の次男が派遣されて13世紀中に築き、名護按司（按司は琉球の地方領主）を名乗ったという。代々、同系が継いできた。

名護市街の裏手の山（標高100m）に築かれた連郭式の山城だが、琉球の城では珍しく石積みの城壁はなく、土塁・柵をめぐらし、堀切で守っていた。16世紀、尚真王の「諸按司首里集居令」で名護按司も首里に移り、廃城となる。

座喜味城址（右手が主郭）

座喜味城（ざきみぐすく）◆護佐丸（ごさまる）

中頭郡読谷村座喜味城原 ＊

読谷山城ともいう。琉球第一の武将と讃えられた護佐丸が、15世紀初期に築いた。築城にあたっては、恩納村山田の旧居城（山田城）の城壁を崩して、手渡しで運ばせたという。護佐丸は約18年在城し、中城へ移ったと伝える。

城壁・アーチ門など、琉球石造建築の水準の高さを示す名城とされ、城壁は高いところで12～13m。世界遺産に登録されている。

勝連城◆勝連按司

中頭郡勝連町南風原 ＊

伝承では、英祖王統第2代大成王（在位1300〜08年）の五男が初代勝連按司となり、以後、英祖系がつづく。6代目は現在の石川の伊波按司の子（養子説、攻略説あり）、7〜8代は地元の浜川按司、9代目は茂知附按司、10代目が最後の阿摩和利按司である。

茂知附・阿摩和利時代には海外交易で栄え、勝連城の全盛期を築く。城跡からは中国の陶磁器片など、多数の交易品が出土した。

阿摩和利は知謀で按司の座に就いたといい、首里王府もその威勢を恐れ、尚泰久王は娘の百十踏揚を降嫁して懐柔を謀る。王婿となった阿摩和利は天下簒奪をねらい、首里の守りとなっていた中城護佐丸按司を謀略をもって討ったが、やがて王軍に攻め込まれて滅びた（1458年）。護佐丸・阿摩和利討伐は、首里側の謀略説もある。世界遺産。

勝連城址

中城◆中城按司

中頭郡中城村泊 ＊

中城虎口（中央）石垣

英祖王が大成の弟に築かせたといい、13世紀末ごろの城と推定される。代々、英祖系が中城按司となってきたが、1440年ごろ、座喜味城にあった読谷山按司の護佐丸を転封した。勝連阿摩和利按司の威勢を封じるためとも伝わる。

護佐丸は中城の城壁を増築し、防備を固めた。三の郭は護佐丸が築いたといい、六連郭の構えは琉球屈指の名城とされる。世界遺産。

浦添城◆天孫氏

浦添市仲間城原 ＊

尚巴志王による琉球統一（1429年）前の三山時代まで、中山王が居城とし、中部一帯を支配下に置いていた。

創世神アマミキヨの子孫という天孫氏が12世紀後期に築いたといい、古王統の舜天、英祖、そして察度の3王統の王城だった。全盛期には朝鮮高麗系瓦葺きの城館が聳えていたとみられ、瓦葺きの城は首里城と勝連城、浦添城だけだった。

沖縄戦の激戦地となり、城跡は破壊され、わずかに石積みなどが残る。北側崖下には英祖王と、「薩摩入り」を許した尚寧王の墓陵「浦添ようどれ」がある。

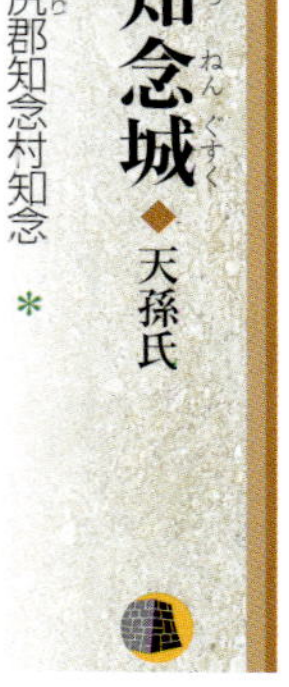

知念城◆天孫氏

島尻郡知念村知念 ＊

知念山中にあって、知念森城ともいう。創世神アマミキヨ神話にかかわる古城で、神歌「おもろ」に「神降れはじめのぐすく」と歌われる。アマミキヨゆかりの聖地を巡幸する、「東御廻り」の聖地の1つ。樹林の中、アーチ型の石門と城壁が、ひっそりと残されている。

城内は2つの郭からなり、門を入ったあたりは新城、その上の岩山が本来の知念森城で古城とよばれる。新城は拡充域で、尚真王時代に築かれたという。

知念城址

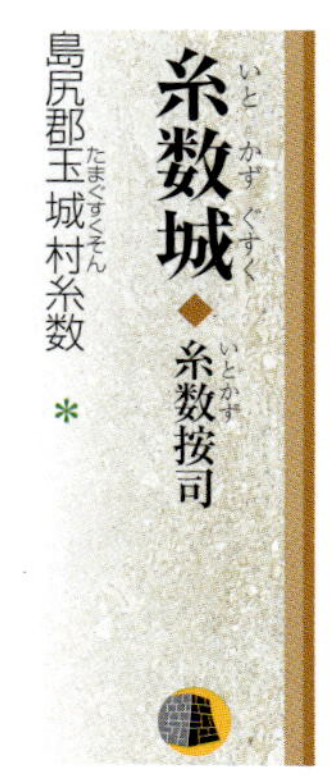

糸数城◆糸数按司

島尻郡玉城村糸数 ＊

14世紀ごろ、玉城按司（玉城王）

糸数城址　写真／世界文化フォト

の三男、糸数按司が築いたと伝えられる。三山時代初期にあたる。真和志の上間按司が、奇襲攻撃で落城させたという。

　面積が約2ヘクタールと広い区域を占め、現在も高い城壁がめぐらされており、城門など大部分の遺構が残されている。

玉城 ◆ 不明

島尻郡玉城村玉城 *

　創世神話で語られる[illegible]の1つ。天につながるとの意味から、天頂城ともいう。東御廻りの最後の地がこの城。標高180mと、糸数城（標高187m）に次いで、南山の城では2番めの高所に建つ。頂に自然石のくりぬき門がある。

　代々、玉城按司の居城で、その何代目かの[illegible]按司が浦添に登って玉城王となったが、14世紀中期の戦で滅んだ。

南山城 ◆ 大里按司

糸満市大里

　三山時代の南山の王城。島尻大里城、または地名をとって高嶺城ともよばれる。現在は、糸満市立高嶺小学校の一角に、石積み遺構と復元された石垣がわずかに面影を伝える。

　南山王は承察度（ウフサト＝大里）の名で中国進貢を行なった。按司たちの抗争が絶えず、大里村の大里城（島添大里城）が一時、南山王の居城だったともいう。他魯毎王の時、中山の尚巴志王に滅ぼされ、ここに琉球統一はなる。

南山城址　写真／フォト・オリジナル

具志川城 ◆ マダフツ按司

島尻郡久米島町 *

　久米島の具志川城は、海岸の岩山に築かれている。15世紀ごろ、マダフツ（真達勃期）按司が築いた。彼は久米島を支配していた伊敷索（チナハ）按司の次男（三男とも）という説と、南山王位をめぐる抗争で殺されたはずの達勃期が、じつは落ちのびてきたのだともいわれる。

　2代目の真金声按司は、伊敷索按司の子の真仁古樽に攻められ、沖縄本島喜屋武に逃れて同じ名の具志川城を海岸に築く。

城址名	主な城主	所在地	遺構	解説
根謝銘城	大宜味按司	国頭郡大宜味村	石垣	英祖王の後裔、築城中に攻撃され落城。
山田城	護佐丸	国頭郡恩納村	石垣	護佐丸、座喜味城に移転する。
伊波城 *	伊波按司	石川市伊波	石垣	崖端に築く。眺望沖縄八景の1つ。
安慶名城 *	安慶名按司	具志川市具志川	石垣	沖縄で珍しい輪郭式縄張。
知花城	大城賢勇	沖縄市知花	石垣	中山王の命で勝連城の阿摩和利を討伐。
浜城	不明	中頭郡勝連町	石垣	浜比嘉島にある2郭構造。
屋良城	阿摩和利	中頭郡嘉手納町	なし	米軍基地建設で遺構消滅。
ヒニ城	不明	中頭郡北中城村	なし	採石で遺構消滅。
伊祖城 *	不明	浦添市伊祖	石垣	神歌「おもろ」にうたわれる。
御物城	尚金福王	那覇市通堂町	[illegible]	[illegible]の倉庫として利用。
三重城	尚氏	那覇市西	石垣	岩礁上に築かれた倭寇撃退用砲台。
豊見城	汪応祖	豊見城市豊見城	なし	山南王のいとこの居城。
大城	大城按司	島尻郡大里村	石垣	基壇上の正殿跡に礎石が残る。
大里城	島添大里按司	島尻郡大里村	石垣	尚巴志王、三山統一の最初の戦い。
志喜屋城	不明	島尻郡知念村	石垣	野面積みの石垣がよく残る。
佐敷城	思紹	島尻郡佐敷町	石積み	中山王第一尚氏の祖思紹の築城。
垣花城 *	不明	島尻郡玉城村	石垣	大城按司の妃はこの城出身。
ミントン城	不明	島尻郡玉城村	不明	沖縄開闢の創世神アマミキヨの[illegible]
具志頭城	具志頭按司	島尻郡具志頭村	石垣	山南王に攻め滅ぼされる。
多田名城	不明	島尻郡具志頭村	石垣	多多名城とも。5mの高石垣構築。
八重瀬城	八重瀬按司	島尻郡東風平村	石垣	八重瀬岳の中腹に上下2段構造で築城。
伊是名城 *	佐銘川大主	島尻郡伊是名村	石垣	屋蔵大主が伊是名島へ息子派遣し築城。
里遺跡	不明	島尻郡渡名喜村	平坦地	渡名喜島の城。掘っ建て住居址出土。
スンジャ城	不明	島尻郡渡名喜村	石垣	渡名喜島の城。岩山山頂にある。
宇江城 *	久米仲城按司	島尻郡久米島町	石垣	久米島の八城の1つ。眺望絶佳。
伊敷索城 *	伊敷索按司	島尻郡久米島町	石垣	久米島の八城の1つ。中国陶磁器散見。
上里城	不明	糸満市喜屋武	3つの曲輪	沖縄戦激戦地。
具志川城 *	真金声按司	糸満市喜屋武	石垣	「火吹き穴」の抜け穴あり。
奥間城	不明	糸満市兼城	石垣	野面積みの石垣がよく残る。
当間城	不明	糸満市東辺名	石垣	野面積みの石垣がよく残る。
米須城	米次按司	糸満市米須	石垣	城門に横矢掛かる。
フェンサ城	不明	糸満市名城	石垣	城主の息子絶世の美女を娶った伝承。
高腰城 *	高腰按司	宮古郡城辺町	石積	宮古島の城。剛勇無双の按司。
西銘城	西銘按司	平良市東仲宗根添	石垣	宮古島の城。中国陶磁器片散見。
フルスト原遺跡 *	遠弥計赤蜂	石垣市大浜	石垣	石垣島の城。中山王の征伐で滅亡。

*国史跡　*県史跡

全国の主な藩校一覧

凡例　藩名の青色は外様、橙は譜代、ピンクは御家門の大名、緑は御三家と徳川宗家を示す。

都道府県名	藩名	藩校創設時の石高	所在地	藩校名 ＊は江戸藩邸に創設	創設年	創設時の藩主 ＊は隠居後	後身の学校	出身者および備考
北海道	松前藩	1万石格	松前町	徽典館	1822年（文政5）	松前章広		●名称は甲府学問所の徽典館に由来。
青森県	八戸藩	2万	八戸市	学校	1829年（文政12）	南部信真		
	黒石藩	[illegible]	黒石市	経学教授所	1832年（天保3）	津軽順徳		
	弘前藩	4万2000	弘前市	稽古館	1796年（寛政8）	津軽寧親	東奥義塾	［出身］陸羯南（新聞「日本」主筆）、木村公宣（スキーヤー）
岩手県	盛岡藩	10万	盛岡市	作人館	1636年（寛永13）	南部重直	仁王小学校	［出身］原敬（平民宰相）、那珂通世（東洋史学者。藤村操の叔父）
	一関藩	3万	一関市	教成館	1783年（天明3）	田村村資		
宮城県	仙台藩	59万5000	仙台市	養賢堂	1736年（元文1）	伊達吉村	東北大学医学部	［出身］北杜夫（小説家）　●のち仙台藩医学校が分離。
秋田県	秋田藩	20万5800	秋田市	明徳館	1789年（寛政1）	佐竹義和		［出身］平田篤胤（国学者）　●跡地に市立中央図書館明徳館。
	亀田藩	2万	岩城町	長善館	1786年（天明6）	岩城隆恕		
	本荘藩	2万	本荘市	修身館	天明年間（1781～89）	六郷政速？		●現在、跡地には市役所などが建つ。
山形県	新庄藩	6万8200	新庄市	明倫堂	天明年間（1781～89）	戸沢正良		●明倫中学校が藩校名を受け継ぐ。
	庄内藩	14万	鶴岡市	致道館	1805年（文化2）	酒井忠徳		●表御門・聖廟・講堂などが現存。国史跡。
	天童藩	2万	天童市	養正館	1828年（文政11）	織田信美		［出身］宮城浩蔵（明治大学創立者の1人）
	上山藩	3万	上山市	明新館	1809年（文化6）	松平信行		●上山明新館高校が藩校名を受け継ぐ。
	米沢藩	15万	米沢市	興譲館	1697年（元禄10）	上杉綱憲	米沢興譲館高校	●旧学問所を1776年（安永5）上杉鷹山が興譲館として復興。
福島県	中村藩	6万	相馬市	育英館	1822年（文政5）	相馬益胤		
	三春藩	5万	三春町	講所	天明年間（1781～89）	秋田倩季		●表門が三春小学校正門として現存。
	平藩	5万	いわき市	施政堂	1756年（宝暦6）	安藤信成		［出身］天田愚庵（歌人。清水次郎長の養子）
	泉藩	2万	いわき市	汲深館	1852年（嘉永5）	本多忠徳		●1942年（昭和17）、武道所として再建し現存。
	湯長谷藩	1万5000	いわき市	致道館	1843年（天保14）	内藤政民＊		
	守山藩	2万	郡山市	養老館＊	宝暦年間（1751～64）	松平頼寛		
	白河藩	[illegible]	白河市	修道館	1825年（文政8）	阿部正篤		●松平定信時代に藩校立教館を創設。
	下手渡藩	1万	月舘町	修道館	1857年（安政4）	立花種恭		●分領の筑後国三池に設置。
	福島藩	3万	福島市	講学所	文政年間（1818～30）	板倉勝俊		
	二本松藩	10万	二本松市	敬学館	1817年（文化14）	丹羽長富		［出身］服部誠一（文学者）　●二本松南小学校が「敬学」の精神を継承。
	会津藩	23万	会津若松市	日新館	1799年（寛政11）	松平容頌	会津高校	●「会津藩校日新館」として復元。観光・体験施設。
茨城県	水戸藩	35万	水戸市	弘道館	1841年（天保12）	徳川斉昭	茨城高校	［出身］徳川慶喜（江戸幕府最後の将軍）　●国特別史跡
	笠間藩	8万石	笠間市	時習館	1817年（文化14）	牧野貞喜	笠間小学校	●笠間小学校校庭に牧野氏別邸の井戸が現存。
	土浦藩	9万5000	土浦市	郁文館	1799年（寛政11）	土屋英直		●土浦第一中学校敷地内に正門現存。
	谷田部藩	1万6300	つくば市	弘道館	1794年（寛政6）	細川興徳		［出身］飯塚伊賀七（江戸後期の発明家。からくり伊賀七）
栃木県	大田原藩	1万1400	大田原市	時習館	1850年（嘉永3）	大田原広清		
	黒羽藩	1万8000	黒羽町	作新館	1857年（安政4）	大関増徳		●作新学院は藩校名を受け継いだ私立学校。
	喜連川藩	5000	喜連川町	広運館	1846年（弘化3）	喜連川熙氏		
	烏山藩	2万	烏山町	学問所	1726年（享保11）	大久保常春		
	宇都宮藩	7万7800	宇都宮市	修道館	文化年間（1804～18）	戸田忠翰		●宇都宮市教育センターは、藩校にちなみ「修道館」という。
	壬生藩	3万	壬生町	学習館	1713年（正徳3）	鳥居忠英		

県	藩名	石高	所在地	藩校名	創設年	創設者	後身校・備考
	佐野藩	1万6000	佐野市	観光館	1864年(元治1)	堀田正頌	
	足利藩	1万1000	足利市	求道館	1869年(明治2)	戸田忠行	●足利学校に併設される。
群馬県	沼田藩	3万5000	沼田市	沼田学舎	1742年(寛保2)	土岐頼稔	
	安中藩	3万	安中市	造士館	1808年(文化5)	板倉勝尚	安中小学校
	前橋藩	15万2500	前橋市	好古堂	1691年(元禄4)	酒井忠挙	●後年、酒井氏は転封先の姫路でも「好古堂」を開校。
	高崎藩	7万2000	高崎市	遊芸館	1760年(宝暦10)	大河内輝高	
	小幡藩	2万	甘楽町	小幡学校＊	1791年(寛政3)	松平忠恒	
	七日市藩	[illegible]	富岡市	成器館	1842年(天保13)	前田利豁	
	伊勢崎藩	2万	伊勢崎市	学習堂	1775年(安永4)	酒井忠温	●藩校の命名者は儒者村士玉水と伝わる。
	館林藩	6万1000	館林市	道学館	寛政年間(1789〜1801)	松平斉厚	
	〃	6万	〃	求道館	1847年(弘化4)	秋元志朝	●松平氏の道学館を改称。
千葉県	関宿藩	5万8000	[illegible]	教倫館	1823年(文政6)	久世広運	
	佐倉藩	11万	佐倉市	成徳書院	1792年(寛政4)	堀田正順	佐倉高校 [出身]長島茂雄(ミスタープロ野球)、藤木直人(俳優)
	高岡藩	1万	下総町	学習館＊	1862年(文久2)	井上正和	
	多古藩	1万2000	多古町	学問所＊	1830年(天保1)	松平勝権	
	鶴牧藩	1万5000	市原市	修来館	天保年間(1830〜44)	水野忠順	●姉崎小学校に「史跡藩校修来館跡」碑がある。
	佐貫藩	1万6000	富津市	撰秀館	1796年(寛政8)	阿部正簡	●誠道館も同時開校。
	久留里藩	3万	君津市	三近塾	1842年(天保13)	黒田直静	
	一宮藩	1万3000	一宮町	崇文館	安政年間(1854〜60)	加納久徴	
埼玉県	忍藩	10万	行田市	進修館	1823年(文政6)	松平忠尭	進修館高校 ●2005年(平成17)統合発足。
	川越藩	17万	川越市	博喩堂	1827年(文政10)	松平斉典	[出身]保岡嶺南(江戸後期の儒者。「日本外史」川越版を出版)
	岩槻藩	2万	岩槻市	遷喬館	文政年間(1818〜30)	大岡忠正	●茅葺きの建物が現存。県史跡。
神奈川県	六浦藩	1万2000	横浜市	明允館	1868年(明治1)	米倉昌言	
	荻野山中藩	1万3000	厚木市	興譲館	1868年(明治1)	大久保教義	
	小田原藩	11万3000	小田原市	集成館	1822年(文政5)	大久保忠真	三の丸小学校
新潟県	村上藩	[illegible]	村上市	克従館	寛政年間(1789〜1801)	内藤信敦	
	新発田藩	4万8000	新発田市	道学堂	1772年(安永1)	溝口直養	●1777年(安永6)、別に医学館を設置。
	村松藩	3万	村松町	自強館	1868年(明治1)	堀 直賀	
	与板藩	2万	与板町	正徳館	1860年(万延1)	井伊直安	正徳館高校 ●2005年(平成17)、与板・寺泊高校が合併[illegible]
	長岡藩	7万4000	[illegible]	崇徳館	1808年(文化5)	牧野忠精	長岡高校 [出身]山本五十六(連合艦隊司令長官)、関川夏央(作家)
	高田藩	15万	上越市	修道館	1866年(慶応2)	榊原政敬	高田高校 [出身]相馬御風(詩人)
富山県	富山藩	10万	富山市	広徳館	1773年(安永2)	前田利与	●芝園中学の図書館は藩校名から「廣徳図書館」。
石川県	金沢藩	102万5000	金沢市	明倫堂	1792年(寛政4)	前田治脩	金沢大学医学部 [出身]高峰譲吉(化学者)
	〃		〃	経武館	1792年(寛政4)	前田治脩	●1868年(明治1)、海軍系の壮猶館を併合。
	〃		〃	至遠館	1869年(明治2)	前田慶寧	●1870年(明治3)、語学系の道済館を併合。
	大聖寺藩	10万	加賀市	学問所	1833年(天保4)	前田利之	●のち時習館と改称。名称にちなむ大聖寺児童歴史体験資料館時習庵がある。
福井県	丸岡藩	5万	丸岡町	平章館	1804年(文化1)	有馬誉純	平章小学校 [出身]藤野厳九郎(医学者。魯迅の恩師「藤野先生」)
	勝山藩	2万2700	勝山市	成器堂	1841年(天保12)	小笠原長守	

県	藩名	石高	所在地	藩校名	創設年	創設者	後継校	備考
	大野藩	4万	大野市	明倫館	1843年(天保14)	土井利忠		●市民と行政の協働研究塾の名が「大野明倫館」
	福井藩	32万	福井市	明道館	1855年(安政2)	松平春嶽	藤島高校	[出身]中野重治(詩人)、深田久弥(山岳紀行家)、俵万智(歌人)
	鯖江藩	5万	鯖江市	進徳館	1814年(文化11)	間部詮熙		●進徳館蔵書は鯖江市史料館にある。
	小浜藩	10万3500	小浜市	順造館	1774年(安永3)	酒井忠貫	若狭高校	[出身]杉田玄白(蘭方医) ●若狭高校正門「順造門」は藩校の遺構。
山梨県	天領		甲府市	甲府学問所	1796年(寛政8)		甲府第一高校・山梨大学	●徽典館ともいう。
長野県	飯山藩	2万	飯山市	長道館	1857年(安政4)	本多助賢		
	須坂藩	1万	須坂市	教倫舎	天明年間(1781~89)	堀直晧?		●文化年間に立成館も設置(時の藩主堀直格)
	松代藩	10万	長野市	文武学校	1852年(嘉永5)	真田幸貫		●一時、松代小学校の校舎だったが、修復され公開。国史跡。
	上田藩	5万3000	上田市	明倫堂	1811年(文化8)	松平忠学	上田市立第2中学校	●藩主忠学書の藩校講堂扁額「明倫堂」は市立博物館蔵。
	小諸藩	1万5000	小諸市	明倫堂	1802年(享和2)	牧野康長	小諸東中学校	
	岩村田藩	1万5000	佐久市	達道館	1864年(元治1)	内藤正誠		
	田野口藩	1万6000	臼田町	修業館*	1854年(安政1)	松平乗謨		●のち藩地に移し、尚友館と称す。
	松本藩	6万	松本市	崇教館	1793年(寛政5)	戸田光行		[出身]浅井洌(長野県歌「信濃の国」作詞者)
	高島藩	3万	諏訪市	長善館	1803年(享和3)	諏訪忠粛		●長善館の和漢蔵書は信州大学附属図書館の所蔵。
	高遠藩	3万3000	高遠町	進徳館	1860年(万延1)	内藤頼直		●高遠城三の丸に建物・門が現存。国史跡。
岐阜県	苗木藩	1万	中津川市	日新館	1868年(明治1)	遠山友禄	苗木小学校	
	岩村藩	2万	恵那市	知新館	元禄年間(1688~1704)	松平乗紀		[出身]林述斎・佐藤一斎(ともに江戸後期の儒者) ●建物の一部が現存。
	高富藩	1万	山県市	教倫学校	弘化年間(1844~48)	本庄道貫	高富小学校	
	加納藩	3万2000	岐阜市	文武館	文政年間(1818~30)	永井尚佐		
	高須藩	3万	海津町	日新堂	享保年間(1716~36)	松平義孝	高須小学校	●高須小校庭に聳え立つ二本松は藩校時代からのシンボル。
	大垣藩	10万	大垣市	致道館	1840年(天保11)	戸田氏庸	興文小学校	●のち敬教堂と改称。
	大垣新田藩	1万	大野町	典学寮	1868年(明治1)	戸田氏良		
	郡上藩	4万8000	郡上市	講堂	天明年間(1781~89)	青山幸完		
静岡県	沼津藩	5万	沼津市	明親館	文化年間(1804~18)	水野忠成		[出身]田辺貞吉(京阪電鉄初代社長)
	静岡藩	70万	静岡市	学問所	1869年(明治2)	徳川家達	東京大学	●1872年(明治5)、東京へ移転。
	田中藩	4万	藤枝市	日知館	1837年(天保8)	本多正寛		[出身]芳野金陵(漢学者。昌平黌教授)、小野鵞堂(書家)
	掛川藩	5万	掛川市	徳造書院	1802年(享和2)	太田資愛		
	横須賀藩	3万5000	大須賀町	学問所	1811年(文化8)	西尾忠善		
	浜松藩	6万	浜松市	克明館	1846年(弘化3)	井上正春		[出身]石川倉次(日本点字を創案)
愛知県	吉田藩	7万	豊橋市	時習館	1752年(宝暦2)	松平信復	時習館高校	[出身]荻野久作(産婦人科医。オギノ式)、宮城谷昌光(小説家)
	田原藩	1万2000	田原市	成章館	1810年(文化7)	三宅康和	成章高校	[出身]鈴木春山(蘭方医・兵法家。高野長英らと親交を結ぶ)
	岡崎藩	5万	岡崎市	允文館	1869年(明治2)	本多忠直	連尺小学校	
	挙母藩	2万	豊田市	崇化館	1787年(天明7)	内藤学文	崇化館中学校	
	西尾藩	6万	西尾市	修道館	1854年(安政1)	松平乗全		
	尾張藩	61万9500	名古屋市	明倫堂	寛永年間(1624~44)	徳川義直	明和高校	●上杉鷹山の師・細井平洲が晩年に藩校総裁に就任。
	犬山藩	3万	犬山市	敬道館	1840年(天保11)	成瀬正住	犬山北小学校	
三重県	長島藩	2万	桑名市	文礼堂	1722年(享保7)	増山正任		
	桑名藩	11万	桑名市	立教館	1823年(文政6)	松平定永	立教小学校	[出身]立見鑑三郎(雷神隊一番隊長・陸軍大将)

菰野藩	1万1000	菰野町	修文館	1816年（文化13）	土方義苗	菰野小学校 ［出身］土方興文（幕末・明治期の歌人）
神戸藩	1万5000	鈴鹿市	教倫堂	1812年（文化9）	本多忠升	●教倫堂跡は県史跡。
亀山藩	5万	亀山市	明倫舎	1790年（寛政2）	石川総博	●生涯学習教室「めいりん館」がある。
津藩	27万900	津市	有造館	1820年（文政3）	藤堂高兌	養正小学校 ●藩校正門の入徳門がお城公園に移築現存。
〃		伊賀市	崇広堂	1821年（文政4）	藤堂高兌	●建物が残り、国史跡「旧崇廣堂」。
鳥羽藩	3万	鳥羽市	尚志館	1824年（文政7）	稲垣長剛	［出身］門野幾之進（千代田生命保険創業者）
滋賀県						
彦根藩	35万	彦根市	弘道館	1799年（寛政11）	井伊直中	彦根東高校 ［出身］[illegible]一郎（ジャーナリスト）
仁正寺藩	1万8000	日野町	日新館	1796年（寛政8）	市橋長昭	
水口藩	2万5000	甲賀市	翼輪堂	1855年（安政2）	加藤明軌	
膳所藩	6万	大津市	遵義堂	文化年間（1804〜18）	本多康完	●表門が現存（和田神社表門）。
大溝藩	2万	高島市	修身堂	1785年（天明5）	分部光実	
京都府						
淀藩	10万2000	京都市	明親館	1860年（万延1）	稲葉正邦	明親小学校
亀山藩	5万	亀岡市	学校	元禄年間（1688〜1704）	松平信岑	●篠山藩主時代に創設。
園部藩	2万6700	園部町	講堂	文化年間（1804〜18）	小出英筠	
綾部藩	2万	綾部市	進徳館	1715年（正徳5）	九鬼隆寛	
福知山藩	3万2000	福知山市	惇明館	1809年（文化6）	朽木綱方	惇明小学校 ［出身］佐藤太清（日本画家）
田辺藩	3万5000	舞鶴市	明倫斎	天明年間（1781〜89）	牧野宣成	明倫小学校 ●明倫小学校の南側に正門が現存。
宮津藩	7万	宮津市	礼譲館	1818年（文政1）	本庄宗発	●蔵書が宮津市立図書館に伝わる。
大阪府						
高槻藩	3万6000	高槻市	菁莪堂	寛政年間（1789〜1801）	永井直進	［出身］藤井竹外（幕末の漢詩人）
麻田藩	1万	豊中市	直方堂	寛政年間（1789〜1801）	青木一貞	
丹南藩	1万1000	松原市	丹南学校	1868年（明治1）	高木正坦	北小学校
狭山藩	1万1000	大阪狭山市	簡修館	嘉永年間（1848〜54）	北条氏燕	
伯太藩	1万3500	和泉市	伯太仮学校	1868年（明治1）	渡辺章綱	
岸和田藩	5万3000	岸和田市	講習館	1852年（嘉永5）	岡部長発	浜小学校 ［出身］土屋鳳洲（漢学者・華族女学校教授）
兵庫県						
三田藩	3万6000	三田市	造士館	1818年（文政1）	九鬼隆国	［出身］川本幸民（江戸後期の科学者）
篠山藩	5万	篠山市	振徳堂	1766年（明和3）	青山忠高	篠山鳳鳴高校 ［出身］法貴発（自由民権の父）
柏原藩	2万	丹波市	崇広館	1858年（安政5）	織田信民	崇広小学校
出石藩	5万8000	出石町	弘道館	1775年（安永4）	仙石政辰	弘道小学校 ［出身］加藤弘之（東大初代総長）
豊岡藩	1万5000	豊岡市	稽古堂	1833年（天保4）	京極高行	［出身］浜尾新（松方内閣文相）
小野藩	1万	小野市	帰正館	1841年（天保12）	一柳末延	
三草藩	1万	社町	顕道館	1867年（慶応3）	丹羽氏中	
林田藩	1万	姫路市	敬業館	寛政年間（1789〜1801）	建部政賢	●1863年（文久3）に再建された敬業館講堂が残る。
安志藩	1万	安富町	明倫堂	1844年（弘化1）	小笠原棟幹	
山崎藩	1万	山崎町	学問所	天保年間（1830〜44）	本多忠鄰？	
龍野藩	5万1000	龍野市	敬楽館	1834年（天保5）	脇坂安董	●藩士心得を記す木額「敬楽館条約」が市立歴史文化資料館蔵。
三日月藩	1万5000	三日月町	広業館	1797年（寛政9）	森快温	三日月小学校 ●建物が現存（列祖神社内）。
赤穂藩	2万	赤穂市	博文館	1777年（安永6）	森忠興	
奈良県						
柳本藩	1万	天理市	明倫館	1868年（明治1）	織田信及	

県	藩名	石高	所在地	藩校名	創設年	創設者	後身・出身者・備考
	郡山藩	15万1200	大和郡山市	総稽古所	享保年間(1716～36)	柳沢吉里	●初期の教授に荻生徂徠の娘婿金谷など。
	小泉藩	1万1100	大和郡山市	修道館	1868年(明治1)	片桐貞篤	
	芝村藩	1万	桜井市	遷喬館	1696年(元禄9)	織田長清	
	櫛羅藩	1万	葛城市	藩立学校	1864年(元治1)	永井直哉	
和歌山県	和歌山藩	55万5000	和歌山市	学習館	1713年(正徳3)	徳川吉宗	●和歌山大学附属図書館「紀州藩文庫」が藩校蔵書を引き継ぐ。
	〃		松阪市	学問所	1804年(文化1)	徳川治宝	●紀州藩領の伊勢松坂に設置。
鳥取県	鳥取藩	32万5000	鳥取市	尚徳館	1757年(宝暦7)	池田重寛	鳥取西高校
島根県	広瀬藩	3万	安来市	漢学所	1801年(享和1)	松平直義	
	松江藩	18万6000	松江市	文明館	1758年(宝暦8)	松平宗衍	●幕末に修道館と改称。この名を継承した学校は松江工業高校の前身。
	浜田藩	6万400	浜田市	長善館	1791年(寛政3)	松平康定	●本居宣長の高弟、小篠敏(号・東海)が創設にかかわる。
	津和野藩	4万3000	津和野町	養老館	1786年(天明6)	亀井矩賢	津和野高校 [出身]西周(思想家)
岡山県	津山藩	5万	津山市	修道館	1765年(明和2)	松平康哉	●建物を移築した鶴山館が三の丸にある。
	鶴田藩	6万1000	建部町	道学館	1867年(慶応3)	松平武聡	
	勝山藩	2万3000	勝山町	明善館	1764年(明和1)	三浦明次	
	岡山藩	31万5000	岡山市	花畠教場	1641年(寛永18)	池田光政	岡山朝日高校 [出身]内田百閒(小説家)、吉行エイスケ(小説家)
	庭瀬藩	2万	岡山市	誠意館	1823年(文政6)	板倉勝資	
	足守藩	2万5000	岡山市	追琢舎	1792年(寛政4)	木下利彪	
	岡田藩	1万348	真備町	敬学館	1795年(寛政7)	伊東長寛	
	松山藩	5万	高梁市	有終館	1746年(延享3)	板倉勝澄	[出身]山田方谷(儒者、財政改革)
	新見藩	1万8000	新見市	思誠館	1755年(宝暦5)	関政富	●跡地は思誠小学校。
広島県	福山藩	10万	福山市	弘道館	1786年(天明6)	阿部正倫	福山誠之館高校 [出身]井伏鱒二(小説家)
	広島藩	37万6000	広島市	修道館	1866年(慶応2)	浅野長訓	修道高校 [出身]吉川晃司(ミュージシャン)
山口県	岩国藩	6万	岩国市	養老館	1847年(弘化4)	吉川経幹	岩国高校 [出身]宇野千代(小説家)
	徳山藩	4万	周南市	興譲館	1785年(天明5)	毛利就馴	[出身]浅田栄次(英語教育の先駆者)
	清末藩	1万	下関市	育英館	1787年(天明7)	毛利匡邦	
	府中藩	5万7000	下関市	敬業館	1791年(寛政3)	毛利匡芳	豊浦高校 [出身]細川俊之(俳優)
	萩藩	35万1000	萩市	明倫館	1719年(享保4)	毛利吉元	萩高校 [出身]高杉晋作(幕末の志士) ●明倫小学校敷地内の遺構は国史跡。
	〃	34万2000	〃	南苑医学所	1840年(天保11)	毛利敬親	
	〃	34万2000	〃	博習堂	1856年(安政3)	毛利敬親	[出身]前原一誠(萩の乱主謀者)、久坂玄瑞(禁門の変を指揮)
徳島県	徳島藩	25万7000	徳島市	長久館	1791年(寛政3)	蜂須賀治昭	[出身]岩野新平(明大図書館初代館長)
香川県	高松藩	12万	高松市	講道館	1780年(安永9)	松平頼真	
	丸亀藩	5万1400	丸亀市	正明館	1794年(寛政6)	京極高中	[出身]土肥大作(勤王の志士。新治県知事)
	多度津藩	1万	多度津町	自明館	1868年(明治1)	京極高典	
愛媛県	小松藩	1万	西条市	養正館	1802年(享和2)	一柳頼親	●藩校設立の儒者近藤篤山旧邸が公開。
	西条藩	3万	西条市	択善堂	1805年(文化2)	松平頼啓	
	今治藩	3万5000	今治市	克明館	1805年(文化2)	松平定剛	
	松山藩	15万	松山市	明教館	1828年(文政11)	松平定通	松山東高校 [出身]秋山好古(日本騎兵の父)、大江健三郎(小説家) ●校内に残る建物は県文化財。
	大洲藩	5万	大洲市	止善書院明倫堂	1747年(延享4)	加藤泰衛	[出身]武田斐三郎(五稜郭の設計者)

県	藩名	石高	所在地	藩校名	創設年	藩主	後身校	備考
	新谷藩	1万	大洲市	求道軒	1783年（天明3）	加藤泰賢		［出身］香渡晋（明治憲法制定に貢献）
	宇和島藩	10万	宇和島市	内徳館	1748年（寛延1）	伊達村候		●のち明徳館と改称。東京に南豫明徳館（学生寮）がある。
	吉田藩	3万	吉田町	時観堂	1794年（寛政6）	伊達村芳		
高知県	高知藩	20万2600	高知市	教授館	1760年（宝暦10）	山内豊敷		●元漁師ジョン万次郎が教授となり、西洋事情を教える。
	〃	24万	〃	医学館	1843年（天保14）	山内豊熙		
福岡県	福岡藩	52万3100	福岡市	修猷館	1799年（寛政11）	黒田斉清	修猷館高校	［出身］広田弘毅（戦前の首相）
	秋月藩	5万	甘木市	稽古館	1775年（安永4）	[illegible]		● [illegible]
	久留米藩	21万	久留米市	明善堂	1796年（寛政8）	有馬頼貴	明善高校	［出身］青木繁（洋画家）、中村八大（作曲家）
	柳川藩	10万9600	柳川市	伝習館	1824年（文政7）	立花鑑賢	伝習館高校	［出身］北原白秋（詩人・歌人）、藤村作（国文学者。東洋大学長）
	小倉藩	15万	北九州市	思永斎	1758年（宝暦8）	小笠原忠総	豊津高校	［出身］葉山嘉樹（小説家）●後身・育徳館（豊津町）の黒門が現存。
佐賀県	佐賀藩	21万1200	佐賀市	弘道館	1781年（天明1）	[illegible]	[illegible]	[illegible]
	蓮池藩	5万2600	佐賀市	成章館	延享年間（1744～48）	鍋島直恒	芙蓉中学校	［出身］江崎利一（江崎グリコ創業者）
	小城藩	7万3200	小城町	興譲館	1787年（天明7）	鍋島直愈		［出身］中林悟竹（明治の書家）
	鹿島藩	2万	鹿島市	弘文館	1805年（文化2）	鍋島直彜		
	唐津藩	7万	唐津市	盈科堂	1723年（享保8）	土井利実		
	〃	6万	〃	経誼館	1802年（享和2）	水野忠鼎		
	〃	6万	〃	志道館	文政年間（1818～30）	小笠原長昌	唐津東高校	●藩校の中門が志道小学校の前に立つ。
長崎県	大村藩	2万7900	大村市	五教館	1670年（寛文10）	大村純長	大村高校	［出身］長岡半太郎（物理学者）●大村小学校に御成門が残る。
	島原藩	7万	島原市	稽古館	1793年（寛政5）	松平忠馮		

県	藩名	石高	所在地	藩校名	創設年	藩主	後身校	備考
	平戸藩	6万1500	平戸市	維新館	1779年（安永8）	松浦静山		［出身］楠本端山（幕末の儒者）
	福江藩	1万2500	福江市	育英館	天明年間（1781～89）	五島盛運		
	府中藩	1万2800	対馬市	小学校	1685年（貞享2）	宗　義真		
熊本県	熊本藩	47万5000	熊本市	時習館	1755年（宝暦5）	細川重賢		［出身］横井小楠（松平春嶽の藩政顧問）、北里柴三郎（細菌学者）
	宇土藩	3万	宇土市	温知館	1763年（宝暦13）	細川興文		［出身］上羽勝衛（九州商業銀行頭取）
	人吉藩	2万2100	人吉市	習教館	1786年（天明6）	相良長寛		
大分県	中津藩	10万	中津市	進脩館	1796年（寛政8）	奥平昌高		［出身］小幡篤次郎（明治の教育者。福沢諭吉に学び慶應義塾塾頭）
	日出藩	2万5000	日出町	致道館	1858年（安政5）	木下俊程		●建物が移築現存し、一般公開。県史跡。
	杵築藩	3万2000	杵築市	学習館	1788年（天明8）	松平親賢		●藩主御成の門が現存。門内に藩校の30分の1模型がある。
	臼杵藩	5万	臼杵市	学古館	1842年（天保13）	[illegible]		［出身］[illegible]
	佐伯藩	2万	佐伯市	四教堂	1777年（安永6）	毛利高標		●門が復元され、佐伯小学校正門となる。
	森藩	1万2500	玖珠町	修身舎	1835年（天保6）	久留島通嘉		
	府内藩	2万1200	大分市	遊焉館	1771年（明和8）	松平近儔		●「府内藩校遊焉館絵馬」が市文化財。
	岡藩	7万	竹田市	由学館	1726年（享保11）	中川久忠		［出身］田能村竹田（江戸後期の画家）
宮崎県	延岡藩	7万	延岡市	広業館	1768年（明和5）	内藤政陽		
	高鍋藩	2万7000	高鍋町	明倫堂	1778年（安永7）	秋月種茂	高鍋高校	［出身］石井十次（日本初の孤児院創設者）、三好退蔵（大審院検事総長）
	佐土原藩	2万7000	佐土原町	学習館	1825年（文政8）	島津忠徹		
	飫肥藩	5万1000	日南市	振徳堂	1801年（享和1）	伊東祐民		［出身］小村寿太郎（外交官）●建物が現存し、一般公開。
鹿児島県	鹿児島藩	72万8000	鹿児島市	造士館	1773年（安永2）	島津重豪	鹿児島大学	［出身］鈴鹿野風呂（俳人）●直接の後身は旧制七高造士館。

城址索引

この索引は、解説文をともなう城項目を対象としています。
その他の城につきましては、各都道府県ごとの最終ページに掲載した城址一覧をご覧ください。

監修

小和田哲男（おわだ・てつお）

静岡大学教授。１９４４年、静岡県生まれ。日本中世史研究の第一人者。
主な著書に『城と城下町』『中世城郭史の研究』『呪術と占星の戦国史』など多数。

執筆（署名原稿以外、五十音順）

岡田輝雄（おかだ・てるお）

歴史作家。沖縄県の城址解説を担当。

小和田泰経（おわだ・やすつね）

歴史研究家。覇王の城、エリア紹介、城址解説を担当。

菅井靖雄（すがい・やすお）

城郭研究家。城址解説を担当。

外川　淳（とがわ・じゅん）

歴史アナリスト。城址解説を担当。

三島正之（みしま・まさゆき）

中世城郭研究会会員。城址解説・城址一覧を担当。

装丁・デザイン　刑部一寛（ブラフマン）
アシスタント・デザイン　石川ゆかり（ブラフマン）

地図制作　ハユマ
付録地図　蓬生雄司　嶋嵜善久　表現研究所
編集　岡本八重子
編集協力　井上育美　岡崎智恵子　竹屋謙市　三猿舎　中世城郭研究会
制作　速水健司　岩重正文　横山　肇
宣伝　青島　明
販売　永井真士

ビジュアル・ワイド
日本の城

２００５年３月20日　第１版第１刷発行
２００９年３月22日　　　第３刷発行

発行者　[illegible]
発行所　株式会社　小学館
〒１０１―８００１　東京都千代田区一ツ橋２―３―１
電話　編集０３（３２３０）５１１８
　　　販売０３（５２８１）３５５５

編集　株式会社　日本アート・センター
〒１０１―００５１　東京都千代田区神田神保町１―25
電話　０３（３２９４）３８９１（代表）

印刷　日本写真印刷　株式会社
製本　株式会社　若林製本工場

ISBN4-09-681563-2

解析入門

—例を中心として—

宮西吉久　著

学術図書出版社

はじめに

この本では主に，**微分積分学**，**ベクトル解析**と**微分方程式の基礎**を紹介します．関東学院大学，芝浦工業大学，湘南工科大学，放送大学での授業ノートをまとめたものです．

本の目的は，例を中心として，計算技術の基礎を習得することにあります．

当初は，数学を公理的に説明することを, 目的としていました．しかし，学生の皆さんにとって数学の価値が低い実状，専門課程で必要となる実務的な計算の要求から，考え方を変えました．厳密性は, 必ずしも追求しません．そのかわり，他分野の理解 (工学，経済) に必要だと思われる計算を，重点的に並べることにしました．

そこで, 1 章から 4 章では，例に従い練習を並べてあります．少しずつ空欄も取ってあります．書き込みなどで利用して下さい．

さらに, 高校で既習のことを, 忘れているかも知れません．そこで, 高校の数 III の内容は，かなり含むようにしてあります．感覚を研ぎ澄まして理解して下さい．

5 章には微積分の厳密な扱い，付録として線形代数の基礎を加えておきました．

私の稚拙な表現力では，少ない紙面で，すべてを網羅して述べることはできません．足りない知識は，色々な本を検索して下さい．

最後に，この本は LaTeX2ε で作ってあります．目的が明確であれば，打った原稿を差し上げることが出来ます．誤植等も含めて，何かあれば，http://www.miyanisi.com にアクセスして頂ければ幸いです．

数学を利用して, 皆さんが幸せになることを祈っております．

宮西 吉久

目 次

第1章

一変数関数の微積分

この章では，一変数関数 $y = f(x)$ の微分積分学を紹介します.

準備として，分数式，無理式とグラフを復習します．さらに, 関数の定義から初めて，連続性と微積分の計算が主な内容です.

ここでは，問題点を掴んでもらうために，図を一つ見ておきましょう.

図形やグラフを見たら，形や大きさが気になると思います.

例えば，上のクローバーは，一枚は千切れています．このような形を繋がっているとは言わないでしょう．さらに，傾きや曲がり方が，場所によって変化しているのも見て取れます.[1] 曲がっているので，面積も容易でありません．実際に計算するためには，座標を使って定式化する必要があるのです.

内容自体は，高等学校までに習う部分も多く含みます．ただ，すべてを紹介するわけにも行きません．計算技術として，文字式の計算 (分数式，無理式)，三角比や指数·対数の応用などは，高等学校までの本を読んでみることをお勧めします.

また，厳密性を追求しませんが，$\varepsilon - \delta$ 論法の初歩を載せておきました．最初は飛ばし読みになるかもしれませんが，教養として，頭を使う練習として，身に着けることをお勧めします．第5章にも，少しだけ進んだ内容を記述してあります.

[1] (参考) 曲率と呼ばれる概念があります．紙面の都合で載せていませんが, 他書を読むことをお勧めします.

0.　分数式，無理式とグラフ (準備として)

分数式とグラフ

$y = \dfrac{k}{x-a} + b$ のグラフは，$y = \dfrac{k}{x}$ のグラフを x 軸方向に a，y 軸方向に b だけ平行移動したもの.

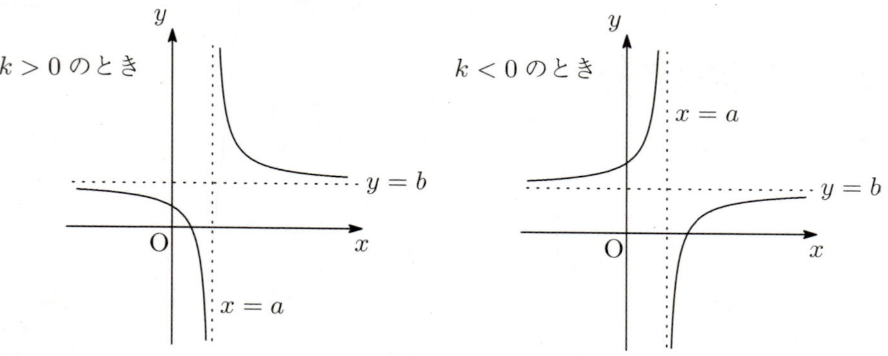

(参考)　直線 $x = a$ および $y = b$ を漸近線と呼ぶ.
(参考)　一般に，関数 $y = f(x)$ を x 軸方向に a，y 軸方向に b だけ平行移動すると，$y - b = f(x - a)$. (関数の定義は，p.4 参照).

簡単なグラフを書くには，x の値を具体的に動かしながら，y のとる値を調べれば良い.
分数式では，漸近線を目安にすると，書きやすい.

例①　$y = \dfrac{1}{x-1} - 2$ のグラフ.　　例②　$y = \dfrac{-2}{x+2} + 1$ のグラフ.

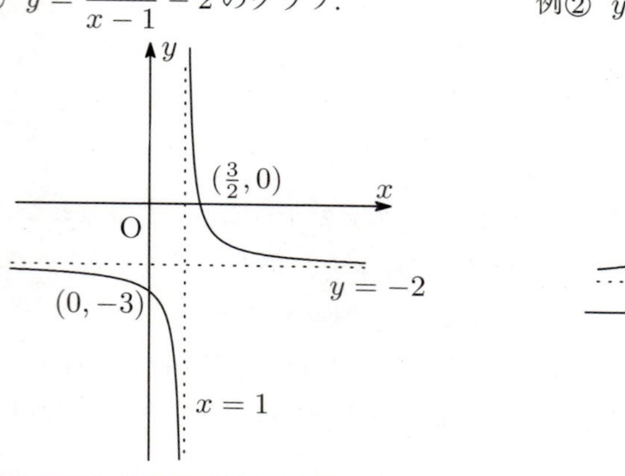

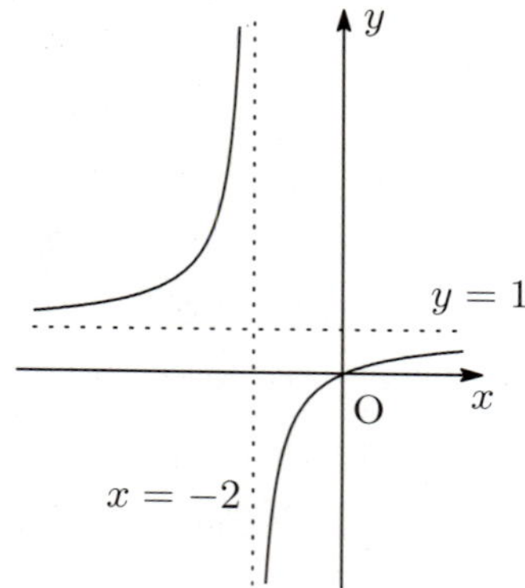

練習　次のグラフを下の図に書け.

①　$y = \dfrac{3}{x}$.　　②　$y = \dfrac{4}{x-1} + 3$.　　③　$y = \dfrac{-3}{x+3} - 1$.

①
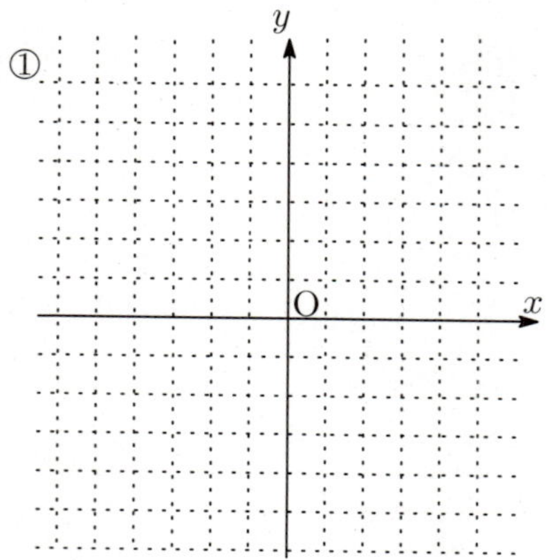

②
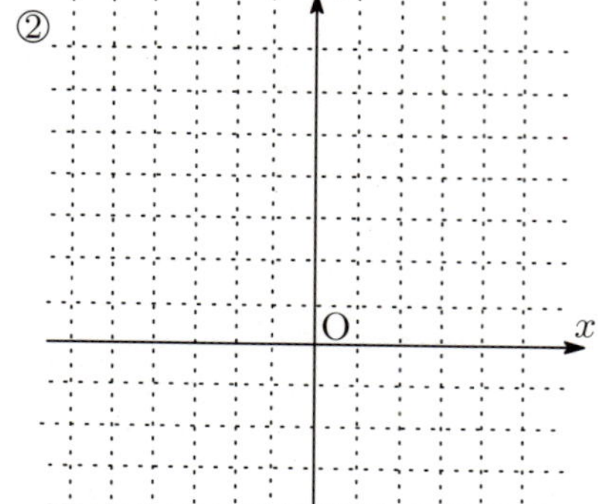

③
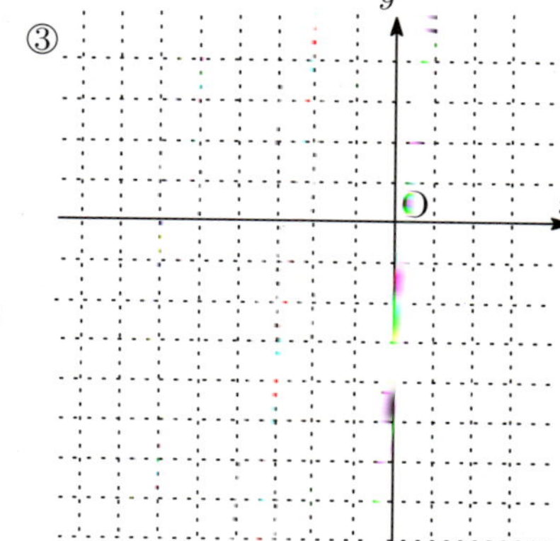

無理式とグラフ

$y=\sqrt{k(x-a)}+b$ のグラフは，$y=\sqrt{kx}$ のグラフを x 軸方向に a，y 軸方向に b だけ平行移動したもの．

$y=-\sqrt{k(x-a)}+b$ のグラフは，$y=-\sqrt{kx}$ のグラフを x 軸方向に a，y 軸方向に b だけ平行移動したもの．

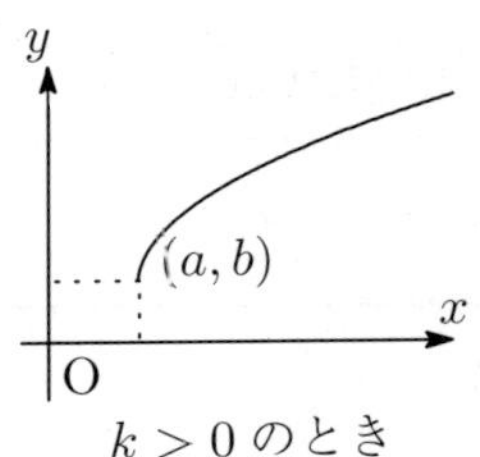

$k>0$ のとき

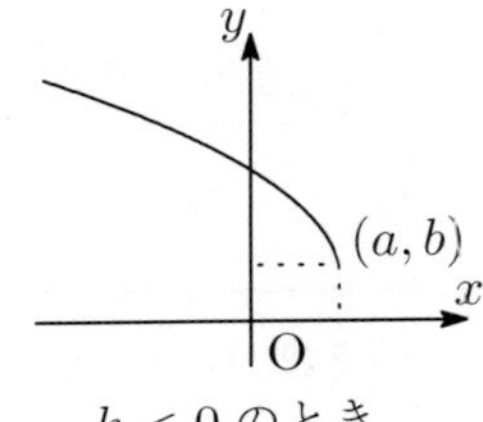

$k<0$ のとき

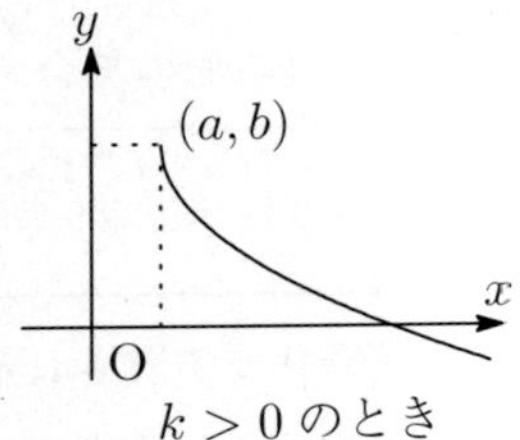

$k>0$ のとき

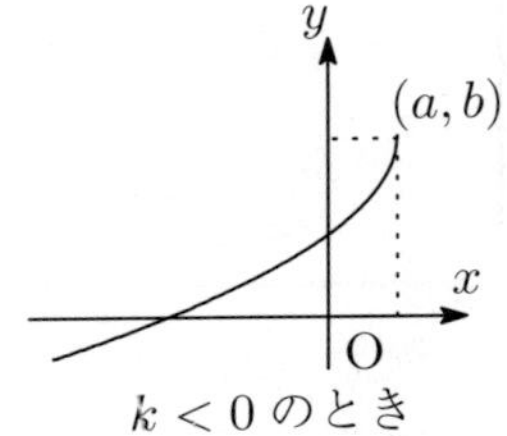

$k<0$ のとき

(参考) $y=\sqrt{k(x-a)}+b \Rightarrow (y-b)^2=k(x-a) \Rightarrow x-a=\frac{1}{k}(y-b)^2 \Rightarrow x=\frac{1}{k}(y-b)^2+a$ である．
つまり，無理式の表すグラフは，放物線の一部と捉えられる．

例①　$y=\sqrt{x+3}-2$ のグラフ．

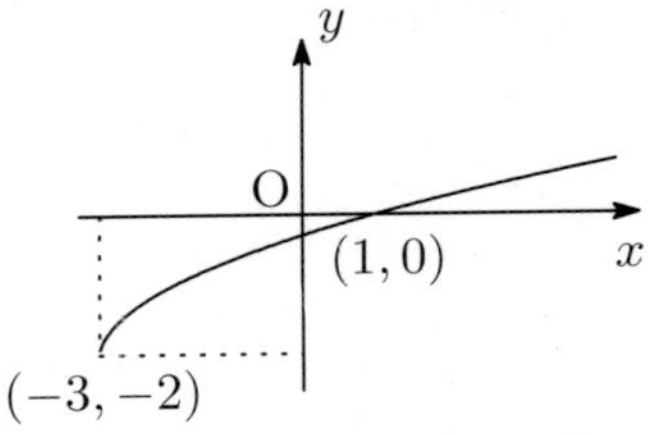

例②　$y=-\sqrt{-2(x+1)}+1$ のグラフ．

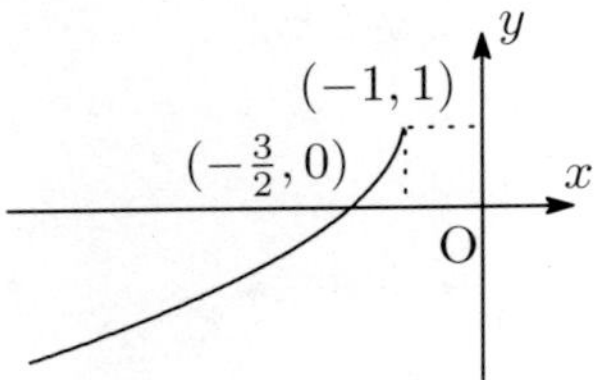

練習　次のグラフを下の図に書け．

①　$y=\sqrt{2x}$.　②　$y=\sqrt{2(x-1)}-2$.　③　$y=-\sqrt{-(x-2)}+2$.

①
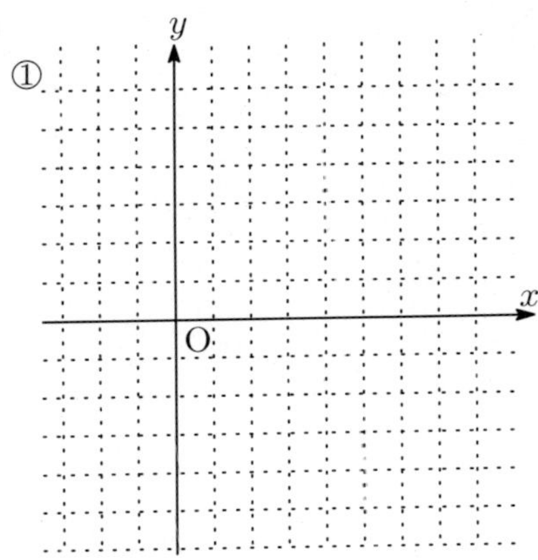

②
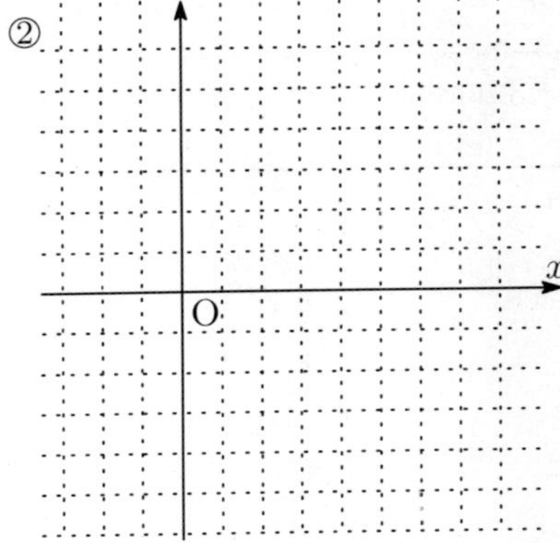

③
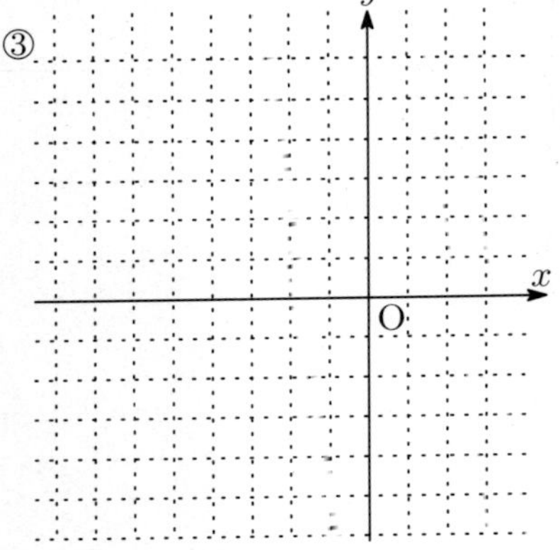

発展　上の練習のグラフを利用して，次に答えよ．

①　$y=\sqrt{2x}$ と $y=x$ の交点の座標を求めよ．

②　$y=-\sqrt{-(x-2)}+2$ と $y=-2x-4$ の交点の座標を求めよ．

1.　関数と極限

関数

値 x が定まるとき，それに伴って値 y がただ一つ対応するとき，(y を x の) 関数と呼び，

$$y = f(x) \quad もしくは \quad f : x \mapsto y$$

などと書く．そのとき，x のとり得る値の集合を**定義域**と呼び，y のとり得る値の集合を**値域**と呼ぶ．

(注意) $t = f(s)$ などと書けば，s に対して t が対応すると考える．
(参考) 関数のことを，写像とも呼ぶ (5章 p.206 参照)．

例①　$f(x) = 2x - 3$ は, 実数全体で定義される関数で，例えば $f(3) = 2 \cdot 3 - 3 = 3$.

例②　$y = \frac{2}{x-3}$ は, $x \neq 3$ で定義される関数で, 値域は $y \neq 0$.

例③　$y = \sqrt{x-1}$ は，$x \geqq 1$ で定義される関数で, 値域は $y \geqq 0$.

易しい関数のグラフを書くには，x の値を具体的に動かしながら，y のとる値を調べれば良い．
実際に，x の値を動かしながらグラフを書いてみると，参考図のようになる．

参考図

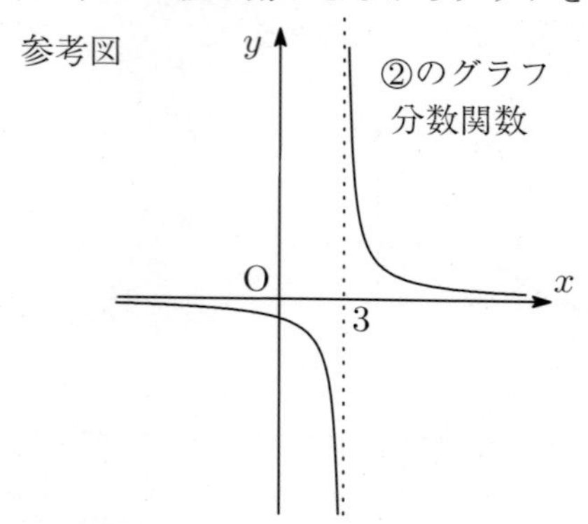

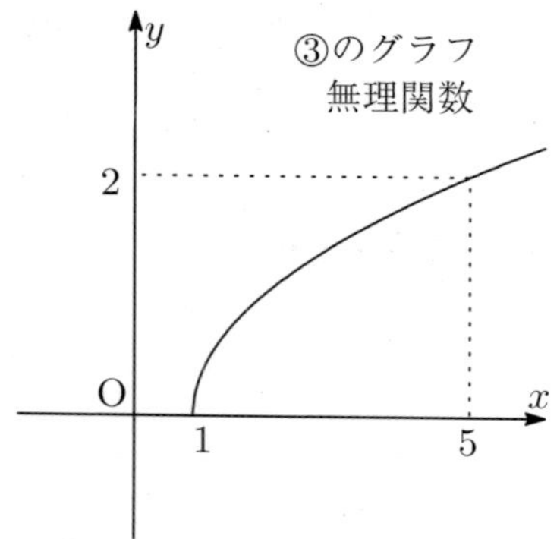

練習　次のグラフを書き，関数の定義域と値域を考えよ．

①　$y = x^2 - 3 \ (x \geqq -2)$.　②　$y = \dfrac{2x+3}{x+1}$.　③　$y = \sqrt{-x+3}$.

②Hint.　$\dfrac{2x+3}{x+1} = 2 + \dfrac{1}{x+1}$.　③Hint.　$x \leqq 3$ が定義域になる．

極限値 (その 1)

関数 $y=f(x)$ に対して，x が a に近づくとき，y の近づく値を

$$\lim_{x\to a} f(x)$$

などと書き，極限 (値) と呼ぶ．ただし，y の値が限りなく大きくなるときは ∞, 値が限りなく小さくなるときは $-\infty$ とする．さらに，実数にも，∞，$-\infty$ にもならないときは，振動して発散 すると呼ぶことにする．

例① $\displaystyle\lim_{x\to 2}(2x^2+3x-3)=2\cdot 2^2+3\cdot 2-3=8+6-3=11.$

② $\displaystyle\lim_{x\to 1}\frac{x^3-1}{x-1}=\lim_{x\to 1}(x^2+x+1)=1+1+1=3.$ （約分 (割り算) を利用した).

③ $\displaystyle\lim_{x\to 0}\frac{1}{x^2}=\infty$．また，$\displaystyle\lim_{x\to 0}\frac{-1}{x^2}=-\infty.$

④ $\displaystyle\lim_{x\to 0}\frac{1}{x}$ は，振動して発散する．

練習　次の極限を計算せよ．

① $\displaystyle\lim_{x\to 0}(x-2)^2$　② $\displaystyle\lim_{x\to 2}\frac{x^2-4}{x-2}$　③ $\displaystyle\lim_{x\to -1}\frac{x^2+x}{x^2+3x+2}$

④ $\displaystyle\lim_{x\to 2}\frac{x}{(x-2)^2}$　⑤ $\displaystyle\lim_{x\to 2}\frac{x}{x-2}$

②Hint. 約分 (割り算) を計算したのち，極限値を計算する．
③Hint. 共通因数 $x+1$ で，分母および分子を約分．

例⑤

$$\lim_{x\to 0}\frac{2x}{\sqrt{x+4}-2}=\lim_{x\to 0}\frac{2x\cdot(\sqrt{x+4}+2)}{(\sqrt{x+4}-2)\cdot(\sqrt{x+4}+2)}\quad\text{(有理化)}$$

$$=\lim_{x\to 0}\frac{2x\cdot(\sqrt{x+4}+2)}{(x+4)-4}\quad\text{(x で約分できる)}$$

$$=\lim_{x\to 0}2\cdot(\sqrt{x+4}+2)=2(\sqrt{4}+2)=8.$$

練習　次の極限を計算せよ．

① $\displaystyle\lim_{x\to 3}\frac{x-3}{\sqrt{x+1}-2}$　② $\displaystyle\lim_{x\to 1}\frac{x-1}{\sqrt{x+1}-\sqrt{2x}}$　③ $\displaystyle\lim_{x\to -1}\frac{\sqrt{x^2+3}+(x-1)}{x+1}$

①Hint. 有理化すると，$x-3$ で約分できる．

極限値 (その 2)

関数 $y=f(x)$ に対して，x が限りなく大きくなるとき，y の極限を

$$\lim_{x\to\infty} f(x)$$

などと書く．

同様に，x が限りなく小さくなるとき，y の極限を $\displaystyle\lim_{x\to-\infty} f(x)$ と書く．

例① $\displaystyle\lim_{x\to\infty}\frac{2x^3-3}{x^3+x}=\lim_{x\to\infty}\frac{2-\frac{3}{x^3}}{1+\frac{x}{x^3}}=\frac{2-0}{1+0}=2$ （x^3 で，分母も分子も割ると見える）．

② $$\lim_{x\to\infty}\sqrt{x+1}-\sqrt{x}=\lim_{x\to\infty}\frac{(\sqrt{x+1}-\sqrt{x})\cdot(\sqrt{x+1}+\sqrt{x})}{(\sqrt{x+1}+\sqrt{x})}\quad(\text{有理化})$$
$$=\lim_{x\to\infty}\frac{(x+1)-x}{\sqrt{x+1}+\sqrt{x}}=\lim_{x\to\infty}\frac{1}{\sqrt{x+1}+\sqrt{x}}=0.$$

練習　次の極限を計算せよ．

① $\displaystyle\lim_{x\to\infty}\frac{x^2-3}{2x^2+x}$　② $\displaystyle\lim_{x\to\infty}(\sqrt{9x+1}-3\sqrt{x})$　③ $\displaystyle\lim_{x\to\infty}(\sqrt{x^2+x}-x)$

③Hint. 有理化して，さらに x で，分母も分子も割る．

練習　次の極限を計算せよ．

① $\displaystyle\lim_{x\to-\infty}\frac{-2x^3+3x+1}{x^2-x+1}$　② $\displaystyle\lim_{x\to-\infty}(\sqrt{2-5x}-\sqrt{-5x})$　③ $\displaystyle\lim_{x\to-\infty}(\sqrt{x^2+2x}+x)$

③Hint. 有理化して，さらに x で，分母も分子も割る．$x<0$ ならば，$x=-\sqrt{x^2}$ に注意せよ．

片側極限

関数 $y=f(x)$ に対して，x が a より大きい値から a に近づくときに，y の極限を $\lim_{x\to a+0} f(x)$ と書く．
同様に，a より小さい値から a に近づくときに，y の極限を $\lim_{x\to a-0} f(x)$ と書く．

(参考)　$\lim_{x\to a+0} f(x)$ を右極限，$\lim_{x\to a-0} f(x)$ を左極限と呼ぶ．

(参考)　右極限と左極限が一致するときには，$\lim_{x\to a-0} f(x) = \lim_{x\to a-0} f(x) = \lim_{x\to a} f(x)$ となる．
そこで，$\lim_{x\to a} f(x)$ を，両側極限と呼ぶことがある．

例①　$\lim_{x\to -0} \dfrac{1}{x} = -\infty$．また，$\lim_{x\to +0} \dfrac{1}{x} = \infty$．

②　$\lim_{x\to 1+0} \sqrt{x-1} = 0$．

練習　次の片側極限を計算せよ．

①　$\lim_{x\to +0} \sqrt{x}$　②　$\lim_{x\to 2-0} \dfrac{x}{x-2}$　③　$\lim_{x\to 2+0} \dfrac{x}{x-2}$

①(注意)　$x<0$ ならば，$\sqrt{x}$ は実数でなくなってしまうので，$\lim_{x\to 0} \sqrt{x}$ は，実数の範囲では定義されない．

練習　次の片側極限を計算せよ．

①　$\lim_{x\to 1+0} \dfrac{3}{x^2-1}$　②　$\lim_{x\to 2+0} \dfrac{|x-2|}{x-2}$　③　$\lim_{x\to 2-0} \dfrac{|x-2|}{x-2}$

連続関数

関数 $f(x)$ が $x=c$ で連続であるとは，

$$\lim_{x\to c} f(x) = f(c)$$

となるときを呼ぶ．

さらに，$\lim_{x\to c+0} f(x) = f(c)$ となるとき，関数は $x=c$ で右連続，$\lim_{x\to c-0} f(x) = f(c)$ となるとき，関数は $x=c$ で左連続と呼ぶ．

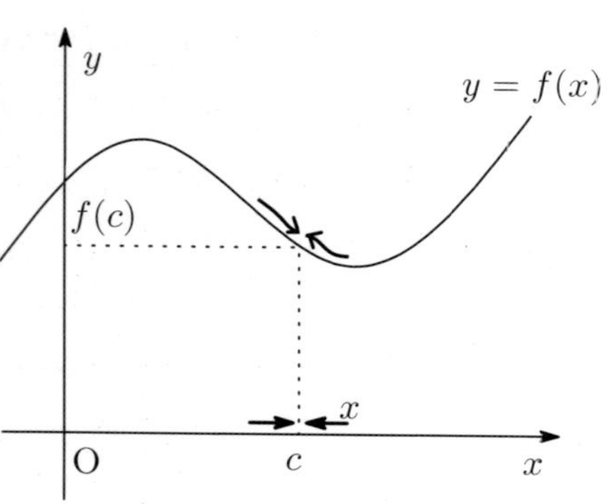

(参考) 関数が $x=c$ で連続なら，x が c に限りなく近づくと，$f(x)$ も $f(c)$ に限りなく近づく (右上図).
(注意) 右連続かつ左連続ならば，連続である．

例①　関数 $f(x)=2x-3$ は $x=2$ で連続である．なぜなら，$\lim_{x\to 2} f(x) = f(2)$ だからである．

例②　関数 $f(x)=\frac{2}{x-3}$ は $x=3$ で連続でない．なぜなら，$\lim_{x\to 3} f(x)$ は振動して発散し，しかも $f(3)$ は存在しない．

例③　$\begin{cases} f(x)=x+1 & (x<1), \\ f(x)=-x+4 & (x \geqq 1) \end{cases}$ とすると，関数 $f(x)$ は $x=1$ で連続でない．

なぜなら，$\lim_{x\to 1} f(x)$ は，振動して発散している．

しかし，$\lim_{x\to 1+0} f(x) = f(1) = 3$ であるから，関数 $f(x)$ は $x=1$ で右連続にはなる．

参考図

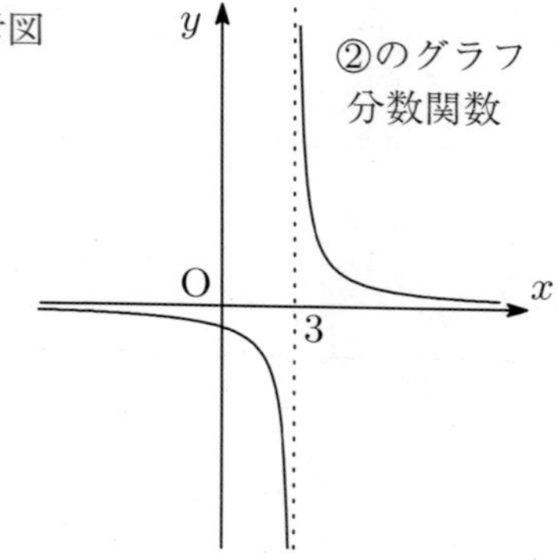

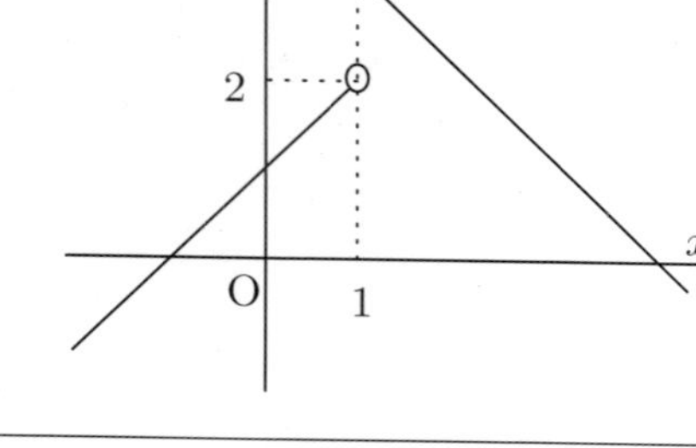

練習　次の関数のグラフを書き，関数 $f(x)$ が $x=1$ で連続となるか調べよ．

①　$\begin{cases} f(x)=x^2 & (x \leqq 1), \\ f(x)=\sqrt{x} & (x>1). \end{cases}$　②　$\begin{cases} f(x)=\dfrac{3}{x} & (x \leqq 1), \\ f(x)=\dfrac{2}{x+1} & (x>1). \end{cases}$

閉区間と閉区間

a, b を実数, もしくは $-\infty$, $+\infty$ とする.

$a < c < b$ となる c 全体を $(a,\ b)$ と書き, $a \leqq c \leqq b$ となる c 全体を $[a,\ b]$ と書く.

$(a,\ b)$ を開区間, $[a,\ b]$ を閉区間と呼ぶ.

区間上の連続関数

関数 $f(x)$ を考える.

$(a,\ b)$ 上のすべての c に対し, $x = c$ で連続であるとき, 開区間 $(a,\ b)$ で連続であると呼ぶ.

さらに, $x = a$ で右連続, $x = b$ で左連続なら, 閉区間 $[a,\ b]$ で連続であると呼ぶ.

(参考)　集合の記号で書けば, $(a,\ b) = \{\, c \mid a < c < b\}$, $[a,\ b] = \{c \,|\, a \leqq c \leqq b\}$.

(参考)　$(a, b] = \{\, c \,|\, a < c \leqq b\}$, $[a, b) = \{\, c \,|\, a \leqq c < b\}$ なども同様に考えればよい.

(注意)　$(-\infty, \infty)$ は, 実数全体のことである. 実数全体を $\mathbf{R}$ などとも書く.

前頁の例で, 関数が連続となる区間を調べてみる.

例①　関数 $f(x) = 2x - 3$ は, $(-\infty, \infty)$ で連続である.

例②　関数 $f(x) = \frac{2}{x-3}$ は, $(-\infty, 3)$ および $(3, \infty)$ で連続である.

例③　$\begin{cases} f(x) = x + 1 & (x < 1), \\ f(x) = -x + 4 & (x \geqq 1) \end{cases}$ とすると, 関数 $f(x)$ は, $(-\infty, 1)$ および $[1, \infty)$ で連続である.

練習　関数 $f(x)$ が連続となる区間を調べよ.

①　$\begin{cases} f(x) = x^2 & (x \leqq 1), \\ f(x) = \sqrt{x} & (x > 1). \end{cases}$　②　$\begin{cases} f(x) = \dfrac{3}{x} & (x \leqq 1), \\ f(x) = \dfrac{2}{x+1} & (x > 1). \end{cases}$

---

②(答)　関数 $f(x)$ は, $(-\infty, 0)$, $(0, 1]$, $(1, \infty)$ で連続.

中間値の定理

関数 $f(x)$ が閉区間 $[a,b]$ で連続であるとき，$f(a)$ と $f(b)$ の中間の値 c に対して，

$$f(\alpha)=c \qquad (a \leqq \alpha \leqq b)$$

となる α が存在する．

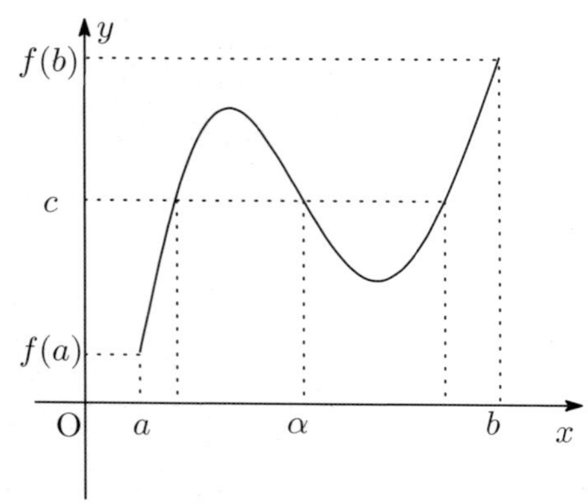

(注意)　α は，1つとは限らない．右上図では，$f(\alpha)=c$ となる α は3つある．

(方程式への応用)

例①　$f(x)=x^2-7x+2$ とする．

$f(0)=2$，$f(1)=-4$ であるから，$f(\alpha)=0$　$(0 \leqq \alpha \leqq 1)$ となる α が存在する．

例②　$f(x)=2x^2-\sqrt{x+1}$ とする．

$f(3)=16$，$f(8)=125$ であるから，$f(\alpha)=100$　$(3 \leqq \alpha \leqq 8)$ となる α が存在する．

練習　$f(x)=x^3-3x+1$ とする．

① $f(\alpha)=0$　$(0 \leqq \alpha \leqq 1)$ となる α が存在することを確かめよ．

② $f(\alpha)=50$　$(3 \leqq \alpha \leqq 5)$ となる α が存在することを確かめよ．

発展　$f(x)$ を n 次の多項式とする．

n が奇数ならば，方程式 $f(x)=0$ は実数解を持つことを説明せよ．

Hint.　$\lim_{x\to-\infty} f(x)$ および $\lim_{x\to\infty} f(x)$ を計算せよ．

最大値，最小値の定理

関数 $f(x)$ が閉区間 $[a, b]$ で連続とする．
そのとき，関数 $f(x)$ は，閉区間上で
最大値 M と最小値 m を持つ．

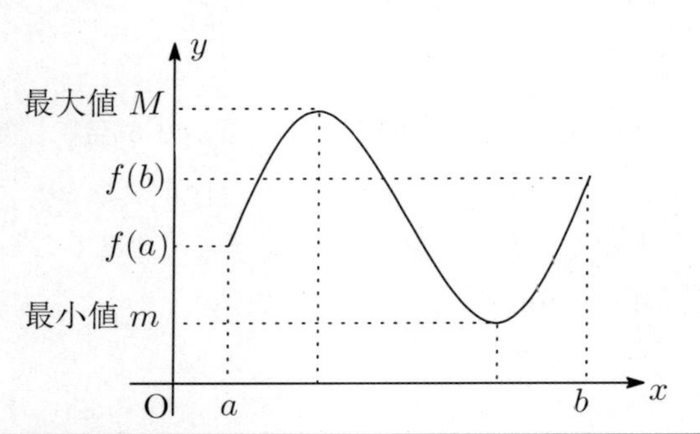

(参考) 任意の x $(a \leqq x \leqq b)$ に対して，$f(x) \leqq f(c)$ となる $f(c)$ が 最大値 M である．

(具体例)

例① $f(x) = (x-1)^2 + 1$ $(0 \leqq x \leqq 3)$ とすると，$f(3) = 5$ が最大値，$f(1) = 1$ が最小値である．

例② $\begin{cases} f(x) = 3 + \dfrac{-2}{x+1} & (0 \leqq x \leqq 1), \\ f(x) = 2 - 2\sqrt{x-1} & (1 < x \leqq 5) \end{cases}$ とすると，$f(1) = 2$ が最大値，$f(5) = -2$ が最小値である[2]．

参考図

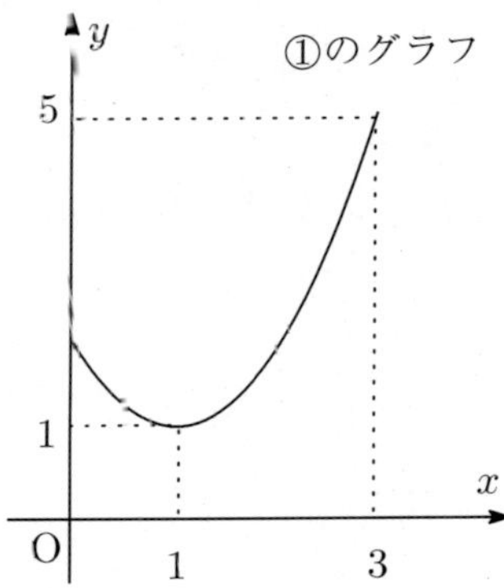

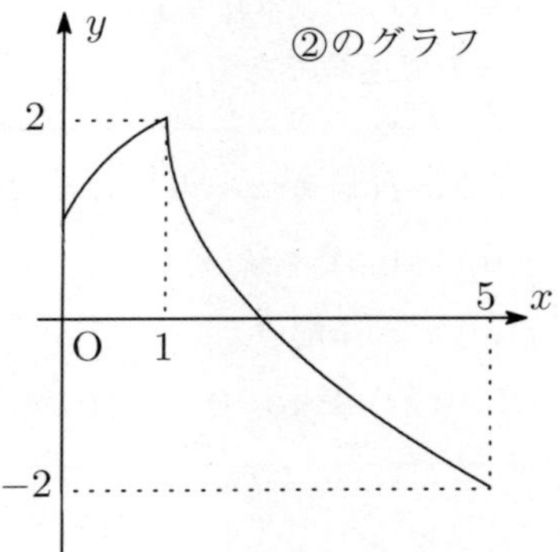

練習 $f(x) = -x^2 + 4x + 1$ $(1 \leqq x \leqq 5)$ とする．

① $y = f(x)$ のグラフを書け．

② 関数 $f(x)$ の最大値と最小値を求めよ．

Hint. $-x^2 + 4x + 1 = -(x-2)^2 + 5$.

[2] 例を見てもわかるように，最大値や最小値を求めるためには，関数のグラフを考えることになる．しかし，複雑な関数のグラフは明らかでないため，詳しい解析には微分法が必要となる．

$\varepsilon-\delta$ 論法 (連続関数の厳密な定義)(発展)

任意の $\varepsilon>0$ に対し，ある $\delta>0$ が存在して，

$$|x-c|<\delta \Longrightarrow |f(x)-f(c)|<\varepsilon$$

となるとき，関数 $f(x)$ は $x=c$ で連続であると呼び，$\lim_{x\to c} f(x)=f(c)$ と書く．

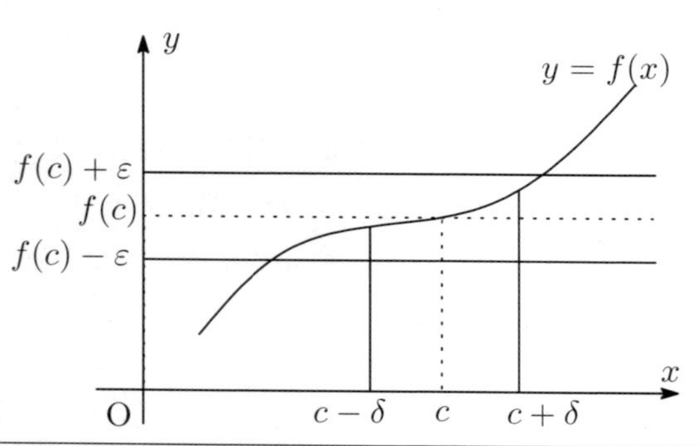

(説明) $|f(x)-f(c)|<\varepsilon$ (いくらでも近づける) となるように，うまく，小さい $\delta>0$ を取れることを表している．

(具体例)

例①　$f(x)=x^2$ とすると，任意の $\varepsilon>0$ に対し，$\delta=\sqrt{\varepsilon}$ と取れば，[3]

$$|x-0|<\delta \Longrightarrow |f(x)-f(0)|<\varepsilon.$$

つまり，$f(x)$ は $x=0$ で連続である．

例②　$f(x)=2x+3$ とすると，任意の $\varepsilon>0$ に対し，$\delta=\dfrac{\varepsilon}{2}$ と取れば，

$$|x-1|<\delta \Longrightarrow |f(x)-f(1)|<\varepsilon.$$

つまり，$f(x)$ は $x=1$ で連続である．

練習　$f(x)=5x-7$ とする．$f(x)$ が $x=0$ で連続であることを示したい．次に答えよ．

①　不等式 $|f(x)-f(0)|<0.01$ を解け．

②　不等式 $|f(x)-f(0)|<\varepsilon$ を解け．

③　$\varepsilon-\delta$ 論法を用いて，$f(x)$ が $x=0$ で連続であることを示せ．

[3] 本来は，$\delta=\sqrt{\varepsilon}$ とはしない．$\sqrt{\varepsilon}$ が，実数であることを (公理レベルで) 示していないからである．実は，公理から出発して実数は，最大のアルキメデス順序体と呼ばれる物になる (四則と順序は，認められる)．そこで正確には，$\delta=\min(\varepsilon,\ 1)$ とすれば良いことになる．

$\varepsilon-\delta$ 論法 (簡単な証明の例)

k を定数とし，関数 $f(x)$ および $g(x)$ が $x=c$ で連続であるとする．そのとき，$f(x)+g(x)$, $kf(x)$ および $f(x)g(x)$ も連続であり，

$$\begin{cases} \lim_{x\to c}(f(x)+g(x)) = \lim_{x\to c} f(x) + \lim_{x\to c} g(x) & \cdots ①, \\ \lim_{x\to c} kf(x) = k\lim_{x\to c} f(x) & \cdots ②, \\ \lim_{x\to c} f(x)g(x) = (\lim_{x\to c} f(x))\cdot(\lim_{x\to c} g(x)) & \cdots ③. \end{cases}$$

(証明の例) [4]

① $f(x)$ および $g(x)$ が連続であるとき，$\lim_{x\to c}(f(x)+g(x)) = f(c)+g(c)$ を示す．

任意の $\varepsilon>0$ に対し，ある $\delta_1>0$ と $\delta_2>0$ が存在して，

$$\begin{cases} |x-c|<\delta_1 \Longrightarrow |f(x)-f(c)|<\dfrac{\varepsilon}{2}, \\ |x-c|<\delta_2 \Longrightarrow |g(x)-g(c)|<\dfrac{\varepsilon}{2}. \end{cases}$$

よって，$\delta=\min(\delta_1,\delta_2)$ とすれば，

$$|x-c|<\delta \Longrightarrow |\{f(x)+g(x)\}-\{f(c)+g(c)\}| \leqq |f(x)-f(c)|+|g(x)-g(c)|<\varepsilon.$$

つまり，$f(x)+g(x)$ も $x=c$ で連続で，$\lim_{x\to c}(f(x)+g(x)) = f(c)+g(c)$ となった (証明終).

③ $f(x)$ および $g(x)$ が連続であるとき，$\lim_{x\to c} f(x)g(x) = f(c)\cdot g(c)$ を示す．

まず $f(x)$ が連続であるから，ある $\delta_1>0$ が存在して，$|x-c|<\delta_1 \Longrightarrow |f(x)-f(c)|<1$.

そこで，$M=\max(|f(c)-1|,|f(c)+1|,|g(c)|)$ とおく．すると，ある $\delta_2>0$ と $\delta_3>0$ が存在して，

$$\begin{cases} |x-c|<\delta_2 \Longrightarrow |f(x)-f(c)|<\dfrac{\varepsilon}{2M}, \\ |x-c|<\delta_3 \Longrightarrow |g(x)-g(c)|<\dfrac{\varepsilon}{2M}. \end{cases}$$

よって，$\delta=\min(\delta_1,\delta_2,\delta_3)$ とすれば，

$$\begin{aligned} |x-c|<\delta \Longrightarrow |f(x)g(x)-f(c)g(c)| &= |f(x)g(x)-f(x)g(c)+f(x)g(c)-f(c)g(c)| \\ &\leqq |f(x)g(x)-f(x)g(c)|+|f(x)g(c)-f(c)g(c)| \\ &\leqq |f(x)|\cdot|g(x)-g(c)|+|g(c)|\cdot|f(x)-f(c)| \\ &< M\cdot\frac{\varepsilon}{2M}+M\cdot\frac{\varepsilon}{2M}=\varepsilon. \end{aligned}$$

つまり，$f(x)g(x)$ も $x=c$ で連続で，$\lim_{x\to c} f(x)g(x) = f(c)g(c)$ となった (証明終).

発展　k を定数とし，$f(x)$ は $x=c$ で連続とする．

そのとき，$kf(x)$ も $x=c$ で連続であり，$\lim_{x\to c} kf(x) = k\lim_{x\to c} f(x)$ となることを示せ．

Hint. $|kf(x)-kf(c)| = |k|\cdot|f(x)-f(c)|$.

[4] 微分積分学で現れる定理 (中間値の定理，最大値，最小値の定理 etc.) は，$\varepsilon-\delta$ 論法で厳密に書き下すことで，証明することができる．本書では，第 5 章で少しだけ紹介する．

2. 色々な関数

三角関数

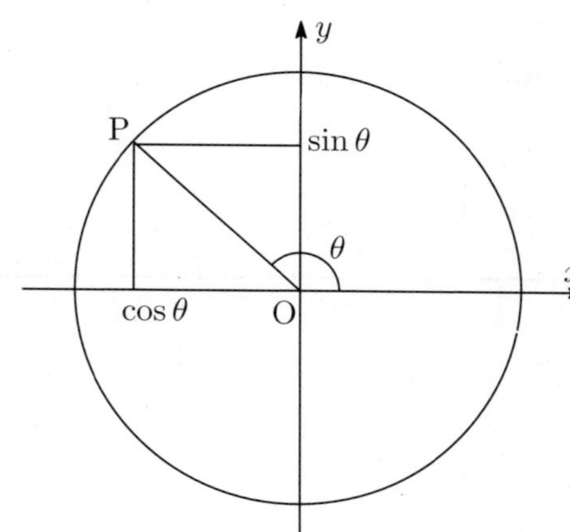

原点中心，半径1の円 (単位円) を考える．

反時計回りに，x 軸から θ 回転した動径 OP を取り，点 P の x 座標を $\cos\theta$, y 座標を $\sin\theta$ とする．

ただし，π (ラジアン)$= 180°$ である．

有名角 θ に対する，三角関数の値 $(0 \leqq \theta \leqq \pi)$

θ	0	$\frac{\pi}{6}$	$\frac{\pi}{4}$	$\frac{\pi}{3}$	$\frac{\pi}{2}$	$\frac{2\pi}{3}$	$\frac{3\pi}{4}$	$\frac{5\pi}{6}$	π	$\cdots$
$\sin\theta$	0	$\frac{1}{2}$	$\frac{\sqrt{2}}{2}$	$\frac{\sqrt{3}}{2}$	1	$\frac{\sqrt{3}}{2}$	$\frac{\sqrt{2}}{2}$	$\frac{1}{2}$	0	$\cdots$
$\cos\theta$	1	$\frac{\sqrt{3}}{2}$	$\frac{\sqrt{2}}{2}$	$\frac{1}{2}$	0	$-\frac{1}{2}$	$-\frac{\sqrt{2}}{2}$	$-\frac{\sqrt{3}}{2}$	-1	$\cdots$
$\tan\theta$	0	$\frac{\sqrt{3}}{3}$	1	$\sqrt{3}$	なし	$-\sqrt{3}$	-1	$-\frac{\sqrt{3}}{3}$	0	$\cdots$

三角関数の相互関係

$$\begin{cases} \cos^2\theta + \sin^2\theta = 1, \\ \tan\theta = \dfrac{\sin\theta}{\cos\theta}, \\ 1 + \tan^2\theta = \dfrac{1}{\cos^2\theta}. \end{cases}$$

三角関数の値の求め方

例えば，$240° = \frac{4\pi}{3}$ に対して，三角関数の値を求めてみる．

動点 P から軸に垂線を引いて，直角三角形を見ればよい (右図)．この際，正負に気をつける．よって，

$$\begin{cases} \sin 240° = -\dfrac{\sqrt{3}}{2}, \\ \cos 240° = -\dfrac{1}{2}. \end{cases}$$

また，

$$\tan 240° = \frac{\sin 240°}{\cos 240°} = \sqrt{3}.$$

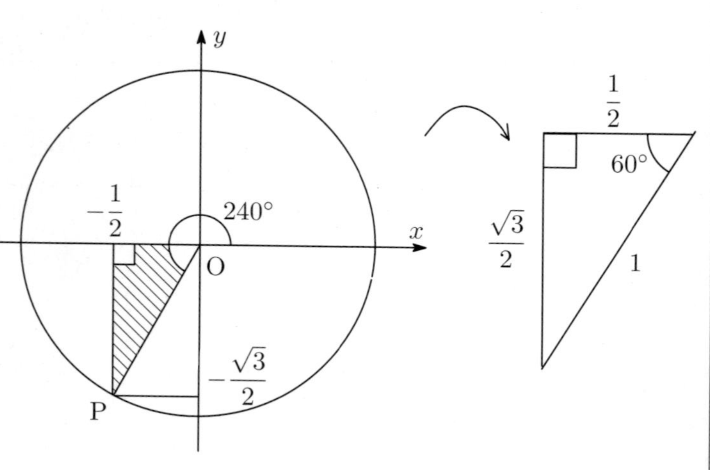

練習　次の表を完成せよ．

$\theta°$	$180°$	$210°$	$225°$	$240°$	$270°$	$300°$	$315°$	$330°$	$360°$
θ	π			$\frac{4\pi}{3}$					
$\sin\theta$	0			$-\frac{\sqrt{3}}{2}$					
$\cos\theta$	-1			$-\frac{1}{2}$					
$\tan\theta$	0			$\sqrt{3}$	なし				

例①　$0<\theta<\frac{\pi}{2}$ とする．$\sin\theta=\frac{1}{3}$ のとき，$\cos\theta$ を求める．

(解)　$\underline{\cos^2\theta+\sin^2\theta=1}$ であるから，$\cos^2\theta+\left(\frac{1}{3}\right)^2=1$．よって，$\cos^2\theta=\frac{8}{9}$．

$0<\theta<\frac{\pi}{2}$ であるから $\cos\theta>0$ に注意して，$\cos\theta=\sqrt{\frac{8}{9}}=\frac{2\sqrt{2}}{3}$．

例②　$\frac{\pi}{2}<\theta<\pi$ とする．$\tan\theta=-2$ のとき，$\cos\theta$ を求める．

(解)　$\underline{1+\tan^2\theta=\frac{1}{\cos^2\theta}}$ であるから，$1+(-2)^2=\frac{1}{\cos^2\theta}$．よって，$\cos^2\theta=\frac{1}{5}$．

$\frac{\pi}{2}<\theta<\pi$ であるから $\cos\theta<0$ に注意して，$\cos\theta=-\sqrt{\frac{1}{5}}=-\frac{\sqrt{5}}{5}$．

練習　三角関数の相互関係を利用して，次に答えよ．

① $0<\theta<\frac{\pi}{2}$ とする．$\cos\theta=\frac{1}{2}$ のとき，$\sin\theta$ を求めよ．

② $\pi<\theta<\frac{3\pi}{2}$ とする．$\tan\theta=3$ のとき，$\cos\theta$ を求めよ．

加法定理，倍角の公式

加法定理

$$\begin{cases} \sin(\alpha+\beta) = \sin\alpha\cos\beta + \cos\alpha\sin\beta, \\ \sin(\alpha-\beta) = \sin\alpha\cos\beta - \cos\alpha\sin\beta. \end{cases}$$

$$\begin{cases} \cos(\alpha+\beta) = \cos\alpha\cos\beta - \sin\alpha\sin\beta, \\ \cos(\alpha-\beta) = \cos\alpha\cos\beta + \sin\alpha\sin\beta. \end{cases}$$

倍角，半角の公式 (加法定理で，$\alpha = \beta = \theta$ とすると次を得る).

$$\begin{cases} \sin 2\theta = 2\sin\theta\cos\theta, \\ \cos 2\theta = \cos^2\theta - \sin^2\theta. \end{cases} \qquad \begin{cases} \sin^2\theta = \dfrac{1-\cos 2\theta}{2}, \\ \cos^2\theta = \dfrac{1+\cos 2\theta}{2}. \end{cases}$$

例①　$\sin\dfrac{5\pi}{12}$ の求め方．

$$\begin{aligned} \sin\frac{5\pi}{12} &= \sin\left(\frac{\pi}{4}+\frac{\pi}{6}\right) && (75^\circ = 45^\circ + 30^\circ \text{ 有名角の和にする}) \\ &= \sin\frac{\pi}{4}\cos\frac{\pi}{6} + \cos\frac{\pi}{4}\sin\frac{\pi}{6} && (\text{加法定理}) \\ &= \frac{\sqrt{2}}{2}\cdot\frac{\sqrt{3}}{2} + \frac{\sqrt{2}}{2}\cdot\frac{1}{2} \\ &= \frac{\sqrt{6}+\sqrt{2}}{4}. \end{aligned}$$

例②　$\cos\dfrac{\pi}{12}$ の求め方．

$$\begin{aligned} \cos\frac{\pi}{12} &= \cos\left(\frac{\pi}{4}-\frac{\pi}{6}\right) && (15^\circ = 45^\circ - 30^\circ \text{ 有名角の差にする}) \\ &= \cos\frac{\pi}{4}\cos\frac{\pi}{6} + \sin\frac{\pi}{4}\sin\frac{\pi}{6} && (\text{加法定理}) \\ &= \frac{\sqrt{2}}{2}\cdot\frac{\sqrt{3}}{2} + \frac{\sqrt{2}}{2}\cdot\frac{1}{2} \\ &= \frac{\sqrt{6}+\sqrt{2}}{4}. \end{aligned}$$

練習　次の値を計算せよ．

①　$\sin\dfrac{7\pi}{12}$　　②　$\cos\dfrac{7\pi}{12}$　　③　$\sin\dfrac{\pi}{12}$

積和の公式 (加法定理の応用)

積和の公式

$$\begin{cases} \sin\alpha\cos\beta = \dfrac{1}{2}\{\sin(\alpha+\beta)+\sin(\alpha-\beta)\}, \\ \cos\alpha\cos\beta = \dfrac{1}{2}\{\cos(\alpha+\beta)+\cos(\alpha-\beta)\}, \\ \sin\alpha\sin\beta = -\dfrac{1}{2}\{\cos(\alpha+\beta)-\cos(\alpha-\beta)\}. \end{cases}$$

上の公式は，加法定理を二つ組み合わせて，和や差を考えると覚えやすい．たとえば，

$$\begin{aligned} \sin(\alpha+\beta) &= \sin\alpha\cos\beta+\cos\alpha\sin\beta \\ +)\ \sin(\alpha-\beta) &= \sin\alpha\cos\beta-\cos\alpha\sin\beta \\ \hline \sin(\alpha+\beta)+\sin(\alpha-\beta) &= 2\sin\alpha\cos\beta. \end{aligned}$$

例①　$\sin 5x\cos 3x$ を，三角関数の和に直す．

$$\begin{aligned} \sin(5x+3x) &= \sin 5x\cos 3x+\cos 5x\sin 3x \\ +)\ \sin(5x-3x) &= \sin 5x\cos 3x-\cos 5x\sin 3x \\ \hline \sin(5x+3x)+\sin(5x-3x) &= 2\sin 5x\cos 3x \end{aligned}$$

であるから，$\sin 8x+\sin 2x = 2\sin 5x\cos 3x$.

両辺を 2 で割って，$\sin 5x\cos 3x = \dfrac{1}{2}(\sin 8x+\sin 2x)$.

例②　$\cos 7x\cos 2x$ を，三角関数の和に直す．

$$\begin{aligned} \cos(7x+2x) &= \cos 7x\cos 2x-\sin 7x\sin 2x \\ +)\ \cos(7x-2x) &= \cos 7x\cos 2x+\sin 7x\sin 2x \\ \hline \cos(7x+2x)+\cos(7x-2x) &= 2\cos 7x\cos 2x \end{aligned}$$

であるから，$\cos 9x+\cos 5x = 2\cos 7x\cos 2x$.

両辺を 2 で割って，$\cos 7x\cos 2x = \dfrac{1}{2}(\cos 9x+\cos 5x)$.

練習　次の積を，三角関数の和に直せ．

①　$\sin 4x\cos 3x$　　②　$\cos 2x\cos x$　　③　$\sin 4x\sin 3x$

---

③Hint.　$\cos(4x+3x)$ から $\cos(4x-3x)$ を引く．

三角関数のグラフ

グラフを描くには，例えば有名角 x について，三角関数の値を調べてみると良い．

$y=\sin x$ のグラフ

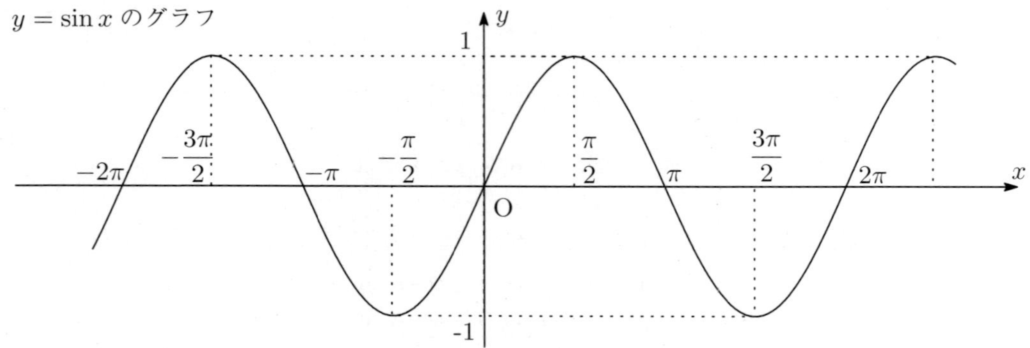

$y=\cos x$ のグラフ

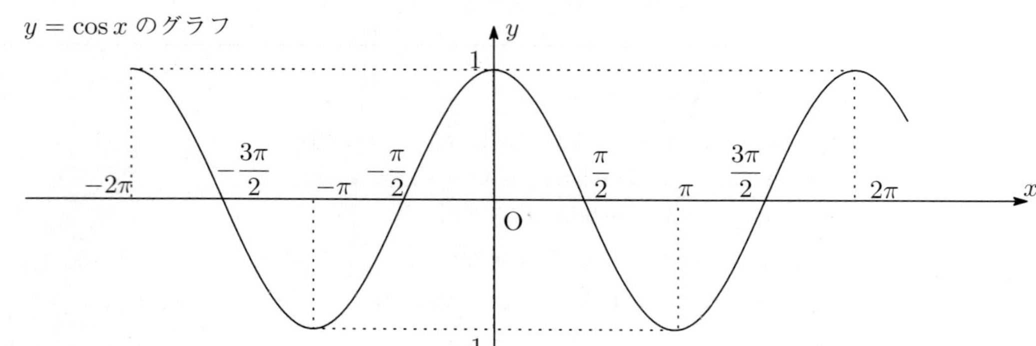

$y=\tan x$ のグラフ

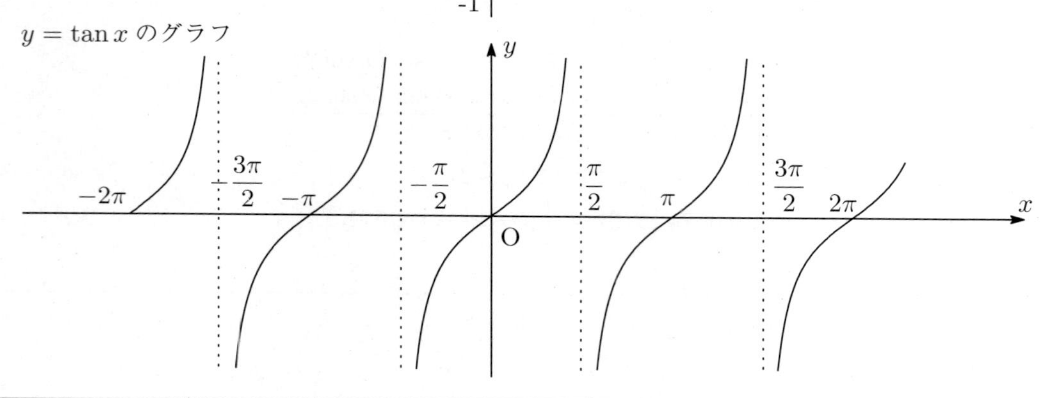

例．$y=2\cos x+1 \quad (0 \leqq x \leqq \pi)$ を描いてみる．

x に有名角 $0,\ \frac{\pi}{6},\ \frac{\pi}{4},\ \frac{\pi}{3},\ \frac{\pi}{2},\ \frac{2\pi}{3},\ \frac{3\pi}{4},\ \frac{5\pi}{6},\ \pi$ をそれぞれ代入すると，

対応する y は，$3,\ \sqrt{3}+1,\ \sqrt{2}+1,\ 2,\ 1,\ 0,\ -\sqrt{2}+1,\ -\sqrt{3}+1,\ -1.$

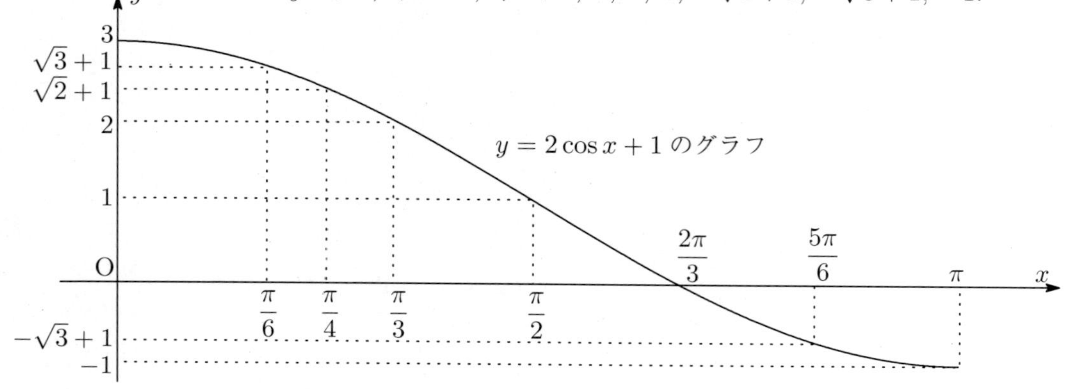

練習　関数 $y = 2\sin x - 1 \quad (0 \leqq x \leqq \pi)$ のグラフを下の図に描け.

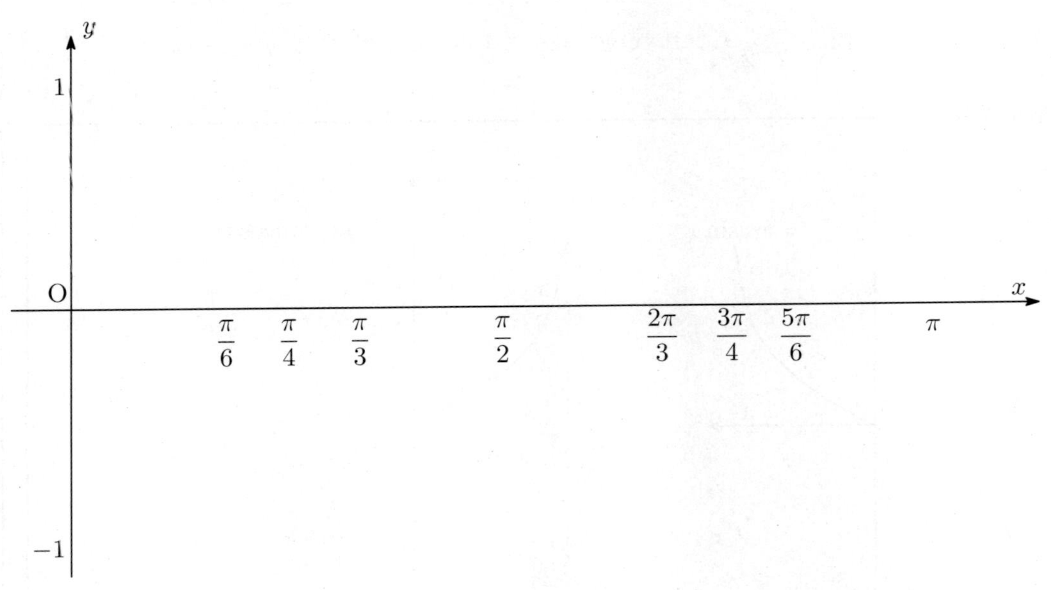

練習　関数 $y = \cos x - \sin 2x \quad (0 \leqq x \leqq \pi)$ のグラフを下の図に描け.

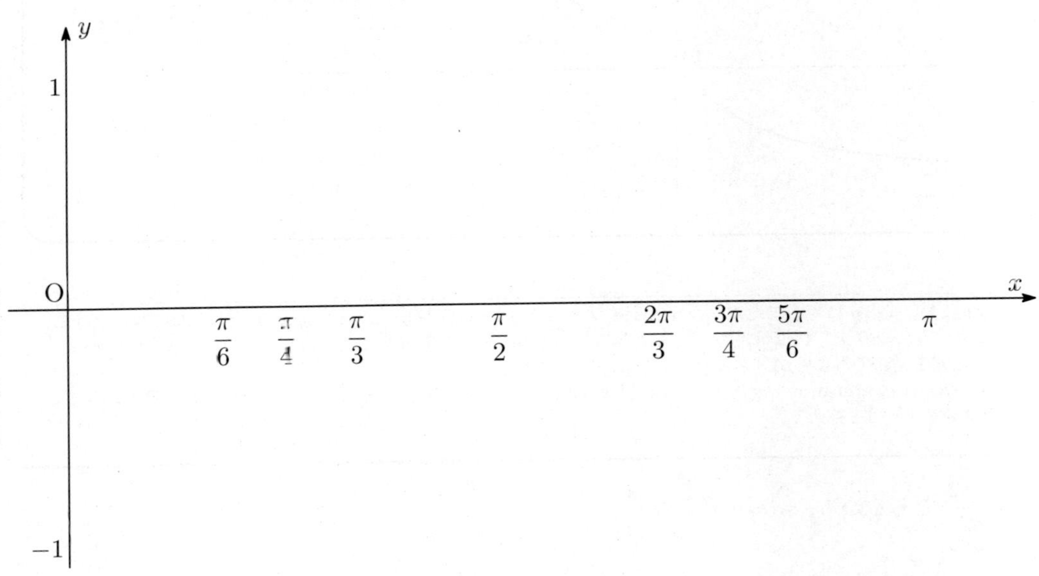

逆三角関数

$$\begin{cases} y=\sin x \text{ は，} x \text{ の区間} \left[-\frac{\pi}{2},\frac{\pi}{2}\right] \text{ において逆関数を考えることが出来て，} y=\arcsin x \text{ とかく．} \\ y=\cos x \text{ は，} x \text{ の区間 } [0,\pi] \text{ において逆関数を考えることが出来て，} y=\arccos x \text{ とかく．} \\ y=\tan x \text{ は，} x \text{ の区間} \left(-\frac{\pi}{2},\frac{\pi}{2}\right) \text{ において逆関数を考えることが出来て，} y=\arctan x \text{ とかく．} \end{cases}$$

逆三角関数のグラフ

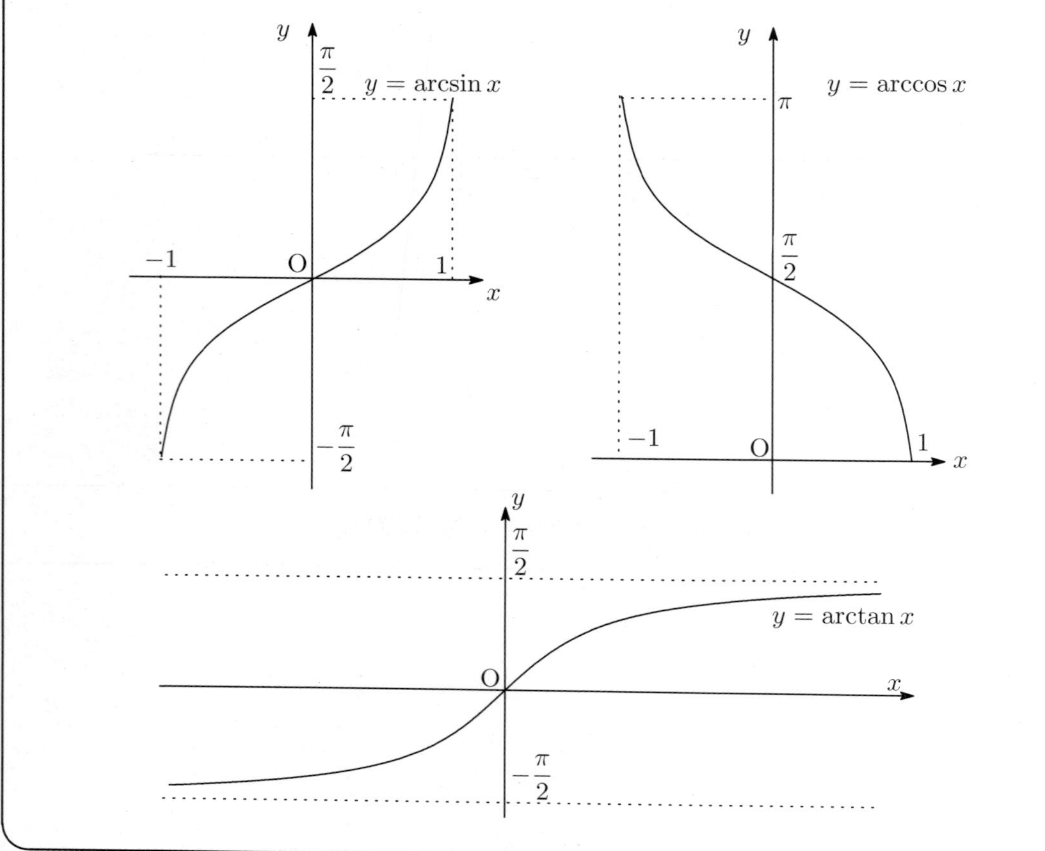

(注意)　$y=f(x)$ において，y に対してただ一つ x が対応するとき，$x=f^{-1}(y)$ とかく．$y=f^{-1}(x)$ を逆関数と呼ぶ．

(注意)　逆関数を考えるための x の区間は，色々と考えられる．そのうち一つを選んで定義する．このことを主値と呼ぶ．本来，どの区間を選んでもよいが，本書では上記の区間で定義した．

(参考)　$\arcsin x$, $\arccos x$, $\arctan x$ をそれぞれ，$\sin^{-1} x$, $\cos^{-1} x$, $\tan^{-1} x$ と書くこともある．しかし，逆数に見えるので，この本では使用を控える．

例①　$\sin\frac{\pi}{4}=\frac{\sqrt{2}}{2}$ であるから，$\arcsin\frac{\sqrt{2}}{2}=\frac{\pi}{4}$.

例②　$\cos\frac{2\pi}{3}=-\frac{1}{2}$ であるから，$\arccos\left(-\frac{1}{2}\right)=\frac{2\pi}{3}$.

例③　$\tan\left(-\frac{\pi}{4}\right)=-1$ であるから，$\arctan(-1)=-\frac{\pi}{4}$.

練習　次の値を求めよ．

① $\arcsin\dfrac{1}{2}$　② $\arccos\dfrac{\sqrt{3}}{2}$　③ $\arctan(-\sqrt{3})$

例④　$\arctan\dfrac{1}{2}+\arctan\dfrac{1}{3}=\dfrac{\pi}{4}$ を示す．

$\tan(\alpha+\beta)=\dfrac{\tan\alpha+\tan\beta}{1-\tan\alpha\tan\beta}$ (加法定理) であるから，$\tan\left(\arctan\dfrac{1}{2}+\arctan\dfrac{1}{3}\right)=\dfrac{\frac{1}{2}+\frac{1}{3}}{1-\frac{1}{2}\cdot\frac{1}{3}}=1$.

例⑤　$2\arctan\dfrac{1}{3}+\arctan\dfrac{1}{7}=\dfrac{\pi}{4}$ を示す．

まず，$\tan\left(2\arctan\dfrac{1}{3}\right)=\tan\left(\arctan\dfrac{1}{3}+\arctan\dfrac{1}{3}\right)=\dfrac{\frac{1}{3}+\frac{1}{3}}{1-\frac{1}{3}\cdot\frac{1}{3}}=\dfrac{3}{4}$ である．

よって，$\tan\left(2\arctan\dfrac{1}{3}+\arctan\dfrac{1}{7}\right)=\dfrac{\frac{3}{4}+\frac{1}{7}}{1-\frac{3}{4}\cdot\frac{1}{7}}=1$.

発展　次の式を確かめよ．

① $\arctan 3+\arctan\dfrac{1}{3}=\dfrac{\pi}{2}$.　② $4\arctan\dfrac{1}{5}-\arctan\dfrac{1}{239}=\dfrac{\pi}{4}$.

三角関数の極限

次の公式が成立する．

$$\lim_{\theta\to 0}\frac{\sin\theta}{\theta}=1.$$

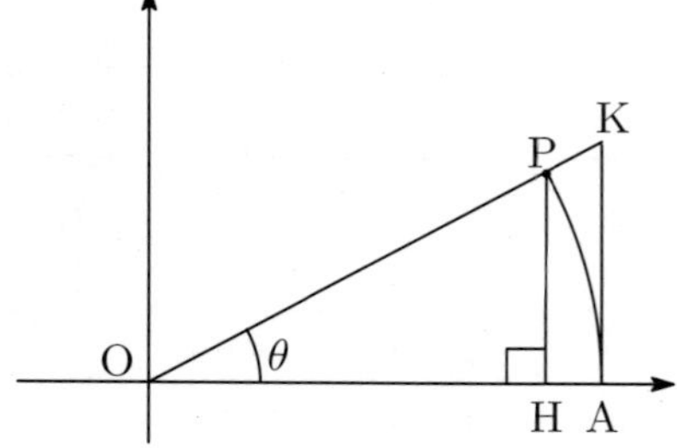

(説明)

上の図において，半径1, 中心角 θ の扇形OAPの面積は $\dfrac{\theta}{2}$.

また，三角形OHPの面積は，$\dfrac{1}{2}\cdot \mathrm{OH}\cdot \mathrm{PH}=\dfrac{1}{2}\cos\theta\sin\theta$.

また，三角形OAKの面積は，$\dfrac{1}{2}\cdot \mathrm{OA}\cdot \mathrm{AK}=\dfrac{1}{2}\tan\theta=\dfrac{\sin\theta}{2\cos\theta}$.

(三角形OHPの面積) ≦ (扇形OAPの面積) ≦ (三角形OAKの面積) であるから，

$\dfrac{1}{2}\cos\theta\sin\theta\leqq\dfrac{\theta}{2}\leqq\dfrac{\sin\theta}{2\cos\theta}$.　ゆえに，$\cos\theta\leqq\dfrac{\sin\theta}{\theta}\leqq\dfrac{1}{\cos\theta}$.

$\theta\to 0$ とすれば，公式を得る．

例①　$\displaystyle\lim_{\theta\to 0}\frac{\sin 5\theta}{\theta}=5\cdot\lim_{5\theta\to 0}\frac{\sin 5\theta}{5\theta}=5.$

例②　$\displaystyle\lim_{x\to 0}\frac{\cos 2x-1}{x^2}=\lim_{x\to 0}\frac{\cos^2 x-\sin^2 x-(\cos^2 x+\sin^2 x)}{x^2}$ (倍角の公式を利用した)

$$=-2\cdot\lim_{x\to 0}\frac{\sin^2 x}{x^2}$$

$$=-2\cdot\lim_{x\to 0}\left(\frac{\sin x}{x}\right)^2=-2\cdot 1^2=-2.$$

例③　$\displaystyle\lim_{x\to\frac{\pi}{2}}\frac{\cos x}{x-\frac{\pi}{2}}=\lim_{t\to 0}\frac{\cos\left(t+\frac{\pi}{2}\right)}{t}$　($t=x-\dfrac{\pi}{2}$ とおいた)

$$=\lim_{t\to 0}\frac{\cos t\cos\frac{\pi}{2}-\sin t\sin\frac{\pi}{2}}{t}$$ (加法定理)

$$=\lim_{t\to 0}\frac{-\sin t}{t}=-1.$$

例④　$\displaystyle\lim_{x\to 0}\frac{\arcsin x}{x}=\lim_{\theta\to 0}\frac{\arcsin(\sin\theta)}{\sin\theta}$　($x=\sin\theta$ とした)

$$=\lim_{\theta\to 0}\frac{\theta}{\sin\theta}=1.$$

例⑤　$\displaystyle\lim_{x\to 0}\frac{\arctan x}{x}=\lim_{\theta\to 0}\frac{\arctan(\tan\theta)}{\tan\theta}$　($x=\tan\theta$ とした)

$$=\lim_{\theta\to 0}\frac{\theta}{\tan\theta}=\lim_{\theta\to 0}\frac{\theta}{\sin\theta}\cdot\cos\theta=1.$$

練習　次の極限を求めよ．

① $\displaystyle\lim_{\theta\to 0}\frac{\sin 3\theta}{\theta}$　② $\displaystyle\lim_{x\to 0}\frac{\cos 4x-1}{x^2}$　③ $\displaystyle\lim_{x\to\pi}\frac{\sin x}{x-\pi}$

②Hint．$\cos 4x-1=(\cos^2 2x-\sin^2 2x)-(\cos^2 2x+\sin^2 2x)$，　③Hint．$t=x-\pi$ とおく．

練習　次の極限を求めよ．

① $\displaystyle\lim_{\theta\to 0}\frac{\arcsin 2\theta}{\theta}$　② $\displaystyle\lim_{x\to 1}\frac{\arctan x-\frac{\pi}{4}}{x-1}$

①Hint．$2\theta=\sin t$ とおく，

②Hint．$x=\tan\theta$ とおくと，$\displaystyle\lim_{x\to 1}\frac{\arctan x-\frac{\pi}{4}}{x-1}=\lim_{\theta\to\frac{\pi}{4}}\frac{\theta-\frac{\pi}{4}}{\tan\theta-1}$．さらに，$\theta=\frac{\pi}{4}+t$ とおいて，加法定理．

指数関数

正の数 a を x 回掛けた関数を, 指数関数と呼び, a^x と書く. 次の指数法則が成立する.

$$\begin{cases} a^x \cdot a^y = a^{x+y} \\ (a^x)^y = a^{xy} \\ (ab)^x = a^x \cdot b^x \\ a^0 = 1. \end{cases} \qquad \begin{cases} a^x \div a^y = a^{x-y} \\ \dfrac{1}{a^x} = a^{-x} \\ \sqrt[m]{a^n} = a^{\frac{n}{m}} \\ \sqrt{a} = a^{\frac{1}{2}}. \end{cases}$$

指数関数のグラフ

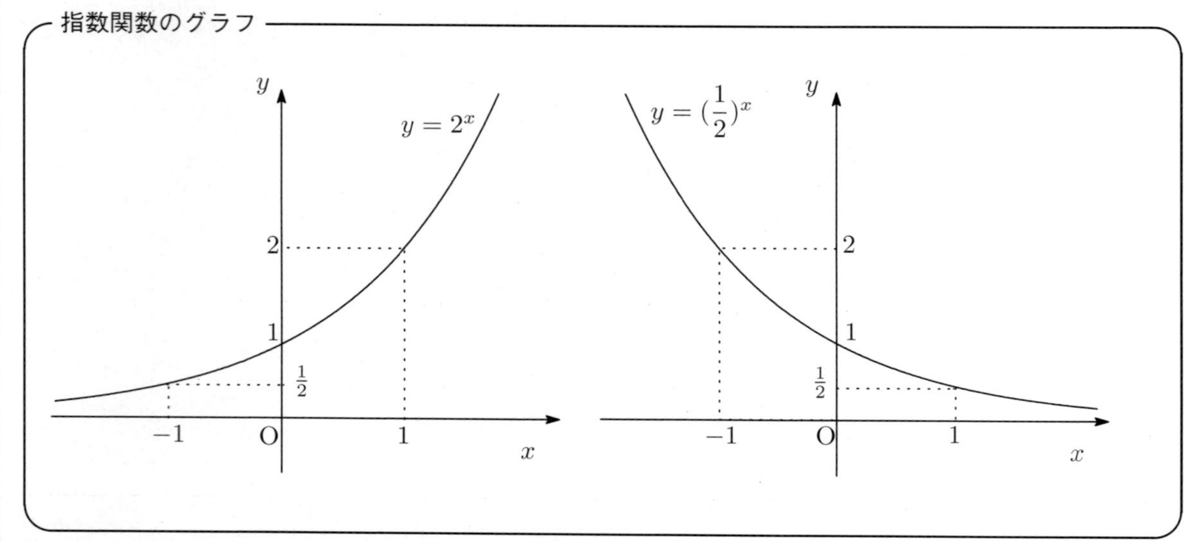

例①　$\dfrac{2^3 \cdot 2^2}{2^{\frac{1}{2}}} = 2^{3+2-\frac{1}{2}} = 2^{\frac{9}{2}}.$

例②　$\sqrt{\dfrac{10^3 \cdot 2^7}{5^3}} = \sqrt{\dfrac{(2\cdot 5)^3 \cdot 2^7}{5^3}} = \sqrt{2^3 \cdot 2^7} = \sqrt{2^{10}} = 2^5.$

練習　次の式を簡単にせよ.

① $\dfrac{5^3 \cdot 5^{\frac{1}{2}}}{5^{\frac{3}{2}}}$　② $\sqrt[3]{\dfrac{20^4 \cdot 2^7}{5^4}}$　③ $\left\{(a \cdot b)^x \cdot \left(\dfrac{b}{2}\right)^{-x}\right\}^2$

練習　次の数を大きい順に並べよ.

① 3^3　② 3^π　③ 3^0　④ 9^2　⑤ $9^{\sqrt{2}}$

対数関数

正の数 a に対して，$a^x = b$ となるとき，$x = \log_a b$ と書く．次の対数法則が成立する．

$$\begin{cases} \log_a b + \log_a c = \log_a bc \\ \log_a b - \log_a c = \log_a \dfrac{b}{c} \\ \log_a b^n = n \log_a b \\ \log_a b = \dfrac{\log_c b}{\log_c a} \quad (\text{底の変換}). \end{cases}$$

対数関数のグラフ

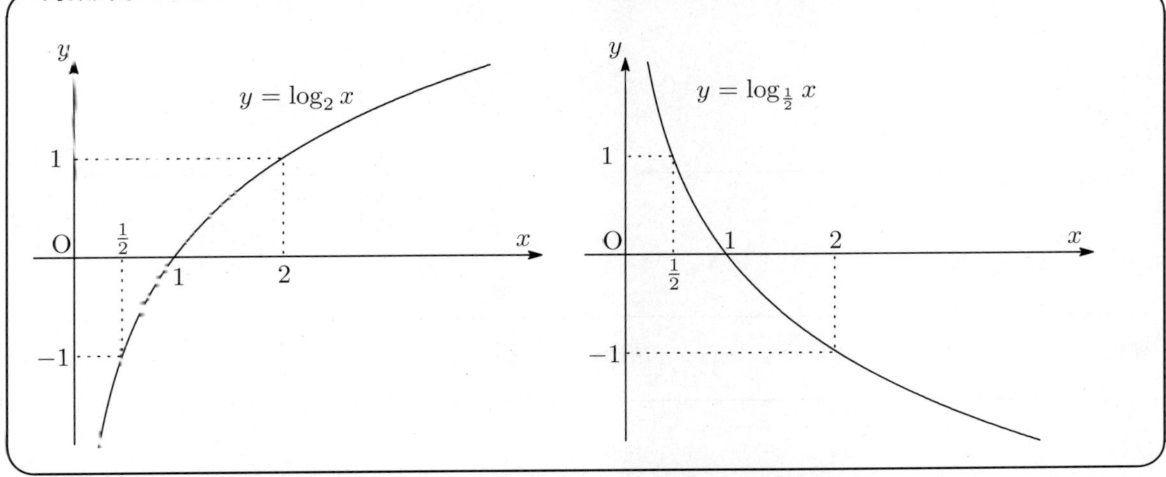

(注意) $\log_a b$ は，$a > 0$, $b > 0$ となるときに定義される．このことを，**真数条件**と呼ぶ．

例①　$\log_2 8 = 3$.

例②　$\log_{10} 2 + \log_{10} 5 = \log_{10} 10 = 1$.

例③　$\log_2 10 - \log_2 5 = \log_2 \dfrac{10}{5} = \log_2 2 = 1$.

例④　$\log_2 100 - 2\log_2 5 = \log_2 \dfrac{100}{25} = \log_2 4 = 2$.

例⑤　$\log_2 5 \cdot \log_5 4 = \log_2 5 \cdot \dfrac{\log_2 4}{\log_2 5} = \log_2 4 = 2$.

練習　次の式を簡単にせよ．

① $\log_3 9$　② $\log_2 \dfrac{1}{4}$　③ $\log_{0.5} \sqrt{32}$

④ $\log_3 4 - \log_3 20 + 2\log_3 \sqrt{125}$　⑤ $\log_{0.5} \dfrac{8}{13} - 2\log_{0.5} 1.5 + \log_{0.5} \dfrac{26}{9}$

⑥ $\log_2 3 \cdot \log_3 4$　⑦ $(\log_2 9 + \log_8 3)(\log_3 2 + \log_9 4)$

⑥⑦Hint. 底の変換をして，底をそろえる．

練習　関数 $y = 3^x$ および $y = \left(\frac{1}{3}\right)^x$ の概形を下の図に描け.

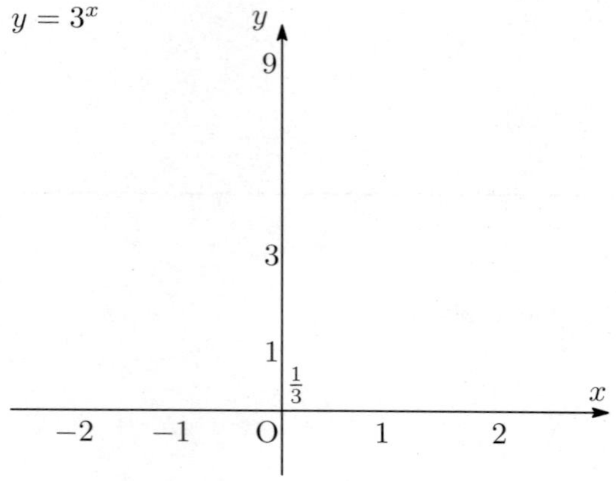

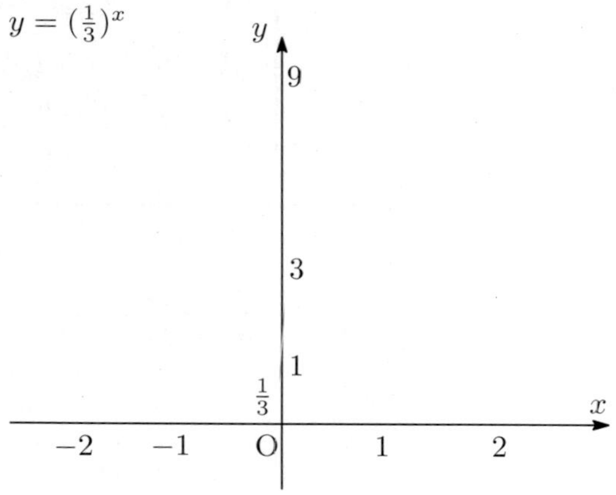

練習　関数 $y = \log_3 x$ および $y = \log_{\frac{1}{3}} x$ の概形を下の図に描け.

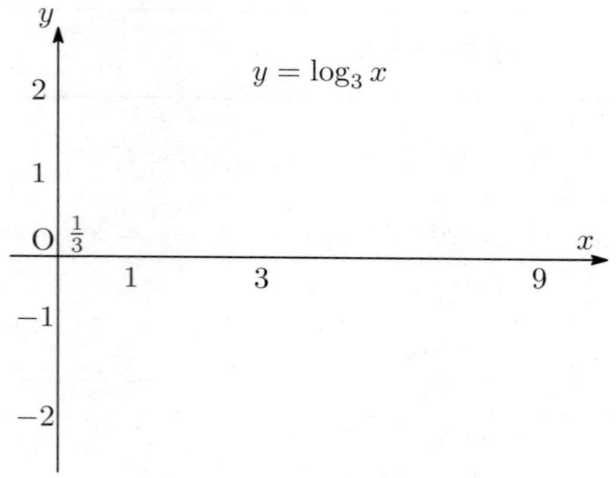

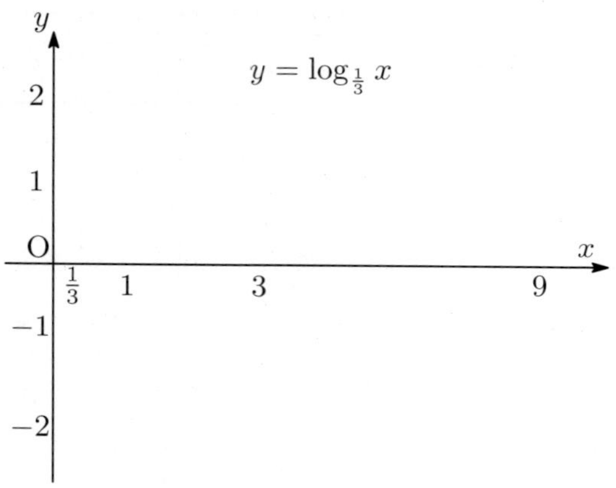

練習　関数 $y = 3^x$ のグラフと $y = \log_3 x$ グラフは，直線 $y = x$ について対称である.
上のグラフで視認してみよ.

(参考) 一般に，関数 $y = f(x)$ とその逆関数 $y = f^{-1}(x)$ は，直線 $y = x$ について対称である.

自然対数の底

次の極限を自然対数の底と呼び，e と書く (ネピアの数とも呼ばれる).

$$e = \lim_{n\to\infty}\left(1+\frac{1}{n}\right)^n = 2.7182818\cdots.$$

(注意) 次の極限も e と一致する.

$$e = \lim_{n\to-\infty}\left(1+\frac{1}{n}\right)^n = \lim_{h\to 0}(1+h)^{\frac{1}{h}} = \frac{1}{0!}+\frac{1}{1!}+\frac{1}{2!}+\cdots+\frac{1}{n!}+\cdots.$$

(注意) 対数関数については $\log_e x = \log x$ とかいて，底 e を省略することが多い.

例①　$\displaystyle\lim_{n\to\infty}\left(1+\frac{2}{n}\right)^n = \lim_{N\to\infty}\left(1+\frac{1}{N}\right)^{2N}$　($n=2N$ とした)

$$= \lim_{N\to\infty}\left\{\left(1+\frac{1}{N}\right)^N\right\}^2 = e^2.$$

例②　$\displaystyle\lim_{h\to 0}(1-3h)^{\frac{2}{h}} = \lim_{H\to 0}(1+H)^{\frac{6}{H}} = e^6$　($3h=H$ とした).

練習　次の極限を求めよ.

①　$\displaystyle\lim_{x\to\infty}\left(1+\frac{1}{2x}\right)^x$　②　$\displaystyle\lim_{x\to 0}(1-2x)^{\frac{1}{x}}$　③　$\displaystyle\lim_{x\to\infty}\left(1+\frac{1}{x^2}\right)^x$

練習　次の極限を求めよ.

①　$\displaystyle\lim_{h\to 0}\frac{\log_e(1+h)}{h}$　②　$\displaystyle\lim_{h\to 0}\frac{\log_e(a+h)-\log_e a}{h}$

3.　微分法の基礎

平均変化率

関数 $f(x)$ に対し,

$$\frac{f(b)-f(a)}{b-a}$$

を区間 $[a,\ b]$ の平均変化率とよぶ.

例えば, 区間 $[a,\ a+h]$ の平均変化率は,

$$\frac{f(a+h)-f(a)}{h}.$$

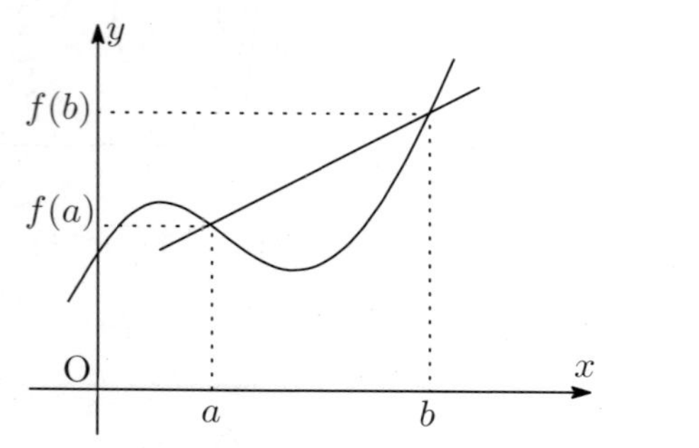

例①　$f(x)=x^2$ とすると，区間 $[a,\ b]$ の平均変化率は,

$$\frac{f(b)-f(a)}{b-a}=\frac{b^2-a^2}{b-a}=b+a.$$

②　$f(x)=5x+2$ とすると，区間 $[a,\ a+h]$ の平均変化率は,

$$\frac{f(a+h)-f(a)}{h}=\frac{(5a+5h+2)-(5a+2)}{h}=5.\qquad (直線の傾き).$$

練習　次の平均変化率を計算せよ.

① 関数 $f(x)=2x^2+x$ の区間 $[3,\ 5]$ の平均変化率を求めよ.

② 関数 $f(x)=2x^2+x$ の区間 $[3,\ 3+h]$ の平均変化率を求めよ.

微分

関数 $f(x)$ に対し，

$$\lim_{h\to 0}\frac{f(c+h)-f(c)}{h}$$

が収束するとき，$f(x)$ は $x=c$ で微分可能であると呼び，収束した値を $f'(c)$ と表す．

さらに，x について $f'(x)$ を対応させる関数を導関数と呼ぶ．

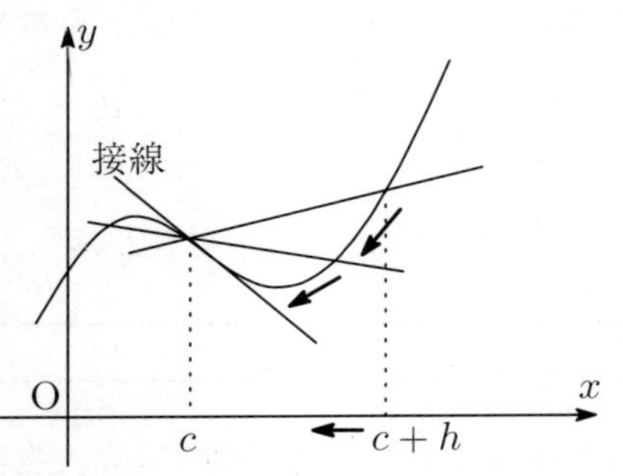

h が 0 に近づく極限において，平均変化率は $x=c$ における接線の傾きに近づく．すなわち $f'(c)$ は $x=c$ における接線の傾きである．

例①　$f(x)=x^2$ とすると，$x=3$ における微分 $f'(3)$ は，

$$\lim_{h\to 0}\frac{f(3+h)-f(3)}{h}=\lim_{h\to 0}\frac{(3+h)^2-3^2}{h}=\lim_{h\to 0}\frac{6h+h^2}{h}=6.$$

②　$f(x)=\sqrt{x}$ とすると，導関数 $f'(x)$ は，

$$\begin{aligned}\lim_{h\to 0}\frac{f(x+h)-f(x)}{h}&=\lim_{h\to 0}\frac{\sqrt{x+h}-\sqrt{x}}{h}\\&=\lim_{h\to 0}\frac{(\sqrt{x+h}-\sqrt{x})(\sqrt{x+h}+\sqrt{x})}{h\cdot(\sqrt{x+h}+\sqrt{x})}\\&=\lim_{h\to 0}\frac{1}{\sqrt{x+h}+\sqrt{x}}=\frac{1}{2\sqrt{x}}.\end{aligned}$$

練習　次に答えよ．

① $f(x)=\dfrac{1}{x}$ とするとき，微分 $f'(3)$ を求めよ．

② $f(x)=x^2$ とするとき，導関数 $f'(x)$ を求めよ．

発展　$f(x)=|x-|x-2||$ とする．関数 $y=f(x)$ のグラフを描け．
また，$f(x)$ は，$x=0$ および $x=2$ で微分可能でないことを説明せよ．

微分 (微分の定義 (再))

実数値関数 $f(x)$ に対して，x に関する微分 (導関数) を次のように定義する．

$$\frac{df}{dx} = \lim_{h\to 0} \frac{f(x+h)-f(x)}{h}.$$

(注意) $\dfrac{df}{dx}$ は，$f'(x)$ と書いてもよい．

基本公式 (その１)

n を実数, e を自然対数の底 とすると，次の微分の公式が成立する．

$$\begin{cases} (x^n)' = nx^{n-1} \\ (\log x)' = \dfrac{1}{x} \\ (e^x)' = e^x. \end{cases} \qquad \begin{cases} (\sin x)' = \cos x \\ (\cos x)' = -\sin x \\ (\tan x)' = \dfrac{1}{\cos^2 x}. \end{cases}$$

$\log x = \log_e x$ のことであり, e を省略する．
基本公式 (その 1) の証明は，1 章の補充問題 (p.86 問 4) も参照のこと．

例①　$f(x) = x^3$ とする．

$$\begin{aligned}\frac{df}{dx} &= \lim_{h\to 0} \frac{f(x+h)-f(x)}{h} \\ &= \lim_{h\to 0} \frac{(x+h)^3 - x^3}{h} \\ &= \lim_{h\to 0} \left(\frac{x^3+3x^2h+3xh^2+h^3-x^3}{h}\right) \qquad ((x+h)^3 = x^3+3x^2h+3xh^2+h^3 \text{ である}) \\ &= \lim_{h\to 0} (3x^2+3xh+h^2) \\ &= 3x^2 + 3x\cdot 0 + 0^2 = 3x^2.\end{aligned}$$

②　$f(x) = \sin x$ とする．

$$\begin{aligned}\frac{df}{dx} &= \lim_{h\to 0} \frac{\sin(x+h)-\sin x}{h} \\ &= \lim_{h\to 0} \frac{(\sin x\cos h + \cos x \sin h) - \sin x}{h} \qquad (\sin(x+h) = \sin x\cos h + \cos x\sin h \text{ を利用}) \\ &= \lim_{h\to 0} \left(\sin x\cdot\frac{(\cos h - 1)}{h} + \cos x\cdot\frac{\sin h}{h}\right) \\ &= \lim_{h\to 0} \left(\frac{\sin x\cdot(-2\sin^2\frac{h}{2})}{h} + \cos x\cdot\frac{\sin h}{h}\right) \qquad (\text{半角の公式 } \sin^2\frac{h}{2} = \frac{1-\cos h}{2} \text{ を利用}) \\ &= \lim_{h\to 0} \left(\frac{-\sin x\cdot\sin^2\frac{h}{2}}{\frac{h}{2}} + \cos x\cdot\frac{\sin h}{h}\right) \\ &= \lim_{h\to 0} \left(-\sin x\cdot\sin\frac{h}{2}\cdot\frac{\sin\frac{h}{2}}{\frac{h}{2}} + \cos x\cdot\frac{\sin h}{h}\right) \\ &= -\sin x\cdot 0\cdot 1 + \cos x\cdot 1 = \cos x. \qquad \left(\lim_{h\to 0}\frac{\sin h}{h} = 1 \text{ である}\right).\end{aligned}$$

基本公式（その 2）

$f(x)$, $g(x)$ を微分可能な関数, c を定数とすると，次の微分の公式が成立する．

$$\begin{cases} (f(x)+g(x))' = f'(x)+g'(x), \\ (cf(x))' = cf'(x). \end{cases}$$

微分可能な関数とは，$\dfrac{df}{dx} = \lim_{h\to 0} \dfrac{f(x+h)-f(x)}{h}$ が収束するときをいう．基本公式 (その 2) の証明は，5 章 p.215 参照.

例①　$\dfrac{d}{dx}(2x^3 - 3\cos x) = 6x^2 + 3\sin x$.　②　$(2e^x - \sin x + 3\sqrt{x})' = 2e^x - \cos x + \frac{3}{2}x^{-\frac{1}{2}}$.

練習　次の微分の計算をおこなえ．

①　$\dfrac{d}{dx}(-2\tan x + 5\log x)$　②　$(e^x - 2\sin x)'$　③　$\dfrac{d}{dx}(x^2 + 2x + 3x^{\frac{1}{2}})$

④　$\left(\dfrac{3x^4 - x^3 + 2}{x^2}\right)'$　⑤　$\{(x-2)^2\}'$　⑥　$\{\log(3x)\}'$

---

⑥Hint. $\log(3x) = \log 3 + \log x$.

積の微分法

$f(x)$, $g(x)$ を微分可能な関数とする．そのとき，

$$(f(x)g(x))' = f'(x)g(x) + f(x)g'(x).$$

公式として，$(uv)' = u'v + uv'$ と覚えておくと良い．公式の証明は，5 章 p.216 参照.

例① $(2x\sin x)' = (2x)'\sin x + 2x(\sin x)' = 2\sin x + 2x\cos x.$

② $(\sin x\cos x)' = (\sin x)'\cos x + \sin x(\cos x)' = \cos^2 x - \sin^2 x.$

練習　次の微分を計算せよ．

① $\dfrac{d}{dx}(xe^x)$　② $\{(x^3+2x)\log x\}'$　③ $\left(\dfrac{\tan x}{x}\right)'$

③Hint. $\dfrac{\tan x}{x} = x^{-1}\tan x.$

発展　次のことを，確かめよ．

① $(uvw)' = u'vw + uv'w + uvw'.$　② $(u^2)' = 2uu'.$

①Hint. $(uvw)' = (uv)'w + (uv)w'.$

商の微分法

$f(x)$, $g(x)$ を微分可能な関数とする．そのとき，

$$\left(\frac{f(x)}{g(x)}\right)' = \frac{g(x)f'(x) - g'(x)f(x)}{g^2(x)}.$$

公式として，$\left(\frac{u}{v}\right)' = \frac{vu' - v'u}{v^2}$ と覚えておくと良い．公式の証明は，5 章 p.216 参照.

例① $\left(\dfrac{\log x}{x+1}\right)' = \dfrac{(x+1)(\log x)' - (x+1)'\log x}{(x+1)^2} = \dfrac{\frac{x+1}{x} - \log x}{(x+1)^2} = \dfrac{x+1-x\log x}{x(x+1)^2}.$

② $\left(\dfrac{\sin x}{\cos x}\right)' = \dfrac{\cos x(\sin x)' - (\cos x)'\sin x}{\cos^2 x} = \dfrac{\cos^2 x + \sin^2 x}{\cos^2 x} = \dfrac{1}{\cos^2 x}.$

③ $\left(\dfrac{-1}{\tan x}\right)' = \dfrac{\tan x\cdot(-1)' - (\tan x)'\cdot(-1)}{\tan^2 x} = \dfrac{0 + \frac{1}{\cos^2 x}}{\tan^2 x} = \dfrac{1}{\cos^2 x\tan^2 x} = \dfrac{1}{\sin^2 x}.$

練習　次の微分を計算せよ．

① $\dfrac{d}{dx}\left(\dfrac{e^x}{x^2+1}\right)$　② $\left(\dfrac{x}{\log x}\right)'$　③ $\left(\dfrac{1}{x^2\log x}\right)'$

④ $\dfrac{d}{dx}\left(\dfrac{\cos x}{\sin x}\right)$　⑤ $\left(\dfrac{\sin x}{(x+2)\tan x}\right)'$

合成関数の微分法

$f(x)$, $g(x)$ を微分可能な関数とする．そのとき，

$$\{f(g(x))\}' = f'(g(x)) \cdot g'(x).$$

とくに，

$$\{g^n(x)\}' = ng^{n-1}(x) \cdot g'(x).$$

$u = g(x)$ として，$\{f(u)\}' = f'(u)u'$，　$(u^n)' = nu^{n-1}u'$ と覚えておくと良い．公式の証明は，5 章 p.216 参照．
また，$\frac{dy}{dx} = \frac{dy}{du} \cdot \frac{du}{dx}$ と書くと，あたかも分数のように見ることができる．

例①　$\{(x^2+3x+2)^{10}\}' = 10(x^2+3x+2)^9 \cdot (x^2+3x+2)' = 10(2x+3)(x^2+3x+2)^9.$

②　$\{(\tan^5 x)\}' = 5\tan^4 x \cdot (\tan x)' = 5\tan^4 x \cdot \dfrac{1}{\cos^2 x} = \dfrac{5\tan^4 x}{\cos^2 x}.$

③　$\{\sqrt{4-x^2}\}' = \{(4-x^2)^{\frac{1}{2}}\}' = \frac{1}{2}(4-x^2)^{-\frac{1}{2}} \cdot (4-x^2)' = \dfrac{1}{2\sqrt{4-x^2}} \cdot (-2x) = \dfrac{-x}{\sqrt{4-x^2}}.$

(合成関数の見方) ①　$x^2+3x+2 = u$ と見ると，$(x^2+3x+2)^{10} = u^{10}$ となっている．
②　$\tan x = u$ と見ると，$\tan^5 x = u^5$ となっている．
③　$4-x^2 = u$ と見ると，$(4-x^2)^{\frac{1}{2}} = u^{\frac{1}{2}}$ となっている．

練習　次の微分を計算せよ．

①　$\dfrac{d}{dx}\{(x^2+x)^4\}$　②　$\{(2x^4-3x)^{-2}\}'$　③　$(\sin^3 x)'$

④　$\dfrac{d}{dx}\{(\cos x + 3e^x)^{-2}\}$　⑤　$(\sqrt{x^4-2x^2})'$　⑥　$(\sqrt{\log x})'$

例④ $\{\sin(x^2-2x)\}' = \cos(x^2+2x)\cdot(x^2+2x)' = (2x+2)\cos(x^2+2x).$

⑤ $\{\log(\cos x)\}' = \dfrac{1}{\cos x}\cdot(\cos x)' = -\dfrac{\sin x}{\cos x} = -\tan x.$

⑥ $(e^{5x^2-3x})' = e^{5x^2-3x}\cdot(5x^2-3x)' = (10x-3)e^{5x^2-3x}.$

(合成関数の見方) ④ $x^2+2x=u$ と見ると， $\sin(x^2+2x)=\sin u$ となっている．

⑤ $\cos x = u$ と見ると， $\log(\cos x)=\log u$ となっている．

⑥ $5x^2-3x=u$ と見ると，$e^{5x^2-3x}=e^u$ となっている．

練習　次の微分を計算せよ．

① $\dfrac{d}{dx}\{\sin(x^3)\}$　② $(\log(x^2+x))'$　③ $(e^{\cos x})'$

(応用)(二回以上合成した関数)

例⑦
$$\begin{aligned}\{(\sin(\log x)+e^{\cos x})^7\}' &= 7\{\sin(\log x)+e^{\cos x}\}^6\cdot(\sin(\log x)+e^{\cos x})' \\ &= 7\{\sin(\log x)+e^{\cos x}\}^6\cdot\{\cos(\log x)\cdot(\log x)'+e^{\cos x}(\cos x)'\} \\ &= 7\{\sin(\log x)+e^{\cos x}\}^6\cdot\{\tfrac{\cos(\log x)}{x}-\sin x\cdot e^{\cos x}\}.\end{aligned}$$

⑧
$$\begin{aligned}\{\sin(\cos(x^2-2x))\}' &= \cos\big(\cos(x^2-2x)\big)\cdot(\cos(x^2-2x))' \\ &= \cos\big(\cos(x^2-2x)\big)\left(-\sin(x^2-2x)\cdot(x^2-2x)'\right) \\ &= -(2x-2)\sin(x^2-2x)\cos\big(\cos(x^2-2x)\big).\end{aligned}$$

練習　次の微分を計算せよ．

① $\dfrac{d}{dx}\{\tan^4(x^2+1)\}$　② $\{\log(\cos(\sin x))\}'$

逆関数の微分法

関数 $y=f(x)$ を，逆関数をもつ微分可能な関数とする．そのとき，

$$\frac{dx}{dy}=\frac{1}{\left(\frac{dy}{dx}\right)}$$

$y=f(x)$ の両辺を y で微分すれば，合成関数の微分法より $1=\frac{dx}{dy}\cdot\frac{d}{dx}f(x)$．よって，$\frac{dx}{dy}=\frac{1}{\left(\frac{dy}{dx}\right)}$ となる．

例①　関数 $y=\arctan x$ の微分．

$x=\tan y$ であるから，両辺を x で微分して $1=\frac{dy}{dx}\cdot\frac{d(\tan y)}{dy}=y'\cdot\frac{1}{\cos^2 y}$．

ゆえに，$y'=\cos^2 y=\frac{1}{1+\tan^2 y}=\frac{1}{1+x^2}$．

②　関数 $y=\arcsin x$ の微分．

$x=\sin y$ であるから，両辺を x で微分して $1=\frac{dy}{dx}\cdot\frac{d(\sin y)}{dy}=y'\cdot\cos y$．

ゆえに，$y'=\frac{1}{\cos y}=\frac{1}{\sqrt{1-\sin^2 y}}=\frac{1}{\sqrt{1-x^2}}$．

練習　$\sinh x=\frac{e^x-e^{-x}}{2}$ とし，逆関数を $y=\mathrm{arcsinh}\,x$ とする．次を確かめよ．

①　$(\arccos x)'=\frac{-1}{\sqrt{1-x^2}}$．　　②　$(\mathrm{arcsinh}\,x)'=\frac{1}{\sqrt{1+x^2}}$．

---

②Hint．$\cosh x=\frac{e^x+e^{-x}}{2}$ とすると，$(\cosh x)^2-(\sinh x)^2=1$．

陰関数の微分法

式 $f(x,y)=0$ を x について微分すると，$f_x(x,y)+\frac{dy}{dx}f_y(x,y)=0$．整理すれば，

$$\frac{dy}{dx}=-\frac{f_x(x,y)}{f_y(x,y)}.$$

ただし，$f_x(x,y)$ は y を定数とみなして x について微分した式，$f_y(x,y)$ は x を定数とみなして y について微分した式である．

$f(x,y)=0$ を陰関数表示と呼ぶ．また，$f_x(x,y)$, $f_y(x,y)$ をそれぞれ，x, y に関する偏微分と呼ぶ (詳しくは，2 章).

例①　円の方程式 $x^2+y^2=1$ を，x について微分してみると

$$2x+\frac{dy}{dx}\cdot 2y=0 \text{ であるから，} \frac{dy}{dx}=-\frac{x}{y}.$$

②　方程式 $x^3-xy+y^2=1$ を，x について微分してみると

$$3x^2-y-x\cdot\frac{dy}{dx}+\frac{dy}{dx}\cdot 2y=0 \text{ であるから，} \frac{dy}{dx} \text{ について解くと } \frac{dy}{dx}=\frac{y-3x^2}{-x+2y}.$$

練習　次の方程式について，$\dfrac{dy}{dx}$ を x, y を用いて表せ．

①　$3x^2-y^2=9$.　　②　$\dfrac{y^2+x^2}{y}=\log x$.　　③　$\sin(x+y^2)+xy=5$.

対数微分法

関数 $y=f(x)$ の両辺の対数をとると, $\log y=\log f(x)$ である. x について微分すれば,

$$\frac{y'}{y}=(\log f(x))'.$$

例.　　関数 $y=x^x$ の微分.

対数をとると，$\log y=x\log x$ である．両辺を x で微分すれば，$\dfrac{y'}{y}=\log x+x\cdot\dfrac{1}{x}=\log x+1$.
ゆえに，$y'=y(\log x+1)=x^x(\log x+1)$.

(別解)　関数 $y=x^x$ の微分.

$y=x^x=(e^{\log x})^x=e^{x\log x}$ であるから，
$y'=(e^{x\log x})'=e^{x\log x}(x\log x)'=e^{x\log x}(\log x+1)=x^x(\log x+1)$.

練習　　次の関数を微分せよ.

① $y=x^{\sin x}$.　　② $y=(\cos x)^{\tan x}$.　　③ $y=x^{x^x}$.

---

③Hint. $\dfrac{y'}{y}=(x^x\log x)'$ である．上の例の $(x^x)'=x^x(\log x+1)$ を利用すれば良い.

媒介変数で表される関数の微分

変数 t を用いて，$x = x(t),\ y = y(t)$ と表されるとき，

$$\frac{dy}{dx} = \frac{\left(\frac{dy}{dt}\right)}{\left(\frac{dx}{dt}\right)}.$$

(参考) 変数 t を媒介変数と呼ぶ．もしくは，パラメータと呼ぶ．

例①(円の方程式)　$x = \cos t,\ y = \sin t$ のとき，

$$\frac{dy}{dx} = \frac{\left(\frac{dy}{dt}\right)}{\left(\frac{dx}{dt}\right)} = -\frac{\cos t}{\sin t}.\quad \text{(勿論，} -\frac{\cos t}{\sin t} = -\frac{x}{y} \text{ としてもよい).}$$

例②(サイクロイド)　$x = a(\theta - \sin\theta),\ y = a(1 - \cos\theta)$　(a は正の定数) のとき，

$$\frac{dy}{dx} = \frac{\left(\frac{dy}{d\theta}\right)}{\left(\frac{dx}{d\theta}\right)} = \frac{\sin\theta}{1 - \cos\theta}.$$

練習　次の関数について，$\dfrac{dy}{dx}$ を求めよ (ただし，a は正の定数とする).

① $x = \dfrac{1 - t^2}{1 + t^2},\ y = \dfrac{2t}{1 + t^2}$ (単位円).

② $x = t + \dfrac{1}{t},\ y = t - \dfrac{1}{t}$ (双曲線).

③ $x = a\cos^3\theta,\ y = a\sin^3\theta$.

④ $x = \dfrac{3at}{1 + t^3},\ y = \dfrac{3at^2}{1 + t^3}$ (正葉形).

高階微分

2回以上微分を行うことを 高階微分と呼び，次のように書く，

$$\begin{cases} \dfrac{d^2}{dx^2}f(x) = \dfrac{d}{dx}\{\dfrac{d}{dx}f(x)\} \\ \dfrac{d^3}{dx^3}f(x) = \dfrac{d}{dx}\{\dfrac{d}{dx}\{\dfrac{d}{dx}f(x)\}\} \\ \cdots \\ \dfrac{d^n}{dx^n}f(x) = \underbrace{\dfrac{d}{dx}\{\dfrac{d}{dx}\cdots\{\dfrac{d}{dx}}_{n\text{ 回微分}}f(x)\}\}. \end{cases}$$

$\dfrac{d^2}{dx^2}f(x)$ を，$f''(x)$ とか $f^{(2)}(x)$ と書くこともある．同様に，$\dfrac{d^n}{dx^n}f(x)$ などは，$f^{(n)}(x)$ と書いてもよい．

例①　$(x^5+3x^2)''=(5x^4+6x)'=20x^3+6.$

例②　$(\sin x)^{(4)}=(\cos x)^{(3)}=(-\sin x)''=(-\cos x)'=\sin x.$

例③　$\dfrac{d^2}{dx^2}(xe^x)=\dfrac{d}{dx}(e^x+xe^x)=e^x+e^x+xe^x=2e^x+xe^x.$

練習　次の高階微分を計算せよ．

①　$(e^{\sin x})''$　　②　$(x\log x)^{(3)}$　　③　$\dfrac{d^2}{dx^2}\left(\dfrac{\cos x}{x}\right)$

例④(陰関数の高階微分)　$x^2+y^2=1$ の2階微分．

まず，x について微分してみると，$2x+2yy'=0$ である．

さらに，x について微分すれば，$2+2(y')^2+2yy''=0$. y'' について解くと，

$$y''=\frac{-1-(y')^2}{y}=\frac{-1-(-\frac{x}{y})^2}{y}=\frac{-x^2-y^2}{y^3}.$$ （勿論，$y''=\dfrac{-x^2-y^2}{y^3}=\dfrac{-1}{y^3}$ などとしても良い）.

練習　次の陰関数について，y'' を計算せよ．

①　$x^2-y^2=1.$　　②　$x+y=e^{y-x}.$

例⑤(媒介変数で表される関数の高階微分)　$x=\cos t,\ y=\sin t$ とすると，

$$\frac{d^2y}{dx^2}=\frac{d}{dx}\left(\frac{dy}{dx}\right)=\frac{d}{dx}\left\{\frac{\left(\frac{dy}{dt}\right)}{\left(\frac{dx}{dt}\right)}\right\}=\frac{d}{dx}\left(-\frac{\cos t}{\sin t}\right)=\frac{dt}{dx}\cdot\frac{d}{dt}\left(-\frac{\cos t}{\sin t}\right)$$
$$=\frac{1}{\left(\frac{dx}{dt}\right)}\cdot\frac{1}{\sin^2 t}=\frac{1}{-\sin t}\cdot\frac{1}{\sin^2 t}=-\frac{1}{\sin^3 t}.$$

練習

$x=x(t),\ y=y(t)$ について，$\displaystyle\frac{d^2y}{dx^2}=\frac{\frac{dx}{dt}\cdot\frac{d^2y}{dt^2}-\frac{d^2x}{dt^2}\cdot\frac{dy}{dt}}{\left(\frac{dx}{dt}\right)^3}$ を証明せよ．

(注意　$\frac{d^2y}{dx^2}$ と $\frac{\left(\frac{d^2y}{dt^2}\right)}{\left(\frac{d^2x}{dt^2}\right)}$ は，一般に等しくない！

発展 (ライプニッツの公式) 次の公式を証明せよ．また，公式を利用して，$\displaystyle\frac{d^n}{dx^n}\{x^2e^x\}$ を計算せよ

$$\frac{d^n}{dx^n}\{f(x)g(x)\}=\sum_{k=0}^{n}{}_n\mathrm{C}_k f^{(k)}(x)g^{(n-k)}(x)$$
$$={}_n\mathrm{C}_0 f(x)g^{(n)}(x)+{}_n\mathrm{C}_1 f^{(1)}(x)g^{(n-1)}(x)+\cdots+{}_n\mathrm{C}_n f^{(n)}(x)g(x).$$

(答)　$\displaystyle\frac{d^n}{dx^n}\{x^2e^x\}={}_n\mathrm{C}_0x^2e^x+{}_n\mathrm{C}_1(2x)e^x+{}_n\mathrm{C}_2 2e^x=x^2\cdot e^x+n\cdot(2x)\cdot e^x+\frac{n(n-1)}{2}\cdot 2\cdot e^x=\{x^2+2nx+n(n-1)\}e^x.$

4. 微分法の応用

接線の方程式

関数 $f(x)$ 上の点 $(c, f(c))$ における接線の方程式は, $f'(c)$ が存在するならば

$$y - f(c) = f'(c)(x - c).$$

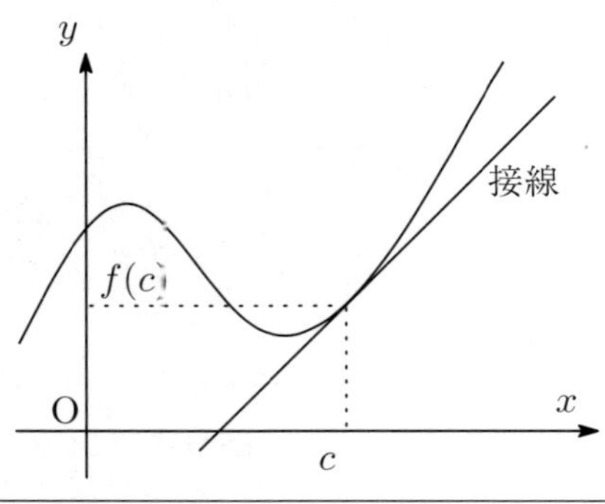

(注意) 関数 $f(x)$ によっては, y 軸に平行な接線が存在することもある.

例① $f(x) = x^3 + 4$ とすると, $f'(x) = 3x^2$.
f 上の点 $(-2, -4)$ における接線の方程式は, $y - (-4) = f'(-2)(x - (-2))$.
よって, $y = 12x + 20$.

例② $f(x) = xe^{x^2}$ とすると, $f'(x) = (1 + 2x^2)e^{x^2}$ (積の微分法, 合成関数の微分法を利用).
f 上の点 $(1, e)$ における接線の方程式は, $y - e = f'(1)(x - 1)$.
よって, $y = 3ex - 2e$.

練習　次の曲線上の点 P における接線の方程式を求めよ.

① $y = -x^4 + x + 1$　$\mathrm{P}(1, 1)$.　② $y = e^{-x}\sin x$　$\mathrm{P}(\frac{\pi}{4}, \frac{1}{\sqrt{2}}e^{-\frac{\pi}{4}})$.

③ $y = \dfrac{x - 1}{x^2 + 1}$　$\mathrm{P}(2, \frac{1}{5})$.　④ $y = \log(\log x)$　$\mathrm{P}(e, 0)$.

(陰関数で表される曲線上の接線)

例③　曲線 $xy=1$ の両辺を x について微分すると, $y+x\dfrac{dy}{dx}=0$. よって, $\dfrac{dy}{dx}=-\dfrac{y}{x}$.

例えば, 点 $(1,1)$ における接線の方程式は, $y-1=-\dfrac{1}{1}(x-1)$.

つまり, $y=-x+2$.

例④　曲線 $x^2-y^2=1$ の両辺を x について微分すると, $2x-2y\dfrac{dy}{dx}=0$. よって, $\dfrac{dy}{dx}=\dfrac{x}{y}$.

例えば, 点 $(\sqrt{2},1)$ における接線の方程式は, $y-1=\dfrac{\sqrt{2}}{1}(x-\sqrt{2})$.

つまり, $y=\sqrt{2}x-1$.

練習　次の曲線上の点 P における接線の方程式を求めよ.

① $(y+2)^2=x^2+3x$　P$(1,-4)$.　② $\sqrt{x}+\sqrt{y}=4$　P$(1,9)$.

(媒介変数表示された曲線上の接線)

例⑤　$x=t+1$, $y=2t^2-1$ のとき, $\dfrac{dy}{dx}=\dfrac{(\frac{dy}{dt})}{(\frac{dx}{dt})}=\dfrac{4t}{1}$.

例えば, $t=1$ に対応する点における接線の方程式は, $y-1=4(x-2)$.

よって, $y=4x-7$.

練習　次の曲線上の与えられた点における接線の方程式を求めよ.

① $x=2t^2+1$, $y=t^3-2t$　($t=2$ に対応する点).

② $x=\theta-\sin\theta$, $y=1-\cos\theta$　($\theta=\dfrac{\pi}{2}$ に対応する点).

関数の増加，減少．極大，極小

関数 $f(x)$ が微分可能なとき

$$\begin{cases} f'(x) > 0 \Longrightarrow \text{単調増加} \\ f'(x) < 0 \Longrightarrow \text{単調減少} \end{cases}$$

$f(c)$ が極大値，極小値 $\Longrightarrow f'(c) = 0$.

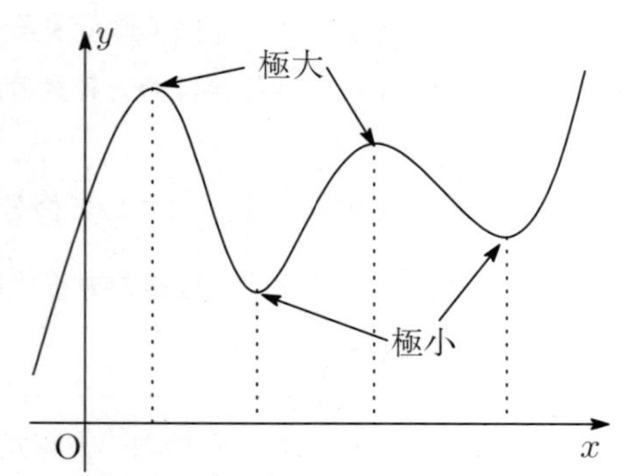

(注意)　$x = c$ を含む十分小さい開区間において，$f(x)$ が $x = c$ のみで最大値となるとき，$f(c)$ を極大値という．極小値も同様に定義する (図参照).

(参考)　極大値と極小値をまとめて極値という．

例①　$f(x) = x^3 - 9x$ とすると，$f'(x) = 3x^2 - 9$. $f'(x) = 0$ の解は，$x = \pm\sqrt{3}$.

$x = \pm\sqrt{3}$ を境目とし，$f'(x)$ の符号は変化する．その様子を下に書く．

x	$(-\infty)$	$\cdots$	$-\sqrt{3}$	$\cdots$	$\sqrt{3}$	$\cdots$	$(+\infty)$
$f'(x)$		$+$	0	$-$	0	$+$	
$f(x)$	$(-\infty)$	↗	$f(-\sqrt{3})$	↘	$f(\sqrt{3})$	↗	$(+\infty)$

(上の表を増減表という).

増減表から極小値は $f(\sqrt{3}) = -6\sqrt{3}$. 極大値は $f(-\sqrt{3}) = 6\sqrt{3}$.

例②　$f(x) = 3x^4 - 4x^3 - 12x^2$ とすると，$f'(x) = 12x(x+1)(x-2)$. $f'(x) = 0$ の解は，$x = 0,-1,2$.

増減表は次のようになる．

x	$(-\infty)$	$\cdots$	-1	$\cdots$	0	$\cdots$	2	$\cdots$	$(+\infty)$
$f'(x)$		$-$	0	$+$	0	$-$	0	$+$	
$f(x)$	$(+\infty)$	↘	$f(-1)$	↗	$f(0)$	↘	$f(2)$	↗	$(+\infty)$

極小値は $f(-1) = -5$, $f(2) = -32$. 極大値は $f(0) = 0$.

練習　次の関数の極値を求めよ．

①　$y = -x^3 + 3x^2 + 9x - 7$.　　②　$y = -x^4 + x^2$.

例③　$y = x - \log x$ は，$x \geqq 1$ のとき $y \geqq 1$.

(証明)　$y' = 1 - \dfrac{1}{x}$ なので, $x = 1$ のとき $y' = 0$. 増減表にすると，

x	1	$\cdots$	$(+\infty)$
y'	0	$+$	
y	1	$\nearrow$	$(+\infty)$

よって増減表より，$x \geqq 1$ のとき $y \geqq 1$.

例④　$y = \arctan x - \dfrac{1}{2}x$ は，区間 $(0, 1)$ において，$0 < y < \dfrac{\pi}{4} - \dfrac{1}{2}$.

(証明)　$y' = \dfrac{1}{1+x^2} - \dfrac{1}{2}$ であるから, $(0, 1)$ 上でつねに $y' > 0$. 増減表にすると，

x	0	$\cdots$	1
y'		$+$	
y	0	$\nearrow$	$\frac{\pi}{4} - \frac{1}{2}$

よって増減表より，$(0, 1)$ のとき $0 < y < \dfrac{\pi}{4} - \dfrac{1}{2}$.

練習　次の関数は, 単調増加であることを説明せよ.

① $y = \sin x - \dfrac{1}{2}x$ $\quad (0 \leqq x \leqq \dfrac{\pi}{3})$.　② $y = \dfrac{e^x}{x}$ $\quad (x \geqq 1)$.

グラフの概形

関数 $y=f(x)$ のグラフは，次の手順で書けばよい．

- ・$f(x)$ の定義域を調べる．
- ・$f'(x)$ を求め，$f(x)$ の増加・減少，極大・極小を調べる．
- ・定義域の端の値を調べる ($\pm\infty$ での極限値，不連続点での片側極限を調べる)．
  (以上の結果を増減表にまとめる)．
- ・(可能ならば) 容易にわかる関数上の点を調べる (x 軸，y 軸との共有点等)．

例⑤　$f(x)=x^3-3x+2=(x-1)^2(x+2)$ のグラフ．

まず，$f'(x)=3(x+1)(x-1)$．$f'(x)=0$ の解は $x=\pm 1$．

つまり，$f(-1)=4$, $f(1)=0$ が極値．

また，$\displaystyle\lim_{x\to+\infty} f(x)=+\infty$，$\displaystyle\lim_{x\to-\infty} f(x)=-\infty$ であるから，増減表は次のようになる．

x	$(-\infty)$	$\cdots$	-1	$\cdots$	$+1$	$\cdots$	$(+\infty)$
$f'(x)$		$+$	0	$-$	0	$+$	
$f(x)$	$(-\infty)$	↗	4	↘	0	↗	$(+\infty)$

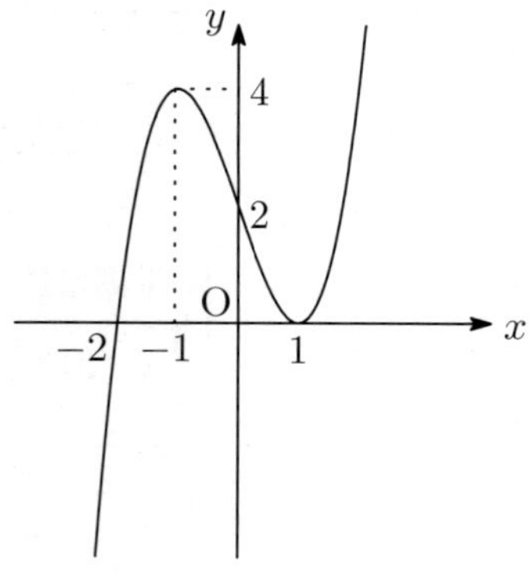

さらに $f(x)$ は $(-2,0)$, $(1,0)$, $(0,2)$ を通過するので，グラフは右図のようになる．

練習　次のグラフを書け．

①　$y=-x(x+2)^2$．　　②　$y=x^3+x+1$．　　③　$y=x^4-2x^2$．

例⑥　分数関数 $f(x) = \dfrac{x}{x^2-1}$ のグラフ．

$f(x)$ は, $x = \pm 1$ で定義されない (分母 $= 0$).

$f'(x) = -\dfrac{x^2+1}{(x^2-1)^2}$ なので $x \neq \pm 1$ で $f'(x) < 0$.

また，定義域の端は,

$$\begin{cases} \displaystyle\lim_{x\to-1-0} f(x) = -\infty, & \displaystyle\lim_{x\to-1+0} f(x) = +\infty, \\ \displaystyle\lim_{x\to1-0} f(x) = -\infty, & \displaystyle\lim_{x\to1+0} f(x) = +\infty, \\ \displaystyle\lim_{x\to-\infty} f(x) = 0, & \displaystyle\lim_{x\to+\infty} f(x) = 0. \end{cases}$$

以上をまとめて，増減表は次のようになる．

x	$(-\infty)$	$\cdots$	-1		$\cdots$	1		$\cdots$	$(+\infty)$
$f'(x)$		$-$			$-$			$-$	
$f(x)$	(0)	↘	$(-\infty)$	$(+\infty)$	↘	$(-\infty)$	$(+\infty)$	↘	(0)

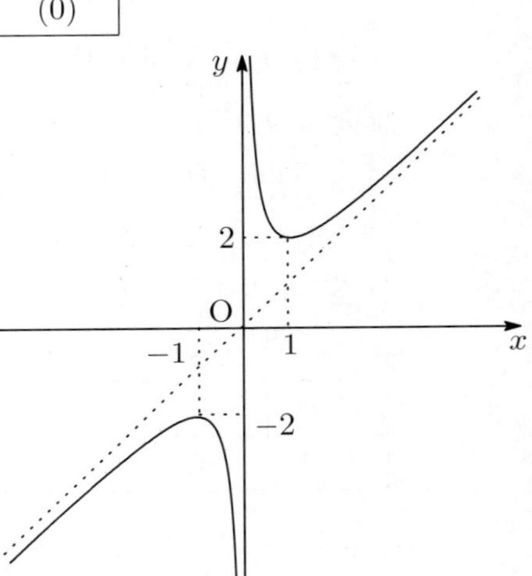

例⑦　分数関数 $f(x) = x + \dfrac{1}{x}$ のグラフ．

$f(x)$ は, $x = 0$ で定義されない (分母 $= 0$).

$f'(x) = 1 - \dfrac{1}{x^2} = \dfrac{x^2-1}{x^2}$ なので, $f'(x) = 0$ の解は $x = \pm 1$.

また，定義域の端は,

$$\begin{cases} \displaystyle\lim_{x\to-0} f(x) = -\infty, & \displaystyle\lim_{x\to+0} f(x) = +\infty, \\ \displaystyle\lim_{x\to-\infty} f(x) = -\infty, & \displaystyle\lim_{x\to+\infty} f(x) = +\infty. \end{cases}$$

以上をまとめて，増減表は次のようになる．

x	$(-\infty)$	$\cdots$	-1	$\cdots$	0		$\cdots$	1	$\cdots$	$(+\infty)$
$f'(x)$		$+$	0	$-$			$-$	0	$+$	
$f(x)$	$(-\infty)$	↗	-2	↘	$(-\infty)$	$(+\infty)$	↘	2	↗	$(+\infty)$

練習　分数関数 $y = \dfrac{x}{(x-1)(x-4)}$ のグラフを書け．

例⑧　$f(x) = (x-1) + \sqrt{1-x^2}$ のグラフ．

$1 - x^2 \geqq 0$ より，定義域は $-1 \leqq x \leqq 1$.

$f'(x) = 1 - \dfrac{x}{\sqrt{1-x^2}} = \dfrac{\sqrt{1-x^2} - x}{\sqrt{1-x^2}}$ であるから，

$f'(x) = 0$ の解は $x = \frac{1}{\sqrt{2}}$.

また, $f(-1) = -2$, $f(1) = 0$.

以上をまとめて，増減表は次のようになる．

x	-1	$\cdots$	$\frac{1}{\sqrt{2}}$	$\cdots$	1
$f'(x)$		$+$	0	$-$	
$f(x)$	-2	$\nearrow$	$\sqrt{2}-1$	$\searrow$	0

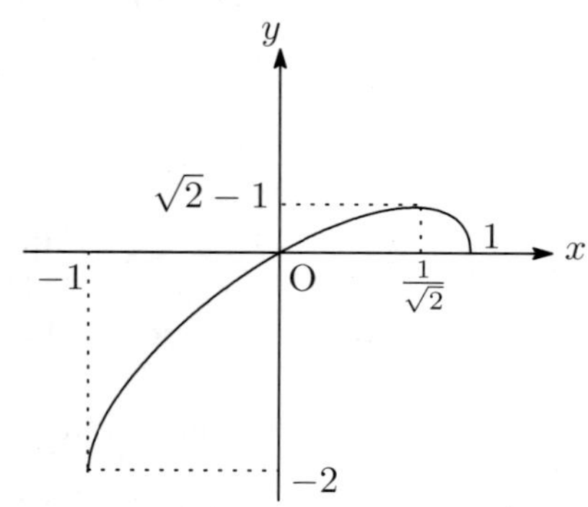

例⑨　$f(x) = x + \sqrt{x^2-1}$ のグラフ．

$x^2 - 1 \geqq 0$ より，定義域は $x \leqq -1$, $1 \leqq x$.

$f'(x) = (x + \sqrt{x^2-1})' = 1 + \dfrac{x}{\sqrt{x^2-1}}$ であるから，

定義域でつねに, $f'(x) \neq 0$.

また, $\lim_{x\to-\infty} f(x) = 0$, $\lim_{x\to+\infty} f(x) = +\infty$.

以上をまとめて，増減表は次のようになる．

($x \leqq -1$ のとき)

x	$(-\infty)$	$\cdots$	-1
$f'(x)$		$-$	
$f(x)$	(0)	$\searrow$	-1

($1 \leqq x$ のとき)

x	1	$\cdots$	$(+\infty)$
$f'(x)$		$+$	
$f(x)$	1	$\nearrow$	$(+\infty)$

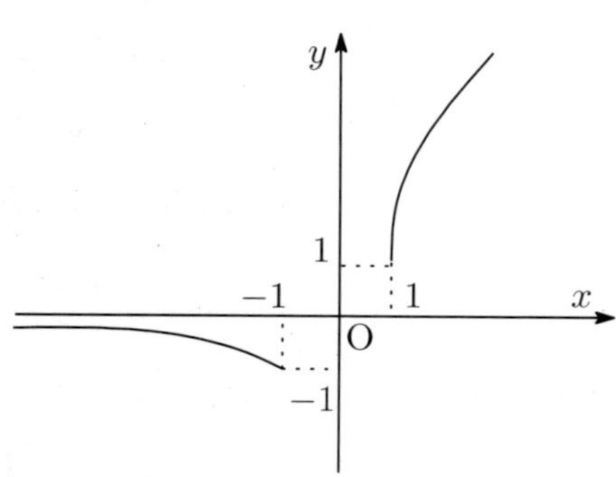

練習　関数 $y = x\sqrt{1-x^2}$ のグラフを書け．

例⑩　$f(x)=x\log x$ のグラフ．

（ただし，$\displaystyle\lim_{x\to+0} x\log x=0$ を利用する）．

定義域は，$x>0$ となる (真数条件 (p.25 参照))．

$f'(x)=\log x+1$ であり，$f'(x)=0$ の解は $x=\dfrac{1}{e}$.

また，$\displaystyle\lim_{x\to+\infty} f(x)=+\infty$.

以上をまとめて，増減表は次のようになる．

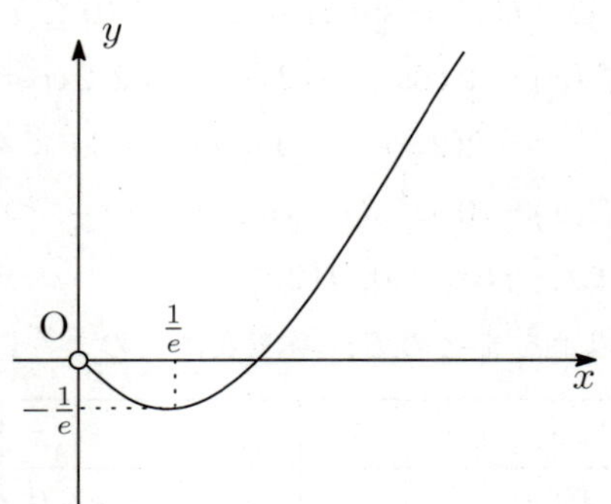

x	(0)	$\cdots$	$\frac{1}{e}$	$\cdots$	$(+\infty)$
$f'(x)$		$-$	0	$+$	
$f(x)$	(0)	↘	$-\frac{1}{e}$	↗	$(+\infty)$

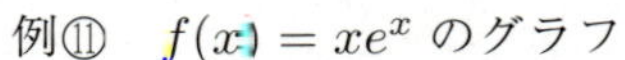

例⑪　$f(x)=xe^x$ のグラフ．

（ただし，$\displaystyle\lim_{x\to-\infty} xe^x=0$ を利用する）．

$f'(x)=(1+x)e^x$ であり，$f'(x)=0$ の解は $x=-1$.

また $\displaystyle\lim_{x\to-\infty} f(x)=+\infty$.

以上をまとめて，増減表は次のようになる．

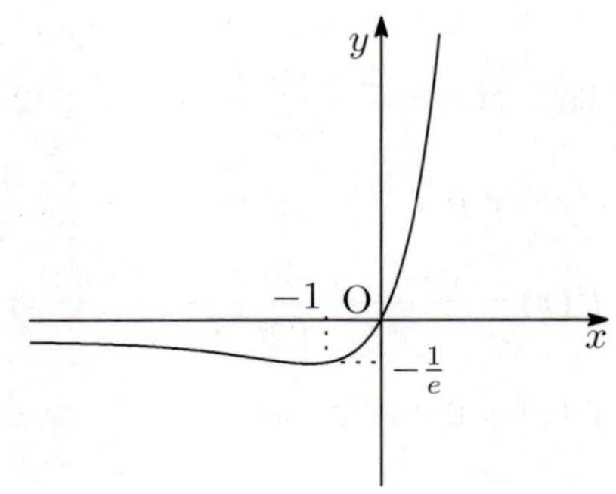

x	$(-\infty)$	$\cdots$	-1	$\cdots$	$(+\infty)$
$f'(x)$		$-$	0	$+$	
$f(x)$	(0)	↘	$-\frac{1}{e}$	↗	$(+\infty)$

練習　次のグラフを書け．

① $y=\dfrac{\log x}{x}$　$\left(\displaystyle\lim_{x\to+\infty}\dfrac{\log x}{x}=0\right.$ を用いよ）．　② $y=\dfrac{e^x}{x^2}$　$\left(\displaystyle\lim_{x\to+\infty}\dfrac{e^x}{x^2}=+\infty\right.$ を用いよ）．

例⑫　$f(x)=\sin 2x+2\sin x\ \ (0 \leqq x \leqq 2\pi)$ のグラフ.

$f'(x)=2\cos 2x+2\cos x=2(2\cos^2 x-1+\cos x)$

$\quad=2(2\cos x-1)(\cos x+1)$ であるから,

$f'(x)=0$ の解は, $\cos x=-1,\ \dfrac{1}{2}$. つまり, $x=\dfrac{\pi}{3},\ \pi,\ \dfrac{5}{3}\pi$.

また, $f(0)=0,\ f(2\pi)=0$.

以上をまとめて, 増減表は次のようになる.

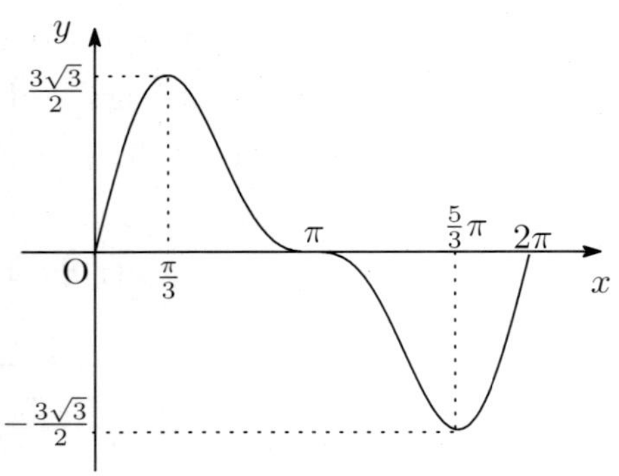

x	0	$\cdots$	$\frac{\pi}{3}$	$\cdots$	π	$\cdots$	$\frac{5}{3}\pi$	$\cdots$	2π
$f'(x)$		$+$	0	$-$	0	$-$	0	$+$	
$f(x)$	0	↗	$\frac{3\sqrt{3}}{2}$	↘	0	↘	$-\frac{3\sqrt{3}}{2}$	↗	0

例⑬　$f(x)=\dfrac{2+\sin x}{\cos x}\ \ (0 \leqq x \leqq 2\pi)$ のグラフ.

(分母 $\neq 0$ より) 定義域は, $x \neq \dfrac{\pi}{2},\ \dfrac{3\pi}{2}$.

$f'(x)=\dfrac{\cos^2 x+\sin x(2+\sin x)}{\cos^2 x}=\dfrac{1+2\sin x}{\cos^2 x}$ であるから,

$f'(x)=0$ の解は, $\sin x=-\dfrac{1}{2}$. つまり, $x=\dfrac{7\pi}{6},\ \dfrac{11}{6}\pi$.

また, $\begin{cases} \displaystyle\lim_{x\to\frac{\pi}{2}-0} f(x)=+\infty, & \displaystyle\lim_{x\to\frac{\pi}{2}+0} f(x)=-\infty, \\ \displaystyle\lim_{x\to\frac{3\pi}{2}-0} f(x)=-\infty, & \displaystyle\lim_{x\to\frac{3\pi}{2}+0} f(x)=+\infty. \end{cases}$

以上をまとめて, 増減表は次のようになる.

x	0	$\cdots$	$\frac{\pi}{2}$		$\cdots$	$\frac{7}{6}\pi$	$\cdots$	$\frac{3}{2}\pi$		$\cdots$	$\frac{11}{6}\pi$	$\cdots$	2π
$f'(x)$		$+$			$+$	0	$-$			$-$	0	$+$	
$f(x)$	2	↗	$(+\infty)$	$(-\infty)$	↗	$-\sqrt{3}$	↘	$(-\infty)$	$(+\infty)$	↘	$\sqrt{3}$	↗	2

練習　関数 $y=(1+\sin x)\cos x\ \ (0 \leqq x \leqq 2\pi)$ のグラフを書け.

(色々な関数の組み合わせ)

例⑭　$f(x) = e^{-x}\sin x\ (-2\pi \leqq x \leqq 2\pi)$ のグラフ.

$f'(x) = -e^{-x}\sin x + e^{-x}\cos x$

$\quad = e^{-x}(-\sin x + \cos x)$ であるから,

$f'(x) = 0$ の解は, $\cos x - \sin x = 0$.

つまり, $x = -\dfrac{7}{4}\pi,\ -\dfrac{3}{4}\pi,\ \dfrac{\pi}{4},\ \dfrac{5}{4}\pi$.

また, $f(\pm 2\pi) = f(\pm\pi) = f(0) = 0$.

以上をまとめて, 増減表は次のようになる.

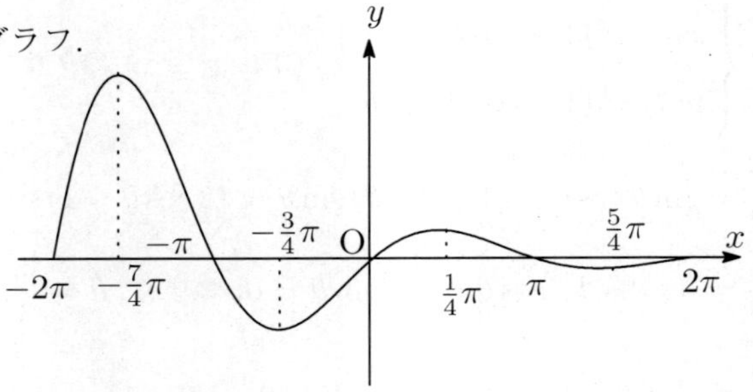

x	-2π	$\cdots$	$-\frac{7}{4}\pi$	$\cdots$	$-\frac{3}{4}\pi$	$\cdots$	$\frac{\pi}{4}$	$\cdots$	$\frac{5}{4}\pi$	$\cdots$	2π
$f'(x)$		$+$	0	$-$	0	$+$	0	$-$	0	$+$	
$f(x)$	0	↗	$f(-\frac{7}{4}\pi)$	↘	$f(-\frac{3}{4}\pi)$	↗	$f(\frac{\pi}{4})$	↘	$f(\frac{5}{4}\pi)$	↗	0

(ただし, $f(-\frac{7}{4}\pi) = \frac{1}{\sqrt{2}}e^{\frac{7}{4}\pi}$, $f(-\frac{3}{4}\pi) = -\frac{1}{\sqrt{2}}e^{\frac{3}{4}\pi}$, $f(\frac{\pi}{4}) = \frac{1}{\sqrt{2}}e^{-\frac{1}{4}\pi}$, $f(\frac{5}{4}\pi) = -\frac{1}{\sqrt{2}}e^{-\frac{5}{4}\pi}$).

練習　次の曲線のグラフを書け.

① $y = e^{x}\cos x\ (0 \leqq x \leqq 2\pi)$.　　② $y = \dfrac{e^{x}}{\sin x}\ (0 \leqq x \leqq 2\pi)$.

(媒介変数で表される曲線)

例⑮ $\begin{cases} x(\theta) = (1-\cos\theta)\cos\theta \\ y(\theta) = (1-\cos\theta)\sin\theta \end{cases}$ 　$(0 \leqq x \leqq \pi)$ のグラフ．

$$\begin{cases} \dfrac{dx}{d\theta} = \sin\theta\cos\theta - (1-\cos\theta)\sin\theta = (2\cos\theta - 1)\sin\theta. \\ \dfrac{dx}{d\theta} = 0 \text{ の解は，} \cos\theta = \dfrac{1}{2},\ \sin\theta = 0. \text{ つまり，} \theta = \dfrac{\pi}{3},\ 0,\ \pi. \end{cases}$$

$$\begin{cases} \dfrac{dy}{d\theta} = \sin^2\theta + (1-\cos\theta)\cos\theta = (2\cos\theta + 1)(1-\cos\theta). \\ \dfrac{dy}{d\theta} = 0 \text{ の解は，} \cos\theta = -\dfrac{1}{2}, 1. \text{ つまり，} \theta = 0, \dfrac{2}{3}\pi. \end{cases}$$

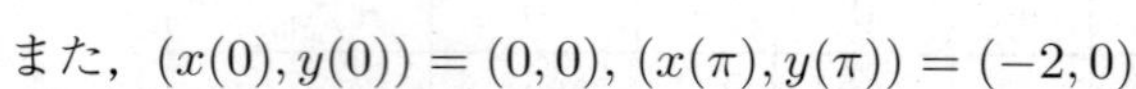

また，$(x(0), y(0)) = (0,0)$, $(x(\pi), y(\pi)) = (-2, 0)$.

以上をまとめて，増減表を次のように書く．

θ	0	$\cdots$	$\frac{\pi}{3}$	$\cdots$	$\frac{2}{3}\pi$	$\cdots$	π
$\frac{dx}{d\theta}$	0	$+$	0	$-$	$-$	$-$	0
$\frac{dy}{d\theta}$	0	$+$	$+$	$+$	0	$-$	$-$
グラフ	$(0,0)$	↗	$(\frac{1}{4}, \frac{\sqrt{3}}{4})$	↖	$(-\frac{3}{4}, \frac{3\sqrt{3}}{4})$	↙	$(-2,0)$

練習　次の曲線のグラフを書け．

① $\begin{cases} x(\theta) = \theta - 2\sin\theta \\ y(\theta) = 1 - \cos\theta \end{cases}$ 　$(0 \leqq x \leqq \pi)$.　　② $\begin{cases} x(t) = t + \dfrac{1}{t} \\ y(t) = t - \dfrac{1}{t}. \end{cases}$

グラフの応用例

実数解の個数

k を定数とする．$f(x)=k$ の実数解の個数は，$y=f(x)$ のグラフと $y=k$ の交点を調べればよい．

例⑯　k を定数とするとき，$(x-1)+\sqrt{1-x^2}=k$ の実数解の個数．

$f(x)=(x-1)+\sqrt{1-x^2}$ とし，$y=k$ との交点を調べる．

p.48 例⑧と同様にして，グラフを描くと右図のようになる．

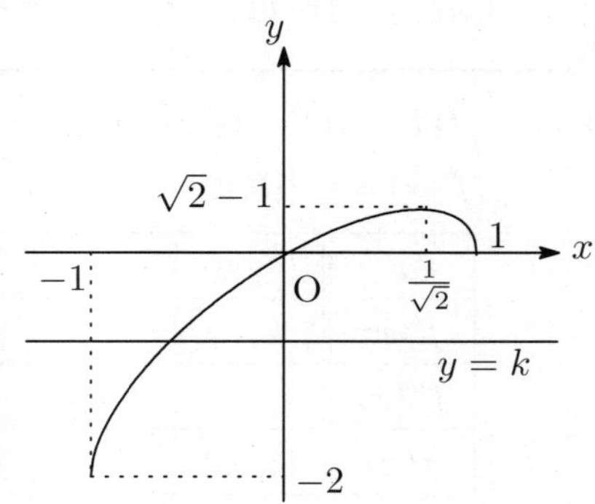

グラフから，交点の個数を判断してまとめると，

$$\begin{cases} k<-2 \text{ のとき，解の個数は } 0 \text{ 個,} \\ -2 \leqq k<0 \text{ のとき，解の個数は } 1 \text{ 個,} \\ 0 \leqq k<\sqrt{2}-1 \text{ のとき，解の個数は } 2 \text{ 個,} \\ k=\sqrt{2}-1 \text{ のとき，解の個数は } 1 \text{ 個,} \\ k>\sqrt{2}-1 \text{ のとき，解の個数は } 0 \text{ 個.} \end{cases}$$

練習　k を定数とするとき，次の方程式の実数解の個数を調べよ．

①　$x^3-3x=k$.　　②　$x\log x=k$.　　③　$e^x=kx^2$.

③Hint.　$f(x)=\dfrac{e^x}{x^2}$ と $y=k$ の交点を考えよ．

関数の凹凸，変曲点

関数 $f(x)$ が2回以上微分可能なとき，

$$\begin{cases} f''(x) > 0 \Longrightarrow \text{下に凸} \\ f''(x) < 0 \Longrightarrow \text{上に凸} \end{cases}$$

$(c,\ f(c))$ が変曲点 $\Longrightarrow f''(c) = 0$.

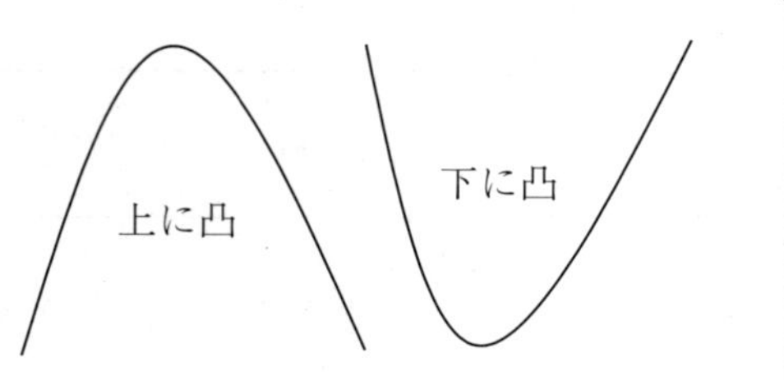

(注意)．凹凸の変化する点が，変曲点である．

例⑰　$f(x) = x^3 - 3x^2 - 9x + 1$ とすると，$f'(x) = 3(x-3)(x+1)$, $f''(x) = 6(x-1)$.
$f'(x) = 0$ の解は $x = -1, 3$. $f''(x) = 0$ の解は $x = 1$. 増減表は次のようになる．

x	$(-\infty)$	$\cdots$	-1	$\cdots$	1	$\cdots$	3	$\cdots$	$(+\infty)$
$f'(x)$		$+$	0	$-$	$-$	$-$	0	$+$	
$f''(x)$		$-$	$-$	$-$	0	$+$	$+$	$+$	
$f(x)$	$(-\infty)$	↗	$f(-1)$	↘	$f(1)$	↘	$f(3)$	↗	$(+\infty)$

$x = 1$ で変曲点 $(1, -10)$ をとり，極大値は $f(-1) = 6$, 極小値は $f(3) = -26$.

例⑱　$f(x) = e^{-x^2}$ とすると，$f'(x) = -2xe^{-x^2}$, $f''(x) = 2(2x^2-1)e^{-x^2}$.
$f'(x) = 0$ の解は $x = 0$. $f''(x) = 0$ の解は $x = \pm\dfrac{1}{\sqrt{2}}$. 定義域の端は $\displaystyle\lim_{x\to\pm\infty} f(x) = 0$.
以上をまとめて，増減表は次のようになる．

x	$(-\infty)$	$\cdots$	$-\frac{1}{\sqrt{2}}$	$\cdots$	1	$\cdots$	$\frac{1}{\sqrt{2}}$	$\cdots$	$(+\infty)$
$f'(x)$		$+$	$+$	$+$	0	$-$	$-$	$-$	
$f''(x)$		$+$	0	$-$	$-$	$-$	0	$+$	
$f(x)$	(0)	↗	$f(-\frac{1}{\sqrt{2}})$	↗	$f(0)$	↘	$f(\frac{1}{\sqrt{2}})$	↘	(0)

$x = \pm\frac{1}{\sqrt{2}}$ で変曲点 $(\pm\frac{1}{\sqrt{2}}, e^{-\frac{1}{2}})$ をとり，極大値は $f(0) = 1$.

練習　次の関数の極値，変曲点を求めよ．

①　$y = x^4 - 6x^2 + 8x + 10$.　　②　$y = 2\sin x - \sin^2 x$.

①Hint.　$y' = 4(x-1)^2(x+2)$.

例⑲　$f(x) = \dfrac{1}{1+x^2}$ のグラフ．

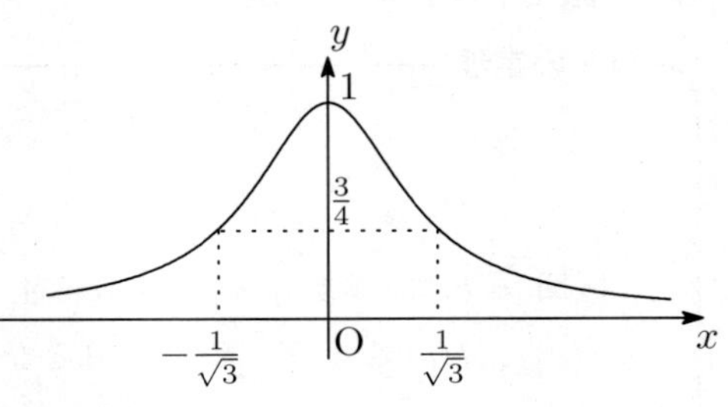

$f'(x) = -\dfrac{2x}{(1+x^2)^2}$，$f''(x) = \dfrac{2(3x^2-1)}{(1+x^2)^3}$．

$f'(x)=0$ の解は $x=0$, $f''(x)=0$ の解は $x=\pm\dfrac{1}{\sqrt{3}}$．

また，定義域の端は，$\displaystyle\lim_{x\to\pm\infty} f(x) = 0$．

以上をまとめて，増減表は次のようになる．

x	$(-\infty)$	$\cdots$	$-\frac{1}{\sqrt{3}}$	$\cdots$	0	$\cdots$	$\frac{1}{\sqrt{3}}$	$\cdots$	$(+\infty)$
$f'(x)$		$+$	$+$	$+$	0	$-$	$-$	$-$	
$f''(x)$		$+$	0	$-$	$-$	$-$	0	$+$	
$f(x)$	(0)	↗	$\frac{3}{4}$	↗	1	↘	$\frac{3}{4}$	↘	(0)

例⑳　$f(x) = \dfrac{x}{e^x}$ のグラフ．（ただし $\displaystyle\lim_{x\to+\infty}\frac{x}{e^x}=0$）．

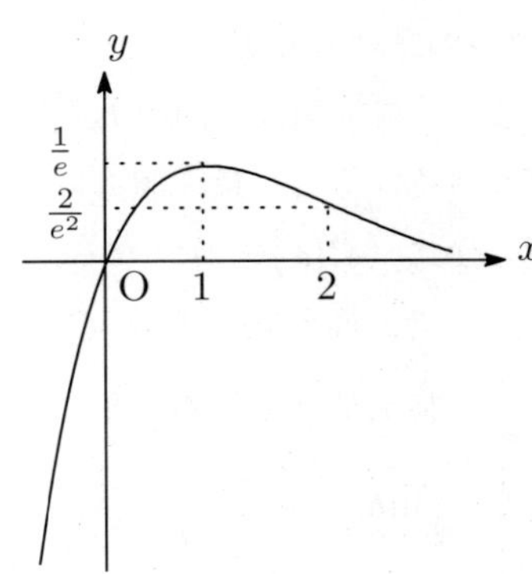

$f'(x) = \dfrac{1-x}{e^x}$，$f''(x) = \dfrac{x-2}{e^x}$ なので，$f'(x)=0$ の解は

$x=1$，$f''(x)=0$ の解は $x=2$．

また，定義域の端は，$\displaystyle\lim_{x\to-\infty} f(x) = -\infty$，$\displaystyle\lim_{x\to+\infty} f(x) = 0$．

以上をまとめて，増減表は次のようになる．

x	$(-\infty)$	$\cdots$	1	$\cdots$	2	$\cdots$	$(+\infty)$
$f'(x)$		$+$	0	$-$	$-$	$-$	
$f''(x)$		$-$	$-$	$-$	0	$+$	
$f(x)$	$(-\infty)$	↗	$\frac{1}{e}$	↘	$\frac{2}{e^2}$	↘	(0)

練習　次の関数のグラフを，凹凸を含めて書け．

①　$y = x^2\log x$（ただし，$\displaystyle\lim_{x\to+0} x\log x = 0$）．　②　$y = e^{-x}\cos x$　$(0 \leqq x \leqq 2\pi)$．

5. 微分法の様々な定理

ロルの定理

区間 $[a,b]$ で, 関数 $f(x)$ を微分可能とする.

$f(a)=f(b)$ ならば, $f'(c)=0$ となる $c\in(a,b)$ が存在する.

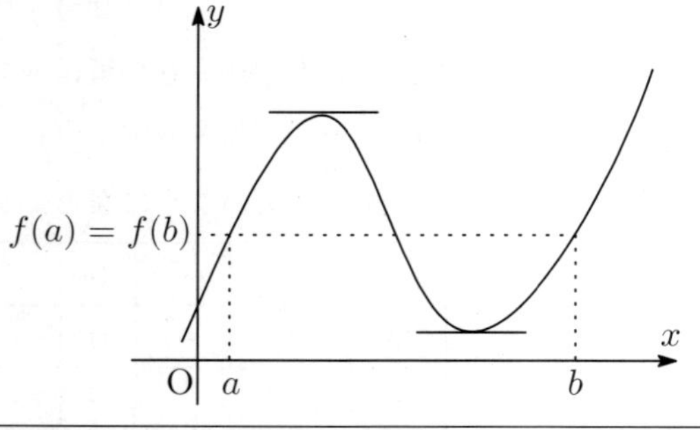

(注意) $f'(c)=0$ となる $c\in(a,b)$ は 1 つとは限らない. 上図では 2 つ存在する.

(ロルの定理の証明)

まず, 最大値, 最小値の定理 (p.11 参照) より, 最大値 $f(C)$, $C\in[a,b]$, もしくは最小値 $f(c)$, $c\in[a,b]$ が存在する. もし, 最大値も最小値も $f(a)=f(b)=k$(定数) ならば, $k\leqq f(x)\leqq k$ となり, $f(x)$ は定数関数. 明らかに, $f'(x)=0$ となる.

そこで, 最大値 $f(C)$, $C\in(a,b)$, もしくは最小値 $f(c)$, $c\in(a,b)$ が存在する場合を考えればよい.

最大値 $f(C)$ $C\in(a,b)$ が存在すれば, 片側極限はそれぞれ

$$\lim_{h\to-0}\frac{f(C+h)-f(C)}{h}\geqq 0,\qquad \lim_{h\to+0}\frac{f(C+h)-f(C)}{h}\leqq 0 \text{ である.}$$

関数 $f(x)$ は微分可能であるから, $f'(C)=0$ でなくてはならない.

同様に, 最小値 $f(c)$ $c\in(a,b)$ が存在すれば, 片側極限はそれぞれ

$$\lim_{h\to-0}\frac{f(c+h)-f(c)}{h}\leqq 0,\qquad \lim_{h\to+0}\frac{f(c+h)-f(c)}{h}\geqq 0 \text{ である.}$$

関数 $f(x)$ は微分可能であるから, $f'(c)=0$ でなくてはならない.　(証明終).

練習　次の関数について, $f(1)=f(3)$ を確かめよ. また, $f'(c)=0$ を満たす c をすべて求めよ.

① 関数 $f(x)=2x^2-8x$.

② 関数 $f(x)=x^3-7x^2+15x-9$.

ラグランジュの平均値の定理

区間 $[a,b]$ で微分可能な関数 $f(x)$ に対し，

$$\frac{f(b)-f(a)}{b-a}=f'(c)$$

となる $c\in(a,b)$ が存在する．

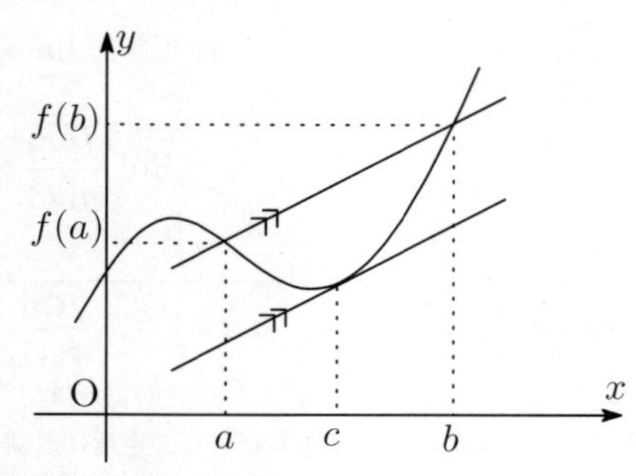

(注意) $f'(c)$ は，区間 $[a,b]$ の平均変化率と等しくなる (p.28 参照).

(注意) 勿論，$f'(c)=\dfrac{f(b)-f(a)}{b-a}$ となる $c\in(a,b)$ は，1 つとは限らない．

コーシーの平均値の定理

区間 $[a,b]$ で微分可能な関数 $f(x)$，$g(x)$ に対し，$f'(x)$ と $g'(x)$ が同時に 0 にならないとする．

そのとき，$g(a)\neq g(b)$ ならば

$$\frac{f(b)-f(a)}{g(b)-g(a)}=\frac{f'(c)}{g'(c)}$$

となる $c\in(a,b)$ が存在する．

(注意) コーシーの平均値の定理において $g(x)=x$ とすれば，ラグランジュの平均値の定理を得る．

(コーシーの平均値の定理の証明)

$h(x)=(g(b)-g(a))\cdot(f(x)-f(a))-(f(b)-f(a))\cdot(g(x)-g(a))$ とおけば，$h(a)=h(b)$ である．

よって，ロルの定理より，$h'(c)=(g(b)-g(a))\cdot f'(c)-(f(b)-f(a))\cdot g'(c)=0$ となる $c\in(a,b)$ が存在する．

$f'(c)$ と $g'(c)$ がともに 0 でないので，移項して整理すれば，$\dfrac{f(b)-f(a)}{g(b)-g(a)}=\dfrac{f'(c)}{g'(c)}$ となった (証明終).

発展　ラグランジュの平均値の定理を用いて，次の式を説明せよ．

① $a<b$ とするとき，$\sin b-\sin a\leqq b-a$.

② $\lim\limits_{x\to\infty}f'(x)$ が存在するとき，$\lim\limits_{x\to\infty}\{f(x+5)-f(x)\}=\lim\limits_{x\to\infty}5f'(x)$.

①Hint　$\dfrac{\sin b-\sin a}{b-a}=\cos c$ となる，$c\in(a,b)$ が存在する．

②Hint　$\dfrac{f(x+5)-f(x)}{(x+5)-x}=f'(c)$ となる，$c\in(x,x+5)$ が存在する．

ロピタルの定理

$\lim_{x\to a} f(x)=0$, $\lim_{x\to a} g(x)=0$ となるとき，$\lim_{x\to a}\dfrac{f'(x)}{g'(x)}$ が存在すれば，

$$\lim_{x\to a}\frac{f(x)}{g(x)}=\lim_{x\to a}\frac{f'(x)}{g'(x)}.$$

(参考) $\dfrac{f(x)}{g(x)}\to\dfrac{0}{0}$, $\dfrac{\infty}{\infty}$, $\dfrac{-\infty}{\infty}$, $\dfrac{\infty}{-\infty}$ となるとき，$\dfrac{f(x)}{g(x)}$ を不定形と呼ぶ．ロピタルの定理は，**不定形ならば成立する**．

(参考) $a=\infty$ や $a=-\infty$ のときも，ロピタルの定理は，不定形ならば成立する．

(注意) **不定形でない極限に対しては，ロピタルの定理は成立しない．**

(証明)

a を有限として，$f(a)=g(a)=0$ の場合に示しておく．

まず，コーシーの平均値の定理により，$\dfrac{f(x)-f(a)}{g(x)-g(a)}=\dfrac{f'(c)}{g'(c)}$ となる $c\in(a,x)$ が存在する．

$f(a)=g(a)=0$ であるから，$\lim_{x\to a}\dfrac{f(x)}{g(x)}=\lim_{x\to a}\dfrac{f(x)-f(a)}{g(x)-g(a)}=\lim_{c\to a}\dfrac{f'(c)}{g'(c)}$.　(証明終).

例①　$\lim_{x\to 1}\dfrac{x^3-1}{x^5-x}=\lim_{x\to 1}\dfrac{(x^3-1)'}{(x^5-x)'}=\lim_{x\to 1}\dfrac{3x^2}{5x^4-1}=\dfrac{3}{4}$.

例②　$\lim_{x\to 0}\dfrac{\sin x}{x}=\lim_{x\to 0}\dfrac{(\sin x)'}{(x)'}=\lim_{x\to 0}\dfrac{\cos x}{1}=1$.

例③　$\lim_{x\to\infty}\dfrac{x}{e^x}=\lim_{x\to\infty}\dfrac{(x)'}{(e^x)'}=\lim_{x\to\infty}\dfrac{1}{e^x}=0$.

練習　ロピタルの定理を用いて，次の極限値を計算せよ．

①　$\lim_{x\to 2}\dfrac{x^4-4x-8}{x^2-3x+2}$　　②　$\lim_{x\to\infty}\dfrac{\log x}{x}$　　③　$\lim_{x\to +0} x\log x$

③Hint. $x\log x=\dfrac{\log x}{1/x}$ として，ロピタルの定理を適用する．

(二回以上，ロピタルの定理を利用する例)

例①　$\displaystyle\lim_{x\to 0}\frac{\sin x - x}{x^3} = \lim_{x\to 0}\frac{\cos x - 1}{3x^2} = \lim_{x\to 0}\frac{-\sin x}{6x} = \lim_{x\to 0}\frac{-\cos x}{6} = -\frac{1}{6}.$

例②　$\displaystyle\lim_{x\to\infty}\frac{e^x}{x^2} = \lim_{x\to\infty}\frac{e^x}{2x} = \lim_{x\to\infty}\frac{e^x}{2} = \infty.$

練習　ロピタルの定理を用いて，次の極限値を計算せよ．

①　$\displaystyle\lim_{x\to 1}\frac{(x^4-1)(x^3-x)}{(x-1)^2}$　②　$\displaystyle\lim_{x\to 0}\frac{\cos 4x - 1}{x^2}$　③　$\displaystyle\lim_{x\to 1}\frac{x\log x - (x-1)}{(x-1)\log x}$

(式変形を利用する例)

例③　$\displaystyle\lim_{x\to\infty}(1+x)^{\frac{1}{x}}$ を計算する（e ではない！）．

対数をとって計算すれば，

$$\log\left(\lim_{x\to\infty}(1+x)^{\frac{1}{x}}\right) = \lim_{x\to\infty}\log(1+x)^{\frac{1}{x}} = \lim_{x\to\infty}\frac{\log(1+x)}{x} = \lim_{x\to\infty}\frac{\left(\frac{1}{1+x}\right)}{1} = 0.$$

$\log 1 = 0$ を考えて，$\displaystyle\lim_{x\to\infty}(1+x)^{\frac{1}{x}} = 1$ となる．

発展　$a,\ b,\ c$ を正の定数とする．

①　$\displaystyle\left\{\log\left(\frac{a^x+b^x+c^x}{3}\right)\right\}'$ を計算せよ．　②　$\displaystyle\lim_{x\to 0}\left(\frac{a^x+b^x+c^x}{3}\right)^{\frac{3}{x}} = abc$ を示せ．

①Hint．$(a^x)' = (\log a)a^x$ である．あとは，合成関数の微分法を利用．

テイラーの定理

$f(x)$ を, 区間 $[a,\ b]$ で n 回微分可能な関数とする．そのとき，$x \in [a,\ b]$ に対して，

$$f(x) = f(a) + f'(a)(x-a) + \frac{1}{2!}f''(a)(x-a)^2 + \frac{1}{3!}f'''(a)(x-a)^3 + \cdots + \frac{1}{(n-1)!}f^{(n-1)}(a)(x-a)^{n-1} + \frac{1}{n!}f^{(n)}(c)(x-a)^n$$

となる $c \in (a, x)$ が存在する．

(注意)　全く同様に，$f(x)$ が区間 $[b,\ a]$ で n 回微分可能であれば，上の式を満たす $c \in (x, a)$ が存在する．

(参考)　$\frac{1}{n!}f^{(n)}(c)(x-a)^n$ を (ラグランジュの) 剰余項とよぶ．

(テイラーの定理の証明)

$$\begin{cases} g(x) = f(x) - f(a) - f'(a)(x-a) - \frac{1}{2!}f''(a)(x-a)^2 - \cdots - \frac{1}{(n-1)!}f^{(n-1)}(a)(x-a)^{n-1} \\ h(x) = (x-a)^n \end{cases}$$

とおく．すると，$g(a) = g'(a) = g''(a) = \cdots = g^{(n-1)}(a) = 0$，$h(a) = h'(a) = h''(a) = \cdots = h^{(n-1)}(a) = 0$ に注意して，コーシーの平均値の定理を繰り返して用いれば，

$$\frac{g(x)}{h(x)} = \frac{g(x)-g(a)}{h(x)-h(a)} = \frac{g'(x_1)-g'(a)}{h'(x_1)-h'(a)} = \frac{g''(x_2)-g''(a)}{h''(x_2)-h''(a)} = \cdots = \frac{g^{(n-1)}(x_{n-1})-g^{(n-1)}(a)}{h^{(n-1)}(x_{n-1})-h^{(n-1)}(a)} = \frac{g^{(n)}(x_n)}{h^{(n)}(x_n)}$$

となる $x_1 \in (a, x)$，$x_2 \in (a, x_1)$，$\cdots$，$x_n \in (a, x_{n-1})$ が存在する．

$g^{(n)}(x_n) = f^{(n)}(x_n)$，$h^{(n)}(x_n) = n!$ であるから，$\frac{g(x)}{h(x)} = \frac{g^{(n)}(x_n)}{h^{(n)}(x_n)} = \frac{f^{(n)}(x_n)}{n!}$.

$x_n = c$ として，$g(x) = \frac{f^{(n)}(c)}{n!}h(x)$ となった．(証明終).

発展　$g(x) = f(x) - f(a) - f'(a)(x-a) - \frac{1}{2!}f''(a)(x-a)^2$，$h(x) = (x-a)^3$ とする．

① $g(a) = g'(a) = g''(a) = 0$，$g'''(a) = f'''(a)$ を確かめよ．

② $h(a) = h'(a) = h''(a) = 0$，$h'''(a) = 3!$ を確かめよ．

例①　$f(x)=\sin x$ を，3 次の項 (剰余項をいれて 4 項) まで計算する．

$(\sin x)'=\cos x$，$(\sin x)''=-\sin x$，$(\sin x)^{(3)}=-\cos x$，$(\sin x)^{(4)}=\sin x$ であるから，

$$\sin x=\sin a+(\cos a)\cdot(x-a)-\frac{1}{2!}(\sin a)\cdot(x-a)^2-\frac{1}{3!}(\cos a)\cdot(x-a)^3+\frac{1}{4!}(\sin c)\cdot(x-a)^4.$$

とくに，$a=0$ とすれば，

$$\sin x=x-\frac{1}{3!}x^3+\frac{1}{4!}(\sin c)x^4.$$

例②　$f(x)=e^x$ を，$n-1$ 次の項 (剰余項をいれて n 項) まで計算する．

$(e^x)'=(e^x)''=\cdots=(e^x)^{(n)}=e^x$ であるから，

$$e^x=e^a+e^a(x-a)+\frac{1}{2!}e^a(x-a)^2+\cdots+\frac{1}{(n-1)!}e^a(x-a)^{n-1}+\frac{1}{n!}e^c(x-a)^n.$$

とくに，$a=0$ とすれば，

$$e^x=1+x+\frac{1}{2!}x^2+\cdots+\frac{1}{(n-1)!}x^{n-1}+\frac{1}{n!}e^cx^n.$$

練習　前頁のテイラーの定理を用いて，$f(x)=\cos x$ を 3 次の項 (剰余項をいれて 4 項) まで計算せよ．とくに，$a=0$ としたときの式も求めよ．

(略解)　$\cos x=\cos a-(\sin a)\cdot(x-a)-\frac{1}{2!}(\cos a)\cdot(x-a)^2+\frac{1}{3!}(\sin a)\cdot(x-a)^3+\frac{1}{4!}(\cos c)\cdot(x-a)^4.$

$\cos x=1-\frac{1}{2!}x^2+\frac{1}{4!}(\cos c)x^4.$

練習　前頁のテイラーの定理を用いて，$f(x)=\log x$ を $n-1$ 次の項 (剰余項をいれて n 項) まで計算せよ．とくに，$a=1$ としたときの式も求めよ．

テイラー展開

テイラーの定理において，$\displaystyle\lim_{n\to\infty}\frac{1}{n!}f^{(n)}(c)(x-a)^n=0$ ならば，

$$f(x)=f(a)+f'(a)(x-a)+\frac{1}{2!}f''(a)(x-a)^2+\cdots+\frac{1}{n!}f^{(n)}(a)(x-a)^n+\cdots.$$

マクローリン展開

テイラー展開で，とくに $a=0$ のときをマクローリン展開とよび，

$$f(x)=f(0)+f'(0)\cdot x+\frac{1}{2!}f''(0)\cdot x^2+\cdots+\frac{1}{n!}f^{(n)}(0)\cdot x^n+\cdots.$$

$f(x)=e^x,\sin x,\cos x$ では，$\displaystyle\lim_{n\to\infty}\frac{1}{n!}f^{(n)}(c)x^n=0$ に注意して，

例①　e^x のマクローリン展開

$$e^x=1+x+\frac{1}{2!}x^2+\frac{1}{3!}x^3+\cdots+\frac{1}{n!}x^n+\cdots.$$

例②　$\sin x$ のマクローリン展開

$$\sin x=x-\frac{1}{3!}x^3+\frac{1}{5!}x^5-\frac{1}{7!}x^7+\cdots+(-1)^n\frac{1}{(2n+1)!}x^{2n+1}+\cdots.$$

例③　$\cos x$ のマクローリン展開

$$\cos x=1-\frac{1}{2!}x^2+\frac{1}{4!}x^4-\frac{1}{6!}x^6+\cdots+(-1)^n\frac{1}{(2n)!}x^{2n}+\cdots.$$

練習　$f(x)=\dfrac{1}{1-x}$ とする．

①　$f^{(n)}(x)=\dfrac{n!}{(1-x)^{n+1}}$ を確かめよ．　②　$f(x)$ のマクローリン展開を求めよ．

マクローリン展開の応用

例④　$e^{2x} = e^x \cdot e^x$ の利用.

$$\begin{aligned} e^{2x} &= 1 + 2x + \frac{1}{2!}(2x)^2 + \frac{1}{3!}(2x)^3 + \cdots + \frac{1}{n!}(2x)^n + \cdots \\ &= (1 + x + \frac{1}{2!}x^2 + \frac{1}{3!}x^3 + \cdots + \frac{1}{n!}x^n + \cdots)(1 + x + \frac{1}{2!}x^2 + \frac{1}{3!}x^3 + \cdots + \frac{1}{n!}x^n + \cdots) \end{aligned}$$

例えば, 右辺を展開して x^n の係数を比較してみると,[5]

$$\frac{1}{n!}2^n = \frac{1}{n!} + \frac{1}{(n-1)!} + \frac{1}{2!(n-2)!} + \frac{1}{3!(n-3)!} + \cdots + \frac{1}{(n-1)!} + \frac{1}{n!}.$$

両辺を $n!$ 倍して, 組み合わせの数 ${}_n\mathrm{C}_k = \dfrac{n!}{k!(n-k)!}$ を利用すれば,

$$2^n = {}_n\mathrm{C}_0 + {}_n\mathrm{C}_1 + {}_n\mathrm{C}_2 + \cdots + {}_n\mathrm{C}_{n-1} + {}_n\mathrm{C}_n \ (2\text{ 項定理}).$$

発展　$\cos^2 x = \dfrac{1 + \cos 2x}{2}$ (半角の公式 p.16 参照) を利用して，$\cos^2 x$ のマクローリン展開を求めよ.

例⑤(オイラーの公式)　$e^{i\theta} = \cos\theta + i\sin\theta$　(ただし，$i = \sqrt{-1}$ (虚数単位)).

(証明) $e^x = 1 + x + \dfrac{1}{2!}x^2 + \dfrac{1}{3!}x^3 + \dfrac{1}{4!}x^4 + \dfrac{1}{5!}x^5 + \cdots$ であるから,

$$\begin{aligned} e^{i\theta} &= 1 + i\theta + \frac{1}{2!}(i\theta)^2 + \frac{1}{3!}(i\theta)^3 + \frac{1}{4!}(i\theta)^4 + \frac{1}{5!}(i\theta)^5 + \cdots \\ &= 1 + i\theta - \frac{1}{2!}\theta^2 - i\frac{1}{3!}\theta^3 + \frac{1}{4!}\theta^4 + i\frac{1}{5!}\theta^5 + \cdots \\ &= \left(1 - \frac{1}{2!}\theta^2 + \frac{1}{4!}\theta^4 + \cdots\right) + i\left(\theta - \frac{1}{3!}\theta^3 + \frac{1}{5!}\theta^5 + \cdots\right) = \cos\theta + i\sin\theta. \end{aligned}$$

発展　①　オイラーの公式を用いて，$e^{i\pi}$ を簡単にせよ.

②　$e^{i(\theta_1+\theta_2)} = e^{i\theta_1} \cdot e^{i\theta_2}$ を用いて，加法定理 (p.16 参照) を説明せよ.

[5] 無限和の展開と，無限和の順序を交換して良いことは，明らかでない．しかし，べき級数と呼ばれる場合には，微分積分も含めて，自由に計算できることが示されている (5 章 p.225 参照).

6.　積分法の基礎

不定積分 (原始関数)

関数 $f(x)$ を連続関数とする．$F'(x) = f(x)$ となる関数 $F(x)$ を原始関数と呼び，次のように書く．

$$F(x) = \int f(x)\,dx.$$

(参考) 関数 $f(x)$ が連続でない場合は，不定積分と原始関数の定義は異なることが知られている (5 章 p.221 参照).

基本公式（その１）

次の積分の公式が成立する．

$$\begin{cases} \displaystyle\int x^n\,dx = \frac{1}{n+1}x^{n+1} + C \quad (n \neq -1 \text{ のとき}) \\ \displaystyle\int x^{-1}\,dx = \log|x| + C \\ \displaystyle\int e^x\,dx = e^x + C \end{cases} \qquad \begin{cases} \displaystyle\int \sin x\,dx = -\cos x + C \\ \displaystyle\int \cos x\,dx = \sin x + C. \end{cases}$$

(参考) 不定積分には，任意定数 C が現れる．この定数 C を積分定数と呼ぶ．

例①　$(x^3)' = 3x^2$ であるから，$\displaystyle\int 3x^2\,dx = x^3 + C.$

例②　$(x\log x - x)' = \log x$ であるから，$\displaystyle\int \log x\,dx = x\log x - x + C.$

練習　上の例のようにして，次のことを確かめよ．

①　$\displaystyle\int x^2\,dx = \frac{1}{3}x^3 + C.$　②　$\displaystyle\int xe^x\,dx = xe^x - e^x + C.$　③　$\displaystyle\int \tan t\,dt = -\log|\cos t| + C.$

基本公式（その 2）

$f(x)$, $g(x)$ を連続関数, c を定数とすると，次の積分の公式が成立する．

$$\int f(x) + g(x)\, dx = \int f(x)\, dx + \int g(x)\, dx,$$

$$\int cf(x)\, dx = c\int f(x)\, dx.$$

例①　$\displaystyle\int (5x^3 - 3\cos x)\, dx = 5\left(\frac{1}{4}x^4\right) - 3\sin x + C = \frac{5}{4}x^4 - 3\sin x + C.$

例②　$\displaystyle\int (7e^x - \sin x + 3x^{\frac{1}{2}})\, dx = 7e^x + \cos x + 3\left(\frac{2}{3}x^{\frac{3}{2}}\right) + C = 7e^x + \cos x + 2x^{\frac{3}{2}} + C.$

練習　次の積分の計算をおこなえ．

①　$\displaystyle\int (-2x^2 + 4x)\, dx$　②　$\displaystyle\int (3\cos x - 2e^x)\, dx$　③　$\displaystyle\int \left(\frac{3}{t} + 2\sin t\right) dt$

④　$\displaystyle\int \left(t + \frac{1}{t}\right)^2 dt$　⑤　$\displaystyle\int \left(3\sqrt{x} - 2x^{\frac{2}{3}}\right)\, dx$

置換積分

$g(x) = u$ とおけば，$g'(x)\,dx = du$ であるから，

$$\int f(g(x))g'(x)\,dx = \int f(u)\,du.$$

$g'(x) = \dfrac{du}{dx}$ であるから，分数のように分母を払ったと見れば，$g'(x)dx = du$.（置換積分の厳密な証明は，5 章 p.221 参照）

例①
$$\int \sin 2x\,dx = \int \sin u \cdot \frac{du}{2} \qquad \left(2x = u \text{ とおくと } 2\,dx = du \text{ であるので，} dx = \frac{du}{2}\right)$$
$$= -\frac{\cos u}{2} + C$$
$$= -\frac{\cos 2x}{2} + C.$$

例②
$$\int (3x+5)^7\,dx = \int u^7 \cdot \frac{du}{3} \qquad \left(3x+5 = u \text{ とおくと } 3\,dx = du \text{ であるので，} dx = \frac{du}{3}\right)$$ [6]
$$= \frac{u^8}{8 \cdot 3} + C$$
$$= \frac{(3x+5)^8}{24} + C.$$

練習　次の積分を計算せよ．

①　$\int \cos 2x\,dx$　　②　$\int (7x+3)^5\,dx$　　③　$\int e^{5x+2}\,dx$

[6] a, b を定数．$\int f(x)\,dx = F(x) + C$ とすると，$\int f(ax+b)\,dx = \dfrac{1}{a}F(ax+b) + C$.

例①
$$\int (2x+1)e^{x^2+x}\,dx = \int e^u\,du \qquad (x^2+x=u \text{ とおくと } (2x+1)\,dx = du \text{ である})$$
$$= e^u + C$$
$$= e^{x^2+x} + C.$$

例②
$$\int \frac{\sin x}{\cos x}\,dx = \int \frac{-1}{u}\,du \qquad (\cos x = u \text{ とおくと } -\sin x\,dx = du \text{ であるので}, \sin x\,dx = -du)$$
$$= -\log|u| + C$$
$$= -\log|\cos x| + C.$$

例③
$$\int x\sqrt{x^2+3}\,dx = \int \sqrt{u}\cdot\frac{du}{2} \qquad (x^2+3=u \text{ とおくと } 2x\,dx = du \text{ であるから，} x\,dx = \frac{du}{2})$$
$$= \int u^{\frac{1}{2}}\cdot\frac{du}{2}$$
$$= \frac{2}{3\cdot 2}u^{\frac{3}{2}} + C$$
$$= \frac{1}{3}(x^2+3)^{\frac{3}{2}} + C.$$

練習　次の積分を計算せよ．

① $\int (3x^2+2)e^{x^3+2x}\,dx$　② $\int \cos^5 x\cdot\sin x\,dx$　③ $\int \frac{x}{x^2+1}\,dx$

①Hint. $x^3+2x=u$ とおく．
②Hint. $\cos x = u$ とおく．
③Hint. $x^2+1=u$ とおく．

部分積分

次の公式が成立する．

$$\int f(x)g'(x)\,dx = f(x)g(x) - \int f'(x)g(x)\,dx.$$

積の微分法より，$\{f(x)g(x)\}' = f'(x)g(x) + f(x)g'(x)$ であるから，$f(x)g'(x) = \{f(x)g(x)\}' - f'(x)g(x)$．
両辺を積分すれば，上の公式を得る．

例①　$\displaystyle\int x\cos x\,dx = x\cdot\sin x - \int 1\cdot\sin x\,dx$　　$(f(x)=x,\ g'(x)=\cos x$ とおいた$)$

$$= x\sin x + \cos x + C.$$

例②　$\displaystyle\int x^3\log x\,dx = \frac{1}{4}x^4\cdot\log x - \int \frac{1}{4}x^4\cdot\frac{1}{x}\,dx$　　$(f(x)=\log x,\ g'(x)=x^3$ とおいた$)$

$$= \frac{1}{4}x^4\log x - \int \frac{1}{4}x^3\,dx$$

$$= \frac{1}{4}x^4\log x - \frac{1}{16}x^4 + C.$$

練習　次の積分を計算せよ．

①　$\displaystyle\int xe^x\,dx$　　②　$\displaystyle\int (2x+1)\sin x\,dx$　　③　$\displaystyle\int \log x\,dx$

③Hint. $f(x)=\log x,\ \ g'(x)=1$ とおいて計算すると，答は，$\displaystyle\int \log x\,dx = x\log x - x + C$．

(応用その1) 二回以上，部分積分するもの

例①
$$\int x^2\cos 2x\,dx = x^2\cdot\left(\frac{1}{2}\sin 2x\right) - \int 2x\cdot\left(\frac{1}{2}\sin 2x\right)dx \qquad (f(x)=x^2,\ g'(x)=\cos 2x \text{ とおいた})$$
$$= \frac{1}{2}x^2\sin 2x - \int x\cdot\sin 2x\,dx$$
$$= \frac{1}{2}x^2\sin 2x - \left\{x\cdot\left(-\frac{1}{2}\cos 2x\right) - \int 1\cdot\left(-\frac{1}{2}\cos 2x\right)dx\right\}$$
$$= \frac{1}{2}x^2\sin 2x - \left(-\frac{1}{2}x\cos 2x + \frac{1}{4}\sin 2x\right) + C$$
$$= \frac{1}{2}x^2\sin 2x + \frac{1}{2}x\cos 2x - \frac{1}{4}\sin 2x + C.$$

例②
$$\int(\log x)^2\,dx = x\cdot(\log x)^2 - \int x\cdot\left(\frac{2}{x}\log x\right)dx \qquad (f(x)=(\log x)^2,\ g'(x)=1 \text{ とおいた})$$
$$= x(\log x)^2 - 2\int\log x\,dx$$
$$= x(\log x)^2 - 2\left(x\cdot\log x - \int x\cdot\frac{1}{x}\,dx\right)$$
$$= x(\log x)^2 - 2\,(x\cdot\log x - x) + C$$
$$= x(\log x)^2 - 2x\log x + 2x + C.$$

練習　次の積分を計算せよ．

① $\int x^2e^{2x}\,dx$　　② $\int x(\log x)^2\,dx$

(応用その 2) 二回以上，部分積分するもの

例③　$I = \int e^x \cos x \, dx$ とおくと，

$$\begin{aligned} I &= \int e^x \cos x \, dx \\ &= e^x \cos x - \int e^x(-\sin x) \, dx \qquad (f(x) = \cos x,\ g'(x) = e^x \text{ とおいた}) \\ &= e^x \cos x + \int e^x \sin x \, dx \\ &= e^x \cos x + \left(e^x \sin x - \int e^x \cos x \, dx \right) \\ &= e^x \cos x + e^x \sin x - I \end{aligned}$$

つまり，$2I = e^x(\sin x + \cos x) + C$.

積分定数を考慮して，$\int e^x \cos x \, dx = \frac{1}{2} e^x (\sin x + \cos x) + C$.

練習　次の積分を計算せよ．

① $\int e^{-x} \cos 2x \, dx$　　② $\int e^{2x} \sin x \, dx$

色々な積分 (部分分数分解の利用)

例① $\displaystyle\int \frac{1}{x(x+1)}\,dx$ の計算.

$\displaystyle\frac{1}{x(x+1)} = \frac{1}{x} - \frac{1}{x+1}$ なので

$$\int \frac{1}{x(x-1)}\,dx = \int\left(\frac{1}{x} - \frac{1}{x+1}\right)dx = \log|x| - \log|x+1| + C.$$

② $\displaystyle\int \frac{1}{x(x+1)^2}\,dx$ の計算.

$\displaystyle\frac{1}{(x+1)^2x} = \frac{l}{x+1} + \frac{m}{(x+1)^2} + \frac{n}{x}$ とおく.

通分して分子を比較すると, $1 = lx(x+1) + mx + n(x+1)^2$.

さらに整理すれば, $(l+n)x^2 + (l+m+2n)x + (n-1) = 0$.

x についての恒等式なので, $l+n = l+m+2n = n-1 = 0$. よって, $l = m = -1$, $n = 1$.

ゆえに,

$$\int \frac{1}{x(x+1)^2}\,dx = \int\left(-\frac{1}{x+1} - \frac{1}{(x+1)^2} + \frac{1}{x}\right)dx = -\log|x+1| + \frac{1}{x+1} + \log|x| + C.$$

練習　次の積分を計算せよ.

① $\displaystyle\int \frac{3}{(x-2)(x+1)}\,dx$　　② $\displaystyle\int \frac{1}{x^2(x-2)}\,dx$

②Hint. $\displaystyle\frac{1}{x^2(x-2)} = \frac{l}{x} + \frac{m}{x^2} + \frac{n}{x-2}$ とおいて, 定数 l, m, n を定める.

色々な積分 (三角関数の相互関係，半角の公式の利用 (p.14 ～ p.16 参照))

例①
$$\int \sin^2 x\,dx = \int \frac{1-\cos 2x}{2}\,dx \qquad \text{(半角の公式)}$$
$$= \frac{1}{2}x - \frac{1}{4}\sin 2x + C.$$

②
$$\int \frac{1}{\cos x}\,dx = \int \frac{\cos x}{\cos^2 x}\,dx = \int \frac{\cos x}{1-\sin^2 x}\,dx \qquad (\sin^2 x + \cos^2 x = 1 \text{ を利用})$$
$$= \frac{1}{2}\int \left(\frac{\cos x}{1-\sin x} + \frac{\cos x}{1+\sin x}\right) dx \qquad \text{(部分分数分解を利用 (p.71 参照))}$$
$$= \frac{1}{2}\int \left(\frac{1}{1-u} + \frac{1}{1+u}\right) du \qquad (\sin x = u \text{ とおくと } \cos x\,dx = du)$$
$$= \frac{1}{2}\left(-\log|1-u| + \log|1+u|\right) + C$$
$$= \frac{1}{2}\left(-\log|1-\sin x| + \log|1+\sin x|\right) + C.$$

練習　次の積分を計算せよ．

① $\displaystyle\int \cos^2 x\,dx$　② $\displaystyle\int \frac{1}{\sin x}\,dx$　③ $\displaystyle\int \sin^3 x\,dx$

③Hint.　$\sin^3 x = (1-\cos^2 x)\sin x$.

色々な積分 (積和の公式の利用 (p.17 参照))

例① $\displaystyle\int \sin 2x\cos x\,dx = \frac{1}{2}\int(\sin 3x + \sin x)\,dx$　　(積和の公式)

$$= \frac{1}{2}\int \sin 3x\,dx + \frac{1}{2}\int \sin x\,dx$$

$$= -\frac{1}{6}\cos 3x - \frac{1}{2}\cos x + C.$$

② $\displaystyle\int \cos 3x\cos 2x\,dx = \frac{1}{2}\int(\cos 5x + \cos x)\,dx$　　(積和の公式)

$$= \frac{1}{2}\int \cos 5x\,dx + \frac{1}{2}\int \cos x\,dx$$

$$= \frac{1}{10}\sin 5x + \frac{1}{2}\sin x + C.$$

練習　次の積分を計算せよ.

① $\displaystyle\int \sin 3x\cos 2x\,dx$　　② $\displaystyle\int \sin 5x\sin 3x\,dx$

定積分

連続関数 $f(x)$ に対し, 原始関数を $F(x)$ とする．そのとき，$f(x)$ の定積分を，次の式で定義する．

$$\int_a^b f(x)\,dx = [F(x)]_a^b = F(b) - F(a).$$

不定積分の基本公式 (p.64, 65 参照) は，もちろん利用してよい．

例① $\displaystyle\int_0^\pi 2x + \sin x\,dx = \Big[x^2 - \cos x\Big]_0^\pi = (\pi^2 - \cos\pi) - (0^2 - \cos 0) = \pi^2 + 2.$

② $\displaystyle\int_1^e \frac{x^2+1}{x}\,dx = \Big[\frac{1}{2}x^2 + \log x\Big]_1^e = \Big(\frac{1}{2}\cdot e^2 + \log e\Big) - \Big(\frac{1}{2}\cdot 1 + \log 1\Big) = \frac{1}{2}e^2 + \frac{1}{2}.$

③ $\displaystyle\int_1^4 \sqrt{x} + x^{-\frac{3}{2}}\,dx = \Big[\frac{2}{3}x^{\frac{3}{2}} - 2x^{-\frac{1}{2}}\Big]_1^4 = \Big(\frac{2}{3}\cdot 4^{\frac{3}{2}} - 2\cdot 4^{-\frac{1}{2}}\Big) - \Big(\frac{2}{3}\cdot 1^{\frac{3}{2}} - 2\cdot 1^{-\frac{1}{2}}\Big) = \frac{17}{3}.$

練習　次の定積分を計算せよ．

① $\displaystyle\int_1^4 (x-1)(x-4)\,dx$　② $\displaystyle\int_2^1 \Big(x + \frac{1}{x}\Big)^2 dx$　③ $\displaystyle\int_1^2 \frac{x-1}{\sqrt[3]{x}}\,dx$

④ $\displaystyle\int_\pi^0 3\cos x - 2e^x\,dx$　⑤ $\displaystyle\int_{-\pi}^\pi \Big(\sin\frac{x}{2} + \cos\frac{x}{2}\Big)^2 dx$

⑤Hint. $\displaystyle\Big(\sin\frac{x}{2} + \cos\frac{x}{2}\Big)^2 = 1 + 2\sin\frac{x}{2}\cdot\cos\frac{x}{2} = 1 + \sin x.$

置換積分

$g(x)=u$ とおけば $g'(x)\,dx=du$ であり，積分区間の対応を考えて，

$$\int_a^b f(g(x))g'(x)\,dx=\int_{g(a)}^{g(b)} f(u)\,du.$$

x	a	$\to$	b
u	$g(a)$	$\to$	$g(b)$

例④　$\displaystyle\int_{-1}^0 (2x+1)^3\,dx$ の計算．

$$\int_{-1}^0 (2x+1)^3\,dx=\int_{-1}^1 u^3\cdot\frac{du}{2}$$
$$=\left[\frac{u^4}{8}\right]_{-1}^1=0.$$

$\Leftarrow$ $2x+1=u$ とおくと $dx=\dfrac{du}{2}$

x	-1	↗	0
u	-1	↗	1

例⑤　$\displaystyle\int_0^{\frac{\pi}{2}} \sin^2 x\cos x\,dx$ の計算．

$$\int_0^{\frac{\pi}{2}} \sin^2 x\cos x\,dx=\int_0^1 u^2\,dx$$
$$=\left[\frac{u^3}{3}\right]_0^1=\frac{1}{3}.$$

$\Leftarrow$ $\sin x=u$ とおくと $\cos x\,dx=du$

x	0	↗	$\frac{\pi}{2}$
u	0	↗	1

練習　次の定積分を計算せよ．

① $\displaystyle\int_0^1 (3x+1)^3\,dx$　② $\displaystyle\int_0^2 2x\cdot(x^2+1)^{-1}\,dx$　③ $\displaystyle\int_0^{\frac{\pi}{2}} \sin^3 x\cos x\,dx$

④ $\displaystyle\int_0^{\frac{\pi}{2}} \frac{\sin x}{2+\cos x}\,dx$　⑤ $\displaystyle\int_0^{\frac{\pi}{2}} \cos^3 x\,dx$

部分積分

次の公式が成立する．

$$\int_a^b f(x)g'(x)\,dx = \Big[f(x)g(x)\Big]_a^b - \int_a^b f'(x)g(x)\,dx.$$

例⑥ $\displaystyle\int_0^1 xe^x\,dx = \Big[xe^x\Big]_0^1 - \int_0^1 1e^x\,dx$　　$(f(x)=x,\ g'(x)=e^x$ とおいた$)$

$\displaystyle\qquad = \Big[xe^x - e^x\Big]_0^1 = 1.$

例⑦ $\displaystyle\int_0^{\frac{\pi}{2}} (x+2)\cos x\,dx = \Big[(x+2)\sin x\Big]_0^{\frac{\pi}{2}} - \int_0^{\frac{\pi}{2}} 1\cdot\sin x\,dx$　　$(f(x)=x+2,\ g'(x)=\cos x$ とおいた$)$

$\displaystyle\qquad = \Big[(x+2)\sin x + \cos x\Big]_0^{\frac{\pi}{2}} = \frac{\pi}{2}+1.$

練習　次の定積分を計算せよ．

① $\displaystyle\int_0^1 (2x+1)e^x\,dx$　　② $\displaystyle\int_0^{\frac{\pi}{4}} x\cdot\sin x\,dx$　　③ $\displaystyle\int_1^2 x^3\log x\,dx$

④ $\displaystyle\int_0^1 x^2e^{2x}\,dx$　　⑤ $\displaystyle\int_{-\pi}^{\pi} x^2\cos x\,dx$

$\sqrt{a^2-x^2}$ の形の積分

$\sqrt{a^2-x^2}$ の形を含む積分は，$x=a\sin\theta$ $(-\frac{\pi}{2}\leqq\theta\leqq\frac{\pi}{2})$ と置換積分する．

例⑧　$\displaystyle\int_0^1\sqrt{4-x^2}\,dx$ の計算．

$x=2\sin\theta$ とおくと $dx=2\cos x\,d\theta$．積分区間の対応は，

x	0	↗	1
θ	0	↗	$\frac{\pi}{6}$

よって，$\displaystyle\int_0^1\sqrt{4-x^2}\,dx=\int_0^{\frac{\pi}{6}}\sqrt{(4-4\sin^2\theta)}\cdot 2\cos\theta\,d\theta$

$$=\int_0^{\frac{\pi}{6}}(2\cos\theta)(2\cos\theta)\,d\theta \qquad \Leftarrow \text{相互関係 } \cos^2\theta=1-\sin^2\theta$$

$$=\int_0^{\frac{\pi}{6}}4\cos^2\theta\,d\theta$$

$$=\int_0^{\frac{\pi}{6}}2(1+\cos 2\theta)\,d\theta \qquad \Leftarrow \text{半角の公式 } \cos^2\theta=\frac{1}{2}(1+\cos 2\theta)$$

$$=\Big[2\theta+\sin 2\theta\Big]_0^{\frac{\pi}{6}}=\frac{\pi}{3}+\frac{\sqrt{3}}{2}.$$

練習　次の定積分を計算せよ．

①　$\displaystyle\int_0^3\sqrt{9-x^2}\,dx$　　②　$\displaystyle\int_{-1}^0\frac{1}{\sqrt{4-x^2}}\,dx$　　③　$\displaystyle\int_{-2}^4\sqrt{8+2x-x^2}\,dx$

③Hint. $\displaystyle\int_{-2}^4\sqrt{8+2x-x^2}\,dx=\int_{-2}^4\sqrt{9-(x-1)^2}\,dx$ となり，$(x-1)=3\sin\theta$ と置換する

$\dfrac{1}{a^2+x^2}$ の形の積分

$\dfrac{1}{a^2+x^2}$ の形を含む積分は，$x = a\tan\theta \ \left(-\dfrac{\pi}{2} \leqq \theta \leqq \dfrac{\pi}{2}\right)$ と置換積分する．

例⑨　$\displaystyle\int_0^1 \frac{1}{1+x^2}\,dx$ の計算．

$x = \tan\theta$ とおくと $dx = \dfrac{1}{\cos^2\theta}\,d\theta$．積分区間の対応は，

x	0	↗	1
θ	0	↗	$\frac{\pi}{4}$

よって，
$$\int_0^1 \frac{1}{1+x^2}\,dx = \int_0^{\frac{\pi}{4}} \frac{1}{1+\tan^2\theta}\left(\frac{1}{\cos^2\theta}\right)d\theta$$
$$= \int_0^{\frac{\pi}{4}} 1\,d\theta \qquad \Leftarrow \text{ 相互関係 } 1+\tan^2\theta = \frac{1}{\cos^2\theta}$$
$$= \Big[\theta\Big]_0^{\frac{\pi}{4}} = \frac{\pi}{4}.$$

練習　次の定積分を計算せよ．

①　$\displaystyle\int_0^{\sqrt{3}} \frac{1}{9+x^2}\,dx$　　②　$\displaystyle\int_0^1 \frac{1}{(1+x^2)^{\frac{3}{2}}}\,dx$　　③　$\displaystyle\int_1^2 \frac{x+2}{x^2-2x+2}\,dx$

---

③Hint. $\displaystyle\int_1^2 \frac{x+2}{x^2-2x+2}\,dx = \int_1^2 \frac{x+2}{(x-1)^2+1}\,dx$ となり，$x-1=\tan\theta$ と置換する．

(色々な定積分)

練習 (部分分数分解) 次の定積分を計算せよ.

① $\displaystyle\int_2^3 \frac{2}{(x-1)(x+1)}\,dx$ ② $\displaystyle\int_0^2 \frac{2x}{(x+1)(x+3)}\,dx$ ③ $\displaystyle\int_0^{-1} \frac{9x}{(x-1)^2(x+2)}\,dx$

練習 (積和の公式, 半角の公式) m と n を相異なる自然数とする. 次の式を示せ.

① $\displaystyle\int_0^{2\pi} \sin mx \cdot \sin nx\,dx = \int_0^{2\pi} \cos mx \cdot \cos nx\,dx = \int_0^{2\pi} \sin mx \cdot \cos nx\,dx = 0.$

② $\displaystyle\int_0^{2\pi} \cos^2 nx\,dx = \int_0^{2\pi} \sin^2 nx\,dx = \pi.$

(参考) 上の積分は, フーリエ解析と呼ばれるものの基本である.

7.　積分法の応用

定積分と面積

正値関数 $f(x)$ に対して，定積分

$$\int_a^b f(x)\,dx$$

は，区間 $a \leqq x \leqq b$ における，x 軸と $f(x)$ で挟まれる部分の面積 (右図).

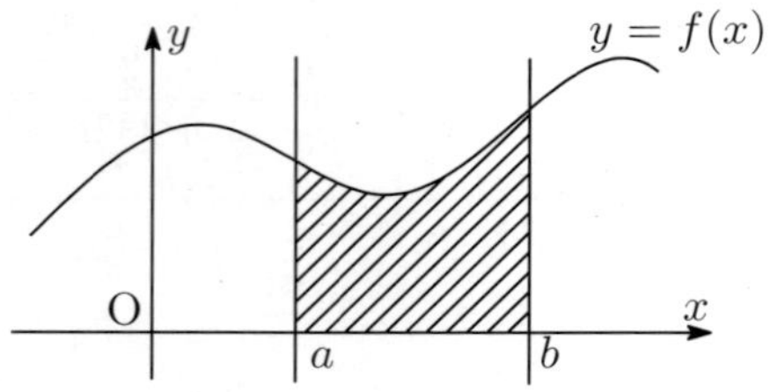

例① $f(x) = -x^2(x-1)\quad(0 \leqq x \leqq 1)$ と x 軸で挟まれる部分の面積 S.

$$S = \int_0^1 -x^2(x-1)\,dx = \Big[-\frac{1}{4}x^4 + \frac{1}{3}x^3\Big]_0^1 = \frac{1}{12}.$$

例② $f(x) = \dfrac{1}{x}\quad(1 \leqq x \leqq e)$ と x 軸で挟まれる部分の面積 S.

$$S = \int_1^e \frac{1}{x}\,dx = \Big[\log|x|\Big]_1^e = \log e = 1.$$

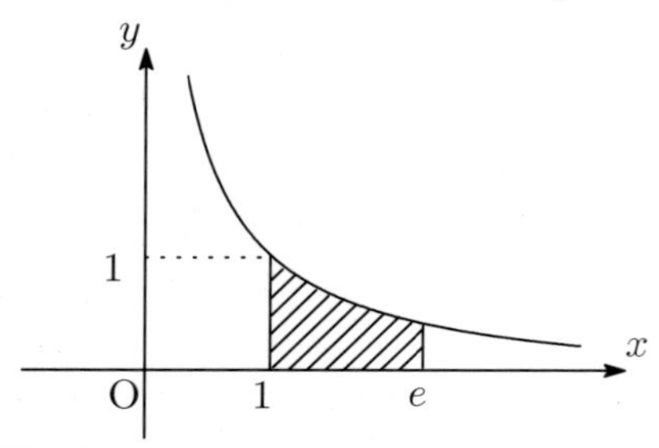

練習　次の面積を計算せよ.

① $f(x) = x^3 - 3x + 2\ \ (-2 \leqq x \leqq 1)$ と x 軸で挟まれる部分の面積.

② $f(x) = \sin 2x \cos x\ \ (0 \leqq x \leqq \frac{\pi}{2})$ と x 軸で挟まれる部分の面積.

定積分と面積 (その 2)

定積分 $\displaystyle\int_a^b |f(x)|\,dx$ は, 区間 $a \leqq x \leqq b$ における, x 軸と $f(x)$ で挟まれる部分の面積 (右図).

例えば, 右図の場合では, $f(x)$ の符号を調べて,

$$\int_a^b |f(x)|\,dx = \int_a^c f(x)\,dx - \int_c^b f(x)\,dx$$

などと直して計算する.

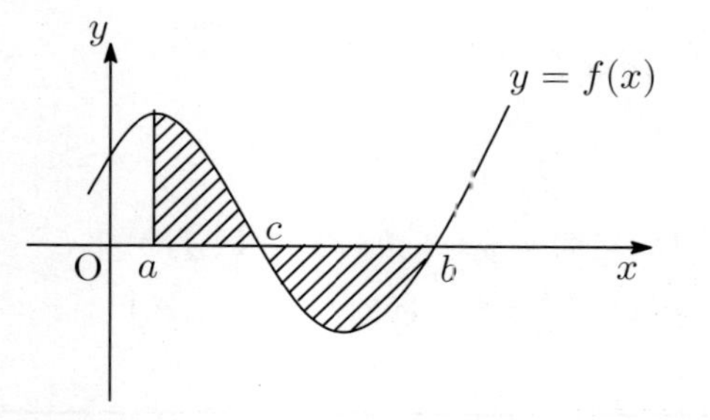

例③ $f(x) = x^3 - 2x^2 - x + 2 \ (-1 \leqq x \leqq 2)$ と x 軸で挟まれる部分の面積 S.

$f(x) = x^3 - 2x^2 - x + 2 = (x+1)(x-1)(x-2)$ を考えて,

$$S = \int_{-1}^1 f(x)\,dx + \int_1^2 -f(x)\,dx$$

$$= \int_{-1}^1 (x^3 - 2x^2 - x + 2)\,dx + \int_1^2 (-x^3 + 2x^2 + x - 2)\,dx$$

$$= \left[\frac{1}{4}x^4 - \frac{2}{3}x^3 - \frac{1}{2}x^2 + 2x\right]_{-1}^1 + \left[-\frac{1}{4}x^4 + \frac{2}{3}x^3 + \frac{1}{2}x^2 - 2x\right]_1^2$$

$$= \frac{8}{3} + \frac{5}{12} = \frac{37}{12}.$$

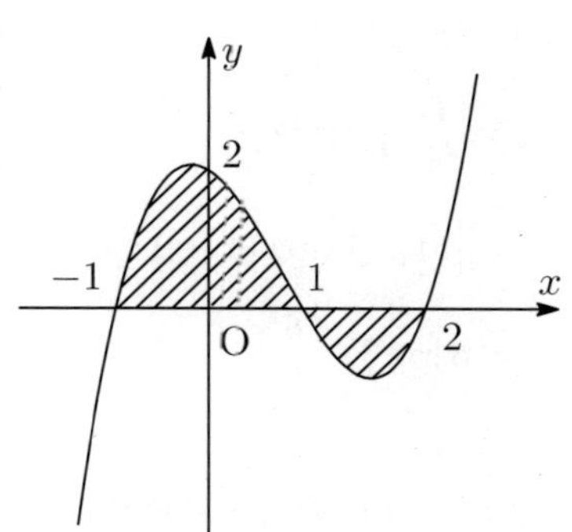

練習　次の面積を計算せよ.

① $f(x) = x^3 + x^2 - 2x \ (-2 \leqq x \leqq 1)$ と x 軸で挟まれる部分の面積.

② $f(x) = (x-1) + \sqrt{1-x^2} \ (-1 \leqq x \leqq 1)$ と x 軸で挟まれる部分の面積.

---

①Hint $\displaystyle\int_{-2}^0 f(x)\,dx + \int_0^1 -f(x)\,dx$　②Hint. $\displaystyle\int_{-1}^0 -f(x)\,dx + \int_0^1 f(x)\,dx$

定積分と面積 (その 3)

関数 $f(x)$, $g(x)$ に対し,

$$\int_a^b |f(x)-g(x)|\,dx$$

は, 区間 $a \leqq x \leqq b$ における, $f(x)$ と $g(x)$ で挟まれる部分の面積 (右図).

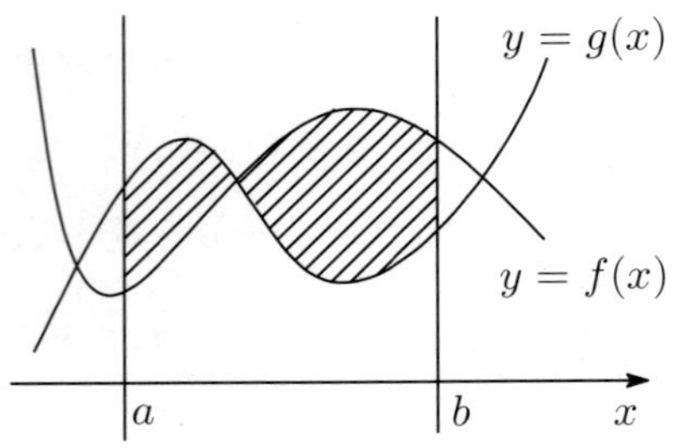

例④　$f(x)=\log(x+1)$, $g(x)=x-\dfrac{1}{2}x^2$, $x=2$ で囲まれる部分の面積 S.

($0 \leqq x \leqq 2$ で, $f(x)-g(x) \geqq 0$ に注意して,)

$$S=\int_0^2 \left\{\log(x+1)-\left(x-\frac{x^2}{2}\right)\right\}dx$$

$$=\left[(x+1)\log(x+1)-(x+1)-\left(\frac{x^2}{2}-\frac{x^3}{6}\right)\right]_0^2$$

$$=3\log 3-\frac{8}{3}.$$

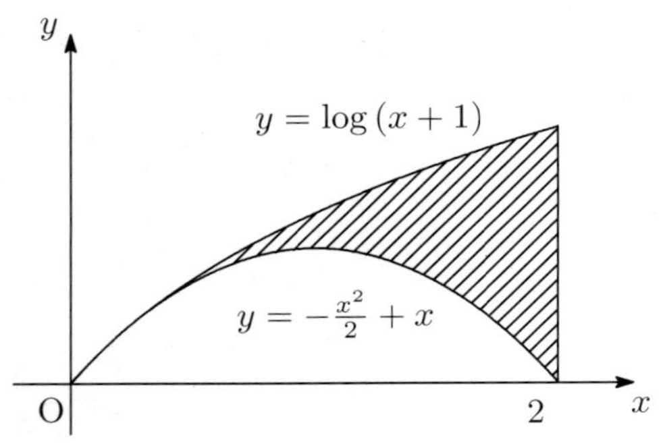

練習　　次の面積を計算せよ.

① $f(x)=-x^2+4$ と $g(x)=2x^2-3x-2$ (ただし$-1 \leqq x \leqq 2$) で挟まれる部分の面積.

② $f(x)=\sin 2x$ と $g(x)=\sin x$ (ただし $0 \leqq x \leqq \pi$) で挟まれる部分の面積.

①Hint. $\displaystyle\int_{-1}^{2}(f(x)-g(x))\,dx$　　②Hint. $\displaystyle\int_0^{\frac{\pi}{3}}(f(x)-g(x))\,dx+\int_{\frac{\pi}{3}}^{\pi}(g(x)-f(x))\,dx$

曲線の長さ

・媒介変数 θ で表わされる曲線 $x = x(\theta)$, $y = y(\theta)$ $(\alpha \leqq \theta \leqq \beta)$ の長さ L は,

$$L = \int_{\alpha}^{\beta} \sqrt{\left(\frac{dx}{d\theta}\right)^2 + \left(\frac{dy}{d\theta}\right)^2}\, d\theta.$$

・とくに, $y = f(x)$ $(a \leqq x \leqq b)$ の長さ L は,

$$L = \int_{a}^{b} \sqrt{1 + f'(x)^2}\, dx.$$

例① 曲線 $\begin{cases} x(\theta) = (\theta - \sin\theta) \\ y(\theta) = (1 - \cos\theta) \end{cases}$ $(0 \leqq x \leqq 2\pi)$ の長さ.

$$\begin{aligned}\left(\frac{dx}{d\theta}\right)^2 + \left(\frac{dy}{d\theta}\right)^2 &= (1-\cos\theta)^2 + \sin^2\theta \\ &= 2(1-\cos\theta) \\ &= 4\sin^2\frac{\theta}{2} \quad (\text{半角の公式}).\end{aligned}$$

よって, 曲線の長さ L は,

$$L = \int_0^{2\pi} \sqrt{4\sin^2\frac{\theta}{2}}\, d\theta = \left[-4\cos\frac{\theta}{2}\right]_0^{2\pi} = 8.$$

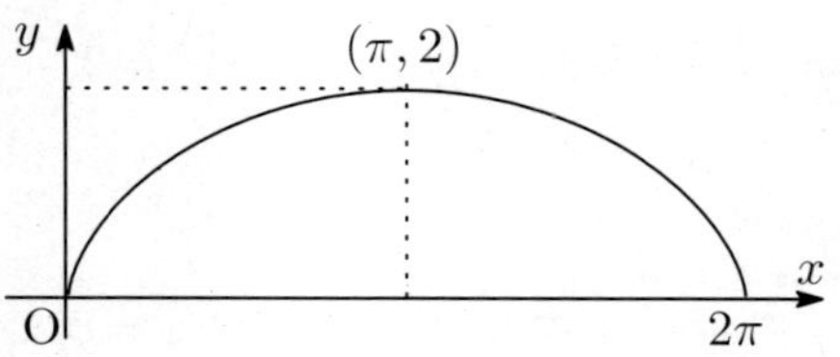

練習　次の曲線の長さを計算せよ.

① $x(\theta) = \cos^3\theta$, $y(\theta) = \sin^3\theta$ $\left(0 \leqq \theta \leqq \dfrac{\pi}{2}\right)$.　② $f(x) = \dfrac{1}{2}x^2$ $(0 \leqq x \leqq 1)$.

①Hint. $\displaystyle\int_0^{\frac{\pi}{2}} \frac{3}{2}\sin 2\theta\, dx$　②Hint. $\left(\dfrac{1}{2}\{x\sqrt{1+x^2} + \log(x + \sqrt{1+x^2})\}\right)' = \sqrt{1+x^2}$.

広義積分 (その1)(有限区間での広義積分)

$(a,b]$ 上の関数 $f(x)$ が，$x=a$ で不連続なとき，

$$\int_a^b f(x)\,dx = \lim_{\delta\to+0}\int_{a+\delta}^b f(x)\,dx.$$

$x=b$ で不連続なときも同様にして，$\displaystyle\int_a^b f(x)\,dx = \lim_{\delta\to+0}\int_a^{b-\delta} f(x)\,dx$ と定義する．

$[a,b]$ 内の $x=c$ で不連続であるときなども同様に，$\displaystyle\int_a^b f(x)\,dx = \lim_{\substack{\delta_1\to+0\\ \delta_2\to+0}}\left(\int_a^{c-\delta_1} f(x)\,dx + \int_{c+\delta_2}^b f(x)\,dx\right)$ と定義する．

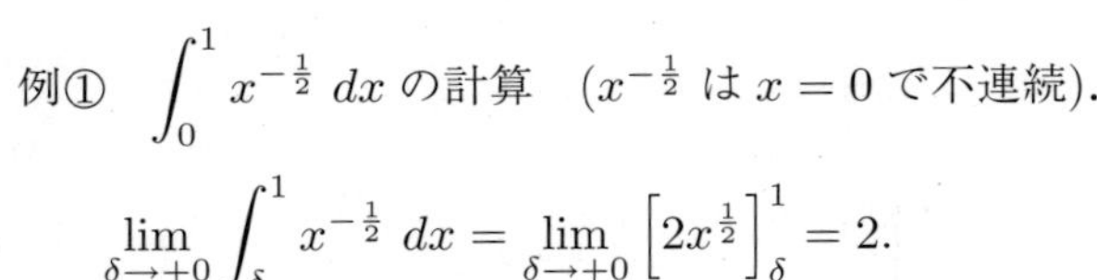

例①　$\displaystyle\int_0^1 x^{-\frac{1}{2}}\,dx$ の計算　($x^{-\frac{1}{2}}$ は $x=0$ で不連続)．

$$\lim_{\delta\to+0}\int_\delta^1 x^{-\frac{1}{2}}\,dx = \lim_{\delta\to+0}\left[2x^{\frac{1}{2}}\right]_\delta^1 = 2.$$

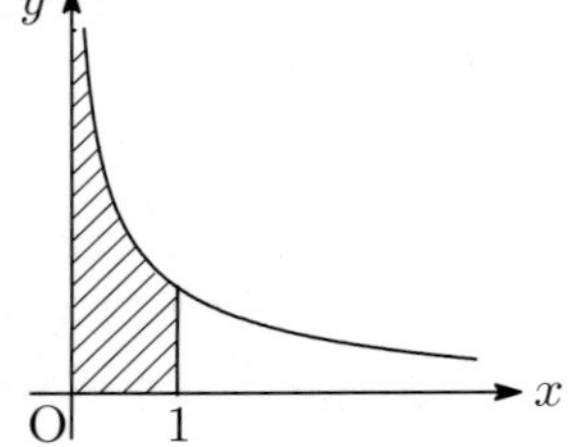

例②　$\displaystyle\int_0^1 \log x\,dx$ の計算　($\log x$ は $x=0$ で不連続)．

$\displaystyle\lim_{\delta\to+0}\delta\log\delta = 0$ (p.58 練習③参照) より，

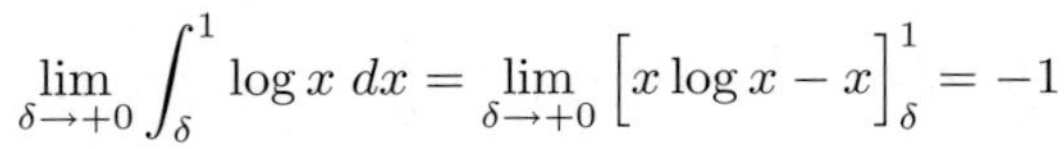

$$\lim_{\delta\to+0}\int_\delta^1 \log x\,dx = \lim_{\delta\to+0}\left[x\log x - x\right]_\delta^1 = -1.$$

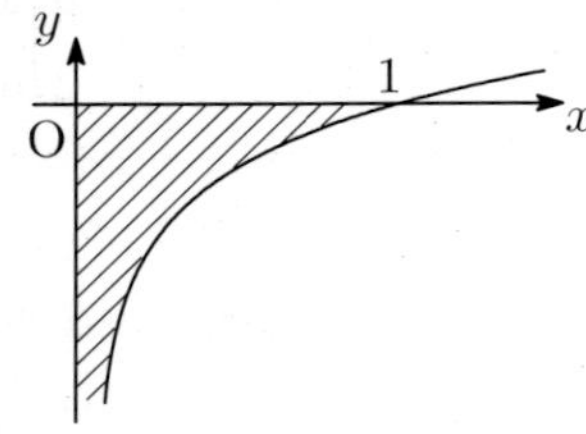

練習　　次の積分を計算せよ．

①　$\displaystyle\int_0^1 x^{-\frac{2}{3}}\,dx$　　　②　$\displaystyle\int_0^1 \frac{1}{x-1}\,dx$　　　③　$\displaystyle\int_0^{\frac{1}{e}} \frac{1}{x(\log x)^2}\,dx$

広義積分 (その 2)(無限区間での広義積分)

$[a, +\infty)$ で定義された関数 $f(x)$ に対し,

$$\int_a^{+\infty} f(x)\,dx = \lim_{b\to+\infty}\int_a^b f(x)\,dx.$$

同様に, $\displaystyle\int_{-\infty}^b f(x)\,dx = \lim_{a\to-\infty}\int_a^b f(x)\,dx$. また, $\displaystyle\int_{-\infty}^{+\infty} f(x)\,dx = \lim_{\substack{b\to+\infty\\ a\to-\infty}}\int_a^b f(x)\,dx$ と定義する.

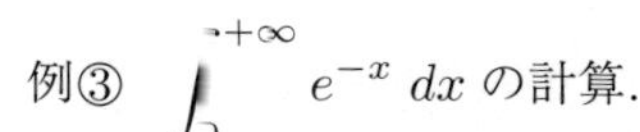

例③ $\displaystyle\int_0^{+\infty} e^{-x}\,dx$ の計算.

$$\lim_{b\to+\infty}\int_0^b e^{-x}\,dx = \lim_{b\to+\infty}\Big[-e^{-x}\Big]_0^b = 1.$$

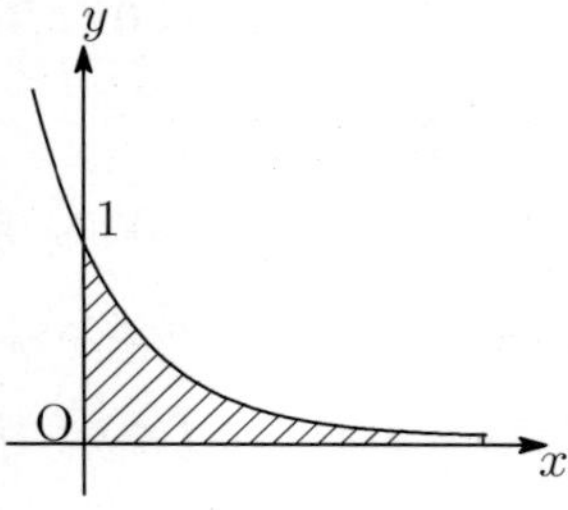

例④ $\displaystyle\int_{-\infty}^{+\infty} \frac{1}{1+x^2}\,dx$ の計算 ($x = \tan\theta$ と置換する).

$$\lim_{\substack{b\to+\infty\\ a\to-\infty}}\int_a^b \frac{1}{1+x^2}\,dx = \lim_{\substack{b\to+\infty\\ a\to-\infty}}\int_{\arctan a}^{\arctan b} d\theta$$

$$= \lim_{\substack{b\to+\infty\\ a\to-\infty}}\Big[\theta\Big]_{\arctan a}^{\arctan b} = \pi.$$

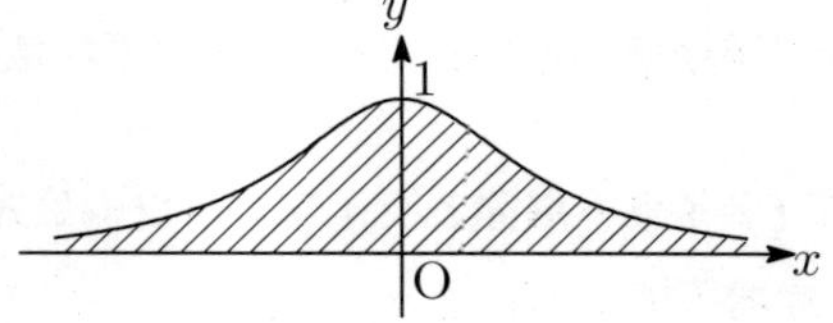

発展 (ガンマ関数)

$\displaystyle\Gamma(s) = \int_0^{+\infty} e^{-x}x^{s-1}\,dx$ をガンマ関数とよぶ. 次に答えよ.

① $s > 1$ のとき, $\Gamma(s) = (s-1)\Gamma(s-1)$ を証明せよ.

② $\Gamma(2)$ および, $\Gamma(5)$ を求めよ.

Hint. $\displaystyle\int_0^b e^{-x}x^{s-1}\,dx = \Big[-e^{-x}x^{s-1}\Big]_0^b + (s-1)\int_0^b e^{-x}x^{s-2}\,dx.$

一変数関数の微積分 補充問題

問 1 (連続関数)　すべての実数 x について，連続となる関数を選べ．

① $y = \dfrac{1}{x^2+x+1}$.　② $y = \dfrac{x-3}{x^2-x-2}$.　③ $y = \arctan x$.

問 2 (中間値の定理)

① x の 3 次方程式 $x^3 - 3x + 1 = 0$ は，少なくとも 3 つの実数解をもつことを示せ．

② x の方程式　$2^x - \sin x = 0$ は，無限に多くの負の実数解をもつことを示せ．

問 3 (最大値，最小値の定理)

開区間 (a, b) で連続な関数 $f(x)$ は，最大値をもつとは言い切れない．例を挙げて説明せよ．

問 4 (微分法の定義)　次の関数をそれぞれ, 定義に従い微分せよ．

① $f(x) = \cos x$.　② $f(x) = \tan x$.　③ $f(x) = \log x$.　④ $f(x) = e^x$.

問 5 (微分法の定義)　関数 $f(x) = x \sin \dfrac{1}{x}$　$(x \neq 0)$，$f(0) = 0$ は，実数全体で連続であるが，$x = 0$ で微分できないことを説明せよ．

問 6 (平均値の定理)　コーシーの平均値の定理を繰り返し用いて，$\left| \dfrac{\sin x - x}{x^3} \right| \leqq \dfrac{1}{6}$ を証明せよ．

問 7 (テイラー展開とライプニッツの公式)　$y = f(x)$ と $y = g(x)$ がともに，$x = a$ においてテイラー展開可能であるとき，

$$\begin{cases} f(x) = f(a) + f'(a)(x-a) + \dfrac{1}{2!}f''(a)(x-a)^2 + \cdots + \dfrac{1}{n!}f^{(n)}(a)(x-a)^n + \cdots, \\ g(x) = g(a) + g'(a)(x-a) + \dfrac{1}{2!}g''(a)(x-a)^2 + \cdots + \dfrac{1}{n!}g^{(n)}(a)(x-a)^n + \cdots, \\ fg(x) = fg(a) + (fg)'(a)(x-a) + \dfrac{1}{2!}(fg)''(a)(x-a)^2 + \cdots + \dfrac{1}{n!}(fg)^{(n)}(a)(x-a)^n + \cdots. \end{cases}$$

上記のテイラー展開の積を比較して，$(fg)^{(n)}(a) = \sum_{k=0}^{n} {}_n\mathrm{C}_k\, f^{(k)}(a) \cdot g^{(n-k)}(a)$ が成立することを説明せよ．

問 8 (高階微分)　次の高階微分を計算せよ．

① $\dfrac{d^n}{dx^n}(x^2 \sin x)$　② $\dfrac{d^n}{dx^n}\left\{ \dfrac{1}{x(x+1)} \right\}$　③ $\dfrac{d^n}{dx^n}(2 \sin 3x \cos 2x)$

問 9 (色々な積分と広義積分)　① n を自然数とするとき，次の式を証明せよ．

$$\int_0^{\frac{\pi}{2}} \frac{\sin(2n+1)x}{\sin x} dx = \frac{\pi}{2}.$$

② 次の等式を証明せよ (Hint.　部分積分を利用せよ)．

$$\lim_{n \to \infty} \int_0^{\frac{\pi}{2}} \left(\frac{1}{x} - \frac{1}{\sin x} \right) \sin(2n+1)x \, dx = 0.$$

③ ①，②を利用して，次の広義積分を計算せよ．

$$\int_0^{\infty} \frac{\sin x}{x} dx$$

第2章

多変数関数の微積分

この章では，多変数関数の微分積分学を紹介します．主に 2 変数関数 $f(x,y)$，3 変数関数 $f(x,y,z)$ の微積分です．計算としては，一変数の微積分を繰り返し多用します．

大雑把にイメージを掴むために，山を横から見た図と地図の等高線を載せてみます．

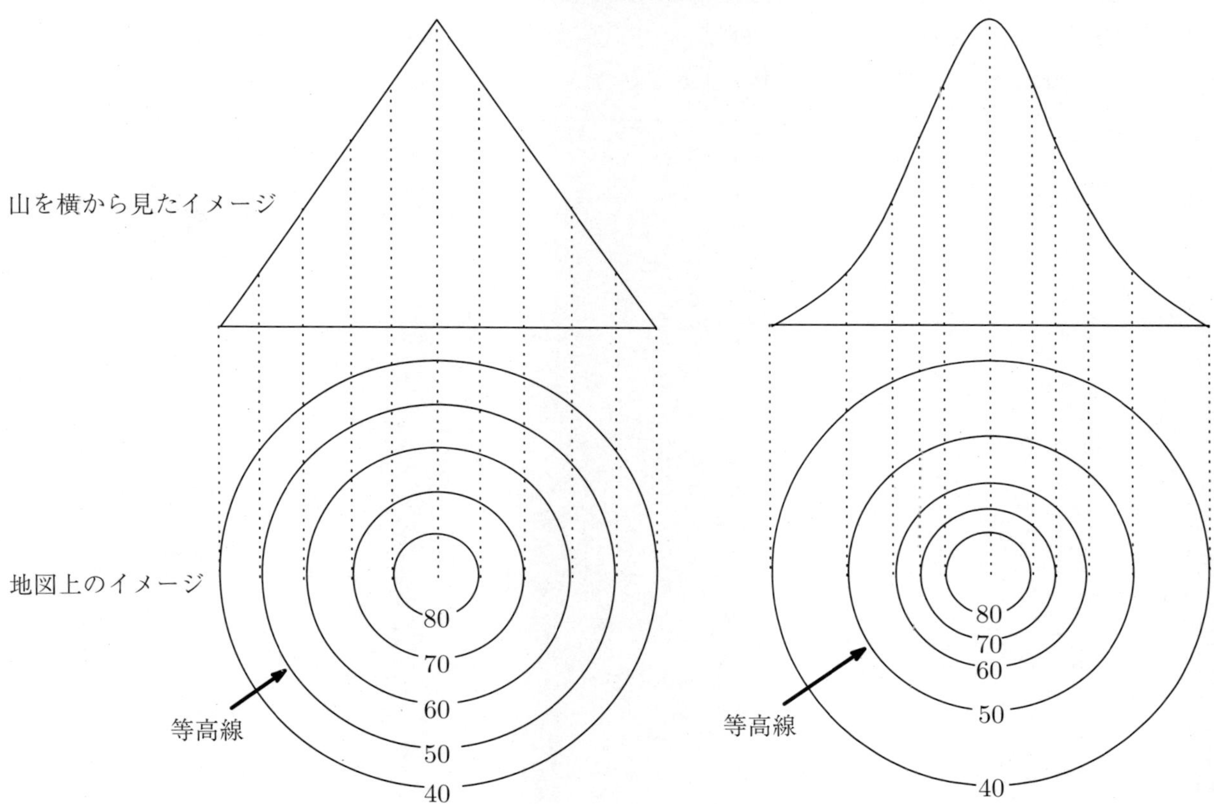

平面上の場所に応じて，高さが変化します．これを，2 変数関数と思えば良いのです．

さらに，等高線の幅が広いほど，実際の土地の傾きはなだらか, 等高線の幅が狭いほど，実際の土地の傾きは急になっています．これを調べるには, 微分を用いることになります．

また，山の体積も気になります．これを調べるには，積分を用いることになります．

非常に単純な例にすぎませんが，イメージを掴んで, 計算に臨んでください．

1.　多変数関数の偏微分

2 変数関数, 3 変数関数

(x, y) が定まるとき，それに伴って値 z がただ一つ対応するとき，(z を (x, y) の) 関数と呼び，

$$z = f(x, y) \quad \text{もしくは} \quad f : (x, y) \mapsto z$$

などと書く．そのとき，(x, y) のとり得る値の集合を**定義域**と呼び，z のとり得る値の集合を**値域**と呼ぶ．

(注意) 空間上の点 (x, y, z) に対しても，同様に関数を考えることができる．対応する f の値を，$w = f(x, y, z)$ などと書く．

例①　$f(x, y) = x + 3y$ は，xy 平面全体で定義される関数で，例えば $f(2, 1) = 2 + 3 \cdot 1 = 5$.

例②　$f(x, y) = \dfrac{1}{x^2 + y^2}$ は，$(x, y) \neq (0, 0)$ で定義される関数で，値域は $f(x, y) > 0$.

例③　$f(x, y, z) = \sqrt{xyz - 1}$ は，$xyz \geqq 1$ で定義される関数で，値域は $f(x, y, z) \geqq 0$.

練習　次の関数の定義域と値域を考えよ．また，与えられた点 P での値を求めよ．

① $f(x, y) = \log(x + 4y)$　P$= (1, 2)$.　　② $f(x, y) = \sqrt{3 - x - y}$　P$= (-1, 0)$.

③ $f(x, y, z) = e^{\sqrt{9 - xy}} \cos z$　P$= (1, 5, \pi)$.

連続関数

関数 $f(x,y)$ が $(x,y)=(a,b)$ で連続であるとは，

$$\lim_{(x,y)\to(a,b)} f(x,y) = f(a,b)$$

となるときを呼ぶ．

(注意) 関数が (a,b) で連続なら，(x,y) の (a,b) への近づき方によらず，$f(x,y)$ が $f(a,b)$ に近づく (厳密な定義は，5 章 p.217).
(注意) 3 変数関数についても，$\lim_{(x,y,z)\to(a,b,c)} f(x,y,z) = f(a,b,c)$ となるときに連続という．

例①　$f(x,y)=x^2+y^2$ は，すべての (x,y) で連続である．

例②　$f(x,y)=\begin{cases}\dfrac{x^2}{x^2+y^2} & ((x,y)\neq(0,0)),\\ 0 & ((x,y)=(0,0))\end{cases}$　は，$(0,0)$ で不連続である．

(説明)

直線 $y=mx$ 上から $(0,0)$ に近づく場合を考える．$\dfrac{y}{x}=m$ なので

$$\lim_{\substack{(x,y)\to(0,0)\\ y=mx}} \frac{x^2}{x^2+y^2} = \lim_{\substack{(x,y)\to(0,0)\\ y=mx}} \frac{1}{1+\frac{y^2}{x^2}} = \frac{1}{1+m^2}.$$

この値は m の値に応じて，つまり，(x,y) の $(0,0)$ への近づき方に応じて，値が変わってしまう．

よって，$f(x,y)$ は $(0,0)$ で不連続．

練習　次の関数のうち，xy 平面全体で連続な関数を選べ．連続でない関数は，不連続点を求めよ．

① $f(x,y)=(x+y)^2$.

② $f(x,y)=\begin{cases}\dfrac{xy}{x^2+y^2} & ((x,y)\neq(0,0)),\\ 0 & ((x,y)=(0,0)).\end{cases}$

③ $f(x,y)=\sin(x+y)$.

④ $f(x,y)=\tan(x+y)$.

偏微分

2 変数関数 $f(x,y)$ に対して，x に関する偏微分を次のように定義する．

$$\frac{\partial f}{\partial x} = \lim_{h \to 0} \frac{f(x+h,y)-f(x,y)}{h}.$$

(注意)　実際には y を定数と思って，**x についてのみ微分**すればよい．

---

3 変数関数についても，$\frac{\partial f}{\partial x} = \lim_{h \to 0} \frac{f(x+h,y,z)-f(x,y,z)}{h}$ などと定義すればよい．

例①　$\frac{\partial}{\partial x}(x^2y-3x^3) = 2xy-9x^2.$

②　$\frac{\partial}{\partial x}(ye^x - \sin x \cos y) = ye^x - \cos x \cos y.$

練習　次の偏微分の計算をおこなえ．

①　$\frac{\partial}{\partial x}(xy-x^y)$　②　$\frac{\partial}{\partial x}(x\sin x + e^x \tan y)$　③　$\frac{\partial}{\partial x}\left(\frac{2xy}{\sin x} - \cos x \tan y\right)$

④　$\frac{\partial}{\partial y}(\tan(x^2+y^2))$　⑤　$\frac{\partial}{\partial x}(\log(2y\sin x))$　⑥　$\frac{\partial}{\partial y}(\log(2y\sin x))$

(注意)　y についての偏微分 $\frac{\partial}{\partial y}$ は，**y についてのみ微分**すればよい

高階 (位) 偏微分

2 回以上偏微分を行うことを 高階偏微分と呼び，次のように書く．

$$\begin{cases} \frac{\partial^2}{\partial x^2} f(x,y) = \frac{\partial}{\partial x}\{\frac{\partial}{\partial x} f(x,y)\}, \\ \frac{\partial^2}{\partial x \partial y} f(x,y) = \frac{\partial}{\partial x}\{\frac{\partial}{\partial y} f(x,y)\}, \\ \frac{\partial^3}{\partial x \partial y \partial y} f(x,y) = \frac{\partial}{\partial x}[\frac{\partial}{\partial y}\{\frac{\partial}{\partial y} f(x,y)\}] \quad \text{など}. \end{cases}$$

(参考) $\frac{\partial}{\partial x} f(x,y) = f_x(x,y)$，$\frac{\partial^2}{\partial x \partial y} f(x,y) = f_{xy}(x,y)$ のように，偏微分を添え字で表すこともある．

例① $\frac{\partial^2}{\partial x^2}(x^2 y) = \frac{\partial}{\partial x}(2xy) = 2y.$

② $\frac{\partial^2}{\partial x \partial y}(x^2 y) = \frac{\partial}{\partial x}(x^2) = 2x.$

③ $\frac{\partial^2}{\partial y^2}(x^2 y) = \frac{\partial}{\partial y}(x^2) = 0.$

練習　次の高階偏微分を計算せよ．

① $\frac{\partial^2}{\partial x^2}(\log(x+y)).$　② $\frac{\partial^2}{\partial x \partial y}\{\sin(xy)\}.$　③ $\frac{\partial^2}{\partial y^2}\{(x-y)\tan(x+y)\}.$

発展 (ラプラス方程式)

$\triangle = \frac{\partial^2}{\partial x^2} + \frac{\partial^2}{\partial y^2}$ を (2 次元) ラプラシアンという．次の $f(x,y)$ について，$\triangle f(x,y) = 0$ を確かめよ．

① $f(x,y) = x^3 - 3xy^2.$　② $f(x,y) = e^x \cos y.$　③ $f(x,y) = \log\sqrt{x^2+y^2}.$

高階 (位) 偏微分の性質 (シュワルツの定理)

何回でも偏微分できる関数に対して，偏微分の順序を入れ替えても等しい．

$$\frac{\partial^2}{\partial x \partial y} f(x,y) = \frac{\partial^2}{\partial y \partial x} f(x,y).$$

(注意) $\frac{\partial^3}{\partial x \partial x \partial y} f(x,y) = \frac{\partial^3}{\partial x \partial y \partial x} f(x,y) = \frac{\partial^3}{\partial y \partial x \partial x} f(x,y)$ のように，3 階以上の偏微分についても同様．
シュワルツの定理の正確な主張については，5 章 p.219 も参照.

例　$\frac{\partial^2}{\partial x \partial y}\{\sin(x+\cos y)\} = \frac{\partial}{\partial x}\{-\sin y \cos(x+\cos y)\} = \sin y \sin(x+\cos y)$.

ところで，

$\frac{\partial^2}{\partial y \partial x}\{\sin(x+\cos y)\} = \frac{\partial}{\partial y}\{\cos(x+\cos y)\} = \sin y \sin(x+\cos y)$.

練習　次の $f(x,y)$ について，$\frac{\partial^2}{\partial x \partial y} f(x,y) = \frac{\partial^2}{\partial y \partial x} f(x,y)$ を確かめよ．

① $f(x,y) = x^2 y$.　② $f(x,y) = \sqrt{x^2 - y}$.　③ $f(x,y) = e^{x \sin y}$.

発展　次のことを，確かめよ．

① $\frac{\partial}{\partial x}\{g(x,y)\frac{\partial}{\partial y} f(x,y)\} - \frac{\partial}{\partial y}\{g(x,y)\frac{\partial}{\partial x} f(x,y)\} = \frac{\partial}{\partial x} g(x,y)\frac{\partial}{\partial y} f(x,y) - \frac{\partial}{\partial y} g(x,y)\frac{\partial}{\partial x} f(x,y)$.

② $\frac{\partial}{\partial x}\{f(x,y)\frac{\partial}{\partial y} f(x,y)\} - \frac{\partial}{\partial y}\{f(x,y)\frac{\partial}{\partial x} f(x,y)\} = 0$.

Hint. 積の微分を使う．

全微分 (1 形式)

2 変数関数 $f(x,y)$ に対して，全微分を次のように定義する．

$$df = \frac{\partial f}{\partial x}dx + \frac{\partial f}{\partial y}dy.$$

(注意) 3 変数関数 $f(x,y,z)$ については，全微分 $df = \dfrac{\partial f}{\partial x}dx + \dfrac{\partial f}{\partial y}dy + \dfrac{\partial f}{\partial z}dz$ とする．

(注意) 上の定義は，あくまで形式的な計算である．厳密な定義や全微分可能性については，5 章 p.218，p.219 を参照．

例① $d(x^2y) = 2xy\,dx + x^2\,dy.$

② $d(x^y) = yx^{y-1}\,dx + (\log x)x^y\,dy.$

練習　次の全微分を計算せよ．

① $d(xy - x^2)$　② $d(x\sin x + e^x\tan y)$　③ $d(\log(2y\sin x))$

(注意) 全微分の和などは，自然に定義される．

$(Adx + Bdy) + (Cdx + Ddx) = (A+C)dx + (B+D)dy$ など．

発展　2 変数関数 $f(x,y)$, $g(x,y)$ に対し，次のことを確かめよ．

① $d(f+g) = df + dg.$　② $d(fg) = g\,df + f\,dg.$

全微分と変数変換 (ヤコビ行列とヤコビアン)

2 変数関数 $(u(x,y),\ v(x,y))$ と，$(x(u,v),\ y(u,v))$ の全微分を行列 [1] でまとめてみれば，

$$\begin{pmatrix} du \\ dv \end{pmatrix} = \begin{pmatrix} \frac{\partial u}{\partial x} & \frac{\partial u}{\partial y} \\ \frac{\partial v}{\partial x} & \frac{\partial v}{\partial y} \end{pmatrix} \begin{pmatrix} dx \\ dy \end{pmatrix}, \quad \begin{pmatrix} dx \\ dy \end{pmatrix} = \begin{pmatrix} \frac{\partial x}{\partial u} & \frac{\partial x}{\partial v} \\ \frac{\partial y}{\partial u} & \frac{\partial y}{\partial v} \end{pmatrix} \begin{pmatrix} du \\ dv \end{pmatrix}.$$

である．上式 [2] が定義できるときに，(u,v) と (x,y) の変数変換 (座標変換) と呼ぶ．

$$\begin{cases} \text{行列} \begin{pmatrix} \frac{\partial u}{\partial x} & \frac{\partial u}{\partial y} \\ \frac{\partial v}{\partial x} & \frac{\partial v}{\partial y} \end{pmatrix}, \begin{pmatrix} \frac{\partial x}{\partial u} & \frac{\partial x}{\partial v} \\ \frac{\partial y}{\partial u} & \frac{\partial y}{\partial v} \end{pmatrix} \text{をヤコビ行列などと呼び,} \\ \text{行列式} \dfrac{\partial(u,v)}{\partial(x,y)} = \begin{vmatrix} \frac{\partial u}{\partial x} & \frac{\partial u}{\partial y} \\ \frac{\partial v}{\partial x} & \frac{\partial v}{\partial y} \end{vmatrix}, \dfrac{\partial(x,y)}{\partial(u,v)} = \begin{vmatrix} \frac{\partial x}{\partial u} & \frac{\partial x}{\partial v} \\ \frac{\partial y}{\partial u} & \frac{\partial y}{\partial v} \end{vmatrix} \text{をヤコビアンと呼ぶ.} \end{cases}$$

---

[1](参考) (行列の積) $\begin{pmatrix} a & b \\ c & d \end{pmatrix}\begin{pmatrix} x \\ y \end{pmatrix} = \begin{pmatrix} ax+by \\ cx+dy \end{pmatrix}$，(行列式の計算) $\begin{vmatrix} a & b \\ c & d \end{vmatrix} = ad-bc$ と計算する．

[2](注意) **この 2 式さえ定義されれば，$(u(x,y),\ v(x,y))$ に対して，逆に $(x(u,v),\ y(u,v))$ が保証される．正確には，次頁の逆関数の定理参照．**

(注意) $\begin{pmatrix} \frac{\partial x}{\partial u} & \frac{\partial x}{\partial v} \\ \frac{\partial y}{\partial u} & \frac{\partial y}{\partial v} \end{pmatrix}^{-1} = \begin{pmatrix} \frac{\partial u}{\partial x} & \frac{\partial u}{\partial y} \\ \frac{\partial v}{\partial x} & \frac{\partial v}{\partial y} \end{pmatrix}$ および，$\begin{vmatrix} \frac{\partial x}{\partial u} & \frac{\partial x}{\partial v} \\ \frac{\partial y}{\partial u} & \frac{\partial y}{\partial v} \end{vmatrix}^{-1} = \begin{vmatrix} \frac{\partial u}{\partial x} & \frac{\partial u}{\partial y} \\ \frac{\partial v}{\partial x} & \frac{\partial v}{\partial y} \end{vmatrix}$ が成り立っている．

(注意) 3 変数関数についても，3 行 3 列の行列を用いて，ヤコビ行列とヤコビアンを考えればよい．

例　$u(x,y) = x+y,\ v(x,y) = xy$ のとき，ヤコビ行列

$$\begin{pmatrix} \frac{\partial u}{\partial x} & \frac{\partial u}{\partial y} \\ \frac{\partial v}{\partial x} & \frac{\partial v}{\partial y} \end{pmatrix} = \begin{pmatrix} 1 & 1 \\ y & x \end{pmatrix}.$$

練習　次の変換に対し，ヤコビ行列 $\begin{pmatrix} \frac{\partial u}{\partial x} & \frac{\partial u}{\partial y} \\ \frac{\partial v}{\partial x} & \frac{\partial v}{\partial y} \end{pmatrix}$ を計算せよ．

① $u(x,y) = x^2 - y^2,\ v(x,y) = 2xy.$　　② $u(x,y) = \sin x + \sin y,\ v(x,y) = x+y.$

逆関数の定理 (2 変数の場合)(発展)

偏導関数がすべて連続な 2 変数関数 $(u(x,y),\ v(x,y))$ に対して，

$$\frac{\partial(u,v)}{\partial(x,y)} = \begin{vmatrix} \frac{\partial u}{\partial x} & \frac{\partial u}{\partial y} \\ \frac{\partial v}{\partial x} & \frac{\partial v}{\partial y} \end{vmatrix} \neq 0$$

となる点 (x_0, y_0) の近傍で，偏微分可能な逆変換 $(x(u,v),\ y(u,v))$ が存在する．

また，領域 D で

$$\frac{\partial(u,v)}{\partial(x,y)} = \begin{vmatrix} \frac{\partial u}{\partial x} & \frac{\partial u}{\partial y} \\ \frac{\partial v}{\partial x} & \frac{\partial v}{\partial y} \end{vmatrix} = 0$$

となれば，領域 D において関数関係 $f(u,v)=0$ が存在する．

(参考) 逆関数の定理は，変数変換が**局所的に一対一対応**していることを調べる定理である (証明は，この本では省略).
(注意) 近傍と領域について，正確な定義が気になれば，5 章 p.217 を参照のこと．
(注意) 関数関係 $f(u,v)=0$ を，陰関数表示と呼ぶことがある．すなわち，v は u の関数で表せると思える．

例① $u(x,y)=x+y,\ v(x,y)=xy$ のとき，

$$\frac{\partial(u,v)}{\partial(x,y)} = \begin{vmatrix} \frac{\partial u}{\partial x} & \frac{\partial u}{\partial y} \\ \frac{\partial v}{\partial x} & \frac{\partial v}{\partial y} \end{vmatrix} = \begin{vmatrix} 1 & 1 \\ y & x \end{vmatrix} = x-y.$$

つまり，$x-y\neq 0$ であるなら，偏微分可能な逆変換 $(x(u,v),\ y(u,v))$ が存在する．

この際，$\frac{\partial x}{\partial u}$ などは，逆行列[1] を利用して得られる．[2]

$$\begin{pmatrix} \frac{\partial x}{\partial u} & \frac{\partial x}{\partial v} \\ \frac{\partial y}{\partial u} & \frac{\partial y}{\partial v} \end{pmatrix} = \begin{pmatrix} \frac{\partial u}{\partial x} & \frac{\partial u}{\partial y} \\ \frac{\partial v}{\partial x} & \frac{\partial v}{\partial y} \end{pmatrix}^{-1} = \frac{1}{x-y}\begin{pmatrix} 1 & 1 \\ y & x \end{pmatrix}.$$

例② $u(x,y)=\sin x\cos y+\cos x\sin y,\ v(x,y)=x+y$ のとき，

$$\begin{vmatrix} \frac{\partial u}{\partial x} & \frac{\partial u}{\partial y} \\ \frac{\partial v}{\partial x} & \frac{\partial v}{\partial y} \end{vmatrix} = \begin{vmatrix} \cos x\cos y-\sin x\sin y & -\sin x\sin y+\cos x\cos y \\ 1 & 1 \end{vmatrix} = 0.$$

これは，一般に $f(u,v)=0$ と書けることを表している．

実際，加法定理より $u=\sin v$ であり，$u-\sin v=0$ である．

発展 ① $x=r\cos\theta,\ y=r\sin\theta$ と変換するとき，(x,y) と (r,θ) が 局所的に 一対一に対応しない点 (x,y) を 調べよ．

② $u=\cos x\cos y+\sin x\sin y,\ v=x-y$ のとき，u と v に関数関係があることを，逆関数の定理を用いて説明せよ．

[1] (逆行列の公式) $\begin{pmatrix} a & b \\ c & d \end{pmatrix}^{-1} = \frac{1}{ad-bc}\begin{pmatrix} d & -b \\ -c & a \end{pmatrix}.$

[2] (注意) $\frac{\partial x}{\partial u}$ と $\frac{1}{\left(\frac{\partial u}{\partial x}\right)}$ は，**一般に等しくない!**

逆関数の定理 (3 変数の場合)(発展)

偏導関数がすべて連続な 3 変数関数 $(u(x,y,z),\ v(x,y,z),\ w(x,y,z))$ に対して，

$$\frac{\partial(u,v,w)}{\partial(x,y,z)} = \begin{vmatrix} \frac{\partial u}{\partial x} & \frac{\partial u}{\partial y} & \frac{\partial u}{\partial z} \\ \frac{\partial v}{\partial x} & \frac{\partial v}{\partial y} & \frac{\partial v}{\partial z} \\ \frac{\partial w}{\partial x} & \frac{\partial w}{\partial y} & \frac{\partial w}{\partial z} \end{vmatrix} \neq 0$$

となる点 (x_0, y_0, z_0) の近傍で，偏微分可能な逆変換 $x(u,v,w)$，$y(u,v,w)$，$z(u,v,w)$ が存在する．

また，領域 D で

$$\frac{\partial(u,v,w)}{\partial(x,y,z)} = \begin{vmatrix} \frac{\partial u}{\partial x} & \frac{\partial u}{\partial y} & \frac{\partial u}{\partial z} \\ \frac{\partial v}{\partial x} & \frac{\partial v}{\partial y} & \frac{\partial v}{\partial z} \\ \frac{\partial w}{\partial x} & \frac{\partial w}{\partial y} & \frac{\partial w}{\partial z} \end{vmatrix} = 0$$

となれば，領域 D において関数関係 $f(u,v,w)=0$ が存在する．

例．$u(x,y,z) = ax+by+cz,\ v(x,y,z) = dx+ey+fz,\ w(x,y,z) = gx+hy+iz$ のとき，

$$\begin{vmatrix} \frac{\partial u}{\partial x} & \frac{\partial u}{\partial y} & \frac{\partial u}{\partial z} \\ \frac{\partial v}{\partial x} & \frac{\partial v}{\partial y} & \frac{\partial v}{\partial z} \\ \frac{\partial w}{\partial x} & \frac{\partial w}{\partial y} & \frac{\partial w}{\partial z} \end{vmatrix} = \begin{vmatrix} a & b & c \\ d & e & f \\ g & h & i \end{vmatrix}$$

すなわち，行列式が 0 でなければ，(x,y,z) は (u,v,w) を用いて書き表せる．

実際，行列式が 0 でなければ 逆行列[3] を用いて，

$$\begin{pmatrix} x \\ y \\ z \end{pmatrix} = \begin{pmatrix} a & b & c \\ d & e & f \\ g & h & i \end{pmatrix}^{-1} \begin{pmatrix} u \\ v \\ w \end{pmatrix}$$

となり，(x,y,z) は，(u,v,w) を用いて表せている．

発展　① $u = x+y+z,\ v = xy+yz+zx,\ w = x^3+y^3+z^3-3xyz$ とするとき，関数関係 $f(u,v,w)=0$ が存在する．このことを，逆関数の定理を用いて説明せよ．

② $u^3 - 3uv - w = 0$ を証明せよ．

[3] 3 行 3 列以上の行列式と逆行列は，付録 p.242, p.244 参照．

陰関数の偏微分 (その 1)

陰関数表示 $f(x,y,z)=0$ に対して，　$\dfrac{\partial z}{\partial x}=-\dfrac{\left(\frac{\partial f}{\partial x}\right)}{\left(\frac{\partial f}{\partial z}\right)},\quad \dfrac{\partial z}{\partial y}=-\dfrac{\left(\frac{\partial f}{\partial y}\right)}{\left(\frac{\partial f}{\partial z}\right)}.$

p.37 の陰関数の微分法も参照せよ．

(説明) $\dfrac{\partial z}{\partial x}$ の計算.

$f(x,y,z)=0$ のとき, z は x と y の関数. すなわち，$z=z(x,y)$ と考えられる．[4]

$f(x,y,z(x,y))=0$ を x で偏微分すれば，$\dfrac{\partial f}{\partial x}+\dfrac{\partial f}{\partial z}\dfrac{\partial z}{\partial x}=0$. 整理して，$\dfrac{\partial z}{\partial x}=-\dfrac{\left(\frac{\partial f}{\partial x}\right)}{\left(\frac{\partial f}{\partial z}\right)}$.

例①　$x^2+y^2+z^2=1$ (球面).

z を x と y の関数と考える (すなわち，$z=z(x,y)$ と考える).

与式を x で偏微分すれば, $2x+2z\dfrac{\partial z}{\partial x}=0$. y で偏微分すれば, $2y+2z\dfrac{\partial z}{\partial y}=0$.

整理して，$\dfrac{\partial z}{\partial x}=-\dfrac{x}{z}$, $\dfrac{\partial z}{\partial y}=-\dfrac{y}{z}$.

例②　$xyz=1$.

x を y と z の関数と考える (すなわち，$x=x(y,z)$ と考える).

与式を y で偏微分すれば，$\dfrac{\partial x}{\partial y}yz+xz=0$. z で偏微分すれば，$\dfrac{\partial x}{\partial z}yz+xy=0$.

整理して，$\dfrac{\partial x}{\partial y}=-\dfrac{x}{y}$, $\dfrac{\partial x}{\partial z}=-\dfrac{x}{z}$.

練習　次の陰関数表示に対し，$\frac{\partial z}{\partial x}$, $\frac{\partial z}{\partial y}$ を計算せよ．また，$\frac{\partial x}{\partial y}$, $\frac{\partial x}{\partial z}$ を計算せよ．

①　$3x+2y+z=1$.　　②　$xe^y+ye^z+ze^x=0$.

[4] $\frac{\partial f}{\partial z}\neq 0$ のとき，z は x と y の関数と考えて良い (正確には，陰関数定理と呼ばれる).
実際，$\frac{\partial f}{\partial z}\neq 0$ なら，$\frac{\partial z}{\partial x}=-\dfrac{\left(\frac{\partial f}{\partial x}\right)}{\left(\frac{\partial f}{\partial z}\right)}$ の右辺の分母が 0 でないので，偏微分の計算が定義される．

陰関数の微分 (その 2)

陰関数表示 $f(x,y,z)=0,\ g(x,y,z)=0$ に対し，$\begin{cases} \dfrac{\partial f}{\partial x}+\dfrac{\partial f}{\partial y}\dfrac{dy}{dx}+\dfrac{\partial f}{\partial z}\dfrac{dz}{dx}=0, \\ \dfrac{\partial g}{\partial x}+\dfrac{\partial g}{\partial y}\dfrac{dy}{dx}+\dfrac{\partial f}{\partial z}\dfrac{dz}{dx}=0. \end{cases}$

(説明) $\dfrac{dy}{dx}, \dfrac{dz}{dx}$ の計算.

$f(x,y,z)=g(x,y,z)=0$ のとき，y と z は x の関数．すなわち，$y=y(x),\ z=z(x)$ と考えられる．[5]

$f(x,y(x),z(x))=0$ と $g(x,y(x),z(x))=0$ を x で微分すれば，

$$\begin{cases} \dfrac{\partial f}{\partial x}+\dfrac{\partial f}{\partial y}\dfrac{dy}{dx}+\dfrac{\partial f}{\partial z}\dfrac{dz}{dx}=0, \\ \dfrac{\partial g}{\partial x}+\dfrac{\partial g}{\partial y}\dfrac{dy}{dx}+\dfrac{\partial f}{\partial z}\dfrac{dz}{dx}=0. \end{cases}$$

あとは，方程式を連立[6]して解けば，$\dfrac{dy}{dx}, \dfrac{dz}{dx}$ を得る.

例.　陰関数表示 $x^2+y^2+z^2-1=x+y+2z=0$ から，$\dfrac{dz}{dx}$ を求める.

z と y を，x の関数と考える (すなわち，$z=z(x), y=y(x)$ と考える).

$$\begin{cases} x^2+y^2+z^2-1=0 \\ x+y+2z=0 \end{cases} \text{ を } x \text{ で微分すると，} \begin{cases} 2x+2y\dfrac{dy}{dx}+2z\dfrac{dz}{dx}=0 \\ 1+\dfrac{dy}{dx}+2\dfrac{dz}{dx}=0. \end{cases}$$

連立方程式を解いて，$\dfrac{dz}{dx}=\dfrac{y-x}{z-2y}$.

練習　　陰関数表示 $x^2+yz=0,\ x+y+z=0$ から，$\dfrac{dy}{dx}, \dfrac{dz}{dx}$ を求めよ.

---

5 正確に言うと，$\begin{vmatrix} \frac{\partial f}{\partial y} & \frac{\partial f}{\partial z} \\ \frac{\partial g}{\partial y} & \frac{\partial g}{\partial z} \end{vmatrix} \neq 0$ となる領域において，y と z は，x の関数になる.

6 実際，$\begin{vmatrix} \frac{\partial f}{\partial y} & \frac{\partial f}{\partial z} \\ \frac{\partial g}{\partial y} & \frac{\partial g}{\partial z} \end{vmatrix} \neq 0$ ならば，連立方程式の解 $\dfrac{dy}{dx}, \dfrac{dz}{dx}$ を一つだけ求められる.

連鎖公式 (2 変数の場合)

2 変数関数 $f(x,y)$ を，$(x,y)\to(u,v)$ と変数変換するとき

$$\begin{cases}\dfrac{\partial f}{\partial u}=\dfrac{\partial x}{\partial u}\dfrac{\partial f}{\partial x}+\dfrac{\partial y}{\partial u}\dfrac{\partial f}{\partial y},\\[2mm] \dfrac{\partial f}{\partial v}=\dfrac{\partial x}{\partial v}\dfrac{\partial f}{\partial x}+\dfrac{\partial y}{\partial v}\dfrac{\partial f}{\partial y}.\end{cases}\qquad \begin{cases}\dfrac{\partial f}{\partial x}=\dfrac{\partial u}{\partial x}\dfrac{\partial f}{\partial u}+\dfrac{\partial v}{\partial x}\dfrac{\partial f}{\partial v},\\[2mm] \dfrac{\partial f}{\partial y}=\dfrac{\partial u}{\partial y}\dfrac{\partial f}{\partial u}+\dfrac{\partial v}{\partial y}\dfrac{\partial f}{\partial v}.\end{cases}$$

(説明) (u に関する偏微分のみ説明する．v, x と y に関する偏微分も同様).

v を固定して，x, y を u の関数とみなし，$x(u,v)$, $y(u,v)$ を $x(u)$, $y(u)$ と略記する．

$$\begin{aligned}\frac{\partial f}{\partial u}&=\lim_{h\to 0}\frac{f\big(x(u+h),y(u+h)\big)-f\big(x(u),y(u)\big)}{h}\\ &=\lim_{h\to 0}\frac{f\big(x(u+h),y(u+h)\big)-f\big(x(u),y(u+h)\big)}{h}+\lim_{h\to 0}\frac{f\big(x(u),y(u+h)\big)-f\big(x(u),y(u)\big)}{h}\\ &=\lim_{h\to 0}\frac{x(u+h)-x(u)}{h}\cdot\frac{f\big(x(u+h),y(u+h)\big)-f\big(x(u),y(u+h)\big)}{x(u+h)-x(u)}\\ &\quad+\lim_{h\to 0}\frac{y(u+h)-y(u)}{h}\cdot\frac{f\big(x(u),y(u+h)\big)-f\big(x(u),y(u)\big)}{y(u+h)-y(u)}\\ &=\frac{\partial x}{\partial u}\frac{\partial f}{\partial x}+\frac{\partial y}{\partial u}\frac{\partial f}{\partial y}.\end{aligned}$$

例．$u=\sqrt{x}+\sqrt{y}$, $v=\sqrt{x}-\sqrt{y}$ と変数変換する．$\sqrt{x}=\dfrac{1}{2}(u+v)$, $\sqrt{y}=\dfrac{1}{2}(u-v)$ に注意すると，

$$\frac{\partial}{\partial x}=\frac{\partial u}{\partial x}\frac{\partial}{\partial u}+\frac{\partial v}{\partial x}\frac{\partial}{\partial v}=\frac{1}{(u+v)}\left(\frac{\partial}{\partial u}+\frac{\partial}{\partial v}\right),\qquad \frac{\partial}{\partial y}=\frac{\partial u}{\partial y}\frac{\partial}{\partial u}+\frac{\partial v}{\partial y}\frac{\partial}{\partial v}=\frac{1}{(u-v)}\left(\frac{\partial}{\partial u}-\frac{\partial}{\partial v}\right).$$

練習　次の変数変換に対し，$\frac{\partial}{\partial x}$, $\frac{\partial}{\partial y}$ を u, v, $\frac{\partial}{\partial u}$, $\frac{\partial}{\partial v}$ を用いて表せ．

① $u=x+2y,\ v=x-y.$　② $u=e^{x+y},\ v=e^{y-x}.$

連鎖公式 (2 変数の場合) (前頁のまとめ)

前頁の計算をまとめて，2 変数 $(x,y)\to(u,v)$ と変数変換するとき，偏微分は次のように変換する．

$$\begin{pmatrix} \frac{\partial}{\partial u} \\ \frac{\partial}{\partial v} \end{pmatrix} = \begin{pmatrix} \frac{\partial x}{\partial u} & \frac{\partial y}{\partial u} \\ \frac{\partial x}{\partial v} & \frac{\partial y}{\partial v} \end{pmatrix} \begin{pmatrix} \frac{\partial}{\partial x} \\ \frac{\partial}{\partial y} \end{pmatrix}, \qquad \begin{pmatrix} \frac{\partial}{\partial x} \\ \frac{\partial}{\partial y} \end{pmatrix} = \begin{pmatrix} \frac{\partial u}{\partial x} & \frac{\partial v}{\partial x} \\ \frac{\partial u}{\partial y} & \frac{\partial v}{\partial y} \end{pmatrix} \begin{pmatrix} \frac{\partial}{\partial u} \\ \frac{\partial}{\partial v} \end{pmatrix}$$

(参考) $\begin{pmatrix} \frac{\partial x}{\partial u} & \frac{\partial y}{\partial u} \\ \frac{\partial x}{\partial v} & \frac{\partial y}{\partial v} \end{pmatrix} = \begin{pmatrix} \frac{\partial u}{\partial x} & \frac{\partial v}{\partial x} \\ \frac{\partial u}{\partial y} & \frac{\partial v}{\partial y} \end{pmatrix}^{-1}$ が成立するので，計算では逆行列を利用することも多い（下の例を見よ).

(注意) 上記の行列 $\begin{pmatrix} \frac{\partial x}{\partial u} & \frac{\partial y}{\partial u} \\ \frac{\partial x}{\partial v} & \frac{\partial y}{\partial v} \end{pmatrix}$ は，ヤコビ行列 (**p.94** 参照) ではない！ ヤコビ行列の転置行列 (行と列が入れ替わった行列) である．

例 (極座標) $x=r\cos\theta,\ y=r\sin\theta$ とおくと，

$$\begin{pmatrix} \frac{\partial}{\partial r} \\ \frac{\partial}{\partial \theta} \end{pmatrix} = \begin{pmatrix} \frac{\partial x}{\partial r} & \frac{\partial y}{\partial r} \\ \frac{\partial x}{\partial \theta} & \frac{\partial y}{\partial \theta} \end{pmatrix} \begin{pmatrix} \frac{\partial}{\partial x} \\ \frac{\partial}{\partial y} \end{pmatrix} = \begin{pmatrix} \cos\theta & \sin\theta \\ -r\sin\theta & r\cos\theta \end{pmatrix} \begin{pmatrix} \frac{\partial}{\partial x} \\ \frac{\partial}{\partial y} \end{pmatrix}.$$

ゆえに，左から逆行列を掛けて[1]

$$\begin{pmatrix} \frac{\partial}{\partial x} \\ \frac{\partial}{\partial y} \end{pmatrix} = \begin{pmatrix} \cos\theta & \sin\theta \\ -r\sin\theta & r\cos\theta \end{pmatrix}^{-1} \begin{pmatrix} \frac{\partial}{\partial r} \\ \frac{\partial}{\partial \theta} \end{pmatrix} = \frac{1}{r} \begin{pmatrix} r\cos\theta & -\sin\theta \\ r\sin\theta & \cos\theta \end{pmatrix} \begin{pmatrix} \frac{\partial}{\partial r} \\ \frac{\partial}{\partial \theta} \end{pmatrix} = \begin{pmatrix} \cos\theta\frac{\partial}{\partial r} - \frac{\sin\theta}{r}\frac{\partial}{\partial \theta} \\ \sin\theta\frac{\partial}{\partial r} + \frac{\cos\theta}{r}\frac{\partial}{\partial \theta} \end{pmatrix}.$$

練習 $x=s^2-t^2,\ y=2st$ と変換するとき，$\frac{\partial}{\partial x}$ および $\frac{\partial}{\partial y}$ を 変換せよ．

[1] (逆行列の公式) $\begin{pmatrix} a & b \\ c & d \end{pmatrix}^{-1} = \frac{1}{ad-bc}\begin{pmatrix} d & -b \\ -c & a \end{pmatrix}$.

連鎖公式 (3 変数の場合)

3 変数 $(x,y,z) \to (u,v,w)$ と変数変換するとき，偏微分は次のように変換する．

$$\begin{pmatrix} \frac{\partial}{\partial u} \\ \frac{\partial}{\partial v} \\ \frac{\partial}{\partial w} \end{pmatrix} = \begin{pmatrix} \frac{\partial x}{\partial u} & \frac{\partial y}{\partial u} & \frac{\partial z}{\partial u} \\ \frac{\partial x}{\partial v} & \frac{\partial y}{\partial v} & \frac{\partial z}{\partial v} \\ \frac{\partial x}{\partial w} & \frac{\partial y}{\partial w} & \frac{\partial z}{\partial w} \end{pmatrix} \begin{pmatrix} \frac{\partial}{\partial x} \\ \frac{\partial}{\partial y} \\ \frac{\partial}{\partial z} \end{pmatrix}, \qquad \begin{pmatrix} \frac{\partial}{\partial x} \\ \frac{\partial}{\partial y} \\ \frac{\partial}{\partial z} \end{pmatrix} = \begin{pmatrix} \frac{\partial u}{\partial x} & \frac{\partial v}{\partial x} & \frac{\partial w}{\partial x} \\ \frac{\partial u}{\partial y} & \frac{\partial v}{\partial y} & \frac{\partial w}{\partial y} \\ \frac{\partial u}{\partial z} & \frac{\partial v}{\partial z} & \frac{\partial w}{\partial z} \end{pmatrix} \begin{pmatrix} \frac{\partial}{\partial u} \\ \frac{\partial}{\partial v} \\ \frac{\partial}{\partial w} \end{pmatrix}.$$

$\begin{pmatrix} \frac{\partial u}{\partial x} & \frac{\partial v}{\partial x} & \frac{\partial w}{\partial x} \\ \frac{\partial u}{\partial y} & \frac{\partial v}{\partial y} & \frac{\partial w}{\partial y} \\ \frac{\partial u}{\partial z} & \frac{\partial v}{\partial z} & \frac{\partial w}{\partial z} \end{pmatrix}^{-1} = \begin{pmatrix} \frac{\partial x}{\partial u} & \frac{\partial y}{\partial u} & \frac{\partial z}{\partial u} \\ \frac{\partial x}{\partial v} & \frac{\partial y}{\partial v} & \frac{\partial z}{\partial v} \\ \frac{\partial x}{\partial w} & \frac{\partial y}{\partial w} & \frac{\partial z}{\partial w} \end{pmatrix}$ が成立するので，計算では逆行列を利用することもある．

例 (極座標)　$x = r\sin\theta\cos\phi,\ y = r\sin\theta\sin\phi,\ z = r\cos\theta$ と変換するとき，$r = \sqrt{x^2+y^2+z^2}$ に注意して，

$$\begin{aligned} \frac{\partial}{\partial r} &= \frac{\partial x}{\partial r}\frac{\partial}{\partial x} + \frac{\partial y}{\partial r}\frac{\partial}{\partial y} + \frac{\partial z}{\partial r}\frac{\partial}{\partial z} \\ &= \sin\theta\cos\phi\frac{\partial}{\partial x} + \sin\theta\sin\phi\frac{\partial}{\partial y} + \cos\theta\frac{\partial}{\partial z} \\ &= \frac{x}{r}\frac{\partial}{\partial x} + \frac{y}{r}\frac{\partial}{\partial y} + \frac{z}{r}\frac{\partial}{\partial z} \\ &= \frac{1}{\sqrt{x^2+y^2+z^2}}\left(x\frac{\partial}{\partial x} + y\frac{\partial}{\partial y} + z\frac{\partial}{\partial z}\right). \end{aligned}$$

発展 (極座標)　$x = r\sin\theta\cos\phi,\ y = r\sin\theta\sin\phi,\ z = r\cos\theta$ と変換するとき，次を示せ．

$$\frac{\partial}{\partial\phi} = -y\frac{\partial}{\partial x} + x\frac{\partial}{\partial y}.$$

Hint: $\frac{\partial}{\partial\phi} = \frac{\partial x}{\partial\phi}\frac{\partial}{\partial x} + \frac{\partial y}{\partial\phi}\frac{\partial}{\partial y} + \frac{\partial z}{\partial\phi}\frac{\partial}{\partial z}$.

2.　偏微分法の応用

曲面と接平面の方程式

曲面 $z=f(x,y)$ 上の点 $(a,b,f(a,b))$ における接平面の方程式は,

$$z-f(a,b)=f_x(a,b)(x-a)+f_y(a,b)(y-b).$$

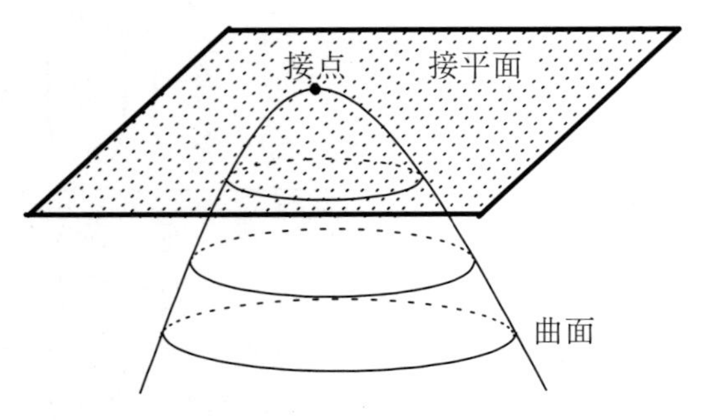

(注意)　正確には, $f(x,y)$ の全微分が定義されたときに, 接平面は定義される.
(参考)　接平面の方程式は, 接線の方程式 (p.42 参照) の類似である.
(参考)　α,β,γ のいずれかが 0 でない定数のとき, 空間図形 $\alpha x+\beta y+\gamma z+\delta=0$ を平面とよぶ (詳しくは, 線形代数).
(参考)　一般の曲面 $f(x,y,z)=0$ 上の点 (a,b,c) における接平面は, f_x, f_y, f_z のいずれかが 0 でなければ,
$f_x(a,b,c)(x-a)+f_y(a,b,c)(y-b)+f_z(a,b,c)(z-c)=0$ と定義される.

例①　$z=f(x,y)=x^2+y^2$ とすると $f_x(x,y)=2x,\ f_y(x,y)=2y$.
曲面上の点 $(2,-3,13)$ における接平面の方程式は,
$z-13=f_x(2,-3)(x-2)+f_y(2,-3)(y-(-3))$.
よって $z-4x+6y+13=0$.

例②　$z=f(x,y)=e^{x\sin y}$ とすると $f_x(x,y)=\sin y\cdot e^{x\sin y},\ \ f_y(x,y)=x\cos y\cdot e^{x\sin y}$.
曲面上の点 $(2,\pi,1)$ における接平面の方程式は,
$z-1=f_x(2,\pi)(x-2)+f_y(2,\pi)(y-\pi)$.
よって $z+2y-1-2\pi=0$.

練習　次の曲面上の点 P における接平面の方程式を求めよ.
①　$z=3x+4y$　　P$(1,1,7)$.　　②　$z=\sqrt{9-x^2-y^2}$　　P$(1,2,2)$.

曲面と特異点

$z=f(x,y)$ 上において，接平面が定義されない点を特異点と呼ぶ.

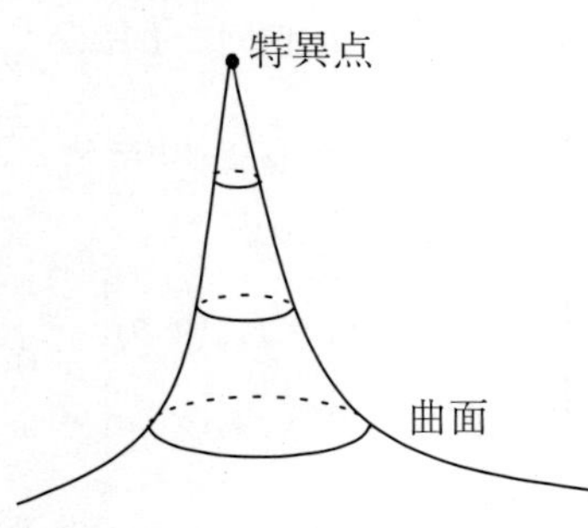

（参考）一般に，$f(x,y,z)=0$ 上の特異点は，f の偏導関数がすべて連続ならば，
$f_x(a,b,c)=f_y(a,b,c)=f_z(a,b,c)=0$ と定義すればよい.

例①　$z=f(x,y)=\sqrt{x^2+y^2}$ とすると，

$(x,y)\neq(0,0)$ ならば，

$$f_x(x,y)=\frac{x}{\sqrt{x^2+y^2}},\ f_y(x,y)=\frac{y}{\sqrt{x^2+y^2}}.$$

$f_x(0,0)$, $f_y(0,0)$ は，発散している.

よって，$(0,0,0)$ が特異点.

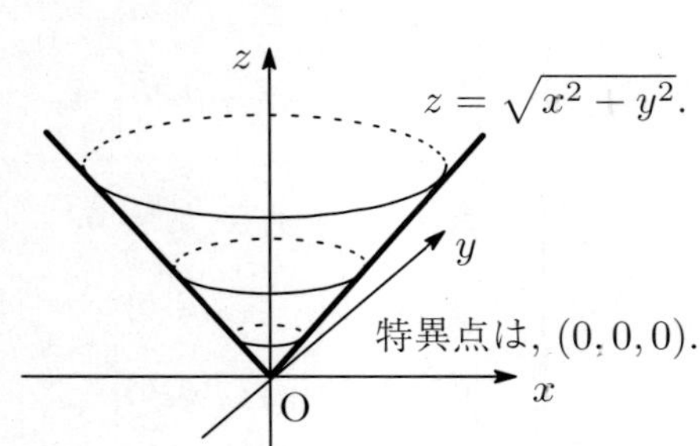

例②　$f(x,y,z)=z^2-(x-y)^2=0$ とすると，

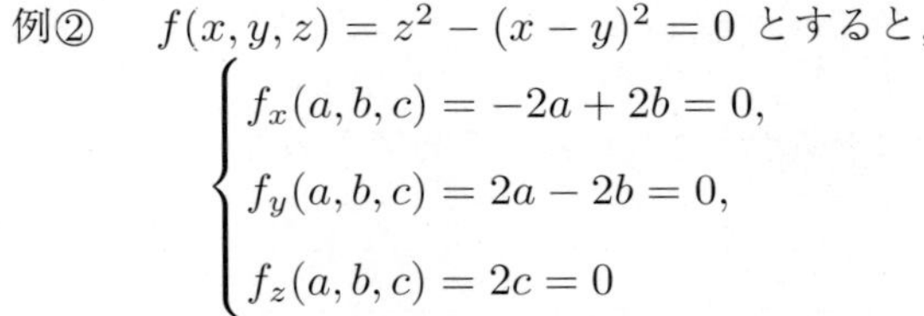

$$\begin{cases} f_x(a,b,c)=-2a+2b=0, \\ f_y(a,b,c)=2a-2b=0, \\ f_z(a,b,c)=2c=0 \end{cases}$$

を解いて，$a=b$, $c=0$.

この点は曲面上にあるので，$(a,a,0)$ が特異点.

（ただし，a は実数）.

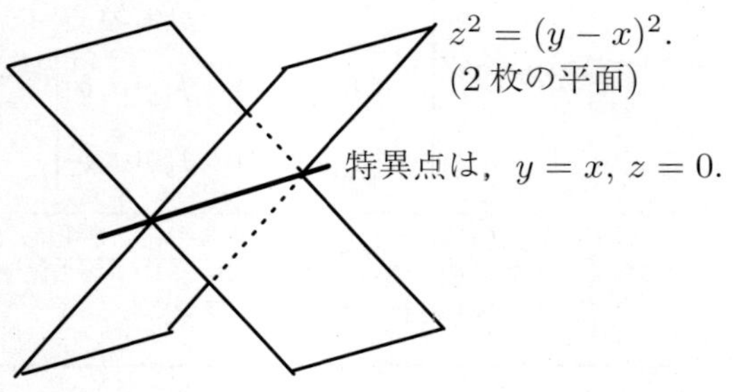

練習　特異点があれば，特異点を求めよ.

①　$z=\sqrt{(x-1)^2+2y^2}$.　　②　$z^2-x^2-y^2=0$.　　③　$x^2+y^2+z^2-1=0$.

(高階偏微分の応用) 極大値，極小値

$f(x,y)$ を 2 変数実数値関数 (何回でも微分できるとする).

$$(\text{場合 A})\begin{cases} f_x(a,b)=f_y(a,b)=0, \\ f_{xx}(a,b)<0, \\ \begin{vmatrix} f_{xx}(a,b) & f_{xy}(a,b) \\ f_{yx}(a,b) & f_{yy}(a,b) \end{vmatrix} > 0 \end{cases} \Longrightarrow f(x,y) \text{ は } (x,y)=(a,b) \text{ で }\textbf{極大}.$$

$$(\text{場合 B})\begin{cases} f_x(a,b)=f_y(a,b)=0, \\ f_{xx}(a,b)>0, \\ \begin{vmatrix} f_{xx}(a,b) & f_{xy}(a,b) \\ f_{yx}(a,b) & f_{yy}(a,b) \end{vmatrix} > 0 \end{cases} \Longrightarrow f(x,y) \text{ は } (x,y)=(a,b) \text{ で }\textbf{極小}.$$

$$(\text{場合 C})\begin{cases} f_x(a,b)=f_y(a,b)=0, \\ \begin{vmatrix} f_{xx}(a,b) & f_{xy}(a,b) \\ f_{yx}(a,b) & f_{yy}(a,b) \end{vmatrix} < 0 \end{cases} \Longrightarrow f(x,y) \text{ は } (x,y)=(a,b) \text{ で }\textbf{極値にならない}.$$

$$(\text{場合 D})\begin{cases} f_x(a,b)=f_y(a,b)=0, \\ \begin{vmatrix} f_{xx}(a,b) & f_{xy}(a,b) \\ f_{yx}(a,b) & f_{yy}(a,b) \end{vmatrix} = 0 \end{cases} \Longrightarrow \text{極値になるか，さらに調べる必要がある}.$$

実際には $f_x(a,b)=f_y(a,b)=0$ を考え，まず (a,b) を求めてから，(場合 A〜D) を確かめる.
(参考) 厳密証明は他書にゆずるが，上の事実の証明は，関数を二次式で近似して示す (章末問題 p.138 問 6 も参照せよ).
(参考) 上に現れる行列式をヘッシアンと呼ぶ.

例.　$f(x,y)=x^2+xy+y^2-4x-2y$ の極値を求める.

まず，$f_x(a,b)=2a+b-4=0$, $f_y(a,b)=a+2b-2=0$. ゆえに，$(a,b)=(2,0)$.

そこで

$$\begin{cases} f_{xx}(2,0)=2>0, \\ \begin{vmatrix} f_{xx}(2,0) & f_{xy}(2,0) \\ f_{yx}(2,0) & f_{yy}(2,0) \end{vmatrix} = \begin{vmatrix} 2 & 1 \\ 1 & 2 \end{vmatrix} = 2\cdot 2-1\cdot 1=3>0. \end{cases}$$

つまり，$(x,y)=(2,0)$ で 極小値 $f(2,0)=-4$.

練習　$f(x,y)=-x^2+8xy-18y^2-6x+28y-1$ とする.

① $f_x(a,b)=-2a+8b-6=0$, $f_y(a,b)=8a-36b+28=0$ を解き (a,b) を求めよ.

② $f(x,y)$ の極値を求めよ.

(補足) 極大値，極小値

$z = f(x, y)$ のグラフを描いてみる．

(場合 A)　$z = f(x, y) = -x^2 - y^2$
$((x, y) = (0, 0)$ で **極大**$)$.

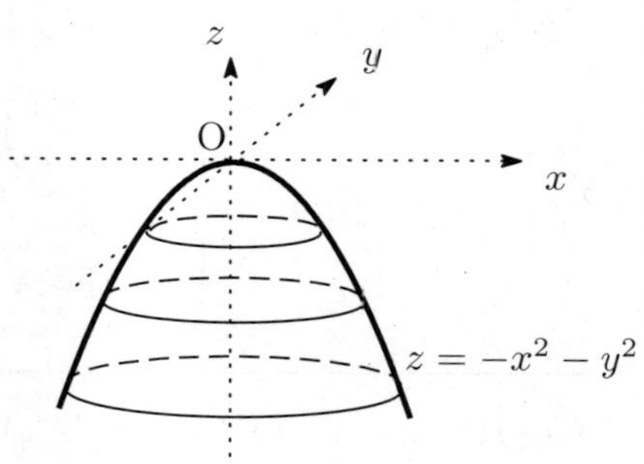

(場合 B)　$z = f(x, y) = x^2 + y^2$
$((x, y) = (0, 0)$ で **極小**$)$.

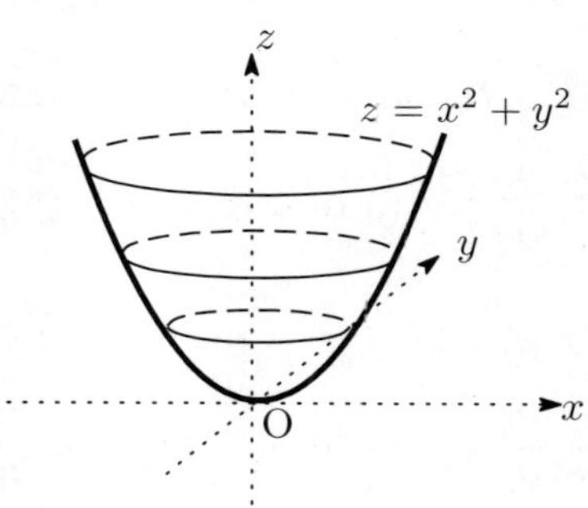

(場合 C)　$z = f(x, y) = x^2 - y^2$
$((x, y) = (0, 0)$ は **極値でない**$)$.

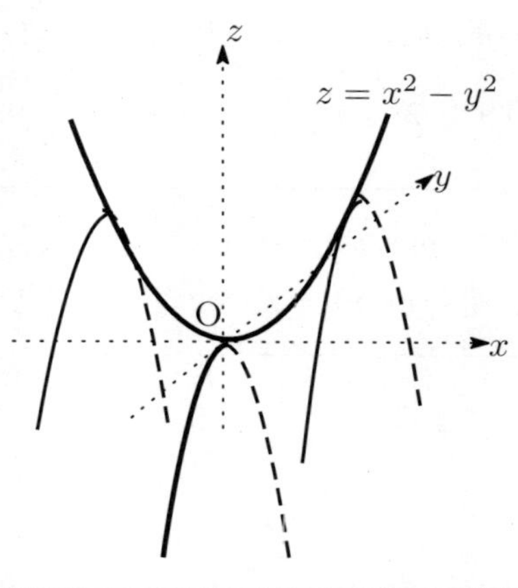

(参考)　(場合 C) のような場合，鞍点 (saddle point) もしくは，峠点 という．
馬の鞍の形に似ているからである．

研究　$f(x, y) = (x^2 - y^2)^2 - (2xy)^2$ とする．

① $x = r\cos\theta,\ y = r\sin\theta$ とおくとき，$f(x, y) = r^4\cos 4\theta$ を示せ．

② $(x, y) = (0, 0)$ は，$f(x, y)$ の 極値でないことを 説明せよ．

①Hint: 倍角の公式.
②Hint: θ を 動かすと，$f(x, y)$ は どう変化するか.

ラグランジュ未定乗数法 (その1)

$f(x,y)$, $g(x,y)$ を2変数関数 (何回でも偏微分できる) とする．
(x,y) が $g(x,y)=0$ をみたしながら動くとき, $f(x,y)$ が $(x,y)=(a,b)$ で極値をとるならば

$$(a,b)\text{ で}\begin{cases}\left(\dfrac{\partial g}{\partial x},\dfrac{\partial g}{\partial y}\right)=(0,0)\,,\\ \text{または}\\ \text{ある定数}\lambda\text{が存在して,}\left(\dfrac{\partial f}{\partial x},\dfrac{\partial f}{\partial y}\right)=\lambda\left(\dfrac{\partial g}{\partial x},\dfrac{\partial g}{\partial y}\right).\end{cases}$$

(説明) ($f(x,y)$, $g(x,y)$ を x で微分して比較する).

まず $g(x,y)=0$ より，陰関数の微分法 (p.37 参照) から $\dfrac{\partial g}{\partial x}+\left(\dfrac{\partial g}{\partial y}\right)\left(\dfrac{dy}{dx}\right)=0\ \cdots$①.

さらに，$f(x,y)$ が $(x,y)=(a,b)$ で極値をとるならば，(a,b) で $\dfrac{\partial f}{\partial x}+\left(\dfrac{\partial f}{\partial y}\right)\left(\dfrac{dy}{dx}\right)=0\ \cdots$②.

$\left(\dfrac{\partial g}{\partial x},\dfrac{\partial g}{\partial y}\right)\neq(0,0)$ ならば，①と②を比較して，$\dfrac{\partial f}{\partial x}:\dfrac{\partial f}{\partial y}=\dfrac{\partial g}{\partial x}:\dfrac{\partial g}{\partial y}$ (比例式となった).

例. $g(x,y)=x^2+y^2-1=0$ のもとで, $f(x,y)=x+y$ の極値を調べる．[7]

$\left(\dfrac{\partial g}{\partial x},\dfrac{\partial g}{\partial y}\right)=(0,0)$ または, $\left(\dfrac{\partial f}{\partial x},\dfrac{\partial f}{\partial y}\right)=\lambda\left(\dfrac{\partial g}{\partial x},\dfrac{\partial g}{\partial y}\right)$ を考えれば良い.

つまり，$(2x,2y)=(0,0)$ または, $(1,1)=\lambda(2x,2y)$.

このうち $x^2+y^2-1=0$ を満たすのは, $\left(\pm\dfrac{1}{\sqrt{2}},\pm\dfrac{1}{\sqrt{2}}\right)$. 極値は，$f\left(\pm\dfrac{1}{\sqrt{2}},\pm\dfrac{1}{\sqrt{2}}\right)=\pm\sqrt{2}$.

練習　$g(x,y)=x^2+y^2-1$ とおく．$g(x,y)=0$ のもとで, 次の関数の極値を求めよ．

① $f(x,y)=x-y$.　　② $f(x,y)=2x^2-4xy-y^2$.

[7] 未定乗数法では，**極値の候補**を調べているにすぎない．極値になることが明らかでない場合には，本来は説明が必要である．

ラグランジュ未定乗数法 (その 2)

$f(x,y,z)$, $g(x,y,z)$ を 3 変数関数 (何回でも偏微分できる) とする．

(x,y,z) が $g(x,y,z)=0$ をみたしながら動くとき，$f(x,y,z)$ が $(x,y,z)=(a,b,c)$ で極値をとるならば

$$(a,b,c) \text{ で } \begin{cases} \left(\dfrac{\partial g}{\partial x}, \dfrac{\partial g}{\partial y}, \dfrac{\partial g}{\partial z}\right) = (0,0,0), \\ \text{または} \\ \text{ある定数}\lambda\text{が存在して，} \left(\dfrac{\partial f}{\partial x}, \dfrac{\partial f}{\partial y}, \dfrac{\partial f}{\partial z}\right) = \lambda \left(\dfrac{\partial g}{\partial x}, \dfrac{\partial g}{\partial y}, \dfrac{\partial g}{\partial z}\right). \end{cases}$$

例．$g(x,y,z)=xy+yz+zx-1=0$ のもとで，$f(x,y,z)=x+y+z$ の極値を調べる．

$\left(\dfrac{\partial g}{\partial x}, \dfrac{\partial g}{\partial y}, \dfrac{\partial g}{\partial z}\right) = (0,0,0)$ または，$\left(\dfrac{\partial f}{\partial x}, \dfrac{\partial f}{\partial y}, \dfrac{\partial f}{\partial z}\right) = \lambda \left(\dfrac{\partial g}{\partial x}, \dfrac{\partial g}{\partial y}, \dfrac{\partial g}{\partial z}\right)$ を考えれば良い．

つまり，$(y+z, x+z, y+x) = (0,0,0)$ または，$(1,1,1) = \lambda(y+z, x+z, y+x)$.

結局，$(x,y,z) = (0,0,0)$ または，$\dfrac{1}{2\lambda}(1,1,1)$.

このうち，$xy+yz+zx-1=0$ を満たすのは，$\left(\pm\dfrac{1}{\sqrt{3}}, \pm\dfrac{1}{\sqrt{3}}, \pm\dfrac{1}{\sqrt{3}}\right)$.

極値は，$f\left(\pm\dfrac{1}{\sqrt{3}}, \pm\dfrac{1}{\sqrt{3}}, \pm\dfrac{1}{\sqrt{3}}\right) = \pm\sqrt{3}$.

練習　$g(x,y,z)=0$ のもとで，関数 $f(x,y,z)$ の極値を調べよ．

① $g(x,y,z) = x+y+z-4$,　$f(x,y,z) = xyz$.

② $g(x,y,z) = x^2+y^2+z^2-1$,　$f(x,y,z) = xy+yz+zx$.

ラグランジュ未定乗数法 (その3)(発展)

$f(x,y,z)$, $g(x,y,z)$, $h(x,y,z)$ を3変数関数 (何回でも偏微分できる) とする．

(x,y,z) が $g(x,y,z)=h(x,y,z)=0$ をみたしながら動くとき，$f(x,y,z)$ が $(x,y,z)=(a,b,c)$ で極値をとるならば

$$(a,b,c)\text{ で }\begin{cases}\left(\dfrac{\partial g}{\partial x},\dfrac{\partial g}{\partial y},\dfrac{\partial g}{\partial z}\right) /\!/ \left(\dfrac{\partial h}{\partial x},\dfrac{\partial h}{\partial y},\dfrac{\partial h}{\partial z}\right), \\ \text{または} \\ \text{ある定数}\lambda,\mu\text{が存在して，}\left(\dfrac{\partial f}{\partial x},\dfrac{\partial f}{\partial y},\dfrac{\partial f}{\partial z}\right)=\lambda\left(\dfrac{\partial g}{\partial x},\dfrac{\partial g}{\partial y},\dfrac{\partial g}{\partial z}\right)+\mu\left(\dfrac{\partial h}{\partial x},\dfrac{\partial h}{\partial y},\dfrac{\partial h}{\partial z}\right).\end{cases}$$

例．$g(x,y,z)=x+y+z-2=0$, $h(x,y,z)=2x+y-z-1=0$ のもとで，$f(x,y,z)=x^2+y^2+z^2-1$ の極値を調べる．

$\left(\dfrac{\partial f}{\partial x},\dfrac{\partial f}{\partial y},\dfrac{\partial f}{\partial z}\right)=\lambda\left(\dfrac{\partial g}{\partial x},\dfrac{\partial g}{\partial y},\dfrac{\partial g}{\partial z}\right)+\mu\left(\dfrac{\partial h}{\partial x},\dfrac{\partial h}{\partial y},\dfrac{\partial h}{\partial z}\right)$ を解けば良い．

つまり，$(2x,2y,2z)=\lambda(1,1,1)+\mu(2,1,-1)$．よって，$(x,y,z)=\dfrac{1}{2}(\lambda+2\mu,\lambda+\mu,\lambda-\mu)$．

このうち，$x+y+z-2=0$, $2x+y-z-1=0$ を満たすのは，$(x,y,z)=\left(\dfrac{4}{7},\dfrac{9}{14},\dfrac{11}{14}\right)$．

極値は，$f\left(\dfrac{4}{7},\dfrac{9}{14},\dfrac{11}{14}\right)=\dfrac{5}{14}$．

発展　$g(x,y,z)=h(x,y,z)=0$ のもとで，関数 $f(x,y,z)$ の極値を調べよ．

$g(x,y,z)=x^2+y^2-4$, $h(x,y,z)=x^2+z^2-1$, $f(x,y,z)=x^2-yz$.

テイラーの定理 (2 変数)(発展)

$f(x,y)$ を，何回でも偏微分可能な 2 変数関数とする．2 点 (a,b)，(c,d) に対し，$c-a=h, d-b=k$ とおく．このとき

$$f(c,d)=f(a,b)+\left(h\frac{\partial}{\partial x}+k\frac{\partial}{\partial y}\right)f(a,b)+\cdots+\frac{1}{r!}\left(h\frac{\partial}{\partial x}+k\frac{\partial}{\partial y}\right)^{r}f(a,b)$$
$$+\cdots+\frac{1}{(n-1)!}\left(h\frac{\partial}{\partial x}+k\frac{\partial}{\partial y}\right)^{n-1}f(a,b)+\frac{1}{n!}\left(h\frac{\partial}{\partial x}+k\frac{\partial}{\partial y}\right)^{n}f(a+h\theta,b+k\theta)$$

を満たす $\theta\ (0<\theta<1)$ が存在する．ただし，$\left(h\dfrac{\partial}{\partial x}+k\dfrac{\partial}{\partial y}\right)^{n}=\displaystyle\sum_{r=0}^{n}{}_n\mathrm{C}_r h^{n-r}k^{r}\frac{\partial^n}{\partial x^{n-r}\partial y^{r}}$.

(説明)　$z(t)=f(a+ht,b+kt)\ (0\leqq t\leqq 1)$ とおくと，1 変数のテイラーの定理 (p.60 参照) から，

$z(1)=z(0)+z'(0)+\cdots+\dfrac{1}{r!}z^{r}(0)+\cdots+\dfrac{1}{(n-1)!}z^{(n-1)}(0)+\dfrac{1}{n!}z^{(n)}(\theta)$ を満たす $\theta\ (0<\theta<1)$ が存在する．

ここで，全微分 $dz=\dfrac{\partial f}{\partial x}dx+\dfrac{\partial f}{\partial y}dy$ を考えれば，$\dfrac{dz}{dt}=\dfrac{\partial f}{\partial x}\dfrac{dx}{dt}+\dfrac{\partial f}{\partial y}\dfrac{dy}{dt}=h\dfrac{\partial f}{\partial x}+k\dfrac{\partial f}{\partial y}$.

すなわち，$z'(t)=\left(h\dfrac{\partial}{\partial x}+k\dfrac{\partial}{\partial y}\right)f(a+ht,b+kt)$.

高階微分も，$z^{r}(t)=\left(h\dfrac{\partial}{\partial x}+k\dfrac{\partial}{\partial y}\right)^{r}f(a+ht,b+kt)$ となって結果を得た．

例．$f(x,y)=e^{2x-y}$ を，$(0,0)$ で 2 次の項 (剰余項をいれて 3 次の項) まで計算する．

$f_x=2e^{2x-y}$，$f_y=-e^{2x-y}$.

$f_{xx}=4e^{2x-y}$，$f_{xy}=-2e^{2x-y}$，$f_{yy}=e^{2x-y}$.

$f_{xxx}=8e^{2x-y}$，$f_{xxy}=-4e^{2x-y}$，$f_{xyy}=2e^{2x-y}$，$f_{yyy}=-e^{2x-y}$.

テイラーの定理より，

$$e^{2x-y}=1+(2x-y)+\frac{1}{2}(4x^2-4xy+y^2)+\frac{1}{6}(8x^3-12x^2y+6xy^2-y^3)e^{(2x-y)\theta}\quad(0<\theta<1).$$

発展　$f(x,y)=e^{x}\log(1+y)$ を，$(0,0)$ で 2 次の項 (剰余項をいれて 3 次の項) まで計算せよ．

3.　多変数関数の重積分

偏積分

連続関数 $f(x,y)$ に対し，

x についてのみの積分 $\displaystyle\int_{a(y)}^{b(y)} f(x,y)\,dx$ を，x **についての偏積分**と呼ぶ．

y についてのみの積分 $\displaystyle\int_{c(x)}^{d(x)} f(x,y)\,dy$ を，y **についての偏積分**と呼ぶ．

例① $\displaystyle\int_1^y y+\frac{1}{x}\,dx=\Big[yx+\log x\Big]_1^y=\big(y^2+\log y\big)-(y+\log 1)=y^2-y+\log y.$

例② $\displaystyle\int_x^{x^2} xy\,dy=\left[\frac{xy^2}{2}\right]_x^{x^2}=\left(\frac{x^5}{2}-\frac{x^3}{2}\right)=\frac{x^3}{2}(x^2-1).$

例③ $\displaystyle\int_0^x e^y+x\cos y\,dy=\Big[e^y+x\sin y\Big]_0^x=(e^x+x\sin x)-(e^0+x\sin 0)=e^x+x\sin x-1.$

練習　　次の偏積分を計算せよ．

① $\displaystyle\int_0^y (x-y)(x+2y)\,dx$　　② $\displaystyle\int_1^y \left(xy+\frac{1}{x}\right)^2 dx$　　③ $\displaystyle\int_{x^3}^{x^6} \frac{y-1}{\sqrt[3]{y}}\,dy$

④ $\displaystyle\int_{-y}^{y} \sin x\cos y\,dx$　　⑤ $\displaystyle\int_0^x (x+1)^y\,dy$

⑤Hint. $\displaystyle\int a^x\,dx=\frac{a^x}{\log a}+c.$

(置換積分の利用)(p.66, p.75 参照)

例④
$$\int_0^{3y}\left(\frac{x}{3}+y\right)^2 dx=\int_y^{2y}3u^2\,du \qquad \Longleftarrow \frac{x}{3}+y=u\text{ とおいた}$$
$$=\Big[u^3\Big]_y^{2y}=7y^3.$$

例⑤
$$\int_{y+\frac{\pi}{2}}^{y}\cos^2(x-y)\sin(x-y)\,dx=\int_0^1 -u^2\,du \qquad \Longleftarrow \cos(x-y)=u\text{ とおいた}$$
$$=\Big[-\frac{u^3}{3}\Big]_0^1=-\frac{1}{3}.$$

練習　次の偏積分を計算せよ．

① $\displaystyle\int_0^y (2x+y)^3\,dx$　② $\displaystyle\int_0^y y(1+xy)^{-1}\,dx$　③ $\displaystyle\int_{1-y}^1 \frac{\log(x+y)}{x+y}\,dx$

④ $\displaystyle\int_{-x}^0 (x+y)\sin(x+y)^2\,dy$　⑤ $\displaystyle\int_0^{\frac{\pi}{4x}} x\tan(xy)\,dy$　⑥ $\displaystyle\int_0^x x^2ye^{(xy)^2}\,dy$

---

③Hint. $\log(x+y)=u$ とおく．

⑤Hint. $\displaystyle\int_0^{\frac{\pi}{4x}} x\tan(xy)\,dy=\int_0^{\frac{\pi}{4x}} x\cdot\frac{\sin(xy)}{\cos(xy)}\,dy$ となり，$\cos(xy)=u$ とおく．

(部分積分の利用)(p.68, p.76 参照)

例⑥ $$\int_0^y (x+y)e^x\,dx = \Big[(x+y)e^x\Big]_0^y - \int_0^y e^x\,dx$$
$$= \Big[(x+y)e^x\Big]_0^y - \Big[e^x\Big]_0^y = (2y-1)e^y - y + 1.$$

例⑦ $$\int_{-x}^0 xy\sin(x+y)\,dy = \Big[-xy\cos(x+y)\Big]_{-x}^0 + \int_{-x}^0 x\cos(x+y)\,dy$$
$$= \Big[-xy\cos(x+y)\Big]_{-x}^0 + \Big[x\sin(x+y)\Big]_{-x}^0 = -x^2 + x\sin x.$$

練習　次の偏積分を計算せよ．

① $\displaystyle\int_{\frac{1}{y}}^1 y\log(xy)\,dx$　② $\displaystyle\int_{-y}^0 xy\cos(x+y)\,dx$　③ $\displaystyle\int_0^x \frac{y}{x^2}e^{-\frac{y}{x}}\,dy$

($\sqrt{a^2-x^2}$ の積分, $\dfrac{1}{a^2+x^2}$ の積分)(p.77, p.78 参照)

例⑧ $y>0$ のとき,

$$\int_0^{\frac{y}{2}} \sqrt{y^2-x^2}\,dx = \int_0^{\frac{\pi}{6}} \sqrt{y^2-y^2\sin^2\theta}\cdot y\cos\theta\,d\theta \qquad \Longleftarrow x=y\sin\theta \text{ とおいた}$$

$$= \int_0^{\frac{\pi}{6}} y^2\cos^2\theta\,d\theta = \int_0^{\frac{\pi}{6}} \frac{y^2}{2}(1+\cos 2\theta)\,d\theta$$

$$= \frac{y^2}{2}\left[\theta+\frac{\sin 2\theta}{2}\right]_0^{\frac{\pi}{6}} = \frac{y^2}{2}\left(\frac{\pi}{6}+\frac{\sqrt{3}}{4}\right).$$

例⑨ $$\int_0^x \frac{1}{x^2+y^2}\,dy = \int_0^{\frac{\pi}{4}} \frac{1}{x^2(1+\tan^2\theta)}\cdot\frac{x}{\cos^2\theta}\,d\theta \qquad \Longleftarrow y=x\tan\theta \text{ とおいた}$$

$$= \int_0^{\frac{\pi}{4}} \frac{1}{x}\,d\theta = \left[\frac{\theta}{x}\right]_0^{\frac{\pi}{4}} = \frac{\pi}{4x}.$$

練習 次の偏積分を計算せよ.

① $\displaystyle\int_0^y \sqrt{y^2-x^2}\,dx$ ② $\displaystyle\int_{-\frac{x}{2}}^0 \frac{1}{\sqrt{x^2-y^2}}\,dy$ ③ $\displaystyle\int_0^{\frac{y}{\sqrt{3}}} \frac{1}{x^2+y^2}\,dx$

④ $\displaystyle\int_0^y \frac{1}{(x^2+y^2)^{\frac{5}{2}}}\,dx$ ⑤ $\displaystyle\int_x^{2x} \frac{1}{y^2-2xy+2x^2}\,dy$

⑤Hint. $\displaystyle\int_x^{2x} \frac{1}{y^2-2xy+2x^2}\,dy = \int_x^{2x} \frac{1}{(y-x)^2+x^2}\,dy$ ($y-x=x\tan\theta$ とおく).

重積分，累次積分 (2 変数の場合)

関数 $f(x,y)$ を，(閉) 領域 D 上で連続な関数とする．

y を固定して x で偏積分し，次に y で積分するとき，
$D=\{(x,y)\mid a\leqq y\leqq b,\ p_1(y)\leqq x\leqq p_2(y)\}$ ならば，
$$\int_D f(x,y)\,dx\,dy=\int_a^b\left(\int_{p_1(y)}^{p_2(y)} f(x,y)\,dx\right)dy.$$
() を省略して，
$$\int_D f(x,y)\,dx\,dy=\int_a^b dy\int_{p_1(y)}^{p_2(y)} f(x,y)\,dx$$
などと書くことも多い．

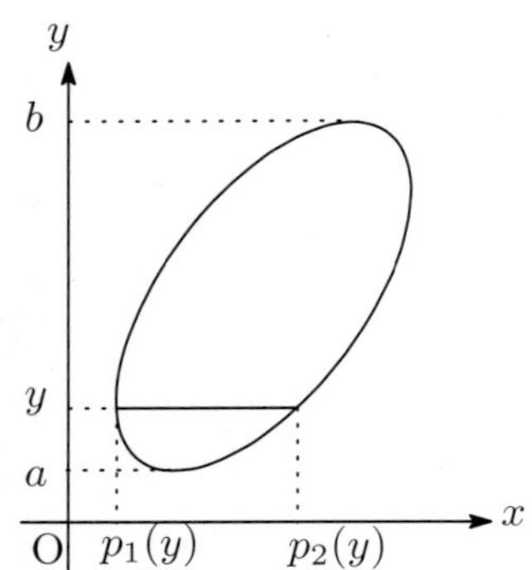

x を固定して y で偏積分し，次に x で積分するとき，
$D=\{(x,y)\mid c\leqq x\leqq d,\ q_1(x)\leqq y\leqq q_2(x)\}$ ならば，
$$\int_D f(x,y)\,dx\,dy=\int_c^d\left(\int_{q_1(x)}^{q_2(x)} f(x,y)\,dy\right)dx.$$
() を省略して，
$$\int_D f(x,y)\,dx\,dy=\int_c^d dx\int_{q_1(x)}^{q_2(x)} f(x,y)\,dy$$
などと書くことも多い．

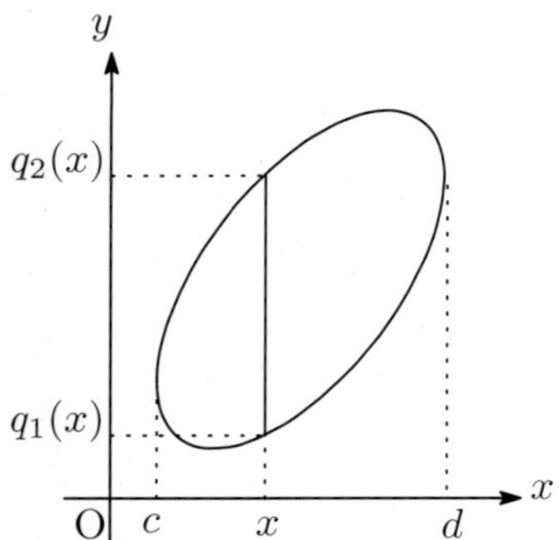

$\int_D\{f(x,y)+g(x,y)\}\,dx\,dy=\int_D f(x,y)\,dx\,dy+\int_D g(x,y)\,dx\,dy$，$\int_D cf(x,y)\,dx\,dy=c\int_D f(x,y)\,dx\,dy$ が成立する．

$D_1\cap D_2$ の面積が 0 ならば，$\int_{D_1\cup D_2} f(x,y)\,dx\,dy=\int_{D_1} f(x,y)\,dx\,dy+\int_{D_2} f(x,y)\,dx\,dy$ も見て取れる．

(参考)　領域というのは，通常は図形の縁まで含まない (開集合と呼ぶ)．ここでは，縁まで含む場合 (閉集合と呼ぶ) で考えてある．これは，閉領域というのが，より良い言い方である．

例①　$D=\{(x,y)\mid 1\leqq x\leqq 2,\ 1\leqq y\leqq 3\}$，$f(x,y)=x(x+2y)$ とする．

x から積分し，次に y で積分するとき，
$$\int_D f(x,y)\,dx\,dy=\int_1^3\left(\int_1^2 x(x+2y)\,dx\right)dy$$
$$=\int_1^3\left[\frac{x^3}{3}+yx^2\right]_1^2 dy=\int_1^3(\frac{7}{3}+3y)\,dy$$
$$=\left[\frac{7}{3}y+\frac{3}{2}y^2\right]_1^3=\frac{50}{3}.$$

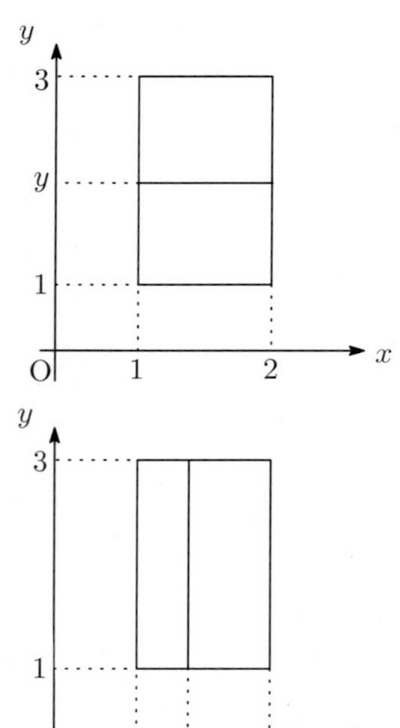

y から積分し，次に x で積分するとき，
$$\int_D f(x,y)\,dx\,dy=\int_1^2\left(\int_1^3 x(x+2y)\,dy\right)dx$$
$$=\int_1^2\left[x^2y+xy^2\right]_1^3 dx=\int_1^2(2x^2+8x)\,dx$$
$$=\left[\frac{2}{3}x^3+4x^2\right]_1^2=\frac{50}{3}.$$

練習　$D = \{(x, y) \mid 0 \leqq x \leqq 1,\ 0 \leqq y \leqq \pi\}$ とするとき, 次の重積分を計算せよ.

① $\displaystyle\int_D x^2 \sin y\, dx\, dy$　　② $\displaystyle\int_D x^{y+1}\, dx\, dy$

発展　$a,\ b,\ c,\ d$ を定数とし, $D = \{(x, y) \mid a \leqq x \leqq b,\ c \leqq y \leqq d\}$ とする.

① $f(x, y) = g(x)h(y)$ のとき, $\displaystyle\int_c^d \left(\int_a^b f(x, y)\, dx\right) dy = \int_a^b \left(\int_c^d f(x, y)\, dy\right) dx$ を確認せよ.

② $f(x, y) = \displaystyle\sum_{j=1}^{n} g_j(x)h_j(y)$ のとき, $\displaystyle\int_c^d \left(\int_a^b f(x, y)\, dx\right) dy = \int_a^b \left(\int_c^d f(x, y)\, dy\right) dx$ を確認せよ.

(参考) 一般の関数 $f(x, y)$ と領域 D に対しても, $\displaystyle\int_D |f(x, y)|\, dx\, dy$ が収束するとき (絶対収束するという), $f(x, y)$ を $g_j(x)h_j(y)$ の無限和に置き換えることができて, $\displaystyle\int_D f(x, y)\, dx\, dy = \int_D f(x, y)\, dy\, dx$ が示せる (5 章 p.221).

(注意) 重積分は, **積分の順序によらない**ことになる. そこで本書では, 統一して $\displaystyle\int_D f(x, y)\, dx\, dy$ と表記してある.

例②　$D=\{(x,y)\mid x^2\leqq y\leqq x\}$, $f(x,y)=xy$ とする.

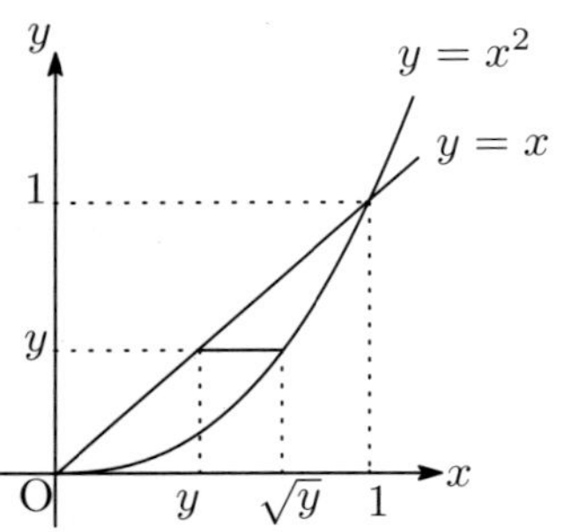

x から積分し，次に y で積分するとき，

$$\int_D f(x,y)\,dx\,dy=\int_0^1\left(\int_y^{\sqrt{y}} xy\,dx\right)dy$$

$$=\int_0^1\left[\frac{yx^2}{2}\right]_y^{\sqrt{y}}dy=\int_0^1\left(\frac{y^2}{2}-\frac{y^3}{2}\right)dy$$

$$=\left[\frac{y^3}{6}-\frac{y^4}{8}\right]_0^1=\frac{1}{24}.$$

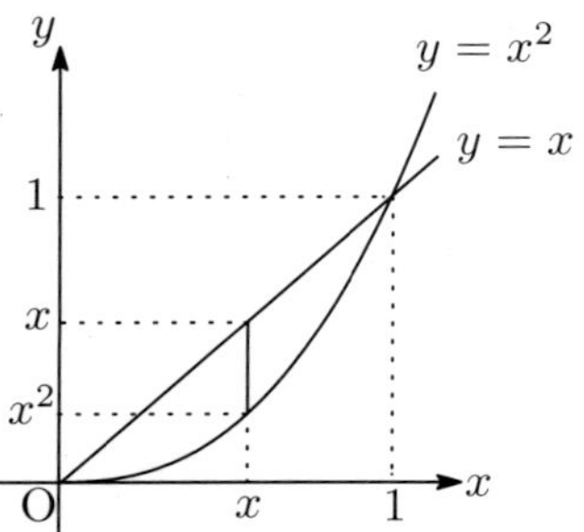

y から積分し，次に x で積分するとき，

$$\int_D f(x,y)\,dx\,dy=\int_0^1\left(\int_{x^2}^{x} xy\,dy\right)dx$$

$$=\int_0^1\left[\frac{xy^2}{2}\right]_{x^2}^{x}dx=\int_0^1\left(\frac{x^3}{2}-\frac{x^5}{2}\right)dx$$

$$=\left[\frac{x^4}{8}-\frac{x^6}{12}\right]_0^1=\frac{1}{24}.$$

練習　次の重積分を計算せよ.

① $D=\{(x,y)\mid x^2\leqq y\leqq x\}$ のとき，$\displaystyle\int_D 2y-x^2\,dx\,dy.$

② $D=\{(x,y)\mid x^2\leqq y\leqq 2-x\}$ のとき，$\displaystyle\int_D (2x+1)\cos(x+y)\,dx\,dy.$

③ $D=\{(x,y)\mid 0\leqq x\leqq 1-y,\ 0\leqq y\leqq 1\}$ のとき，$\displaystyle\int_D ye^x\,dx\,dy.$

---

②Hint. D の図を書くと，$D=\{(x,y)\mid x^2\leqq y\leqq 2-x\}=\{(x,y)\mid x^2\leqq y\leqq 2-x,\ -2\leqq x\leqq 1\}$.
③Hint. x で積分し，y については部分積分.

例③　$D = \{(x, y) \mid x^2 + y^2 \leqq 9\}$, $f(x, y) = 1$ のとき，

x から積分し，次に y で積分すると，

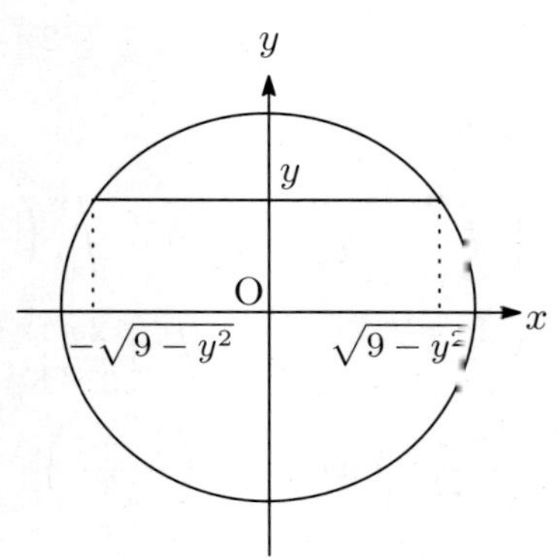

$$\int_D dx\,dy = \int_{-3}^{3} \left(\int_{-\sqrt{9-y^2}}^{\sqrt{9-y^2}} dx \right) dy$$

$$= \int_{-3}^{3} [x]_{-\sqrt{9-y^2}}^{\sqrt{9-y^2}}\, dy$$

$$= \int_{-3}^{3} 2\sqrt{9-y^2}\, dy$$

$$= \cdots = 9\pi \ (D \text{ の面積に等しい}).$$

例④　$D = \{(x, y) \mid x^2 + y^2 \leqq 1,\ y \geqq 0\}$, $f(x, y) = x^2 y$ のとき，

y から積分し，次に x で積分すると，

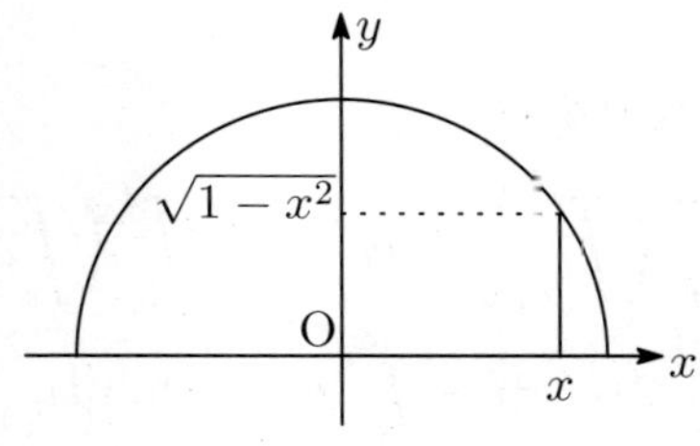

$$\int_D f(x, y)\,dx\,dy = \int_{-1}^{1} \left(\int_0^{\sqrt{1-x^2}} x^2 y\,dy \right) dx$$

$$= \int_{-1}^{1} \left[\frac{x^2 y^2}{2} \right]_0^{\sqrt{1-x^2}} dy = \int_{-1}^{1} \frac{x^2(1-x^2)}{2}\,dx$$

$$= \left[\frac{x^3}{6} - \frac{x^5}{10} \right]_{-1}^{1} = \frac{2}{15}.$$

練習　次の重積分を計算せよ．

① $D = \{(x, y) \mid x^2 + y^2 \leqq 1\}$ のとき，$\displaystyle\int_D (x^2 + y)\,dx\,dy$.

② $D = \{(x, y) \mid (x-1)^2 + y^2 \leqq 1,\ x \geqq 1\}$ のとき，$\displaystyle\int_D \frac{1}{\sqrt{x}}\,dx\,dy$.

① Hint. $\sqrt{a^2 - x^2}$ 型の積分 (p.77, p.113 参照).　② Hint. $D = \{(x, y) \mid -\sqrt{2x - x^2} \leqq y \leqq \sqrt{2x - x^2},\ 1 \leqq x \leqq 2\}$.

例⑤　$D=\{(x,y)\mid y\leqq -x+8,\ y\leqq 2x-1,\ y\geqq \frac{1}{2}(x+1)\}$，$f(x,y)=\dfrac{2}{3x^2}$ のとき，

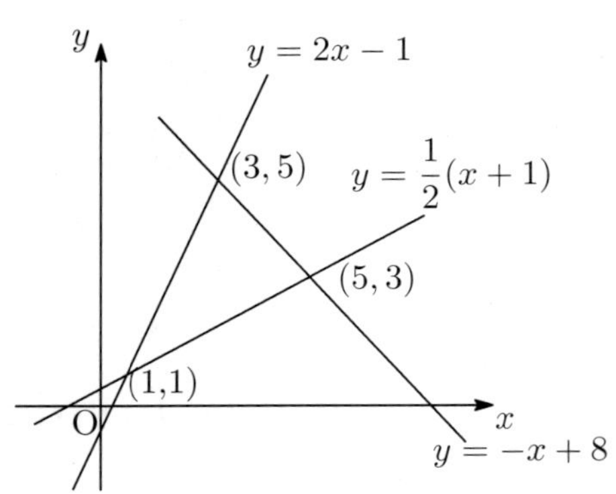

$$
\begin{aligned}
&\int_D f(x,y)\,dx\,dy \\
&= \int_1^3 \left(\int_{\frac{1}{2}(x+1)}^{2x-1} \frac{2}{3x^2}\,dy\right)dx + \int_3^5 \left(\int_{\frac{1}{2}(x+1)}^{-x+8} \frac{2}{3x^2}\,dy\right)dx \\
&= \int_1^3 \left[\frac{2y}{3x^2}\right]_{\frac{1}{2}(x+1)}^{2x-1} dx + \int_3^5 \left[\frac{2y}{3x^2}\right]_{\frac{1}{2}(x+1)}^{-x+8} dx \\
&= \int_1^3 \left(\frac{x-1}{x^2}\right) dx + \int_3^5 \left(\frac{5-x}{x^2}\right) dx \\
&= \left[\log x + \frac{1}{x}\right]_1^3 + \left[-\frac{5}{x} - \log x\right]_3^5 = 2\log 3 - \log 5.
\end{aligned}
$$

例⑥　頂点が $(0,1)$，$(1,0)$，$(2,1)$，$(1,2)$ からなる正方形の内部を D，$f(x,y)=e^x$ のとき，

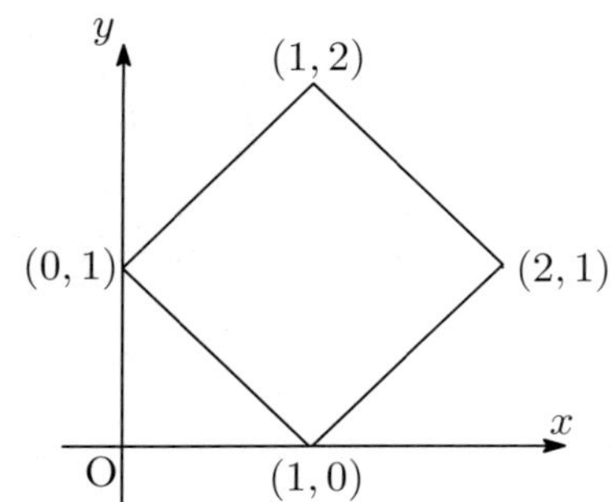

$$
\begin{aligned}
&\int_D f(x,y)\,dx\,dy \\
&= \int_0^1 \left(\int_{-x+1}^{x+1} e^x\,dy\right)dx + \int_1^2 \left(\int_{x-1}^{-x+3} e^x\,dy\right)dx \\
&= \int_0^1 2xe^x\,dx + \int_1^2 2(2-x)e^x\,dx \\
&= \Big[2(x-1)e^x\Big]_0^1 + \Big[2(3-x)e^x\Big]_1^2 = 2e^2 - 4e + 2.
\end{aligned}
$$

発展　　次の重積分を計算せよ．

① $D=\{(x,y)\mid |x|+|y|\leqq 1\}$ のとき，$\displaystyle\int_D xy\,dx\,dy.$

② 頂点が $(1,2),(3,3),(4,1)$ からなる三角形の内部を D とするとき，$\displaystyle\int_D \frac{1}{x}\,dx\,dy.$

例⑦　$D = \{(x,y) \mid x^2 + (y-1)^2 \geqq 1,\ x^2+y^2 \leqq 4,\ x \geqq 0,\ y \geqq 0\}$, $f(x,y) = xe^y$ のとき,

$$\int_D f(x,y)\,dx\,dy = \int_0^2 \left(\int_{\sqrt{1-(y-1)^2}}^{\sqrt{4-y^2}} xe^y\,dx\right)dy$$

$$= \int_0^2 \left[\frac{e^y}{2}x^2\right]_{\sqrt{1-(y-1)^2}}^{\sqrt{4-y^2}} dy = \int_0^2 (2-y)e^y\,dy$$

$$= \Big[(3-y)e^y\Big]_0^2 = e^2 - 3.$$

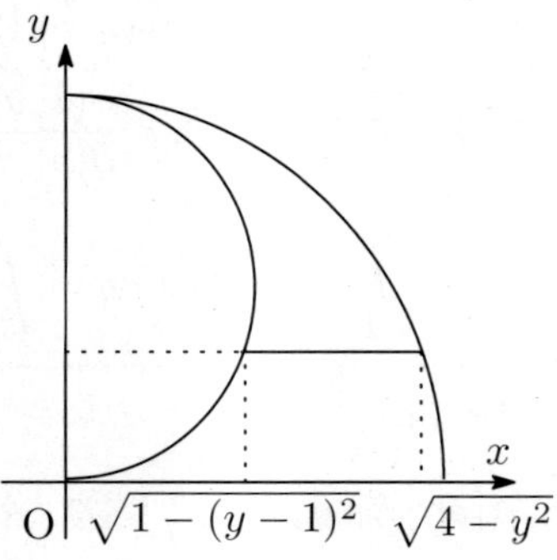

例⑧　$D = \{(x,y) \mid x^2+y^2 \leqq 4,\ y \geqq -\dfrac{x}{\sqrt{3}},\ y \geqq x\}$, $f(x,y) = 3y$ のとき,

$$\int_D f(x,y)\,dx\,dy$$

$$= \int_{-\sqrt{3}}^0 \left(\int_{-\frac{x}{\sqrt{3}}}^{\sqrt{4-x^2}} 3y\,dy\right)dx + \int_0^{\sqrt{2}} \left(\int_x^{\sqrt{4-x^2}} 3y\,dy\right)dx$$

$$= \int_{-\sqrt{3}}^0 \left[\frac{3y^2}{2}\right]_{-\frac{x}{\sqrt{3}}}^{\sqrt{4-x^2}} dx + \int_0^{\sqrt{2}} \left[\frac{3y^2}{2}\right]_x^{\sqrt{4-x^2}} dx$$

$$= \int_{-\sqrt{3}}^0 (6-2x^2)\,dx + \int_0^{\sqrt{2}} (6-3x^2)\,dx$$

$$= \left[6x - \frac{2}{3}x^3\right]_{-\sqrt{3}}^0 + \left[6x - x^3\right]_0^{\sqrt{2}} = 4\sqrt{3} + 4\sqrt{2}.$$

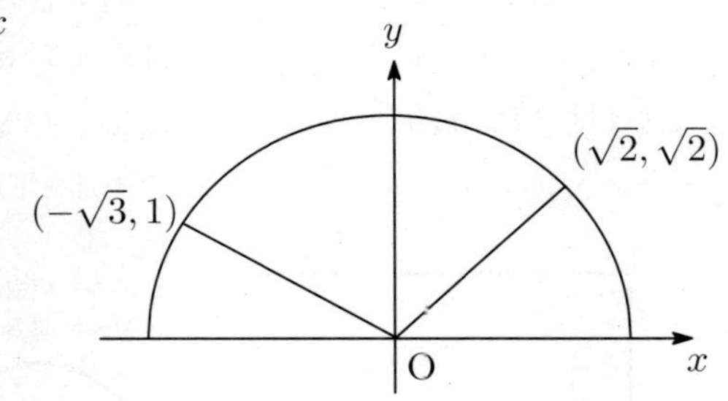

発展　$D = \{(x,y) \mid y \geqq 0,\ (x-2)^2+y^2 \leqq 4,\ (x-\frac{3}{2})^2+y^2 \geqq (\frac{3}{2})^2,\ (x-\frac{7}{2})^2+y^2 \geqq (\frac{1}{2})^2\}$ のとき, $\displaystyle\int_D 2y\,dx\,dy$ を計算せよ.

積分の変数変換 (2 変数の場合)

変数変換 $x = x(u,v)$, $y = y(u,v)$ により, uv 平面上の領域 D' が, xy 平面上の領域 D に 1 対 1 に写るとする．ヤコビアンを, $\dfrac{\partial(x,y)}{\partial(u,v)} = \begin{vmatrix} \frac{\partial x}{\partial u} & \frac{\partial x}{\partial v} \\ \frac{\partial y}{\partial u} & \frac{\partial y}{\partial v} \end{vmatrix}$ とすると,

$$\int_D f(x,y)\,dx\,dy = \int_{D'} f\left(x(u,v), y(u,v)\right) \left|\frac{\partial(x,y)}{\partial(u,v)}\right| du\,dv.$$

(参考) 座標 (u,v) におけるヤコビアンを, $J(u,v) = \dfrac{\partial(x,y)}{\partial(u,v)}$ と書くこともある．

(参考) (行列式の計算) $\begin{vmatrix} a & b \\ c & d \end{vmatrix} = ad - bc$ と計算する．

(証明の概略)

D' 内の微小な長方形 I' を考える．

I' の 4 個の頂点の座標を, $\mathrm{A}_0(u,v)$, $\mathrm{A}_1(u+\Delta u, v)$, $\mathrm{A}_2(u+\Delta u, v+\Delta v)$, $\mathrm{A}_3(u, v+\Delta v)$ とする．

また, $x = x(u,v)$, $y = y(u,v)$ により I' は I に写り，A_i は B_i に写るとする．$(i = 0,1,2,3)$.

すなわち，$\mathrm{B}_0(x(u,v), y(u,v))$, $\mathrm{B}_1(x(u+\Delta u,v), y(u+\Delta u,v))$, $\mathrm{B}_2(x(u+\Delta u,v+\Delta v), y(u+\Delta u,v+\Delta v))$, $\mathrm{B}_3(x(u,v+\Delta v), y(u,v+\Delta v))$ である (下図参照).

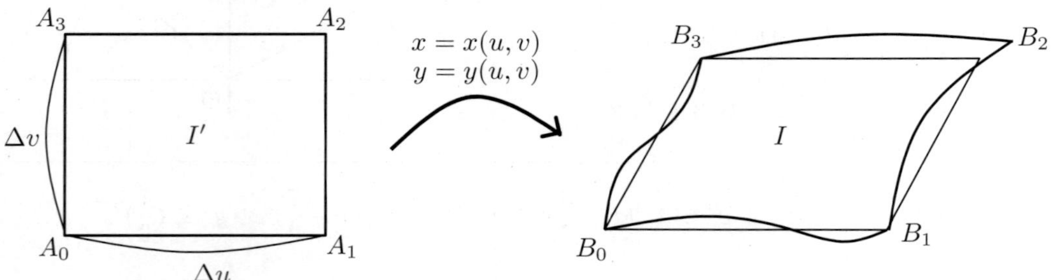

このとき，I は, $\mathrm{B}_0\mathrm{B}_1$, $\mathrm{B}_0\mathrm{B}_3$ を隣り合う 2 辺とする平行四辺形で近似できている．[8] ここで,

$$\begin{aligned}\overrightarrow{\mathrm{B}_0\mathrm{B}_1} &= (x(u+\Delta u,v) - x(u,v),\ y(u+\Delta u,v) - y(u,v)) \\ &\fallingdotseq \left(\frac{\partial x}{\partial u}(u,v)\Delta u,\ \frac{\partial y}{\partial u}(u,v)\Delta u\right).\end{aligned}$$

同様に,

$$\begin{aligned}\overrightarrow{\mathrm{B}_0\mathrm{B}_3} &= (x(u,v+\Delta v) - x(u,v),\ y(u,v+\Delta v) - y(u,v)) \\ &\fallingdotseq \left(\frac{\partial x}{\partial v}(u,v)\Delta v,\ \frac{\partial y}{\partial v}(u,v)\Delta v\right).\end{aligned}$$

結局, (I の面積) を, $\overrightarrow{\mathrm{B}_0\mathrm{B}_1}$ と $\overrightarrow{\mathrm{B}_0\mathrm{B}_3}$ で張られる平行四辺形の面積[9]で近似できて,

$$\begin{aligned}(I\text{ の面積}) &\fallingdotseq \left|\left(\frac{\partial x}{\partial u}(u,v)\Delta u\right)\left(\frac{\partial y}{\partial v}(u,v)\Delta v\right) - \left(\frac{\partial y}{\partial u}(u,v)\Delta u\right)\left(\frac{\partial x}{\partial v}(u,v)\Delta v\right)\right| \\ &= |J(u,v)|\,\Delta u\Delta v \\ &= |J(u,v)|(I'\text{ の面積}).\end{aligned}$$

次に，領域 D' を, N 個の長方形 I'_k で細分して近似する (次頁の図参照).

すなわち，$I'_k = \{(u,v) \mid u_k \leqq u \leqq u_k + \Delta u_k,\ v_k \leqq v \leqq v_k + \Delta v_k\}$　$(1 \leqq k \leqq N)$ とする．

D' 内の I'_k が, D 内の I_k に写ったとすれば, 上で示したことから (I_kの面積) $\fallingdotseq |J(u_k, v_k)|$ (I'_kの面積).

[8] もう少し正確に言うと，$x = x(u,v)$ と $y = y(u,v)$ の全微分が考えられるときに，近似することができる (p.94 も参照).

[9] 平行四辺形の面積は，次ページの研究参照.

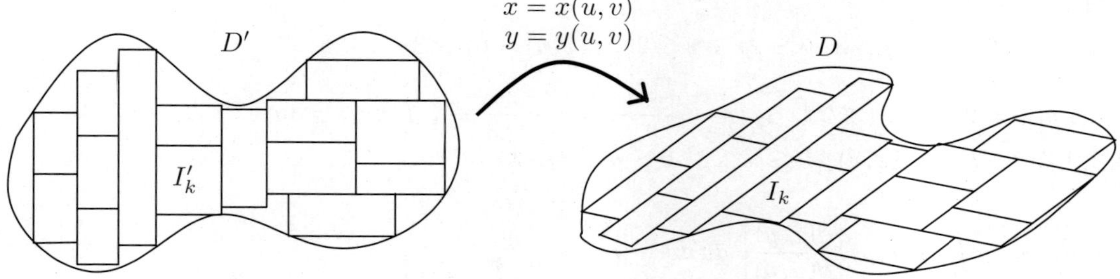

まとめて，

$$\begin{aligned}
\int_D f(x,y)\,dx\,dy &\fallingdotseq \sum_{k=1}^{N} \int_{I_k} f(x,y)\,dx\,dy \\
&\fallingdotseq \sum_{k=1}^{N} f(x_k,y_k)(I_k\text{の面積}) \\
&\fallingdotseq \sum_{k=1}^{N} f(x(u_k,v_k),y(u_k,v_k))\,|J(u_k,v_k)|\,(I'_k\text{の面積}) \\
&\fallingdotseq \sum_{k=1}^{N} \int_{I'_k} f(x(u,v),y(u,v))\,|J(u,v)|\,du\,dv \\
&\fallingdotseq \int_{D'} f(x(u,v),y(u,v)) \left|\frac{\partial(x,y)}{\partial(u,v)}\right|\,du\,dv.
\end{aligned}$$

細分を細かくすることで，2つの積分値は等しくなった．

研究　$\overrightarrow{\mathrm{OA}} = (a,b)$, $\overrightarrow{\mathrm{OB}} = (c,d)$ とし，$\overrightarrow{\mathrm{OC}} = \overrightarrow{\mathrm{OA}} + \overrightarrow{\mathrm{OB}} = (a+c, b+d)$ とする．
平行四辺形 OACB の面積は，$|ad - bc|$ となることを示せ．

(一次変換の利用)(その 1)

例①　$D=\{(x,y)\mid 0\leqq x-y\leqq 3,\ 0\leqq 2x+y\leqq 2\}$, $f(x,y)=6x-3y$ とする．

$u=x-y$, $v=2x+y$　(すなわち，$x=\dfrac{u+v}{3}$，$y=\dfrac{-2u+v}{3}$，$f(x,y)=4u+v$) と変数変換すると，$D'=\{(u,v)\mid 0\leqq u\leqq 3,\ 0\leqq v\leqq 2\}$．よって，

$$
\begin{aligned}
\int_D f(x,y)\,dx\,dy &= \int_{D'} f(x,y)\left|\frac{\partial(x,y)}{\partial(u,v)}\right| du\,dv \\
&= \int_{D'} f(x,y)\begin{vmatrix} \frac{1}{3} & \frac{1}{3} \\ -\frac{2}{3} & \frac{1}{3} \end{vmatrix} du\,dv \\
&= \int_{D'} (4u+v)\left(\frac{1}{3}\right) du\,dv \\
&= \int_0^2 \left(\int_0^3 \frac{4u+v}{3}\,du\right) dv \\
&= \int_0^2 \left[\frac{2u^2+vu}{3}\right]_0^3 dv \\
&= \int_0^2 (6+v)\,dv = 14.
\end{aligned}
$$

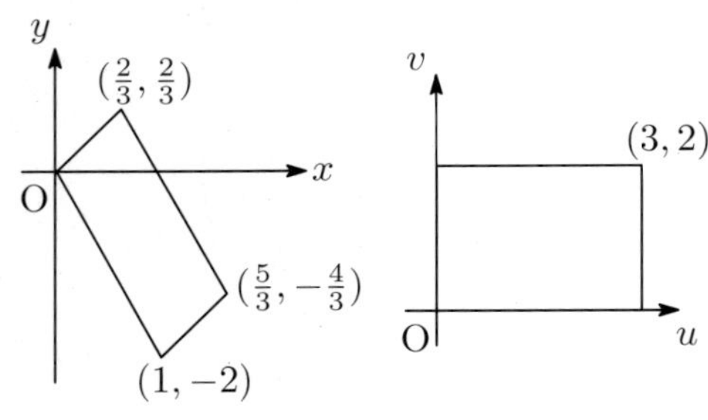

練習　$D=\{(x,y)\mid 0\leqq x+y\leqq 2,\ -2\leqq x-y\leqq 0\}$, $f(x,y)=x^2-y^2$ とする．
変数変換 $u=x+y$, $v=x-y$ を用いて，$\displaystyle\int_D f(x,y)\,dx\,dy$ を計算せよ．

(一次変換の利用)(その 2)

例② $D=\{(x,y)\mid x+y\leqq 1,\ x\geqq 0,\ y\geqq 0\}$, $f(x,y)=e^{\frac{x-y}{x+y}}$ とする.

$u=x-y,\ v=x+y$ (すなわち, $x=\dfrac{u+v}{2}$, $y=\dfrac{-u+v}{2}$, $f(x,y)=e^{\frac{u}{v}}$) と変数変換すると,
$D'=\{(u,v)\mid v\leqq 1,\ u+v\geqq 0,\ -u+v\geqq 0\}$. よって,

$$\begin{aligned}
\int_D f(x,y)\,dx\,dy &= \int_{D'} f(x,y)\left|\frac{\partial(x,y)}{\partial(u,v)}\right|\,du\,dv \\
&= \int_{D'} f(x,y)\left|\begin{matrix}\frac{1}{2} & \frac{1}{2}\\ -\frac{1}{2} & \frac{1}{2}\end{matrix}\right|\,du\,dv \\
&= \int_{D'} e^{\frac{u}{v}}\left(\frac{1}{2}\right)\,du\,dv \\
&= \frac{1}{2}\int_0^1\left(\int_{-v}^{v} e^{\frac{u}{v}}\,du\right)dv \\
&= \frac{1}{2}\int_0^1\left[ve^{\frac{u}{v}}\right]_{-v}^{v}\,dv \\
&= \frac{1}{2}\int_0^1\left(e-\frac{1}{e}\right)v\,dv = \frac{1}{4}\left(e-\frac{1}{e}\right).
\end{aligned}$$

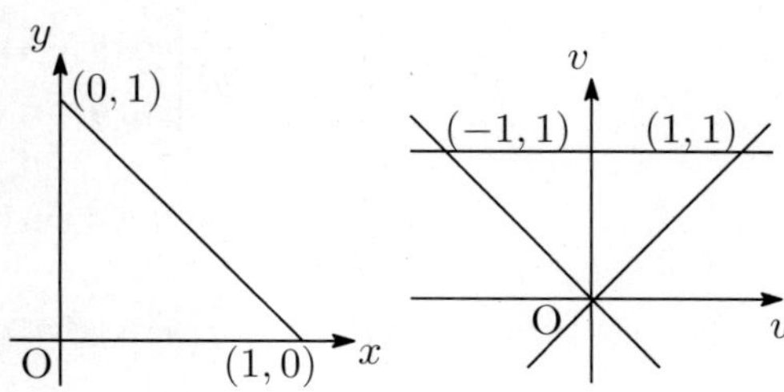

練習 $D=\{(x,y)\mid 1\leqq x+y\leqq 3,\ -1\leqq y-x\leqq 1\}$, $f(x,y)=e^x$ とする.
変数変換 $u=x+y,\ v=y-x$ を用いて, $\displaystyle\int_D f(x,y)\,dx\,dy$ を計算せよ.

(極座標変換の利用 (その 1)　$x = r\cos\theta$, $y = r\sin\theta$).

例③　　$D = \{(x, y) \mid x^2 + y^2 \leqq 1\}$, $f(x, y) = x^2 + y$ とする．

$x = r\cos\theta$, $y = r\sin\theta$ と変数変換すると，$D' = \{(r, \theta) \mid 0 \leqq r \leqq 1,\ 0 \leqq \theta \leqq 2\pi\}$. よって，

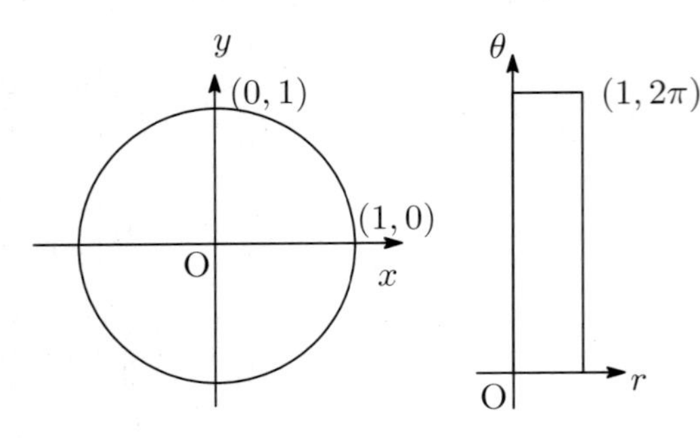

$$
\begin{aligned}
\int_D f(x, y)\,dx\,dy &= \int_{D'} f(x, y) \left| \frac{\partial(x, y)}{\partial(r, \theta)} \right| dr\,d\theta \\
&= \int_{D'} f(x, y) \begin{vmatrix} \cos\theta & -r\sin\theta \\ \sin\theta & r\cos\theta \end{vmatrix} dr\,d\theta \\
&= \int_{D'} (r^2\cos^2\theta + r\sin\theta) \cdot r\,dr\,d\theta \\
&= \int_0^{2\pi} \left(\int_0^1 (r^3\cos^2\theta + r^2\sin\theta)\,dr \right) d\theta \\
&= \int_0^{2\pi} \left[\frac{r^4\cos^2\theta}{4} + \frac{r^3\sin\theta}{3} \right]_0^1 d\theta \\
&= \int_0^{2\pi} \left(\frac{\cos^2\theta}{4} + \frac{\sin\theta}{3} \right) d\theta \\
&= \int_0^{2\pi} \left(\frac{1 + \cos 2\theta}{8} + \frac{\sin\theta}{3} \right) d\theta \qquad \Leftarrow (\text{半角の公式を利用}). \\
&= \left[\frac{\theta}{8} + \frac{\sin 2\theta}{16} - \frac{\cos\theta}{3} \right]_0^{2\pi} = \frac{\pi}{4}.
\end{aligned}
$$

練習　　$D = \{(x, y) \mid x^2 + y^2 \leqq 25\}$，$f(x, y) = e^{\sqrt{x^2+y^2}}$ とする．

極座標変換 $x = r\cos\theta$, $y = r\sin\theta$ を用いて，$\displaystyle\int_D f(x, y)\,dx\,dy$ を計算せよ．

Hint．部分積分が表れる．

(極座標変換の利用 (その 2) $x = r\cos\theta$, $y = r\sin\theta$).

例④　$D = \{(x,y) \mid x^2 + y^2 \leqq 4,\ y \geqq x\}$, $f(x,y) = x^5 y$ とする.

$x = r\cos\theta$, $y = r\sin\theta$ と変数変換すると, $D' = \{(r,\theta) \mid 0 \leqq r \leqq 2,\ \frac{\pi}{4} \leqq \theta \leqq \frac{5\pi}{4}\}$. よって,

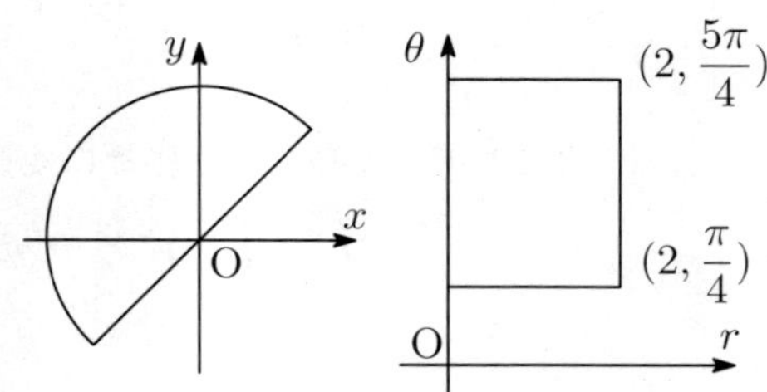

$$\begin{aligned}
\int_D f(x,y)\,dx\,dy &= \int_{D'} f(x,y) \left| \frac{\partial(x,y)}{\partial(r,\theta)} \right| dr\,d\theta \\
&= \int_{D'} f(x,y) \begin{vmatrix} \cos\theta & -r\sin\theta \\ \sin\theta & r\cos\theta \end{vmatrix} dr\,d\theta \\
&= \int_{D'} (r^6 \cos^5\theta \sin\theta) \cdot r\,dr\,d\theta \\
&= \int_{\frac{\pi}{4}}^{\frac{5\pi}{4}} \left(\int_0^2 (r^7 \cos^5\theta \sin\theta)\,dr \right) d\theta \\
&= \int_{\frac{\pi}{4}}^{\frac{5\pi}{4}} \left[\frac{r^8 \cos^5\theta \sin\theta}{8} \right]_0^2 d\theta \\
&= \int_{\frac{\pi}{4}}^{\frac{5\pi}{4}} 32\cos^5\theta \sin\theta\,d\theta \\
&= \left[-\frac{32\cos^6\theta}{6} \right]_{\frac{\pi}{4}}^{\frac{5\pi}{4}} = 0.
\end{aligned}$$

$\Leftarrow \int \cos^5\theta \sin\theta\,d\theta = -\frac{1}{5+1}\cos^{5+1}\theta + c$
($u = \cos\theta$ と置いて, 置換積分).

練習　$D = \{(x,y) \mid 1 \leqq x^2 + y^2 \leqq 25,\ x \geqq 0,\ y \geqq 0\}$, $f(x,y) = \frac{1}{x^2 + y^2}$ とする.
極座標変換 $x = r\cos\theta$, $y = r\sin\theta$ を用いて, $\int_D f(x,y)\,dx\,dy$ を計算せよ.

Hint.　$D' = \{(r,\theta) \mid 1 \leqq r \leqq 5,\ 0 \leqq \theta \leqq \frac{\pi}{2}\}$.

(極座標変換の応用) ガウス積分

$I=\int_{-\infty}^{\infty}e^{-x^2}dx$ の値を求める．まず，次の重積分を考える．

$$\int_{-\infty}^{\infty}\int_{-\infty}^{\infty}e^{-x^2-y^2}dx\,dy=\int_{-\infty}^{\infty}\left(\int_{-\infty}^{\infty}e^{-x^2}dx\right)e^{-y^2}dy$$
$$=\left(\int_{-\infty}^{\infty}e^{-x^2}dx\right)\left(\int_{-\infty}^{\infty}e^{-y^2}dy\right)=I^2.$$

ところで，重積分を極座標に変換して計算すると

$$\int_{-\infty}^{\infty}\int_{-\infty}^{\infty}e^{-x^2-y^2}dx\,dy=\int_0^{2\pi}\left(\int_0^{\infty}e^{-r^2}r\,dr\right)d\theta$$
$$=\int_0^{2\pi}\left[-\frac{e^{-r^2}}{2}\right]_0^{\infty}d\theta=\int_0^{2\pi}\frac{1}{2}d\theta=\pi.$$

ゆえに $I=\int_{-\infty}^{\infty}e^{-x^2}dx=\sqrt{\pi}.$

発展　$a>0$ とし，$I_a=\int_{-\infty}^{\infty}e^{-ax^2+ix^2}\,dx$ とおく．

① $I_a^2=\int_{-\infty}^{\infty}\int_{-\infty}^{\infty}e^{(-a+i)(x^2+y^2)}dx\,dy$ を，極座標を利用して計算せよ．

② $\lim_{a\to+0}I_a^2=\pi i=\pi e^{\frac{\pi}{2}i}$ を確認せよ．

③ ②を考えて，$\lim_{a\to+0}I_a=\sqrt{\pi}e^{\frac{\pi}{4}i}$ である．このことを利用して，

$$\int_{-\infty}^{\infty}\sin(x^2)\,dx=\lim_{a\to+0}\int_{-\infty}^{\infty}e^{-ax^2}\sin(x^2)\,dx$$ を求めよ．

---

③Hint．オイラーの公式から，$I_a=\int_{-\infty}^{\infty}e^{-ax^2}\cos(x^2)\,dx+i\int_{-\infty}^{\infty}e^{-ax^2}\sin(x^2)\,dx$．実数部分と虚数部分を比較．

③(参考)．$\int_{-\infty}^{\infty}\sin(x^2)\,dx=\lim_{a\to+0}\int_{-\infty}^{\infty}e^{-ax^2}\sin(x^2)\,dx=\frac{\sqrt{2\pi}}{2}$ は，フレネル積分とか振動積分とも呼ばれる．

(色々な変数変換 ($\dfrac{\partial(x,y)}{\partial(u,v)} = \dfrac{\partial(u,v)}{\partial(x,y)}^{-1}$ の利用)) [10]

例⑤ $D = \{(x,y) \mid x^2 - y^2 \geqq 0,\ x \geqq 0,\ y \geqq 0,\ x^2 - y^2 + 2xy \leqq 1\}$, $f(x,y) = x^2 + y^2$ とする.

$u = x^2 - y^2$, $v = 2xy$ と変数変換[11] すると, $D' = \{(u,v) \mid u \geqq 0,\ v \geqq 0,\ u + v \leqq 1\}$. さらに,

$\dfrac{\partial(u,v)}{\partial(x,y)} = \begin{vmatrix} 2x & -2y \\ 2y & 2x \end{vmatrix} = 4(x^2 + y^2)$ であり, $\dfrac{\partial(x,y)}{\partial(u,v)} = \dfrac{\partial(u,v)}{\partial(x,y)}^{-1} = \dfrac{1}{4(x^2+y^2)}$.

$$\begin{aligned}
\int_D f(x,y)\,dx\,dy &= \int_{D'} f(x,y) \left|\frac{\partial(x,y)}{\partial(u,v)}\right| du\,dv \\
&= \int_{D'} (x^2+y^2)\left(\frac{1}{4(x^2+y^2)}\right) du\,dv \\
&= \frac{1}{4}\int_{D'} du\,dv \\
&= \frac{1}{4}\int_0^1 \left(\int_0^{-u+1} dv\right) du \\
&= \frac{1}{4}\int_0^1 [v]_0^{-u+1}\,du \\
&= \frac{1}{4}\int_0^1 (-u+1)\,du = \frac{1}{8}.
\end{aligned}$$

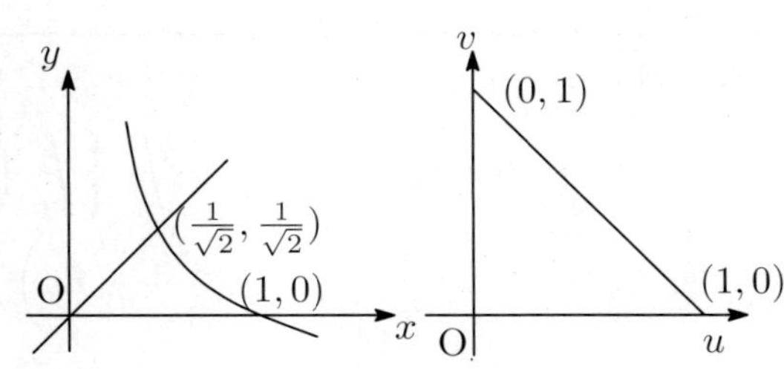

発展 $D = \{(x,y) \mid 0 \leqq 2x^2 - y^2 \leqq 1,\ 0 \leqq 2xy \leqq 2,\ x \geqq 0,\ y \geqq 0\}$, $f(x,y) = 4x^4 - y^4$ とする. 変数変換 $u = 2x^2 - y^2$, $v = 2xy$ を用いて, $\displaystyle\int_D f(x,y)\,dx\,dy$ を計算せよ.

Hint. $D' = \{(u,v) \mid 0 \leqq u \leqq 1,\ 0 \leqq v \leqq 2\}$. $f(x,y) = 4x^4 - y^4 = (2x^2+y^2)(2x^2-y^2)$.

---

10 (参考) $\begin{pmatrix} \frac{\partial x}{\partial u} & \frac{\partial x}{\partial v} \\ \frac{\partial y}{\partial u} & \frac{\partial y}{\partial v} \end{pmatrix} = \begin{pmatrix} \frac{\partial u}{\partial x} & \frac{\partial u}{\partial y} \\ \frac{\partial v}{\partial x} & \frac{\partial v}{\partial y} \end{pmatrix}^{-1}$ も成立していた. 行列式の性質から, $\dfrac{\partial(x,y)}{\partial(u,v)} = \dfrac{\partial(u,v)}{\partial(x,y)}^{-1}$ である (p.94 参照).

11 (注意) D が第一象限 $x \geqq 0, y \geqq 0$ にあるので, この 2 次式の変換で D と D' が 1 対 1 に対応している (各自, 考察せよ).

重積分, 累次積分 (3 変数の場合)

空間内の領域 D および，関数 $f(x,y,z)$ について，次の形の積分を 3 重積分という．

$$\int_D f(x,y,z)\,dx\,dy\,dz$$

実際には，x, y, z について，逐次積分すればよい

例えば, $D=\{(x,y,z)\mid c_1(y,z)\leqq x\leqq c_2(y,z),\ b_1(z)\leqq y\leqq b_2(z),\ a_1\leqq z\leqq a_2\}$ のとき

$$\int_D f(x,y,z)\,dx\,dy\,dz=\int_{a_1}^{a_2}\left\{\int_{b_1(z)}^{b_2(z)}\left(\int_{c_1(y,z)}^{c_2(y,z)}f(x,y,z)\,dx\right)dy\right\}dz$$

例① $D=\{(x,y,z)\mid 0\leqq x\leqq 1,\ 0\leqq y\leqq 1,\ 0\leqq z\leqq 1\}$, $f(x,y,z)=x^2y^3z^4$ とする．

$$\begin{aligned}\int_D f(x,y,z)\,dx\,dy\,dz&=\int_0^1\left\{\int_0^1\left(\int_0^1 x^2y^3z^4\,dx\right)dy\right\}dz\\&=\int_0^1\left(\int_0^1\left[\frac{x^3y^3z^4}{3}\right]_0^1dy\right)dz=\int_0^1\left(\int_0^1\frac{y^3z^4}{3}\right)dz\\&=\int_0^1\left[\frac{y^4z^4}{12}\right]_0^1dz=\int_0^1\frac{z^4}{12}\,dz=\frac{1}{60}.\end{aligned}$$

例② $D=\{(x,y,z)\mid 0\leqq y\leqq x,\ 0\leqq x\leqq z,\ 0\leqq z\leqq 1\}$, $f(x,y,z)=x+z$ とする．

$$\begin{aligned}\int_D f(x,y,z)\,dx\,dy\,dz&=\int_0^1\left\{\int_0^z\left(\int_0^x(x+z)\,dy\right)dx\right\}dz\\&=\int_0^1\left\{\int_0^z[(x+z)y]_0^x\,dx\right\}dz=\int_0^1\left\{\int_0^z\left(x^2+zx\right)\,dx\right\}dz\\&=\int_0^1\left[\frac{x^3}{3}+\frac{zx^2}{2}\right]_0^z dz=\int_0^1\frac{5}{6}z^3\,dz=\frac{5}{24}.\end{aligned}$$

練習　次の 3 重積分を計算せよ

① $D=\{(x,y,z)\mid 0\leqq x\leqq 1,\ 0\leqq y\leqq z,\ 1\leqq z\leqq e\}$ のとき, $\displaystyle\int_D xy(\log z)\,dx\,dy\,dz.$

② $D=\{(x,y,z)\mid 0\leqq y\leqq 2x,\ 0\leqq x\leqq \frac{z}{2},\ 0\leqq z\leqq 1\}$ のとき, $\displaystyle\int_D xz\,dx\,dy\,dz.$

例③　$D=\{(x,y,z)\mid x^2+y^2+z^2\leqq 1\}$, $f(x,y,z)=1$ とする．

$D=\{(x,y,z)\mid -1\leqq x\leqq 1,\ -\sqrt{1-x^2}\leqq y\leqq\sqrt{1-x^2},\ -\sqrt{1-(x^2+y^2)}\leqq z\leqq\sqrt{1-(x^2+y^2)}\}$

であるから．

$$\begin{aligned}
\int_D f(x,y,z)\,dx\,dy\,dz &= \int_{-1}^{1}\left\{\int_{-\sqrt{1-x^2}}^{\sqrt{1-x^2}}\left(\int_{-\sqrt{1-(x^2+y^2)}}^{\sqrt{1-(x^2+y^2)}} dz\right)dy\right\}dx \\
&= \int_{-1}^{1}\left(\int_{-\sqrt{1-x^2}}^{\sqrt{1-x^2}} 2\sqrt{(1-x^2)-y^2}\,dy\right)dx \\
&= \int_{-1}^{1}\left(\int_{-\frac{\pi}{2}}^{\frac{\pi}{2}} 2(1-x^2)\cos^2\theta\,d\theta\right)dx \qquad (y=\sqrt{1-x^2}\sin\theta \text{ と置換}) \\
&= \int_{-1}^{1}\left(2(1-x^2)\left[\frac{\theta}{2}+\frac{\sin 2\theta}{4}\right]_{-\frac{\pi}{2}}^{\frac{\pi}{2}}\right)dx \qquad (\text{半角の公式}\ \cos^2\theta=\frac{1+\cos 2\theta}{2}) \\
&= \int_{-1}^{1}\pi(1-x^2)\,dx = \pi\left[x-\frac{x^3}{3}\right]_{-1}^{1} = \frac{4}{3}\pi.
\end{aligned}$$

練習　$D=\{(x,y,z)\mid x^2+y^2+z^2\leqq 4\}$ のとき，$\int_D x\,dx\,dy\,dz$ を計算せよ．

積分の変数変換 (3 変数の場合)

$x = x(u, v, w)$, $y = y(u, v, w)$, $z = z(u, v, w)$ により, uvw 空間の領域 D' が xyz 空間の領域 D に 1 対 1 に写るとする.

ヤコビアンを, $\dfrac{\partial(x, y, z)}{\partial(u, v, w)} = \begin{vmatrix} \frac{\partial x}{\partial u} & \frac{\partial x}{\partial v} & \frac{\partial x}{\partial w} \\ \frac{\partial y}{\partial u} & \frac{\partial y}{\partial v} & \frac{\partial y}{\partial w} \\ \frac{\partial z}{\partial u} & \frac{\partial z}{\partial v} & \frac{\partial z}{\partial w} \end{vmatrix}$ とすると,

$$\int_D f(x, y, z)\, dx\, dy\, dz = \int_{D'} f\left(x(u, v, w), y(u, v, w), z(u, v, w)\right) \left| \frac{\partial(x, y, z)}{\partial(u, v, w)} \right| du\, dv\, dw.$$

(参考) $\begin{vmatrix} a & b & c \\ d & e & f \\ g & h & i \end{vmatrix} = aei + bfg + cdh - afh - bdi - ceg$ と計算する (サラスの方法)(付録 p.242 参照).

(変数変換とヤコビアンの例)

(極座標) $x = r \sin\theta \cos\phi$, $y = r \sin\theta \sin\phi$, $z = r \cos\theta$　$(0 \leqq r,\ 0 \leqq \theta \leqq \pi,\ 0 \leqq \phi \leqq 2\pi)$

と変数変換すると, [12]

$$\begin{aligned} \frac{\partial(x, y, z)}{\partial(r, \theta, \phi)} &= \begin{vmatrix} \sin\theta\cos\phi & r\cos\theta\cos\phi & -r\sin\theta\sin\phi \\ \sin\theta\sin\phi & r\cos\theta\sin\phi & r\sin\theta\cos\phi \\ \cos\theta & -r\sin\theta & 0 \end{vmatrix} \\ &= 0 + r^2 \sin\theta \cos^2\theta \cos^2\phi + r^2 \sin^3\theta \sin^2\phi \\ &\quad -(-r^2 \sin^3\theta \cos^2\phi) - 0 - (-r^2 \sin\theta \cos^2\theta \sin^2\phi) \\ &= r^2 \sin\theta \cos^2\theta (\cos^2\phi + \sin^2\phi) + r^2 \sin^3\theta (\sin^2\phi + \cos^2\phi) \\ &= r^2 \sin\theta \cos^2\theta + r^2 \sin^3\theta = r^2 \sin\theta (\cos^2\theta + \sin^2\theta) \\ &= r^2 \sin\theta. \end{aligned}$$

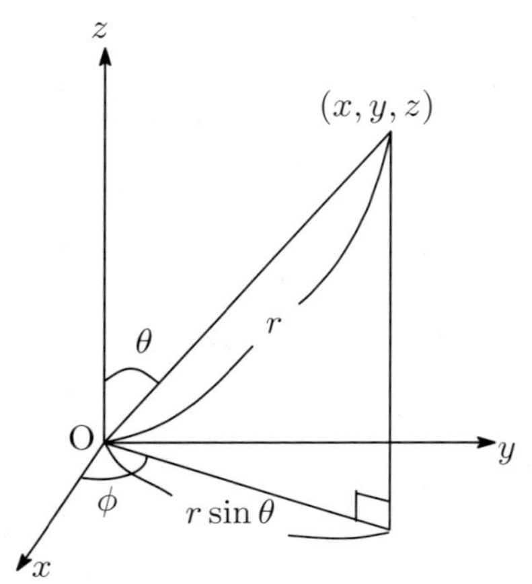

(円柱座標) $x = r\cos\theta$, $y = r\sin\theta$, $z = z$　$(0 \leqq r,\ 0 \leqq \theta \leqq 2\pi,\ -\infty < z < \infty)$

と変数変換すると,

$$\begin{aligned} \frac{\partial(x, y, z)}{\partial(r, \theta, z)} &= \begin{vmatrix} \cos\theta & -r\sin\theta & 0 \\ \sin\theta & r\cos\theta & 0 \\ 0 & 0 & 1 \end{vmatrix} \\ &= r(\cos^2\theta - (-\sin^2\theta)) \\ &= r(\cos^2\theta + \sin^2\theta) = r. \end{aligned}$$

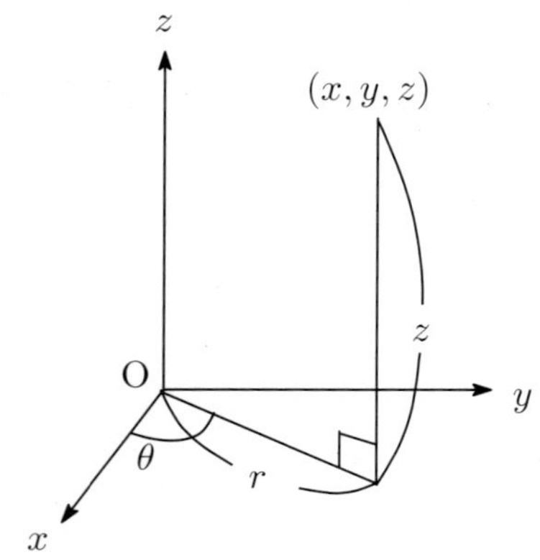

[12] 極座標においては, $r^2 \sin\theta$ (ヤコビアン) がつねに 0 以上となるように, $0 \leqq \theta \leqq \pi$ としている. そこで, $0 \leqq \phi \leqq 2\pi$ とすれば全ての (x, y, z) をとる. このように決めておけば, 変数変換の際, ヤコビアンの絶対値の計算を考えなくても済むのである.

(極座標と円柱座標の利用)

例① $D = \{(x,y,z) \mid x^2+y^2+z^2 \leqq 1\}$, $f(x,y,z)=1$ とする.

極座標 $x = r\sin\theta\cos\phi$, $y = r\sin\theta\sin\phi$, $z = r\cos\theta$ で変数変換すると,

$D' = \{(r,\theta,\phi) \mid 0 \leqq r \leqq 1,\ 0 \leqq \theta \leqq \pi,\ 0 \leqq \phi \leqq 2\pi\}$. よって,

$$\int_D f(x,y,z)\,dx\,dy\,dz = \int_{D'} r^2\sin\theta\,dr\,d\theta\,d\phi = \int_0^{2\pi}\left\{\int_0^{\pi}\left(\int_0^1 r^2\sin\theta\,dr\right)d\theta\right\}d\phi$$
$$= \int_0^{2\pi}\left(\int_0^{\pi}\left[\frac{r^3}{3}\sin\theta\right]_0^1 d\theta\right)d\phi = \int_0^{2\pi}\left(\int_0^{\pi}\frac{\sin\theta}{3}\,d\theta\right)d\phi = \cdots = \frac{4}{3}\pi.$$

例② $D = \{(x,y,z) \mid x^2+y^2 \leqq 4,\ 0 \leqq z \leqq 1\}$, $f(x,y,z)=1$ とする.

円柱座標 $x = r\cos\theta$, $y = r\sin\theta$, $z = z$ で変数変換すると,

$D' = \{(r,\theta,z) \mid 0 \leqq r \leqq 2,\ 0 \leqq \theta \leqq 2\pi,\ 0 \leqq z \leqq 1\}$. よって,

$$\int_D f(x,y,z)\,dx\,dy\,dz = \int_{D'} r\,dr\,d\theta\,dz = \int_0^1\left\{\int_0^{2\pi}\left(\int_0^2 r\,dr\right)d\theta\right\}dz$$
$$= \int_0^1\left(\int_0^{2\pi}\left[\frac{r^2}{2}\right]_0^2 d\theta\right)dz = \int_0^1\left(\int_0^{2\pi}2\,d\theta\right)dz = \int_0^1 4\pi\,dz = 4\pi.$$

練習　次の 3 重積分を計算せよ

① $D = \{(x,y,z) \mid x^2+y^2+z^2 \leqq 4\}$ とする. $\displaystyle\int_D z^2\,dx\,dy\,dz$ を, 極座標を用いて計算せよ.

② $D = \{(x,y,z) \mid x^2+y^2 \leqq 9,\ 0 \leqq z \leqq 4\}$ とする. $\displaystyle\int_D z^2\,dx\,dy\,dz$ を, 円柱座標を用いて計算せよ.

4.　重積分の応用

面積

平面内の領域 D について，$\displaystyle\int_D dx\,dy$ は領域 D の面積.

(説明)　$D = \{(x, y) \mid a \leqq x \leqq b,\ f(x) \leqq y \leqq g(x)\}$ などとすれば,

$$\int_D 1\,dx\,dy = \int_a^b \left(\int_{f(x)}^{g(x)} 1\,dy\right) dx = \int_a^b |g(x) - f(x)|\ dx.$$

これは，2 曲線 $y = f(x)$ と $y = g(x)$ で挟まれる部分の面積であった (p.82 参照).

例①　$D = \{\ (x, y) \mid -1 \leqq x \leqq 2,\ 2x^2 - 3x - 2 \leqq y \leqq -x^2 + 4\ \}$ のとき

$$\begin{aligned}\int_D dx\,dy &= \int_{-1}^2 \left(\int_{2x^2-3x-2}^{-x^2+4} dy\right) dx \\ &= \int_{-1}^2 (-3x^2 + 3x + 6)\,dx \\ &= \Big[-x^3 + \frac{3}{2}x^2 + 6x\Big]_{-1}^2 = \frac{27}{2}.\end{aligned}$$

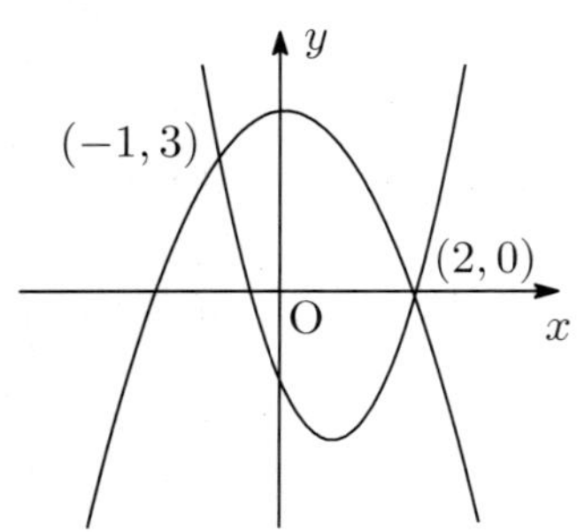

練習　次の領域 D の面積を求めよ.

① $D = \{(x, y) \mid -2 \leqq x \leqq 1,\ 3x \leqq y \leqq x^3 + 2\}$.

② $D = \{(x, y) \mid 0 \leqq x \leqq 2,\ \dfrac{x}{e^2} \leqq y \leqq \dfrac{x}{e^x}\}$.

(変数変換を利用する例)

例② $D=\{(x,y)\mid(x^2+y^2)^3\leqq 4x^2y^2,\ x\geqq 0,\ y\geqq 0\}$ とする．

$x=r\cos\theta,\ y=r\sin\theta$ と変数変換すると，$x\geqq 0,\ y\geqq 0$ より，$0\leqq\theta\leqq\dfrac{\pi}{2}$.

さらに，$(x^2+y^2)^3\leqq 4x^2y^2$ より $r^6\leqq 4r^4\sin^2\theta\cos^2\theta$.

よって，$0\leqq r^2\leqq 4\sin^2\theta\cos^2\theta$.

$0\leqq\theta\leqq\dfrac{\pi}{2}$ に気をつければ，$0\leqq r\leqq 2\sin\theta\cos\theta=\sin 2\theta$.

結局，D は $D'=\{(r,\theta)\mid 0\leqq\theta\leqq\dfrac{\pi}{2},\ 0\leqq r\leqq\sin 2\theta\}$ に写った．

よって，

$$\int_D dx\,dy=\int_{D'}r\,dr\,d\theta=\int_0^{\frac{\pi}{2}}\left(\int_0^{\sin 2\theta}r\,dr\right)d\theta$$

$$=\int_0^{\frac{\pi}{2}}\left[\frac{r^2}{2}\right]_0^{\sin 2\theta}d\theta=\int_0^{\frac{\pi}{2}}\frac{\sin^2 2\theta}{2}\,d\theta$$

⇐ (半角の公式を使って積分する形)

$$=\int_0^{\frac{\pi}{2}}\frac{1-\cos 4\theta}{4}\,d\theta=\left[\frac{\theta}{4}-\frac{\sin 4\theta}{16}\right]_0^{\frac{\pi}{2}}=\frac{\pi}{8}.$$

練習　$D=\{(x,y)\mid(x^2+y^2)^2\leqq 2xy,\ x\geqq 0,\ y\geqq 0\}$ とする．

① $x=r\cos\theta,\ y=r\sin\theta$ と極座標変換したとき，D の写る領域 D' を求めよ．

② D の面積を求めよ．

(参考) 曲線 $(x^2+y^2)^2=2xy$ は，レムニスケートと呼ばれている．

体積

空間内の領域 D について，$\displaystyle\int_D dx\,dy\,dz$ は領域 D の体積.

例①　$D=\{(x,y,z)\mid x^2+y^2\leqq z^2,\ 0\leqq z\leqq 2\}$ とする.

$$\begin{aligned}\int_D dx\,dy\,dz &= \int_0^2\left\{\int_{-z}^{z}\left(\int_{-\sqrt{z^2-y^2}}^{\sqrt{z^2-y^2}}dx\right)dy\right\}dz\\ &= \int_0^2\left(\int_{-z}^{z}[x]_{-\sqrt{z^2-y^2}}^{\sqrt{z^2-y^2}}\,dy\right)dz\\ &= \int_0^2\left(\int_{-z}^{z}2\sqrt{z^2-y^2}\,dy\right)dz\\ &= \int_0^2 \pi z^2 dz=\frac{8\pi}{3}.\end{aligned}$$

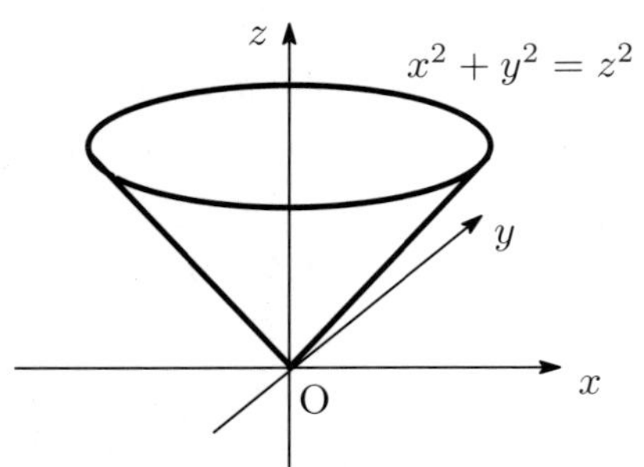

例②　$D=\{(x,y,z)\mid 0\leqq y^2+z^2\leqq x,\ 0\leqq x\leqq 4\}$ とする.

$$\begin{aligned}\int_D dx\,dy\,dz &= \int_0^4\left\{\int_{-\sqrt{x}}^{\sqrt{x}}\left(\int_{-\sqrt{x-z^2}}^{\sqrt{x-z^2}}dy\right)dz\right\}dx\\ &= \int_0^4\left(\int_{-\sqrt{x}}^{\sqrt{x}}[y]_{-\sqrt{x-z^2}}^{\sqrt{x-z^2}}\,dz\right)dx\\ &= \int_0^4\left(\int_{-\sqrt{x}}^{\sqrt{x}}2\sqrt{x-z^2}\,dz\right)dx\\ &= \int_0^4 \pi x\,dx=8\pi.\end{aligned}$$

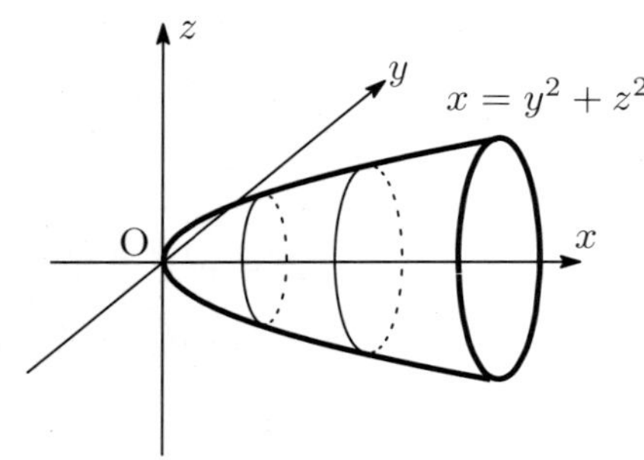

練習　　領域 $D=\{(x,y,z)\mid x^2+y^2\leqq z^4,\ 0\leqq z\leqq 1\}$ の体積を求めよ.

Hint.　$\displaystyle\int_{-a}^{a}2\sqrt{a^2-x^2}\,dx=\pi a^2$ (円の面積を考えてもわかるし，$x=a\sin\theta$ と積分してもわかる).

(変数変換を利用する例)

例③　$D = \{(x, y, z) \mid (x^2 + y^2 + z^2)^2 \leqq z\}$ とする．

$x = r\sin\theta\cos\phi,\ y = r\sin\theta\sin\phi,\ z = r\cos\theta\ \ (r \geqq 0,\ 0 \leqq \theta \leqq \pi,\ 0 \leqq \phi \leqq 2\pi)$ (極座標変換) と変数変換すると，$r^4 \leqq r\cos\theta$．よって，$0 \leqq r^3 \leqq \cos\theta$．

$0 \leqq \cos\theta$ となったことに気をつけて，$0 \leqq \theta \leqq \dfrac{\pi}{2}$．

まとめて，D は $D' = \{(r, \theta, \phi) \mid 0 \leqq r \leqq (\cos\theta)^{\frac{1}{3}},\ 0 \leqq \theta \leqq \dfrac{\pi}{2},\ 0 \leqq \phi \leqq 2\pi\}$ に写った．よって，

$$\int_D dx\,dy\,dz = \int_{D'} r^2 \sin\theta\, dr\, d\theta\, d\phi = \int_0^{2\pi} \left\{ \int_0^{\frac{\pi}{2}} \left(\int_0^{(\cos\theta)^{\frac{1}{3}}} r^2 \sin\theta\, dr \right) d\theta \right\} d\phi$$
$$= \int_0^{2\pi} \left(\int_0^{\frac{\pi}{2}} \frac{\cos\theta\sin\theta}{3}\, d\theta \right) d\phi = \int_0^{2\pi} \frac{1}{6}\, d\phi = \frac{1}{3}\pi.$$

練習　$D = \{(x, y, z) \mid (x^2 + y^2 + z^2)^2 \leqq xyz\}$ とする．

① 極座標変換したとき，D の写る D' を求めよ．

② D の体積を求めよ．

重心 (平面)

xy 平面の領域 D の面積を S, 面密度を $\rho(x,y)$ とする．$M=\displaystyle\int_D \rho(x,y)\,dx\,dy$ とおくと, D の重心は

$$\left(\frac{1}{M}\int_D x\cdot\rho(x,y)\,dx\,dy,\ \frac{1}{M}\int_D y\cdot\rho(x,y)\,dx\,dy\right)$$

とくに，$\rho=1$ のとき $M=S$ であり，D の重心は

$$\left(\frac{1}{S}\int_D x\,dx\,dy,\ \frac{1}{S}\int_D y\,dx\,dy\right)$$

面密度は状況に応じて，2 変数関数 $\rho(x,y)$ として定義される．M は，質量 (mass) の意味である．

以下, $\rho=1$ とする．

例①　$D=\{(x,y)\mid x^2+y^2\leqq 1,\ y\geqq 0\}$ のとき．$S=\dfrac{\pi}{2}$ で

$$\int_D x\,dx\,dy=\int_0^1\left(\int_{-\sqrt{1-y^2}}^{\sqrt{1-y^2}} x\,dx\right)dy=\int_{-1}^1\left[\frac{x^2}{2}\right]_{-\sqrt{1-y^2}}^{\sqrt{1-y^2}}dy=0.$$

$$\int_D y\,dx\,dy=\int_0^1\left(\int_{-\sqrt{1-y^2}}^{\sqrt{1-y^2}} y\,dx\right)dy=\int_0^1 2y\sqrt{1-y^2}\,dy$$

$$=\left[-\frac{2}{3}(1-y^2)^{\frac{3}{2}}\right]_0^1=\frac{2}{3}.$$

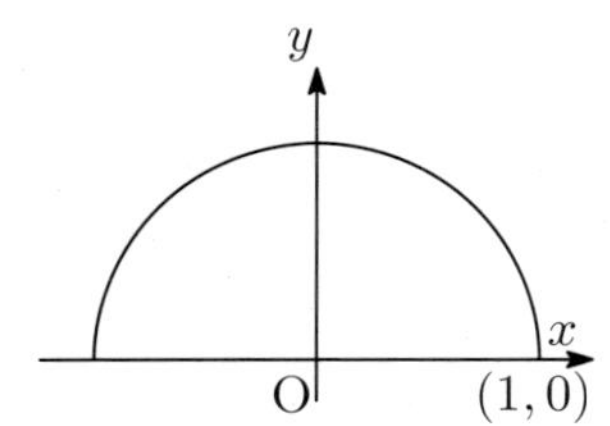

よって, D の重心は, $\dfrac{1}{S}\left(0,\dfrac{2}{3}\right)=\left(0,\dfrac{4}{3\pi}\right)$.

練習　$\rho=1$ とする. $D=\{(x,y)\mid x^2\leqq y\leqq 1,\ -1\leqq x\leqq 1\}$ の重心を求めよ．

重心 (空間)

xyz 空面の領域 D の体積を V, 密度を $\rho(x,y,z)$ とする．$M=\int_D \rho(x,y,z)\,dx\,dy\,dz$ とおくと，D の重心は

$$\left(\frac{1}{M}\int_D x\cdot\rho(x,y,z)\,dx\,dy\,dz,\ \frac{1}{M}\int_D y\cdot\rho(x,y,z)\,dx\,dy\,dz,\ \frac{1}{M}\int_D z\cdot\rho(x,y,z)\,dx\,dy\,dz\right).$$

とくに，$\rho=1$ のとき $M=V$ であり，D の重心は

$$\left(\frac{1}{V}\int_D x\,dx\,dy\,dz,\ \frac{1}{V}\int_D y\,dx\,dy\,dz,\ \frac{1}{V}\int_D z\,dx\,dy\,dz\right).$$

以下, $\rho=1$ とする．

例② $D=\{\,(x,y,z)\mid x^2+y^2\leqq z,\ 0\leqq z\leqq 1\,\}$ のとき

$$V=\int_D dx\,dy\,dz=\int_0^1\left\{\int_{-\sqrt{z}}^{\sqrt{z}}\left(\int_{-\sqrt{z-y^2}}^{\sqrt{z-y^2}}dx\right)dy\right\}dz=\int_0^1\left(\int_{-\sqrt{z}}^{\sqrt{z}}2\sqrt{z-y^2}\,dy\right)dz$$

$$=\cdots=\int_0^1\pi z\,dz=\left[\frac{\pi z^2}{2}\right]_0^1=\frac{\pi}{2}.$$

さらに,

$$\begin{cases}\displaystyle\int_D x\cdot\rho\,dx\,dy\,dz=\int_0^1\left\{\int_{-\sqrt{z}}^{\sqrt{z}}\left(\int_{-\sqrt{z-y^2}}^{\sqrt{z-y^2}}x\,dx\right)dy\right\}dz=\int_0^1\left(\int_{-\sqrt{z}}^{\sqrt{z}}\left[\frac{x^2}{2}\right]_{-\sqrt{z-y^2}}^{\sqrt{z-y^2}}dy\right)dz=0,\\ \displaystyle\int_D y\cdot\rho\,dx\,dy\,dz=\int_0^1\left\{\int_{-\sqrt{z}}^{\sqrt{z}}\left(\int_{-\sqrt{z-x^2}}^{\sqrt{z-x^2}}y\,dy\right)dx\right\}dz=\int_0^1\left(\int_{-\sqrt{z}}^{\sqrt{z}}\left[\frac{y^2}{2}\right]_{-\sqrt{z-x^2}}^{\sqrt{z-x^2}}dx\right)dz=0,\\ \displaystyle\int_D z\cdot\rho\,dx\,dy\,dz=\int_0^1\left\{\int_{-\sqrt{z}}^{\sqrt{z}}\left(\int_{-\sqrt{z-x^2}}^{\sqrt{z-x^2}}z\,dy\right)dx\right\}dz=\int_0^1\left(\int_{-\sqrt{z}}^{\sqrt{z}}2z\sqrt{z-x^2}\,dx\right)dz\\ \displaystyle\qquad=\cdots=\int_0^1\pi z^2\,dz=\left[\frac{\pi z^3}{3}\right]_0^1=\frac{\pi}{3}.\end{cases}$$

よって, D の重心は, $\dfrac{1}{V}\left(0,0,\dfrac{\pi}{3}\right)=\left(0,0,\dfrac{2}{3}\right)$.

練習　$D=\{(x,y,z)\mid 0\leqq x^2+y^2+z^2\leqq 4,\ 0\leqq z\leqq 2\}$ ($\rho=1$) の重心を求めよ．

多変数関数の微積分 補充問題

問 1 **(関数)**　平面全体で定義された関数で，次の集合上でのみ $f(x,y)=0$ となるような，関数 $f(x,y)$ を 1 つ求めよ．ただし，$f(x,y)$ は，初等関数と絶対値と四則のみを組み合わせて，1 つの式で表すこと．

① 原点中心，半径 1 の円 (単位円)　　② $y=x$ または $y=x^2$

③ $0 \leqq x \leqq 1$ かつ $0 \leqq y \leqq 1$

問 2 **(極限)**　$x=r\cos\theta,\ y=r\sin\theta$ とおくことにより，つぎの極限を考えよ．

① $\displaystyle \lim_{(x,y)\to(0,0)} \frac{2x^2y}{x^2+y^2}$　　② $\displaystyle \lim_{(x,y)\to(0,0)} \frac{2x^2+y^2}{x^2+y^2}$　　③ $\displaystyle \lim_{(x,y)\to(0,0)} \frac{xy}{\sqrt{x^2+y^2}}$

問 3 **(連続関数)** 次の関数は，原点において不連続であることを説明せよ．ただし，$f(0,0)=0$ とする．

① $\displaystyle f(x,y)=\frac{xy}{x^2+y^2}.$　　② $\displaystyle f(x,y)=\frac{x^2y}{x^4+y^2}.$　　③ $\displaystyle f(x,y)=\frac{xy}{\sin^2 x+\sin^2 y}.$

問 4 **(連鎖公式)** 連鎖公式 (Chain rule) を用いて，$x=r\cos\theta,\ y=r\sin\theta$ と置いたとき，

$$\frac{\partial^2}{\partial x^2}+\frac{\partial^2}{\partial y^2}=\frac{\partial^2}{\partial r^2}+\frac{1}{r}\frac{\partial}{\partial r}+\frac{1}{r^2}\frac{\partial^2}{\partial\theta^2}$$ を示せ．

問 5 **(高階偏微分)**　$(x,y)\neq(0,0)$ のとき $\displaystyle f(x,y)=\frac{xy(x^2-y^2)}{x^2+y^2}$ とし，$f(0,0)=0$ とする．$f_{xy}(0,0)\neq f_{yx}(0,0)$ であることを示せ．

問 6 **(極値問題)**　$f(x,y)=ax^2+2bxy+cy^2$ とする．

$f_{xx}(x,y)=2a>0$, $\begin{vmatrix} f_{xx}(0,0) & f_{xy}(0,0) \\ f_{yx}(0,0) & f_{yy}(0,0) \end{vmatrix}>0$ となるなら，$f(x,y)$ はつねに 0 以上となることを示せ．

問 7 **(Lagrange 未定乗数法)**　空間内における曲面 $2xy+z^2-1=0$ と点 $(1,1,2)$ との最短距離を求めよ．

問 8 **(テイラー展開)**　次の関数 $f(x,y)$ を，点 $(1,-1)$ でテイラー展開せよ．

① $f(x,y)=(x+y)^5.$　　② $f(x,y)=\log(-xy).$

問 9 **(パップス・ギュルダンの定理)**　xz 平面において，$x\geqq 0$ 上に領域 Ω がある．Ω を z 軸の周りに 1 回転してできる図形を D とする．このとき

① $D=\{\,(x,y,z)\mid(\sqrt{x^2+y^2},z)\in\Omega\,\}$ を確認せよ．

② $(D$ の体積$)=\displaystyle\int_D dx\,dy\,dz$ を円柱座標を用いて書き直し，

$(D$ の体積$)=(\Omega$の面積$)\times 2\pi(\Omega$の重心と z 軸との距離$)$ を確認せよ．

第3章

ベクトル解析

微分積分学では，曲線や曲面のイメージが掴めたと思います．

この章では，曲線や曲面上の微分，積分の計算に言及します．重積分の計算も見直して，外微分作用素，くさび積を導入して，計算を直感的に扱いやすくします．

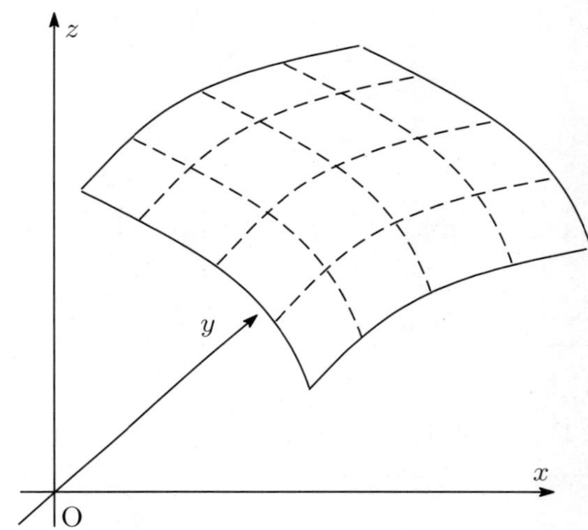

ここでは，空間内の曲線や曲面の扱いに慣れてください．積分も，曲線や曲面の座標 (パラメター)[1] さえ取れば，一変数，多変数の微積分を繰り返すことになります．

また，二章と全く同じ内容を，再掲してあるページがあります．なるだけ自己完結するように，この章だけ読めるようにしてあります．

[1] 多様体と呼ばれる．

1.　線形代数学からの準備

外積

$\mathbf{e_1} = (1,\ 0,\ 0)$, $\mathbf{e_2} = (0,\ 1,\ 0)$, $\mathbf{e_3} = (0,\ 0,\ 1)$ とおくとき，ベクトル $(a_1,\ a_2,\ a_3)$ と $(b_1,\ b_2,\ b_3)$ の外積を次の式で定義する．

$$
\begin{aligned}
(a_1,\ a_2,\ a_3) \times (b_1,\ b_2,\ b_3) &= \begin{vmatrix} \mathbf{e_1} & \mathbf{e_2} & \mathbf{e_3} \\ a_1 & a_2 & a_3 \\ b_1 & b_2 & b_3 \end{vmatrix} \\
&= (a_2b_3 - a_3b_2)\mathbf{e_1} + (a_3b_1 - a_1b_3)\mathbf{e_2} + (a_1b_2 - a_2b_1)\mathbf{e_3} \\
&= (a_2b_3 - a_3b_2,\ a_3b_1 - a_1b_3,\ a_1b_2 - a_2b_1).
\end{aligned}
$$

(注意) 3×3 行列式の計算では，サラスの方法を思い出す (付録 p.242 参照).

例　$(1,\ 2,\ 3) \times (4,\ 5,\ 6)$ を求める．

$$
\begin{aligned}
(1,\ 2,\ 3) \times (4,\ 5,\ 6) &= \begin{vmatrix} \mathbf{e_1} & \mathbf{e_2} & \mathbf{e_3} \\ 1 & 2 & 3 \\ 4 & 5 & 6 \end{vmatrix} \\
&= (2 \cdot 6 - 3 \cdot 5)\mathbf{e_1} + (3 \cdot 4 - 1 \cdot 6)\mathbf{e_2} + (1 \cdot 5 - 2 \cdot 4)\mathbf{e_3} \\
&= (-3,\ 6,\ -3).
\end{aligned}
$$

練習　次の外積を計算せよ．

① $(2,\ 0,\ 1) \times (-2,\ 1,\ 1)$　　② $(1,\ 2,\ 1) \times (1,\ 2,\ 1)$

練習　次の外積の性質を証明せよ．

① $(a_1,\ a_2,\ a_3) \times (b_1,\ b_2,\ b_3) = -(b_1,\ b_2,\ b_3) \times (a_1,\ a_2,\ a_3)$.

② $(a_1,\ a_2,\ a_3) \times (a_1,\ a_2,\ a_3) = (0,\ 0,\ 0)$.

外積の性質

$\mathbf{a}=(a_1,\ a_2,\ a_3),\ \mathbf{b}=(b_1,\ b_2,\ b_3)$ とするとき,

$\mathbf{a}\times\mathbf{b}$ は, $\mathbf{a}$ と $\mathbf{b}$ に垂直,
$|\mathbf{a}\times\mathbf{b}|$ は, $\mathbf{a}$ と $\mathbf{b}$ で張られる平行四辺形の面積に等しい.

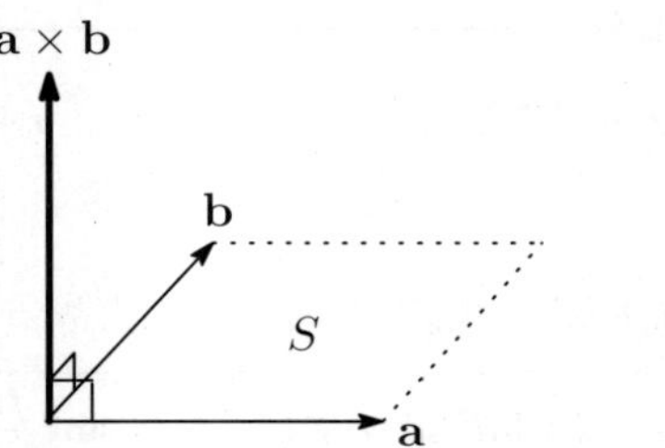

例① ベクトル $(1,\ 2,\ 3)$ と $(4,\ 5,\ 6)$ に垂直なベクトルを求める.

外積を計算すると, $(1,\ 2,\ 3)\times(4,\ 5,\ 6)=(-3,\ 6,\ -3)$.[2]

例② ベクトル $(1,\ 2,\ 3)$ と $(4,\ 5,\ 6)$ で張られる平行四辺形の面積 S を求める.

外積を計算すると, $(1,\ 2,\ 3)\times(4,\ 5,\ 6)=(-3,\ 6,\ -3)$.
よって, $S=|(-3,\ 6,\ -3)|=\sqrt{(-3)^2+6^2+(-3)^2}=3\sqrt{6}$.

練習　2つのベクトルで 張られる平行四辺形の面積を, それぞれ計算せよ.

① $(2,\ 0,\ 1),\ (-2,\ 1,\ 1)$　② $(1,\ 2,\ 1),\ (1,\ 2,\ 5)$　③ $(1,\ 0,\ 0),\ (0,\ 1,\ 0)$

発展　$\mathbf{a}=(a_1,\ a_2,\ a_3),\ \mathbf{b}=(b_1,\ b_2,\ b_3),\ \mathbf{c}=(c_1,\ c_2,\ c_3)$ とするとき, 次の公式を証明せよ.

$$\mathbf{a}\cdot(\mathbf{b}\times\mathbf{c})=\begin{vmatrix} a_1 & a_2 & a_3 \\ b_1 & b_2 & b_3 \\ c_1 & c_2 & c_3 \end{vmatrix}$$

[2] 実際, 内積を計算すると, $(1,\ 2,\ 3)\cdot(-3,\ 6,\ -3)=-3+12-9=0$, $(4,\ 5,\ 6)\cdot(-3,\ 6,\ -3)=-12+30-18=0$.
つまり, $(1,\ 2,\ 3)\perp(-3,\ 6,\ -3)$, $(4,\ 5,\ 6)\perp(-3,\ 6,\ -3)$ となっている.

2. 微分積分学からの準備 (p.90〜p.93 の復習)

偏微分

2変数関数 $f(x,y)$ に対して，x に関する偏微分を次のように定義する．

$$\frac{\partial f}{\partial x} = \lim_{h\to 0} \frac{f(x+h,y)-f(x,y)}{h}.$$

(注意)　実際には y を定数と思って，$\boldsymbol{x}$ **についてのみ微分**すればよい．

3変数関数についても，$\dfrac{\partial f}{\partial x} = \lim\limits_{h\to 0} \dfrac{f(x+h,y,z)-f(x,y,z)}{h}$ などと定義すればよい．

例①　$\dfrac{\partial}{\partial x}(x^2y-3x^3) = 2xy-9x^2.$

②　$\dfrac{\partial}{\partial x}(ye^x - \sin x\cos y) = ye^x - \cos x\cos y.$

練習　次の偏微分の計算をおこなえ．

①　$\dfrac{\partial}{\partial x}(xy-x^y)$　②　$\dfrac{\partial}{\partial x}(x\sin x + e^x\tan y)$　③　$\dfrac{\partial}{\partial x}\left(\dfrac{2xy}{\sin x} - \cos x\tan y\right)$

④　$\dfrac{\partial}{\partial y}(\tan(x^2+y^2))$　⑤　$\dfrac{\partial}{\partial x}(\log(2y\sin x))$　⑥　$\dfrac{\partial}{\partial y}(\log(2y\sin x))$

(注意)　y についての偏微分 $\dfrac{\partial}{\partial y}$ は，$\boldsymbol{y}$ **についてのみ微分**すればよい

高階 (位) 偏微分

2 回以上偏微分を行うことを 高階偏微分といい，次のように書く．

$$\begin{cases} \frac{\partial^2}{\partial x^2}f(x,y)=\frac{\partial}{\partial x}\{\frac{\partial}{\partial x}f(x,y)\}, \\ \frac{\partial^2}{\partial x\partial y}f(x,y)=\frac{\partial}{\partial x}\{\frac{\partial}{\partial y}f(x,y)\}, \\ \frac{\partial^3}{\partial x\partial y\partial y}f(x,y)=\frac{\partial}{\partial x}[\frac{\partial}{\partial y}\{\frac{\partial}{\partial y}f(x,y)\}] \quad \text{など.} \end{cases}$$

(参考) $\frac{\partial}{\partial x}f(x,y)=f_x(x,y)$，$\frac{\partial^2}{\partial x\partial y}f(x,y)=f_{xy}(x,y)$ のように，偏微分を添え字で表すこともある．

例① $\frac{\partial^2}{\partial x^2}(x^2y)=\frac{\partial}{\partial x}(2xy)=2y.$

② $\frac{\partial^2}{\partial x\partial y}(x^2y)=\frac{\partial}{\partial x}(x^2)=2x.$

③ $\frac{\partial^2}{\partial y^2}(x^2y)=\frac{\partial}{\partial y}(x^2)=0.$

練習　次の高階偏微分を計算せよ．

① $\frac{\partial^2}{\partial x^2}(\log(x+y))$　② $\frac{\partial^2}{\partial x\partial y}\{\sin(xy)\}$　③ $\frac{\partial^2}{\partial y^2}\{(x-y)\tan(x+y)\}$

発展 (ラプラス方程式)

$\triangle=\frac{\partial^2}{\partial x^2}+\frac{\partial^2}{\partial y^2}$ を (2 次元) ラプラシアンという．次の $f(x,y)$ について，$\triangle f(x,y)=0$ を確かめよ．

① $f(x,y)=x^3-3xy^2.$　② $f(x,y)=e^x\cos y.$　③ $f(x,y)=\log\sqrt{x^2+y^2}.$

高階 (位) 偏微分の性質 (シュワルツの定理)

何回でも偏微分できる関数に対して，偏微分の順序を入れ替えても等しい．

$$\frac{\partial^2}{\partial x \partial y} f(x,y) = \frac{\partial^2}{\partial y \partial x} f(x,y).$$

(注意) $\frac{\partial^3}{\partial x \partial x \partial y} f(x,y) = \frac{\partial^3}{\partial x \partial y \partial x} f(x,y) = \frac{\partial^3}{\partial y \partial x \partial x} f(x,y)$ のように，3 階以上の偏微分についても同様．

シュワルツの定理の正確な主張については，5 章 p.219 も参照．

例　$\frac{\partial^2}{\partial x \partial y}\{\sin(x+\cos y)\} = \frac{\partial}{\partial x}\{-\sin y \cos(x+\cos y)\} = \sin y \sin(x+\cos y)$.

ところで，

$\frac{\partial^2}{\partial y \partial x}\{\sin(x+\cos y)\} = \frac{\partial}{\partial y}\{\cos(x+\cos y)\} = \sin y \sin(x+\cos y)$.

練習　次の $f(x,y)$ について，$\frac{\partial^2}{\partial x \partial y} f(x,y) = \frac{\partial^2}{\partial y \partial x} f(x,y)$ を確かめよ．

① $f(x,y) = x^2 y$.　② $f(x,y) = \sqrt{x^2 - y}$.　③ $f(x,y) = e^{x \sin y}$.

発展　次のことを，確かめよ．

① $\frac{\partial}{\partial x}\{g(x,y)\frac{\partial}{\partial y} f(x,y)\} - \frac{\partial}{\partial y}\{g(x,y)\frac{\partial}{\partial x} f(x,y)\} = \frac{\partial}{\partial x} g(x,y)\frac{\partial}{\partial y} f(x,y) - \frac{\partial}{\partial y} g(x,y)\frac{\partial}{\partial x} f(x,y)$.

② $\frac{\partial}{\partial x}\{f(x,y)\frac{\partial}{\partial y} f(x,y)\} - \frac{\partial}{\partial y}\{f(x,y)\frac{\partial}{\partial x} f(x,y)\} = 0$.

Hint. 積の微分を使う．

全微分 (1 形式)

2 変数関数 $f(x,y)$ に対して，全微分を次のように定義する．

$$df = \frac{\partial f}{\partial x}dx + \frac{\partial f}{\partial y}dy.$$

(注意) 3 変数関数 $f(x,y,z)$ については，全微分 $df = \dfrac{\partial f}{\partial x}dx + \dfrac{\partial f}{\partial y}dy + \dfrac{\partial f}{\partial z}dz$ とする．

(注意) 上の定義は，あくまで形式的な計算である．厳密な定義や全微分可能性については，5 章 p.218, p.219 を参照.

例① $d(x^2y) = 2xy\,dx + x^2\,dy.$

② $d(x^y) = yx^{y-1}\,dx + (\log x)x^y\,dy.$

練習　次の全微分を計算せよ．

① $d(xy - x^2)$　② $d(x\sin x + e^x\tan y)$　③ $d(\log(2y\sin x))$

(注意) 全微分の和などは，自然に定義される．

$(A\,dx + B\,dy) + (C\,dx + D\,dy) = (A+C)dx + (B+D)dy$ など．

発展　2 変数関数 $f(x,y)$, $g(x,y)$ に対し，次のことを確かめよ．

① $d(f+g) = df + dg.$　② $d(fg) = g\,df + f\,dg.$

3. くさび積，外微分作用素，重積分

くさび積 (Wedge product)(2 形式の場合)

dx, dy, dz について，次のように くさび積を定義する．

$$\begin{cases} dx \wedge dx = dy \wedge dy = dz \wedge dz = 0, \\ dx \wedge dy = -dy \wedge dx, \\ dy \wedge dz = -dz \wedge dy, \\ dz \wedge dx = -dx \wedge dz. \end{cases}$$

(注意) 分配法則などは，自然に成立することとする．

例① $(A\,dx + B\,dy) \wedge (C\,dx + D\,dy) = AC\,dx \wedge dx + AD\,dx \wedge dy + BC\,dy \wedge dx + BD\,dy \wedge dy$

$= 0\,dx \wedge dx + AD\,dx \wedge dy - BC\,dx \wedge dy + 0\,dy \wedge dy$

$= (AD - BC)dx \wedge dy.$

② $(x^2z\ dx + \sin y\ dy + z\ dz) \wedge (e^x\ dx + \cos y\ dy + 3\ dz)$

$= \{x^2(\cos y)z - e^x \sin y\}dx \wedge dy + \{3 \sin y - (\cos y)z\}dy \wedge dz + (e^x z - 3x^2z)dz \wedge dx.$

③ $d(xyz) \wedge d(x + y + z)$

$= (yz\ dx + xz\ dy + xy\ dz) \wedge (dx + dy + dz)$

$= (yz - xz)dx \wedge dy + (xz - xy)dy \wedge dz + (xy - yz)dz \wedge dx.$ [3]

練習　次の 2 形式 を $dx \wedge dy$, $dy \wedge dz$, $dz \wedge dx$ を用いて表せ．

① $(dx + 2\,dy + 3\,dz) \wedge (4\,dx + 5\,dy + 6\,dz)$　② $d(e^{x+y+z}) \wedge d(\sin(x + y + z))$

---

[3] (注意) $dx \wedge dy$, $dy \wedge dz$, $dz \wedge dx$ の線形和でかけるものを 2 形式 (2 form) という．$dx \to dy \to dz \to dx$ の順で考えると，重積分の計算の際に考えやすくなるのである．

くさび積（Wedge product)(3 形式の場合)

dx, dy, dz について，次のようにくさび積を定義する．

$$\begin{cases} dx\wedge dx\wedge dx = dx\wedge dx\wedge dy = \cdots = 0 & \text{(積の中に同じものが2つ以上あれば，0とする)}, \\ dx\wedge dy\wedge dz = -dx\wedge dz\wedge dy = \cdots & \text{(順序を入れ替えると -1 倍)}. \end{cases}$$

(注意) 分配法則などは，自然に成立することとする．

例① $(Adx+Bdy+Cdz)\wedge(Ddx+Edy+Fdz)\wedge(Gdx+Hdy+Idz)$

$$= \begin{vmatrix} A & B & C \\ D & E & F \\ G & H & I \end{vmatrix} dx\wedge dy\wedge dz.$$

② $(x^2\ dx\wedge dy+\sin y\ dy\wedge dz)\wedge(e^x\ dx+\cos y\ dy+3\ dz)$

$$\begin{aligned} &= 3x^2\ dx\wedge dy\wedge dz + e^x\sin y\ dy\wedge dz\wedge dx \\ &= 3x^2\ dx\wedge dy\wedge dz - e^x\sin y\ dx\wedge dz\wedge dy \\ &= 3x^2\ dx\wedge dy\wedge dz + e^x\sin y\ dx\wedge dy\wedge dz \\ &= (3x^2+e^x\sin y)dx\wedge dy\wedge dz. \end{aligned}$$

練習　次の3形式を $dx\wedge dy\wedge dz$ を用いて表せ．

① $(dx\wedge dy+2\,dy\wedge dz+3\,dz\wedge dx)\wedge(dx+2\,dy+3\,dz)$　② $d(xyz)\wedge d(x+y+z)\wedge(dx-dy)$

発展　f と g を3変数関数とする．次のことを，確かめよ．

① $df\wedge dg=-dg\wedge df$.　② $df\wedge df\wedge dg=df\wedge dg\wedge df=dg\wedge df\wedge df=0$.

外微分作用素

f, g と h を3変数関数とする．このとき，外微分作用素を

$$\begin{cases} d(f\,dx + g\,dy + h\,dz) = df \wedge dx + dg \wedge dy + dh \wedge dz, \\ d(f\,dx \wedge dy + g\,dy \wedge dz + h\,dz \wedge dx) = df \wedge dx \wedge dy + dg \wedge dy \wedge dz + dh \wedge dz \wedge dx. \end{cases}$$

(注意) 要するに，関数部分の 全微分を一つずつ計算すればよい．

例①　$d(xyz\,dx) = d(xyz) \wedge dx$

$= (yz\,dx + xz\,dy + xy\,dz) \wedge dx$

$= -xz\,dx \wedge dy + xy\,dz \wedge dx$

②　$d(xz^2\,dx \wedge dy + \sin y\,dy \wedge dz)$

$= d(xz^2)\,dx \wedge dy + d(\sin y) \wedge dy \wedge dz$

$= (z^2\,dx + 2xz\,dz) \wedge dx \wedge dy + (\cos y\,dy) \wedge dy \wedge dz$

$= 2xz\,dx \wedge dy \wedge dz.$

練習　　次の外微分を計算せよ．

①　$d(e^{x \sin y}dx + \tan(x+y+z^2)dy + z\,dz)$　　②　$d(xyz\,dx \wedge dy + \log(xyz)dy \wedge dz + x\,dy \wedge dz)$

発展　　f と g を3変数関数とする．次のことを，確かめよ．

①　$d^2 f = 0$ (ただし，$d^2 f = d(df)$ である)．　②　$d(f \wedge dg) = df \wedge dg.$

重積分の復習 (2 変数の場合)(p.114〜p.119 参照)

平面上の領域 D および，関数 $f(x,y)$ に ついて，次の形の積分を 2 重積分という．

$$\int_D f(x,y)\,dx\,dy$$

(注意) 実際には，x, y について，逐次積分すればよい．

(注意) $f(x,y)=1$ のときには，$\int_D dx\,dy$ と書き，f を省略する．

例① $D=\{(x,y)\mid 0\leqq x\leqq 1,\ 0\leqq y\leqq 1\}$ のとき，

$$\int_D x^2\sin y\,dx\,dy=\int_0^1\left(\int_0^1 x^2\sin y\,dx\right)dy=\int_0^1\left[\frac{x^3\sin y}{3}\right]_0^1 dy$$
$$=\int_0^1\frac{\sin y}{3}\,dy=\left[\frac{-\cos y}{3}\right]_0^1=\frac{-\cos 1+1}{3}.$$

例② $D=\{(x,y)\mid x^2+y^2\leqq 9\}$, $f(x,y)=1$ のとき

x から積分し，次に y で積分すると，

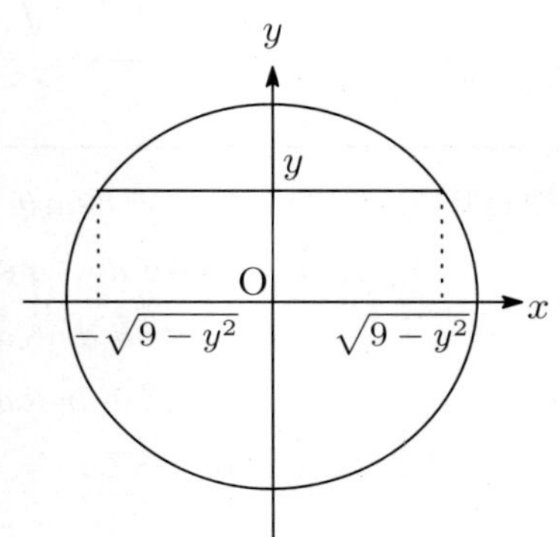

$$\int_D dx\,dy=\int_{-3}^{3}\left(\int_{-\sqrt{9-y^2}}^{\sqrt{9-y^2}}dx\right)dy$$
$$=\int_{-3}^{3}[x]_{-\sqrt{9-y^2}}^{\sqrt{9-y^2}}\,dy$$
$$=\int_{-3}^{3}2\sqrt{9-y^2}\,dy$$
$$=\cdots=9\pi\ \ (D\ \text{の面積に等しい}).$$

練習　次の重積分を計算せよ．

① $D=\{(x,y)\mid 0\leqq x\leqq 1,\ 0\leqq y\leqq 1\}$ のとき，$\int_D x^{y+1}\,dx\,dy$.

② $D=\{(x,y)\mid x^2+y^2\leqq 1\}$ のとき，$\int_D (x^2+y)\,dx\,dy$.

③ $D=\{(x,y)\mid 0\leqq x\leqq 1-y,\ 0\leqq y\leqq 1\}$ のとき，$\int_D ye^x\,dx\,dy$.

---

② Hint. x で積分し，$y=\sin\theta$ と置換積分．　③ Hint. x で積分し，y については，部分積分．

くさび積と重積分の変数変換 (2 変数の場合) (ヤコビアン).

$x = x(s,t)$, $y = y(s,t)$ のように変数変換 (座標変換) すると，p.120 の公式から，

$$\int f\,dx\,dy = \int f \left| \begin{vmatrix} \frac{\partial x}{\partial s} & \frac{\partial x}{\partial t} \\ \frac{\partial y}{\partial s} & \frac{\partial y}{\partial t} \end{vmatrix} \right| ds\,dt.$$

ここで，

$$\begin{aligned} dx \wedge dy &= \Big(\frac{\partial u}{\partial s} ds + \frac{\partial u}{\partial t} dt\Big) \wedge \Big(\frac{\partial v}{\partial s} ds + \frac{\partial v}{\partial t} dt\Big) \\ &= \begin{vmatrix} \frac{\partial x}{\partial s} & \frac{\partial x}{\partial t} \\ \frac{\partial y}{\partial s} & \frac{\partial y}{\partial t} \end{vmatrix} ds \wedge dt. \end{aligned}$$

つまり，ヤコビ行列の 行列式が正[1] である限り，次のように書くことが自然である．

$$\int f\,dx\,dy = \int f\,dx \wedge dy.$$

[1] 右手系と呼ばれる．

例 (極座標変換)　$x = r\cos\theta,\ y = r\sin\theta\ (0 \leqq r,\ 0 \leqq \theta \leqq 2\pi)$ とおくと，

$$\begin{aligned} dx \wedge dy &= (\cos\theta\ dr - r\sin\theta\ d\theta) \wedge (\sin\theta\ dr + r\cos\theta\ d\theta) \\ &= r\cos^2\theta\ dr \wedge d\theta - r\sin^2\theta\ d\theta \wedge dr \\ &= r\cos^2\theta\ dr \wedge d\theta + r\sin^2\theta\ dr \wedge d\theta = r\ dr \wedge d\theta. \end{aligned}$$

ここで，$r \geqq 0$ であるから，次のように変数変換される．

$$\int f\,dx\,dy = \int f\,r\,dr\,d\theta.$$

例 (Levi 変換)　$x = s^2 - t^2,\ y = 2st$ とおくと，

$$\begin{aligned} dx \wedge dy &= (2s\ ds - 2t\ dt) \wedge (2t\ ds + 2s\ dt) \\ &= 4s^2\ ds \wedge dt - 4t^2\ dt \wedge ds \\ &= 4s^2\ ds \wedge dt + 4t^2\ ds \wedge dt = (4s^2 + 4t^2)\ ds \wedge dt \end{aligned}$$

ここで，$4s^2 + 4t^2 \geqq 0$ であるから，次のように変数変換される．

$$\int f\,dx\,dy = \int f\ (4s^2 + 4t^2)\ ds\,dt.$$

練習　$x = e^{s-t},\ y = e^{s+t}$ と変数変換するとき，$\int f\,dx\,dy$ を変換せよ．

(極座標変換の利用 (復習) $x = r\cos\theta,\ y = r\sin\theta$**).**

例. $D = \{(x,y) \mid x^2+y^2 \leqq 1\}$, $f(x,y) = x^2 + y$ とする．

$x = r\cos\theta,\ y = r\sin\theta$ と変数変換すると，$D' = \{(r,\theta) \mid 0 \leqq r \leqq 1,\ 0 \leqq \theta \leqq 2\pi\}$. よって，

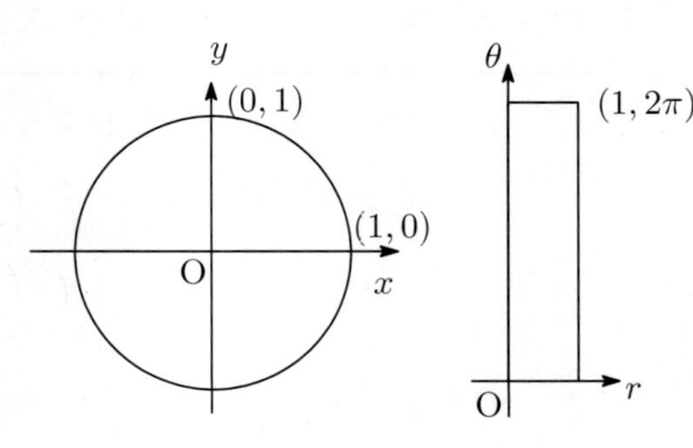

$$
\begin{aligned}
\int_D f(x,y)\,dx\,dy &= \int_D f(x,y)\,r\,dr\,d\theta \\
&= \int_{D'} (r^2\cos^2\theta + r\sin\theta)\cdot r\,dr\,d\theta \\
&= \int_0^{2\pi} \left(\int_0^1 (r^3\cos^2\theta + r^2\sin\theta)\,dr \right) d\theta \\
&= \int_0^{2\pi} \left[\frac{r^4\cos^2\theta}{4} + \frac{r^3\sin\theta}{3} \right]_0^1 d\theta \\
&= \int_0^{2\pi} \left(\frac{\cos^2\theta}{4} + \frac{\sin\theta}{3} \right) d\theta \\
&= \int_0^{2\pi} \left(\frac{1+\cos 2\theta}{8} + \frac{\sin\theta}{3} \right) d\theta \qquad \Leftarrow (\text{半角の公式 } \cos^2\theta = \frac{1+\cos 2\theta}{2} \text{ を利用}) \\
&= \left[\frac{\theta}{8} + \frac{\sin 2\theta}{16} - \frac{\cos\theta}{3} \right]_0^{2\pi} = \frac{\pi}{4}.
\end{aligned}
$$

練習　次の重積分を，極座標を利用して計算せよ．

① $D = \{(x,y) \mid x^2+y^2 \leqq 25\}$ のとき，$\displaystyle\int_D e^{\sqrt{x^2+y^2}}\,dx\,dy$.

② $D = \{(x,y) \mid 1 \leqq x^2+y^2 \leqq 25,\ x \geqq 0,\ y \geqq 0\}$ のとき，$\displaystyle\int_D \frac{1}{x^2+y^2}\,dx\,dy$.

---

②Hint: 図をかいて調べると，$D = \{1 \leqq r \leqq 5,\ 0 \leqq \theta \leqq \frac{\pi}{2}\}$.

重積分の復習 (3 変数の場合)(p.128∼p.129 参照)

空間内の領域 D および，関数 $f(x,y,z)$ に ついて，次の形の積分を 3 重積分という．

$$\int_D f(x,y,z)\,dx\,dy\,dz$$

(注意) 実際には，x, y, z について，逐次積分すればよい．

例①　$D=\{(x,y,z)\mid 0\leqq x\leqq 1,\ 0\leqq y\leqq 1,\ 0\leqq z\leqq 1\}$ のとき，

$$\int_D x^2y^3z^4\,dx\,dy\,dz=\int_0^1\left\{\int_0^1\left(\int_0^1 x^2y^3z^4\,dx\right)dy\right\}dz=\int_0^1\left(\int_0^1\left[\frac{x^3y^3z^4}{3}\right]_0^1 dy\right)dz$$
$$=\int_0^1\left(\int_0^1\frac{y^3z^4}{3}\,dy\right)dz=\int_0^1\left[\frac{y^4z^4}{12}\right]_0^1 dz=\int_0^1\frac{z^4}{12}\,dz=\frac{1}{60}.$$

例②　$D=\{(x,y,z)\mid x^2+y^2\leqq z^2,\ 0\leqq z\leqq 2\}$ のとき，[4]

$$\int_D dx\,dy\,dz=\int_0^2\left\{\int_{-z}^{z}\left(\int_{-\sqrt{z^2-y^2}}^{\sqrt{z^2-y^2}}dx\right)dy\right\}dz$$
$$=\int_0^2\left(\int_{-z}^{z}[x]_{-\sqrt{z^2-y^2}}^{\sqrt{z^2-y^2}}\,dy\right)dz$$
$$=\int_0^2\left(\int_{-z}^{z}2\sqrt{z^2-y^2}\,dy\right)dz$$
$$=\int_0^2\pi z^2\,dz=\frac{8\pi}{3}\ \ (D\text{ の体積に等しい}).$$

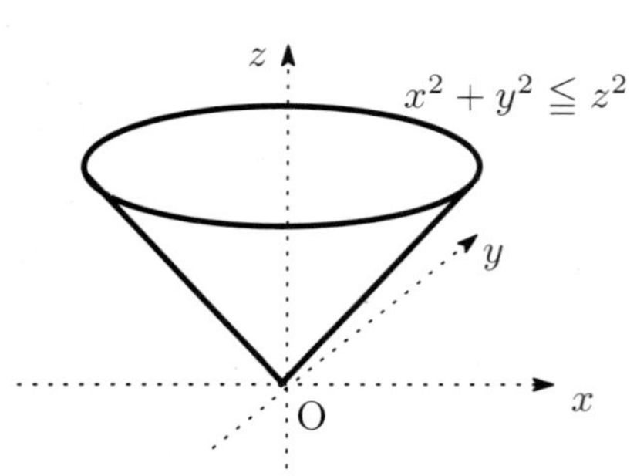

練習　次の重積分を計算せよ．

① $D=\{(x,y,z)\mid 0\leqq x\leqq 1,\ 0\leqq y\leqq z,\ 1\leqq z\leqq e\}$ のとき，$\displaystyle\int_D xy\log z\,dx\,dy\,dz$.

② $D=\{(x,y,z)\mid x^2+y^2\leqq 4,\ 0\leqq z\leqq 5\}$ のとき，$\displaystyle\int_D dx\,dy\,dz$.

① Hint. x, y で積分し，z については部分積分．　②Hint. 円柱の体積．

---

[4] $x^2+y^2\leqq z^2 \Leftrightarrow -\sqrt{z^2-y^2}\leqq x\leqq\sqrt{z^2-y^2}\ (-z\leqq y\leqq z)$ に注意せよ（半径 z の円）．

くさび積と重積分の変数変換 (3 変数の場合) （ヤコビアン）．

2 変数のときと同様に，積分を次のように考えるのが自然である．

$$\int f\,dx\,dy\,dz = \int f\,dx \wedge dy \wedge dz.$$

変数変換 (ヤコビアン) は，くさび積から自然に得られる (p.130 参照)．

例 (極座標)　$x = r\sin\theta\cos\phi,\ y = r\sin\theta\sin\phi,\ z = r\cos\theta\ (0 \leqq r,\ 0 \leqq \theta \leqq \pi,\ 0 \leqq \phi \leqq 2\pi)$ のとき，

$$\begin{cases} dx = \sin\theta\cos\phi\ dr + r\cos\theta\cos\phi\ d\theta - r\sin\theta\sin\phi\ d\phi, \\ dy = \sin\theta\sin\phi\ dr + r\cos\theta\sin\phi\ d\theta + r\sin\theta\cos\phi\ d\phi, \\ dz = \cos\theta\ dr - r\sin\theta\ d\theta. \end{cases}$$

ゆえに，

$$\begin{aligned} dx \wedge dy \wedge dz &= (\sin\theta\cos\phi\ dr + r\cos\theta\cos\phi\ d\theta - r\sin\theta\sin\phi\ d\phi) \\ &\quad \wedge(\sin\theta\sin\phi\ dr + r\cos\theta\sin\phi\ d\theta + r\sin\theta\cos\phi\ d\phi) \wedge (\cos\theta\ dr - r\sin\theta\ d\theta) \\ &= (\sin\theta\cos\phi\ dr + r\cos\theta\cos\phi\ d\theta - r\sin\theta\sin\phi\ d\phi) \\ &\quad \wedge\{-r\sin\phi\ dr \wedge d\theta + r^2\sin^2\theta\cos\phi\ d\theta \wedge d\phi + r\sin\theta\cos\theta\cos\phi\ d\phi \wedge dr\} \\ &= r^2\sin^3\theta\cos^2\phi\ dr \wedge d\theta \wedge d\phi + r^2\sin\theta\cos^2\theta\cos^2\phi\ d\theta \wedge d\phi \wedge dr \\ &\quad + r^2\sin\theta\sin^2\phi\ d\phi \wedge dr \wedge d\theta \\ &= r^2\sin\theta\ dr \wedge d\theta \wedge d\phi. \end{aligned}$$

ここで，$r^2\sin\theta \geqq 0$ であるから，次のように変数変換される．

$$\int f\,dx\,dy\,dz = \int f\ r^2\sin\theta\ dr\,d\theta\,d\phi.$$

練習 (円柱座標)

① $x = r\cos\theta,\ y = r\sin\theta,\ z = z\ (0 \leqq r,\ 0 \leqq \theta \leqq 2\pi)$ と変数変換するとき，$\displaystyle\int f\,dx\,dy\,dz$ を変換せよ．

② 円柱座標を利用して，$D = \{(x, y, z) \mid x^2 + y^2 \leqq 4,\ 0 \leqq z \leqq 5\}$ のとき，$\displaystyle\int_D dx\,dy\,dz$ を求めよ．

② Hint. $(0 \leqq r \leqq 2,\ 0 \leqq \theta \leqq 2\pi,\ 0 \leqq z \leqq 5)$ 円柱の体積 (前頁の練習②を見よ)．

4.　ベクトル値関数の微積分

ベクトル値関数

$$\begin{cases} \mathbf{f}(x) = (f(x),\ g(x),\ h(x)), \\ \mathbf{f}(x,y) = (f(x,y),\ g(x,y),\ h(x,y)), \\ \mathbf{f}(x,y,z) = (f(x,y,z),\ g(x,y,z),\ h(x,y,z)) \end{cases}$$

のように，値がベクトルとなる関数を，ベクトル値関数 (ベクトル場) という．

例①　$\mathbf{f}(x) = (x,\ x^2)$.

②　$\mathbf{f}(s,t) = (s^2 - t,\ t^2 - s,\ 3s)$.

③　$\mathbf{f}(r,\theta,\phi) = (r\sin\theta\cos\phi,\ r\sin\theta\sin\phi,\ r\cos\theta)$.

ベクトル値関数の偏微分

ベクトル値関数 $\mathbf{f}(x,y) = (f(x,y),\ g(x,y))$ の偏微分は，次のように成分ごとに行う．

$$\begin{cases} \frac{\partial}{\partial x}\mathbf{f}(x,y) = (\frac{\partial}{\partial x}f(x,y),\ \frac{\partial}{\partial x}g(x,y)), \\ \frac{\partial}{\partial y}\mathbf{f}(x,y) = (\frac{\partial}{\partial y}f(x,y),\ \frac{\partial}{\partial y}g(x,y)). \end{cases}$$

一般のベクトル値関数の場合にも，成分ごとに偏微分を行えばよい．

例①　$\dfrac{d}{dx}(x,\ x^2) = (1,\ 2x)$.

②　$\dfrac{\partial}{\partial s}(s^2 - t,\ t^2 - s,\ 3s) = (2s,\ -1,\ 3)$.

③　$\dfrac{\partial}{\partial \theta}(r\sin\theta\cos\phi,\ r\sin\theta\sin\phi,\ r\cos\theta) = (r\cos\theta\cos\phi,\ r\cos\theta\sin\phi,\ -r\sin\theta)$.

練習　次の計算をせよ．

①　$\dfrac{d}{d\theta}(\cos\theta,\ \sin\theta)$.　　②　$\dfrac{\partial}{\partial x}\left(e^{x-y^2},\ \log(\cos(x+y)),\ \dfrac{\sin x}{x}\right)$.

③　$\dfrac{\partial^2}{\partial x \partial y}\left(e^{x-y^2},\ \log(\cos(x+y)),\ \dfrac{\sin x}{x}\right)$.

ベクトル値関数の全微分

ベクトル値関数 $\mathbf{f}(x,y)=(f(x,y),\ g(x,y))$ の全微分は，次のように成分ごとに行う．

$$d\mathbf{f}(x,y)=(df(x,y),\ dg(x,y)).$$

一般のベクトル値関数の場合にも，成分ごとに全微分を行う．

例① $d(x+\cos x,\ \sin x)=(\frac{d}{dx}(x+\cos x)dx,\ \frac{d}{dx}(\sin x)dx)=((1-\sin x)\,dx,\ \cos x\,dx).$

② $d(s^2-t,\ t^2-s)=(\frac{\partial}{\partial s}(s^2-t)ds+\frac{\partial}{\partial t}(s^2-t)dt,\ \frac{\partial}{\partial s}(t^2-s)ds+\frac{\partial}{\partial t}(t^2-s)dt)$
$=(2s\,ds-dt,\ -ds+2t\,dt).$

練習　次の全微分を計算せよ．

① $d(x^4+\tan x,\ -2x^2+\sin x)$　② $d\left(e^{x-y^2},\ \log(\cos(x+y)),\ \dfrac{\sin x}{x}\right)$
③ $d(x+y,\ x+y+z,\ \sqrt{x^2+y^2+z^2})$

発展　ベクトル値関数 $\mathbf{f}(x,y)=(a(x,y),\ b(x,y))$，$\mathbf{g}(x,y)=(c(x,y),\ d(x,y))$ に対し，次を確かめよ．

① $d(\mathbf{f}+\mathbf{g})=d\mathbf{f}+d\mathbf{g}.$　② $d(\mathbf{f}\cdot\mathbf{g})=\mathbf{g}\cdot d\mathbf{f}+\mathbf{f}\cdot d\mathbf{g}.$

gradient, divergence, rotation (定義)(3変数で考える)

$\nabla = (\frac{\partial}{\partial x}, \frac{\partial}{\partial y}, \frac{\partial}{\partial z})$ とする.

関数 $f(x,y,z)$ と，ベクトル値関数 $\mathbf{f} = (f(x,y,z),\ g(x,y,z),\ h(x,y,z))$ に対して，

$$\mathrm{grad}\ f = \nabla f = \left(\frac{\partial}{\partial x}f(x,y,z),\ \frac{\partial}{\partial y}f(x,y,z),\ \frac{\partial}{\partial z}f(x,y,z)\right)$$

$$\mathrm{div}\ \mathbf{f} = \nabla \cdot \mathbf{f} = \frac{\partial}{\partial x}f(x,y,z) + \frac{\partial}{\partial y}g(x,y,z) + \frac{\partial}{\partial z}h(x,y,z),$$

$$\mathrm{rot}\ \mathbf{f} = \nabla \times \mathbf{f} = \begin{vmatrix} \mathbf{e_1} & \mathbf{e_2} & \mathbf{e_3} \\ \frac{\partial}{\partial x} & \frac{\partial}{\partial y} & \frac{\partial}{\partial z} \\ f(x,y,z) & g(x,y,z) & h(x,y,z) \end{vmatrix}$$

$$= \left(\frac{\partial}{\partial y}h - \frac{\partial}{\partial z}g\right)\mathbf{e_1} + \left(\frac{\partial}{\partial z}f - \frac{\partial}{\partial x}h\right)\mathbf{e_2} + \left(\frac{\partial}{\partial x}g - \frac{\partial}{\partial y}f\right)\mathbf{e_3}$$

$$= \left(\frac{\partial}{\partial y}h - \frac{\partial}{\partial z}g,\ \frac{\partial}{\partial z}f - \frac{\partial}{\partial x}h,\ \frac{\partial}{\partial x}g - \frac{\partial}{\partial y}f\right).$$

div $\mathbf{f}$ は, ∇ と $\mathbf{f}$ の内積である.　rot $\mathbf{f}$ は, ∇ と $\mathbf{f}$ の外積である.

例　$f(x,y,z) = x^2 + y + \sin z$ のとき,

$\mathrm{grad}\ f(x,y,z) = (\frac{\partial}{\partial x}(x^2+y+\sin z),\ \frac{\partial}{\partial y}(x^2+y+\sin z),\ \frac{\partial}{\partial z}(x^2+y+\sin z)) = (2x,\ 1,\ \cos z).$

練習　次の f について，それぞれ grad f を求めよ.

① $f(x,y,z) = x^2 - 2yz + xz.$　② $f(x,y,z) = \log(x^2+y^2).$　③ $f(x,y,z) = \frac{1}{\sqrt{x^2+y^2+z^2}}.$

例　$\mathbf{f}(x,y,z) = (x^2,\ y^3,\ z-x)$ のとき，

$$\mathrm{div}\ \mathbf{f} = \tfrac{\partial}{\partial x}(x^2) + \tfrac{\partial}{\partial y}(y^3) + \tfrac{\partial}{\partial z}(z-x) = 2x + 3y^2 + 1.$$

練習　次の $\mathbf{f}$ について，それぞれ $\mathrm{div}\ \mathbf{f}$ を求めよ．(ただし，$r = \sqrt{x^2+y^2+z^2}$ とする)．

① $\mathbf{f} = (x,\ 2y,\ 3z)$.　② $\mathbf{f} = (x\sin(x+y),\ y\cos(x+y),\ \tan z)$.　③ $\mathbf{f} = \left(\frac{x}{r^3},\ \frac{y}{r^3},\ \frac{z}{r^3}\right)$.

例　$\mathbf{f}(x,y,z) = (x^2,\ y^3,\ z-x)$ のとき，

$$\mathrm{rot}\ \mathbf{f} = \begin{vmatrix} \mathbf{e_1} & \mathbf{e_2} & \mathbf{e_3} \\ \frac{\partial}{\partial x} & \frac{\partial}{\partial y} & \frac{\partial}{\partial z} \\ x^2 & y^3 & z-x \end{vmatrix}$$

$$= \{\frac{\partial}{\partial y}(z-x) - \frac{\partial}{\partial z}y^3\}\mathbf{e_1} + \{\frac{\partial}{\partial z}x^2 - \frac{\partial}{\partial x}(z-x)\}\mathbf{e_2} + \{\frac{\partial}{\partial x}y^3 - \frac{\partial}{\partial y}x^2\}\mathbf{e_3}$$

$$= (0,\ 1,\ 0).$$

練習　次の $\mathbf{f}$ について，それぞれ $\mathrm{rot}\ \mathbf{f}$ を求めよ．(ただし，$r = \sqrt{x^2+y^2+z^2}$ とする)．

① $\mathbf{f} = (x,\ 2y,\ 3z)$.　② $\mathbf{f} = (x\sin(x+y),\ y\cos(x+y),\ \tan z)$.　③ $\mathbf{f} = \left(\frac{x}{r^3},\ \frac{y}{r^3},\ \frac{z}{r^3}\right)$.

gradient の意味

$\nabla = (\frac{\partial}{\partial x}, \frac{\partial}{\partial y}, \frac{\partial}{\partial z})$ とする．関数 $f(x, y, z)$ に対して，

$$\mathrm{grad}\ f = \nabla f = \left(\frac{\partial}{\partial x}f(x,y,z),\ \frac{\partial}{\partial y}f(x,y,z),\ \frac{\partial}{\partial z}f(x,y,z)\right).$$

grad f は，関数 $f(x, y, z)$ の勾配 (変化率) である．また，右図のように grad f は，曲面 $f(x, y, z) = C$ に垂直なベクトルになる (ただし，C は定数).

f をポテンシャル，grad f を対応するベクトル場と呼ぶこともある．(一般のベクトル値関数を，ベクトル場 と呼ぶこともある).

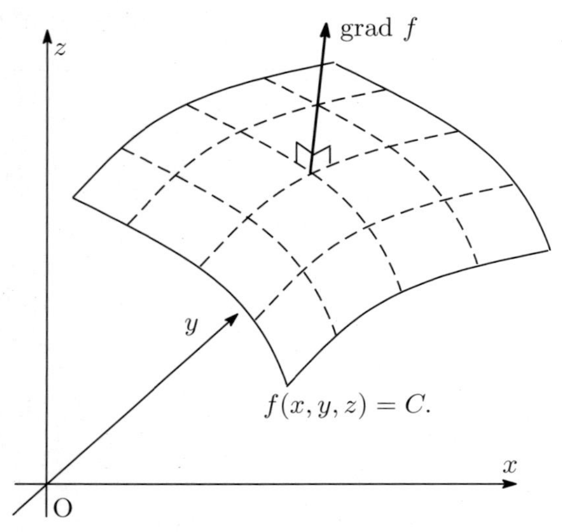

例　$f(x, y, z) = x^2 + y^2 + z^2$ のとき，
grad $f(x, y, z) = (\frac{\partial}{\partial x}(x^2 + y^2 + z^2),\ \frac{\partial}{\partial y}(x^2 + y^2 + z^2),\ \frac{\partial}{\partial z}(x^2 + y^2 + z^2)) = (2x,\ 2y,\ 2z).$

これは，半径 r の球面 $x^2 + y^2 + z^2 = r^2$ 上の点 (x, y, z) において，球面に垂直なベクトルが $(2x, 2y, 2z)$ であることを 示している．

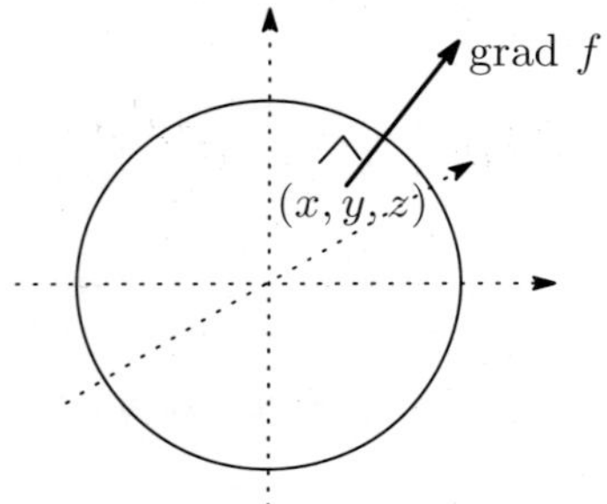

練習　xyz 空間内の平面 $ax + by + cz = d$ に垂直なベクトルを答えよ．

divergence の意味

$\nabla = (\frac{\partial}{\partial x}, \frac{\partial}{\partial y}, \frac{\partial}{\partial z})$ とする．ベクトル値関数 $\mathbf{f} = (f(x,y,z),\ g(x,y,z),\ h(x,y,z))$ に対して，

$$\mathrm{div}\ \mathbf{f} = \nabla \cdot \mathbf{f} = \frac{\partial}{\partial x}f(x,y,z) + \frac{\partial}{\partial y}g(x,y,z) + \frac{\partial}{\partial z}h(x,y,z).$$

ベクトル場 $\mathbf{f}$ が, 流体の流れの速度を表していると思うと，$\mathrm{div}\ \mathbf{f}$ は 流量の変化率である．つまり，1 秒間に湧き出す流体の体積密度を表していると考えられる．

よって，体積密度の変わらない流体は, $\mathrm{div}\ \mathbf{f} = 0$ を満たすことになる．

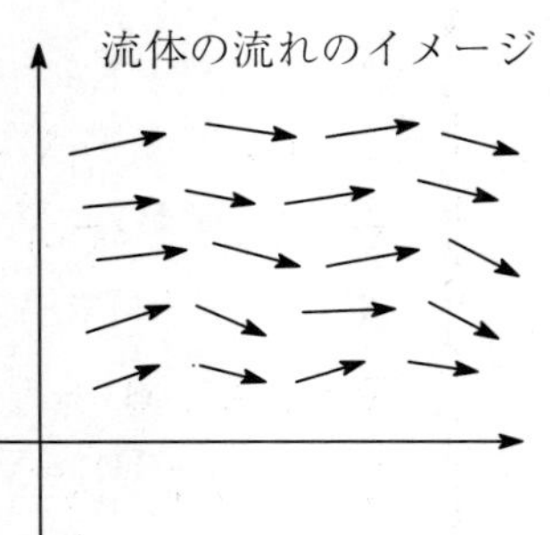

rotation の意味

$\nabla = (\frac{\partial}{\partial x},\ \frac{\partial}{\partial y},\ \frac{\partial}{\partial z})$ とする．ベクトル値関数 $\mathbf{f} = (f(x,y,z),\ g(x,y,z),\ h(x,y,z))$ に対して，

$$\mathrm{rot}\ \mathbf{f} = \nabla \times \mathbf{f} = \begin{vmatrix} \mathbf{e_1} & \mathbf{e_2} & \mathbf{e_3} \\ \frac{\partial}{\partial x} & \frac{\partial}{\partial y} & \frac{\partial}{\partial z} \\ f(x,y,z) & g(x,y,z) & h(x,y,z) \end{vmatrix}$$

$$= \left(\frac{\partial}{\partial y}h - \frac{\partial}{\partial z}g\right)\mathbf{e_1} + \left(\frac{\partial}{\partial z}f - \frac{\partial}{\partial x}h\right)\mathbf{e_2} + \left(\frac{\partial}{\partial x}g - \frac{\partial}{\partial y}f\right)\mathbf{e_3}$$

$$= \left(\frac{\partial}{\partial y}h - \frac{\partial}{\partial z}g,\ \frac{\partial}{\partial z}f - \frac{\partial}{\partial x}h,\ \frac{\partial}{\partial x}g - \frac{\partial}{\partial y}f\right).$$

ベクトル場 $\mathbf{f}$ が, 流体の流れの速度を表していると思うと，$\mathrm{rot}\ \mathbf{f}$ は 流量の渦度であると考えられている．

よって，渦の無い流体は, $\mathrm{rot}\ \mathbf{f} = 0$ を満たすことになる．

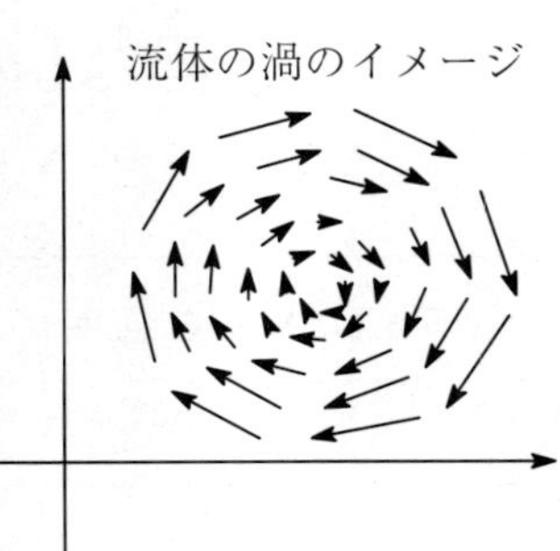

練習　ベクトル場 $\mathbf{f} = (-x,\ y,\ 0)$ に対し，$\mathrm{div}\ \mathbf{f} = 0$ および $\mathrm{rot}\ \mathbf{f} = 0$ を示せ．さらに，どのようなベクトル場か平面上に図示せよ．

色々な公式（その1）

$\nabla = (\frac{\partial}{\partial x},\ \frac{\partial}{\partial y},\ \frac{\partial}{\partial z})$ とする.

関数 ϕ, ψ と，ベクトル値関数 $\mathbf{A}$, $\mathbf{B}$ に対して,

$$\begin{cases} \nabla\ (\phi + \psi) = \nabla\phi + \nabla\psi \\ \nabla\ (\phi\psi) = \psi\nabla\phi + \phi\nabla\psi \end{cases}$$

$$\begin{cases} \nabla\cdot\ (\mathbf{A} + \mathbf{B}) = \nabla\cdot\mathbf{A} + \nabla\cdot\mathbf{B} \\ \nabla\cdot\ (\phi\mathbf{A}) = (\nabla\phi)\cdot\mathbf{A} + \phi(\nabla\cdot\mathbf{A}) \end{cases}$$

$$\begin{cases} \nabla\times\ (\mathbf{A} + \mathbf{B}) = \nabla\times\mathbf{A} + \nabla\times\mathbf{B} \\ \nabla\times\ (\phi\mathbf{A}) = (\nabla\phi)\times\mathbf{A} + \phi(\nabla\times\mathbf{A}). \end{cases}$$

いずれも，1変数の微分の公式の類似と考えられる.

$$\begin{cases} \frac{d}{dx}(f(x) + g(x)) = \frac{d}{dx}f(x) + \frac{d}{dx}g(x) \\ \frac{d}{dx}(f(x)g(x)) = \{\frac{d}{dx}f(x)\}g(x) + f(x)\{\frac{d}{dx}g(x)\} \end{cases}$$

例　$\mathbf{A} = (A_1,\ A_2,\ A_3)$ とおくと,

$$\begin{aligned} \nabla\cdot(\phi\mathbf{A}) &= \nabla\cdot(\phi A_1,\ \phi A_2,\ \phi A_3) \\ &= \frac{\partial}{\partial x}(\phi A_1) + \frac{\partial}{\partial y}(\phi A_2) + \frac{\partial}{\partial z}(\phi A_3) \\ &= \frac{\partial\phi}{\partial x}A_1 + \phi\frac{\partial A_1}{\partial x} + \frac{\partial\phi}{\partial y}A_2 + \phi\frac{\partial A_2}{\partial y} + \frac{\partial\phi}{\partial z}A_3 + \phi\frac{\partial A_3}{\partial z} \\ &= \frac{\partial\phi}{\partial x}A_1 + \frac{\partial\phi}{\partial y}A_2 + \frac{\partial\phi}{\partial z}A_3 + \phi\frac{\partial A_1}{\partial x} + \phi\frac{\partial A_2}{\partial y} + \phi\frac{\partial A_3}{\partial z} \\ &= (\nabla\phi)\cdot\mathbf{A} + \phi(\nabla\cdot\mathbf{A}). \end{aligned}$$

発展　$\nabla(\phi\psi) = \psi\nabla\phi + \phi\nabla\psi$ を 証明せよ.

Hint. 上の例のように，積の微分の公式を用いればよい.

色々な公式（その2）

$\nabla = (\frac{\partial}{\partial x}, \frac{\partial}{\partial y}, \frac{\partial}{\partial z})$ とし，$\triangle = \frac{\partial^2}{\partial x^2} + \frac{\partial^2}{\partial y^2} + \frac{\partial^2}{\partial z^2}$ とする．
関数 ϕ と，ベクトル値関数 $\mathbf{A}$ に対して，

$$\begin{cases} \nabla \cdot (\nabla \phi) = \triangle \phi \\ \nabla \times (\nabla \times \mathbf{A}) = \nabla(\nabla \cdot \mathbf{A}) - \triangle \mathbf{A} \end{cases}$$

$$\begin{cases} \nabla \times (\nabla \phi) = 0 \\ \nabla \cdot (\nabla \times \mathbf{A}) = 0. \end{cases}$$

この公式は，2 回以上 ∇ を用いる演算の公式である．

例　$\nabla \times (\nabla \phi) = 0$ を示す．

$$\begin{aligned} \nabla \times (\nabla \phi) &= \nabla \times \left(\frac{\partial \phi}{\partial x}, \frac{\partial \phi}{\partial y}, \frac{\partial \phi}{\partial z} \right) \\ &= \begin{vmatrix} \mathbf{e_1} & \mathbf{e_2} & \mathbf{e_3} \\ \frac{\partial}{\partial x} & \frac{\partial}{\partial y} & \frac{\partial}{\partial z} \\ \frac{\partial \phi}{\partial x} & \frac{\partial \phi}{\partial y} & \frac{\partial \phi}{\partial z} \end{vmatrix} \\ &= \left(\frac{\partial^2}{\partial y \partial z}\phi - \frac{\partial^2}{\partial z \partial y}\phi \right)\mathbf{e_1} + \left(\frac{\partial^2}{\partial z \partial x}\phi - \frac{\partial^2}{\partial x \partial z}\phi \right)\mathbf{e_2} + \left(\frac{\partial^2}{\partial x \partial y}\phi - \frac{\partial^2}{\partial y \partial x}\phi \right)\mathbf{e_3} \\ &= (0,\ 0,\ 0). \end{aligned}$$

練習　$\mathbf{A} = (yz,\ zx,\ x^3)$ とする．

① $\nabla \times (\nabla \times \mathbf{A})$ を 計算せよ．　② $\nabla \cdot (\nabla \times \mathbf{A}) = 0$ を 確かめよ．

5.　ベクトル値関数の微積分 (その 2)

平面曲線

媒介変数を t とするとき，動点 $\mathbf{r}(t)=(x(t),y(t))$ が動いてできる図形を, 平面曲線という.

ただし, 一般に, 曲線の表し方は 1 通りではない.

（下の例①，②を参照).

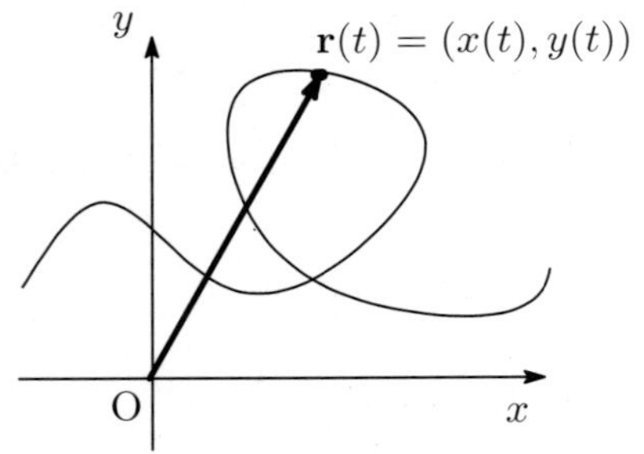

例①(原点中心，半径 1 の円)

$x^2+y^2=1$ であるから，$x=\cos t,\ y=\sin t$ とおける．ゆえに, $\mathbf{r}(t)=(\cos t,\ \sin t)$.

例②(原点中心，半径 1 の円)

$x^2+y^2=1$ であるから，$x=t$ とおけば，$y=\pm\sqrt{1-t^2}$. ゆえに, $\mathbf{r}(t)=(t,\ \pm\sqrt{1-t^2})$.

例③(直線 $y+x=1$)

$x=t$ とおけば，$y=1-t$. ゆえに, $\mathbf{r}(t)=(t,\ 1-t)$.

練習　$x=t$ とおくことにより，次の曲線の媒介変数表示を求めよ.

①　$y=x^2$.　　②　$2x+5y=4$.　　③　$y^2-x^2=1$.

練習　$x=\tan t$ とおくことにより，次の曲線の媒介変数表示を求めよ.

①　$y=x$.　　②　$y=\dfrac{1}{1+x^2}$.　　③　$y^2-x^2=1$.

空間曲線

媒介変数を t とするとき，

動点 $\mathbf{r}(t) = (x(t), y(t), z(t))$ が動いてできる図形を空間曲線という．

勿論，一般に，曲線の表し方は 1 通りではない．

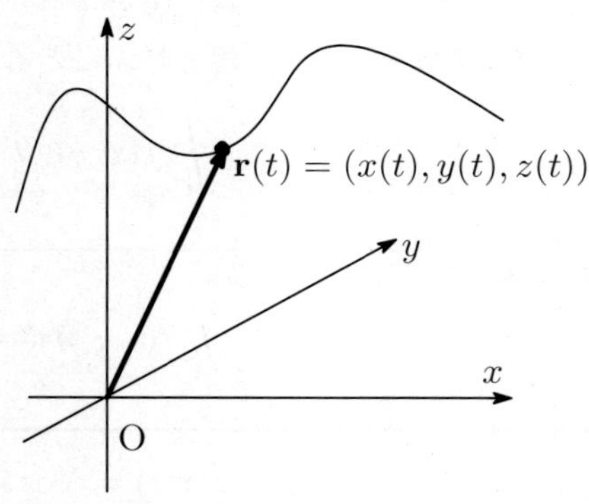

例①(xy 平面上の原点中心，半径 1 の円)

$x^2 + y^2 = 1$ であるから，$x = \cos t,\ y = \sin t,\ z = 0$ とおける．ゆえに，$\mathbf{r}(t) = (\cos t,\ \sin t,\ 0)$.

例②(yz 平面上の原点中心，半径 1 の円)

$y^2 + z^2 = 1$ であるから，$x = 0,\ y = \cos t,\ z = \sin t$ とおける．ゆえに，$\mathbf{r}(t) = (0,\ \cos t,\ \sin t)$.

例③(直線 $x = y = z - 1$)

$x = t$ とおけば，$y = t,\ z = t + 1$. ゆえに，$\mathbf{r}(t) = (t,\ t,\ t + 1)$.

練習　$x = t$ とおくことにより，次の曲線の媒介変数表示を求めよ．

①　$y = x^2,\ z = x$.　　②　$\dfrac{x-1}{2} = \dfrac{y-3}{4} = z + 2$.

練習　$y = t$ とおくことにより，次の曲線の媒介変数表示を求めよ．

①　$x = y^2,\ z = x$.　　②　$\dfrac{x-1}{2} = \dfrac{y-3}{4} = z + 2$.

スカラー場の線積分 (その1)

平面曲線 C を $\mathbf{r}(t)=(x(t),\ y(t))\ \ (a \leqq t \leqq b)$ と表すとき，関数 $f(x,y)$ の C に沿った線積分を，次のように定義する (関数をスカラー場と呼ぶこともある).

$$\int_C f(x,y)\,dt=\int_a^b f(x(t),y(t))\,dt.$$

空間曲線の場合にも同様に定義する.

$$\int_C f(x,y,z)\,dt=\int_a^b f(x(t),y(t),z(t))\,dt.$$

例①　関数 $f(x,y)=2x+y$ を，$\mathbf{r}(t)=(\cos t,\ \sin t)\ \ (0 \leqq t \leqq 2\pi)$ に沿って線積分すると，[5]

$$\begin{aligned}\int_C f(x,y)\,dt&=\int_0^{2\pi} f(\cos t,\sin t)\,dt\\&=\int_0^{2\pi}(2\cos t+\sin t)\,dt\\&=[2\sin t-\cos t]_0^{2\pi}=0.\end{aligned}$$

例②　関数 $f(x,y)=x^2+y^2$ を，$\mathbf{r}(t)=(t,\ t^2)\ \ (0 \leqq t \leqq 1)$ に沿って線積分すると，

$$\begin{aligned}\int_C f(x,y)\,dt&=\int_0^1 f(t,\ t^2)\,dt\\&=\int_0^1(t^2+t^4)\,dt\\&=\left[\frac{t^3}{3}+\frac{t^5}{5}\right]_0^1=\frac{8}{15}.\end{aligned}$$

練習　関数 $f(x,y)=x^2-2y$ を，次の曲線 C に沿って線積分せよ.

①　$\mathbf{r}(t)=(t,\ t)\ \ (0 \leqq t \leqq 1)$.　②　$\mathbf{r}(t)=(t^2,\ t^2)\ \ (0 \leqq t \leqq 1)$.

③　$\mathbf{r}(t)=(\cos t,\ \sin t)\ \ (0 \leqq t \leqq \pi)$.

[5] 上で定義した線積分は，曲線の媒介変数の表し方によって 値が変化する．練習①，②を参照せよ．

線素

前頁で定義した線積分は，同じ曲線でも媒介変数の取り方で値が変わってしまう (前頁練習①，②参照)．そこで，媒介変数によらない積分 を定義するために，まず線素 ds を定義しよう．

平面曲線 C を $\mathbf{r}(t)=(x(t),\ y(t))$ と表すとき，次のように定義する．

$$\begin{cases} d\mathbf{r}=(dx,\ dy)=(\frac{dx}{dt}dt,\ \frac{dy}{dt}dt), \\ ds=|d\mathbf{r}|=\sqrt{(dx)^2+(dy)^2}=\sqrt{(\frac{dx}{dt})^2+(\frac{dy}{dt})^2}\ dt. \end{cases}$$

空間曲線についても同様に考えて，

$$\begin{cases} d\mathbf{r}=(dx,\ dy,\ dz)=(\frac{dx}{dt}dt,\ \frac{dy}{dt}dt,\ \frac{dy}{dt}dt), \\ ds=|d\mathbf{r}|=\sqrt{(dx)^2+(dy)^2+(dz)^2}=\sqrt{(\frac{dx}{dt})^2+(\frac{dy}{dt})^2+(\frac{dz}{dt})^2}\ dt. \end{cases}$$

例①　曲線 C が，$\mathbf{r}(t)=(\cos t,\ \sin t)$ で表せるとき，

$$\begin{cases} d\mathbf{r}=(dx,\ dy)=(\frac{dx}{dt}dt,\ \frac{dy}{dt}dt)=(-\sin t\ dt,\ \cos t\ dt), \\ ds=|d\mathbf{r}|=\sqrt{(dx)^2+(dy)^2}=\sqrt{(\frac{dx}{dt})^2+(\frac{dy}{dt})^2}\ dt=dt. \end{cases}$$

例②　曲線 C が，$\mathbf{r}(t)=(t,\ t^2)$ で表せるとき，

$$\begin{cases} d\mathbf{r}=(dx,\ dy)=(\frac{dx}{dt}dt,\ \frac{dy}{dt}dt)=(dt,\ 2t\ dt), \\ ds=|d\mathbf{r}|=\sqrt{(dx)^2+(dy)^2}=\sqrt{(\frac{dx}{dt})^2+(\frac{dy}{dt})^2}\ dt=\sqrt{1+4t^2}\ dt. \end{cases}$$

練習　曲線 C が次のように表せるとき, 線素 ds を計算せよ．

①　$\mathbf{r}(t)=(t,\ t)$.　　②　$\mathbf{r}(t)=(t^2,\ t^2)$.

③　$\mathbf{r}(t)=(t,\ \log(\cos t))$.

スカラー場の線積分 (その 2)

平面曲線 C を $\mathbf{r}(t)=(x(t),\ y(t))\ \ (a \leqq t \leqq b)$ と表すとき，関数 $f(x,y)$ の 線素 ds についての線積分を，次のように定義する．

$$\int_C f(x,y)ds = \int_a^b f(x(t),y(t))\sqrt{\left(\frac{dx}{dt}\right)^2+\left(\frac{dy}{dt}\right)^2}\ dt.$$

空間曲線の場合にも同様に定義する．

$$\int_C f(x,y,z)dt = \int_a^b f(x(t),y(t),z(t))\sqrt{\left(\frac{dx}{dt}\right)^2+\left(\frac{dy}{dt}\right)^2+\left(\frac{dz}{dt}\right)^2}\ dt.$$

例①　関数 $f(x,y)=2x+y$ を，$\mathbf{r}(t)=(\cos t,\ \sin t)\ \ (0 \leqq t \leqq 2\pi)$ に沿って線素 ds について線積分すると，[6]

$$\begin{aligned}\int_C f(x,y)\ ds &= \int_0^{2\pi} f(\cos t,\sin t)\sqrt{\left(\frac{dx}{dt}\right)^2+\left(\frac{dy}{dt}\right)^2}\ dt \\ &= \int_0^{2\pi} f(\cos t,\sin t)\cdot 1\cdot dt \\ &= \int_0^{2\pi} (2\cos t+\sin t)\ dt \\ &= [2\sin t-\cos t]_0^{2\pi} = 0.\end{aligned}$$

例②　関数 $f(x,y)=x^2+y^2$ を，$\mathbf{r}(t)=(t,\ t)\ \ (0 \leqq t \leqq 1)$ に沿って線素 ds について線積分すると，

$$\begin{aligned}\int_C f(x,y)\ ds &= \int_0^1 f(t,t)\sqrt{\left(\frac{dx}{dt}\right)^2+\left(\frac{dy}{dt}\right)^2}\ dt \\ &= \int_0^1 f(t,t)\sqrt{2}\ dt \\ &= \int_0^1 (t^2+t^2)\sqrt{2}\ dt \\ &= \left[\frac{2\sqrt{2}\ t^3}{3}\right]_0^1 = \frac{2\sqrt{2}}{3}.\end{aligned}$$

練習　関数 $f(x,y)=x^2-2y$ を次の曲線 C に沿って，線素 ds について線積分せよ．

①　$\mathbf{r}(t)=(t,\ t)\ \ (0 \leqq t \leqq 1)$.　　②　$\mathbf{r}(t)=(t^2,\ t^2)\ \ (0 \leqq t \leqq 1)$.

③　$\mathbf{r}(t)=(\cos t,\ \sin t)\ \ (0 \leqq t \leqq \pi)$.

---

[6] ここで定義したスカラー場の線積分は，曲線の媒介変数の表し方によらない．練習①，②を参照せよ．

ベクトル場の線積分

平面曲線 C を $\mathbf{r}(t) = (x(t),\ y(t))\ \ (a \leqq t \leqq b)$ と表すとき，ベクトル値関数 $\mathbf{A}(x,y) = (f(x,y),\ g(x,y))$ の C に沿った線積分を，次のように定義する (ベクトル値関数をベクトル場と呼ぶこともある).

$$\begin{aligned}\int_C \mathbf{A}(x,y)\cdot d\mathbf{r} &= \int_C (f(x,y), g(x,y))\cdot d\mathbf{r} \\ &= \int_C f(x,y)\ dx + g(x,y)\ dy \\ &= \int_a^b \left\{ f(x,y)\frac{dx}{dt} + g(x,y)\frac{dy}{dt} \right\} dt.\end{aligned}$$

空間曲線の場合にも同様に定義する.

$$\int_C \mathbf{A}(x,y,z)\cdot d\mathbf{r} = \int_C (f(x,y,z),\ g(x,y,z),\ h(x,y,z))\cdot d\mathbf{r} = \int_a^b \left\{ f(x,y,z)\frac{dx}{dt} + g(x,y,z)\frac{dy}{dt} + h(x,y,z)\frac{dz}{dt} \right\} dt.$$

例.　ベクトル場 $\mathbf{A}(x,y) = (x,\ -y)$ を，$\mathbf{r}(t) = (\cos t,\ \sin t)\ \ (0 \leqq t \leqq 2\pi)$ に沿って線積分すると，[7]

$$\begin{aligned}\int_C \mathbf{A}(x,y)\cdot d\mathbf{r} &= \int_C (x,-y)\cdot d\mathbf{r} \\ &= \int_C x\ dx - y\ dy \\ &= \int_0^{2\pi} \left\{ \cos t \left(\frac{dx}{dt}\right) - \sin t \left(\frac{dy}{dt}\right) \right\} dt \\ &= \int_0^{2\pi} (-2\sin t\cos t)\ dt \\ &= \int_0^{2\pi} (-\sin 2t)\ dt = \left[\frac{\cos 2t}{2}\right]_0^{2\pi} = 0.\end{aligned}$$

練習　ベクトル場 $\mathbf{A}(x,y) = (x^2,\ y)$ を，次の曲線 C に沿って線積分せよ.

①　$\mathbf{r}(t) = (t,\ t)\ \ (0 \leqq t \leqq 1)$.　　②　$\mathbf{r}(t) = (t^2,\ t^2)\ \ (0 \leqq t \leqq 1)$.

[7] ベクトル場の線積分の値は，曲線の媒介変数の表し方によらないことが示される (練習①，②を参照).

空間内の曲面

媒介変数を s, t とするとき,
動点 $\mathbf{r}(s,t) = (x(s,t),\ y(s,t),\ z(s,t))$
が動いてできる図形を, 曲面という.

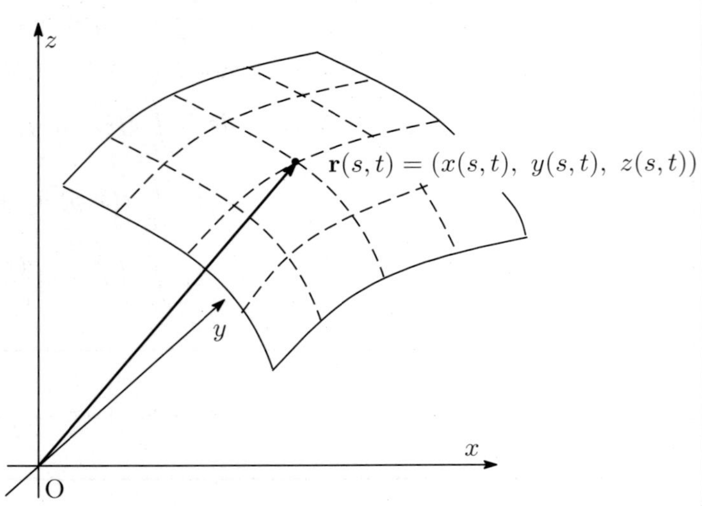

例①(円柱　$x^2+y^2=1,\ z$ は任意.)

$x^2+y^2=1$ であるから, $x=\cos s,\ y=\sin s$ とおける.　ゆえに, $\mathbf{r}(s,t)=(\cos s,\ \sin s,\ t)$.

例②(原点中心, 半径 1 の球.)

$x^2+y^2+z^2=1$ であり, 次のようにおける.[8]　ゆえに, $\mathbf{r}(s,t)=(\sin s\cos t,\ \sin s\sin t,\ \cos s)$.

例③(平面 $x+2y+z=1$)

$x=s,\ y=t$ とおけば, $z=1-s-2t$.　ゆえに, $\mathbf{r}(s,t)=(s,\ t,\ 1-s-2t)$.

練習　$x=s,\ y=t$ とおくことにより, 次の曲面の媒介変数表示を求めよ.

①　$x^2+y^2+z^2=1$.　　　②　$2x+3y-4z=7$.

[8] $x^2+y^2+z^2=(\sin s\cos t)^2+(\sin s\sin t)^2+(\cos s)^2=1$ となる. この座標も極座標という.

ベクトル面積素

空間内の曲面 S を $\mathbf{r}(s,t) = (x(s,t),\ y(s,t),\ z(s,t))$ とあらわすとき，S 上のベクトル面積素 $d\mathbf{S}$ を，次のように定義する．

$$
\begin{aligned}
d\mathbf{S} &= \left(\frac{\partial \mathbf{r}}{\partial s} \times \frac{\partial \mathbf{r}}{\partial t}\right) ds \wedge dt \\
&= \begin{vmatrix} \mathbf{e_1} & \mathbf{e_2} & \mathbf{e_3} \\ \frac{\partial x}{\partial s} & \frac{\partial y}{\partial s} & \frac{\partial z}{\partial s} \\ \frac{\partial x}{\partial t} & \frac{\partial y}{\partial t} & \frac{\partial z}{\partial t} \end{vmatrix} ds \wedge dt \\
&= \left(\frac{\partial y}{\partial s}\frac{\partial z}{\partial t} - \frac{\partial z}{\partial s}\frac{\partial y}{\partial t},\ \frac{\partial z}{\partial s}\frac{\partial x}{\partial t} - \frac{\partial x}{\partial s}\frac{\partial z}{\partial t},\ \frac{\partial x}{\partial s}\frac{\partial y}{\partial t} - \frac{\partial y}{\partial s}\frac{\partial x}{\partial t}\right) ds \wedge dt \\
&= (dy \wedge dz,\ dz \wedge dx,\ dx \wedge dy).
\end{aligned}
$$

上式の変形では，次を使っている．
$dx \wedge dy = (\frac{\partial x}{\partial s} ds + \frac{\partial x}{\partial t} dt) \wedge (\frac{\partial y}{\partial s} ds + \frac{\partial y}{\partial t} dt) = (\frac{\partial x}{\partial s}\frac{\partial y}{\partial t} - \frac{\partial y}{\partial s}\frac{\partial x}{\partial t}) ds \wedge dt$. また，$dy \wedge dz$ や $dz \wedge dx$ も同様である．

例 (円柱)　曲面 S を，$\mathbf{r}(s,t) = (\cos s,\ \sin s,\ t)$ で表すとき，$x = \cos s,\ y = \sin s,\ z = t$ であるから，

$$
\begin{aligned}
d\mathbf{S} &= (dy \wedge dz,\ dz \wedge dx,\ dx \wedge dy) \\
&= (\cos s\ ds \wedge dt,\ dt \wedge (-\sin s)\ ds,\ (-\sin s) ds \wedge \cos s\ ds) \\
&= (\cos s\ ds \wedge dt,\ \sin s\ ds \wedge dt,\ 0) \\
&= (\cos s,\ \sin s,\ 0)\ ds \wedge dt.
\end{aligned}
$$

練習　曲面 S が次のように表せるとき，ベクトル面積素 $d\mathbf{S}$ を計算せよ．

①　$\mathbf{r}(s,t) = (\sin s \cos t,\ \sin s \sin t,\ \cos s)$.　　②　$\mathbf{r}(s,t) = (s,\ t,\ 1 - s - 2t)$.

ベクトル面積素と曲面の表裏

曲面を表す 媒介変数を s,t とするとき，ベクトル面積素は，$\mathbf{n}(s,t)\, ds \wedge dt$ の形になった．ここで，$\mathbf{n}(s,t)$ は，曲面に垂直なベクトルである．この $\mathbf{n}(s,t)$ の向いている面を，座標 (s,t) に関する**曲面の表側**と呼ぶことにする．

実際には，s と t を微小に大きくしたとき，曲面の上の点が動く方向を見極めて，右手系になるように $\mathbf{n}$ の方向を決めてもよい (右図参照).

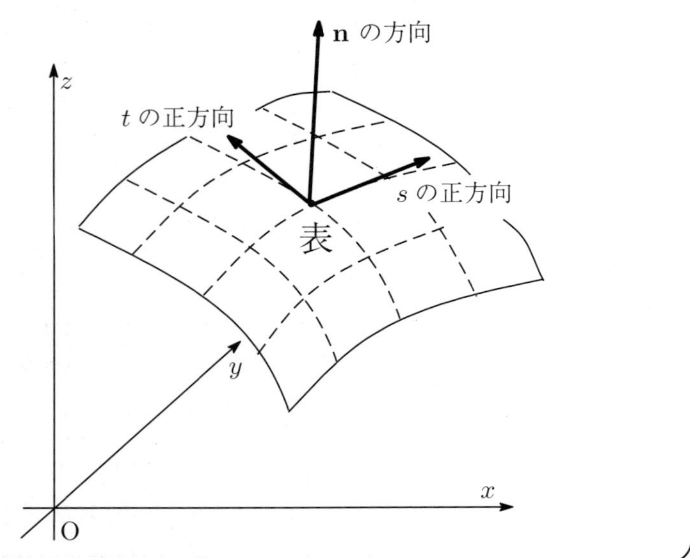

例①(円柱)　曲面 S を，$\mathbf{r}(s,t) = (\cos s,\ \sin s,\ t)$ で表すとき，

$$\begin{aligned} d\mathbf{S} &= (dy \wedge dz,\ dz \wedge dx,\ dx \wedge dy) \\ &= (\cos s\ ds \wedge dt,\ dt \wedge (-\sin s)\ ds,\ (-\sin s)ds \wedge \cos s\ ds) \\ &= (\cos s\ ds \wedge dt,\ \sin s\ ds \wedge dt,\ 0) \\ &= (\cos s,\ \sin s,\ 0)\ ds \wedge dt. \end{aligned}$$

(ベクトルは，円柱の外側に向いているので) 表側は，円柱の外側になる (右図).

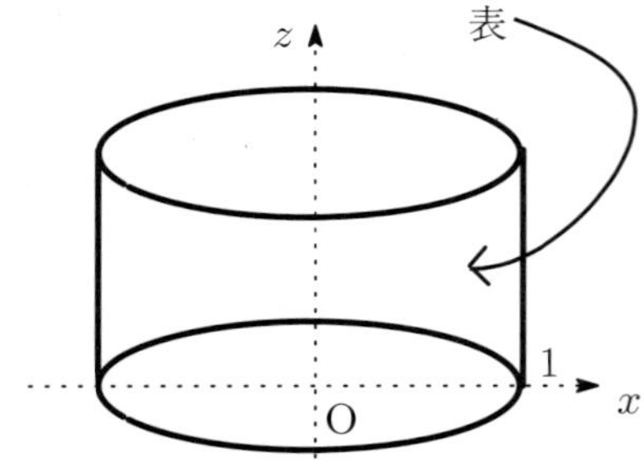

例②(円柱) [9]　曲面 S を，$\mathbf{r}(s,t) = (\cos t,\ \sin t,\ s)$ で表すとき，

$$\begin{aligned} d\mathbf{S} &= (dy \wedge dz,\ dz \wedge dx,\ dx \wedge dy) \\ &= (\cos t\ dt \wedge ds,\ ds \wedge (-\sin t)\ dt,\ (-\sin t)dt \wedge \cos t\ dt) \\ &= (\cos t\ dt \wedge ds,\ \sin t\ dt \wedge ds,\ 0) \\ &= (-\cos t,\ -\sin t,\ 0)\ ds \wedge dt. \end{aligned}$$

(ベクトルは，円柱の内側に向いているので) 表側は，円柱の内側になる (①とは逆の面)(右図).

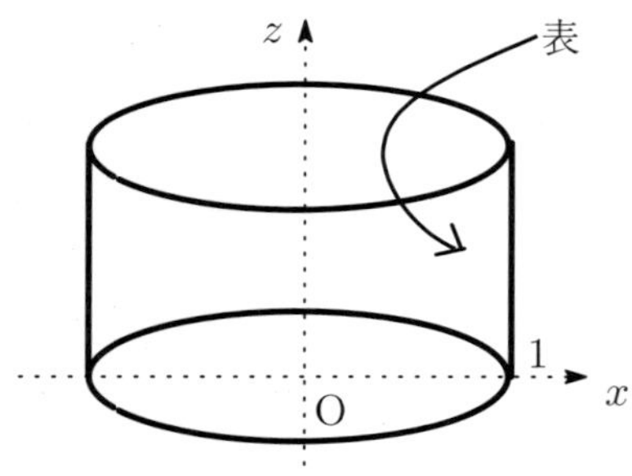

練習　球面 S を，$\mathbf{r}(s,t) = (\sin s \cos t,\ \sin s \sin t,\ \cos s)$ $(0 \leqq s \leqq \pi,\ 0 \leqq t \leqq 2\pi)$ と表すとき，座標 (s,t) に関する表側を決定せよ．

[9] 媒介変数の取り方（順番）によって，表裏が入れ替わることに注意したい．

面積素

空間内の曲面 S を $\mathbf{r}(s,t)=(x(s,t),y(s,t),z(s,t))$ とあらわすとき，S 上の面積素 dS を，次のように定義する．

$$\begin{aligned} dS &= |d\mathbf{S}| \\ &= \left|\frac{\partial \mathbf{r}}{\partial s}\times\frac{\partial \mathbf{r}}{\partial t}\right| ds\wedge dt \\ &= |(dy\wedge dz,\ dz\wedge dx,\ dx\wedge dy)|. \end{aligned}$$

つまり，面積素は，ベクトル面積素の大きさのことである．
また，本来は，$ds\wedge dt$ も $|ds\wedge dt|$ と書くべきであるが，符号に気をつけている限り心配に及ばない．

例 (円柱)　曲面 S を，$\mathbf{r}(s,t)=(\cos s,\ \sin s,\ t)$ で表すとき，$x=\cos s$, $y=\sin s$, $z=t$ であるから，

$$\begin{aligned} dS &= |(dy\wedge dz,\ dz\wedge dx,\ dx\wedge dy)| \\ &= |(\cos s\ ds\wedge dt,\ dt\wedge(-\sin s)\ ds,\ (-\sin s)ds\wedge\cos s\ ds)| \\ &= |(\cos s\ ds\wedge dt,\ \sin s\ ds\wedge dt,\ 0)| \\ &= |(\cos s,\ \sin s,\ 0)|\ ds\wedge dt \\ &= \sqrt{\cos^2 s+\sin^2 s+0^2}\ ds\wedge dt \\ &=\ ds\wedge dt. \end{aligned}$$

例 (円錐)　曲面 S を，$\mathbf{r}(s,t)=(t\cos s,\ t\sin s,\ t)$ で表すとき，

$$\begin{aligned} dS &= |(dy\wedge dz,\ dz\wedge dx,\ dx\wedge dy)| \\ &= |(t\cos s\ ds+\sin s\ dt)\wedge dt,\ dt\wedge\{(-t\sin s)\ ds+\cos s\ dt\}, \\ &\quad \{(-t\sin s)\ ds+\cos s\ dt\}\wedge(t\cos s\ ds+\sin s\ dt))| \\ &= |(t\cos s\ ds\wedge dt,\ t\sin s\ ds\wedge dt,\ -t\ ds\wedge dt)| \\ &= |(t\cos s,\ t\sin s,\ -t)|\ ds\wedge dt \\ &= \sqrt{t^2\cos^2 s+t^2\sin^2 s+t^2}\ ds\wedge dt \\ &= \sqrt{2}\ |t|\ ds\wedge dt. \end{aligned}$$

練習　曲面 S が次のように表せるとき，面積素を計算せよ．

① $\mathbf{r}(s,t)=(\sin s\cos t,\ \sin s\sin t,\ \cos s)$.　② $\mathbf{r}(s,t)=(s,\ t,\ 1-s-2t)$.

スカラー場の面積分

空間内の曲面 S を $\mathbf{r}(s,t)=(x(s,t),\ y(s,t),\ z(s,t))$ $((s,t)\in D)$ (D は領域) とあらわすとき，関数 $f(x,y,z)$ の 面積素 dS についての面積分を，次のように定義する．

$$\int_S f(x,y,z)dS=\int_S f(x,y,z)|(dy\wedge dz,\ dz\wedge dx,\ dx\wedge dy)|$$
$$=\int_D f(x,y,z)\left|\frac{\partial\mathbf{r}}{\partial s}\times\frac{\partial\mathbf{r}}{\partial t}\right|\ ds\wedge dt.$$

実際は，面積素を計算してから，面積分を s,t の重積分で書き直す．

例 (円柱)　曲面 S を，$\mathbf{r}(s,t)=(\cos s,\ \sin s,\ t)$ $(0\leqq s\leqq 2\pi,\ 0\leqq t\leqq 3)$ で表すとき，$dS=ds\wedge dt$ である (前頁の例)．$f(x,y,z)=1$ の 面積素 dS についての面積分は，

$$\int_S f(x,y,z)\ dS=\int_0^3\int_0^{2\pi}1\ ds\ dt$$
$$=\int_0^3 2\pi dt$$
$$=6\pi.$$

(円柱 S の面積に等しい)．

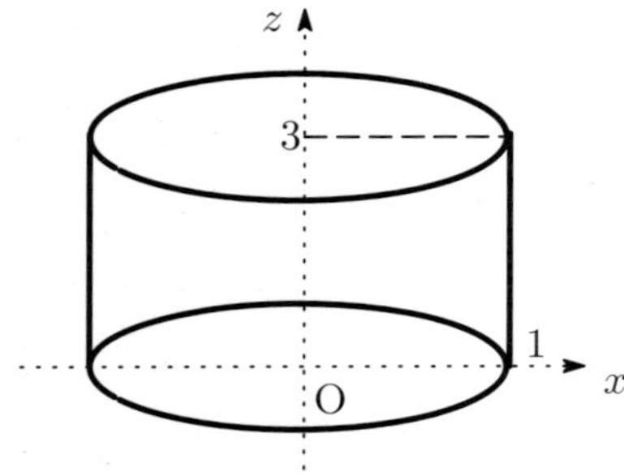

例 (円錐)　曲面 S を，$\mathbf{r}(s,t)=(t\cos s,\ t\sin s,\ t)$ $(0\leqq s\leqq 2\pi,\ 0\leqq t\leqq 1)$ で表すとき，$dS=\sqrt{2}t\ ds\wedge dt$ である (前頁の例)．$f(x,y,z)=x+y+z$ の 面積素 dS についての面積分は，

$$\int_S f(x,y,z)\ dS=\int_0^1\int_0^{2\pi}(x+y+z)\cdot\sqrt{2}t\ ds\ dt$$
$$=\int_0^1\int_0^{2\pi}(t\cos s+t\sin s+t)\cdot\sqrt{2}t\ ds\ dt$$
$$=\cdots=\frac{2\sqrt{2}\pi}{3}.$$

練習　曲面 S が $\mathbf{r}(s,t)=(\sin s\cos t,\ \sin s\sin t,\ \cos s)$ $(0\leqq s\leqq\pi,\ 0\leqq t\leqq 2\pi)$ と表せるとき，以下の関数それぞれを，面積素 dS について 面積分せよ．

①　$f(x,y,z)=1.$　　　②　$f(x,y,z)=z^2.$

ベクトル場の面積分

空間内の曲面 S を $\mathbf{r}(s,t)=(x(s,t),\ y(s,t),\ z(s,t))$ $((s,t)\in D)$ (D は領域) とあらわすとき，ベクトル値関数 $\mathbf{A}(x,y,z)=\{f(x,y,z),\ g(x,y,z),\ h(x,y,z)\}$ の面積分を，次のように定義する．

$$\int_S \mathbf{A}(x,y,z)\cdot d\mathbf{S}=\int_S f(x,y,z)\,dy\wedge dz+g(x,y,z)\,dz\wedge dx+h(x,y,z)\,dx\wedge dy$$
$$=\int_D \mathbf{A}(x,y,z)\cdot\left\{\frac{\partial\mathbf{r}}{\partial s}\times\frac{\partial\mathbf{r}}{\partial t}\right\}ds\wedge dt.$$

実際は，ベクトル面積素を計算してから，面積分を重積分で書き直す．
また，ベクトル面積素の向き (曲面の表裏の取り方 (p.170 参照)) によって，積分値の正負が変化する．

例 (円柱)　曲面 S を，$\mathbf{r}(s,t)=(\cos s,\ \sin s,\ t)$ $(0\leqq s\leqq 2\pi,\ 0\leqq t\leqq 3)$ で表すとき，
$d\mathbf{S}=(\cos s,\ \sin s,\ 0)\ ds\wedge dt$ であった．$\mathbf{A}(x,y,z)=(y,\ x^2+z,\ e^x)$ の面積分は，

$$\int_S \mathbf{A}(x,y,z)\cdot d\mathbf{S}=\int_0^3\int_0^{2\pi}(y,\ x^2+z,\ e^x)\cdot(\cos s,\ \sin s,\ 0)\ ds\wedge dt$$
$$=\int_0^3\int_0^{2\pi}(y\cos s+(x^2+z)\sin s+0\cdot e^x)\ ds\wedge dt$$
$$=\int_0^3\int_0^{2\pi}(\sin s\cos s+(\cos^2 s+t)\sin s+0\cdot e^x)\ ds\wedge dt$$
$$=\int_0^3\left[\frac{1}{2}\sin^2 s-\frac{1}{3}\cos^3 s-t\cos s\right]_0^{2\pi}dt$$
$$=\int_0^3 0\ dt=0.$$

練習　曲面 S が $\mathbf{r}(s,t)=(t\cos s,\ t\sin s,\ t)$ $(0\leqq s\leqq 2\pi,\ 0\leqq t\leqq 2)$ と表せるとき，
以下のベクトル値関数を，面積分せよ．

①　$\mathbf{A}(x,y,z)=(z,\ z,\ z)$.　　②　$\mathbf{A}(x,y,z)=(y,\ x,\ 0)$.

6.　ストークスの定理

ストークスの定理 (一般の場合)

滑らかな n 次元の図形 D に対して，境界を ∂D と書くことにする．そのとき，一般の $(n-1)$ 形式 ω に対して，次が成立する．

$$\int_D d\omega = \int_{\partial D} \omega$$

$d\omega$ は n 形式になる (D の 次元と n と同じ).
積分の向き付けについては次ページ, 証明の概略は p.180 を参照.

注意 (滑らかな図形について (その 1)).

曲面 (2 次元) を滑らかなの図形 D だと思う場合には，その境界 ∂D は 曲線 (1 次元) になる．

しかし，球面など閉曲面の場合には，境界はない (空集合) と考えられる．

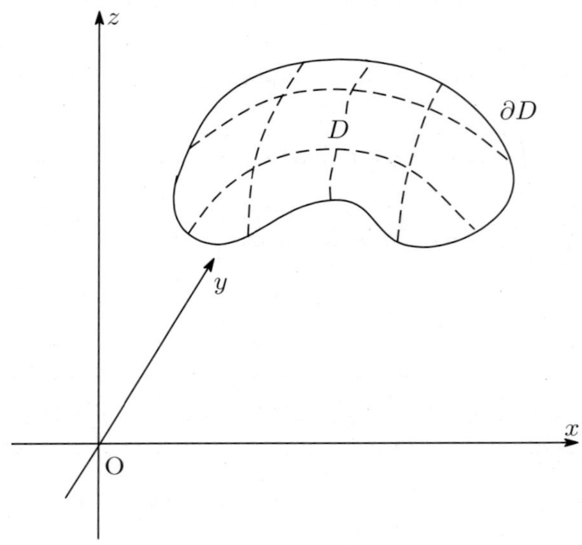

注意 (滑らかな図形について (その 2)).

空間の領域 (3 次元) を D だと思う場合には，その境界 ∂D は曲面 (2 次元) になる．

例えば，球面の内部を D だと思うときは，境界 ∂D は球面になる．

練習　　次のそれぞれを，図示して確かめよ．

① $D = \{(x, y) \mid x^2 + y^2 \leqq 1\}$ のとき，$\partial D = \{(x, y) \mid x^2 + y^2 = 1\}$.

② $D = \{(x, y, z) \mid x^2 + y^2 + z^2 \leqq 1\}$ のとき，$\partial D = \{(x, y, z) \mid x^2 + y^2 + z^2 = 1\}$.

③ $D = \{(x, y, z) \mid x^2 + y^2 = 1,\ 0 \leqq z \leqq 3\}$ のとき，

$$\partial D = \{(x, y, z) \mid x^2 + y^2 = 1, z = 0\} \cup \{(x, y, z) \mid x^2 + y^2 = 1, z = 3\}.$$

ストークスの定理と図形の向きづけ

ストークスの定理では，次のように自然に向き付けがおこると考える．

① D が曲面の場合，表側から見て左回りに曲線 ∂D を積分する．
② D が空間の有界領域の場合，外側を表にして曲面 ∂D を積分する．

例①(単位円板)(半径 1 の円の内部).

xy 平面上の単位円板を, 2 次元の曲面 D だと思う.

$$\mathbf{r}(s,t) = (s\cos t,\ s\sin t,\ 0) \quad (0 \leqq s \leqq 1,\ 0 \leqq t \leqq 2\pi)$$

と表すと，$d\mathbf{S} = (0,\ 0,\ 1)\ ds \wedge dt$ であるから，表は z 軸の正方向である．

さらに，$s = 1$ (半径 1) として ∂D は，

$$\mathbf{r}(t) = (\cos t,\ \sin t,\ 0) \quad (0 \leqq t \leqq 2\pi)$$

と書けている．つまり，t の増える方向は，表側から見て左回りになっている．

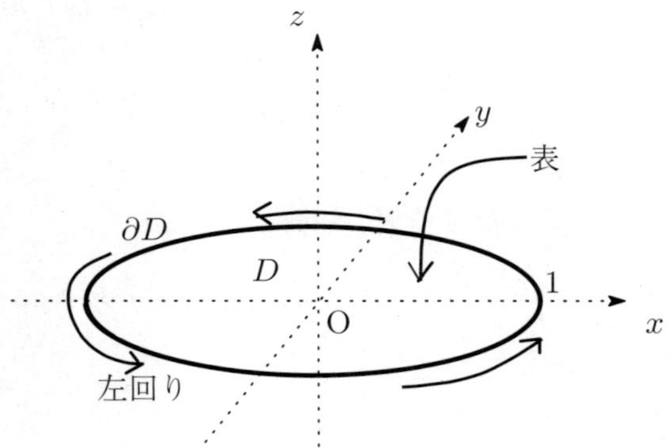

例②(単位球の内部)(半径 1 の球の内部).

単位球の内部を, 3 次元の領域 D だと思う.

$$(x,\ y,\ z) = (r\sin s\cos t,\ r\sin s\sin t,\ r\cos s) \quad (0 \leqq r \leqq 1,\ 0 \leqq s \leqq \pi,\ 0 \leqq t \leqq 2\pi)$$

と表すと，$dx \wedge dy \wedge dz = r^2 \sin s\ dr \wedge ds \wedge dt$ であり，$r^2 \sin s \geqq 0$ であるから，右手系の座標と思える．

さらに，$r = 1$ (半径 1) として ∂D は，

$$\mathbf{r}(s,t) = (\sin s\cos t,\ \sin s\sin t,\ \cos s) \quad (0 \leqq s \leqq \pi,\ 0 \leqq t \leqq 2\pi)$$

と書けている．この曲面は, 外側が表側になっていた (p.170 練習).

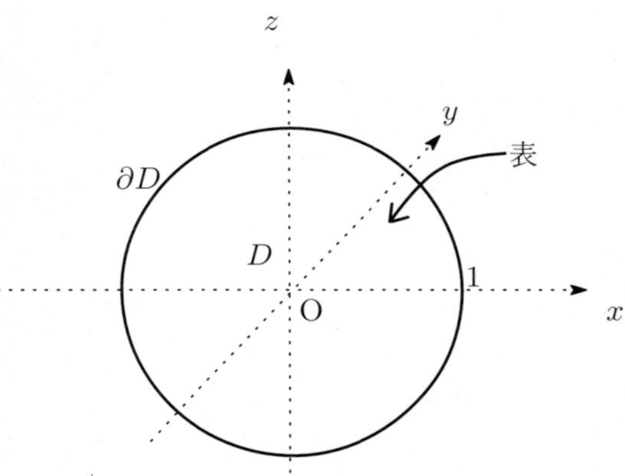

研究

左回りというのは，数学的に厳密な表現になっていない．実は，曲面を微小な三角形に分割し，その三角形を表側から見て左回りに向き付ける．

例えば，2 つの穴の開いた xy 平面上の図形では，境界 ∂D は，右図のように向き付けが起こる．このことを，微小な三角形を沢山書くことにより確認せよ．

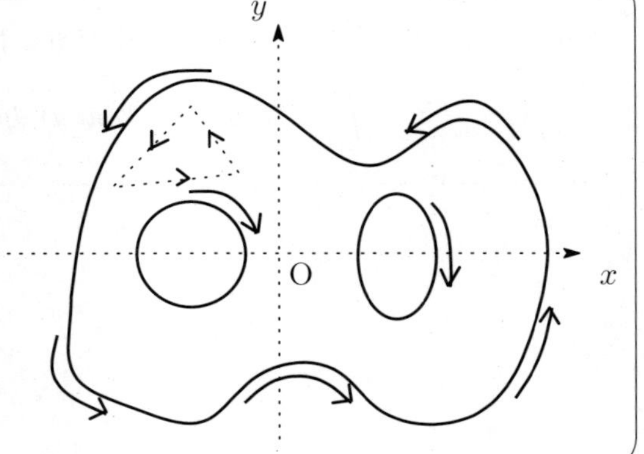

ストークスの定理の計算

ストークスの定理を利用するときは，外微分の計算 を行うことになる．
その際に，右手系 $(dx \to dy \to dz \to dx)$ の 順にそろえることに注意しておくことが肝要である．

例①　D を曲面とするとき，

$$\int_{\partial D} y\ dx + x\ dy = \int_D d(y\ dx + x\ dy)$$
$$= \int_D dy \wedge dx + dx \wedge dy$$
$$= \int_D -dx \wedge dy + dx \wedge dy = 0.$$

例②　D を曲面とするとき，

$$\int_{\partial D} xy\ dz = \int_D d(xy\ dz)$$
$$= \int_D y\ dx \wedge dz + x\ dy \wedge dz$$
$$= \int_D -y\ dz \wedge dx + x\ dy \wedge dz.$$

例③　D を空間の領域とするとき，

$$\int_{\partial D} e^x \sin y\ dz \wedge dx - e^x \cos y\ dy \wedge dz = \int_D d(e^x \sin y\ dz \wedge dx - e^x \cos y\ dy \wedge dz)$$
$$= \int_D e^x \cos y\ dy \wedge dz \wedge dx - e^x \cos y\ dx \wedge dy \wedge dz = 0.$$

練習　次の ∂D 上の積分を，D 上の積分に直せ．

①　$\displaystyle\int_{\partial D} \tan y\ dx + x^2 y\ dy$　　　②　$\displaystyle\int_{\partial D} z\ dx \wedge dy - y\ dz \wedge dx$

発展 (グリーンの公式)　次の公式を証明せよ．

$$\int_{\partial D} f(x,y)\ dx + g(x,y)\ dy = \int_D \left(-\frac{\partial f(x,y)}{\partial y} + \frac{\partial g(x,y)}{\partial x} \right) dx \wedge dy.$$

閉曲線と面積 (ストークスの定理の簡単な例)

平面上の閉曲線 C を左回りに $\mathbf{r}(t) = (x(t),\ y(t))$ と表すとき，閉曲線で囲まれる図形 D の面積 S は，次の線積分で与えられる．

$$S = -\int_C y\ dx$$

(証明)　$\omega = y\ dx$ として，ストークスの定理より

$$\begin{aligned} -\int_C y\ dx &= -\int_D d(y\ dx) \\ &= -\int_D dy \wedge dx \\ &= \int_D dx \wedge dy = S. \end{aligned}$$

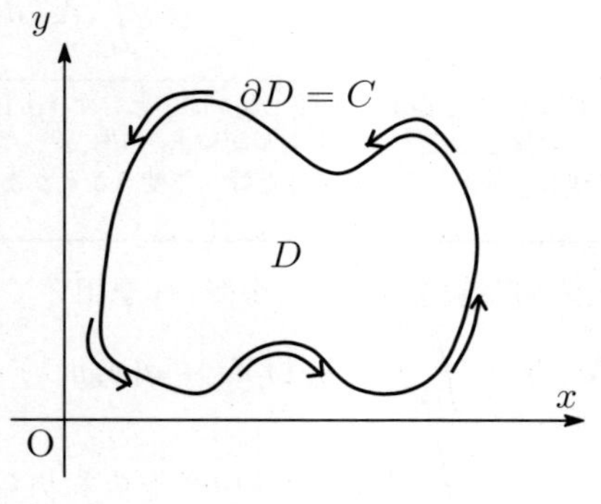

例 (原点中心，半径 1 の円の面積)

単位円周上の点は，$\mathbf{r}(t) = (\cos t,\ \sin t)\ (0 \leqq t \leqq 2\pi)$ とおける (p.162 参照).

$$\begin{aligned} S = -\int_C y\ dx &= -\int_0^{2\pi} (\sin t)(-\sin t\ dt) \\ &= \int_0^{2\pi} \sin^2 t\ dt \\ &= \int_0^{2\pi} \frac{1-\cos 2t}{2}\ dt \\ &= \left[\frac{t}{2} - \frac{\sin 2t}{4}\right]_0^{2\pi} = \pi. \end{aligned}$$

練習　平面上の閉曲線 C を左回りに $\mathbf{r}(t) = (x(t),\ y(t))$ と表し，閉曲線で囲まれる図形を D とする．

①　$\displaystyle\int_C \frac{1}{2}x\ dy - \frac{1}{2}y\ dx = \int_D dx \wedge dy$ を示せ．

②　①の左辺の線積分を利用して, 原点中心, 半径 1 の円の面積を求めよ．

ストークスの定理 (特殊な場合)

ベクトル場 $\mathbf{A}(x,y,z)=(f(x,y,z),\ g(x,y,z),\ h(x,y,z))$ の積分に対して, 次が成立する.

$$\int_C \mathbf{A}\cdot d\mathbf{r}=\int_S \mathrm{rot}\mathbf{A}\cdot d\mathbf{S}.$$

境界を曲線 C とし, $d\mathbf{r}=(dx,\ dy,\ dz)$ とした (p.165 参照).
空間内の曲面を S とし, ベクトル面積素を $d\mathbf{S}$ とした (p.169 参照).
この定理も, ストークスの定理と呼んで使うことがある.

(証明)　公式の左辺を 1 形式 (全微分) を用いて書き直し, ストークスの定理を用いる.

$$\begin{aligned}\int_C \mathbf{A}\cdot d\mathbf{r}&=\int_C f(x,y,z)\ dx+g(x,y,z)\ dy+h(x,y,z)\ dz\\&=\int_S d(f(x,y,z)\ dx+g(x,y,z)\ dy+h(x,y,z)\ dz)\\&=\int_S\left(\frac{\partial}{\partial y}h-\frac{\partial}{\partial z}g\right)\ dy\wedge dz+\left(\frac{\partial}{\partial z}f-\frac{\partial}{\partial x}h\right)\ dz\wedge dx+\left(\frac{\partial}{\partial x}g-\frac{\partial}{\partial y}f\right)\ dx\wedge dy\\&=\int_S\left(\frac{\partial}{\partial y}h-\frac{\partial}{\partial z}g,\ \frac{\partial}{\partial z}f-\frac{\partial}{\partial x}h,\ \frac{\partial}{\partial x}g-\frac{\partial}{\partial y}f\right)\cdot(dy\wedge dz,dz\wedge dx,dx\wedge dy)\\&=\int_S \mathrm{rot}\mathbf{A}\cdot d\mathbf{S}.\end{aligned}$$

練習　(保存場の問題)

空間内の 2 点 $\mathbf{r_0}$, $\mathbf{r_1}$ に対し, $\mathbf{r_0}$ から $\mathbf{r_1}$ まで 異なる曲線 C_0, C_1 がある. このとき, $\mathrm{rot}\mathbf{A}=0$ ならば,

$$\int_{C_0}\mathbf{A}\cdot d\mathbf{r}=\int_{C_1}\mathbf{A}\cdot d\mathbf{r}$$

を簡単に説明せよ.

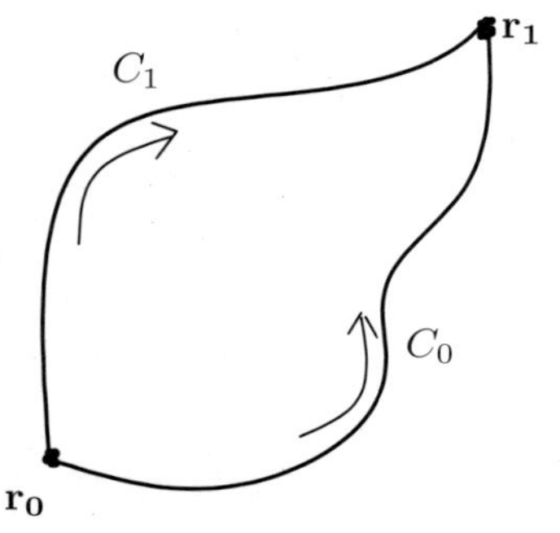

つまり, $\mathrm{rot}\mathbf{A}=0$ ならば, 線積分の値は**曲線によらず 同じ値** になる.
さらに, $\mathbf{A}$ が **力** を表しているとき, 線積分は**仕事**を表し, 仕事は経路によらないことになる.
また, 複素関数論などでは, Cauchy の基本定理として同じ話題を扱う.

ガウスの発散定理

ベクトル場 $\mathbf{A}(x,y,z)=(f(x,y,z),\ g(x,y,z),\ h(x,y,z))$ の積分に対して，次が成立する．

$$\int_S \mathbf{A}\cdot d\mathbf{S}=\int_D \mathrm{div}\mathbf{A}\ dV.$$

空間内の領域を D とし，$dV=dx\wedge dy\wedge dz$ とした (p.153 参照).
境界の曲面を S とし，ベクトル面積素を $d\mathbf{S}$ とした (p.169 参照).
この定理は，ガウスの発散定理と呼ばれる (勿論，一般のストークスの定理に含まれる).

(証明)　公式の左辺を 2 形式を用いて書き直し，ストークスの定理を用いる．

$$\begin{aligned}\int_S \mathbf{A}\cdot d\mathbf{S}&=\int_S f(x,y,z)\ dy\wedge dz+g(x,y,z)\ dz\wedge dx+h(x,y,z)\ dx\wedge dy\\&=\int_D d(f(x,y,z)\ dy\wedge dz+g(x,y,z)\ dz\wedge dx+h(x,y,z)\ dx\wedge dy)\\&=\int_D \frac{\partial f}{\partial x}\ dx\wedge dy\wedge dz+\frac{\partial g}{\partial y}\ dy\wedge dz\wedge dx+\frac{\partial h}{\partial z}\ dz\wedge dx\wedge dy\\&=\int_D \Big(\frac{\partial f}{\partial x}+\frac{\partial g}{\partial y}+\frac{\partial h}{\partial z}\Big)dx\wedge dy\wedge dz\\&=\int_D \mathrm{div}\mathbf{A}\ dx\wedge dy\wedge dz\\&=\int_D \mathrm{div}\mathbf{A}\ dV.\end{aligned}$$

練習 (Coulomb 場)

$r=\sqrt{x^2+y^2+z^2}$ とし，$\mathbf{A}=\Big(\dfrac{x}{r^3},\ \dfrac{y}{r^3},\ \dfrac{z}{r^3}\Big)$ とする．このとき，次の問いに答えよ．

① S を原点中心，半径 1 の球とするとき，$\displaystyle\int_S \mathbf{A}\cdot d\mathbf{S}$ を計算せよ (ただし，外側を表とする).

② 原点以外において，$\mathrm{div}\mathbf{A}=0$ を示せ．

③ S が原点を通らない閉曲面のとき，$\displaystyle\int_S \mathbf{A}\cdot d\mathbf{S}$ の取りうる値をすべて求めよ．

Hint. ① p.169 の練習のように媒介変数をとると，$d\mathbf{S}=(\sin^2 s\cos t,\ \sin^2 s\sin t,\ \sin s\cos s)\ ds\wedge dt$ となり，面積分の値を計算すると 4π $\cdots$(答).
② p.157 の練習参照.
③ 4π の整数倍 $\cdots$ (答).

(参考) ストークスの定理 (p.174) の証明の概略

滑らかな図形を，微小な四角形 Δ に細分したときを考える．また，

$$\omega = \sum_{i=1}^{n} a_i(x) dx_1 \wedge \cdots \wedge dx_{i-1} \wedge dx_{i+1} \wedge \cdots \wedge dx_n$$

とおくと，

$$d\omega = \sum_{i=1}^{n} (-1)^{i-1} \frac{\partial a_i(x)}{\partial x_i} dx_1 \wedge \cdots \wedge dx_n.$$

そこで，四角形 $\Delta = \{(x_1, x_2, \cdots, x_n) \mid s_i < x_i < t_i\}$ に対し，

$$\int_{s_i}^{t_i} \frac{\partial a_i(x)}{\partial x_i} dx_i = a_i(x_1, \cdots, x_{i-1}, t_i, x_{i+1}, \cdots, x_n) - a_i(x_1, \cdots, x_{i-1}, s_i, x_{i+1}, \cdots, x_n)$$

さらに，$d\omega$ を Δ 上で積分したものは，

$$\int_{\Delta} d\omega = \sum_{i=1}^{n} \int_{\partial \Delta} \{a_i(x_1, \cdots, x_{i-1}, t_i, x_{i+1}, \cdots, x_n) \\ - a_i(x_1, \cdots, x_{i-1}, s_i, x_{i+1}, \cdots, x_n)\}\, dx_1 \wedge \cdots \wedge dx_{i-1} \wedge dx_{i+1} \wedge \cdots dx_n$$

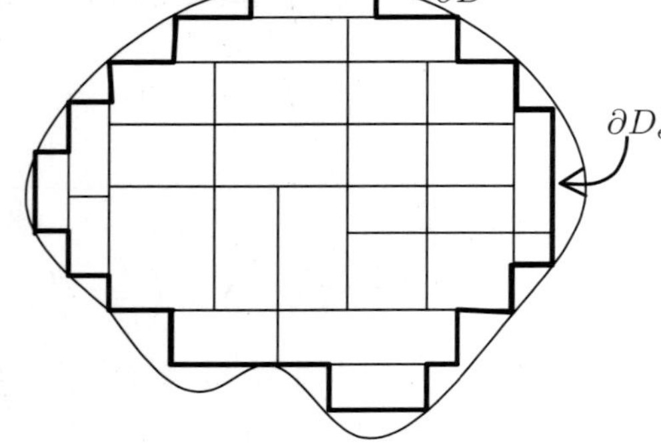

よって，微小な四角形 Δ 全体 に対して $\int_\Delta d\omega$ の和を計算したとき，四角形の境界が重なる部分の積分は打ち消しあう．

つまり和は，右図のように境界 ∂D の近傍の折れ線 ∂D_ϵ 上での ω の積分になる．この積分は，四角形の分割を細かくすれば，いくらでも境界上の積分に近い値を取りうる．

以上のことを，まとめて書いてみると

$$\int_D d\omega \fallingdotseq \sum_{\Delta} \int_{\Delta} d\omega = \int_{\partial D_\epsilon} \omega \fallingdotseq \int_{\partial D} \omega.$$

分割を細かくすることによって，主張を得ることができた (証明終).[10]

[10] 以上の証明を厳密に書き下すことは， 多様体の理論において行われる．
(気になる者は，「**多様体**」,「**ストークスの定理**」という 言葉をたよりに検索してみると良いだろう).

第4章

微分方程式の基礎

この章では，常微分方程式の基礎を紹介します．常微分方程式とは，一変数の微分を含む方程式のことです．

さらに，偏微分の含まれる方程式を偏微分方程式と呼び，多くの分野で利用されていますが，入門的な立場から，ここでは扱っていません．以下の内容では，微分方程式とあったら，常微分方程式だと思ってください．

一つ具体例として，$F = ma$ (運動方程式) を考えておきましょう．すなわち，(力)=(質量)×(加速度) です．x を座標とすれば，時間による二階微分が加速度 $a = \dfrac{d^2x}{dt^2}$ であるから，運動方程式は微分方程式になっています．

m

$a = \dfrac{d^2x}{dt^2}$

$F = ma$

方程式から $x(t)$ を導くことができれば，座標の時間変化がわかるのです．外力の加わり方 (重力, 空気抵抗 etc.) で，$x(t)$ も変化します．微分方程式から，現象が見えるわけです．

この章は，計算技術の初歩のみを，扱ってあります．方程式の深い扱い (方程式の解の存在や解の一意性 etc.) については，言及していません．微分方程式には，非常に沢山の本があります．さらに進んだ勉強ために，他書を見ることもお勧めします．

1.　微分方程式の導出

微分方程式

関数 $y = y(x)$ と導関数 $y'(x)$, $y''(x)$, $y'''(x), \cdots, y^{(n)}(x)$ および，変数 x を含む方程式を，(n 階) **微分方程式**と呼ぶ．関数 $y = y(x)$ を未知関数，x を独立変数と呼ぶ．

例①　$\dfrac{dy}{dx} + 3y + x = 0$ は，1 階微分方程式である．

例②　$\dfrac{d^2y}{dx^2} + 3\left(\dfrac{dy}{dx}\right)^5 + 2y = \sin x$ は，2 階微分方程式である．

練習　次の微分方程式は，何階の微分方程式か?

①　$\dfrac{d^5y}{dx^5} + \tan\left(\dfrac{dy}{dx}\right) + 2y = e^x$　　②　$e^{y'} + \log(y'' + 3) = \cos y$

練習　a, b, c を定数とする．

①　$y = a\sin 2x + b\cos 2x$ は，$y'' = -4y$ を満たすことを示せ．

②　$y = x\log x + x^3 + cx$ は，$xy' - y = x(2x^2 + 1)$ を満たすことを示せ．

曲線群と微分方程式

c を任意定数とするとき，陰関数 $F(x,y,c)=0$ は xy 平面上の曲線群を表している．

曲線群の微分方程式は，陰関数を x で微分して，$F_x+\dfrac{dy}{dx}F_y=0$ と $F(x,y,c)=0$ を連立して c を消去する．

曲線群 $F(x,y,c_1,c_2,\cdots,c_n)=0$ の微分方程式についても，n 階微分を計算すれば良い．

例①　曲線群 $y=cx^2$

微分すると，$y'=2cx$．$y=cx^2$ と連立して，$y=\dfrac{xy'}{2}$.

例②　曲線群 $x^2+y^2=c$

微分すると，$2x+2yy'=0$．よって，$y'=-\dfrac{x}{y}$.

例③　曲線群 $y=a\sin x+b\cos x$

微分すると，$y'=a\cos x-b\sin x$．2 階微分して，$y''=-a\sin x-b\cos x$．よって，$y''=-y$.

練習　次の曲線群の微分方程式を求めよ．ただし，a,b,c は任意定数とする．

① $y=\sqrt{x+c}$　② $cx^2-y^2=1$　③ $y=\dfrac{c}{x}+c$.

④ $y=ae^x+be^{-x}$　⑤ $y=ax^2+bx$

2.　1 階微分方程式

変数分離形微分方程式 (基本)

$\dfrac{dy}{dx} = \dfrac{f(x)}{g(y)}$ は，変数を分離すると $g(y)\,dy = f(x)\,dx$ であるから，一般解は

$$\int g(y)\,dy = \int f(x)\,dx + c.$$

例①　$y' = \dfrac{\cos x}{\sin y}$ を解く．

$\dfrac{dy}{dx} = \dfrac{\cos x}{\sin y}$ であるから，$\displaystyle\int \sin y\ dy = \int \cos x\ dx + c.$　よって，$-\cos y = \sin x + c.$

例②　$xdx + ydy = 0$ を解く．

$y\ dy = -x\ dx$ であるから，$\displaystyle\int y\ dy = -\int x\ dx + c.$　よって，$\dfrac{y^2}{2} = -\dfrac{x^2}{2} + c.$

2 倍して整理すれば，$x^2 + y^2 = 2c.$

例③　$y^2\ dx - x^2\ dy = 0$ を解く．

$\dfrac{1}{y^2}\ dy = \dfrac{1}{x^2}\ dx$ であるから，$\displaystyle\int \frac{1}{y^2}\ dy = \int \frac{1}{x^2}\ dx + c.$　よって，$\dfrac{-1}{y} = \dfrac{-1}{x} + c.$

xy 倍して整理すれば，$cxy + x - y = 0.$

練習　次の変数分離型微分方程式を解け．

①　$xy' + y = 0.$　　②　$y^2\ dx - x^3\ dy = 0.$　　③　$x(x-1)dy + y\ dx = 0.$

④　$\cos x\ \cos^2 y + y' \sin^2 x\ \sin y = 0.$　　⑤　$(xy^2 + y^2)dx + (x^2 + x^2 y)dy = 0.$

---

③Hint. $\displaystyle\int \frac{1}{x(x-1)}dx = \int \left(\frac{1}{x-1} - \frac{1}{x}\right) dx$ (部分分数分解の利用).　　④Hint. 置換積分.

特殊解と初期条件

前頁でも見たように，一階の微分方程式を解くと，一般解は曲線群 $F(x,y,c)=0$ である．

そこで，任意定数 c に特定の値 c_0 を代入したときに得られる曲線を，**特殊解**と呼ぶ．

さらに，$x=x_0$ のとき $y=y_0$ となる特殊解を求めることを，**初期条件** $(x=x_0,\ y=y_0)$ **のもとで解く**という．

(参考) n 階の微分方程式については，一般解は曲線群 $F(x,y,c_1,c_2,\cdots,c_n)=0$ である．
そこで，初期条件は，$(x=x_0,\ y=y_0,\ y'=y_1,\cdots,\ y^{(n-1)}=y_{n-1})$ とすればよい．

例①　$y'=\dfrac{4x^3-2x}{3y^2+1}$ を初期条件 $(x=1,\ y=2)$ のもとで解く．

$\dfrac{dy}{dx}=\dfrac{4x^3-2x}{3y^2+1}$ であるから，変数分離して，$\displaystyle\int(3y^2+1)\,dy=\int(4x^3-2x)\,dx+c.$

よって，$y^3+y=x^4-x^2+c.$

さらに初期条件 $(x=1,\ y=2)$ であるから，$c=10.$ つまり，$y^3+y=x^4-x^2+10.$

例②　$xdx+ydy=0$ を初期条件 $(x=3,\ y=4)$ のもとで解く．

$y\,dy=-x\,dx$ であるから，$\displaystyle\int y\,dy=-\int x\,dx+c.$　よって，$\dfrac{y^2}{2}=-\dfrac{x^2}{2}+c.$

2倍して整理すれば，$x^2+y^2=2c.$

さらに初期条件 $(x=3,\ y=4)$ であるから，$2c=25.$ つまり，$x^2+y^2=25.$

練習　次の微分方程式を（ ）内の初期条件のもとで解け．

①　$\sqrt{x}y'=\sqrt{y+1}$　$(x=0,\ y=3).$　　②　$y'=\dfrac{x\sqrt{1+x^2}}{\sin 2y}$　$(x=0,\ y=0).$

同次形微分方程式

$$\frac{dy}{dx} = f\left(\frac{y}{x}\right)$$

は，変数の変換 $\dfrac{y}{x} = v$, すなわち $y = xv$ とすると，x と v についての**変数分離形**になる.

例　$(x+y)y' = y$ を解く.

$y' = \dfrac{y}{x+y} = \dfrac{\frac{y}{x}}{1+(\frac{y}{x})}$ であるから，同次形である.

そこで $y = xv$ とおけば，$y' = v + xv'$ となり，$v + xv' = \dfrac{v}{1+v}$.

v を移項して，$x\dfrac{dv}{dx} = \dfrac{-v^2}{1+v}$.　(変数分離型となった).

変数分離して，$\displaystyle\int -\frac{1+v}{v^2}\,dv = \int \frac{1}{x}\,dx + c$. よって，$\dfrac{1}{v} - \log|v| = \log|x| + c$.

$v = \dfrac{y}{x}$ を代入すれば，$\dfrac{x}{y} - \log\left|\dfrac{y}{x}\right| = \log|x| + c$. [1]

練習　次の同次形微分方程式を解け.

①　$xy' = x + 2y$.　　②　$xy\,dy - (x^2+y^2)\,dx = 0$.　　③　$x\cos^2\dfrac{y}{x} + y = x\dfrac{dy}{dx}$.

[1] $\log\left|\dfrac{y}{x}\right|$ を移項してさらに整理すれば，$\dfrac{x}{y} - \log\left|\dfrac{y}{x}\right| = \log|x| + c \Longleftrightarrow \dfrac{x}{y} = \log|y| + c \Longleftrightarrow x = y\log|y| + cy$ とできる.

線形微分方程式

$$\frac{dy}{dx} + P(x)y = Q(x)$$

の一般解は，

$$y = e^{-\int P(x)dx}\left(\int Q(x)e^{\int P(x)dx}dx + c\right).$$

例　$xy' + y = x^2$ を解く．

$y' + \dfrac{y}{x} = x$ であるから線形微分方程式で，$P(x) = \dfrac{1}{x}$, $Q(x) = x$.

よって，
$$\begin{aligned} y &= e^{-\int \frac{1}{x}dx}\left(\int xe^{\int \frac{1}{x}dx}dx + c\right) \\ &= e^{-\log x}\left(\int xe^{\log x}dx + c\right) \\ &= \frac{1}{x}\left(\int x^2 dx + c\right) \qquad \Longleftarrow \left(e^{\log x} = x,\ e^{-\log x} = \frac{1}{x} \text{ を利用した}\right). \\ &= \frac{x^2}{3} + \frac{c}{x}. \end{aligned}$$

練習　次の線形微分方程式を解け．

①　$xy' - y = x(1 + 2x^2)$.　　②　$y' + \dfrac{y}{x} = e^x$.　　③　$y' - y\tan x = \cos x$.

---

②Hint．部分積分．　③Hint．$\displaystyle\int \tan x\,dx = \int \frac{\sin x}{\cos x}\,dx = -\log|\cos x|$.

ベルヌーイの微分方程式 (発展)

$$\frac{dy}{dx} + R(x)y = S(x)y^n$$

は，変数の変換 $z = y^{1-n}$ をすると，x と z についての**線形微分方程式**になる．

例　$y' + \dfrac{y}{x} = xy^3$ を解く．

$z = y^{1-3} = y^{-2}$ とおくと，$z' = -2y^{-3}y'$ であるから，$y' = -\dfrac{y^3}{2}z'$.

つまり，$-\dfrac{y^3}{2}z' + \dfrac{y}{x} = xy^3$ である．

両辺に $-\dfrac{2}{y^3}$ を掛ければ $z' - \dfrac{2}{x}y^{-2} = -2x$ となり, $z' - \dfrac{2}{x}z = -2x$ (線形微分方程式となった).

線形微分方程式で，$P(x) = \dfrac{-2}{x}$, $Q(x) = -2x$ として (前頁参照),

$$\begin{aligned} z &= e^{-\int \frac{-2}{x}dx}\left(\int -2xe^{\int \frac{-2}{x}dx}dx + c\right) \\ &= e^{2\log x}\left(\int -2xe^{-2\log x}dx + c\right) \\ &= x^2\left(\int -2x \cdot \frac{1}{x^2}dx + c\right) \qquad \Longleftarrow \ (e^{2\log x} = x^2,\ e^{-2\log x} = \frac{1}{x^2} \text{ を利用した}). \\ &= -2x^2\log x + cx^2. \end{aligned}$$

$z = y^{-2}$ であったから，$y^{-2} = -2x^2\log x + cx^2$. [2]

練習　次のベルヌーイの微分方程式を解け．

① $y' - y = xy^2$　　　② $xy' - y = y^3 \log x$.

①, ②Hint. 部分積分が表れる．

[2] 逆数を考えて，$y^{-2} = -2x^2\log x + cx^2 \Longleftrightarrow y^2 = \dfrac{1}{-2x^2\log x + cx^2} \Longleftrightarrow y = \pm\dfrac{1}{x}\sqrt{\dfrac{1}{-2\log x + c}}$ と変形しても良い．

(微分方程式の簡単な例)(力学と電磁気学から)

練習　大気中で落下運動を考える．大気中では空気抵抗があるので，速度 v に応じて，加速度 $\dfrac{dv}{dt}$ が変化する．つまり，重力加速度 g (定数) とすると，

$$\frac{dv}{dt} = -\alpha v + g$$

を満たす (ただし，比例定数 $\alpha \geqq 0$ とした)．

① $\alpha = 0$ のとき，$v = c + gt$ となることを示せ．

② $\alpha > 0$ のとき，$v = c\,e^{-\alpha t} + \dfrac{g}{\alpha}$ となることを示せ．

③ $t = 0$ のとき $v = 0$ とする．横軸を t, 縦軸を v として，①，②の関数のグラフの概形をそれぞれ描け．

練習　右図のように，抵抗 R とインダクタンス L を直列に繋いだ回路に交流電源 $V = E\sin\omega t$ がある．時刻 $t = 0$ にスイッチ S を閉じるとする．このとき，t 秒後に流れる電流を $I = I(t)$ とすると，

$$L\frac{dI}{dt} + RI = E\sin\omega t$$

を満たす．電流 $I(t)$ を求めよ．

ただし，E, ω, R と L は定数で，$I(0) = 0$ である．

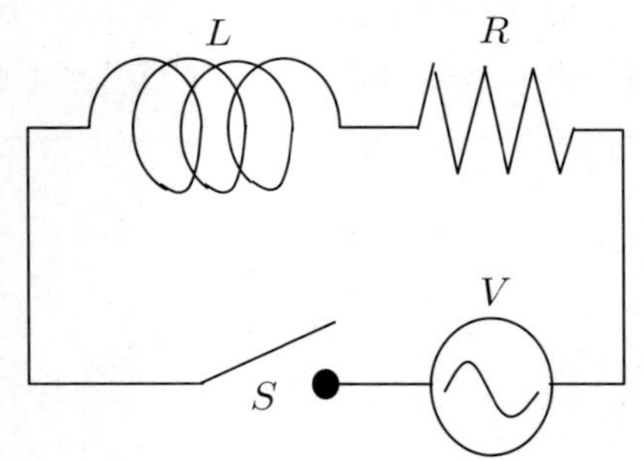

3.　2 階微分方程式

(斉次型)(定数係数)2 階微分方程式

定数係数の 2 階微分方程式 $ay''+by'+cy=0$ の一般解は，2 次方程式 $at^2+bt+c=0$ の 2 つの解を α, β とすると，

$$\begin{cases} y=c_1e^{\alpha x}+c_2e^{\beta x} & (\alpha\neq\beta\text{のとき}),\\ y=c_1e^{\alpha x}+c_2xe^{\alpha x} & (\alpha=\beta\text{のとき}). \end{cases}$$

$e^{ix}=\cos x+i\sin x$ (オイラー公式 (p.63 参照)) を利用して変形できる．ただし，$i=\sqrt{-1}$ は虚数単位.

例①　$y''-2y'-3y=0$ を解く．

2 次方程式 $t^2-2t-3=0$ を解いて，$t=-1,3$ である．よって，$y=c_1e^{-x}+c_2e^{3x}$.

例②　$y''-2y'+2y=0$ を初期条件 $(x=0,\ y=0,\ y'=2)$ のもとで解く．

2 次方程式 $t^2-2t+2=0$ を解いて，$t=1+i,\ 1-i$ である．よって，$y=c_1e^{(1+i)x}+c_2e^{(1-i)x}$.

さらに初期条件 $(x=0,\ y=0,\ y'=2)$ であるから，

$$\begin{cases} c_1+c_2=0, & \Leftarrow\ (x=0\text{ のとき，}y=0)\\ (1+i)c_1+(1-i)c_2=2 & \Leftarrow\ (x=0\text{ のとき，}y'=2) \end{cases}$$

連立方程式を解けば，$c_1=-i,\ c_2=i$.

よって，$y=-ie^{(1+i)x}+ie^{(1-i)x}=-ie^x(\cos x+i\sin x)+ie^x(\cos x-i\sin x)=2e^x\sin x$.[3]

練習　次の微分方程式を解け．さらに，初期条件 $(x=0,\ y=2,\ y'=0)$ のもとで，おのおの解け．

①　$y''+2y'-3y=0$.　②　$y''+4y'+5y=0$.　③　$y''-6y'+9y=0$.

---

[3] $e^{-ix}=\cos(-x)+i\sin(-x)=\cos x-i\sin x$ である．

(非斉次型)(定数係数)2 階微分方程式

$ay''+by'+cy=0$ の一般解を，$y=c_1p(x)+c_2q(x)$ とする．
そのとき，$ay''+by'+cy=f(x)$ の一般解は，特殊解 $y=g(x)$ を一つ発見すれば，

$$y=c_1p(x)+c_2q(x)+g(x).$$

例① $y''-2y'-3y=x^2+2x-3$ を解く．

2 次方程式 $t^2-2t-3=0$ を解いて，$t=-1,3$ である．よって，$y''-2y'-3y=0$ の一般解は，
$y=c_1e^{-x}+c_2e^{3x} \quad \cdots$(A)

次に，$y=ax^2+bx+c$ の形で，特殊解を探す[4]．
$y''-2y'-3y=x^2+2x-3$ に，$y=ax^2+bx+c$ を代入して，
$(ax^2+bx+c)''-2(ax^2+bx+c)'-3(ax^2+bx+c)=x^2+2x-3$
よって，$2a-2(2ax+b)-3(ax^2+bx+c)=x^2+2x-3.$
つまり，$-3ax^2+(-4a-3b)x+2a-2b-3c=x^2+2x-3.$

係数比較すると，$\begin{cases} -3a=1 \\ -4a-3b=2 \\ 2a-2b-3c=-3 \end{cases} \iff \begin{cases} a=-\dfrac{1}{3} \\ b=-\dfrac{2}{9} \\ c=\dfrac{25}{27} \end{cases}$

特殊解は，$y=-\dfrac{1}{3}x^2-\dfrac{2}{9}x+\dfrac{25}{27}.$

(A) と合わせて $y''-2y'-3y=x^2+2x-3$ の一般解は，$y=c_1e^{-x}+c_2e^{3x}-\dfrac{1}{3}x^2-\dfrac{2}{9}x+\dfrac{25}{27}.$

練習　次の問に答えよ．

① $y''+4y'-5y=0$ の一般解を求めよ．

② $y''+4y'-5y=5x^2+3x-4$ とする．$y=ax^2+bx+c$ の形の特殊解を求めよ．

③ $y''+4y'-5y=5x^2+3x-4$ の一般解を求めよ．

[4] (非斉次型)(定数係数)2 階微分方程式の特殊解は，後述のラプラス変換を用いると，もう少し一般に計算される

(共振現象のモデル)

例②　$y'' + 4y = \sin x$ を解く．

2 次方程式 $t^2 + 4 = 0$ を解いて，$t = -2i,\ 2i$ である．よって，$y'' + 4y = 0$ の一般解は，

$$y = c_1 e^{-2ix} + c_2 e^{2ix} \quad \cdots \text{(A)}$$

さらに，特殊解 $y = \dfrac{1}{3}\sin x$ を発見できるから，(A) と合わせて $y'' + 4y = \sin x$ の一般解は，

$$y = c_1 e^{-2ix} + c_2 e^{2ix} + \frac{1}{3}\sin x \quad \text{(振幅が有限)}.$$

例③　$y'' + 4y = \sin 2x$ を解く．

2 次方程式 $t^2 + 4 = 0$ を解いて，$t = -2i,\ 2i$ である．よって，$y'' + 4y = 0$ の一般解は，

$$y = c_1 e^{-2ix} + c_2 e^{2ix} \quad \cdots \text{(A)}$$

さらに，特殊解 $y = -\dfrac{x}{4}\cos 2x$ を発見できるから，(A) と合わせて $y'' + 4y = \sin 2x$ の一般解は，

$$y = c_1 e^{-2ix} + c_2 e^{2ix} - \frac{x}{4}\cos 2x \quad \text{(振幅が限りなく大きくなる)}.$$

練習　次の問に答えよ．

① $a \neq \pm 3$ とする．
$y = \dfrac{1}{9 - a^2}\sin ax$ は，$y'' + 9y = \sin ax$ の特殊解であることを示せ．

② $a = 3$ とする．
$y = \dfrac{-1}{6}x\cos 3x$ は，$y'' + 9y = \sin ax$ の特殊解であることを示せ．

③ $y'' + 9y = 0$ の解を利用して，$y'' + 9y = \sin 2x$ の一般解を求めよ．

④ $y'' + 9y = 0$ の解を利用して，$y'' + 9y = \sin 3x$ の一般解を求めよ．

⑤ $y'' + 9y = \sin 2x$ と $y'' + 9y = \sin 3x$ の解の性質の違いを，簡潔に述べよ．

(2 階微分方程式の応用例)(力学から)

練習　摩擦のある状態で，ばね運動を考える (ただし，ばね定数 k，摩擦定数 γ)．そのとき，

$$m\frac{d^2x}{dt^2}+\gamma\frac{dx}{dt}+kx=0$$

である．初期条件 $x(0)=1$, $\frac{dx}{dt}(0)=0$ のもとで，$x(t)$ を求めよ．

練習　摩擦のない状態で，ばね運動を考える (ただし，ばね定数 k)．

さらに，外力 $F(t)=A\cos(\omega t)$ を加える．そのとき，

$$m\frac{d^2x}{dt^2}+kx=A\cos(\omega t)$$

である．$x=Ct\sin(\omega t)$ の形の特殊解を持つとき, ω を m と k を用いて表せ．

4.　べき級数と微分方程式

べき級数を利用した微分方程式の解法

$y = a_0 + a_1x + a_2x^2 + a_3x^3 + \cdots + a_nx^n + \cdots$ と仮定すると,

$$\begin{cases} y' = a_1 + 2a_2x + 3a_3x^2 + \cdots + na_nx^{n-1} + \cdots \\ y'' = 2a_2 + 3\cdot 2a_3x + 4\cdot 3a_4x^2 + \cdots + n(n-1)a_nx^{n-2} + \cdots \\ \cdots \end{cases}$$

となるので, 与えられた微分方程式に代入して, 係数 a_0, a_1, $\cdots$ の関係を調べる.

(参考) 正確には, 級数が収束する範囲を調べて, 項別微分して比較して良いことなども, 証明しなくてはならない (p.225 参照).

例　$y' + y = 0$ を, べき級数を用いて解く.

$y = a_0 + a_1x + a_2x^2 + a_3x^3 + \cdots + a_nx^n + \cdots$ とおくと, $y' + y = 0$ であるから,

$(a_1 + 2a_2x + 3a_3x^2 + 4a_4x^3 + 5a_5x^4 + 6a_6x^5 + \cdots) + (a_0 + a_1x + a_2x^2 + a_3x^3 + a_4x^4 + a_5x^5 + \cdots) = 0.$

次数ごとに係数比較すれば,

$a_1 + a_0 = 0,\ 2a_2 + a_1 = 0,\ 3a_3 + a_2 = 0,\ 4a_4 + a_3 = 0,\ 5a_5 + a_4 = 0,\ \cdots$

よって,

$a_1 = -a_0,\ a_2 = -\frac{1}{2}a_1 = \frac{1}{2}a_0,\ a_3 = -\frac{1}{3}a_2 = -\frac{1}{3!}a_0,\ a_4 = \cdots = \frac{1}{4!}a_0,\ a_5 = \cdots = -\frac{1}{5!}a_0,\ \cdots$

法則が見抜けて,[5]

$$\begin{aligned} y &= a_0 + a_1x + a_2x^2 + a_3x^3 + a_4x^4 + a_6x^6 + a_7x^7 + \cdots \\ &= a_0 - a_0x + \frac{1}{2!}a_0x^2 - \frac{1}{3!}a_0x^3 + \frac{1}{4!}a_0x^4 + \frac{1}{5!}a_0x^5 - \frac{1}{6!}a_0x^6 - \frac{1}{7!}a_0x^7 + \cdots \\ &= a_0\left(1 - x + \frac{x^2}{2!} - \frac{x^3}{3!} + \frac{x^4}{4!} - \frac{x^5}{5!} + \frac{x^6}{6!} - \frac{x^7}{7!} + \cdots\right). \end{aligned}$$

練習　① 微分方程式 $y' - y = 0$ を解け (変数分離型).

② 微分方程式 $y' - y = 0$ を, べき級数を用いて解け.

③ ①と②を比較して, $e^x = 1 + x + \frac{1}{2!}x^2 + \cdots + \frac{1}{n!}x^n + \cdots$ を説明せよ.

[5] 正確には, 漸化式を解くと呼ぶ.

(べき級数を利用した，2 階微分方程式の解)

例　$y''+y=0$ を，べき級数を用いて解く．

$y=a_0+a_1x+a_2x^2+a_3x^3+\cdots+a_nx^n+\cdots$ とおくと，$y''+y=0$ であるから，

$$(2a_2+3\cdot 2a_3x+4\cdot 3a_4x^2+5\cdot 4a_5x^3+6\cdot 5a_6x^4+7\cdot 6a_7x^5+\cdots)+(a_0+a_1x+a_2x^2+a_3x^3+a_4x^4+a_5x^5+\cdots)=0.$$

この場合は，偶数次数と奇数次数で，次数ごとに係数比較してみると，

$$\begin{cases} a_0+1\cdot 2a_2=0,\ a_2+4\cdot 3a_4=0,\ a_4+6\cdot 5a_6=0,\ \cdots \\ a_1+3\cdot 2a_3=0,\ a_3+5\cdot 4a_5=0,\ a_5+7\cdot 6a_7=0,\ \cdots \end{cases}$$

整理して，

$$\begin{cases} a_2=-\dfrac{1}{2\cdot 1}a_0,\ a_4=-\dfrac{1}{4\cdot 3}a_2=\dfrac{1}{4\cdot 3\cdot 2\cdot 1}a_0=\dfrac{1}{4!}a_0,\ a_6=-\dfrac{1}{6!}a_0,\ \cdots \\ a_3=-\dfrac{1}{3\cdot 2}a_1,\ a_5=-\dfrac{1}{5\cdot 4}a_3=\dfrac{1}{5\cdot 4\cdot 3\cdot 2}a_1=\dfrac{1}{5!}a_1,\ a_7=-\dfrac{1}{7!}a_1,\ \cdots \end{cases}$$

法則が見抜けて，[6]

$$\begin{aligned} y&=a_0+a_1x+a_2x^2+a_3x^3+a_4x^4+a_5x^5+a_6x^6+a_7x^7+\cdots \\ &=a_0+a_1x-\frac{1}{2!}a_0x^2-\frac{1}{3!}a_1x^3+\frac{1}{4!}a_0x^4+\frac{1}{5!}a_1x^5-\frac{1}{6!}a_0x^6-\frac{1}{7!}a_1x^7+\cdots \\ &=a_0\Big(1-\frac{x^2}{2!}+\frac{x^4}{4!}-\frac{x^6}{6!}+\cdots\Big)+a_1\Big(x-\frac{x^3}{3!}+\frac{x^5}{5!}-\frac{x^7}{7!}+\cdots\Big). \end{aligned}$$

練習　$y''-xy=0$ を，べき級数を利用して解き，5 次の項まで表せ．

(参考) この 2 階微分方程式は，Airy 方程式と呼ばれる．様々な特殊関数が，微分方程式とべき級数から導かれる．

[6] (参考) マクローリン展開から，$\cos x=1-\dfrac{x^2}{2!}+\dfrac{x^4}{4!}-\dfrac{x^6}{6!}+\cdots$，$\sin x=x-\dfrac{x^3}{3!}+\dfrac{x^5}{5!}-\dfrac{x^7}{7!}+\cdots$ であった (p.62 参照).

5. ラプラス変換

ラプラス変換

$F(s)=\int_0^\infty f(x)e^{-sx}\,dx$ を $f(x)$ のラプラス変換と呼び，$F(s)=\mathcal{L}[f(x)]$ と書く．

基本公式 (その1)

① $\mathcal{L}[A]=\dfrac{A}{s}$.　② $\mathcal{L}[Ax]=\dfrac{A}{s^2}$.　③ $a>0$ とするとき，$\mathcal{L}[Ae^{-ax}]=\dfrac{A}{s+a}$.

④ $\mathcal{L}[A\sin\omega x]=\dfrac{A\omega}{s^2+\omega^2}$.　⑤ $\mathcal{L}[A\cos\omega x]=\dfrac{As}{s^2+\omega^2}$.

(公式①，②，④の証明)

① $\mathcal{L}[A]=\int_0^\infty Ae^{-sx}\,dx=\Big[-\dfrac{A}{s}e^{-sx}\Big]_0^\infty=\dfrac{A}{s}$.

② $$\begin{aligned}\mathcal{L}[Ax]&=\int_0^\infty Axe^{-sx}\,dx\\&=\Big[Ax\cdot\frac{1}{-s}e^{-sx}\Big]_0^\infty-\int_0^\infty A\cdot\frac{1}{-s}e^{-sx}\,dx\qquad(\Leftarrow\text{部分積分の利用})\\&=\Big[Ax\cdot\frac{1}{-s}e^{-sx}\Big]_0^\infty-\Big[A\cdot\frac{1}{s^2}e^{-sx}\Big]_0^\infty=(0-0)-(0-A\cdot\frac{1}{s^2})=\frac{A}{s^2}.\end{aligned}$$

④ $$\begin{aligned}\mathcal{L}[A\sin\omega x]&=\int_0^\infty A\sin\omega x\cdot e^{-sx}\,dx\qquad(\Leftarrow\text{部分積分を 2 回行う})\\&=\Big[A\sin\omega x\cdot\frac{-1}{s}e^{-sx}\Big]_0^\infty-\int_0^\infty A\omega\cos\omega x\cdot\frac{-1}{s}e^{-sx}\,dx\\&=\Big[A\sin\omega x\cdot\frac{-1}{s}e^{-sx}\Big]_0^\infty-\left(\Big[A\omega\cos\omega x\cdot\frac{1}{s^2}e^{-sx}\Big]_0^\infty-\int_0^\infty -A\omega^2\sin\omega x\cdot\frac{1}{s^2}e^{-sx}\,dx\right)\\&=(0-0)-\left((0-\frac{A\omega}{s^2})+\frac{\omega^2}{s^2}\int_0^\infty A\sin\omega x\cdot e^{-sx}\,dx\right).\end{aligned}$$

つまり，$\mathcal{L}[A\sin\omega x]=\dfrac{A\omega}{s^2}-\dfrac{\omega^2}{s^2}\mathcal{L}[A\sin\omega x]$.　整理して，$\mathcal{L}[A\sin\omega x]=\dfrac{A\omega}{s^2+\omega^2}$.

練習　基本公式③，⑤を証明せよ．

③ $a>0$ とするとき，$\mathcal{L}[Ae^{-ax}]=\dfrac{A}{s+a}$.　⑤ $\mathcal{L}[A\cos\omega x]=\dfrac{As}{s^2+\omega^2}$.

基本公式 (その 2)

c を定数とすると，

$$\begin{cases} \mathcal{L}[f(x)+g(x)] = \mathcal{L}[f(x)] + \mathcal{L}[g(x)], \\ \mathcal{L}[c\,f(x)] = c\,\mathcal{L}[f(x)]. \end{cases}$$

基本公式 (その 3)

$$\begin{cases} \mathcal{L}[\dfrac{df}{dx}] = sF(s) - f(0), \\ \mathcal{L}[\dfrac{d^2f}{dx^2}] = s^2F(s) - sf(0) - f'(0). \end{cases}$$

(基本公式 (その 3) の証明)

$$\begin{aligned} \mathcal{L}[\frac{df}{dx}] &= \int_0^\infty f'(x)e^{-sx}\,dx \\ &= \Big[f(x)\cdot e^{-sx}\Big]_0^\infty - \int_0^\infty f(x)\cdot(-s)e^{-sx}\,dx \\ &= \{0 - f(0)\} + s\mathcal{L}[f(x)] = sF(s) - f(0). \end{aligned}$$

$$\begin{aligned} \mathcal{L}[\frac{d^2f}{dx^2}] &= \int_0^\infty f''(x)e^{-sx}\,dx \\ &= \Big[f'(x)\cdot e^{-sx}\Big]_0^\infty - \int_0^\infty f'(x)\cdot(-s)e^{-sx}\,dx \\ &= \Big[f'(x)\cdot e^{-sx}\Big]_0^\infty - \left(\Big[f(x)\cdot(-s)e^{-sx}\Big]_0^\infty - \int_0^\infty f(x)\cdot s^2e^{-sx}\,dx\right) \\ &= \{0 - f'(0)\} - \big(\{0 - (-s)f(0)\} - s^2\mathcal{L}[f(x)]\big) = s^2F(s) - sf(0) - f'(0). \end{aligned}$$

練習　次の式を証明せよ．

① $a > 0$ とするとき，$\mathcal{L}[f(ax)] = \dfrac{1}{a}F(\dfrac{s}{a})$.　② $\mathcal{L}[e^{-ax}f(x)] = F(s+a)$.

---

①Hint．置換積分

ラプラス変換を利用した微分方程式の解法

(Step 1)　微分方程式をラプラス変換

(Step 2)　$F(s) = \mathcal{L}[f(x)]$ を求める (分数など代数的演算をすれば良い).

(Step 3)　基本公式 (その 1) を利用して，$f(x)$ を見つける．

基本公式 (その 1) だけでなく，様々な関数のラプラス変換がわかっている．公式集で，関数を見つけることができる．

例　$f'(x) + f(x) = 2x$，$f(0) = 1$ を，ラプラス変換を用いて解く．[7]

(Step 1)

微分方程式をラプラス変換すると，$\mathcal{L}[f'(x) + f(x)] = \mathcal{L}[2x]$．ゆえに，$sF(s) - f(0) + F(s) = \dfrac{2}{s^2}$．

(Step2)

$f(0) = 1$ であるから，$(s+1)F(s) = \dfrac{2}{s^2} + 1$．よって，$F(s) = \dfrac{2}{s^2(s+1)} + \dfrac{1}{s+1} = \dfrac{2+s^2}{s^2(s+1)}$．

(Step3)

$\dfrac{2+s^2}{s^2(s+1)} = \dfrac{l}{s} + \dfrac{m}{s^2} + \dfrac{n}{s+1}$ とおく (部分分数分解).

通分して分子を比較すると，$2 + s^2 = ls(s+1) + m(s+1) + ns^2$．

さらに整理すれば，$(l+n-1)s^2 + (l+m)s + (m-2) = 0$．

s についての恒等式なので，$l+n-1 = l+m = m-2 = 0$．よって，$l = -2,\ m = 2,\ n = 3$．

すなわち，$\mathcal{L}[f(x)] = F(s) = \dfrac{-2}{s} + \dfrac{2}{s^2} + \dfrac{3}{s+1}$．

基本公式 (その 1) を見て，対応する $f(x)$ は，$f(x) = -2 + 2x + 3e^{-x}$．

練習　微分方程式 $\dfrac{df}{dx} + 3f(x) = 5e^{-2x}$，$f(0) = 0$ がある．$F(s) = \mathcal{L}[f(x)]$ とするとき，次に答えよ．

① 微分方程式をラプラス変換し，$sF(s) - f(0) + 3F(s) = \dfrac{5}{s+2}$ を確認せよ．

② $F(s) = \dfrac{5}{(s+2)(s+3)} = \dfrac{5}{s+2} - \dfrac{5}{s+3}$ を確認せよ．

③ $\mathcal{L}[f(x)] = \dfrac{5}{s+2} - \dfrac{5}{s+3}$ より，$f(x)$ を求めよ (Hint. $\mathcal{L}[Ae^{-ax}] = \dfrac{A}{s+a}$ である).

[7] (注意) この問題は，ラプラス変換でなくとも解ける．

2 階微分方程式の例

例　$f''(x)+4f(x)=\sin x$, $f(0)=1$, $f'(0)=0$ を，ラプラス変換を用いて解く．

(Step 1)

微分方程式をラプラス変換すると，$\mathcal{L}[f''(x)+4f(x)]=\mathcal{L}[\sin x]$.

ゆえに，$s^2F(s)-sf(0)-f'(0)+4F(s)=\dfrac{1}{s^2+1}$.

(Step2)

$f(0)=1$, $f'(0)=0$ であるから，$(s^2+4)F(s)=\dfrac{1}{s^2+1}+s$. よって，$F(s)=\dfrac{1}{(s^2+1)(s^2+4)}+\dfrac{s}{s^2+4}$.

(Step3)

$\dfrac{1}{(s^2+1)(s^2+4)}+\dfrac{s}{s^2+4}=\dfrac{1}{3}\left(\dfrac{1}{s^2+1}-\dfrac{1}{s^2+4}\right)+\dfrac{s}{s^2+4}$ と部分分数分解できるので，

$\mathcal{L}[s]=F(s)=\dfrac{1}{3}\left(\dfrac{1}{s^2+1}-\dfrac{1}{s^2+4}\right)+\dfrac{s}{s^2+4}$.

基本公式 (その 1) を見て，対応する $f(x)$ は，$f(x)=\dfrac{1}{3}\sin x-\dfrac{1}{6}\sin 2x+\cos 2x$.

練習　微分方程式 $f''(x)+9f(x)=\cos x$, $f(0)=0$, $f'(0)=1$ がある．$F(s)=\mathcal{L}[f(x)]$ とするとき，次に答えよ．

① 微分方程式をラプラス変換し，$s^2F(s)-sf(0)-f'(0)+9F(s)=\dfrac{s}{s^2+1}$ を示せ．

② $F(s)=\dfrac{s}{(s^2+1)(s^2+9)}+\dfrac{1}{s^2+9}=\dfrac{1}{8}\left(\dfrac{s}{s^2+1}-\dfrac{s}{s^2+9}\right)+\dfrac{1}{s^2+9}$ を示せ．

③ $f(x)$ を求めよ．

(メモ欄)

第5章

微積分の厳密な取り扱い

この章では，微積分を厳密に扱う方法を，ほんの少しだけ紹介します．さらに，4章までに取り上げていない事実や証明も，いくつか述べていきます．

内容は論理が中心です．演習問題はありませんが，読みこなす内容は4章までに比べて高度です．労力を必要とするかも知れませんが，教養として，5章の内容を身に着けることをお勧めします．

この本では語りきれない多くの結果があります．章のはじめですが，最初に参考文献を載せておきます．是非，検索してみてください．

参考文献

微分積分学と解析学の文献のごく一部 (厖大な本が出版されています).

1. 吹田 信之, 新保 経彦 共著,『微分積分学』学術図書出版社
2. 小松 勇作 著,『解析概論 I 』広川書店
3. 高木 貞治 著,『解析概論』岩波書店

0.　具体例から

この本では，主に計算を中心に説明してきた．しかし，直感に頼って極限を扱うことは，正確でない．まず，直感では処理し難い具体例を紹介しよう．極限の厳密な取り扱いの必要性を，認識できる筈だ．

例①（数列と級数）

$1+\left(\frac{1}{2}-\frac{1}{2}\right)+\left(\frac{1}{3}-\frac{1}{3}\right)+\left(\frac{1}{4}-\frac{1}{4}\right)+\left(\frac{1}{5}-\frac{1}{5}\right)+\left(\frac{1}{6}-\frac{1}{6}\right)+\cdots=1$ である．

ここでは，無限和の順序を交換してみよう．例えば，次のようにできる．

$\left(1+\frac{1}{2}+\frac{1}{3}+\frac{1}{4}\right)-\frac{1}{2}+\left(\frac{1}{5}+\frac{1}{6}+\frac{1}{7}\right)-\frac{1}{3}+\left(\frac{1}{8}+\frac{1}{9}+\frac{1}{10}\right)-\cdots=2$ とできる．

↑ ここまでの和は，2以上　↑ 2未満　↑ 2以上　↑ 2未満　↑ 2以上

和の順序を交換することで，無限和が2に変化してしまう．和の順序を交換できないのか？
（無限和の順序交換が可能か判定するためには，条件収束と絶対収束を理解する必要がある（p.212, p.213参照））．

例②（積分法）

$$f_n(x)=\begin{cases}\dfrac{1}{n} & (0\leqq x\leqq n\text{のとき}),\\ 0 & (x<0,\ n<x\text{のとき})\end{cases}$$ としよう．

まず，$\lim_{n\to\infty} f_n(x)=0$ より，

$$\int_0^\infty \{\lim_{n\to\infty} f_n(x)\}\,dx=0\ \cdots(\mathrm{A}).$$

y, $\frac{1}{n}$, $f_n(x)$, O, n, x

ところが，$\int_0^\infty f_n(x)\,dx=1$（上図の長方形の面積）であるから，$\lim_{n\to\infty}\int_0^\infty f_n(x)\,dx=1\cdots(\mathrm{B})$．

(A)と(B)を比較すれば，$\lim_{n\to\infty}\int_0^\infty f_n(x)\,dx\neq\int_0^\infty\{\lim_{n\to\infty} f_n(x)\}\,dx$．

$f_n(x)$ は $\lim_{n\to\infty} f_n(x)$ に近づくのに，面積 $\int f_n(x)\,dx$ は $\int \lim_{n\to\infty} f_n(x)\,dx$ **に近づかないのか？**
（極限と積分の交換が可能か判定するためには，アルゼラの定理を理解すれば良い（p.224参照））．

以上，簡単に2つの例を紹介した．この2つの例は，直感的に解決しがたい問題である．感覚で簡単に把えられないので，論理で考えるしかないだろう．さらに，「実数とは何か？極限とは何か？」まで遡って考えなくてはならないことになる．

そこで以下では，論理的な背景と，特に重要と思われる内容を紹介していこう．

1. 論理からの準備

この節では，論理に関する基本事項を羅列してある．次節以降の証明の根拠にもなるので，慎重を期して理解してほしい．

命題

文章「A」を考えよう．「A」が正しいか間違っていることを証明できるときに，「A」を命題と呼ぶ．さらに，命題「A」が正しいときに $\dot{\text{A}}$は真，間違っているときに $\dot{\text{A}}$は偽 と呼ぶ．

例．「$2>1$」は命題で，真である．

「π は有理数」は命題で，偽である．

否定

文章「A」に対して，文章「A でない」を A の否定と呼び，「$\bar{\text{A}}$」などと表す．

例．「$x=1$」の否定は，「$x\neq 1$」．

「私は人である」の否定は，「私は人でない」．

「ならば」

文章「A」,「B」に対して，文章「A ならば B」を考えることがある．「A $\Rightarrow$ B」などと表す．

例①　「$x\geqq 1\Rightarrow x^2\geqq 1$」．

「$xy=0\Rightarrow x=0$」．

例①では両方とも命題で，上は真，下は偽である．

とくに，命題「A」,「B」に対しては，「A $\Rightarrow$ B」も命題で，真偽をまとめてみると，[1]

「A」	「B」	$\cdots$	「A $\Rightarrow$ B」
真	真	$\cdots$	真
真	偽	$\cdots$	偽
偽	真	$\cdots$	真
偽	偽	$\cdots$	真

である．ここでは,「A」が偽であると,「A $\Rightarrow$ B」が真であることに注意したい．

例②　「$1>2\Rightarrow 1=0$」は真である．

「$1<2\Rightarrow 1=0$」は偽である．

「または」,「かつ」

文章「A」,「B」に対して, 文章「A または B」を考えることがある．「A $\vee$ B」などと表す．さらに，文章「A かつ B」を考えることもできる．これは,「A $\wedge$ B」などと表す．

例①　「$x=0$ または $y=0$」.

「$x<1$ かつ $x>0$」.

また,「$\overline{\text{A}\vee\text{B}}$」は「$\overline{\text{A}}\wedge\overline{\text{B}}$」,「$\overline{\text{A}\wedge\text{B}}$」は「$\overline{\text{A}}\vee\overline{\text{B}}$」と定義されている．

例②　x を実数として，否定文を考えてみると，

「$x=0$ または $y=0$」の否定は,「$x\neq 0$ かつ $y\neq 0$」．

「$x<1$ かつ $x>0$」の否定は,「$x\geqq 1$ または $x\leqq 0$」．

---

[1] 真偽をまとめた表を，真偽表と呼ぶ．

「すべて」,「ある」

文章「$a=1$ かつ $b=1$ かつ $c=1$ かつ $\cdots$ かつ $z=1$」を考えてみよう．一つ一つの $a\sim z$ について書くのは, 面倒である．つまり,「**すべての**アルファベット $a\sim z$ が1である.」と書き換えるのが良いことがわかる．

同様に,「$a\neq 1$ または $b\neq 1$ または $c\neq 1$ または $\cdots$ または $z\neq 1$」についても,「**ある**アルファベット $a\sim z$ が1でない.」と書き換えることができる．

例①「すべての整数 x は，$x^2\geqq 0$ である.」

「ある整数 x は，$x<0$ である.」

ここでは，色々な言葉使いにも注意しておこう．同じ意味を言い換えるのは国語の問題であって，以下の例②と例③のような言い換えが良く使われる．

例②（以下はすべて同じ）

「すべての整数x は, $x^2\geqq 0$ である.」

$\updownarrow$

「すべての整数x に対し, $x^2\geqq 0$ である.」

$\updownarrow$

「任意の整数x は, $x^2\geqq 0$ である.」

$\updownarrow$

「任意の整数x に対し, $x^2\geqq 0$ である.」

$\updownarrow$

「For all integer x, $x^2\geqq 0$.」

} 同じ

例③（以下はすべて同じ）

「ある整数x は, $x^2<0$ である.」

$\updownarrow$

「ある整数x が存在して, $x^2<0$ である.」

$\updownarrow$

「There exists integer x such that $x^2<0$.」

} 同じ

(省略の仕方)　いちいち,「すべて」,「ある」を書くのは面倒である．そこで,「すべて」を $\forall$,「ある」を $\exists$ と略記する．($\forall$ は, all の頭文字 A を逆さにしたもの．$\exists$ は，exist の頭文字 E を逆さにしたものである).

例④　「すべての整数 x に対し，$x^2\geqq 0$ である.」$\Longleftrightarrow$「For $\forall x\in\mathbf{Z}$, $x^2\geqq 0$.」

「ある整数 x が存在して，$x^2<0$ である.」$\Longleftrightarrow$「$\exists\, x\in\mathbf{Z}$ s.t. $x^2<0$.」

このように, 簡便に表現できることになる．($\mathbf{Z}$ は整数全体，$x\in\mathbf{Z}$ は「x は整数」と言う意味である).

本書では，$\forall$ と $\exists$ の使用を可能な限り控えるが，手書きでは多用されている．

「すべて」,「ある」の否定

もう一度，文章「$a=1$ かつ $b=1$ かつ $c=1$ かつ $\cdots$ かつ $z=1$.」を考えてみよう．この文章の否定は「$a\neq 1$ または $b\neq 1$ または $c\neq 1$ または $\cdots$ または $z\neq 1$.」である．すなわち,

$\overline{\text{「すべてのアルファベットに対し, 1 である.」}}$

$\updownarrow$

$\overline{\text{「}a=1 \text{ かつ } b=1 \text{ かつ } c=1 \text{ かつ } \cdots \text{ かつ } z=1.\text{」}}$

$\updownarrow$

「$a\neq 1$ または $b\neq 1$ または $c\neq 1$ または $\cdots$ または $z\neq 1$.」

$\updownarrow$

「あるアルファベットが存在して，1でない.」

が見て取れる．結局,

$\begin{cases}「すべて\cdotsとなる.」の否定が「ある\cdotsでない.」\\ 「ある\cdotsとなる.」の否定が「すべて\cdotsでない.」\end{cases}$ と解釈される．

一般に,「すべて ⋯ となる」の否定が「ある ⋯ でない」というのは，「かつ」の否定が「または」となるのが理由である．

例①　「すべての実数 x に対し，$x^2 \leqq 0$.」$\overset{否定}{\Longleftrightarrow}$「ある実数 x が存在して，$x^2 > 0$.」

例②　「For $\forall x, \exists y$ s.t. $x > y$.」$\overset{否定}{\Longleftrightarrow}$「$\exists\, x$ s.t. $x \leqq y$ for $\forall y$.」

2.　集合

ものの 集まりを集合と呼ぶ．集合を構成する もの を，要素もしくは元と呼ぶ．例えば，リンゴ，バナナ，みかんからなる集合は，要素を書き並べて { リンゴ，バナナ，みかん } などと書く．このように要素を書き並べて集合は表記できる．

例①　{ 1, 2, 3, 4, 5 } は集合である．

{ 1, 2, 3, ⋯ } は集合である．(自然数)

しかし，要素が無限にある場合，要素を書き並べて表記しづらい場合もある．そこで $\{x \mid x$ の条件 $\}$ と書くことも多い．

例②　$\{x \mid x$ は自然数 $\}=\{\ 1, 2, 3, \cdots\ \}$　(自然数全体の集合)

$\{\frac{n}{m} \mid m$ は自然数, n は整数 $\}$ (有理数全体の集合)

$\{2y \mid y$ は整数 $\}$ (偶数全体の集合)

また，x が集合 S の要素であることを，$x \in$S などと書く．

例③　2∈{ 1, 2, 3 }.

7∉{ 1, 2, 3 }.

空集合

何も要素をもたない集合を空集合と呼び, ϕ と表す．すなわち, $\phi = \{\}$ である．

(注意)　$\phi \neq \{\phi\}$ であることに注意せよ．

部分集合

すべての $x \in$ A に対し, $x \in$ B となるとき, A を B の部分集合と呼ぶ．A ⊂ B などと表す．

例　A= {1, 2, 3},　B= {1, 2, 3, 4, 5, 6, 7, 8, 9} とすると，A ⊂ B.

和集合，共通集合

$\{x \mid x \in$ A かつ $x \in$ B$\}$ を A と B の共通集合と呼び，A ∩ B と表す．

$\{x \mid x \in$ A または $x \in$ B$\}$ を A と B の和集合と呼び，A ∪ B と表す．

例　A= {1, 2, 3, 4}，B= {2, 3, 4, 5} とすると A ∩ B = {2, 3, 4},　A ∪ B = {1, 2, 3, 4, 5}.

補集合

集合SとSの部分集合Aを考える(すなわち，A⊂S)．そのとき，$\{x \mid x \notin \mathrm{A}\}$ をAの補集合と呼び，$\overline{\mathrm{A}}$ と表す(Sを全体集合と呼ぶ)．

(注意) $\{x \mid x \notin \mathrm{A}\}$ というのは，$\{x \mid x \notin \mathrm{A},\ x \in \mathrm{S}\}$ と書く方が，より丁寧である．

例　全体集合S$=\{1, 2, 3, 4, 5\}$, A$=\{2, 3\}$ とすると，$\overline{\mathrm{A}}=\{1, 4, 5\}$ である．

ここで，前節で述べた「かつ」，「または」の否定を思い出せば

$$\begin{cases} \overline{\mathrm{A}\cap\mathrm{B}}=\{x \mid \overline{x\in\mathrm{A}\text{ かつ }x\in\mathrm{B}}\}=\{x \mid x\notin\mathrm{A}\text{ または }x\notin\mathrm{B}\}=\overline{\mathrm{A}}\cup\overline{\mathrm{B}} \\ \overline{\mathrm{A}\cup\mathrm{B}}=\{x \mid \overline{x\in\mathrm{A}\text{ または }x\in\mathrm{B}}\}=\{x \mid x\notin\mathrm{A}\text{ かつ }x\notin\mathrm{B}\}=\overline{\mathrm{A}}\cap\overline{\mathrm{B}} \end{cases}$$

である．これをド・モルガンの法則と言う[2]．

非常に大雑把だが，集合について述べた．最後に，良く使う集合をまとめて紹介しよう．

N (自然数全体)，**Z** (整数全体)，**Q** (有理数全体)，**R** (実数全体)，**C** (複素数全体)．

勿論，$\phi \subset \mathbf{N}\subset\mathbf{Z}\subset\mathbf{Q}\subset\mathbf{R}\subset\mathbf{C}$ である．

3.　写像

集合A, Bを考える．Aの要素 x に対し，ただ1つBの要素 y を対応させることを，写像と呼ぶ．$f:\mathrm{A}\to\mathrm{B}$ とか $y=f(x)$ などと表す．さらに詳しく，$f:\begin{matrix}\mathrm{A} & \longrightarrow & \mathrm{B}\\ \Cup & & \Cup \\ x & \longmapsto & y\end{matrix}$ などと表すことも多い．[3]

例　$f:\begin{matrix}\mathbf{R} & \longrightarrow & \mathbf{R}\\ \Cup & & \Cup \\ x & \longmapsto & x^2\end{matrix}$ は，写像である．この例のような，数から数への写像は，関数と呼ぶことも多い(p.4参照)．

以下に，写像の基本的な概念を書いておく．関数と同じだと思えば，理解しやすいだろう．

像

$f:\mathrm{A}\longrightarrow\mathrm{B}$ を写像とする．$f(\mathrm{A})=\{f(x)\in\mathrm{B} \mid x\in\mathrm{A}\}$ を，写像 f の像と呼ぶ．

(参考) f の像を値域と呼ぶこともある(p.4, p.88参照)．

全射(上への写像)

$f:\mathrm{A}\longrightarrow\mathrm{B}$ を写像とする．$f(\mathrm{A})=\mathrm{B}$ となるとき，写像 f を全射と呼ぶ．すなわち，すべての $y\in\mathrm{B}$ に対し，ある $x\in\mathrm{A}$ が存在して $y=f(x)$ となるとき，全射と呼ぶ．

単射(1対1の写像)

$f:\mathrm{A}\longrightarrow\mathrm{B}$ を写像とする．すべての $y\in f(\mathrm{A})$ に対し，ただ1つの $x\in\mathrm{A}$ が存在して，$y=f(x)$ となるとき，f を単射と呼ぶ．

全単射

$f:\mathrm{A}\longrightarrow\mathrm{B}$ を写像とする．f が全射かつ単射であるとき，f を全単射と呼ぶ．

---

[2] ベン図(Venn図)を見たことがあるかも知れない．ベン図は，平面上の図形で集合を表している．一般の集合関係は，ベン図で描けることを証明しない限り，利用すべきでない(有限個の集合からなる関係なら，ベン図で描けることが証明できる(複雑!))．

[3] $f:\mathrm{A}\to\mathrm{B}$ が写像となるときは，任意の $x\in\mathrm{A}$ に対し，f が定義されている(つまり，定義域をA全体と考えるのが通例である)．

4. 実数

有理数 (整数の比で表される数．例.$\frac{3}{4}$, $-\frac{2}{7}$, etc.) は定義されているとしよう．その上で, 実数を考え直しておこう．なぜ実数を定義し直すのか, 疑問に思うかも知れない．しかし，極限操作をおこなう微分積分学は，実数の性質が, そのまま定理に反映されることになる．

定義 (アルキメデスの原理)

集合 S がアルキメデスの原理を満たすとは，次の性質を満たすときを言う．

- ① S は自然数全体を含む．
- ② S には大小関係がある．
- ③ 任意の $x \in \mathrm{S}$ に対し，ある自然数 n が存在して $x < n$.

(注意) 大小関係とは，$x, y \in$S に対して, $x \leqq y$ もしくは $y \leqq x$ と比較できるときをいう (全順序集合と呼ばれる).
自然な関係，$x \leqq x$，$x \leqq y$ かつ $y \leqq x \Rightarrow x = y$，$x \leqq y$ かつ $y \leqq z \Rightarrow x \leqq z$ も成立するとしておく．
(詳しくは，集合論の本を参考にして欲しい).

例① 自然数全体を $\mathbf{N}$ と書くと，アルキメデスの原理を満たす．

例② 整数全体を $\mathbf{Z}$，有理数全体を $\mathbf{Q}$ と書くと，$\mathbf{Z}$ も $\mathbf{Q}$ もアルキメデスの原理を満たす．

当然，実数もアルキメデスの原理を満たしていることが, 期待されるだろう．しかし，アルキメデスの原理だけでは，公理が足りていない．極限に関わる公理を加える必要がある．

定義 (上に有界な集合)

S を大小関係のある集合とする．部分集合 T が上に有界であるとは，ある $c \in \mathrm{S}$ が存在して，任意の $x \in \mathrm{T}$ に対し，$x \leqq c$ となるときを呼ぶ．このような c を T の上界と呼ぶ．

数直線上のイメージ ―(―T―)―•c→ （↑x）

例 S= $\mathbf{Q}$，T= $\{x^2 < 2\} = \{-\sqrt{2} < x < \sqrt{2}\}$ とすると，T は上に有界．なぜなら $c = 2$ (← 色々ある！) とすれば, 任意の $x \in$T に対し，$x \leqq c$ である．

定義 (上限)

S を大小関係のある集合，T を上に有界な部分集合とする．T の上界の最小値を上限と呼び，sup T と表す．すなわち，sup T= $\min\{c \mid c$ は T の上界 $\}$.

例① S= $\mathbf{Q}$，T= $\{x^2 < 2\}$ とすると, T は上に有界だが上限は存在しない．なぜなら, $\sqrt{2}$ は有理数でない！

例② S= $\mathbf{Q}$，T= $\{x < 4\}$ とすると，T は上に有界であり，上限は 4．すなわち, sup T= 4.

上限は，集合 T の最大値もどき である．迂遠な定義をしているのは，**最大値と言いきってはいけないので，** 工夫しているのである．

さて, 今も見たように, 有理数の範疇では，上限が存在するとは限らない．解析学では，色々な量 (面積 etc.) を，上限を用いて定義している．つまり，極限値の存在が必要で，上限はつねに存在しなくては困る．そこで，次のように実数を定義することになる．

定義 (実数)

次の性質を満たす集合を実数とよぶ．

① 四則，大小関係が定義されている．
② **Q** (有理数全体) を含む．
③ アルキメデスの原理が成立する．
④ 上に有界な部分集合は，かならず上限をもつ．

(注意) ④が本質的である．極限の存在を保証している．

その他の注意

上限は，次のように言い換えておくと便利である．

定義 (上限)

T を，上に有界な実数の部分集合とする．

$$\sup \mathrm{T} = \alpha \iff \begin{cases} \text{任意の } x \in \mathrm{T} \text{ に対し，} x \leqq \alpha. \\ \text{任意の } \varepsilon > 0 \text{ に対し，ある } x \in \mathrm{T} \text{ が存在して } \alpha - \varepsilon < x \leqq \alpha. \end{cases}$$

数直線上のイメージ

ここでは，上に有界な集合と上限を考えたことを，疑問に思うかもしれない．勿論，上に有界の代わりに下に有界，上限の代わりに下限と呼ばれるものを考えても良い．

定義 (下に有界な集合)

S を大小関係のある集合とする．部分集合 T が下に有界であるとは，ある $c \in$S が存在して，任意の $x \in$T に対し，$x \geqq c$ となるときを呼ぶ．このような c を T の下界と呼ぶ．

定義 (下限)

S を大小関係のある集合，T を下に有界な集合とする．T の下界の最大値を下限と呼び，inf T と表す．すなわち，inf T$=\max\{c \mid c$ は T の下界 $\}$.

実数の定義には，下限を使っても構わない．

5. 数列

定義

自然数 n に対し，実数 a_n を対応させる．

すなわち，$a : \begin{matrix} \mathbf{N} & \longrightarrow & \mathbf{R} \\ \Psi & & \Psi \\ n & \longmapsto & a_n \end{matrix}$ を (実) 数列と呼び，$\{a_n\}$ などと表す．

例．a, d, r を定数とするとき，

$$\begin{cases} a_n = a + (n-1)d & (\text{等差数列}), \\ a_n = ar^{n-1} & (\text{等比数列}). \end{cases}$$

とくに，a_1 を初項と呼ぶ．数列については，高校までに多くのことを学んだと思う．ここでは，極限の扱いについて言及していこう．

定義 (収束)($\varepsilon - N$ 論法)

任意の $\varepsilon > 0$ に対し，ある自然数 N が存在して $N < n \implies |a_n - \alpha| < \varepsilon$ となるとき，数列 $\{a_n\}$ は α に収束するという．このことを，$\lim_{n\to\infty} a_n = \alpha$ と表す．

(注意) $\varepsilon - N$ 論法と本文中の $\varepsilon - \delta$ 論法 (p.12) は，極限の考え方が酷似している．

例．$a_n = \dfrac{1}{n}$ とすると，$\lim_{n\to\infty} a_n = 0$.

なぜなら，任意の $\varepsilon > 0$ に対し，$\frac{1}{\varepsilon}$ より大きな自然数 N が存在して (アルキメデスの原理 (p.207 参照))，

$$N < n \implies |a_n - 0| = \frac{1}{n} < \frac{1}{N} < \varepsilon.$$

定義 ($\pm\infty$ に発散)

任意の実数 K に対し，ある自然数 N が存在して $N < n \implies a_n > K$ となるとき，数列 $\{a_n\}$ は $+\infty$ に発散するという．$\lim_{n\to\infty} a_n = +\infty$ などと表す．同様に，

任意の実数 K に対し，ある自然数 N が存在して $N < n \implies a_n < K$ となるとき，数列 $\{a_n\}$ は $-\infty$ に発散するという．

定義 (振動して発散)

数列 $\{a_n\}$ が収束しなくて，$\pm\infty$ に発散もしないとき，振動して発散するという．

定理

$\lim_{n\to\infty} a_n = \alpha$,　$\lim_{n\to\infty} b_n = \beta$,　k を定数とするとき，

$$\begin{cases} \lim_{n\to\infty} (a_n + b_n) = \alpha + \beta, \\ \lim_{n\to\infty} ka_n = k\alpha, \\ \lim_{n\to\infty} a_n b_n = \alpha\beta. \end{cases}$$

(証明) $\lim_{n\to\infty} (a_n + b_n) = \alpha + \beta$ を示す．

任意の $\dfrac{\varepsilon}{2} > 0$ に対し，ある自然数 N_1 が存在して $N_1 < n \Longrightarrow |a_n - \alpha| < \dfrac{\varepsilon}{2}$ となる．

同様に，任意の $\dfrac{\varepsilon}{2} > 0$ に対し，ある自然数 N_2 が存在して $N_2 < n \Longrightarrow |a_n - \alpha| < \dfrac{\varepsilon}{2}$ となる．

よって，$N=\max(N_1,\ N_2)$ とすると (ただし，$\max(N_1,\ N_2)$ は $N_1,\ N_2$ の大きい方)

$N<n \implies |(a_n+b_n)-(\alpha+\beta)|=|(a_n-\alpha)+(b_n-\beta)| \leqq |a_n-\alpha|+|b_n-\beta|<\dfrac{\varepsilon}{2}+\dfrac{\varepsilon}{2}=\varepsilon.$

$\lim\limits_{n\to\infty} ka_n=k\alpha$ を示す.

$k=0$ のときは明らかなので，$k\neq 0$ とする.

任意の $\dfrac{\varepsilon}{|k|}>0$ に対し, ある自然数 N が存在して $N<n \implies |a_n-\alpha|<\dfrac{\varepsilon}{|k|}$.

よって, $N<n \implies |ka_n-k\alpha|=|k||a_n-\alpha|<\varepsilon$.

$\lim\limits_{n\to\infty} a_nb_n=\alpha\beta$ を示す.

ある自然数 N_1 が存在して　$N_1<n \implies |b_n-\beta|<1$. ($\varepsilon=1$ とした).

よって, $\tilde{M}=\max(|b_1|,\ |b_2|,\ \cdots,\ |b_{N_1}|,\ |\beta-1|,\ |\beta+1|)$ とすれば，任意の自然数 n に対し，$|b_n|\leqq\tilde{M}$.

さらに，$M=\max(\tilde{M},|\alpha|)$ としておく.

つぎに，任意の $\dfrac{\varepsilon}{2M}>0$ に対し, ある自然数 N_2 が存在して $N_2<n \Longrightarrow |a_n-\alpha|<\dfrac{\varepsilon}{2M}$.

同様に，任意の $\dfrac{\varepsilon}{2M}>0$ に対し, ある自然数 N_3 が存在して $N_3<n \Longrightarrow |b_n-\beta|<\dfrac{\varepsilon}{2M}$.

$N=\max(N_2,N_3)$ とすれば

$$
\begin{aligned}
N<n \implies |a_nb_n-\alpha\beta| &= |a_nb_n-\alpha b_n+\alpha b_n-\alpha\beta| \\
&\leqq |a_nb_n-\alpha b_n|+|\alpha b_n-\alpha\beta| \\
&= |b_n||a_n-\alpha|+|\alpha||b_n-\beta|<M\cdot\frac{\varepsilon}{2M}+M\cdot\frac{\varepsilon}{2M}=\varepsilon \text{ (証明終)}.
\end{aligned}
$$

上記のように適宜，| 数列と極限の差 | $<\varepsilon$ となるように，大きい N を発見することが証明法である.

ここで，直感的に見えやすい定理 (単調収束定理とボルツァノ・ワイエルシュトラスの定理) を証明しておく. 厳密証明の手順を, 良く観察して欲しい.

定義 (単調増加，単調減少)

$$
\begin{cases}
\text{任意の自然数 } n \text{ に対し, } a_n\leqq a_{n+1} \text{ となるとき, } \{a_n\} \text{ を単調増加と呼ぶ.} \\
\text{任意の自然数 } n \text{ に対し, } a_n\geqq a_{n+1} \text{ となるとき, } \{a_n\} \text{ を単調減少と呼ぶ.}
\end{cases}
$$

単調収束定理

数列 $\{a_n\}$ を単調増加とし，上に有界とする．そのとき，数列 $\{a_n\}$ は収束する.

上に有界とは，ある実数 M が存在して，任意の自然数 n に対し $a_n<M$ となるとき (p.207 参照).

(証明)　数列 $\{a_n\}$ は上に有界な集合であるから，上限 $\sup\{a_n\}$ が存在する．($\sup\{a_n\}=\alpha$ とする).

上限の性質 (p.208 参照) から, 任意の $\varepsilon>0$ に対し, ある a_N が存在して $\alpha-\varepsilon<a_N\leqq\alpha$.

$\{a_n\}$ は単調増加であるので, $N<n \implies \alpha-\varepsilon<a_N\leqq a_n\leqq\alpha$.

すなわち，任意の $\varepsilon>0$ に対し，ある自然数 N が存在して　$N<n \Longrightarrow |a_n-\alpha|<\varepsilon$ (証明終).

例．$a_n=\left(1+\dfrac{1}{n}\right)^n$ とすると，a_n は単調増加．しかも, $a_n\leqq 3$ が証明できる (明らかではない).

よって，$\lim\limits_{n\to\infty}\left(1+\dfrac{1}{n}\right)^n$ が存在する．この数を自然対数の底と呼んで, e と書いた (p.27 参照).

定理 (ボルツァノ・ワイエルシュトラス)

有界な数列 $\{a_n\}$ は, 収束する部分列 $\{a_{n_k}\}$ を含む (ただし有界とは, 上と下に有界であるときをいう).

(証明) 数列 $\{a_n\}$ が有界であるから, 下限 $\inf\{a_n\}$, 上限 $\sup\{a_n\}$ が存在する (実数の定義 (p.208 参照)).

$(\alpha_1 = \inf\{a_n\},\ \beta_1 = \sup\{a_n\}$ とする). 区間 $[\alpha_1\ ,\ \beta_1]$ から, 数列 $\{a_n\}$ の要素を一つ選び a_{n_1} とする.

次に, 区間 $[\alpha_1\ ,\ \dfrac{\alpha_1+\beta_1}{2}]$, $[\dfrac{\alpha_1+\beta_1}{2}\ ,\ \beta_1]$ を考えると, いずれかの区間には, 数列 $\{a_n\}$ の要素が無限個含まれている. 無限個要素を含む方を選び, $[\alpha_2\ ,\ \beta_2]$ とする. ここで $[\alpha_2\ ,\ \beta_2]$ から, a_{n_2} を選ぶ (ただし, $n_1 < n_2$).

同様に, $[\alpha_2\ ,\ \dfrac{\alpha_2+\beta_2}{2}]$, $[\dfrac{\alpha_2+\beta_2}{2}\ ,\ \beta_2]$ をつくり, 数列 $\{a_n\}$ の要素を無限に含む区間を $[\alpha_3\ ,\ \beta_3]$ とする. さらに $[\alpha_3\ ,\ \beta_3]$ から a_{n_3} を選ぶ (ただし, $n_2 < n_3$).

以下, 同じ手順を繰り返して, 帰納的に $[\alpha_k\ ,\ \beta_k]$ および, 数列 $\{a_{n_k}\}$ をつくる.

このとき $\alpha_1 \leqq \alpha_2 \leqq \alpha_3 \leqq \cdots$, $\beta_1 \geqq \beta_2 \geqq \beta_3 \geqq \cdots$ であるから $\{\alpha_k\}$ は単調増加, $\{\beta_k\}$ は単調減少.

よって, 単調収束定理より, $\lim_{k\to\infty} \alpha_k = \alpha$, $\lim_{k\to\infty} \beta_k = \beta$ が存在する.

$\beta - \alpha = \lim_{k\to\infty}(\beta_k - \alpha_k) = \lim_{k\to\infty}(\beta_1 - \alpha_1) \times \dfrac{1}{2^{k-1}} = 0$ より $\alpha = \beta$ でもある.

勿論, $\lim_{k\to\infty} |a_{n_k} - \alpha| \leqq \lim_{k\to\infty}(\beta_k - \alpha_k)$ であるから, $\lim_{k\to\infty} a_{n_k} = \alpha$ (証明終).

数列の収束を論じたが, 今までの論法だけでは, 極限がわからないと ε–N 論法をあてはめにくい.

そこで, 極限がわからなくても, 収束を論じられるようにしておく. そのために, コーシー列と呼ばれるものを定義する.

定義 (コーシー列)

任意の $\varepsilon > 0$ に対し, ある自然数 N が存在して $N < m, n \implies |a_m - a_n| < \varepsilon$ となるとき, 数列 $\{a_n\}$ はコーシー列であると呼ぶ.

定理

数列 $\{a_n\}$ が収束する $\iff$ 数列 $\{a_n\}$ がコーシー列.

$(\implies)$ 数列が収束することから, 任意の $\dfrac{\varepsilon}{2} > 0$ に対し, ある自然数 N が存在して $N < n \implies |a_n - \alpha| < \dfrac{\varepsilon}{2}$.

ゆえに, $N < m, n \implies |a_m - a_n| = |(a_m - \alpha) - (a_n - \alpha)| \leqq |a_m - \alpha| + |a_n - \alpha| < \dfrac{\varepsilon}{2} + \dfrac{\varepsilon}{2} = \varepsilon$.

$(\impliedby)$ まず, 数列 $\{a_n\}$ がコーシー列あるから, ある自然数 N_1 が存在して $N_1 < m, n \implies |a_m - a_n| < 1$.

とくに, $m = N_1 + 1$ とすれば. $|a_{N_1+1} - a_n| < 1$. ゆえに, $N_1 < n \implies a_{N_1+1} - 1 < a_n < a_{N_1+1} + 1$.

結局, $\begin{cases} c = \min\{a_1,\ a_2,\ ,\cdots\ a_{N_1},\ a_{N_1+1} - 1\} \\ d = \max\{a_1,\ a_2,\ ,\cdots\ a_{N_1},\ a_{N_1+1} + 1\} \end{cases}$ とすれば, 任意の自然数 n に対し, $c \leqq a_n \leqq d$ (有界).

よって, ボルツァノ-ワイエルシュトラスの定理より, 収束する部分列 $\{a_{n_k}\}$ が存在する.

すなわち, 任意の $\dfrac{\varepsilon}{2} > 0$ に対し, ある自然数 K が存在して $K < k \implies |a_{n_k} - \alpha| < \dfrac{\varepsilon}{2}$.

さらに, $\{a_n\}$ がコーシー列であるから, 任意の $\dfrac{\varepsilon}{2} > 0$ に対し, ある自然数 N が存在して

$N < m, n \implies |a_m - a_n| < \dfrac{\varepsilon}{2}$. よって, $N < n_k$ となる n_k を一つとれば,

$N < n \implies |a_n - \alpha| = |a_n - a_{n_k}| + |a_{n_k} - \alpha| < \dfrac{\varepsilon}{2} + \dfrac{\varepsilon}{2} = \varepsilon$ (証明終).

6. 級数

定義 (級数)

数列 $\{a_n\}$ に対し，$S_n = a_1 + a_2 + \cdots + a_n = \sum_{k=1}^{n} a_k$ を (部分) 和と呼ぶ．

形式 $\lim_{n\to\infty} S_n = a_1 + a_2 + \cdots + a_n + \cdots$ を級数と呼ぶ．

数列 $\{S_n\}$ が収束するとき，級数は収束すると呼ぶ．また，数列 $\{S_n\}$ が ($\pm\infty$, 振動して) 発散するとき，級数は ($\pm\infty$, 振動して) 発散すると呼ぶ．

例. a と $r \neq 1$ を定数とするとき，$a_n = ar^{n-1}$ とおくと $S_n = a_1 + a_2 + \cdots + a_n = \dfrac{a(1-r^n)}{1-r}$ (等比数列の和).

とくに，$a = 1$ とすると

$$\begin{cases} r \leqq -1 \implies \lim_{n\to\infty} S_n \text{は振動して発散する}, \\ -1 < r < 1 \implies \lim_{n\to\infty} S_n = \dfrac{a}{1-r}, \\ r \geqq 1 \implies \lim_{n\to\infty} S_n = +\infty. \end{cases}$$

などと場合分けできる．

級数については，収束の判定や和の交換の問題 (p.202 例①参照) がある．以下では，和の交換について，的をしぼって紹介していこう．

定義 (絶対収束)

級数 $a_1 + a_2 + \cdots + a_n + \cdots$ に対し，級数 $|a_1| + |a_2| + \cdots + |a_n| + \cdots$ が収束するとき，絶対収束するという．

定理

級数 $a_1 + a_2 + \cdots + a_n + \cdots$ が絶対収束すれば，級数 $a_1 + a_2 + \cdots + a_n + \cdots$ は収束する．

(証明)　$S_n = a_1 + a_2 + \cdots + a_n$ がコーシー列になることを示す．

$|a_1| + |a_2| + \cdots + |a_n|$ が収束する (コーシー列) ことから，任意の $\varepsilon > 0$ に対し，ある自然数 N が存在して

$$N < m, n \implies |(|a_1| + |a_2| + \cdots + |a_m|) - (|a_1| + |a_2| + \cdots + |a_n|)| = |a_{m+1}| + \cdots + |a_n| < \varepsilon.$$

よって, 任意の $\varepsilon > 0$ に対し, ある自然数 N が存在して

$$N < m, n \implies |S_m - S_n| = |a_{m+1} + \cdots + a_n| \leqq |a_{m+1}| + \cdots + |a_n| < \varepsilon.$$

すなわち，S_n もコーシー列となった (証明終).

定義 (和の交換)

$$\ell : \begin{array}{ccc} \mathbf{N} & \longrightarrow & \mathbf{N} \\ \Psi & & \Psi \\ n & \longmapsto & \ell_n \end{array}$$

を全単射 (p.206 参照) とする．そのとき，級数 $a_1 + a_2 + \cdots + a_n + \cdots$ に対し，

級数 $a_{\ell_1} + a_{\ell_2} + \cdots + a_{\ell_n} + \cdots$ を和の交換と呼ぶ．

定理

級数 $a_1+a_2+\cdots+a_n+\cdots$ が絶対収束するとき，どのような和の交換に対しても，級数 $a_{\ell_1}+a_{\ell_2}+\cdots+a_{\ell_n}+\cdots$ は収束し，$a_1+a_2+\cdots+a_n+\cdots=a_{\ell_1}+a_{\ell_2}+\cdots+a_{\ell_n}+\cdots$.

(証明) $a_1+a_2+\cdots+a_n+\cdots$ が絶対収束することから，任意の $\frac{\varepsilon}{2}>0$ に対し，ある自然数 L が存在して

$$L<n \Longrightarrow (|a_1|+|a_2|+\cdots+|a_n|+\cdots)-(|a_1|+|a_2|+\cdots+|a_n|)=|a_{n+1}|+|a_{n+2}|+\cdots<\frac{\varepsilon}{2}.$$

さらに，$\ell:\begin{matrix}\mathbf{N} & \longrightarrow & \mathbf{N}\\ \Cup & & \Cup\\ n & \longmapsto & \ell_n\end{matrix}$ は全単射であるから

自然数 $L+1$ に対し，ある自然数 N が存在して $\{\ell_1,\ell_2,\cdots,\ell_N\}\supset\{1,2,\cdots,L+1\}$.

$N<n \Longrightarrow |(a_{\ell_1}+a_{\ell_2}+\cdots+a_{\ell_n})-(a_1+a_2+\cdots+a_{L+1})|\leqq|a_{L+2}|+|a_{L+3}|+\cdots<\frac{\varepsilon}{2}$ に注意して，

$$\begin{aligned}N<n \Longrightarrow &|(a_{\ell_1}+a_{\ell_2}+\cdots+a_{\ell_n})-(a_1+a_2+\cdots+a_n+\cdots)|\\ &\leqq|(a_{\ell_1}+a_{\ell_2}+\cdots+a_{\ell_n})-(a_1+a_2+\cdots+a_{L+1})|+|(a_1+a_2+\cdots+a_{L+1})-(a_1+a_2+\cdots+a_n+\cdots)|.\\ &<\frac{\varepsilon}{2}+\frac{\varepsilon}{2}=\varepsilon\end{aligned}$$

(証明終).

定義 (条件収束)

級数 $a_1+a_2+\cdots+a_n+\cdots$ が収束して絶対収束しないとき，級数 $a_1+a_2+\cdots+a_n+\cdots$ は条件収束するという.

証明は行わないが，次の事実が知られている.

定理 (リーマン)

級数 $a_1+a_2+\cdots+a_n+\cdots$ が条件収束すれば，和の交換をして，任意の値に収束させることができる．また，$+\infty$, $-\infty$, 振動して発散させることもできる.

例① 級数 $1-\left(\frac{1}{2}\right)+\left(\frac{1}{2}\right)^2-\left(\frac{1}{2}\right)^3+\left(\frac{1}{2}\right)^4-\cdots=\frac{1}{1+\frac{1}{2}}=\frac{2}{3}$ は，絶対収束している.

なぜなら，絶対値をとって和を計算すると

$$1+\left(\frac{1}{2}\right)+\left(\frac{1}{2}\right)^2+\left(\frac{1}{2}\right)^3+\left(\frac{1}{2}\right)^4+\cdots=\frac{1}{1-\frac{1}{2}}=2$$

よって，**和の交換をしても値は変わらない.**

例② 級数 $1+\left(\frac{1}{2}-\frac{1}{2}\right)+\left(\frac{1}{3}-\frac{1}{3}\right)+\left(\frac{1}{4}-\frac{1}{4}\right)+\left(\frac{1}{5}-\frac{1}{5}\right)+\left(\frac{1}{6}-\frac{1}{6}\right)+\cdots=1$ は，条件収束している.

なぜなら，絶対値をとって和を計算すると

$$\begin{aligned}&1+\underbrace{\left(\frac{1}{2}+\frac{1}{2}\right)}_{1}+\underbrace{\left(\frac{1}{3}+\frac{1}{3}\right)+\left(\frac{1}{4}+\frac{1}{4}\right)}_{1}+\underbrace{\left(\frac{1}{5}+\frac{1}{5}\right)+\left(\frac{1}{6}+\frac{1}{6}\right)+\left(\frac{1}{7}+\frac{1}{7}\right)+\left(\frac{1}{8}+\frac{1}{8}\right)}_{1}+\cdots\\ &\geqq 1+1+1+1+\cdots=+\infty.\end{aligned}$$

よって，**和の交換をして，任意の値に収束させることができる．また，$+\infty$, $-\infty$, 振動して発散させることもできる.**

7.　連続性

まず，本文中でも述べた, 連続関数の定義 (p.12 参照) を見ておこう．

定義 (連続関数)

任意の $\varepsilon > 0$ に対し，ある $\delta > 0$ が存在して $|x-a| < \delta \Longrightarrow |f(x) - f(a)| < \varepsilon$ となるとき，関数 $f(x)$ は $x = a$ で連続であると呼ぶ．このことを，$\lim_{x\to a} f(x) = f(a)$ と書く．

上の定義を見れば，$\lim_{x\to a} f(x) = \alpha$ を書き下すことができる．

定義

任意の $\varepsilon > 0$ に対し，ある $\delta > 0$ が存在して $0 < |x-a| < \delta \Longrightarrow |f(x) - \alpha| < \varepsilon$ となるとき，関数 $f(x)$ は α に収束すると呼び，$\lim_{x\to a} f(x) = \alpha$ と書く．

さらに，本文中 (p.13 参照) とほぼ同様にして, 次が示される．

定理 A

$\lim_{x\to a} f(x)$, $\lim_{x\to a} g(x)$ がともに収束するとき，

$$\begin{cases} \lim_{x\to a}\{f(x)+g(x)\} = \lim_{x\to a} f(x) + \lim_{x\to a} g(x), \\ \lim_{x\to a}\{kf(x)\} = k\lim_{x\to a} f(x), \\ \lim_{x\to a}\{f(x)g(x)\} = \{\lim_{x\to a} f(x)\}\{\lim_{x\to a} g(x)\}. \end{cases}$$

さらに，$\lim_{x\to a} g(x) \neq 0$ ならば $\lim_{x\to a} \dfrac{f(x)}{g(x)} = \dfrac{\lim_{x\to a} f(x)}{\lim_{x\to a} g(x)}$.

定理 B

$\lim_{x\to a} g(x) = b$, $\lim_{x\to b} f(x) = f(b)$ とするとき，$\lim_{x\to a} f(g(x)) = f\left(\lim_{x\to a} g(x)\right)$.

(定理 B の証明)

任意の $\varepsilon > 0$ に対し，ある $\delta_1 > 0$ が存在して $|x-b| < \delta_1 \Longrightarrow |f(x) - f(b)| < \varepsilon$ となる．

さらに，ある δ_2 が存在して，$0 < |x-a| < \delta_2 \Longrightarrow |g(x) - b| < \delta_1$.

よって，$0 < |x-a| < \delta_2 \Longrightarrow |g(x) - b| < \delta_1 \Longrightarrow |f(g(x)) - f(b)| < \varepsilon$ (証明終).

ここでは発展として，中間値の定理 (p.10 参照) と最大値の定理 (p.11 参照) を証明しておこう．

(中間値の定理 (p.10 参照) の証明)

$f(a)$ と $f(b)$ の中間の値を c, $f(a) < c < f(b)$ として一般性を失わない．

$T = \{x \in [a,b] \mid f(x) \leqq c\}$ とすれば，T は上に有界．ゆえに，$\sup T = \alpha$ が存在する (実数の公理)．以下，$f(\alpha) = c$ を示す．

$f(\alpha) < c$ と仮定[4]すると $\varepsilon = \dfrac{c - f(\alpha)}{2} > 0$ に対し，ある $\delta > 0$ が存在して $|x-\alpha| < \delta \Longrightarrow |f(x) - f(\alpha)| < \varepsilon$.
すなわち，$\alpha < x < \alpha + \delta \Longrightarrow f(x) < f(\alpha) + \varepsilon = \dfrac{f(\alpha) + c}{2} < c$. これは α が T の上限であることに矛盾．
(α より大きい x が存在して，$f(x) < c$ となっている！ すなわち，$\alpha < x \in T$ となっている！). (証明終).

---

[4] $f(\alpha) > c$ のときも同様 (各自考えよ).

(最大値, 最小値の定理 (p.11 参照) の証明)

最大値についてのみ示す (最小値も同様).

まず，区間 $[a,b]=[a_1,b_1]$ とする.

$\sup\{f(x)\mid a_1\leqq x\leqq \frac{a_1+b_1}{2}\}=\alpha_1$，$\sup\{f(x)\mid \frac{a_1+b_1}{2}\leqq x\leqq b_1\}=\beta_1$ とする.

(上に有界でない場合は，上限を $+\infty$ と考えておく).

$$\begin{cases}\alpha_1>\beta_1 \text{ ならば } [a_2,b_2]=[a_1,\frac{a_1+b_1}{2}]\\ \alpha_1\leqq\beta_1 \text{ ならば } [a_2,b_2]=[\frac{a_1+b_1}{2},b_1]\end{cases}\quad \text{とする.}$$

$(\sup\{f(x)\mid a\leqq x\leqq b\}=\sup\{f(x)\mid a_2\leqq x\leqq b_2\}$ である).

つぎに，$\sup\{f(x)\mid a_2\leqq x\leqq \frac{a_2+b_2}{2}\}=\alpha_2$，$\sup\{f(x)\mid \frac{a_2+b_2}{2}\leqq x\leqq b_2\}=\beta_2$ とする.

$$\begin{cases}\alpha_2>\beta_2 \text{ ならば } [a_3,b_3]=[a_2,\frac{a_2+b_2}{2}]\\ \alpha_2\leqq\beta_2 \text{ ならば } [a_3,b_3]=[\frac{a_2+b_2}{2},b_2]\end{cases}\quad \text{とする.}$$

以下，同じ手順を繰り返して，帰納的に縮小区間列 $[a_n,b_n]$ をつくる.

$(\sup\{f(x)\mid a\leqq x\leqq b\}=\sup\{f(x)\mid a_n\leqq x\leqq b_n\}$ である).

ここで，$\{a_n\}$ は単調増加，$\{b_n\}$ は単調減少であって，$\lim_{n\to\infty}a_n=\lim_{n\to\infty}b_n=\alpha$.

また連続性から，任意の $\varepsilon>0$ に対し，ある N が存在して $N<n\Longrightarrow x\in[a_n,b_n]$ に対し $|f(x)-f(\alpha)|<\varepsilon$.

つまり，$x\in[a_n,b_n]$ ならば $f(x)<f(\alpha)+\varepsilon$.

結局，$\sup\{f(x)\mid a\leqq x\leqq b\}=\sup\{f(x)\mid a_n\leqq x\leqq b_n\}\leqq f(\alpha)+\varepsilon$.

以上をまとめてみれば，任意の $\varepsilon>0$ に対し，$f(\alpha)\leqq\sup\{f(x)\mid a\leqq x\leqq b\}\leqq f(\alpha)+\varepsilon$.

すなわち，$f(\alpha)=\sup\{f(x)\mid a\leqq x\leqq b\}$ でなければならない (証明終).

8.　微分法

微分の定義も，$\varepsilon-\delta$ 論法で書き下すことができる.

定義 (微分)

任意の $\varepsilon>0$ に対し，ある $\delta>0$ が存在して $0<|h|<\delta\Longrightarrow\left|\frac{f(a+h)-f(a)}{h}-\alpha\right|<\varepsilon$ となるとき，$f(x)$ は $x=a$ で微分可能であると呼ぶ．α を $f'(a)$ と表す.

さらに，このことを $\lim_{h\to 0}\frac{f(a+h)-f(a)}{h}=f'(a)$ と表す.

微分法の定理の証明では，前節の定理 A (p.214) を自由に用いると簡便である．以下，$f(x)$, $g(x)$ は微分可能とし，$f'(x)$, $g'(x)$ は x における微分 (導関数) とする.

定理 (基本公式)(p.31 参照)

$$\begin{cases}\{f(x)+g(x)\}'=f'(x)+g'(x),\\ \{cf(x)\}'=cf'(x).\end{cases}$$

(証明)
$$\begin{aligned}\{f(x)+g(x)\}'&=\lim_{h\to 0}\frac{\{f(x+h)+g(x+h)\}-\{f(x)+g(x)\}}{h}\\&=\lim_{h\to 0}\frac{f(x+h)-f(x)}{h}+\lim_{h\to 0}\frac{g(x+h)-g(x)}{h}\\&=f'(x)+g'(x).\end{aligned}$$

$$\{cf(x)\}' = \lim_{h \to 0} \frac{cf(x+h) - cf(x)}{h} = c \cdot \lim_{h \to 0} \frac{f(x+h) - f(x)}{h}$$
$$= cf'(x) \qquad \text{(証明終)}.$$

証明では，極限の性質 (定理 A) を自由に用いていることが，見て取れるだろう．

定理 (積の微分法)(p.32 参照)

$$\{f(x)g(x)\}' = f'(x)g(x) + f(x)g'(x).$$

(証明)
$$\{f(x)g(x)\}' = \lim_{h \to 0} \frac{f(x+h)g(x+h) - f(x)g(x)}{h}$$
$$= \lim_{h \to 0} \frac{\{f(x+h)g(x+h) - f(x)g(x+h)\} + \{f(x)g(x+h) - f(x)g(x)\}}{h}$$
$$= \lim_{h \to 0} \frac{f(x+h) - f(x)}{h} \cdot \lim_{h \to 0} g(x+h) + f(x) \cdot \lim_{h \to 0} \frac{g(x+h) - g(x)}{h}$$
$$= f'(x)g(x) + f(x)g'(x) \qquad \text{(証明終)}.$$

定理 (商の微分法)(p.33 参照)

$$\left\{\frac{g(x)}{f(x)}\right\}' = \frac{f(x)g'(x) - f'(x)g(x)}{f^2(x)}.$$

(証明)　まず，
$$\left\{\frac{1}{f(x)}\right\}' = \lim_{h \to 0} \frac{\dfrac{1}{f(x+h)} - \dfrac{1}{f(x)}}{h}$$
$$= \lim_{h \to 0} \frac{-1}{f(x+h)f(x)} \cdot \frac{f(x+h) - f(x)}{h} = \frac{-f'(x)}{f^2(x)}.$$

よって，
$$\left\{\frac{g(x)}{f(x)}\right\}' = \left\{\frac{1}{f(x)} \cdot g(x)\right\}' \quad \text{(積の微分法を利用)}$$
$$= \frac{-f'(x)}{f^2(x)} \cdot g(x) + \frac{1}{f(x)} \cdot g'(x) = \frac{-f'(x)g(x) + f(x)g'(x)}{f^2(x)} \qquad \text{(証明終)}.$$

定理 (合成関数の微分法)(p.34 参照)

$$\{f(g(x))\}' = f'(g(x)) \cdot g'(x).$$

(証明)
$$F(h) = \begin{cases} \dfrac{f(g(x+h)) - f(g(x))}{g(x+h) - g(x)} & (g(x+h) \neq g(x) \text{ のとき}) \\ f'(g(x)) & (g(x+h) = g(x) \text{ のとき}) \end{cases}$$

とおけば，f は微分可能であるから，$h = 0$ で $F(h)$ は連続．

よって，
$$\lim_{h \to 0} \frac{f(g(x+h)) - f(g(x))}{h} = \lim_{h \to 0} F(h) \cdot \frac{g(x+h) - g(x)}{h}$$
$$= f'(g(x)) \cdot g'(x) \qquad \text{(証明終)}.$$

9. 多変数関数についてのいくつかの注意

ここでは，本文中で紹介しきれていない定義と事実を述べておく．

簡単のために，この節では $\mathbf{R}^2$(平面) を考え，$D \subset \mathbf{R}^2$ しておく．考える関数は，2 変数関数とする．[5]

定義 (近傍と開集合)

$\delta > 0$ とする．

$B_\delta(a,b) = \{(x,y) \mid \sqrt{(x-a)^2+(y-b)^2} < \delta\}$ を点 (a,b) の δ 近傍と呼ぶ．

さらに，任意の $(a,b) \in D$ に対し，ある $B_\delta(a,b)$ が存在して $B_\delta(a,b) \subset D$ となるとき，D は開集合であるという．

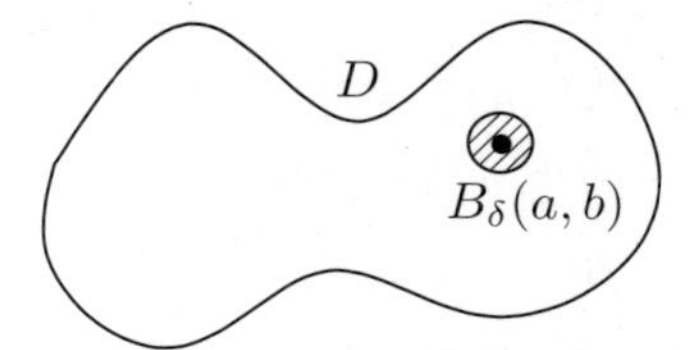

定義 ((弧状) 連結)

任意の $(x_0,y_0), (x_1,y_1) \in D$ に対し，ある連続曲線 $\ell = \{(x(t),y(t)) \mid 0 \leqq t \leqq 1\}$ が存在して，

$$\begin{cases} (x(0),y(0)) = (x_0,y_0),\ (x(1),y(1)) = (x_1,y_1), \\ \text{かつ} \\ \ell \subset D \end{cases}$$

となるとき，D は (弧状) 連結であるという．

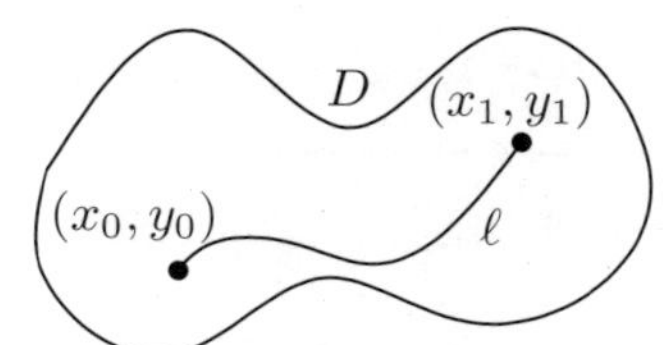

$x(t)$ と $y(t)$ が，ともに区間 $[0,1]$ において連続であるとき，$\ell = \{(x(t),y(t)) \mid 0 \leqq t \leqq 1\}$ を連続曲線という．

定義 (領域，境界，閉領域)

(弧状) 連結な開集合 D を領域と呼ぶ．さらに領域 D に対し，

$\partial D = \{(x,y) \mid (x,y) \notin D, \text{任意の}\delta > 0 \text{に対し} B_\delta(x,y) \cap D \neq \phi\}$

を D の境界と呼ぶ．また，$\dot{D} = D \cup \partial D$ を閉領域と呼ぶ．

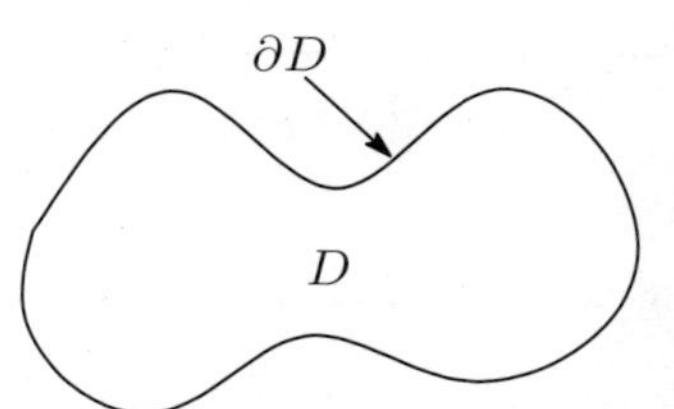

一変数関数のときには，開区間上の関数 (p.9 参照) を考えていた．多変数関数では，開区間に相当する概念が領域である．さらに，閉区間に相当する概念を閉領域と思えばよい[6]．

次に，連続関数の定義を述べておく．

定義 (連続関数)(p.89 参照)

任意の $\varepsilon > 0$ に対し，ある $\delta > 0$ が存在して $(x,y) \in B_\delta(a,b) \Longrightarrow |f(x,y) - f(a,b)| < \varepsilon$ となるとき，2 変数関数 $f(x,y)$ は点 (a,b) で連続であると呼ぶ．

このことを，$\displaystyle\lim_{(x,y)\to(a,b)} f(x,y) = f(a,b)$ と書く．

一変数の定理 A(p.214, p.13) に相当する事実も見えるだろう．さらに，多変数でも，最大値，最小値の定理，中間値の定理が成り立つ．

[5] この節の内容は，3 変数以上の場合も同様に成立する．

[6] 本書では，閉領域を $\dot{D}$ と書いた．他書では $\overline{D}$ の記号も多いが，補集合との混乱を避けるために $\dot{D}$ とした．

中間値の定理 (2 変数の場合)

$f(x,y)$ が領域 D 上連続であるとし，$(x_0,y_0),(x_1,y_1)\in D$ とする．そのとき，$f(x_0,y_0)$ と $f(x_1,y_1)$ の中間の値 c に対し，$f(x,y)=c$ となる $(x,y)\in D$ が存在する

(中間値の定理 (2 変数の場合) の証明)

領域 D は連結であるから，ある連続曲線 $\ell=\{(x(t),y(t))\mid 0\leqq t\leqq 1\}\subset D$ が存在して，$(x(0),y(0))=(x_0,y_0)$，$(x(1),y(1))=(x_1,y_1)$．

さらに $f(x(t),y(t))$ は閉区間 $[0,1]$ で連続であるから，一変数の中間値の定理 (p.10) より，ある $0\leqq t\leqq 1$ が存在して $f(x(t),y(t))=c$ (証明終)．

最大値，最小値の定理 (2 変数の場合)

$f(x,y)$ が閉領域 $\dot{D}$ 上連続であるとする．そのとき，$\dot{D}$ が有界ならば，$f(x,y)$ は $\dot{D}$ 上で最大値 M と最小値 m をもつ．

$\dot{D}$ が有界とは，$\{x^2+y^2\mid (x,y)\in\dot{D}\}$ が上に有界であるときを言う．

最大値の定理の証明は, 一変数関数の場合の証明 (p.215) を真似れば良い (省略).

連続性について述べたので，以下に偏微分と全微分に関する事実を紹介する．

定義 (偏微分)(p.90 参照)

任意の $\varepsilon>0$ に対し, ある $\delta>0$ が存在して $|x-a|<\delta\Longrightarrow\left|\dfrac{f(x,b)-f(a,b)}{x-a}-\alpha\right|<\varepsilon$ となるとき, $f(x,y)$ は点 (a,b) で x について偏微分可能と呼ぶ．α を $\dfrac{\partial f}{\partial x}(a,b)$ などと書く．

(注意) $\dfrac{\partial f}{\partial y}$ も, 同様に定義すれば良い．高階偏微分も逐次定義される．微分の公式も，一変数のときと同様に成立する．

定義

$f(x,y)$ が領域 D 上連続で，偏微分 $\dfrac{\partial f}{\partial x}$, $\dfrac{\partial f}{\partial y}$ がともに連続であるとき C^1 級という．$f(x,y)\in C^1(D)$ などと表す．さらに，n 階偏微分 $\dfrac{\partial^n f}{\partial x^n}, \dfrac{\partial^n f}{\partial x^{n-1}\partial y}, \cdots, \dfrac{\partial^n f}{\partial y^n}$ がすべて連続となるとき C^n 級という．

定義 (全微分)(p.93 参照)

任意の $\varepsilon>0$ に対し, ある $\delta>0$ が存在して

$$\sqrt{(\Delta x)^2+(\Delta y)^2}<\delta \implies$$

$$\left|\{f(a+\Delta x,b+\Delta y)-f(a,b)\}-\left\{\frac{\partial f}{\partial x}(a,b)\Delta x+\frac{\partial f}{\partial y}(a,b)\Delta y\right\}\right|<\varepsilon\sqrt{(\Delta x)^2+(\Delta y)^2}$$

となるとき, 関数 $f(x,y)$ は点 (a,b) で全微分可能と呼ぶ.

このことを，$df=\dfrac{\partial f}{\partial x}dx+\dfrac{\partial f}{\partial y}dy$ と表す．

定理

$f(x,y) \in C^1(D)$ ならば，$(a,b) \in D$ において $f(x,y)$ は全微分可能.

(証明)

一変数の平均値の定理 (p.57 参照) を利用すると，

$$\begin{aligned} f(a+\Delta x, b+\Delta y) - f(a,b) &= \{f(a+\Delta x, b+\Delta y) - f(a, b+\Delta y)\} + \{f(a,b+\Delta y) - f(a,b)\} \\ &= \frac{\partial f}{\partial x}(a+\Delta x', b+\Delta y)\cdot\Delta x + \frac{\partial f}{\partial y}(a, b+\Delta y')\cdot\Delta y \quad \cdots ① \\ &\qquad (\text{ただし, } 0<|\Delta x'|<|\Delta x|,\ 0<|\Delta y'|<|\Delta y|). \end{aligned}$$

さらに，$\dfrac{\partial f}{\partial x}$, $\dfrac{\partial f}{\partial y}$ がともに連続であるから，任意の $\dfrac{\varepsilon}{\sqrt{2}} > 0$ に対し，ある $\delta > 0$ が存在して

$$\sqrt{(\Delta x)^2+(\Delta y)^2} < \delta \Longrightarrow \begin{cases} \left|\dfrac{\partial f}{\partial x}(a+\Delta x', b+\Delta y) - \dfrac{\partial f}{\partial x}(a,b)\right| < \dfrac{\varepsilon}{\sqrt{2}} \\ \left|\dfrac{\partial f}{\partial x}(a, b+\Delta y') - \dfrac{\partial f}{\partial y}(a,b)\right| < \dfrac{\varepsilon}{\sqrt{2}} \end{cases} \quad \cdots ②$$

①, ②より，

$$\begin{aligned} &\sqrt{(\Delta x)^2+(\Delta y)^2} < \delta \implies \\ &\quad \left|\{f(a+\Delta x, b+\Delta y) - f(a,b)\} - \left\{\frac{\partial f}{\partial x}(a,b)\cdot\Delta x + \frac{\partial f}{\partial y}(a,b)\cdot\Delta y\right\}\right| \\ &= \left|\left\{\frac{\partial f}{\partial x}(a+\Delta x', b+\Delta y)\cdot\Delta x + \frac{\partial f}{\partial y}(a, b+\Delta y')\cdot\Delta y\right\} - \left\{\frac{\partial f}{\partial x}(a,b)\cdot\Delta x + \frac{\partial f}{\partial y}(a,b)\cdot\Delta y\right\}\right| \\ &= \left|\left\{\frac{\partial f}{\partial x}(a+\Delta x', b+\Delta y) - \frac{\partial f}{\partial x}(a,b)\right\}\cdot\Delta x + \left\{\frac{\partial f}{\partial x}(a, b+\Delta y') - \frac{\partial f}{\partial y}(a,b)\right\}\cdot\Delta y\right| \\ &< \frac{\varepsilon}{\sqrt{2}}(|\Delta x| + |\Delta y|) \leqq \varepsilon\sqrt{(\Delta x)^2+(\Delta y)^2} \quad (\text{証明終}). \end{aligned}$$ [7]

本文中に現れた，一階の偏微分が現れる定理 (逆関数の定理 (p.95), 陰関数の (偏) 微分 (p.97), 連鎖公式 (p.99), 接平面 (p.102), ラグランジュ未定乗数法 (p.106)) は，すべて C^1 級の関数の場合に成立すると思っておくと良い.

証明は略すが，次のこともわかる.

定理 (シュワルツ)

$f(x,y) \in C^2(D)$ ならば，$(x,y) \in D$ において $\dfrac{\partial^2}{\partial x \partial y}f(x,y) = \dfrac{\partial^2}{\partial y \partial x}f(x,y)$.

高階偏微分の現れる定理 (極大値，極小値 (p.104), テイラーの定理 (p.109)) は，その現れる偏微分の階数を n とすれば，C^n 級の関数に対して成立している. [8] このように整理しておくと，覚えやすいだろう.

---

[7] $|\Delta x| + |\Delta y| \leqq \sqrt{2}\sqrt{(\Delta x)^2+(\Delta y)^2}$ である.

[8] とくに，何度でも偏微分可能な関数は，C^∞ 級という.

10.　積分法

この節では，積分法の概念を紹介する．

次元ごとに紹介するのは迂遠なので，以下，n 次元ユークリッド空間 $\mathbf{R}^n$ 上の積分を述べる．$n=1$ なら数直線, $n=2$ なら平面, $n=3$ なら空間と思っておけば良い．

定義 (直方体)

$\{(x_1, x_2, \cdots, x_n) \in \mathbf{R^n} \mid a_1 \leqq x_1 < b_1,\ a_2 \leqq x_2 < b_2,\ \cdots,\ a_n \leqq x_n < b_n\}$

を $[a_1, b_1) \times [a_2, b_2) \times \cdots \times [a_n, b_n)$ などと表す

定義 (直方体の測度)

$I = [a_1, b_1) \times [a_2, b_2) \times \cdots \times [a_n, b_n)$ とするとき，$m(I) = (b_1 - a_1)(b_2 - a_2)\cdots(b_n - a_n)$ と定義する．

(参考) 測度とは，平面なら面積，空間なら体積である．

定義 (ジョルダン測度)

集合 $D \subset \mathbf{R^n}$ に対して，

$\overline{m}(D) = \inf\{\sum_{\text{有限和}} m(I_k) \mid \bigcup_k I_k \supset D,$ 各 I_kは直方体 $\}$ をジョルダン外測度,

$\underline{m}(D) = \sup\{\sum_{\text{有限和}} m(I_k) \mid \bigcup_k I_k \subset D,\ I_k \cap I_\ell = \phi\ (k \neq \ell$のとき), 各 I_kは直方体 $\}$ をジョルダン内測度と呼ぶ．

とくに $\overline{m}(D) = \underline{m}(D)$ のとき，D はジョルダン可測と呼び $m(D) = \overline{m}(D) = \underline{m}(D)$ と書く．$m(D)$ をジョルダン測度と呼ぶ．

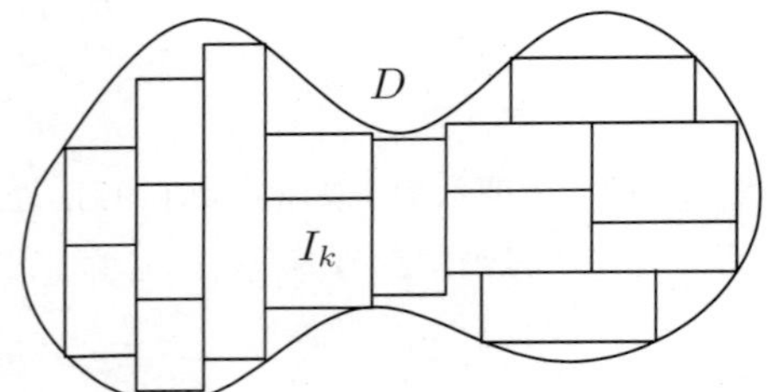

ジョルダン測度のイメージ．
(図形を直方体の和で近似している)．

定義 (リーマン積分)

$f(x_1, x_2, \cdots, x_n)$ を集合 $D \subset \mathbf{R^n}$ 上, 0 以上の値をとる関数とする．

$D_f = \{(x_1, x_2, \cdots, x_n, x_{n+1}) \in \mathbf{R^{n+1}} \mid (x_1, x_2, \cdots, x_n) \in D,\ 0 \leqq x_{n+1} \leqq f(x_1, x_2, \cdots, x_n)\}$

と定義するとき,

$\overline{m}(D_f)$ を f の上積分と呼び $\overline{\int_D} f(x_1, x_2, \cdots, x_n)\, dx_1 dx_2 \cdots dx_n$ と表す．

$\underline{m}(D_f)$ を f の下積分と呼び $\underline{\int_D} f(x_1, x_2, \cdots, x_n)\, dx_1 dx_2 \cdots dx_n$ と表す．

$\overline{m}(D_f) = \underline{m}(D_f)$ となるとき，$f(x_1, x_2, \cdots, x_n)$ は (D 上で) リーマン積分可能と呼び

$$m(D_f) = \int_D f(x_1, x_2, \cdots, x_n)\, dx_1 dx_2 \cdots dx_n \text{ と表す．}$$

さらに一般の関数 f に対しては, $f^+ = \max(f, 0)$, $f^- = \max(-f, 0)$ とおけば, 2 つの 0 以上の値をとる関数の差 $f = f^+ - f^-$ で書ける．よって, $m(D_f) = m(D_{f^+}) - m(D_{f^-})$ と定義する．

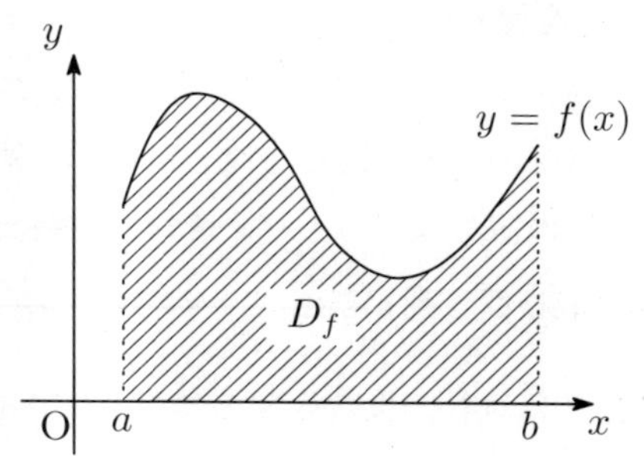

一変数関数 $f(x)$ については,

$$\begin{cases} D=[a,b] \text{ のとき } \int_D f(x)\,dx \text{ を } \int_a^b f(x)\,dx \text{ と書く.} \\ \text{さらに, } x \text{ の関数 } \int_a^x f(t)\,dt \text{ を\textbf{不定積分}という.} \end{cases}$$

以下，この節では，重要な結果を紹介するにとどめて置く.

定理

D を有界な領域とする．$f(x_1, x_2, \cdots, x_n)$ が閉領域 $\dot{D}$ 上で連続ならば, $f(x_1, x_2, \cdots, x_n)$ は D 上でリーマン積分可能.

(注意) D が有界であるとは，$\{(x_1^2+x_2^2+\cdots+x_n^2) \mid (x_1, x_2, \cdots, x_n) \in D\}$ が，上に有界であるとき.

定理

上の定理の仮定の下で，$\displaystyle\int_D f(x_1, x_2, \cdots, x_n)\,dx_1 dx_2 \cdots dx_n$ は, 累次積分 (p.114, p.128 参照) の値と一致する．さらに, 積分の順序によらず値は一致する (p.115 発展 参照).

定理 (微分積分学の基本定理)

区間 $[a,b]$ でリーマン積分可能な関数 $f(t)$ が，$t=x \in (a,b)$ で連続とする．そのとき,

$$\frac{d}{dx}\int_a^x f(t)\,dt = f(x).$$

(注意)　微分積分学の基本定理は, $f(x)$ の**原始関数と不定積分が一致する** ことを表している
(原始関数とは, $F'(x)=f(x)$ となる関数であった)(p.64 参照).

さらに，微分積分学の基本定理と合成関数の微分法 (p.34, p.216) を用いれば, 置換積分が証明される.

定理 (置換積分)(p.66, p.75 参照)

区間 $[a,b]$ において，$f(g(x))$ と $g'(x)$ が連続であれば $\displaystyle\int_a^b f(g(x))\,g'(x)\,dx = \int_{g(a)}^{g(b)} f(u)\,du.$

(証明)

$f(x)$ の原始関数を $F(x)$ とおくと，合成関数の微分法より, $(F(g(x)))' = F'(g(x)) \cdot g'(x) = f(g(x)) \cdot g'(x)$.
つまり, $f(g(x)) \cdot g'(x)$ の原始関数は，$F(g(x))$ である.

微分積分学の基本定理より，積分を原始関数で表してよいから,

$$\begin{cases} \int_a^b f(g(x))\,g'(x)\,dt = [F(g(x))]_a^b = F(g(b)) - F(g(a)), \\ \int_{g(a)}^{g(b)} f(u)\,du = [F(u)]_{g(a)}^{g(b)} = F(g(b)) - F(g(a)) \end{cases}$$
(証明終).

他の公式 (基本公式 (その 2), 部分積分 etc. (p.65, p.68 参照)) も，微分積分学の基本定理のもとで，容易に証明が見えるだろう.

11. 広義積分

前節で述べたことでは，領域 D が有界でなかったり，$f(x_1, x_2, \cdots, x_n)$ が閉領域 $\dot{D}$ 上で連続でない場合，リーマン積分可能とは限らない．つまり，積分の定義を拡張しておく必要がある．

そこでこの節では，リーマン積分の拡張として，広義積分 (p.84, p.85, p.126 参照) を定義する．

定義 (取り尽し列)

集合 S に対し，次の性質を満たすものを，取り尽し列 $\{D_n\}$ と書く．

$$\begin{cases} \text{各 } D_n \text{は, 有界な領域である,} \\ D_1 \subset D_2 \subset D_3 \subset \cdots, \\ \bigcup_n D_n = \text{S}. \end{cases}$$

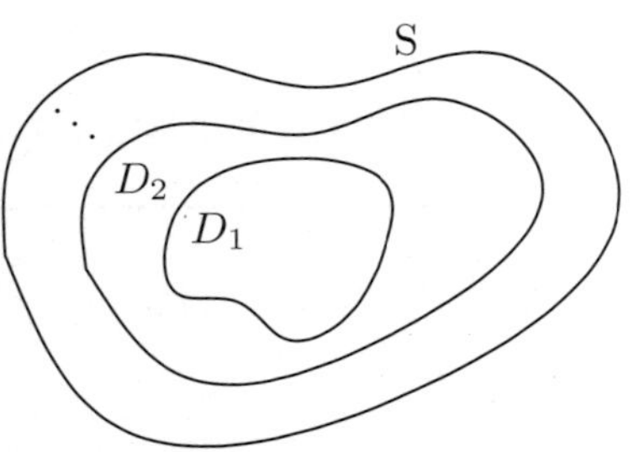

定義 (広義積分)(p.84, p.85, p.126 参照)

領域 D において，関数 $f(x_1, x_2, \cdots, x_n)$ が E 上不連続とし，$m(E) = 0$ とする．

$D \cap \overline{E}$ の取り尽し列 $\{D_k\}$ によらず，$\displaystyle\lim_{k\to\infty} \int_{D_k} f(x_1, x_2, \cdots, x_n)\, dx_1 dx_2 \cdots dx_n$ がある一定の値に収束するとき，$f(x_1, x_2, \cdots, x_n)$ は D 上で広義積分可能と呼ぶ．

この極限も，$\displaystyle\int_D f(x_1, x_2, \cdots, x_n)\, dx_1 dx_2 \cdots dx_n$ とかく．

例①　$D = \mathbf{R^2}$ (平面全体) の場合，$D_n = \{(x, y) \mid x^2 + y^2 \leqq n^2\}$ とすれば

$$\begin{aligned} \int_D \frac{1}{(x^2+y^2+1)^2}\, dx\, dy &= \lim_{n\to\infty} \int_{D_n} \frac{1}{(x^2+y^2+1)^2}\, dx\, dy \\ &= \lim_{n\to\infty} \int_0^{2\pi} \int_0^n \frac{r}{(r^2+1)^2}\, dr\, d\theta \quad (\text{極座標}) \\ &= \lim_{n\to\infty} \left[\frac{-\pi}{r^2+1}\right]_0^n = \pi. \end{aligned}$$

(注意)

$\{D_n\}$ を円板にしたが，本来は，任意の取り尽し列 $\{D_n\}$ に対しても調べる必要がある．[9]

例②　$D = \{(x, y) \mid x^2 + y^2 \leqq 1\}$，$f(x, y) = \dfrac{1}{(x^2+y^2)^{\frac{1}{2}}}$ とする．

$D_n = \{(x, y) \mid \dfrac{1}{n^2} \leqq x^2 + y^2 \leqq 1\}$ とすれば，

$$\begin{aligned} \int_D \frac{1}{(x^2+y^2)^{\frac{1}{2}}}\, dx\, dy &= \lim_{n\to\infty} \int_{D_n} \frac{1}{(x^2+y^2)^{\frac{1}{2}}}\, dx\, dy \\ &= \lim_{n\to\infty} \int_0^{2\pi} \int_{\frac{1}{n}}^1 \frac{r}{r}\, dr\, d\theta \quad (\text{極座標}) \\ &= \lim_{n\to\infty} 2\pi\left(1 - \frac{1}{n}\right) = 2\pi. \end{aligned}$$

[9] ある取り尽くし列 $\{D_k\}$ に対して，$\displaystyle\lim_{k\to\infty} \int_{D_k} |f(x_1, x_2, \cdots, x_n)|\, dx_1 dx_2 \cdots dx_n$ が収束 (絶対収束すると呼ぶ) すれば，広義積分可能であることが証明されている．取り尽し列のとり方が 1 通りで済む！

12.　関数列と一様収束

前節までに，連続性，微分積分の基礎概念を話した．ここでは，関数の列と連続性，微積分の関係を述べていくことにする．直感では処理しきれない事実 (p.202 例②) があるので，極限操作は明らかでない．

定義 (関数列)

自然数 n に対し，関数 $f_n(x)$ を対応させる．$\{f_n(x)\}$ を関数列と呼ぶ．

定義 (各点収束)

$\mathrm{S} \subset \mathbf{R}$ とする．任意の $x \in \mathrm{S}$ を固定するたび，$\lim_{n\to\infty} f_n(x)$ が収束するとき，関数列 $\{f_n(x)\}$ は S 上で $f(x)$ に各点収束すると呼ぶ．$\lim_{n\to\infty} f_n(x) = f(x)$ と表す．

定義 (一様収束)

$\mathrm{S} \subset \mathbf{R}$ とする．$\{f_n(x)\}$ は S 上で各点収束し，$\lim_{n\to\infty} f_n(x) = f(x)$ とする．

$M_n = \sup_{x\in\mathrm{S}}|f_n(x) - f(x)|$ とし，$\lim_{n\to\infty} M_n = 0$ となるとき，関数列 $\{f_n(x)\}$ は S 上で $f(x)$ に一様収束すると呼ぶ．

(注意) $M_n = \sup_{x\in\mathrm{S}}|f_n(x) - f(x)| = \sup\{|f_n(x) - f(x)| \mid x \in \mathrm{S}\}$ である．

例．$f_n(x) = x^{2n}$ とする．$\mathrm{S}= [-1, 1]$ とすると，$\lim_{n\to\infty} f_n(x) = \begin{cases} 1 & (x = \pm 1 \text{ のとき}), \\ 0 & (-1 < x < 1 \text{ のとき}). \end{cases}$

さらに，$\mathrm{S}= [-1+\delta, 1-\delta]$ $(\delta > 0)$ とすると $M_n = \sup_{x\in\mathrm{S}}|f_n(x) - f(x)| = \sup_{x\in[-1+\delta,1-\delta]}|x^{2n} - 0| = |1-\delta|^{2n}$.

よって，$[-1+\delta, 1-\delta]$ 上で $f_n(x)$ は $f(x) = 0$ に一様収束する．

(注意)

$f_n(x) = x^{2n}$ は $[-1, 1]$ 上で各点収束するが，一様収束はしない！ $\mathrm{S}= [-1, 1]$ とすると，任意の n に対し，$M_n = 1$ になるからである (右図)．

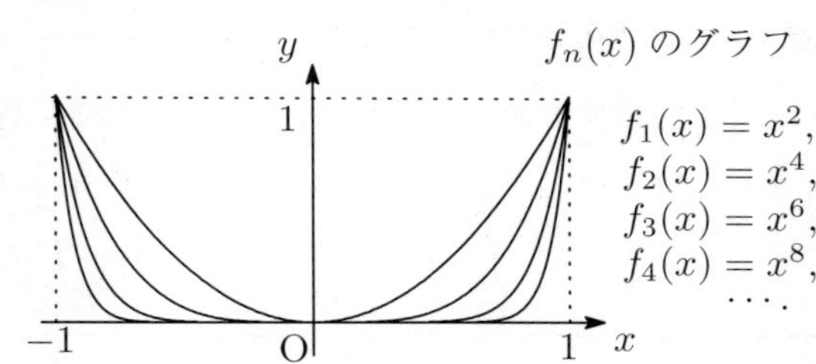

定理

関数列 $\{f_n(x)\}$ が $[a, b]$ 上で $f(x)$ に一様収束し，各 $f_n(x)$ が $[a, b]$ で連続ならば，$f(x)$ も $[a, b]$ で連続．

(証明) $c \in [a, b]$ とする．

$\{f_n(x)\}$ が $f(x)$ に一様収束するから，任意の $\dfrac{\varepsilon}{3} > 0$ に対し，ある自然数 N が存在して

$$N < n \Longrightarrow \sup_{x\in[a,b]} |f_n(x) - f(x)| < \frac{\varepsilon}{3}.$$

また，$f_n(x)$ が連続であるから，とくに $n = N + 1$ として，任意の $\dfrac{\varepsilon}{3} > 0$ に対し，ある $\delta > 0$ が存在して，[10]

$$|x - c| < \delta,\ x \in [a, b] \Longrightarrow |f_n(x) - f_n(c)| < \frac{\varepsilon}{3}.$$

まとめて，

$$\begin{aligned} |x - c| < \delta,\ x \in [a, b] \Longrightarrow |f(x) - f(c)| &\leqq |f(x) - f_n(x)| + |f_n(x) - f_n(c)| + |f_n(c) - f(c)| \\ &< \frac{\varepsilon}{3} + \frac{\varepsilon}{3} + \frac{\varepsilon}{3} = \varepsilon \end{aligned}$$
(証明終).

[10] 区間の端では片側極限を考えるために，$x \in [a, b]$ とする．

一様収束性によって，連続性が遺伝することがわかった．実際，前頁の例では，関数列 $f_n(x) = x^{2n}$ は，区間 $[-1+\delta, 1-\delta]$ で連続関数 $f(x) = 0$ に一様収束している．区間の端 $x = -1, 1$ では，$f(x)$ は不連続であるので，一様収束が本質的だと見えるだろう．

さらに，**一様収束性があれば，微分についても遺伝している**．証明は省くが，次の定理もわかる．

定理 (極限と微分の順序交換)

関数列 $\{f_n(x)\}$ が $[a, b]$ 上で $f(x)$ に各点収束し，関数列 $\{f'_n(x)\}$ が $[a, b]$ 上で $g(x)$ に一様収束すれば，$f'(x) = g(x)$ である．すなわち，$\dfrac{d}{dx}\left(\lim_{n\to\infty} f_n(x)\right) = \lim_{n\to\infty} f'_n(x)$.

では，積分についてはどうだろうか．**一様収束性があれば，積分も遺伝**する．しかし，多少の不連続性があったとしても積分可能であるので，**積分については，一様収束性の条件は強すぎる**．

定理 (極限と積分の順序交換)

関数列 $\{f_n(x)\}$ が $[a, b]$ 上で $f(x)$ に一様収束し，各 $f_n(x)$ が連続ならば

$$\int_a^b \lim_{n\to\infty} f_n(x)\, dx = \lim_{n\to\infty} \int_a^b f_n(x)\, dx.$$

積分については，一様収束は強すぎる条件であるので，適用範囲の広い定理を書いておく[11]．

定理 (アルゼラの定理)(リーマン積分の場合)

一様に有界な積分可能な関数列 $\{f_n(x)\}$ が $[a, b]$ 上で $f(x)$ に各点収束し，$f(x)$ も積分可能ならば

$$\int_a^b \lim_{n\to\infty} f_n(x)\, dx = \lim_{n\to\infty} \int_a^b f_n(x)\, dx.$$

(注意) 一様に有界とは，ある実数 M が存在して，任意の n に対し，$\sup\limits_{x\in[\mathrm{a,\ b}]} |f_n(x)| < M$ となること．

定理 (アルゼラの定理)(広義積分の場合)

S 上で広義積分可能な関数列 $\{f_n(x)\}$ が $f(x)$ に各点収束し，$f(x)$ も広義積分可能とする．
さらに，$|f_n(x)| \leqq g(x)$ となる広義積分可能な $g(x)$ が存在すれば，

$$\int_S \lim_{n\to\infty} f_n(x)\, dx = \lim_{n\to\infty} \int_S f_n(x)\, dx.$$

p.202 例②では，$f_n(x) = \begin{cases} \dfrac{1}{n} & (0 \leqq x \leqq n \text{ のとき}), \\ 0 & (x < 0,\ n < x \text{ のとき}) \end{cases}$ であった．

つまり，$g(x) \geqq \dfrac{1}{n}$ $(n-1 < x \leqq n$ のとき$)$ となる (下図)．

$$\int_0^\infty g(x)dx \geqq 1 + \frac{1}{2} + \frac{1}{3} + \cdots + \frac{1}{n} + \cdots = \infty$$

であって，$g(x)$ は**広義積分可能になりえない**．アルゼラの定理の適用範囲外になっている．

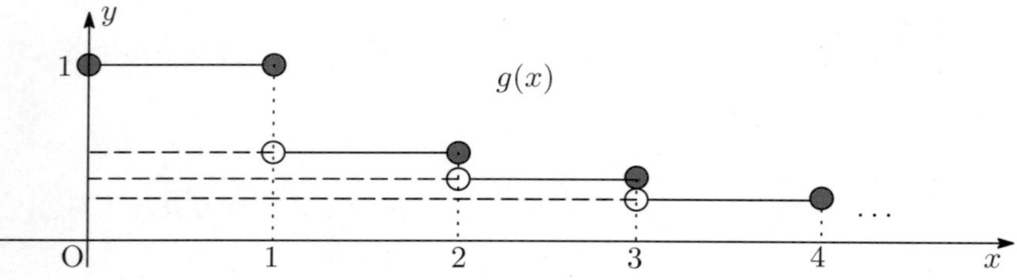

[11] (参考) ルベーグ積分論と呼ばれるものがある．ルベーグ積分論では，ルベーグの有界収束定理がアルゼラの定理に対応している．

13. べき級数

定義

級数 $a_0 + a_1x + a_2x^2 + \cdots + a_nx^n + \cdots$ をべき級数と呼ぶ.

簡単な例は，等比級数である.

例. $1 + x + x^2 + \cdots + x^n + \cdots = \begin{cases} +\infty & (x \geqq 1 \text{ のとき}), \\ \dfrac{1}{1-x} & (-1 < x < 1 \text{ のとき}), \\ \text{振動して発散} & (x \leqq -1 \text{ のとき}). \end{cases}$

上の例では，$-1 < x < 1$ において級数が収束している．しかも収束した関数は，何度でも微分可能である．このことを一般化して，べき級数について述べてみよう.

定義 (収束半径)

級数 $a_0 + a_1x + a_2x^2 + \cdots + a_nx^n + \cdots$ に対し，

$R = \sup\{r \mid |x| < r$ ならば $a_0 + a_1x + a_2x^2 + \cdots + a_nx^n + \cdots$ が収束する.$\}$

を収束半径と呼ぶ.

定理

級数 $a_0 + a_1x + a_2x^2 + \cdots + a_nx^n + \cdots$ の収束半径を R とする.

① $x \in (-R, R)$ ならば，級数 $a_0 + a_1x + a_2x^2 + \cdots + a_nx^n + \cdots$ は絶対収束する.

(例えば，無限和の順序交換をしても，値はかわらない.)

② $\delta > 0$ に対し，$[-R+\delta, R-\delta]$ 上，$S_n(x) = a_0 + a_1x + a_2x^2 + \cdots + a_nx^n$ は一様収束する.

(さらに，$S_n'(x) = 0 + a_1 + 2a_2x + \cdots + na_nx^{n-1}$ も一様収束する.)

つまり，$(-R, R)$ において自由に無限和の交換ができて，微分積分も，項ごとに計算することが許される(項別微分，項別積分という).

(①の証明)

$|x| < r < R$ となる r を一つ固定する.

$a_0 + a_1r + a_2r^2 + \cdots + a_nr^n + \cdots$ は収束するので，$\{a_nr^n\}$ は有界である.

そこで，$M = \sup\{\, |a_nr^n| \mid n = 1, 2, \cdots\}$ とおけば，$|a_nx^n| = |a_nr^n| \left|\dfrac{x}{r}\right|^n \leqq M \cdot \left|\dfrac{x}{r}\right|^n$.

よって，
$$|a_0| + |a_1x| + |a_2x^2| + \cdots + |a_nx^n| + \cdots \leqq M + M\left|\frac{x}{r}\right| + M\left|\frac{x}{r}\right|^2 + \cdots + M\left|\frac{x}{r}\right|^n + \cdots = \frac{M}{1 - \left|\dfrac{x}{r}\right|}.$$

つまり，単調収束定理から $|a_0| + |a_1x| + |a_2x^2| + \cdots + |a_nx^n| + \cdots$ が収束する.

すなわち，$a_0 + a_1x + a_2x^2 + \cdots + a_nx^n + \cdots$ は，絶対収束した.

(②の証明) ($S_n(x)$ が $[-R+\delta, R-\delta]$ 上で，一様収束することを示す).

$R-\delta \leqq r < R$ となる r を一つ固定する．①と同様に，$M=\sup\{\ |a_n r^n| \mid n=1,2,\cdots\}$ とおけば，

$$\begin{aligned}
&|S_N(x) - \lim_{N\to\infty} S_N(x)| \\
&= |(a_0+a_1x+a_2x^2+\cdots+a_Nx^N+a_{N+1}x^{N+1}+\cdots) - (a_0+a_1x+a_2x^2+\cdots+a_Nx^N)| \\
&\leqq |a_{N+1}x^{N+1}| + |a_{N+2}x^{N+2}| + |a_{N+3}x^{N+3}| + \cdots \\
&\leqq |a_{N+1}(R-\delta)^{N+1}| + |a_{N+2}(R-\delta)^{N+2}| + |a_{N+3}(R-\delta)^{N+3}| + \cdots \\
&= |a_{N+1}r^{N+1}| \left|\frac{R-\delta}{r}\right|^{N+1} + |a_{N+2}r^{N+2}| \left|\frac{R-\delta}{r}\right|^{N+2} + \cdots \leqq \frac{M}{1-\left|\dfrac{R-\delta}{r}\right|}\left|\frac{R-\delta}{r}\right|^{N+1}.
\end{aligned}$$

つまり，$M_N = \displaystyle\sup_{x\in[-R+\delta,R-\delta]} \{\ |S_N(x) - \lim_{N\to\infty} S_N(x)|\ \} \leqq \frac{M}{1-\left|\dfrac{R-\delta}{r}\right|}\left|\frac{R-\delta}{r}\right|^{N+1}$.

すなわち，$\displaystyle\lim_{N\to\infty} M_N = 0$ となった ($S'_n(x)$ の一様収束の証明は省略) (証明終).

収束半径がわかれば，絶対収束と一様収束が保証されたことになる．そこで, 結果だけだが, 収束半径を調べる定理を紹介する．

定理 (ダランベール)

$R = \displaystyle\lim_{n\to\infty}\left|\frac{a_n}{a_{n+1}}\right|$ が収束すれば，$a_0+a_1x+a_2x^2+\cdots+a_nx^n+\cdots$ の収束半径は R である．

例① べき級数 $x+2x^2+\cdots+nx^n+\cdots$ の収束半径は, $\displaystyle\lim_{n\to\infty}\left|\frac{a_n}{a_{n+1}}\right| = \lim_{n\to\infty}\frac{n}{n+1} = 1$.

ダランベールの定理では，収束半径が調べにくいこともある．適用範囲の広い定理も述べておこう．

定理 (コーシー)

$R=\sup\{\ r \mid$ 数列 $\{|a_nr^n|\}$ が有界 $\}$ とすれば，$a_0+a_1x+a_2x^2+\cdots+a_nx^n+\cdots$ の収束半径は R.

例② $x-\dfrac{x^3}{3!}+\dfrac{x^5}{5!}-\dfrac{x^7}{7!}+\dfrac{x^9}{9!}-\cdots$ の収束半径は $+\infty$ である．なぜなら，任意の r について $\displaystyle\lim_{n\to\infty}\frac{r^n}{n!}=0$ である．よって, 任意の r について $\left\{\dfrac{r^n}{n!}\ \middle|\ n=1,2,\cdots\right\}$ が有界となった.

例③ $x-\dfrac{x^3}{3}+\dfrac{x^5}{5}-\dfrac{x^7}{7}+\dfrac{x^9}{9}-\cdots$ の収束半径は 1 である．なぜなら，$\begin{cases} r>1 \text{ ならば, } \displaystyle\lim_{n\to\infty}\frac{r^n}{n}=+\infty, \\ r=1 \text{ ならば, } \displaystyle\lim_{n\to\infty}\frac{r^n}{n}=0. \end{cases}$

コーシーの定理は, p.225 ①の証明とほぼ同様である．各自挑戦して欲しい.

付録 線形代数の基礎

付録では, 第 6 講のテーマに分けて, 線形代数を紹介します.

本文の計算として必要なのは, 第 1 講 (行列の導入) と第 5 講 (行列式) です. 計算法則 (行列の積, 行列式, 逆行列など) だけ知りたいなら, 飛ばし読みすると良いでしょう.

また, 他の講では, 初学者がつまずき易い内容を理解しやすくするために, 色々な例やトピックを入れておきました.

あくまで, 線形代数の概要ですので, 短く必要なことだけ記述してあります. いくつかのトピックは, 一般の線形代数の本には入っていないものもありますが, 例を見ながら理解してください.

様々な線形代数の本を調べることも, お勧めします.

第 1 講 (行列の導入)

行列とは, 読んで字の如く「行と列」に数字を並べたものである. 英語では, matrix と呼ばれていて, 少し正確に定義[1]を述べれば, 次のようなものになる.

定義 1. 実数を縦に m 行, 横に n 列並べたもの[2]を行列と呼び,

$$A = \begin{pmatrix} a_{11} & a_{12} & \cdots & a_{1n} \\ a_{21} & a_{22} & \cdots & a_{2n} \\ \cdots & \cdots & \cdots & \cdots \\ a_{m1} & a_{m2} & \cdots & a_{mn} \end{pmatrix}$$

のように書く. もしくは, $A = (a_{ij})$ のように簡略して書いてしまう.

例を見てみることにしよう. [3]

例 1. ① $\begin{pmatrix} 1 & -1 \\ \pi & 2 \end{pmatrix}$ ② $\begin{pmatrix} 0 & -1 \\ 2 & 1 \\ \sqrt{2} & 3 \end{pmatrix}$ ③ (-1)

問 1. **例 1** ②の行列は, 何行何列か？

定義された m 行 n 列の行列には, 単純に実数が mn 個つまっている. 実用上では, 家計簿?のように, 表にするだけでわかりやすくなる効果が十分にあるものもある. つまり, 表 (table) を無意識に作ること自体, 行列の考えに すでになっているのである. [4]

ちなみに, 数字を平面だけでなく, 空間上に並べたように扱うこともできて, テンソル解析と呼ばれている.

問 2. 日常生活で, 行列で書いたほうがわかりやすい例を述べよ.

次に, 足し算, 引き算を定義する. これは非常に自然な定義[5]であると思われる.

定義 2. $A = (a_{ij})$, $B = (b_{ij})$ を m 行 n 列の行列とし, α を実数とおくとき,

$$A + B = (a_{ij} + b_{ij}), \quad A - B = (a_{ij} - b_{ij}), \quad \alpha A = (\alpha a_{ij}) \text{ と定義する.}$$

---

[1] 数学では, 決まりごとを定義 (definition) と呼ぶ.

[2] 行と列が入れ替わって, 日本文学風に表現できる日は来るのか. ある日本の数学者は, Riemann 予想が解けたら, 日本語で論文を書こうと おっしゃっているようですが…

[3] 例のない数学のことを, abstract nonsense と表現することがある.

[4] 実際には, 行列で書くとわかりにくくなるものも沢山ある. これは, 心理的な効果だけのせいなのか？

[5] 自然とは？ 矛盾のないことを確かめるだけでは, 済まない.

例 2. ① $\begin{pmatrix} 1 & -1 \\ \pi & 2 \end{pmatrix} + \begin{pmatrix} 3 & -1 \\ 0 & 2 \end{pmatrix} = \begin{pmatrix} 4 & -2 \\ \pi & 4 \end{pmatrix}$

② $3\begin{pmatrix} 1 & -1 \\ 2 & 1 \\ \sqrt{2} & 3 \end{pmatrix} + 2\begin{pmatrix} 0 & -1 \\ 3 & 5 \\ 2 & 1 \end{pmatrix} = \begin{pmatrix} 3 & -5 \\ 12 & 13 \\ 3\sqrt{2}+4 & 11 \end{pmatrix}$

問 3. 次の行列の計算をおこなえ.

$$3\begin{pmatrix} 5 & 7 \\ 9 & 2 \end{pmatrix} - 2\begin{pmatrix} 3 & -1 \\ 2 & 2 \end{pmatrix}$$

さて，和と差が定義できたところで，計算には 四則が必要である．まだ，大切な積について一切話していない．第 1 講では，行列の積を天下り的に定義してしまう．この意味は，第 3 講になって明確になる．[6]

定義 3. $A = (a_{ik})$，を m 行 l 列の行列，$B = (b_{kj})$ を l 行 n 列の行列とするとき，

$$AB = (\sum_{k=1}^{l} a_{ik}b_{kj}) = (a_{i1}b_{1j} + a_{i2}b_{2j} + \cdots + a_{il}b_{lj})$$

と定義[7]する．AB は，m 行 n 列の行列となる．

例 3. ① $\begin{pmatrix} 1 & -1 & 3 \\ 0 & 2 & 2 \end{pmatrix}\begin{pmatrix} 3 & -1 \\ 0 & 2 \\ 2 & 1 \end{pmatrix} = \begin{pmatrix} 9 & 0 \\ 4 & 6 \end{pmatrix}$

② $\begin{pmatrix} 1 & -1 \\ 2 & 1 \\ 4 & 3 \end{pmatrix}\begin{pmatrix} 0 & -1 & 2 \\ 3 & 5 & 2 \end{pmatrix} = \begin{pmatrix} -3 & -6 & 0 \\ 3 & 3 & 6 \\ 9 & 11 & 14 \end{pmatrix}$

③ $\begin{pmatrix} 3 & -1 \\ 7 & 2 \end{pmatrix}\begin{pmatrix} 5 & 2 \\ 9 & 2 \end{pmatrix} = \begin{pmatrix} 6 & 4 \\ 53 & 18 \end{pmatrix}$

問 4. 次の行列の計算をおこなえ.

$$\begin{pmatrix} 1 & 2 \\ 3 & 2 \end{pmatrix}\begin{pmatrix} 3 & -1 \\ 2 & 2 \end{pmatrix}$$

[6]これは数学流のやり方で，もちろん 最初から無意識のうちに表現を思いついたわけではない．意味のある表現を求めるうちに，この形に落ち着いたというのが，本当のところである．

[7]計算式を見てそのまま頭に入るのは天才か，わかることを放棄した人だと思う．

掛け算が定義できたところで，次に, 実数における 1 と 0 に対応するものを 定義する．

定義 4 (単位行列，零行列)． n 行 n 列の行列,

$$E_n = \begin{pmatrix} 1 & 0 & \cdots & 0 \\ 0 & 1 & \cdots & 0 \\ \cdots & & & \\ 0 & 0 & \cdots & 1 \end{pmatrix}, \quad O = \begin{pmatrix} 0 & 0 & \cdots & 0 \\ 0 & 0 & \cdots & 0 \\ \cdots & & & \\ 0 & 0 & \cdots & 0 \end{pmatrix}$$

E_n を単位行列, O を零行列と呼ぶ．

定理 1． A を m 行 n 列の行列とするとき,

$$AE_n = E_mA = A, \ \ AO = OA = O.$$

証明は，掛け算を行えば良い．

単位行列と零行列が，実数の 1 と 0 に対応することになっているのである．そこで，割り算をどうするのか？も大切なテーマになる．そこで簡単のために，n 行 n 列の正方行列に限って話を進める．[8]

定義 5 (逆行列)． n 行 n 列の行列 A に対し，

$$AB = BA = E_n$$

となる行列 B を A の逆行列と呼び，$B = A^{-1}$ と書く．

注意 1． もちろん，A は いつでも逆行列をもつ訳ではない．

注意 2． A の逆行列は，常に A と可換．つまり，$AA^{-1} = A^{-1}A = E_n$.
一般の行列は，非可換 $AB \neq BA$ であった．

注意 3． 逆行列を求める公式は，すぐにはわからない．第 2 講以降の重要なテーマである．

問 5. 2 行 2 列の行列 A, B で，$AB \neq BA$ となる例を一つあげよ．

[8]正方行列以外の逆行列を **一般逆行列**と呼び．工学の応用などを目論むなら必要となることもある．ただ，理論は煩雑になりがち．

第 2 講 (行列の応用に向けて).

第 2 講では行列の応用例として，四元数を扱ってみたいと思う．
例えば，四元数では 複素数までの二次方程式と違い，解が無限[1] に存在する．

定義 6 (二次方程式)**.** a, b, c を複素数とするとき，$ax^2+bx+c=0$ を x の二次方程式とよぶ．

定理 2. a, b, c を実数とするとき，二次方程式 $ax^2+bx+c=0$ の解は，

$$x=\frac{-b\pm\sqrt{b^2-4ac}}{2a}$$

Proof.

$$\begin{aligned} ax^2+bx+c=0 &\Leftrightarrow x^2+\frac{b}{a}x+\frac{c}{a}=0 &\cdots ① \\ &\Leftrightarrow \{x+\frac{b}{2a}\}^2-\frac{b^2}{4a^2}+\frac{c}{a}=0 &\cdots ② \\ &\Leftrightarrow \{x+\frac{b}{2a}\}^2=\frac{b^2-4ac}{4a^2} &\cdots ③ \\ &\Leftrightarrow x+\frac{b}{2a}=\pm\frac{\sqrt{b^2-4ac}}{2a} &\cdots ④ \\ &\Leftrightarrow x=\frac{-b\pm\sqrt{b^2-4ac}}{2a} &\cdots ⑤ \end{aligned}$$

□

上の証明が行列の場合でも成り立つか，一つずつ解析してみる．
何の問題もないように見えるのは，数が実数や複素数に過ぎないからである．
①は，a での割り算．これは a が行列でも, 逆行列があればできそうである．
②は，平方完成と呼ばれる変形．これは，破綻する．②を展開しても①の式は得られない．
③は，移項．これは，完全に行列でも問題ない．
④は，根号の計算．行列の根号は無限に存在する．[2]
⑤は，移項．これは，完全に行列でも問題ない．
一つ, 例を見てみることにしよう．

例 4. 二乗して $-E$ になる行列．

$$\begin{pmatrix} 0 & -1 \\ 1 & 0 \end{pmatrix}^2=\begin{pmatrix} 0 & i \\ i & 0 \end{pmatrix}^2=\begin{pmatrix} -i & 0 \\ 0 & i \end{pmatrix}^2=\begin{pmatrix} -1 & 0 \\ 0 & -1 \end{pmatrix}$$

問 1. $\begin{pmatrix} 0 & i \\ i & 0 \end{pmatrix}^2=\begin{pmatrix} -1 & 0 \\ 0 & -1 \end{pmatrix}$ を確かめよ (ただし，$i=\sqrt{-1}$ である)．

定義 7. $E=\begin{pmatrix} 1 & 0 \\ 0 & 1 \end{pmatrix}$，$I=\begin{pmatrix} 0 & -1 \\ 1 & 0 \end{pmatrix}$，$J=\begin{pmatrix} 0 & i \\ i & 0 \end{pmatrix}$，$K=\begin{pmatrix} -i & 0 \\ 0 & i \end{pmatrix}$ とおく．

応用例として，ハミルトン四元数体を紹介する．

定義 8. x, y, z, w を実数とするとき，次の数 (行列) を (ハミルトン) 四元数と呼ぶ．

$$xE+yI+zJ+wK$$

四元数全体の集合を，四元数体と呼び $\mathbf{H}$ と書く．

今，定義したハミルトン四元数は可換でない．つまり，$a, b\in\mathbf{H}$ であって，$ab\neq ba$ となるものが存在する．このことは，次の定理を見ても良くわかる．

[1]無限とは，有限でないこと．ここでは無限について，これ以上追求しない (気になる者は，集合論，微分積分学 etc.)．
[2]根号のうちで，標準的なものを一つ見つけることは，行列の対角化を用いて研究できている (第 6 講参照)．

定理 3 (四元数の性質). $IJ = -JI = K,\ JK = -KJ = I,\ KI = -IK = J$

Proof. $IJ = \begin{pmatrix} 0 & -1 \\ 1 & 0 \end{pmatrix}\begin{pmatrix} 0 & i \\ i & 0 \end{pmatrix} = \begin{pmatrix} -i & 0 \\ 0 & i \end{pmatrix} = K$

他の証明も, 行列の掛け算を繰り返せばよい. □

上記のように, I, J, K は 積を交換すると -1 倍になる. このようなものをグラスマン数[3]と呼ぶ. 実際, 行列の応用では, グラスマン数で十分な場合も多いのである.

例えば, 外積と呼ばれる計算, 逆行列の計算でも計算が楽になることが多い. そこで第 2 講では, 四元数の性質について, さらに言及しておこう.

例 5. 展開の計算

$$\begin{aligned}(x_1E + y_1I + z_1J + w_1K)(x_2E + y_2I + z_2J + w_2K) &= (x_1x_2 - y_1y_2 - z_1z_2 - w_1w_2)E \\ &+ (x_1y_2 + y_1x_2 + z_1w_2 - w_1z_2)I \\ &+ (x_1z_2 + z_1x_2 + w_1y_2 - y_1w_2)J \\ &+ (x_1w_2 + w_1x_2 + y_1z_2 - z_1y_2)K\end{aligned}$$

計算は面倒に見えるが, 実際には, 一つずつ展開すればよいだけである. その際, 積の交換をしたら -1 倍になるにすぎない. また, $I^2 = J^2 = K^2 = -E$ である.

次に, 複素数に倣って, 共役を定義する.

定義 9 (四元数共役). $\overline{xE + yI + zJ + wK} = xE - yI - zJ - wK$ と定義する.

仮に, $z = w = 0$ なら四元数共役は, 複素数共役と同じ意味である. また,

定義 10 (四元数の絶対値). $|xE + yI + zJ + wK| = (\sqrt{x^2 + y^2 + z^2 + w^2})E$ と定義する.

注意 4. a を四元数とするとき, $|a|^2 = a\overline{a}$ である. なぜなら, $a = xE + yI + zJ + wK$ とおくと,

$$a\overline{a} = (xE + yI + zJ + wK)(xE - yI - zJ - wK) = (x^2 + y^2 + z^2 + w^2)E = |a|^2.$$

四元数なら, 以上のことを準備しておくだけで, 逆行列の計算が楽に行えるのである.

定理 4. 0 でない 四元数 a に対して, 逆数も四元数で, $a^{-1} = \dfrac{\overline{a}}{|a|^2}$.

Proof. $a\dfrac{\overline{a}}{|a|^2} = \dfrac{|a|^2E}{|a|^2E} = E.$ □

例 6. 逆行列の計算

$$\begin{aligned}\begin{pmatrix} 2-i & -3+i \\ 3+i & 2+i \end{pmatrix}^{-1} &= \left\{2\begin{pmatrix} 1 & 0 \\ 0 & 1 \end{pmatrix} + 3\begin{pmatrix} 0 & -1 \\ 1 & 0 \end{pmatrix} + \begin{pmatrix} 0 & i \\ i & 0 \end{pmatrix} + \begin{pmatrix} -i & 0 \\ 0 & i \end{pmatrix}\right\}^{-1} \\ &= (2E + 3I + J + K)^{-1} \\ &= \frac{1}{2^2 + 3^2 + 1^2 + 1^2}(2E - 3I - J - K) \\ &= \frac{1}{15}(2E - 3I - J - K) \\ &= \frac{1}{15}\left\{2\begin{pmatrix} 1 & 0 \\ 0 & 1 \end{pmatrix} - 3\begin{pmatrix} 0 & -1 \\ 1 & 0 \end{pmatrix} - \begin{pmatrix} 0 & i \\ i & 0 \end{pmatrix} - \begin{pmatrix} -i & 0 \\ 0 & i \end{pmatrix}\right\} \\ &= \frac{1}{15}\begin{pmatrix} 2+i & 3-i \\ -3-i & 2-i \end{pmatrix}.\end{aligned}$$

---

[3]一般に行列は, もっと文字 $I, J, K, \cdots$ の多いグラスマン代数の別表現と言えるので, グラスマン代数を勉強すれば, 行列を勉強したと言い張って良いような気もする.

問 2.　次の行列の逆行列を求めよ．

$$\begin{pmatrix} 1-2i & 3+2i \\ -3+2i & 1+2i \end{pmatrix} = \begin{pmatrix} 1 & 0 \\ 0 & 1 \end{pmatrix} - 3\begin{pmatrix} 0 & -1 \\ 1 & 0 \end{pmatrix} + 2\begin{pmatrix} 0 & i \\ i & 0 \end{pmatrix} + 2\begin{pmatrix} -i & 0 \\ 0 & i \end{pmatrix}$$
$$= E - 3I + 2J + 2K.$$

さらに，一般の n 次の行列に対して，上記のような四元数モドキを用いて逆行列を計算を考えることができる[4]ことにも注意しておこう．煩雑になる場合もあるが，応用上大切な場合もある．そこまで言及しないが，行列を見る方法は色々考えられると理解しておきたい．[5]計算の方法も一見，様々に見えるであろう．

最後に，a, b, c が実数であるときに，四元数の二次方程式の解の公式を紹介しよう．そのための準備として，転置行列と直交行列を定義する．

定義 11 (転置行列)．　n 行 n 列の行列 A に対して，行と列を入れ替えた行列を転置行列と呼び ${}^tA$ と書く．

例 7. (2 行 2 列，3 行 3 列の転置行列)．

$${}^t\begin{pmatrix} a & b \\ c & d \end{pmatrix} = \begin{pmatrix} a & c \\ b & d \end{pmatrix}, \quad {}^t\begin{pmatrix} a & b & c \\ d & e & f \\ g & h & i \end{pmatrix} = \begin{pmatrix} a & d & g \\ b & e & h \\ c & f & i \end{pmatrix}.$$

転置行列を用いて，A を直交行列は定義される．直交行列の意味は，次講で明らかになる．

定義 12 (直交行列)．　n 行 n 列の行列 A に対して，${}^tA = A^{-1}$ となる行列を直交行列と呼ぶ．

例 8. $\begin{pmatrix} \cos\theta & -\sin\theta \\ \sin\theta & \cos\theta \end{pmatrix}$ は，2 行 2 列の直交行列である．

$${}^t\begin{pmatrix} \cos\theta & -\sin\theta \\ \sin\theta & \cos\theta \end{pmatrix}\begin{pmatrix} \cos\theta & -\sin\theta \\ \sin\theta & \cos\theta \end{pmatrix} = \begin{pmatrix} \cos^2\theta+\sin^2\theta & 0 \\ 0 & \cos^2\theta+\sin^2\theta \end{pmatrix} = \begin{pmatrix} 1 & 0 \\ 0 & 1 \end{pmatrix}.$$

これで，いよいよ 四元数の 2 次方程式の解の公式を述べることができる．証明までは行わないが，二次方程式の解の公式の一般化であることが，わかるだろう．

定理 5. a, b, c を実数とするとき，二次方程式 $ax^2 + bx + c = 0$ の四元数の解は，

$$\begin{cases} b^2 - 4ac \geqq 0 \text{ のとき，} x = \dfrac{-b \pm \sqrt{b^2-4ac}}{2a}E, \\ b^2 - 4ac < 0 \text{ のとき，任意の \textit{3} 行 \textit{3} 列の直交行列 } A \text{ に対し，} \begin{pmatrix} y \\ z \\ w \end{pmatrix} = A\begin{pmatrix} \frac{\sqrt{-b^2+4ac}}{2a} \\ 0 \\ 0 \end{pmatrix} \text{ として，} \\ \qquad x = \dfrac{-b}{2a}E + yI + zJ + wK. \end{cases}$$

また，3 行 3 列の直交行列は無限にあることが次章でわかるので，$b^2 - 4ac < 0$ ならば，四元数の解は無限に存在することになる[6]．

---

[4]何度か述べたグラスマン代数の理論は，Clifford - Grassmann 代数などとも呼ばれている．

[5]線形代数の教科書の差は，行列の観察方法の微妙な差から生ずるだけなので，気を楽にもって考えるのが良いと思う．

[6]a, b, c が 四元数になると，公式を表現する為にさらに定義が必要になるので，ここでは省略する．

第 3 講 (線形空間と線形写像 その 1)

第 3 講では行列の積の意味を理解する道具として，線形写像を扱ってみたい．もちろん，線形写像に応用や例があることは，言うまでもないことである．[1]

第 2 講で考えられた四元数は代数の側面が強いが，行列を写像として見ることができるのである．そこでまず, 写像とは何か，定義しておくことにしよう．

定義 13 (写像)**.** S,T を 2 つの集合とする．S の要素 x に対して，T の要素 y を ただ一つ 対応させることを，写像とよぶ．

$$y = f(x) \quad \text{とか,} \quad f\ : S \to T \quad \text{などと書く.}$$

写像は，数学の主な研究対象の一つであり，重要な道具の一つでもある．例えば 関数は，数から数への写像のことである．

以下，我々は行列で表現される写像 (線形写像) を定義するが，これは，数学で現れる**すべての写像を表現できる訳では決してない．** 単に，行列の掛け算は，ベクトル (線形空間) からベクトル (線形空間) への写像を決めているに過ぎない．これだけでも沢山の例が現れるので，重要なのである．加えて言えば，現代数学で扱っている写像は，それほど広くないのかも知れない．

そこで，線形写像の元の集合になる n 次元ベクトルについて，述べておこう．

定義 14 (n 次元ベクトル，n 次元ユークリッド空間)**.** n 行 1 列の行列を，n 次元ベクトルと呼ぶ．また，n 次元ベクトル全体の集合を n 次元ユークリッド空間と呼び，$\mathbf{R}^n$ と書く．

ベクトルは，$\mathbf{a}, \mathbf{b}, \cdots$ などと，ボールド体 (太字) で書くことが多い．ベクトルの足し算や引き算は，行列の場合と全く同じである．

例 9.

$$\begin{pmatrix} 2 \\ 3 \end{pmatrix} \text{ は，2 次元ベクトル，} \quad \begin{pmatrix} 1 \\ \sqrt{2} \\ -3 \end{pmatrix} \text{ は，3 次元ベクトル，} \quad \begin{pmatrix} 1 \\ 0 \\ 3 \\ -1 \end{pmatrix} \text{ は，4 次元ベクトル.}$$

問 1．5 次元ベクトルの例を挙げよ．また，日常生活に現れるベクトルの例を述べよ．

例 10. ①
$$-2\begin{pmatrix} 2 \\ 3 \\ 1 \\ -3 \end{pmatrix} + 3\begin{pmatrix} 1 \\ 0 \\ 3 \\ -1 \end{pmatrix} = \begin{pmatrix} -1 \\ -6 \\ 7 \\ 3 \end{pmatrix}$$

②
$$3\begin{pmatrix} 0 \\ 9 \\ 1 \\ -1 \\ 7 \end{pmatrix} - \begin{pmatrix} 1 \\ 2 \\ 3 \\ 4 \\ \sqrt{2} \end{pmatrix} + 5\begin{pmatrix} 1 \\ 0 \\ 1 \\ \pi \\ 2 \end{pmatrix} = \begin{pmatrix} 4 \\ 25 \\ 5 \\ -7+5\pi \\ 31-\sqrt{2} \end{pmatrix}$$

---

[1]実は 応用や例の方が，定理より歴史的に影響力を持つことも多い．残っている抽象化された数学は，応用や例に裏づけされてることに注意しておきたい．第 1 講の足注 [3] も参照．

問 2. 次のベクトルの計算を行え.

① $-3\begin{pmatrix} -2 \\ 0 \\ 1 \end{pmatrix} + 4\begin{pmatrix} 1 \\ 0 \\ -3 \end{pmatrix}$ ② $\begin{pmatrix} 1 \\ 0 \\ 1 \\ 0 \end{pmatrix} + 2\begin{pmatrix} 1 \\ 0 \\ -3 \\ 0 \end{pmatrix}$

定義 15 (ユークリッド空間の線形写像). A を m 行 n 列の行列とする. ユークリッド空間の**標準基底**に対する A による線形写像 $f\ :\mathbf{R}^n \to \mathbf{R}^m$ を, 次の式で定義する.

$$f(\mathbf{x}) = A\mathbf{x}.$$

標準基底とは, 例えば $\mathbf{R}^3$ のときには, $\langle \begin{pmatrix} 1 \\ 0 \\ 0 \end{pmatrix}, \begin{pmatrix} 0 \\ 1 \\ 0 \end{pmatrix}, \begin{pmatrix} 0 \\ 0 \\ 1 \end{pmatrix} \rangle$ の 3 つの組のことである.
標準基底については, 基底について定義したときに, もう一度コメントする.
それでは実際に, 線形写像の例を見てみよう.

例 11. $\begin{pmatrix} 2 & 1 & 1 \\ 1 & 3 & 2 \end{pmatrix}\begin{pmatrix} 1 \\ 0 \\ 2 \end{pmatrix} = \begin{pmatrix} 4 \\ 5 \end{pmatrix}$ であるから,

行列 $\begin{pmatrix} 2 & 1 & 1 \\ 1 & 3 & 2 \end{pmatrix}$ で, ベクトル $\begin{pmatrix} 1 \\ 0 \\ 2 \end{pmatrix}$ を線形写像すると $\begin{pmatrix} 4 \\ 5 \end{pmatrix}$ にうつる.

例 12. $\begin{pmatrix} \cos\theta & -\sin\theta \\ \sin\theta & \cos\theta \end{pmatrix}\begin{pmatrix} 1 \\ 0 \end{pmatrix} = \begin{pmatrix} \cos\theta \\ \sin\theta \end{pmatrix}$ であるから,

行列 $\begin{pmatrix} \cos\theta & -\sin\theta \\ \sin\theta & \cos\theta \end{pmatrix}$ で, ベクトル $\begin{pmatrix} 1 \\ 0 \end{pmatrix}$ を線形写像すると $\begin{pmatrix} \cos\theta \\ \sin\theta \end{pmatrix}$ にうつる.

y, θ, O, x

例 12 では, 左図を見るとわかるように, 行列 $\begin{pmatrix} \cos\theta & -\sin\theta \\ \sin\theta & \cos\theta \end{pmatrix}$ による線形写像は, ベクトルの θ 回転を引き起こす.

問 3. 行列 $\begin{pmatrix} -2 & 3 \\ 2 & 1 \end{pmatrix}$ で, ベクトル $\begin{pmatrix} 1 \\ 2 \end{pmatrix}$ を 線形写像せよ.

それでは ユークリッド空間の線形写像をモデルにして，写像の性質を見てみることにしたい．例で見たように，行列の掛け算でベクトルの写像を決めているということに過ぎない．

しかし 線形写像は，**線形性と呼ばれる性質を満たしているだけで，行列で表現されてしまう**のである．このことが，一般化への道しるべとなるのある．次の定理で，そのことを示してみよう．

定理 6. A による線形写像 $f\ :\mathbf{R}^n\to\mathbf{R}^m$ と，任意の $\mathbf{x},\mathbf{y}\in\mathbf{R}^n$, $c\in\mathbf{R}$ に対し，

$$\begin{cases} f(\mathbf{x}+\mathbf{y})=f(\mathbf{x})+f(\mathbf{y}), \\ f(c\mathbf{x})=cf(\mathbf{x}) \end{cases} \cdots (\mathrm{L})$$

となる．

逆に，写像 $f:\mathbf{R}^n\to\mathbf{R}^m$ が，任意の $\mathbf{x},\mathbf{y}\in\mathbf{R}^n$, $c\in\mathbf{R}$ に対し (L) を満たすならば，ある m 行 n 列の行列 A が存在して，f は A による線形写像になる．

Proof. まず f が A による線形写像ならば, 行列の掛け算の性質を利用して,

$$\begin{cases} f(\mathbf{x}+\mathbf{y})=A(\mathbf{x}+\mathbf{y})=A(\mathbf{x})+A(\mathbf{y})=f(\mathbf{x})+f(\mathbf{y}), \\ f(c\mathbf{x})=A(c\mathbf{x})=cA(\mathbf{x})=cf(\mathbf{x}) \end{cases}$$

逆については，簡単のために $m=n=2$ のときを考える．標準基底の写像をまず考えて，

$$f(\begin{pmatrix}1\\0\end{pmatrix})=\begin{pmatrix}a\\c\end{pmatrix},\quad f(\begin{pmatrix}0\\1\end{pmatrix})=\begin{pmatrix}b\\d\end{pmatrix},$$

とおく．ゆえに，

$$\begin{aligned} f(\begin{pmatrix}x\\y\end{pmatrix}) &= xf(\begin{pmatrix}1\\0\end{pmatrix})+yf(\begin{pmatrix}1\\0\end{pmatrix}) \\ &= x\begin{pmatrix}a\\c\end{pmatrix}+y\begin{pmatrix}b\\d\end{pmatrix} \\ &= \begin{pmatrix}ax+by\\cx+dy\end{pmatrix} \\ &= \begin{pmatrix}a & b\\c & d\end{pmatrix}\begin{pmatrix}x\\y\end{pmatrix} \end{aligned}$$

となった．つまり，2 行 2 列の行列 A が存在して，

$$f(\begin{pmatrix}x\\y\end{pmatrix})=A\begin{pmatrix}x\\y\end{pmatrix}$$

□

問 3.　定理 6 の証明を，$n=3, m=2$ のときに書け．

注意 5. 一般には，**(L) の性質を持つものを線形写像と呼ぶ**ことになる．ところが定理 *6* があるので，行列で定義することと同じになってしまうのである．さらに 一般の線形空間と呼ばれるものにおいても，**基底**があれば，同じ定理が作れることを見れるのである．

最後に，何度か現れた直交行列の性質を述べておくことにしよう．証明は省略するが，直交行列の意味がわかるだろう．

定理 7. A を n 行 n 列の直交行列とする．すなわち，${}^tA=A^{-1}$ とするとき，A のよる線形写像は，反転と回転の組み合わせ (片方だけ，もしくは 両方の組み合わせ) になる．

第4講 (線形空間と線形写像 その2)

第4講では，ユークリッド空間の一般化として, 線形空間と線形写像を扱うことにする．ユークリッド空間の線形写像は，一般の 線形空間の線形写像として扱うことが出来ることになる．[1]

第3講で述べたユークリッド空間は，ベクトルの足し算，引き算と定数倍できるものである．ユークリッド空間を一般化した線形空間とは，足し算，引き算と定数倍のできる空間と理解しておけばよい．また，最終的に線形写像は，基底を利用すれば, 行列で書けてしまうことになる．

定義 16 (実数上の線形空間)**.** V を集合とする．$\mathbf{x}, \mathbf{y} \in V$ に対し，和 $\mathbf{x}+\mathbf{y} \in V$ と[2] 実数倍 $c\mathbf{x} \in V$ が定義されて，次の *8* つの性質を満たすとき線形空間と呼ぶ．

$$\begin{cases} (\mathbf{x}+\mathbf{y})+\mathbf{z} = \mathbf{x}+(\mathbf{y}+\mathbf{z}) \\ \mathbf{x}+\mathbf{y} = \mathbf{y}+\mathbf{x} \\ \mathbf{x}+\mathbf{0} = \mathbf{0}+\mathbf{x} = \mathbf{x} \text{ を満たす } \mathbf{0} \in V \text{ が存在する} \\ -\mathbf{x} = (-1)\mathbf{x} \text{ とすると, } \mathbf{x}-\mathbf{x} = -\mathbf{x}+\mathbf{x} = \mathbf{0} \end{cases}$$

$$\begin{cases} (c+d)\mathbf{x} = c\mathbf{x}+d\mathbf{y} \\ c(\mathbf{x}+\mathbf{y}) = c\mathbf{y}+c\mathbf{x} \\ (cd)\mathbf{x} = c(d\mathbf{x}) \\ 1\mathbf{x} = \mathbf{x} \end{cases}$$

上の定義は，ユークリッド空間のベクトルの計算を，そのまま一般化して書いたものである．必要な公理を抽出することは，天才芸である．我々はこの公理の意味を，例から理解していく立場を取っていこう．

例 13. $V = \mathbf{R}^n$ は，線形空間である．なぜなら，上の *8* つの性質を満たすからである．

例 14. *2* 次以下の多項式全体の集合 $V = \{ax^2+bx+c \mid a,b,c \in \mathbf{R}\}$ は，線形空間である．

例 15. 切片が 0 の 直線の方程式全体の集合 $V = \{ax \mid a \in \mathbf{R}\}$ は，線形空間である．

例 16. 切片が 1 の 直線の方程式全体の集合 $V = \{ax+1 \mid a \in \mathbf{R}\}$ は，**線形空間にならない**. なぜなら，二つの直線の方程式の和は，切片 2 になってしまう．

問 1. 例 16 では，線形空間の他の公理も 満たされていない．満たされない公理を，一つ以上述べよ．

次に，基底の概念を導入する．ユークリッド空間では，標準基底は 座標軸の役割をもっていた．そこで，線形空間に類似の概念を導入する．基底は，座標を導入するための道具であると認識しておけば良いだろう．

定義 17 (基底)**.** V を線形空間とする．次の性質を満たす ベクトルの組 $\langle \mathbf{e_1}, \mathbf{e_2}, \cdots, \mathbf{e_n} \rangle$ を基底と呼ぶ．

$$\begin{cases} c_1\mathbf{e_1}+c_2\mathbf{e_2}+\cdots+c_n\mathbf{e_n} = \mathbf{0} \text{ ならば, } c_1 = c_2 = \cdots = c_n = 0 \\ \text{任意の } V \text{ のベクトル } \mathbf{x} \text{ は, } \mathbf{x} = x_1\mathbf{e_1}+x_2\mathbf{e_2}+\cdots+x_n\mathbf{e_n} \text{ と書き表せる.} \end{cases}$$

ここで，$\begin{pmatrix} x_1 \\ x_2 \\ \cdots \\ x_n \end{pmatrix}$ を，基底 $\langle \mathbf{e_1}, \mathbf{e_2}, \cdots, \mathbf{e_n} \rangle$ に対する $\mathbf{x}$ の座標と呼ぶことにする．

[1] 一般化の方法は，具体例の定義と定理を真似ることから始まる．

[2] 定数倍（この場合，実数倍）は，スカラー倍とも呼ばれる．

注意 6. 線形空間の基底の取り方は，一通りではない．無限に，色々な取り方がある．また，基底はベクトルの順番を取り替えれば，違う基底になると思っておく．
実際には，行列の計算に役立ちそうな，上手い基底を取れれば[3]良いのである．

それでは，早速，例を見てみることにしよう．

例 17. $\mathbf{R}^n$ の基底の一つは，

$$\langle \begin{pmatrix} 1 \\ 0 \\ 0 \\ \cdots \\ 0 \\ 0 \end{pmatrix}, \begin{pmatrix} 0 \\ 1 \\ 0 \\ \cdots \\ 0 \\ 0 \end{pmatrix}, \begin{pmatrix} 0 \\ 0 \\ 1 \\ \cdots \\ 0 \\ 0 \end{pmatrix}, \ \cdots \ , \begin{pmatrix} 0 \\ 0 \\ 0 \\ \cdots \\ 1 \\ 0 \end{pmatrix}, \begin{pmatrix} 0 \\ 0 \\ 0 \\ \cdots \\ 0 \\ 1 \end{pmatrix} \rangle$$

この n コのベクトルの組を標準基底と呼ぶ．

例 18. $\mathbf{R}^2$ の基底として，

$$\langle \begin{pmatrix} 1 \\ 0 \end{pmatrix}, \begin{pmatrix} \pi \\ -1 \end{pmatrix} \rangle \text{ とか，} \langle \begin{pmatrix} 1 \\ 2 \end{pmatrix}, \begin{pmatrix} 3 \\ -1 \end{pmatrix} \rangle$$

を取ることも出来る．取り方は無数にあるのだが，$\mathbf{R}^2$ では，つねに *2* つのベクトルの組になる．

Proof. 例 18 の証明をしておこう．

$\langle \begin{pmatrix} 1 \\ 0 \end{pmatrix}, \begin{pmatrix} \pi \\ -1 \end{pmatrix} \rangle$ が $\mathbf{R}^2$ の基底になることを示す．

まず，$c_1 \begin{pmatrix} 1 \\ 0 \end{pmatrix} + c_2 \begin{pmatrix} \pi \\ -1 \end{pmatrix} \rangle = \begin{pmatrix} 0 \\ 0 \end{pmatrix}$ とすると，$\begin{cases} c_1 + \pi c_2 = 0, \\ -c_2 = 0. \end{cases}$ よって，$c_1 = c_2 = 0$.

次に，$x_1 \begin{pmatrix} 1 \\ 0 \end{pmatrix} + x_2 \begin{pmatrix} \pi \\ -1 \end{pmatrix} = \begin{pmatrix} x \\ y \end{pmatrix}$ とすると，$\begin{cases} x_1 + \pi x_2 = x, \\ -x_2 = y. \end{cases}$

つまり，$x_1 = x + \pi y$, $x_2 = -y$ となって，任意の $\mathbf{R}^2$ のベクトル $\mathbf{x}$ は，$\mathbf{x} = x_1 \mathbf{e_1} + x_2 \mathbf{e_2}$ と書き表せる． □

問 2. 例 18 において，$\langle \begin{pmatrix} 1 \\ 2 \end{pmatrix}, \begin{pmatrix} 3 \\ -1 \end{pmatrix} \rangle$ が $\mathbf{R}^2$ の基底になることを示せ．

例 19. *2* 次以下の多項式全体の集合 $V = \{ax^2 + bx + c \mid a, b, c \in \mathbf{R}\}$ の基底として，

$$\langle x^2, \ x, \ 1 \rangle$$

を取ることが出来る．二次式は，この *3* つのベクトル[4]の組を基底にもつ．
また，他にも色々な基底の取り方があることに，注意しておかなくてはならない．

我々は，一般に基底の存在の証明を行っていない．しかし，**有限個のベクトルからなる基底を持つ** と仮定しておくことにしよう．少々，傲慢なのだが，基礎的な線形代数の重要な仮定の一つである．[5]その際，上の例で見たように，色々と基底の取り方はあっても，基底に含まれるベクトルの個数は常に一定であるのが見て取れよう．一般に，この事実を次元と呼んで定義することにする．

[3]対角化の理論がある．これは，基底を上手く作る理論のことである．
[4]この呼び方に違和感があるかも知れない．
[5]無限個のベクトルからなる基底を扱うこともある．主に，関数解析学と呼ばれる分野である．

定義 18 (次元)**.** V の基底に含まれるベクトルの個数を，V の次元と呼び，$\dim V$ と書く．

例 20. $V = \mathbf{R}^n$ とすると，基底の個数は n 個であるから，$\dim V = n$.

問 3. 2 次以下の多項式全体の集合を $V = \{ax^2 + bx + c \mid a, b, c \in \mathbf{R}\}$ としたとき，
$\dim V$ は，いくつか述べよ．

では，線形写像の概念を，一般の線形空間に対し導入しよう．最終的には，ユークリッド空間のときのように，行列で書けてしまうことを目的にしたい．

定義 19. V, W を線形空間とする．写像 $f : V \to W$ が，任意の $\mathbf{x}, \mathbf{y} \in V$, $c \in \mathbf{R}$ に対し，

$$\begin{cases} f(\mathbf{x} + \mathbf{y}) = f(\mathbf{x}) + f(\mathbf{y}), \\ f(c\mathbf{x}) = cf(\mathbf{x}) \end{cases}$$

を満たすとき，f を線形写像と呼ぶ．

注意 7. この定義は，もちろんユークリッド空間の場合でも同じである．非常に一般的な，線形写像の定義をすることに成功した訳である．

定理 8 (表現定理)**.** V, W を線形空間とし，V の基底を $\langle \mathbf{a_1}, \mathbf{a_2}, \cdots, \mathbf{a_n} \rangle$，$W$ の基底を $\langle \mathbf{b_1}, \mathbf{b_2}, \cdots, \mathbf{b_m} \rangle$ とする．線形写像 $f : V \to W$ に対し，$\mathbf{y} = f(\mathbf{x})$ を基底を用いて，

$$y_1\mathbf{b_1} + y_2\mathbf{b_2} + \cdots + y_m\mathbf{b_m} = f(x_1\mathbf{a_1} + x_2\mathbf{a_2} + \cdots + x_n\mathbf{a_n})$$

と書く．そのとき，ある m 行 n 列の行列 A が存在して，

$$\begin{pmatrix} y_1 \\ y_2 \\ \cdots \\ y_n \end{pmatrix} = A \begin{pmatrix} x_1 \\ x_2 \\ \cdots \\ x_n \end{pmatrix}$$

と書ける．

Proof. 証明の大筋は，ユークリッド空間の場合と全く同様に行われる．簡単の為に，$\dim V = \dim W = 2$ としておく．また，V の基底を $\langle \mathbf{a_1}, \mathbf{a_2} \rangle$, W の基底を $\langle \mathbf{b_1}, \mathbf{b_2} \rangle$ とする．

$$f(\mathbf{a_1}) = a\mathbf{b_1} + c\mathbf{b_2}, \qquad f(\mathbf{a_2}) = b\mathbf{b_1} + d\mathbf{b_2},$$

とおく．ゆえに，

$$\begin{aligned} f(\mathbf{x}) &= f(x_1\mathbf{a_1} + x_2\mathbf{a_2}) \\ &= x_1 f(\mathbf{a_1}) + x_2 f(\mathbf{a_2}) \\ &= x_1(a\mathbf{b_1} + c\mathbf{b_2}) + x_2(b\mathbf{b_1} + d\mathbf{b_2}) \\ &= (ax_1 + bx_2)\mathbf{b_1} + (cx_1 + dx_2)\mathbf{b_2} = y_1\mathbf{b_1} + y_2\mathbf{b_2} \end{aligned}$$

結局，$\begin{pmatrix} y_1 \\ y_2 \end{pmatrix} = \begin{pmatrix} ax_1 + bx_2 \\ cx_1 + dx_2 \end{pmatrix} = \begin{pmatrix} a & b \\ c & d \end{pmatrix} \begin{pmatrix} x_1 \\ x_2 \end{pmatrix}$

となった．つまり，2 行 2 列の行列 A が存在して，

$$\begin{pmatrix} y_1 \\ y_2 \end{pmatrix} = A \begin{pmatrix} x_1 \\ x_2 \end{pmatrix}.$$

□

表現定理では，要するに，**座標の変化を行列で表せばよい．** と宣言している．実際には，線形写像した値域の空間で，座標がどうなるかを計算すれば，行列表現できるのである．

例 21 (微分)**.** *2* 次以下の多項式全体の集合 $V = \{ax^2 + bx + c \mid a, b, c \in \mathbf{R}\}$ とし，微分写像 $\frac{d}{dx} : V \to V$ を行列で表現してみる．V の基底を $\langle x^2,\ x,\ 1\rangle$ とすれば，

$$\frac{d}{dx} : ax^2 + bx + c \to 0x^2 + 2ax + b$$

であるから，

$$\begin{pmatrix} 0 \\ 2a \\ b \end{pmatrix} = \begin{pmatrix} 0 & 0 & 0 \\ 2 & 0 & 0 \\ 0 & 1 & 0 \end{pmatrix} \begin{pmatrix} a \\ b \\ c \end{pmatrix}$$

つまり，行列表現を A と書くと，$A = \begin{pmatrix} 0 & 0 & 0 \\ 2 & 0 & 0 \\ 0 & 1 & 0 \end{pmatrix}$ となった．

例 22 (平行移動)**.** *2* 次以下の多項式全体の集合 $V = \{ax^2 + bx + c \mid a, b, c \in \mathbf{R}\}$ とし，x 軸の正方向に 1 だけの平行移動 $T : V \to V$ を行列で表現してみる．V の基底を $\langle x^2,\ x,\ 1\rangle$ とすれば，

$$T : ax^2 + bx + c \to a(x-1)^2 + b(x-1) + c = ax^2 + (-2a + b)x + a - b + c$$

であるから，

$$\begin{pmatrix} a \\ -2a + b \\ a - b + c \end{pmatrix} = \begin{pmatrix} 1 & 0 & 0 \\ -2 & 1 & 0 \\ 1 & -1 & 1 \end{pmatrix} \begin{pmatrix} a \\ b \\ c \end{pmatrix}$$

つまり，行列表現を B と書くと，$B = \begin{pmatrix} 1 & 0 & 0 \\ -2 & 1 & 0 \\ 1 & -1 & 1 \end{pmatrix}$ となった．

参考． 実は行列の指数関数を用いると，$B = e^{-A}$ であることを，チェックできる．つまり，**平行移動は，微分の指数関数** $T = e^{-\frac{d}{dx}}$ になるという事実になる．このことは上の理屈と，行列の指数関数さえ分かれば，2 次関数でなくともチェックできるだろう．他の分野では，

- 微分積分学では，**テイラー展開**として知られている定理である．
- 微分幾何では，A **をリー環**，e^{tA} **をリー群**とよぶ．これは，曲がった空間での移動を表現できる．
- 関数解析学では 主に半群の理論として，**Hille-吉田の定理, Stone の定理など**として総称される．

(発展研究)　$\dfrac{1}{2}$ **階微分の計算．**[6]

問 4．線形空間を $V = \{a\ \cos x + b\ \sin x \mid a, b \in \mathbf{R}\}$ とし，V の基底を $\langle \cos x,\ \sin x \rangle$ とする．微分写像 $\dfrac{d}{dx} : V \to V$ を行列で表現すると，行列表現は $C = \begin{pmatrix} 0 & 1 \\ -1 & 0 \end{pmatrix}$ となることを示せ．

問 5．問 4 において，$D = \begin{pmatrix} \frac{\sqrt{2}}{2} & \frac{\sqrt{2}}{2} \\ -\frac{\sqrt{2}}{2} & \frac{\sqrt{2}}{2} \end{pmatrix}$ とすると，$C = D^2$ となることを示せ．

また行列 D を利用して，$\dfrac{1}{2}$ 階微分 $\sqrt{\dfrac{d}{dx}}\,(a\ \cos x + b\ \sin x)$ を計算せよ．[7]

[6] $\frac{1}{2}$ 階微分は，擬微分作用素と呼ばれる理論で詳しく研究されている．

[7] 実は行列の根号は無限にあるので (第 2 講参照)，$\frac{1}{2}$ 階微分も無限にある．積分 (-1 階微分のこと) には積分定数の分だけ原始関数があったように，無限にある行列の分だけ $\frac{1}{2}$ 階微分があると思わなくてはならない．

第 5 講 (行列式)

第 5 講では，行列の大きさを計ることを目的としたい．これを，行列式と呼ぶ．数学において，集合や要素があるとき，それに対応する大きさを表す量を探すのは，自然な動機であろう．図形ならば 面積や長さで表現し，複素数でも絶対値[1]を定義する．行列でも同じ思想があるのは当然であろう．しかも，有益かつ自然なものを探すことが大切である．

また ここでは，行列式の 2 通りの定義を与えることにしたい．結局，全く同じ値を与えることになるが，行列の観察方法?は色々あるとの認識は，忘れてはならないだろう．[2]

定義 20 (順列)**.** 数字の $\{1,\ 2,\ 3,\ \cdots,\ n\}$ を並べ替えたものを長さ n の順列と呼び，$\langle j_1,\ j_2,\ j_3\ ,\cdots,\ j_n\rangle$ と書く．また，長さ n の順列全体の集合を S_n と書くことにする．

例えば長さ 2 の順列 S_2 は，

$$\langle 1,\ 2\rangle, \quad \langle 2,\ 1\rangle$$

からなる．

例 23. 長さ 3 の順列 S_3 は，次の 6 個の要素からなる．[3]

$$\langle 1,\ 2,\ 3\rangle, \quad \langle 1,\ 3,\ 2\rangle, \quad \langle 2,\ 1,\ 3\rangle, \quad \langle 2,\ 3,\ 1\rangle, \quad \langle 3,\ 1,\ 2\rangle, \quad \langle 3,\ 2,\ 1\rangle.$$

問 1. S_4 の要素は 24 個ある．そのうち，適当に選んで 3 個書け．

定義 21 (転位数と符号数)**.** 順列 $\langle j_1,\ j_2,\ j_3\ ,\cdots,\ j_n\rangle$ に対し，$k < l$ であり $j_k > j_l$ となる個数を転位数と呼ぶ．さらに，符号数 sgn を次のように定義する．

$$\mathrm{sgn}\langle j_1,\ j_2,\ j_3\ ,\cdots,\ j_n\rangle = \begin{cases} 1 & (\text{転位数が偶数のとき}), \\ -1 & (\text{転位数が奇数のとき}). \end{cases}$$

転位数は反転数とも呼ばれる．また，上の定義に従って転位数を数えるには，順列を見て，数の大小が逆転している回数を，数えればよいことになる．例を見てみると，

例 24. S_3 のすべての要素について，転位数と符号数を数えてみる．[4]

順列 $\langle 1,\ 2,\ 3\rangle$ の転位数は 0 であり，$\mathrm{sgn}\langle 1,\ 2,\ 3\rangle = 1$,
順列 $\langle 1,\ 3,\ 2\rangle$ の転位数は 1 であり，$\mathrm{sgn}\langle 1,\ 3,\ 2\rangle = -1$,
順列 $\langle 2,\ 1,\ 3\rangle$ の転位数は 1 であり，$\mathrm{sgn}\langle 2,\ 1,\ 3\rangle = -1$,
順列 $\langle 2,\ 3,\ 1\rangle$ の転位数は 2 であり，$\mathrm{sgn}\langle 2,\ 3,\ 1\rangle = 1$,
順列 $\langle 3,\ 1,\ 2\rangle$ の転位数は 2 であり，$\mathrm{sgn}\langle 3,\ 1,\ 2\rangle = 1$,
順列 $\langle 3,\ 2,\ 1\rangle$ の転位数は 3 であり，$\mathrm{sgn}\langle 3,\ 2,\ 1\rangle = -1$.

例 25. 順列 $\langle 5,\ 3,\ 4,\ 1,\ 2\rangle$ の転位数は 8 であり，$\mathrm{sgn}\langle 5,\ 3,\ 4,\ 1,\ 2\rangle = 1$.

---

[1]第 2 講では，四元数の絶対値も定義した．
[2]教科書によっては，対称群の概念を用いて行列式を定義する．これは，順列の概念を用いた定義と同じことである．
[3]S_n は，$n!$ 個の要素をもつ．
[4]符号数が 1 である要素が 3 個，符号数が -1 となる要素も 3 個ある．

問 2. 長さ 6 の順列 $\langle 5,\ 3,\ 4,\ 1,\ 6,\ 2\rangle$ の転位数と符号数を求めよ．

定義 22 (行列式)．$A=(a_{ij})$ を n 行 n 列の行列とするとき，

$$|A|=\sum_{\langle j_1,\ j_2,\cdots,\ j_n\rangle\in S_n}(\mathrm{sgn}\langle j_1,\ j_2,\cdots,\ j_n\rangle)\ a_{1j_1}a_{2j_2}\cdots a_{nj_n}$$

を行列式とよぶ．

この式も試行錯誤の末，決定したものである．意味は 例で説明することにするが，その際，行列式は 順列の分だけ，合計 $n!$ 回も 和を計算しなくてはならない．実際には，そのような計算をしなくても済むように変形できる．でも，ここでは その理論に立ち入ることは止めよう．[5]なにしろ 定義があるので， 多少強引でも，そのまま計算することが理論的にはできる．

例 26 (2 行 2 列の行列式)．

$$\begin{vmatrix} a_{11} & a_{12} \\ a_{21} & a_{22} \end{vmatrix}=\mathrm{sgn}\langle 1,\ 2\rangle\ a_{11}a_{22}+\mathrm{sgn}\langle 2,\ 1\rangle\ a_{12}a_{21}=a_{11}a_{12}-a_{12}a_{21}.$$

例 27 (3 行 3 列の行列式)．

$$\begin{aligned}\begin{vmatrix} a_{11} & a_{12} & a_{13} \\ a_{21} & a_{22} & a_{23} \\ a_{31} & a_{32} & a_{33} \end{vmatrix} &= \mathrm{sgn}\langle 1,\ 2,\ 3\rangle\ a_{11}a_{22}a_{33}+\mathrm{sgn}\langle 1,\ 3,\ 2\rangle\ a_{11}a_{23}a_{32} \\ &\quad +\mathrm{sgn}\langle 2,\ 1,\ 3\rangle\ a_{12}a_{21}a_{33}+\mathrm{sgn}\langle 2,\ 3,\ 1\rangle\ a_{12}a_{23}a_{31} \\ &\quad +\mathrm{sgn}\langle 3,\ 1,\ 2\rangle\ a_{13}a_{21}a_{32}+\mathrm{sgn}\langle 3,\ 2,\ 1\rangle\ a_{13}a_{22}a_{31} \\ &= a_{11}a_{22}a_{13}-a_{11}a_{23}a_{32}-a_{12}a_{21}a_{33}+a_{12}a_{23}a_{31}+a_{13}a_{21}a_{32}-a_{13}a_{22}a_{31}.\end{aligned}$$

問 3. $\begin{vmatrix} 2-i & -3+i \\ 3+i & 2+i \end{vmatrix}=15$ を確かめよ (ただし，$i=\sqrt{-1}$ とする)．

問 3 で確かめた式は，四元数絶対値の 2 乗の値 15 と全く同じである (第 2 講 p.231 参照)．つまり行列式は，**四元数の絶対値の一般化**になっている．

次に，線形写像において，行列式の意味はどのように解釈されるか見てみよう．一般的な定理は，

定理 9 (線形写像と行列式の関係)．A を n 行 n 列の行列とする．ユークリッド空間の標準基底に対する A による線形写像 $f\ :\mathbf{R}^n\to\mathbf{R}^n$ で，図形 D が 図形 $\tilde{D}$ に写像されるとする．このとき，

$$m(\tilde{D})=|A|\cdot m(D).$$

ただし，$m(\tilde{D})$ や $m(D)$ は，2 次元なら図形の面積，3 次元なら図形の体積を表す．[6]

[5]気になる者は，基本変形の理論を見て欲しい．

[6]高次元でも 面積や体積の概念は考えられるので，$m(D)$ は そのような物と考えておいて欲しい (微分積分学を見よ)．

例 28. $A = \begin{pmatrix} 2 & 1 \\ 1 & 3 \end{pmatrix}$ による，線形写像を考えてみる．

$\begin{pmatrix} 2 & 1 \\ 1 & 3 \end{pmatrix}\begin{pmatrix} 1 \\ 0 \end{pmatrix} = \begin{pmatrix} 2 \\ 1 \end{pmatrix}$， $\begin{pmatrix} 2 & 1 \\ 1 & 3 \end{pmatrix}\begin{pmatrix} 0 \\ 1 \end{pmatrix} = \begin{pmatrix} 1 \\ 3 \end{pmatrix}$， $\begin{pmatrix} 2 & 1 \\ 1 & 3 \end{pmatrix}\begin{pmatrix} 1 \\ 1 \end{pmatrix} = \begin{pmatrix} 3 \\ 4 \end{pmatrix}$ である．

図で書いてみると，

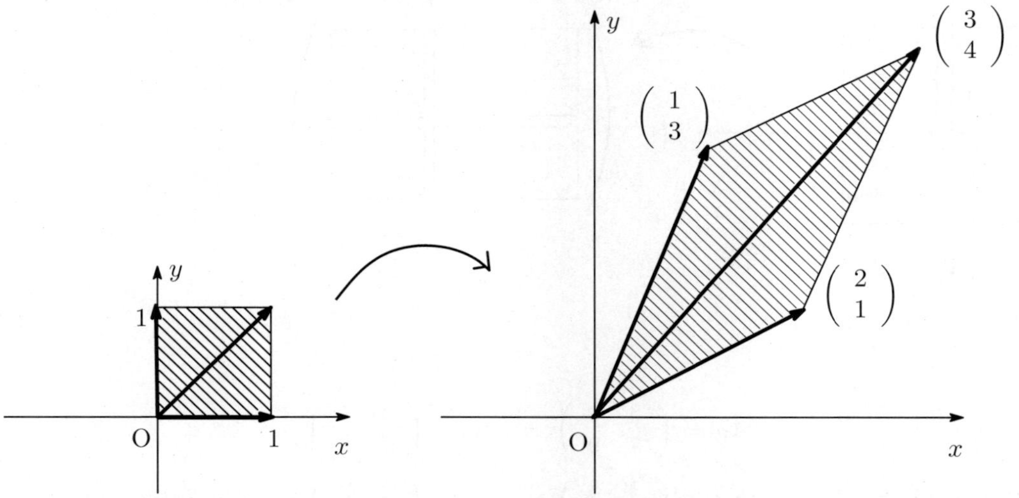

斜線部の面積を地道に計算すると，1 から 5 に変化した．もちろん，$|A| = 5$ になっている．

定理の証明を行うことはしないが，**微分積分学の Jacobian** と同じことである．気になれば，微分積分学の重積分を読むのが良いだろう．

さて次に, 行列式の他の定義を与えることにしよう．これは，Grassmann 代数を使う定義である．結局，計算される行列式は同じになるが，色々な見方をしておこう．

定義 23 (Grassmann 数)**.**

次のくさび積 (くさび積を $\wedge$ と書く) が定義された θ_1，$\theta_2, \cdots$，θ_n を *Grassmann* 数と呼ぶ．ただし, 積については，展開や結合法則などは普通の積のように成り立つとする．

$$\begin{cases} \theta_i \wedge \theta_j = -\theta_j \wedge \theta_i & (i \neq j \text{ のとき}), \\ \theta_i \wedge \theta_j = 0 & (i = j \text{ のとき}). \end{cases}$$

これだけを利用して，行列式を定義してみよう．

定義 24 (行列式)**.** $A = (a_{ij})$ を n 行 n 列の行列とするとき，

$$\begin{aligned} &|A|\ \theta_1 \wedge \theta_2 \wedge \cdots \wedge \theta_n \\ &\quad = (a_{11}\theta_1 + a_{12}\theta_2 + \cdots + a_{1n}\theta_n) \wedge (a_{21}\theta_1 + a_{22}\theta_2 + \cdots + a_{2n}\theta_n) \wedge \cdots \wedge (a_{n1}\theta_1 + a_{n2}\theta_2 + \cdots + a_{nn}\theta_n) \end{aligned}$$

となる数 $|A|$ を行列式と呼ぶ．

例 29 (2 行 2 列の行列式)**.**

$$\begin{aligned} \begin{vmatrix} a_{11} & a_{12} \\ a_{21} & a_{22} \end{vmatrix} \theta_1 \wedge \theta_2 &= (a_{11}\theta_1 + a_{12}\theta_2) \wedge (a_{21}\theta_1 + a_{22}\theta_2) \\ &= a_{11}a_{21}\ \theta_1 \wedge \theta_1 + a_{11}a_{22}\ \theta_1 \wedge \theta_2 + a_{12}a_{21}\ \theta_2 \wedge \theta_1 + a_{11}a_{22}\ \theta_2 \wedge \theta_2 \\ &= (a_{11}a_{22} - a_{12}a_{21})\theta_1 \wedge \theta_2. \end{aligned}$$

Grassmann 数で，行列式が計算できたことになる．勿論，計算の問題では，今述べた定義のうち, 好きなほうを選んで利用すればよい．

それでは, 第 5 講の最後に, 行列式の応用例として逆行列の公式を述べておこう．

定義 25 (余因子)**.** A を n 行 n 列の行列とする．A から，第 i 行，第 j 列を取り除いた行列を i 行 j 列の余因子と呼び A_{ij} と書く．

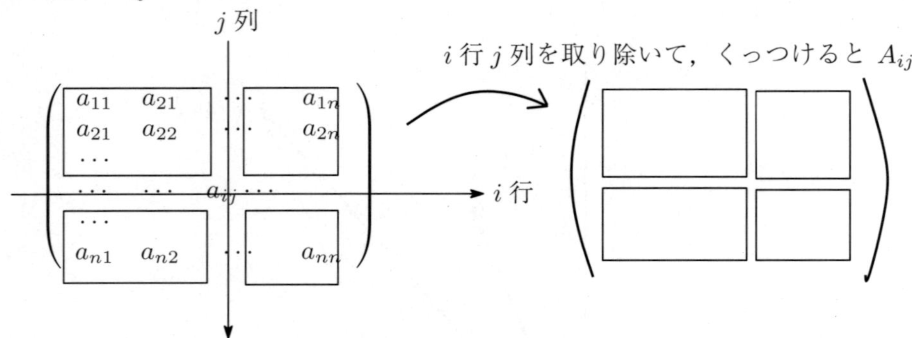

例 30. $A = \begin{pmatrix} 1 & 2 & 3 \\ 4 & 5 & 6 \\ 7 & 8 & 9 \end{pmatrix}$ とすると,

$$A_{11} = \begin{pmatrix} 5 & 6 \\ 8 & 9 \end{pmatrix}, \quad A_{12} = \begin{pmatrix} 4 & 6 \\ 7 & 9 \end{pmatrix}, \quad A_{13} = \begin{pmatrix} 4 & 5 \\ 7 & 8 \end{pmatrix},$$

$$A_{21} = \begin{pmatrix} 2 & 3 \\ 8 & 9 \end{pmatrix}, \quad A_{22} = \begin{pmatrix} 1 & 3 \\ 7 & 9 \end{pmatrix}, \quad A_{23} = \begin{pmatrix} 1 & 2 \\ 7 & 8 \end{pmatrix},$$

$$A_{31} = \begin{pmatrix} 2 & 3 \\ 5 & 6 \end{pmatrix}, \quad A_{32} = \begin{pmatrix} 1 & 3 \\ 4 & 6 \end{pmatrix}, \quad A_{33} = \begin{pmatrix} 1 & 2 \\ 4 & 5 \end{pmatrix}.$$

定理 10 (逆行列の公式)**.** A を n 行 n 列の行列とする．このとき，$|A| \neq 0$ ならば

$$A^{-1} = \frac{1}{|A|}\,{}^t\begin{pmatrix} (-1)^{1+1}|A_{11}| & (-1)^{1+2}|A_{12}| & \cdots & (-1)^{1+n}|A_{1n}| \\ (-1)^{2+1}|A_{21}| & (-1)^{2+2}|A_{22}| & \cdots & (-1)^{2+n}|A_{2n}| \\ \cdots & \cdots & \cdots & \cdots \\ (-1)^{n+1}|A_{n1}| & (-1)^{n+2}|A_{n2}| & \cdots & (-1)^{n+n}|A_{nn}| \end{pmatrix}.$$

さらに，簡略して書けば $A^{-1} = \dfrac{1}{|A|}\,{}^t((-1)^{i+j}|A_{ij}|)$ となる[7].

系 10.1 (2 行 2 列の逆行列の公式)**.**

$$A = \begin{pmatrix} a & b \\ c & d \end{pmatrix} \text{ のとき，} A^{-1} = \frac{1}{ad-bc}\begin{pmatrix} d & -b \\ -c & a \end{pmatrix}.$$

問 4.　次の行列の逆行列を，**系 10.1** の公式を使って計算せよ．

① $\begin{pmatrix} 2 & 2 \\ -2 & 2 \end{pmatrix}$　　② $\begin{pmatrix} 2-i & -3+i \\ 3+i & 2+i \end{pmatrix}$

[7]定理 10 の証明は省略．詳しくは，線形代数の教科書を参考にされたい．

第 6 講 (固有値，固有ベクトルと対角化)

第 6 講では 今までの理論を集大成して，行列を式変形する．闇雲に変形するのではなく，0 が多くなるような行列を作る．数学では，0 が多いほど計算が楽になる場合が多いのである．

しかも，元の行列の情報が損なわれてはならない．このような**奇跡的な式変形を対角化と呼び，殆どすべての行列に対して実行できる**のである．

定義 26 (対角化)**.** A を n 行 n 列の行列とする．A が対角化可能であるとは，ある行列 P が存在して，

$$P^{-1}AP = \begin{pmatrix} \alpha_1 & 0 & \cdots & 0 \\ 0 & \alpha_2 & \cdots & 0 \\ \cdots & \cdots & \cdots & \cdots \\ 0 & 0 & \cdots & \alpha_n \end{pmatrix}$$

となるときを言う．

上の定義の様に，数字は対角成分 (行列の i 行 i 列成分) にだけ残り，他の成分はすべて 0 となる．これを対角化と呼んでいる．しかも，元の行列の情報は損なわれていない．というのも，対角化した行列に左から P をかけて，右から P^{-1} を掛ければ A が復元できてしまう．

さらに，殆どの行列は対角化できてしまう．仮に対角化できなくても，ほんの少し数字を変えれば，行列は対角化できるのである．[1]

そこで以下では, 対角化の方法と応用について述べていくことにしよう．問題点は，対角化されたときに現れる各 α_i と 行列 P の作り方である．

定義 27 (固有値，固有ベクトル)**.** A を n 行 n 列の行列とする．

$$A\mathbf{x} = \alpha\mathbf{x} \quad (\mathbf{x} \neq \mathbf{0})$$

となる α を固有値，$\mathbf{x}$ を固有ベクトルと呼ぶ．

固有値，固有ベクトルは，対角化の要である．そこで，次に，固有値 α を求める方程式を紹介しよう．この方程式は, **固有方程式**とか 特性方程式と呼ばれている．

定理 11 (固有方程式)**.**

$$\alpha が A の固有値である \iff |\alpha E_n - A| = 0.$$

Proof. ($\Rightarrow$) を示す．

$|\alpha E_n - A| \neq 0$ と仮定する．α は A の固有値であるから

$$\begin{aligned} & A\mathbf{x} = \alpha\mathbf{x} \\ \Leftrightarrow \quad & \alpha\mathbf{x} - A\mathbf{x} = \mathbf{0} \\ \Leftrightarrow \quad & (\alpha E_n - A)\mathbf{x} = \mathbf{0} \quad \cdots\cdots\cdots\cdots ① \end{aligned}$$

となる．いま $|\alpha E_n - A| \neq 0$ であるから， 定理 10 より逆行列 $(\alpha E_n - A)^{-1}$ が存在する．$(\alpha E_n - A)^{-1}$ を，①式の両辺に左から掛けて，

$$\begin{aligned} & (\alpha E_n - A)^{-1}(\alpha E_n - A)\mathbf{x} = (\alpha E_n - A)^{-1}\mathbf{0} \\ & \Rightarrow \mathbf{x} = \mathbf{0}. \end{aligned}$$

これは，固有ベクトルが $\mathbf{x} \neq \mathbf{0}$ であることに矛盾する．[2]

($\Leftarrow$)　詳細は，線形代数の教科書で理解してもらいたい．証明の概要は，以下のようである．

もし，$|\alpha E_n - A| = 0$ であれば，逆行列 $(\alpha E_n - A)^{-1}$ は存在しない. このことは言い換える [3] ことができて，ある $\mathbf{0}$ でないベクトル $\mathbf{x}$ に対して，$(\alpha E_n - A)\mathbf{x} = \mathbf{0}$ と ならなければならない．つまり α は固有値でなければならない． □

[1] 志賀浩二 著 線形代数 30 講，佐竹 一郎 著 線形代数学などを参照．
[2] 背理法
[3] 全単射 もしくは 核空間 の概念を理解すれば良い．

例 31. 行列 $\begin{pmatrix} 1 & 2 \\ 3 & 4 \end{pmatrix}$ の固有値を求めてみる．

$$|\alpha E_2 - A| = \left|\alpha \begin{pmatrix} 1 & 0 \\ 0 & 1 \end{pmatrix} - \begin{pmatrix} 1 & 2 \\ 3 & 4 \end{pmatrix}\right| = \begin{vmatrix} \alpha - 1 & -2 \\ -3 & \alpha - 4 \end{vmatrix}$$

である．ここで，2 行 2 列の行列式の計算 (p.16 例 26 を参照) から，

$$\begin{vmatrix} \alpha - 1 & -2 \\ -3 & \alpha - 4 \end{vmatrix} = (\alpha - 1)(\alpha - 4) - (-2)(-3) = \alpha^2 - 5\alpha - 2 = 0$$

最後に，二次方程式の解の公式 (p.4 定理 2) を見て，

$$\alpha = \frac{-(-5) \pm \sqrt{(-5)^2 - 4 \cdot 1 \cdot (-2)}}{2} = \frac{5 \pm \sqrt{33}}{2}.$$

問 1. 行列 $\begin{pmatrix} 1 & 2 \\ 2 & 1 \end{pmatrix}$ の固有値は，$\alpha = -1,\ 3$ となることを示せ．

定理 12 (Cayley-Hamilton)**.** 固有方程式を $\alpha^n + a_{n-1}\alpha^{n-1} + \cdots + a_1\alpha + a_0 = 0$ $(a_{n-1}, \cdots, a_1, a_0$は定数$)$ とする．このとき α を行列 A に，定数項 a_0 を単位行列を用いて a_0E_n に置き換えて，

$$A^n + a_{n-1}A^{n-1} + \cdots + a_1A + a_0E_n = O.$$

が成立する．

例 32. 行列 $A = \begin{pmatrix} 1 & 2 \\ 3 & 4 \end{pmatrix}$ とおくと，例 *31* より固有方程式は $\alpha^2 - 5\alpha - 2 = 0$ である．
α を行列 A にし，定数項 -2 を単位行列を用いて $-2E_2$ に置き換えると，

$$A^2 - 5A - 2E_2 = O.$$

定理 13. A を n 行 n 列の行列とする．n 個の固有ベクトルが存在して，$\langle \mathbf{x}_1, \mathbf{x}_2, \cdots, \mathbf{x}_n \rangle$ が $\mathbf{R}^n$ の基底となるならば，行列 A は対角化可能である．さらに，

$$P = (\mathbf{x}_1, \mathbf{x}_2, \cdots, \mathbf{x}_n)$$

とすればよい．[3]

最終問題. 行列 $\begin{pmatrix} 1 & 2 \\ 2 & 1 \end{pmatrix}$ を対角化せよ．また，これを利用して，

$$A^n = \begin{pmatrix} \dfrac{(-1)^n + 3^n}{2} & \dfrac{-(-1)^n + 3^n}{2} \\ \dfrac{-(-1)^n + 3^n}{2} & \dfrac{(-1)^n + 3^n}{2} \end{pmatrix} \text{ を示せ．}$$

[3]ここでは，具体的な固有ベクトルの計算方法を省いている．線形代数の本を検索して欲しい．

参考文献

線形代数学に関する文献の一部 (厖大な本が出版されています).

1. 志賀 浩二 著『線形代数 30 講』朝倉書店
2. 松坂 和夫 著『線形代数入門』岩波書店
3. 斉藤 正彦 著『線形代数入門』東京大学出版会
4. 斉藤 正彦 著『線形代数演習』東京大学出版会
5. 岩掘 長慶 著『線形代数学』裳華房
6. 佐竹 一郎 著『線形代数学』裳華房

etc.

最後に.

線形代数学は，数学的な思考を習得するのに絶好の材料です．数学は無限に広がっていくものだと思いますが，自然な考え方は，線形代数学に十分含まれています．他の分野も視野に入れつつ，線形代数学で身につけた思考を利用すれば，学習にも研究にも正しい道付けができると考えています．

問題解答

第１章 一変数の微積分 略解

0. 分数式, 無理式とグラフ

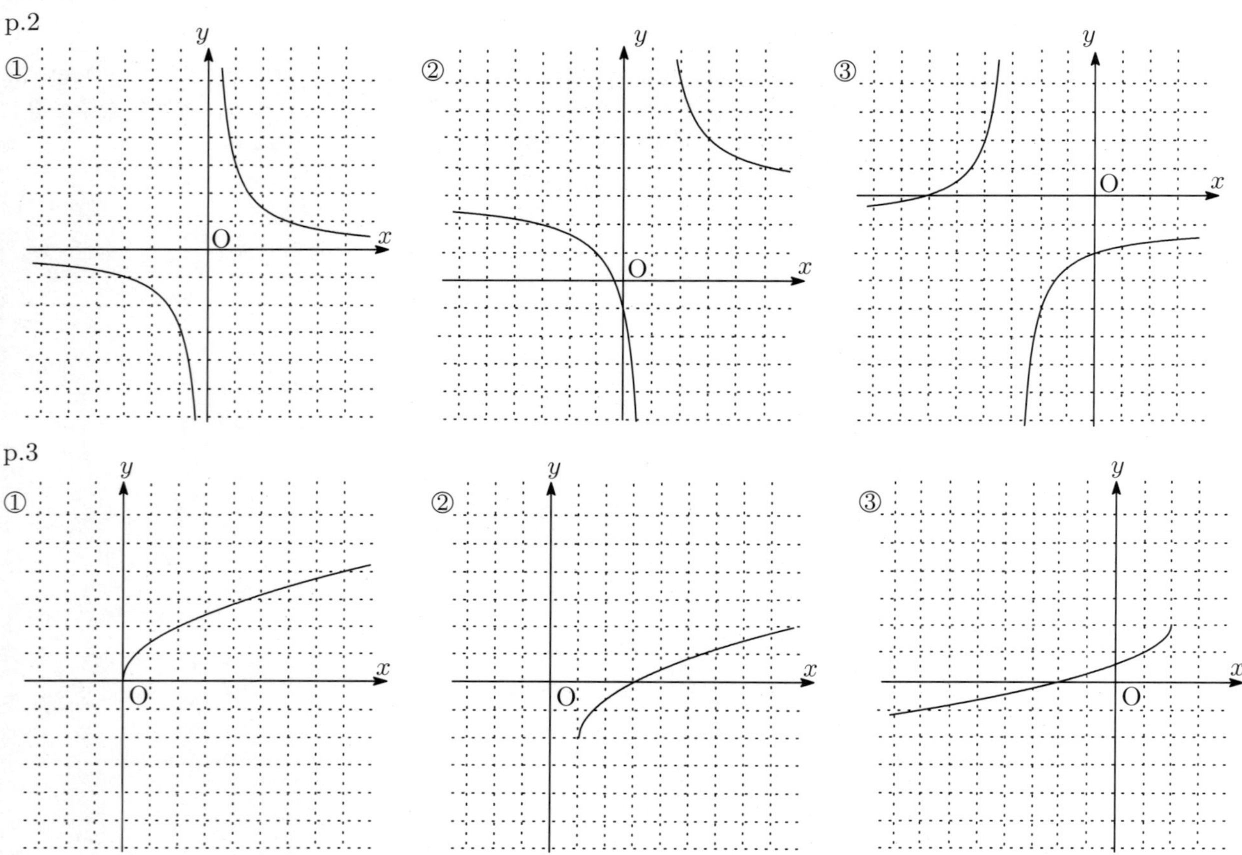

(発展) ① $(0,0)$, $(2,2)$. ② $(-2,0)$.

1. 関数と極限

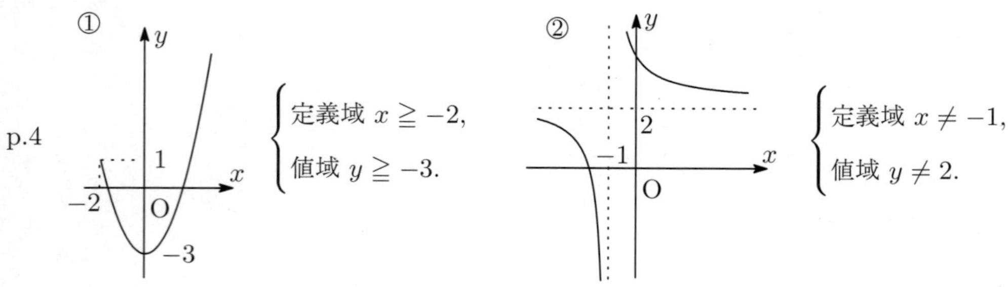

① $\begin{cases} \text{定義域 } x \geqq -2, \\ \text{値域 } y \geqq -3. \end{cases}$

② $\begin{cases} \text{定義域 } x \neq -1, \\ \text{値域 } y \neq 2. \end{cases}$

③

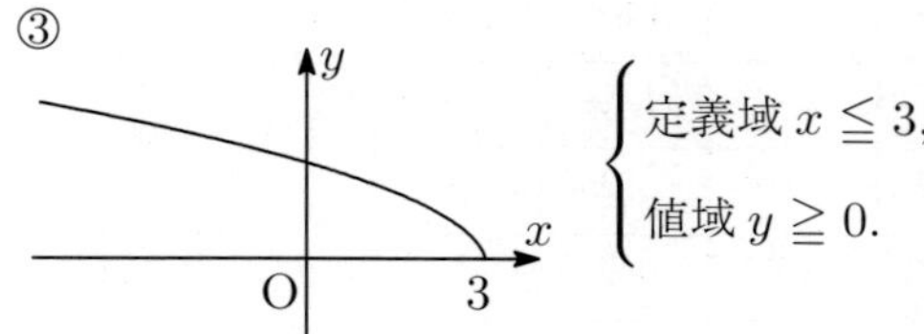

$\begin{cases} \text{定義域}\ x \leqq 3, \\ \text{値域}\ y \geqq 0. \end{cases}$

p.5 上① 4 ② 4 ③ -1 ④ $+\infty$ ⑤ 振動して発散 下① 4 ② $-2\sqrt{2}$ ③ $\dfrac{1}{2}$

p.6 上① $\dfrac{1}{2}$ ② 0 ③ $\dfrac{1}{2}$ 下① $+\infty$ ② 0 ③ -1

p.7 上① 0 ② $-\infty$ ③ $+\infty$ 下① $+\infty$ ② 1 ③ -1

p.8

①

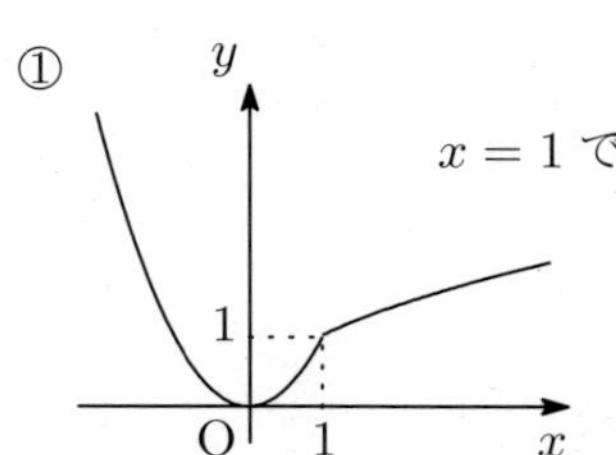

$x=1$ で連続.

②

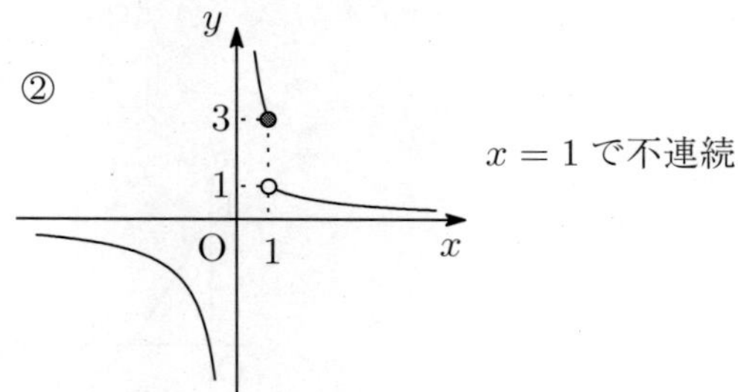

$x=1$ で不連続.

p.9 ① $(-\infty, +\infty)$ で連続 ② $(-\infty, 0)$, $(0, 1]$, $(1, \infty)$ で連続

p.10 ① $f(0)=1$, $f(1)=-1$ であるから, $f(\alpha)=0$ $0 \leqq \alpha \leqq 1$ となる α が存在する.

② $f(3)=19$, $f(5)=111$ であるから, $f(\alpha)=50$ $3 \leqq \alpha \leqq 5$ となる α が存在する.

(発展) $f(x)$ は多項式であるから, $(-\infty, +\infty)$ で連続.

さらに, 奇数次であるから, $\displaystyle\lim_{x\to\infty} f(x) = \pm\infty$, $\displaystyle\lim_{x\to-\infty} f(x) = \mp\infty$ (複合同順).

よって, 中間値の定理を考えて, $f(\alpha)=0$ $(-\infty < \alpha < \infty)$ となる α が存在する.

p.11

①

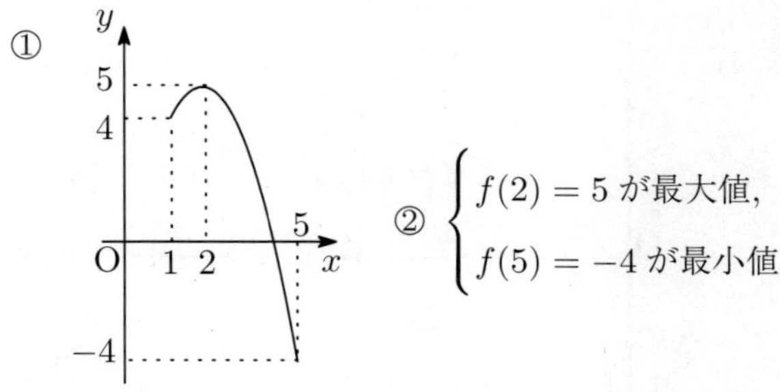

② $\begin{cases} f(2)=5\ \text{が最大値}, \\ f(5)=-4\ \text{が最小値}. \end{cases}$

p.12 ① $-0.002 < x < 0.002$ ② $-\dfrac{\varepsilon}{5} < x < \dfrac{\varepsilon}{5}$

③ 任意の $\varepsilon > 0$ に対し, $\delta = \dfrac{\varepsilon}{5}$ とすれば, $|x-0| < \dfrac{\varepsilon}{5} \Rightarrow |f(x)-f(0)| < \varepsilon$.

p.13 $k=0$ のときは明らかなので, $k \neq 0$ とする.

$f(x)$ は $x=c$ で連続であるから, 任意の $\dfrac{\varepsilon}{|k|} > 0$ に対し, ある $\delta > 0$ が存在して

$|x-c| < \delta \Rightarrow |f(x)-f(c)| < \dfrac{\varepsilon}{|k|}$.

よって, $|x-c| < \delta \Rightarrow |kf(x)-kf(c)| = k|f(x)-f(c)| < \varepsilon$.

2. 色々な関数

p.15

$\theta°$	$180°$	$210°$	$225°$	$240°$	$270°$	$300°$	$315°$	$330°$	$360°$
θ	π	$\frac{7}{6}\pi$	$\frac{5}{4}\pi$	$\frac{4}{3}\pi$	$\frac{3}{2}\pi$	$\frac{5}{3}\pi$	$\frac{7}{4}\pi$	$\frac{11}{6}\pi$	2π
$\sin\theta$	0	$-\frac{1}{2}$	$-\frac{\sqrt{2}}{2}$	$-\frac{\sqrt{3}}{2}$	-1	$-\frac{\sqrt{3}}{2}$	$-\frac{\sqrt{2}}{2}$	$-\frac{1}{2}$	0
$\cos\theta$	-1	$-\frac{\sqrt{3}}{2}$	$-\frac{\sqrt{2}}{2}$	$-\frac{1}{2}$	0	$\frac{1}{2}$	$\frac{\sqrt{2}}{2}$	$\frac{\sqrt{3}}{2}$	1
$\tan\theta$	0	$\frac{\sqrt{3}}{3}$	1	$\sqrt{3}$	なし	$-\sqrt{3}$	-1	$-\frac{\sqrt{3}}{3}$	0

① $\sin\theta = \dfrac{\sqrt{3}}{2}$ ② $\cos\theta = -\dfrac{\sqrt{10}}{10}$

p.16 ① $\dfrac{\sqrt{6}+\sqrt{2}}{4}$ ② $\dfrac{\sqrt{2}-\sqrt{6}}{4}$ ③ $\dfrac{\sqrt{6}-\sqrt{2}}{4}$

p.17 ① $\dfrac{1}{2}(\sin 7x + \sin x)$ ② $\dfrac{1}{2}(\cos 3x + \cos x)$ ③ $-\dfrac{1}{2}(\cos 7x - \cos x)$

p.19

①

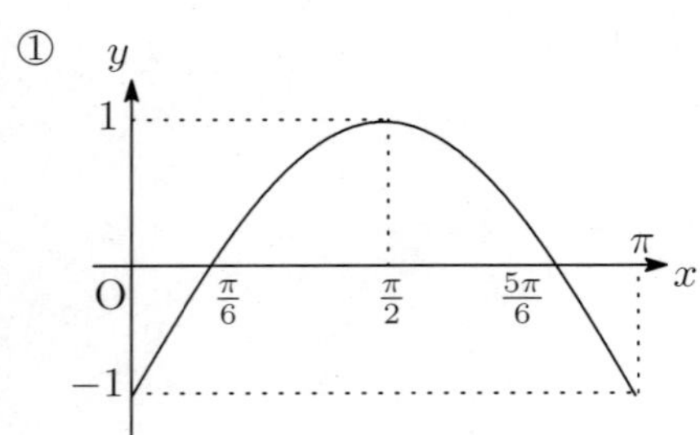

②

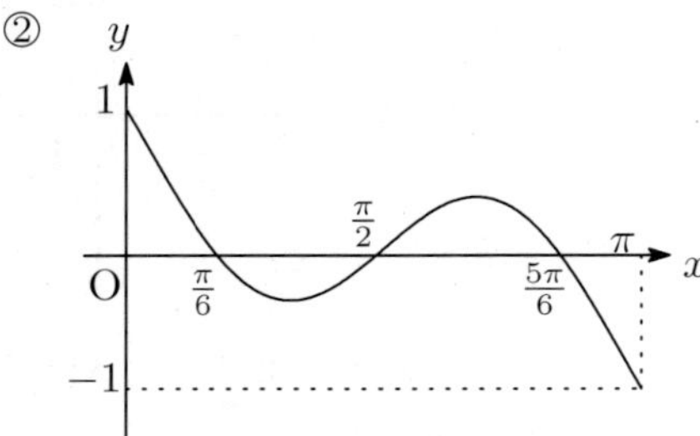

p.21 上① $\dfrac{\pi}{6}$ ② $\dfrac{\pi}{6}$ ③ $-\dfrac{\pi}{3}$ (発展) 加法定理を用いて確かめよ (省略).

p.23 上① 3 ② -8 ③ -1 下① 2 ② $\dfrac{1}{2}$

p.24 上① 5^2 ② 2^5 ③ $(2a)^{2x}$. 下 $9^2 > 3^\pi > 3^3 > 9^{\sqrt{2}} > 3^0$.

p.25 ① 2 ② -2 ③ $-\dfrac{5}{2}$ ④ $2\log_3 5$ ⑤ $4\log_2 3 - 6$ ⑥ 2 ⑦ $\dfrac{14}{3}$

p.26

上

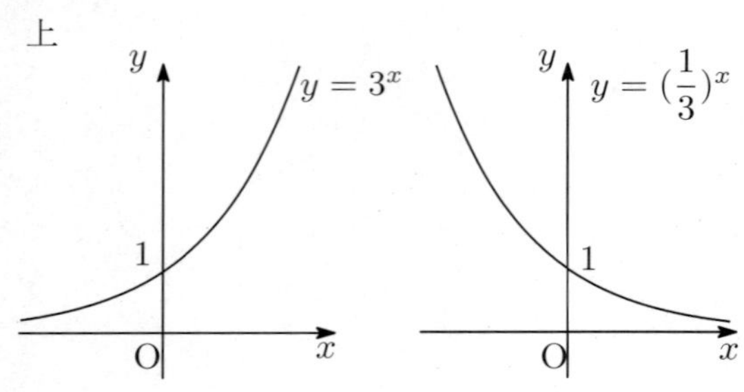

下

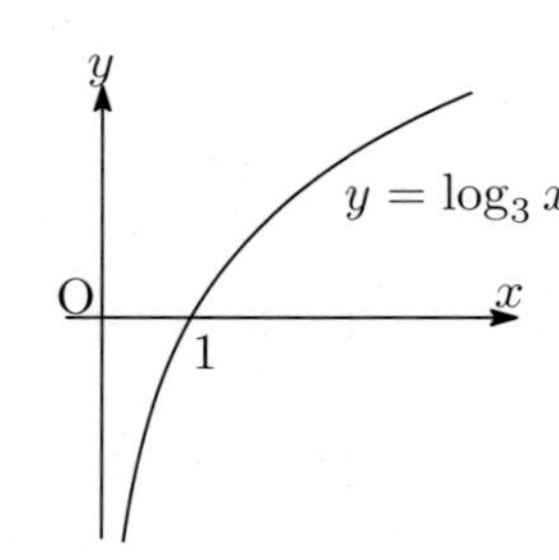

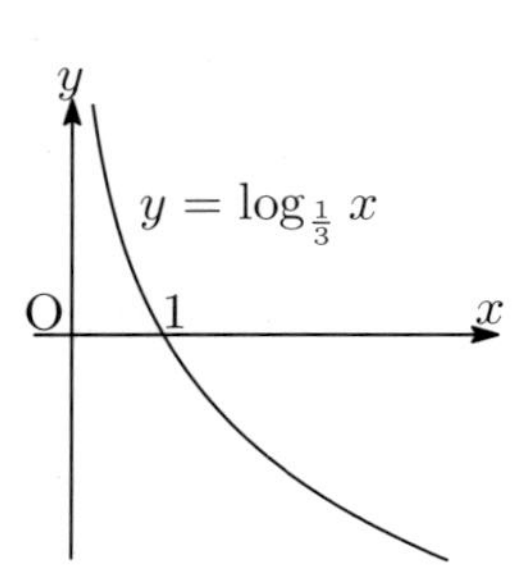

p.27 上① $e^{\frac{1}{2}}$ ② e^{-2} ③ 1 下① 1 ② $\dfrac{1}{a}$

3. 微分法の基礎 (注意! 答の形は, 式変形により色々ある).

p.28 ① 17 ② $2h+13$

p.29 ① $-\dfrac{1}{9}$ ② $2x$

P.29(発展)

$$\begin{cases} \lim_{h\to 0} \dfrac{f(h)-f(0)}{h} \\ \lim_{h\to 0} \dfrac{f(2+h)-f(2)}{h} \end{cases}$$ は，ともに発散.

p.31　① $\dfrac{-2}{\cos^2 x}+\dfrac{5}{x}$　② $e^x-2\cos x$　③ $2x+2+\dfrac{3}{2}x^{-\frac{1}{2}}$　④ $6x-1-2x^{-3}$　⑤ $2x-4$　⑥ $\dfrac{1}{x}$

p.32　① $(x+1)e^x$　② $(3x^2+2)\log x+x^2+2$　③ $-x^{-2}\tan x+x^{-1}\dfrac{1}{\cos^2 x}$

(発展)　① $(uvw)'=(uv)'w+(uv)w'=u'vw+uv'w+uvw'$

② $(u^2)'=(uu)'=u'u+uu'=2uu'$

p.33　① $\dfrac{(x^2-2x+1)e^x}{(x^2+1)^2}=\left(\dfrac{x-1}{x^2+1}\right)^2 e^x$　② $\dfrac{\log x-1}{(\log x)^2}$　③ $\dfrac{-2\log x-1}{x^3(\log x^2)}$

④ $\dfrac{-1}{\sin^2 x}$　⑤ $\dfrac{-(x+2)\sin x-\cos x}{(x+2)^2}$

p.34　① $(8x+4)(x^2+x)^3$　② $-2(8x^3-3)(2x^4-3x)^{-3}$　③ $3\sin^2 x\cos x$

④ $-2(-\sin x+3e^x)(\cos x+3e^x)^{-3}$　⑤ $(2x^3-2x)(x^4-2x^2)^{-\frac{1}{2}}$　⑥ $\dfrac{1}{2x}(\log x)^{-\frac{1}{2}}$

p.35　上① $3x^2\cos(x^3)$　② $\dfrac{2x+1}{x^2+x}$　③ $-\sin x\cdot e^{\cos x}$　下① $\dfrac{8x\tan^3(x^2+1)}{\cos^2(x^2+1)}$　② $-\cos x\tan(\sin x)$

p.36　省略　p.37　① $\dfrac{3x}{y}$　② $\dfrac{y-2x^2}{x(2y-\log x)}$　③ $\dfrac{-y-\cos(x+y^2)}{2y\cos(x+y^2)+x}$

p.38　① $\left(\cos x\log x+\dfrac{\sin x}{x}\right)x^{\sin x}$　② $\left\{\dfrac{\log(\cos x)}{\cos^2 x}-\tan^2 x\right\}(\cos x)^{\tan x}$　③ $\left(\dfrac{1}{x}+\log x+(\log x)^2\right)x^x x^{x^x}$

p.39　① $\dfrac{t^2-1}{2t}$　② $\dfrac{t^2+1}{t^2-1}$　③ $-\tan\theta$　④ $\dfrac{2t-t^4}{1-2t^3}$

p.40 上　① $(\cos^2 x-\sin x)e^{\sin x}$　② $-\dfrac{1}{x^2}$　③ $\dfrac{-x^2\cos x+2x\sin x+2\cos x}{x^3}$

下　① $\dfrac{y^2-x^2}{y^3}=\dfrac{-1}{y^3}$ など　② $\dfrac{-4e^{y-x}}{(e^{y-x}-1)^3}$

p.41 上　$\dfrac{dx}{dy}=\dfrac{(\frac{dy}{dt})}{(\frac{dx}{dt})}$　$\therefore \dfrac{d}{dx}\left(\dfrac{dy}{dx}\right)=\dfrac{dt}{dx}\cdot\dfrac{d}{dt}\left(\dfrac{dy}{dx}\right)=\dfrac{1}{(\frac{dx}{dt})}\cdot\dfrac{d}{dt}\left\{\dfrac{(\frac{dy}{dt})}{(\frac{dx}{dt})}\right\}=\dfrac{1}{(\frac{dx}{dt})}\cdot\dfrac{\frac{dx}{dt}\cdot\frac{d^2y}{dt^2}-\frac{d^2x}{dt^2}\cdot\frac{dy}{dt}}{(\frac{dx}{dt})^2}.$

(合成関数の微分法の利用)　(商の微分法の利用)

下　$n=1$ のときは，明らか. 以下，${}_{n+1}\mathrm{C}_k={}_n\mathrm{C}_{k-1}+{}_n\mathrm{C}_k$ に気をつけて，数学的帰納法を利用する.
(p.86 補充問題 問 7 も参照せよ).

4. 微分法の応用 (注意! 見やすくするため，一部の図ではスケール変換してある).

p.42　① $y=-3x+4$　② $y=\frac{1}{\sqrt{2}}e^{-\frac{\pi}{4}}$　③ $y=\dfrac{1}{25}x+\dfrac{3}{25}$　④ $y=\dfrac{1}{e}x-1$

p.43　上① $y=-\dfrac{5}{4}x-\dfrac{11}{4}$　② $y=-3x+12$　下① $y=\dfrac{5}{4}x-\dfrac{29}{4}$　② $y=x-\dfrac{\pi}{2}+2$

p.44　① 極小値 $f(-1)=-12$，極大値 $f(3)=20$　② 極小値 $f(0)=0$，極大値 $f(\pm\dfrac{1}{\sqrt{2}})=\dfrac{1}{4}$

p.45　増減表を書いて確かめよ (省略).

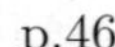

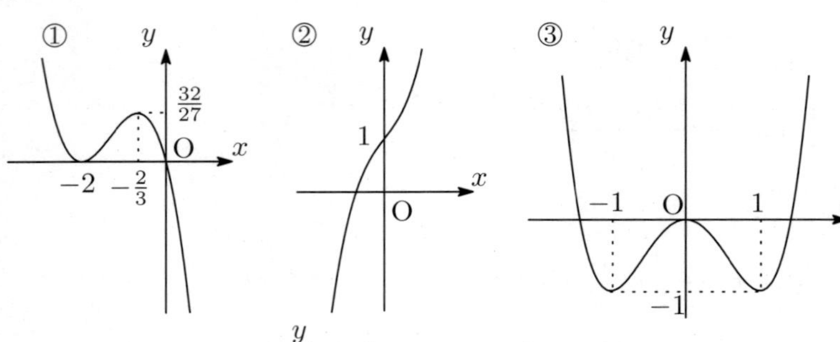

p.47

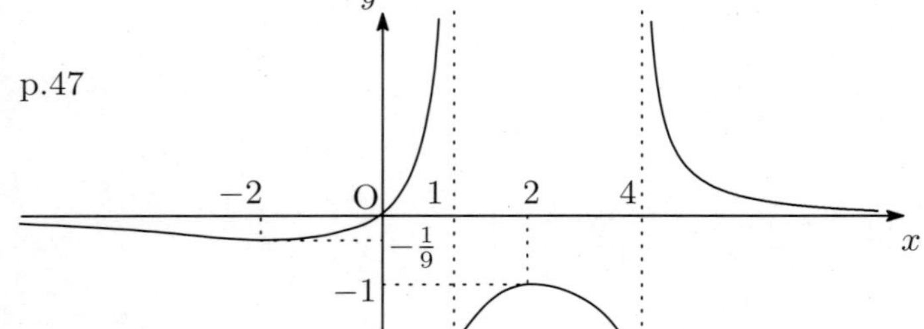

p.48

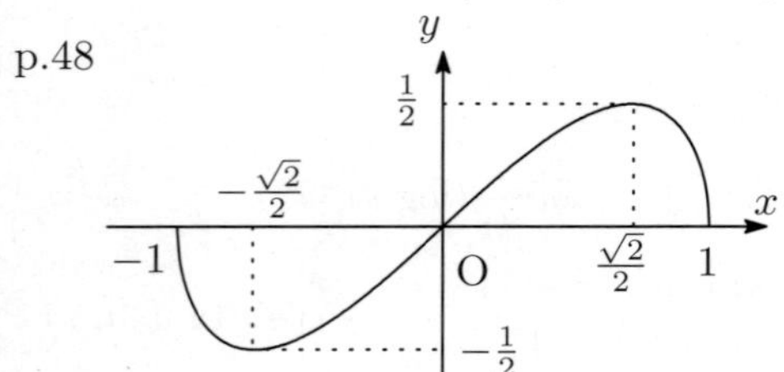

p.49

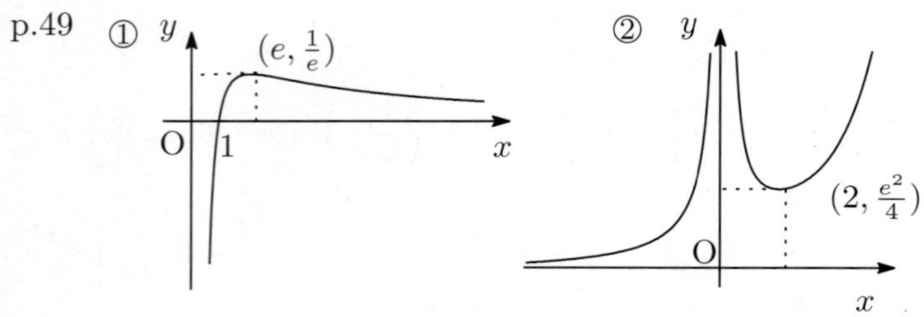

p.50

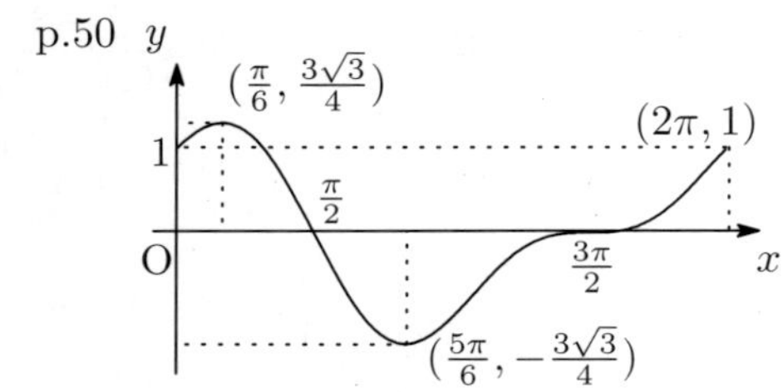

p.51

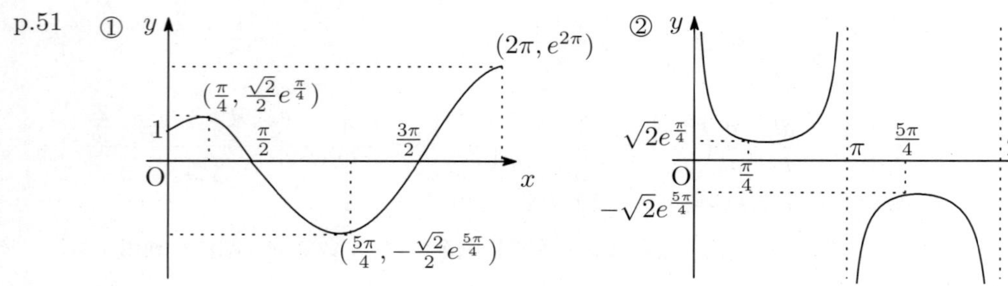

p.52

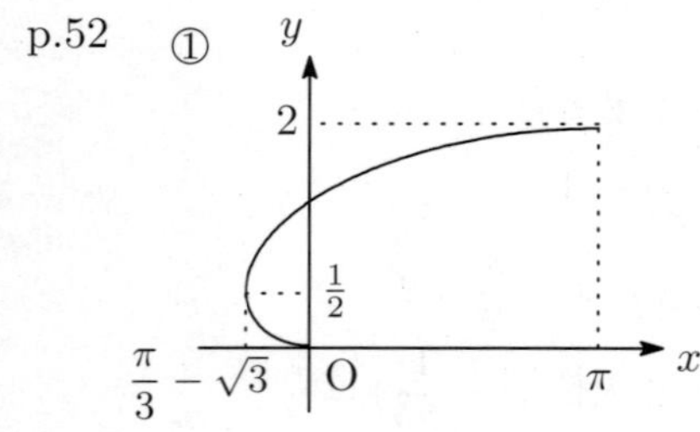

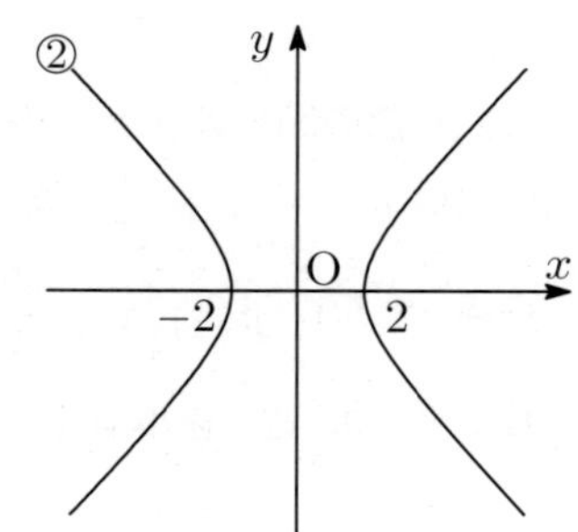

p.53 ① $k<-2$ のとき解 1 個, $k=-2$ のとき解 2 個 (重解あり), $-2 \leqq k \leqq 2$ のとき解 3 個.
$k=2$ のとき解 2 個 (重解あり), $k>2$ のとき解 1 個.

② $k<-e^{-1}$ のとき解なし, $k=-e^{-1}$ のとき解 1 個, $-e^{-1}<k<0$ のとき解 2 個,
$k \geqq 0$ のとき解 1 個.

③ $k \leqq 0$ のとき解なし, $0<k<\dfrac{e^2}{4}$ のとき解 1 個, $k=\dfrac{e^2}{4}$ のとき解 2 個, $k>\dfrac{e^2}{4}$ のとき解 3 個.

p.54 ① 極小値 $f(-2)=-14$, 変曲点 $(1,13),(-1,-3)$.

② $\begin{cases} 極大値\ f(\frac{\pi}{2}+2n\pi)=1,\ 極小値\ f(\frac{3}{2}\pi+2n\pi)=-3. \\ 変曲点\ (\frac{7}{6}\pi+2n\pi,-\frac{5}{4}),\ (\frac{11}{6}\pi+2n\pi,-\frac{5}{4}). \end{cases}$

p.55 ① ②

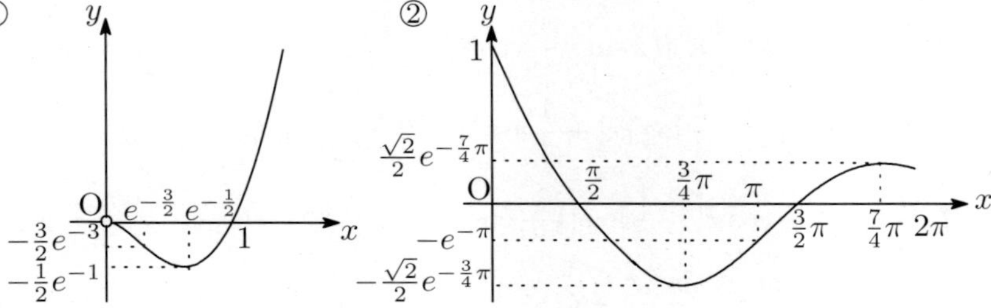

5. 微分法の様々な定理

p.56 ① $f(1)=-6,\ f(3)=-6.\ f'(c)=0$ を解くと, $c=2$.

② $f(1)=0,\ f(3)=0.\ f'(c)=0$ を解くと, $c=\dfrac{5}{3}, 3$.

p.57 省略　p.58 ① 28　② 0　③ 0

p.59 (上) ① 8　② -8　③ $\dfrac{1}{2}$　(下) ① $\dfrac{(\log a)a^x+(\log b)b^x+(\log c)c^x}{a^x+b^x+c^x}$　② 省略

p.60 省略

p.61 (上) 省略 (下) $\log x=\log a+\dfrac{1}{a}(x-a)-\dfrac{1}{2a^2}(x-a)^2+\cdots+\dfrac{(-1)^{n-2}}{(n-1)a^{n-1}}(x-a)^{n-1}+\dfrac{(-1)^{n-1}}{nc^n}(x-a)^n$.

p.62 ①省略 ② $\dfrac{1}{1-x}=1+x+x^2+x^3+x^4+x^5+x^6+\cdots$.

p.63 (発展) $\cos^2 x=1-\dfrac{(2x)^2}{2\cdot 2!}+\dfrac{(2x)^4}{2\cdot 4!}-\dfrac{(2x)^6}{2\cdot 6!}+\cdots+(-1)^n\dfrac{(2x)^{2n}}{2\cdot(2n)!}+\cdots$.

① -1

②
$$\begin{aligned}\cos(\theta_1+\theta_2)+i\sin(\theta_1+\theta_2)&=(\cos\theta_1+i\sin\theta_1)(\cos\theta_2+i\sin\theta_2)\\&=(\cos\theta_1\cos\theta_2-\sin\theta_1\sin\theta_2)+i(\sin\theta_1\cos\theta_2+\cos\theta_1\sin\theta_2).\end{aligned}$$

実部と虚部を比較して, $\begin{cases}\cos(\theta_1+\theta_2)=\cos\theta_1\cos\theta_2-\sin\theta_1\sin\theta_2,\\ \sin(\theta_1+\theta_2)=\sin\theta_1\cos\theta_2+\cos\theta_1\sin\theta_2.\end{cases}$

6. 積分法の基礎 (注意! 答の形は, 式変形により色々ある).

p.64 ① $\left(\dfrac{1}{3}x^3\right)'=x^2$ であるから, $\displaystyle\int x^2\,dx=\frac{1}{3}x^3+C$.

② $(xe^x-e^x)'=xe^x+e^x-e^x=xe^x$ であるから, $\displaystyle\int xe^x\,dx=xe^x-e^x+C$.

③ $(-\log|\cos t|)'=\dfrac{-(-\sin t)}{\cos t}=\tan t$ であるから, $\displaystyle\int\tan t\,dt=-\log|\cos t|+C$.

p.65 ① $-\dfrac{2}{3}x^3+2x^2+C$ ② $3\sin x-2e^x+C$ ③ $3\log|t|-2\cos t+C$ ④ $\dfrac{1}{3}t^3+2t-\dfrac{1}{t}+C$

⑤ $2x^{\frac{3}{2}}-\dfrac{6}{5}x^{\frac{5}{3}}+C$

p.66 ① $\dfrac{\sin 2x}{2}+C$ ② $\dfrac{(7x+3)^6}{42}+C$ ③ $\dfrac{e^{5x+2}}{5}+C$

p.67 ① $e^{x^3+2x}+C$ ② $-\dfrac{\cos^6 x}{6}+C$ ③ $\dfrac{1}{2}\log|x^2+1|+C$

p.68 ① xe^x-e^x+C ② $-(2x+1)\cos x+2\sin x+C$ ③ $x\log x-x+C$

p.69 ① $\dfrac{(2x^2-2x+1)}{4}e^{2x}+C$ ② $\dfrac{x^2\{2(\log x)^2-2\log x+1\}}{4}+C$

p.70 ① $\dfrac{1}{5}e^{-x}(2\sin 2x-\cos 2x)+C$ ② $\dfrac{1}{5}e^{2x}(2\sin x-\cos x)+C$

p.71 ① $\log|x-2|-\log|x+1|+C$ ② $-\dfrac{1}{4}\log|x|+\dfrac{1}{4}\log|x-2|+\dfrac{1}{2x}+C$

p.72 ① $\dfrac{x}{2}+\dfrac{\sin 2x}{4}+C$ ② $\dfrac{1}{2}\log|1-\cos x|-\dfrac{1}{2}\log|1+\cos x|+C$ ③ $-\cos x+\dfrac{\cos^3 x}{3}+C$

p.73 ① $-\dfrac{\cos 5x}{10}-\dfrac{\cos x}{2}+C$ ② $\dfrac{\sin 2x}{4}-\dfrac{\sin 8x}{16}+C$

p.74 ① $-\dfrac{9}{2}$ ② $-\dfrac{29}{6}$ ③ $-\dfrac{3}{10}2^{\frac{2}{3}}+\dfrac{9}{10}$ ④ $2e^{\pi}-2$ ⑤ 2π

p.75 ① $\dfrac{85}{4}$ ② $\log 5$ ③ $\dfrac{1}{4}$ ④ $\log 3-\log 2$ ⑤ $\dfrac{2}{3}$

p.76 ① $e+1$ ② $\dfrac{4-\pi}{4\sqrt{2}}$ ③ $4\log 2-\dfrac{15}{16}$ ④ $\dfrac{1}{4}(e^2-1)$ ⑤ -4π

p.77 ① $\dfrac{9}{4}\pi$ ② $\dfrac{\pi}{6}$ ③ $\dfrac{9}{2}\pi$

p.78 ① $\dfrac{1}{18}\pi$ ② $\dfrac{1}{\sqrt{2}}$ ③ $\dfrac{1}{2}\log 2+\dfrac{3}{4}\pi$

p.79 (上) ① $\log\dfrac{3}{2}$ (勿論, $\log 3-\log 2$ なども可). ② $3\log 5-4\log 3$ ③ $4\log 2-\dfrac{3}{2}$ (下) 省略

7. 積分法の応用

p.80 ① $\dfrac{27}{4}$ ② $\dfrac{2}{3}$

p.81 ① $\dfrac{37}{12}$ ② 1

p.82 ① $\dfrac{27}{2}$ ② $\dfrac{5}{2}$

p.83 ① $\dfrac{3}{2}$ ② $\dfrac{\sqrt{2}+\log(1+\sqrt{2})}{2}$

p.84 ① 3 ② $-\infty$ ③ 1

p.85 ① 省略 ② $\Gamma(2)=1$, $\Gamma(5)=4!=24$.

1 章 一変数関数の微積分 補充問題 p.86

問 1 ①と③.

問 2 ① $f(x)=x^3-3x+1$ とすると, $f(-2)=-1$, $f(0)=1$, $f(1)=-1$, $f(2)=3$. 中間値の定理より, 少なくとも 3 つの実数解がある.

② $f(x)=2^x-\sin x$ とする. 自然数 n に対し,

$$f\left(-\left(\frac{1}{2}+2n\right)\pi\right)=2^{-(\frac{1}{2}+2n)\pi}-\sin\left(-\left(\frac{1}{2}+2n\right)\pi\right)=2^{-(\frac{1}{2}+2n)\pi}+1>0.$$

$$f\left(-\left(\frac{3}{2}+2n\right)\pi\right)=2^{-(\frac{3}{2}+2n)\pi}-\sin\left(-\left(\frac{3}{2}+2n\right)\pi\right)=2^{-(\frac{3}{2}+2n)\pi}-1<0.$$

中間値の定理より，$f(x)$ は，$-\left(\frac{3}{2}+2n\right)\pi<x<-\left(\frac{1}{2}+2n\right)\pi$ で実数解を持つ．

問 3　$f(x)=\dfrac{1}{x-a}$ など．

問 4

① $$\frac{df}{dx}=\lim_{h\to0}\frac{\cos(x+h)-\cos x}{h}=\lim_{h\to0}\frac{\cos x\cos h-\sin x\sin h-\cos x}{h}$$

$$=\lim_{h\to0}\left\{\cos x\cdot\left(\frac{\cos h-1}{h}\right)-\sin x\cdot\left(\frac{\sin h}{h}\right)\right\}=\lim_{h\to0}\left\{\cos x\left(\frac{-2\sin^2\frac{h}{2}}{h}\right)-\sin x\left(\frac{\sin h}{h}\right)\right\}$$

$$=\lim_{h\to0}\left\{-\cos x\cdot\sin\tfrac{h}{2}\cdot\frac{\sin\frac{h}{2}}{\left(\frac{h}{2}\right)}-\sin x\left(\frac{\sin h}{h}\right)\right\}=-\sin x.$$

② $$\frac{df}{dx}=\lim_{h\to0}\frac{\tan(x+h)-\tan x}{h}=\lim_{h\to0}\frac{1}{h}\left\{\frac{\sin(x+h)}{\cos(x+h)}-\frac{\sin x}{\cos x}\right\}$$

$$=\lim_{h\to0}\frac{1}{h}\frac{\sin(x+h)\cos x-\cos(x+h)\sin x}{\cos(x+h)\cos x}=\lim_{h\to0}\frac{\sin h}{h}\cdot\frac{1}{\cos(x+h)\cos x}=\frac{1}{\cos^2 x}.$$

③ $$\frac{df}{dx}=\lim_{h\to0}\frac{\log(x+h)-\log x}{h}=\lim_{h\to0}\frac{1}{h}\log\left(\frac{x+h}{x}\right)=\lim_{h\to0}\log\left(1+\frac{h}{x}\right)^{\frac{1}{h}}$$

$$=\lim_{h\to0}\log\left(1+\frac{h}{x}\right)^{\frac{x}{h}\cdot\frac{1}{x}}=\log\left\{\lim_{h\to0}\left(1+\frac{h}{x}\right)^{\frac{x}{h}\cdot\frac{1}{x}}\right\}=\log e^{\frac{1}{x}}=\frac{1}{x}.$$

④ $$\frac{df}{dx}=\lim_{h\to0}\frac{e^{(x+h)}-e^x}{h}=e^x\lim_{h\to0}\frac{e^h-1}{h}=e^x.$$

問 5　$x\neq0$ において連続なことは，明らか．

$x=0$ における連続性．$\lim_{x\to0}|x|=0$ から，

$\lim_{x\to0}\left|x\sin\dfrac{1}{x}\right|\leqq\lim_{x\to0}|x|=0$．よって，$\lim_{x\to0}x\sin\dfrac{1}{x}=0$ となり，$x=0$ で連続．

$x=0$ における微分可能性．微分の定義より，$\lim_{h\to0}\dfrac{f(0+h)-f(0)}{h}=\lim_{h\to0}\sin\dfrac{1}{h}$．

この極限は振動して発散するので，$x=0$ で微分可能でない．

問 6　$\dfrac{\sin x-x}{x^3}$ に，コーシーの平均値の定理を 3 回適用すれば，

$$\frac{\sin x-x}{x^3}=\frac{(\sin x-x)-(\sin0-0)}{x^3-0^3}=\frac{\cos c_1-1}{3c_1^2}=\frac{\cos c_1-\cos0}{3c_1^2-3\cdot0^2}$$

$$=\frac{-\sin c_2}{6c_2}=\frac{-\sin c_2-(-\sin0)}{6c_2-6\cdot0}=\frac{-\cos c}{6}$$ を満たす $c\in(0,x)$ が存在する．

よって，$\left|\dfrac{\sin x-x}{x^3}\right|=\left|\dfrac{-\cos c}{6}\right|\leqq\dfrac{1}{6}$．

問 7　$fg(x)$ の $(x-a)^n$ の係数は，

$$\frac{1}{n!}(fg)^{(n)}(a)=\sum_{k=0}^{n}\left\{f(x)\text{ の }(x-a)^k\text{での係数}\right\}\cdot\left\{g(x)\text{ の }(x-a)^{n-k}\text{での係数}\right\}$$

$$=\sum_{k=0}^{n}\left\{\frac{1}{k!}f^k(a)\right\}\cdot\left\{\frac{1}{(n-k)!}g^{(n-k)}(a)\right\}=\sum_{k=0}^{n}\frac{1}{k!(n-k)!}f^k(a)\cdot g^{(n-k)}(a).$$

よって，$(fg)^{(n)}(a)=\displaystyle\sum_{k=0}^{n}\frac{n!}{k!(n-k)!}f^k(a)\cdot g^{(n-k)}(a)=\sum_{k=0}^{n}{}_n\mathrm{C}_k f^k(a)\cdot g^{(n-k)}(a)$．

問 8 ① $x^2\sin(x+\frac{n\pi}{2})+2nx\sin\left(x+\frac{(n-1)\pi}{2}\right)+n(n-1)\sin\left(x+\frac{(n-2)\pi}{2}\right)$.

② $(-1)^n n!\left(\frac{1}{x^{n+1}}-\frac{1}{(x+1)^{n+1}}\right)$. ③ $5^n\sin\left(5x+\frac{n}{2}\pi\right)+\sin\left(x+\frac{n}{2}\pi\right)$.

問 9

① 数学的帰納法を用いる．

$f_n(x)=\dfrac{\sin(2n+1)x}{\sin x}$ とおくと，$n=0$ のとき，$f_0(x)=\dfrac{\sin x}{\sin x}=1$. よって，$\displaystyle\int_0^{\frac{\pi}{2}} f_0(x)dx=\int_0^{\frac{\pi}{2}}dx=\frac{\pi}{2}$.
次に，$n=k$ のとき成立すると仮定すると，積和の公式より

$$\int_0^{\frac{\pi}{2}}(f_{k+1}(x)-f_k(x))\ dx=\int_0^{\frac{\pi}{2}}2\cos 2(k+1)x\ dx=\left[\frac{\sin 2(k+1)x}{k+1}\right]_0^{\frac{\pi}{2}}=0.$$

ゆえに，$\displaystyle\int_0^{\frac{\pi}{2}}f_{k+1}(x)dx=\int_0^{\frac{\pi}{2}}f_k(x)dx=\frac{\pi}{2}$.

以上より，任意の自然数 n に対して，$\displaystyle\int_0^{\frac{\pi}{2}}f_n(x)dx=\frac{\pi}{2}$.

② $f(x)=\dfrac{1}{x}-\dfrac{1}{\sin x}$ とし，$a\leqq x\leqq b$ における $|f(x)|$，$|f'(x)|$ の最大値を L,M としておく．
部分積分を利用すると，

$$\int_a^b f(x)\sin nx\ dx=\frac{1}{n}\Big[-f(x)\cos nx\Big]_a^b+\frac{1}{n}\int_a^b f'(x)\cos nx\ dx$$

である．さらに，不等式

$$\begin{cases}\dfrac{1}{n}\left|\Big[-f(x)\cos nx\Big]_a^b\right|\leqq\dfrac{2}{n}L,\\ \dfrac{1}{n}\left|\displaystyle\int_a^b f'(x)\cos nx\ dx\right|\leqq\dfrac{1}{n}\displaystyle\int_a^b|f'(x)||\cos nx|\ dx\leqq\dfrac{1}{n}\displaystyle\int_a^b M\ dx\leqq\dfrac{1}{n}M(b-a)\end{cases}$$

が成立するので，

$$\left|\int_a^b f(x)\sin nx\right|\leqq\frac{1}{n}\left|\Big[-f(x)\cos nx\Big]_a^b\right|+\frac{1}{n}\left|\int_a^b f'(x)\cos nx\ dx\right|\leqq\frac{1}{n}\big(2L+(b-a)M\big).$$

結局，$n\to\infty$ のとき右辺は 0 に収束し，左辺も 0 に収束する．

③ まず，①と②をあわせて，

$$\lim_{n\to\infty}\int_0^{\frac{\pi}{2}}\frac{\sin(2n+1)x}{x}\ dx=\lim_{n\to\infty}\int_0^{\frac{\pi}{2}}\frac{\sin(2n+1)x}{\sin x}\ dx=\frac{\pi}{2}.$$

ここで，$u=(2n+1)x$ と置換すれば，

$$\int_0^{\frac{\pi}{2}}\frac{\sin(2n+1)x}{x}dx=\int_0^{\left(n+\frac{1}{2}\right)\pi}\frac{\sin u}{u}\ du.$$

つまり，$t=\left(n+\frac{1}{2}\right)\pi$ ならば，

$$\lim_{t\to\infty}\int_0^t\frac{\sin u}{u}\ du=\lim_{n\to\infty}\int_0^{\frac{\pi}{2}}\frac{\sin(2n+1)x}{x}dx=\frac{\pi}{2}.$$

さらに，t が一般のときには，t/π を超えない最大の整数を n として評価すると，

$$\left|\int_0^t\frac{\sin u}{u}\ du-\int_0^{\left(n+\frac{1}{2}\right)\pi}\frac{\sin u}{u}\ du\right|\leqq\pi\cdot\frac{1}{n}\to 0.$$

よって，一般に，$\displaystyle\lim_{t\to\infty}\int_0^t\frac{\sin u}{u}\ du=\frac{\pi}{2}$.

第2章 多変数の微積分 略解

1. 多変数関数の偏微分

p.88

① $\begin{cases} \text{定義域} & x+4y>0 \\ \text{値域} & \text{実数全体} \\ f(1,2)=\log 9 \end{cases}$ ② $\begin{cases} \text{定義域} & x+y \leqq 3 \\ \text{値域} & 0\text{ 以上の実数全体} \\ f(-1,0)=2 \end{cases}$ ③ $\begin{cases} \text{定義域} & xy \leqq 9 \\ \text{値域} & \text{実数全体} \\ f(1,5,\pi)=-e^2 \end{cases}$

p.89 連続な関数は, ①と③.

② $(0,0)$ で, 不連続 ($y=mx$ にそって, 極限を考えればよい). ④ 不連続点は, $x+y=\dfrac{\pi}{2}+n\pi$.

p.90 ① $y-yx^{y-1}$ ② $\sin x+x\cos x+e^x\tan y$ ③ $\dfrac{2y\sin x-2xy\cos x+\sin^3 x\tan y}{\sin^2 x}$ ④ $\dfrac{2y}{\cos^2(x^2+y^2)}$

⑤ $\dfrac{\cos x}{\sin x}$ ⑥ $\dfrac{1}{y}$

p.91 ① $\dfrac{-1}{(x+y)^2}$ ② $\cos(xy)-xy\sin(xy)$ ③ $\dfrac{2(x-y)\sin(x+y)-2\cos(x+y)}{\cos^3(x+y)}$

(発展) ① $\left(\dfrac{\partial^2}{\partial x^2}+\dfrac{\partial^2}{\partial y^2}\right)(x^3-3xy^2)=6x-6x=0.$ ② $\left(\dfrac{\partial^2}{\partial x^2}+\dfrac{\partial^2}{\partial y^2}\right)(e^x\cos y)=e^x\cos y-e^x\cos y=0.$

③ $\left(\dfrac{\partial^2}{\partial x^2}+\dfrac{\partial^2}{\partial y^2}\right)(\log\sqrt{x^2+y^2})=\dfrac{-x^2+y^2}{(x^2+y^2)^2}+\dfrac{x^2-y^2}{(x^2+y^2)^2}=0.$

p.92 ① $\dfrac{\partial^2}{\partial x\partial y}(x^2y)=\dfrac{\partial}{\partial x}(x^2)=2x,\ \dfrac{\partial^2}{\partial y\partial x}(x^2y)=\dfrac{\partial}{\partial y}(2xy)=2x.$

② $\dfrac{\partial^2}{\partial x\partial y}(\sqrt{x^2-y})=\dfrac{\partial}{\partial x}\left(\dfrac{-1}{2\sqrt{x^2-y}}\right)=\dfrac{x}{2(x^2-y)^{\frac{3}{2}}},$

$\dfrac{\partial^2}{\partial y\partial x}(\sqrt{x^2-y})=\dfrac{\partial}{\partial y}\left(\dfrac{x}{\sqrt{x^2-y}}\right)=\dfrac{x}{2(x^2-y)^{\frac{3}{2}}}.$

③ $\dfrac{\partial^2}{\partial x\partial y}(e^{x\sin y})=\dfrac{\partial}{\partial x}\left(x\cos y\ e^{x\sin y}\right)=\cos y(1+x\sin y)e^{x\sin y},$

$\dfrac{\partial^2}{\partial y\partial x}(e^{x\sin y})=\dfrac{\partial}{\partial y}\left(\sin y\ e^{x\sin y}\right)=\cos y(1+x\sin y)e^{x\sin y}.$

(発展) ① $\dfrac{\partial}{\partial x}\left\{g\dfrac{\partial f}{\partial y}\right\}-\dfrac{\partial}{\partial y}\left\{g\dfrac{\partial f}{\partial x}\right\}=\left(\dfrac{\partial g}{\partial x}\dfrac{\partial f}{\partial y}+g\dfrac{\partial^2 f}{\partial x\partial y}\right)-\left(\dfrac{\partial g}{\partial y}\dfrac{\partial f}{\partial x}+g\dfrac{\partial^2 f}{\partial y\partial x}\right)=\dfrac{\partial g}{\partial x}\dfrac{\partial f}{\partial y}-\dfrac{\partial g}{\partial y}\dfrac{\partial f}{\partial x}.$

② $\dfrac{\partial}{\partial x}\left\{f\dfrac{\partial f}{\partial y}\right\}-\dfrac{\partial}{\partial y}\left\{f\dfrac{\partial f}{\partial x}\right\}=\left(\dfrac{\partial f}{\partial x}\dfrac{\partial f}{\partial y}+f\dfrac{\partial^2 f}{\partial x\partial y}\right)-\left(\dfrac{\partial f}{\partial y}\dfrac{\partial f}{\partial x}+f\dfrac{\partial^2 f}{\partial y\partial x}\right)=0.$

p.93 ① $(y-2x)\,dx+x\,dy$ ② $(\sin x+x\cos x+e^x\tan y)\,dx+\dfrac{e^x}{\cos^2 y}\,dy$ ③ $\dfrac{\cos x}{\sin x}\,dx+\dfrac{1}{y}\,dy$

(発展) ① $d(f+g)=\left(\dfrac{\partial f}{\partial x}+\dfrac{\partial g}{\partial x}\right)dx+\left(\dfrac{\partial f}{\partial y}+\dfrac{\partial g}{\partial y}\right)dy=\left(\dfrac{\partial f}{\partial x}dx+\dfrac{\partial f}{\partial y}dy\right)+\left(\dfrac{\partial g}{\partial x}dx+\dfrac{\partial g}{\partial y}dy\right)=df+dg.$

② $d(fg)=\dfrac{\partial(fg)}{\partial x}dx+\dfrac{\partial(fg)}{\partial y}dy=\left(\dfrac{\partial f}{\partial x}g+f\dfrac{\partial g}{\partial x}\right)dx+\left(\dfrac{\partial f}{\partial y}g+f\dfrac{\partial g}{\partial y}\right)dy$

$=g\left(\dfrac{\partial f}{\partial x}dx+\dfrac{\partial f}{\partial y}dy\right)+f\left(\dfrac{\partial g}{\partial x}dx+\dfrac{\partial g}{\partial y}dy\right)=g\,df+f\,dg.$

p.94 ① $\begin{pmatrix} 2x & -2y \\ 2y & 2x \end{pmatrix}$ ② $\begin{pmatrix} \cos x & \cos y \\ 1 & 1 \end{pmatrix}$

p.95 ① $(0,0)$ ② $\begin{vmatrix} \frac{\partial u}{\partial x} & \frac{\partial u}{\partial y} \\ \frac{\partial v}{\partial x} & \frac{\partial v}{\partial y} \end{vmatrix} = \begin{vmatrix} -\sin x\cos y+\cos x\sin y & -\cos x\sin y+\sin x\cos y \\ 1 & -1 \end{vmatrix} = 0.$

p.96 ① $\begin{vmatrix} 1 & 1 & 1 \\ (y+z) & (z+x) & (x+y) \\ 3x^2-3yz & 3y^2-3xz & 3z^2-3xy \end{vmatrix} = 3(x-y)(z^2-xy)+3(y-z)(x^2-yz)+3(z-x)(y^2-xz)=0.$

② $x^3+y^3+z^3-3xyz=(x+y+z)(x^2+y^2+z^2-xy-yz-zx)=(x+y+z)\{(x+y+z)^2-3(xy+yz+zx)\}$ (因数分解の公式を利用).

p.97 ① $\dfrac{\partial z}{\partial x}=-3,\ \dfrac{\partial z}{\partial y}=-2,\ \dfrac{\partial x}{\partial y}=-\dfrac{2}{3},\ \dfrac{\partial x}{\partial z}=-\dfrac{1}{3}.$

② $\dfrac{\partial z}{\partial x}=-\dfrac{ze^x+e^y}{e^x+ye^z},\ \dfrac{\partial z}{\partial y}=-\dfrac{xe^y+e^z}{e^x+ye^z},\ \dfrac{\partial x}{\partial y}=-\dfrac{xe^y+e^z}{ze^x+e^y},\ \dfrac{\partial x}{\partial z}=-\dfrac{e^x+ye^z}{e^y+ze^x}.$

p.98 ① $\dfrac{dy}{dx}=\dfrac{2x-y}{y-z}.$ ② $\dfrac{dz}{dx}=\dfrac{z-2x}{y-z}.$

p.99 ① $\dfrac{\partial}{\partial x}=\dfrac{\partial}{\partial u}+\dfrac{\partial}{\partial v},\ \dfrac{\partial}{\partial y}=2\dfrac{\partial}{\partial u}-\dfrac{\partial}{\partial v}.$ ② $\dfrac{\partial}{\partial x}=u\dfrac{\partial}{\partial u}-v\dfrac{\partial}{\partial v},\ \dfrac{\partial}{\partial y}=u\dfrac{\partial}{\partial u}+v\dfrac{\partial}{\partial v}.$

p.100 $\dfrac{\partial}{\partial x}=\dfrac{1}{2(s^2+t^2)}\left(s\dfrac{\partial}{\partial s}-t\dfrac{\partial}{\partial t}\right),\ \dfrac{\partial}{\partial y}=\dfrac{1}{2(s^2+t^2)}\left(t\dfrac{\partial}{\partial s}+s\dfrac{\partial}{\partial t}\right).$

p.101 $\dfrac{\partial}{\partial\phi}=\dfrac{\partial x}{\partial\phi}\dfrac{\partial}{\partial x}+\dfrac{\partial y}{\partial\phi}\dfrac{\partial}{\partial y}+\dfrac{\partial z}{\partial\phi}\dfrac{\partial}{\partial z}=(-r\sin\theta\sin\phi)\dfrac{\partial}{\partial x}+(r\sin\theta\cos\phi)\dfrac{\partial}{\partial y}+0\dfrac{\partial}{\partial z}=-y\dfrac{\partial}{\partial x}+x\dfrac{\partial}{\partial y}.$

2. 偏微分法の応用

p.102 ① $z=3x+4y.$ ② $\dfrac{1}{2}x+y+z=\dfrac{9}{2}.$

p.103 ① $(1,0,0)$ ② $(0,0,0)$ ③ なし.

p.104 ① $(a,b)=(1,1).$ ② 極大値 $f(1,1)=10.$

p.105 ① $f(x,y)=(x^2-y^2)^2-(2xy)^2=(r^2\cos^2\theta-r^2\sin^2\theta)^2-(2r^2\sin\theta\cos\theta)^2$
$=r^4(\cos^2 2\theta-\sin^2 2\theta)=r^4\cos 4\theta.$

② $\theta=0$ なら $r^4\cos4\theta\geqq0$, $\theta=\dfrac{\pi}{4}$ なら $r^4\cos4\theta\leqq0$. よって, $f(0,0)=0$ は, 極値となりえない.

p.106 ① $f\left(\pm\dfrac{1}{\sqrt2},\mp\dfrac{1}{\sqrt2}\right)=\pm\sqrt2$ (復号同順).

② $f\left(\mp\dfrac{2}{\sqrt5},\pm\dfrac{1}{\sqrt5}\right)=3,\ f\left(\pm\dfrac{1}{\sqrt5},\pm\dfrac{2}{\sqrt5}\right)=-2$ (復号同順).

p.107 ① $f\left(\dfrac43,\dfrac43,\dfrac43\right)=\dfrac{64}{27}$ ② $f\left(\pm\dfrac{1}{\sqrt3},\pm\dfrac{1}{\sqrt3},\pm\dfrac{1}{\sqrt3}\right)=1$ (復号同順).

p.108 (発展) $f(0,\pm2,\mp1)=2,\ f(0,\pm2,\pm1)=-2$ (復号同順).

p.109 (発展) $y+\dfrac12(2xy-y^2)+\dfrac{e^{x\theta}}{6}\left(x^3\log(1+y\theta)+\dfrac{3x^2y}{1+y\theta}-\dfrac{3xy^2}{(1+y\theta)^2}+\dfrac{2y^3}{(1+y\theta)^3}\right).$

3. 多変数関数の重積分

p.110 ① $-\dfrac76y^3$ ② $\dfrac{y^5}{3}+\dfrac53y^2-2y-\dfrac1y+1$ ③ $\dfrac35(x^{10}-x^5)-\dfrac32(x^4-x^2)$ ④ 0 ⑤ $\dfrac{(x+1)^x-1}{\log(x+1)}$

p.111 ① $10y^4$ ② $\log(1+y^2)$ ③ $\dfrac12\{\log(1+y)\}^2$ ④ $\dfrac12(1-\cos x^2)$ ⑤ $\dfrac12\log2$ ⑥ $\dfrac12(e^{x^4}-1)$

p.112 ① $y\log y-y+1$ ② $y(\cos y-1)$ ③ $1-\dfrac2e$

p.113 ① $y\geqq0$ のとき $\dfrac{\pi y^2}{4}$, $y<0$ のとき $-\dfrac{\pi y^2}{4}$ ② $x>0$ のとき $\dfrac{\pi}{6}$, $x<0$ のとき $-\dfrac{\pi}{6}$

③ $\dfrac{\pi}{6y}$ ④ $y>0$ のとき $\dfrac{5\sqrt{2}}{12y^4}$, $y<0$ のとき $-\dfrac{5\sqrt{2}}{12y^4}$ ⑤ $\dfrac{\pi}{4x}$

p.115 ① $\dfrac{2}{3}$ ② $\log\left(\dfrac{\pi+2}{2}\right)$

(発展) ① $f(x)$, $g(x)$ の原始関数をそれぞれ, $F(x)$, $G(x)$ とする．このとき,

$$\int_c^d\left(\int_a^b f(x,y)\,dx\right)dy=\int_c^d\left(h(y)\int_a^b g(x)\,dx\right)dy=\int_c^d h(y)\Big[G(x)\Big]_a^b\,dy$$

$$=\int_c^d\{G(b)-G(a)\}h(y)\,dy=\Big[\{G(b)-G(a)\}\,H(y)\Big]_c^d=\{G(b)-G(a)\}\{H(d)-H(c)\}.$$

同様に, $\displaystyle\int_a^b\left(\int_c^d f(x,y)\,dy\right)dx=\{G(b)-G(a)\}\{H(d)-H(c)\}.$

② $g_j(x)$,$h_j(x)$ の原始関数をそれぞれ, $G_j(x)$, $H_j(x)$ とすれば, 与式の両辺はともに,

$$\sum_{j=1}^n\{G_j(b)-G_j(a)\}\{H_j(c)-H_j(d)\}.$$

p.116 ① $\dfrac{1}{12}$ ② 0 ③ $e-\dfrac{5}{2}$ p.117 ① $\dfrac{\pi}{4}$ ② $\dfrac{4}{3}$ p.118 (発展)① 0 ② $\dfrac{40}{3}\log 2-\dfrac{15}{2}\log 3$

p.119 (発展) 6

p.121 (研究) $\overrightarrow{\mathrm{OA}}$ と $\overrightarrow{\mathrm{OB}}$ のなす角を, θ とする．

$$S=|\overrightarrow{\mathrm{OA}}||\overrightarrow{\mathrm{OB}}|\sin\theta=|\overrightarrow{\mathrm{OA}}||\overrightarrow{\mathrm{OB}}|\sqrt{1-\cos^2\theta}=\sqrt{|\overrightarrow{\mathrm{OA}}|^2|\overrightarrow{\mathrm{OB}}|^2-|\overrightarrow{\mathrm{OA}}|^2|\overrightarrow{\mathrm{OB}}|^2\cos^2\theta}=\sqrt{|\overrightarrow{\mathrm{OA}}|^2|\overrightarrow{\mathrm{OB}}|^2-(\overrightarrow{\mathrm{OA}}\cdot\overrightarrow{\mathrm{OB}})^2}$$

$$=\sqrt{(a^2+b^2)(c^2+d^2)-(ac+bd)^2}=\sqrt{(ad-bc)^2}=|ad-bc|.$$

p.122 -2 p.123 $2(e-1)^2$ p.124 $2\pi(4e^5+1)$ p.125 $\dfrac{\pi}{2}\log 5$

p.126

(発展) ① 極座標変換して計算すれば,

$$I_a^2=\int_0^{2\pi}\left(\int_0^\infty e^{(-a+i)r^2}r\,dr\right)d\theta=\int_0^{2\pi}\left[\frac{e^{(-a+i)r^2}}{2(-a+i)}\right]_0^\infty d\theta=\int_0^{2\pi}\frac{-1}{2(-a+i)}\,d\theta=\frac{-\pi}{-a+i}.$$

② $\displaystyle\lim_{a\to+0}I_a^2=\lim_{a\to+0}\frac{-\pi}{-a+i}=\pi i=\pi e^{\frac{\pi i}{2}}.$ ③ $\dfrac{\sqrt{2\pi}}{2}$

p.127 (発展) $\dfrac{1}{4}$ p.128 ① $\dfrac{e^2}{18}+\dfrac{1}{36}$ ② $\dfrac{1}{60}$ p.129 0 p.131 ① $\dfrac{128}{15}\pi$ ② 192π

4. 重積分の応用

p.132 ① $\dfrac{27}{4}$ ② $1-\dfrac{5}{e^2}$ p.133 ① $\{(r,\theta)\mid 0\leqq r\leqq\sqrt{\sin 2\theta},\ 0\leqq\theta\leqq\dfrac{\pi}{2}\}$ ② $\dfrac{1}{2}$

p.134 ① $\dfrac{\pi}{5}$

p.135 ① $\{(r,\theta,\phi)\mid 0\leqq r\leqq\sin^2\theta\cos\theta\sin\phi\cos\phi,\ 0\leqq\theta\leqq\dfrac{\pi}{2},\ 0\leqq\phi\leqq\dfrac{\pi}{2},\ \pi\leqq\phi\leqq\dfrac{3}{2}\pi\}$

$\cup\{(r,\theta,\phi)\mid 0\leqq r\leqq\sin^2\theta\cos\theta\sin\phi\cos\phi,\ \dfrac{\pi}{2}\leqq\theta\leqq\pi,\ \dfrac{\pi}{2}\leqq\phi\leqq\pi,\ \dfrac{3}{2}\pi\leqq\phi\leqq 2\pi\}$

② $\dfrac{1}{360}$

p.136 $\left(0,\dfrac{3}{5}\right)$ p.137 $\left(0,0,\dfrac{3}{4}\right)$

2 章 多変数関数の微積分 補充問題 p.138 略解

問 1 ① $x^2+y^2-1=0.$ ② $(y-x)(y-x^2)=0.$ ③ $(|x|+|x-1|-1)^2+(|y|+|y-1|-1)^2=0.$

問 2 ① $\left|\dfrac{2xy}{x^2+y^2}\right|=|r\cos\theta\sin^2\theta|\leqq r$ であるから, $(x,y)\to(0,0)$ のとき $\left|\dfrac{2xy}{x^2+y^2}\right|\to 0.$

② $\dfrac{2x^2+y^2}{x^2+y^2}=2\cos^2\theta+\sin^2\theta$ であるから, $(x,y)\to(0,0)$ のとき発散.

③ $\left|\dfrac{xy}{\sqrt{x^2+y^2}}\right| = |r\cos\theta\sin\theta| \leqq r$ であるから, $(x,y)\to(0,0)$ のとき $\left|\dfrac{xy}{\sqrt{x^2+y^2}}\right| \to 0.$

問 3

① $y=mx$ から $(0,0)$ に近づく場合, $\displaystyle\lim_{\substack{(x,y)\to(0,0)\\ y=mx}} f(x,y) = \lim_{\substack{(x,y)\to(0,0)\\ y=mx}} \frac{m}{1+m^2}.$

m によって, 値が変化するので, $(0,0)$ で不連続.

② $y=mx^2$ から $(0,0)$ に近づく場合, $\displaystyle\lim_{\substack{(x,y)\to(0,0)\\ y=mx^2}} f(x,y) = \lim_{\substack{(x,y)\to(0,0)\\ y=mx^2}} \frac{m}{1+m^2}.$

m によって, 値が変化するので, $(0,0)$ で不連続.

③ x 軸から $(0,0)$ に近づく場合, $\displaystyle\lim_{\substack{(x,y)\to(0,0)\\ y=0}} f(x,y) = \lim_{(x,0)\to(0,0)} 0 = 0.$

$y=x$ から $(0,0)$ に近づく場合, $\displaystyle\lim_{\substack{(x,y)\to(0,0)\\ y=x}} f(x,y) = \lim_{x\to 0} \frac{1}{2}\left(\frac{x}{\sin x}\right)^2 = \frac{1}{2}.$

よって, $(0,0)$ で不連続.

問 4 $\dfrac{\partial}{\partial x} = \cos\theta\left(\dfrac{\partial}{\partial r}\right) - \dfrac{\sin\theta}{r}\left(\dfrac{\partial}{\partial\theta}\right)$ であるから,

$$\frac{\partial^2}{\partial x^2} = \cos\theta\left(\frac{\partial}{\partial r}\right)\left\{\cos\theta\left(\frac{\partial}{\partial r}\right) - \frac{\sin\theta}{r}\left(\frac{\partial}{\partial\theta}\right)\right\} - \frac{\sin\theta}{r}\left(\frac{\partial}{\partial\theta}\right)\left\{\cos\theta\left(\frac{\partial}{\partial r}\right) - \frac{\sin\theta}{r}\left(\frac{\partial}{\partial\theta}\right)\right\}$$
$$= \cos^2\theta\left(\frac{\partial^2}{\partial r^2}\right) + 2\frac{\sin\theta\cos\theta}{r^2}\left(\frac{\partial}{\partial\theta}\right) + \frac{\sin^2\theta}{r}\left(\frac{\partial}{\partial r}\right) + \frac{\sin^2\theta}{r^2}\left(\frac{\partial^2}{\partial\theta^2}\right).$$

同様に, $\dfrac{\partial}{\partial y} = \sin\theta\left(\dfrac{\partial}{\partial r}\right) - \dfrac{\cos\theta}{r}\left(\dfrac{\partial}{\partial\theta}\right)$ から,

$$\frac{\partial^2}{\partial y^2} = \sin^2\theta\left(\frac{\partial^2}{\partial r^2}\right) - 2\frac{\sin\theta\cos\theta}{r^2}\left(\frac{\partial}{\partial\theta}\right) + \frac{\cos^2\theta}{r}\left(\frac{\partial}{\partial r}\right) + \frac{\cos^2\theta}{r^2}\left(\frac{\partial^2}{\partial\theta^2}\right).$$

問 5 すべての y に対し, $f_x(0,y) = \displaystyle\lim_{h\to 0}\frac{f(h,y)-f(0,y)}{h} = \lim_{h\to 0}\frac{y(h^2-y^2)}{h^2+y^2} = -y.$

よって, $f_{xy}(0,0) = (f_x)_y(0,0) = -1$. 同様の計算より, $f_y(x,0) = x$, $f_{yx}(0,0) = 1$.

問 6 与えられた条件は, $a>0$, $ac-b^2>0$ である.

平方完成すれば, $f(x,y) = a\left(x+\dfrac{by}{a}\right)^2 + \dfrac{ac-b^2}{a}y^2 \geqq 0.$

問 7 $((x,y,z)$ と $(1,1,2)$ の距離$)^2 = (x-1)^2+(y-1)^2+(z-2)^2$. 距離が最小となる点の候補は,

$(y,x,z) = (0,0,0)$ または $(x-1,y-1,z-2) = \lambda(y,x,z)$.

曲面 $2xy+z^2-1=0$ と連立してとけば, $(x,y,z) = (0,1,1), (1,0,1), \left(\pm\dfrac{1}{\sqrt{6}}, \pm\dfrac{1}{\sqrt{6}}, \pm\dfrac{2}{\sqrt{6}}\right).$

$(x,y,z) = \left(\dfrac{1}{\sqrt{6}}, \dfrac{1}{\sqrt{6}}, \dfrac{2}{\sqrt{6}}\right)$ のとき, 最短距離 $\sqrt{6}-1$.

問 8 ① $\displaystyle\sum_{n=0}^{5} {}_5\mathrm{C}_n (x-1)^n (y+1)^{5-n}$ ② $\displaystyle\sum_{n=0}^{+\infty}\left(\frac{(-1)^{n-1}}{n}(x-1)^n - \frac{1}{n}(y+1)^n\right)$

問 9 ① $(x,y,z)\in D$ であるとき, (x,y,z) を z 軸まわりに回転すれば, $x>0$ で xz 平面との交わりが, $(\sqrt{x^2+y^2}, 0, z)$ である. すなわち, xz 平面において $(\sqrt{x^2+y^2}, z)\in\Omega$ であればよい.

② $D' = \{(r,\theta,z) \mid 0\leqq\theta\leqq 2\pi, (r,z)\in\Omega\}$ とすると,

$$(D\text{ の体積}) = \int_D dx\,dy\,dz = \int_{D'} r\,d\theta\,dr\,dz = \int_{(r,z)\in\Omega}\int_0^{2\pi} r\,d\theta\,dr\,dz = 2\pi\int_{(r,z)\in\Omega} r\,dr\,dz$$
$$= (\Omega\text{の面積})\cdot\frac{2\pi}{(\Omega\text{の面積})}\int_{(r,z)\in\Omega} r\,dr\,dz = (\Omega\text{の面積})\cdot 2\pi(\Omega\text{の重心と } z \text{ 軸との距離}).$$

第3章 ベクトル解析 略解

1．線形代数学からの準備

p.140 上① $(-1,\ -4,\ 2)$ ② $(0,\ 0,\ 0)$ 下 省略

p.141 ① $\sqrt{21}$ ② $4\sqrt{5}$ ③ 1

(発展) $$\begin{aligned}\mathbf{a}\cdot(\mathbf{b}\times\mathbf{c}) &= (a_1,\ a_2,\ a_3)\cdot(b_2c_3-b_3c_2,\ b_3c_1-b_1c_3,\ b_1c_2-b_2c_1)\\ &= a_1b_2c_3+a_2b_3c_1+a_3b_1c_2-a_1b_3c_2-a_2b_1c_3-a_3b_2c_1 = \begin{vmatrix} a_1 & a_2 & a_3\\ b_1 & b_2 & b_3\\ c_1 & c_2 & c_3\end{vmatrix}.\end{aligned}$$

2．微分積分学からの準備

p.142〜p.145　2章 p.90〜p.93の解答を参照せよ．

3．くさび積，外微分作用素，重積分

p.146 ① $-3\,dx\wedge dy-3\,dy\wedge dz+6\,dz\wedge dx$ ② 0 $(0\,dx\wedge dy+0\,dy\wedge dz+0\,dz\wedge dx$ の意)

p.147 ① $11\,dx\wedge dy\wedge dz$ ② $(-2xy+xz+yz)\,dx\wedge dy\wedge dz$

(発展) ① $$\begin{aligned}df\wedge dg &= \left(\frac{\partial f}{\partial x}dx+\frac{\partial f}{\partial y}dy+\frac{\partial f}{\partial z}dz\right)\wedge\left(\frac{\partial g}{\partial x}dx+\frac{\partial g}{\partial y}dy+\frac{\partial g}{\partial z}dz\right)\\ &= \left(\frac{\partial f}{\partial x}\frac{\partial g}{\partial y}-\frac{\partial f}{\partial y}\frac{\partial g}{\partial x}\right)dx\wedge dy+\left(\frac{\partial f}{\partial y}\frac{\partial g}{\partial z}-\frac{\partial f}{\partial z}\frac{\partial g}{\partial y}\right)dy\wedge dz+\left(\frac{\partial f}{\partial z}\frac{\partial g}{\partial x}-\frac{\partial f}{\partial x}\frac{\partial g}{\partial z}\right)dz\wedge dx.\end{aligned}$$

同様に，$dg\wedge df = \left(\frac{\partial g}{\partial x}\frac{\partial f}{\partial y}-\frac{\partial g}{\partial y}\frac{\partial f}{\partial x}\right)dx\wedge dy+\left(\frac{\partial g}{\partial y}\frac{\partial f}{\partial z}-\frac{\partial g}{\partial z}\frac{\partial f}{\partial y}\right)dy\wedge dz+\left(\frac{\partial g}{\partial z}\frac{\partial f}{\partial x}-\frac{\partial g}{\partial x}\frac{\partial f}{\partial z}\right)dz\wedge dx.$

ゆえに，$df\wedge dg=-dg\wedge df$．

② ①より $df\wedge df=-df\wedge df$．つまり，$df\wedge df=0$. 以下，与式に代入．

p.148 ① $\left\{\frac{1}{\cos^2(x+y+z^2)}-x\cos y e^{x\sin y}\right\}dx\wedge dy-\frac{2z}{\cos^2(x+y+z^2)}dy\wedge dz$

② $\left(xy+\frac{1}{x}+1\right)dx\wedge dy\wedge dz$

(発展)

① $$\begin{aligned}d^2f=d(df) &= d\left(\frac{\partial f}{\partial x}dx+\frac{\partial f}{\partial y}dy+\frac{\partial f}{\partial z}dz\right)\\ &= \left(\frac{\partial^2 f}{\partial x^2}dx+\frac{\partial^2 f}{\partial x\partial y}dy+\frac{\partial^2 f}{\partial x\partial z}dz\right)\wedge dx+\left(\frac{\partial^2 f}{\partial x\partial y}dx+\frac{\partial^2 f}{\partial^2 y}dy+\frac{\partial^2 f}{\partial y\partial z}dz\right)\wedge dy\\ &\quad+\left(\frac{\partial^2 f}{\partial x\partial z}dx+\frac{\partial^2 f}{\partial y\partial z}dy+\frac{\partial^2 f}{\partial z^2}dz\right)\wedge dz\\ &= \left(-\frac{\partial^2 f}{\partial x\partial y}+\frac{\partial^2 f}{\partial x\partial y}\right)dx\wedge dy+\left(-\frac{\partial^2 f}{\partial y\partial z}+\frac{\partial^2 f}{\partial y\partial z}\right)dy\wedge dz+\left(-\frac{\partial^2 f}{\partial x\partial z}+\frac{\partial^2 f}{\partial x\partial z}\right)dz\wedge dx=0.\end{aligned}$$

② $$\begin{aligned}(\text{左辺})=d(f\wedge dg) &= d\left(f\frac{\partial g}{\partial x}dx+f\frac{\partial g}{\partial y}dy+f\frac{\partial g}{\partial z}dz\right)\\ &= \left\{\frac{\partial}{\partial x}\left(f\frac{\partial g}{\partial x}\right)dx+\frac{\partial}{\partial y}\left(f\frac{\partial g}{\partial x}\right)dy+\frac{\partial}{\partial z}\left(f\frac{\partial g}{\partial x}\right)dz\right\}\wedge dx\\ &\quad+\left\{\frac{\partial}{\partial x}\left(f\frac{\partial g}{\partial y}\right)dx+\frac{\partial}{\partial y}\left(f\frac{\partial g}{\partial y}\right)dy+\frac{\partial}{\partial z}\left(f\frac{\partial g}{\partial y}\right)dz\right\}\wedge dy\\ &\quad+\left\{\frac{\partial}{\partial x}\left(f\frac{\partial g}{\partial z}\right)dx+\frac{\partial}{\partial y}\left(f\frac{\partial g}{\partial z}\right)dy+\frac{\partial}{\partial z}\left(f\frac{\partial g}{\partial z}\right)dz\right\}\wedge dz\\ &= \left\{-\frac{\partial}{\partial y}\left(f\frac{\partial g}{\partial x}\right)+\frac{\partial}{\partial x}\left(f\frac{\partial g}{\partial y}\right)\right\}dx\wedge dy+\left\{-\frac{\partial}{\partial z}\left(f\frac{\partial g}{\partial y}\right)+\frac{\partial}{\partial y}\left(f\frac{\partial g}{\partial z}\right)\right\}dy\wedge dz\\ &\quad+\left\{-\frac{\partial}{\partial x}\left(f\frac{\partial g}{\partial z}\right)+\frac{\partial}{\partial z}\left(f\frac{\partial g}{\partial x}\right)\right\}dz\wedge dx\end{aligned}$$

$$= \left(\frac{\partial f}{\partial x}\frac{\partial g}{\partial y} - \frac{\partial f}{\partial y}\frac{\partial g}{\partial x}\right) dx \wedge dy + \left(\frac{\partial f}{\partial y}\frac{\partial g}{\partial z} - \frac{\partial f}{\partial z}\frac{\partial g}{\partial x}\right) dy \wedge dz + \left(\frac{\partial f}{\partial z}\frac{\partial g}{\partial x} - \frac{\partial f}{\partial x}\frac{\partial g}{\partial z}\right) dz \wedge dx$$

(右辺) $= df \wedge dg = \left(\frac{\partial f}{\partial x}\frac{\partial g}{\partial y} - \frac{\partial f}{\partial y}\frac{\partial g}{\partial x}\right) dx \wedge dy + \left(\frac{\partial f}{\partial y}\frac{\partial g}{\partial z} - \frac{\partial f}{\partial z}\frac{\partial g}{\partial x}\right) dy \wedge dz + \left(\frac{\partial f}{\partial z}\frac{\partial g}{\partial x} - \frac{\partial f}{\partial x}\frac{\partial g}{\partial z}\right) dz \wedge dx.$

p.149 ① $\log 3 - \log 2$ ② $\frac{\pi}{4}$ ③ $e - \frac{5}{2}$ p.150 $\int f\, dxdy = \int f\, 2e^{2s}\, ds \wedge dt.$

p.151 ① $2\pi(4e^5 + 1)$ ② $\frac{\pi}{2}\log 5$ p.152 ① $\frac{e^3}{18} + \frac{1}{36}$ ② 20π

p.153 ① $\int f\, dx\, dy\, dz = \int f\, r\, dr\, d\theta\, dz.$ ② 20π

4. ベクトル値関数の微積分

p.154 ① $(-\sin\theta,\ \cos\theta)$ ② $\left(e^{x-y^2},\ -\tan(x+y),\ \frac{x\cos x - \sin x}{x^2}\right)$ ③ $\left(-2ye^{x-y^2},\ -\frac{1}{\cos^2(x+y)},\ 0\right)$

p.155 ① $\left((4x^3 + \frac{1}{\cos^2 x})dx,\ (-4x + \cos x)dx\right)$

② $\left(e^{x-y^2}dx - 2ye^{x-y^2}dy,\ -\tan(x+y)dx - \tan(x+y)dy,\ \frac{x\cos x - \sin x}{x^2}dx\right)$

③ $\left(dx + dy,\ dx + dy + dz,\ \frac{1}{\sqrt{x^2+y^2+z^2}}(x\, dx + y\, dy + z\, dz)\right)$

(発展) ①
$$\begin{cases} d(\mathbf{f}+\mathbf{g}) = d(a+c,\ b+d) = \left((\frac{\partial a}{\partial x} + \frac{\partial c}{\partial x})dx + (\frac{\partial a}{\partial y} + \frac{\partial c}{\partial y})dy,\ (\frac{\partial b}{\partial x} + \frac{\partial d}{\partial x})dx + (\frac{\partial b}{\partial y} + \frac{\partial d}{\partial y})dy\right), \\ d\mathbf{f} + d\mathbf{g} = d(a,\ b) + d(c,\ d) = \left(\frac{\partial a}{\partial x}dx + \frac{\partial a}{\partial y}dy,\ \frac{\partial b}{\partial x}dx + \frac{\partial b}{\partial y}dy\right) + \left(\frac{\partial c}{\partial x}dx + \frac{\partial c}{\partial y}dy,\ \frac{\partial d}{\partial x}dx + \frac{\partial d}{\partial y}dy\right) \\ \qquad = \left((\frac{\partial a}{\partial x} + \frac{\partial c}{\partial x})dx + (\frac{\partial a}{\partial y} + \frac{\partial c}{\partial y})dy,\ (\frac{\partial b}{\partial x} + \frac{\partial d}{\partial x})dx + (\frac{\partial b}{\partial y} + \frac{\partial d}{\partial y})dy\right). \end{cases}$$

②
$$\begin{aligned} d(\mathbf{f}\cdot\mathbf{g}) &= d(ac+bd) = \frac{\partial(ac+bd)}{\partial x}dx + \frac{\partial(ac+bd)}{\partial y}dy \\ &= \left(a\frac{\partial c}{\partial x} + c\frac{\partial a}{\partial x} + b\frac{\partial d}{\partial x} + d\frac{\partial b}{\partial x}\right)dx + \left(a\frac{\partial c}{\partial y} + c\frac{\partial a}{\partial y} + b\frac{\partial d}{\partial y} + d\frac{\partial b}{\partial y}\right)dy \\ &= (a,\ b)\left(\frac{\partial c}{\partial x}dx + \frac{\partial c}{\partial y}dy,\ \frac{\partial d}{\partial x}dx + \frac{\partial d}{\partial y}dy\right) + (c,\ d)\left(\frac{\partial a}{\partial x}dx + \frac{\partial a}{\partial y}dy,\ \frac{\partial b}{\partial x}dx + \frac{\partial b}{\partial y}dy\right) \\ &= \mathbf{f}\cdot d\mathbf{g} + \mathbf{g}\cdot d\mathbf{f}. \end{aligned}$$

p.156 ① $\mathrm{grad}\ f = (2x+z,\ -2z,\ -2y+x).$ ② $\mathrm{grad}\ f = \left(\frac{2x}{x^2+y^2},\ \frac{2y}{x^2+y^2},\ 0\right).$

③ $\mathrm{grad}\ f = \left(\frac{-x}{(x^2+y^2+z^2)^{\frac{3}{2}}},\ \frac{-y}{(x^2+y^2+z^2)^{\frac{3}{2}}},\ \frac{-z}{(x^2+y^2+z^2)^{\frac{3}{2}}}\right).$

p.157 上① $\mathrm{div}\ \mathbf{f} = 6$ ② $(1-y)\sin(x+y) + (1+x)\cos(x+y) + \frac{1}{\cos^2 z}$ ③ 0

下① $\mathrm{rot}\ \mathbf{f} = (0,\ 0,\ 0)$ ② $(0,\ 0,\ -y\sin(x+y) - x\cos(x+y))$ ③ 0

p.158 $(a,\ b,\ c)$

p.159 $\mathrm{div}\ \mathbf{f} = \frac{\partial(-x)}{\partial x} + \frac{\partial y}{\partial y} + \frac{\partial 0}{\partial z} = 0,$

$$\mathrm{rot}\ \mathbf{f} = \begin{vmatrix} \mathbf{e_1} & \mathbf{e_2} & \mathbf{e_3} \\ \frac{\partial}{\partial x} & \frac{\partial}{\partial y} & \frac{\partial}{\partial z} \\ -x & y & 0 \end{vmatrix} = (0,\ 0,\ 0).$$

(図)

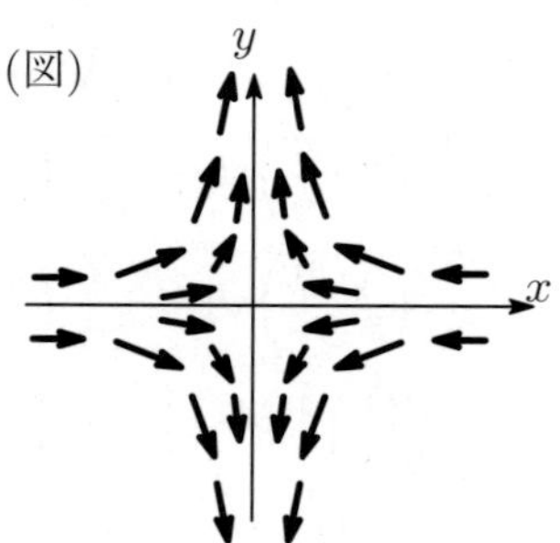

p.160 $\nabla(\phi\psi) = \left(\frac{\partial(\phi\psi)}{\partial x},\ \frac{\partial(\phi\psi)}{\partial y},\ \frac{\partial(\phi\psi)}{\partial z}\right) = \left(\phi\frac{\partial\psi}{\partial x}+\psi\frac{\partial\phi}{\partial x},\ \phi\frac{\partial\psi}{\partial y}+\psi\frac{\partial\phi}{\partial y},\ \phi\frac{\partial\psi}{\partial z}+\psi\frac{\partial\phi}{\partial z}\right)$

$= \psi\left(\frac{\partial\phi}{\partial x},\ \frac{\partial\phi}{\partial y},\ \frac{\partial\phi}{\partial z}\right)+\phi\left(\frac{\partial\psi}{\partial x},\ \frac{\partial\psi}{\partial y},\ \frac{\partial\psi}{\partial z}\right)$

$= \psi\nabla\phi+\phi\nabla\psi.$

p.161 ①

$$\begin{cases} \nabla\times\mathbf{A} = \begin{vmatrix} \mathbf{e_1} & \mathbf{e_2} & \mathbf{e_3} \\ \frac{\partial}{\partial x} & \frac{\partial}{\partial y} & \frac{\partial}{\partial z} \\ yz & zx & x^3 \end{vmatrix} = (-x,\ y-x^2,\ 0). \\ \text{ゆえに}, \nabla\times(\nabla\times\mathbf{A}) = \begin{vmatrix} \mathbf{e_1} & \mathbf{e_2} & \mathbf{e_3} \\ \frac{\partial}{\partial x} & \frac{\partial}{\partial y} & \frac{\partial}{\partial z} \\ -x & y-x^2 & 0 \end{vmatrix} = (0,\ 0,\ -2x). \end{cases}$$

② $\nabla\cdot(\nabla\times\mathbf{A}) = \nabla\cdot(-x,\ y-x^2,\ 0) = \frac{\partial}{\partial x}(-x)+\frac{\partial}{\partial y}(y-x^2)+\frac{\partial}{\partial z}0 = -1+1+0 = 0.$

5. ベクトル値関数の微積分 (その 2)

p.162 上① $(t,\ t^2)$ ② $\left(t,\ \frac{-2t+4}{5}\right)$ ③ $(t,\ \pm\sqrt{1+t^2})$

下① $(\tan t,\ \tan t)$ ② $(\tan t,\ \cos^2 t)$ ③ $\left(\tan t,\ \pm\frac{1}{\cos t}\right)$

p.163 上① $(t,\ t^2,\ t)$ ② $\left(t,\ 2t+1,\ \frac{t-5}{2}\right)$

下① $(t^2,\ t,\ t^2)$ ② $\left(\frac{t-1}{2},\ t,\ \frac{t-11}{4}\right)$

p.164 ① $\int_0^1 f(t,t)\,dt = \int_0^1 (t^2-2t)\,dt = \left[\frac{t^3}{3}-t^2\right]_0^1 = -\frac{2}{3}.$

② $\int_0^1 f(t^2,t^2)\,dt = \int_0^1 (t^4-2t^2)\,dt = \left[\frac{t^5}{5}-\frac{2}{3}t^3\right]_0^1 = -\frac{7}{15}.$

③ $\int_0^\pi f(\cos t,\sin t)\,dt = \int_0^\pi (\cos^2 t-2\sin t)\,dt = \int_0^\pi \left(\frac{1+\cos 2t}{2}-2\sin t\right)dt.$

$= \left[\frac{t}{2}+\frac{\sin 2t}{4}+2\cos t\right]_0^\pi = \frac{\pi}{2}-2.$

p.165 ① $d\mathbf{r} = (dt,\ dt)$. ゆえに, $ds = \sqrt{2}\,dt.$ ② $d\mathbf{r} = (2t\,dt,\ 2t\,dt)$. ゆえに, $ds = 2\sqrt{2}|t|\,dt.$

③ $d\mathbf{r} = (dt,\ -\tan t\,dt)$. ゆえに, $ds = \frac{dt}{|\cos t|}.$

p.166 ① $\int_0^1 f(t,t)\,ds = \int_0^1 (t^2-2t)\cdot\sqrt{2}\,dt = \left[\frac{\sqrt{2}t^3}{3}-\sqrt{2}t^2\right]_0^1 = -\frac{2}{3}\sqrt{2}.$

② $\int_0^1 f(t^2,t^2)\,ds = \int_0^1 (t^4-2t^2)\cdot 2\sqrt{2}t\,dt = \left[\frac{\sqrt{2}}{3}t^6-\sqrt{2}t^4\right]_0^1 = -\frac{2}{3}\sqrt{2}.$

③ $\int_0^\pi f(\cos t,\sin t)\,ds = \int_0^\pi (\cos^2 t-2\sin t)\cdot 1\,dt = \frac{\pi}{2}-2.$

p.167 ① $\int_C \mathbf{A}\cdot d\mathbf{r} = \int_C x^2\,dx+y\,dy = \int_0^1 t^2\,dt+t\,dt = \left[\frac{1}{3}t^3+\frac{1}{2}t^2\right]_0^1 = \frac{5}{6}.$

② $\int_C \mathbf{A}\cdot d\mathbf{r} = \int_C x^2\,dx+y\,dy = \int_0^1 t^4(2t)\,dt+t^2(2t)\,dt = \left[\frac{1}{3}t^6+\frac{1}{2}t^4\right]_0^1 = \frac{5}{6}.$

p.168 ① $(s,\ t,\ \pm\sqrt{1-s^2-t^2})$ ② $\left(s,\ t,\ \dfrac{2s+3t-7}{4}\right)$

p.169 ① $d\mathbf{S} = (dy\wedge dz,\ dz\wedge dx,\ dx\wedge dy)$

$$= ((\cos s\sin t\ ds + \sin s\cos t\ dt)\wedge(-\sin s)ds,\ (-\sin s)ds\wedge(\cos s\cos t\ ds - \sin s\sin t\ dt),$$
$$(\cos s\cos t\ ds - \sin s\sin t\ dt)\wedge(\cos s\sin t\ ds + \sin s\cos t\ dt))$$
$$= (\sin^2 s\cos t,\ \sin^2 s\sin t,\ \sin s\cos s)\ ds\wedge dt$$

② $d\mathbf{S} = (dy\wedge dz,\ dz\wedge dx,\ dx\wedge dy)$

$$= (dt\wedge(-ds-2dt),\ (-ds-2dt)\wedge ds,\ ds\wedge dt) = (1,\ 2,\ 1)\ ds\wedge dt$$

p.170 p.169①より, $d\mathbf{S} = (\sin^2 s\cos t,\ \sin^2 s\sin t,\ \sin s\cos s)\ ds\wedge dt \quad (0\leqq s\leqq\pi, 0\leqq t\leqq 2\pi)$.
ベクトルは, 球面 S の外側に向いているので，表側は球面の外側.

p.171 ① p.169①より，$d\mathbf{S} = (\sin^2 s\cos t,\ \sin^2 s\sin t,\ \sin s\cos s)\ ds\wedge dt$.

ゆえに, $dS = \sqrt{(\sin^2 s\cos t)^2 + (\sin^2 s\sin t)^2 + (\sin s\cos s)^2}\ ds\wedge dt$

$$= \sqrt{\sin^4 s(\cos^2 t + \sin^2 t) + \sin^2 s\cos^2 s}\ ds\wedge dt = |\sin s|\ ds\wedge dt.$$

② p.169②より，$d\mathbf{S} = (1,\ 2,\ 1)\ ds\wedge dt$ ゆえに, $dS = \sqrt{1^2+2^2+1^2}\ ds\wedge dt = \sqrt{6}\ ds\wedge dt$.

p.172 ① $\displaystyle\int_S f(x,y,z)\ dS = \int_0^{2\pi}\int_0^{\pi} 1\cdot|\sin s|\ ds\,dt = \cdots = 4\pi.$

② $\displaystyle\int_S f(x,y,z)\ dS = \int_0^{2\pi}\int_0^{\pi}\cos^2 s(\sin s)\ ds\,dt = \int_0^{2\pi}\left[-\frac{\cos^3 s}{3}\right]_0^{\pi}dt = \frac{4}{3}\pi.$

p.173 ① p.171 の例を参考にして，$d\mathbf{S} = (t\cos s,\ t\sin s,\ -t)ds\wedge dt$.

ゆえに, $\displaystyle\int \mathbf{A}\cdot d\mathbf{S} = \int_0^2\int_0^{2\pi}(z,\ z,\ z)\cdot(t\cos s,\ t\sin s,\ -t)\ ds\wedge dt$

$$= \int_0^2\int_0^{2\pi} t^2(\cos s + \sin s - 1)\ ds\wedge dt = \int_0^2 -2\pi t^2\ dt = -\frac{16\pi}{3}.$$

② $\displaystyle\int \mathbf{A}\cdot d\mathbf{S} = \int_0^2\int_0^{2\pi}(y,\ x,\ 0)\cdot(t\cos s,\ t\sin s,\ -t)\ ds\wedge dt = \int_0^2\int_0^{2\pi} 2t^2\sin s\cos s\ ds\wedge dt = 0.$

6. ストークスの定理

p.174

①

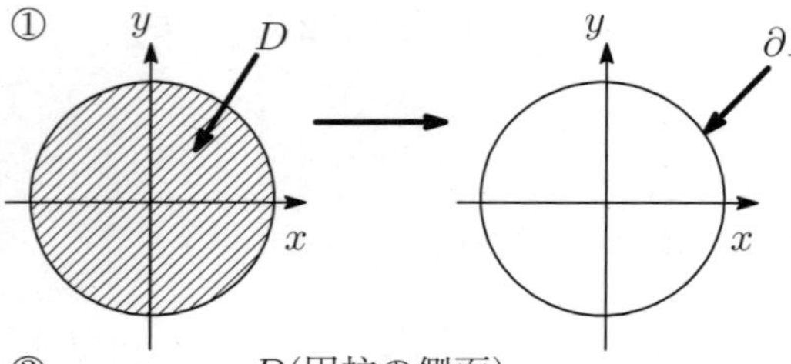

y D x → y ∂D x

②

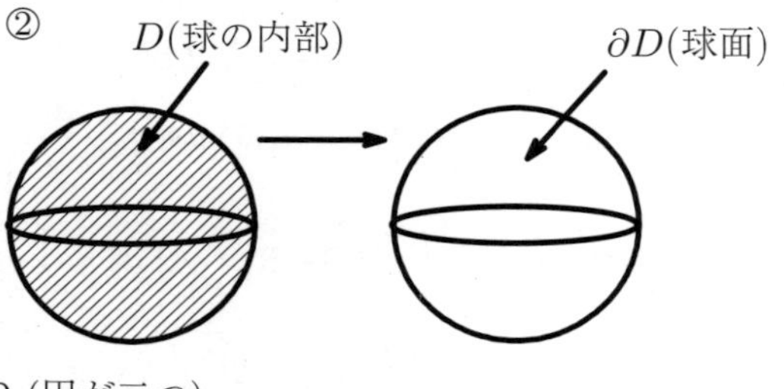

D(球の内部) → ∂D(球面)

③

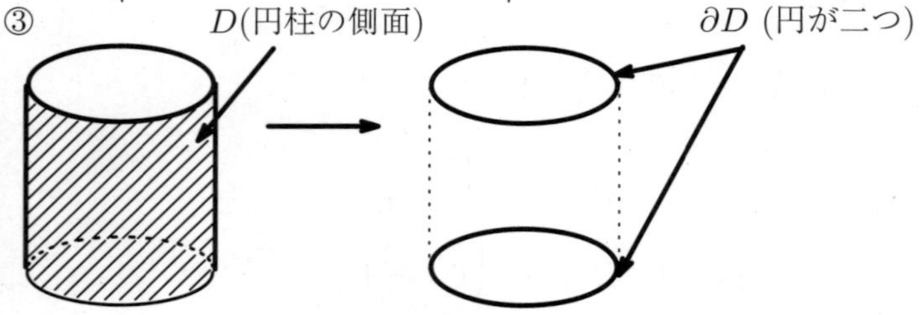

D(円柱の側面) → ∂D (円が二つ)

p.176 ① $\displaystyle\int_{\partial D}\tan y\ dx + x^2 y\ dy = \int_D\left(-\frac{1}{\cos^2 y} + 2xy\right)dx\wedge dy.$

② $\displaystyle\int_{\partial D} z\ dx\wedge dy - y\ dz\wedge dx = \int_D dz\wedge dx\wedge dy - dy\wedge dz\wedge dx = \cdots = 0.$

(発展) $$\int_{\partial D} f(x,y)\,dx + g(x,y)\,dy = \int_D \left(\frac{\partial f}{\partial x}dx + \frac{\partial f}{\partial y}dy\right)\wedge dx + \left(\frac{\partial g}{\partial x}dx + \frac{\partial g}{\partial y}dy\right)\wedge dy$$
$$= \int_D \Big(-\frac{\partial f}{\partial y} + \frac{\partial g}{\partial x}\Big)dx\wedge dy.$$

p.177 ① $\displaystyle\int_C \frac{1}{2}x\,dy - \frac{1}{2}\,ydx = \int_D \frac{1}{2}dx\wedge dy - \frac{1}{2}dy\wedge dx = \int_D dx\wedge dy.$

② $x=\cos t,\ y=\sin t$ として,

$$\int_C \frac{1}{2}x\,dy - \frac{1}{2}y\,dx = \int_0^{2\pi}\left\{\frac{1}{2}(\cos t)(\cos t)\,dt - \frac{1}{2}(\sin t)(-\sin t)\right\}\,dt = \pi.$$

p.178 $\displaystyle\int_{C_0}\mathbf{A}\cdot d\mathbf{r} - \int_{C_1}\mathbf{A}\cdot d\mathbf{r} = \int_{\partial D}\mathbf{A}\cdot d\mathbf{r} = \int_D \mathrm{rot}\mathbf{A}\cdot d\mathbf{S} = 0$ (ストークスの定理を用いた).

p.179 省略

第4章 微分方程式の基礎 略解

1. 微分方程式の導出

p.182 上① 5階の微分方程式 ② 2階の微分方程式 下 各々微分して, 与式に代入 (省略).

p.183 ① $y' = \frac{1}{2y}$. ② $y' = \frac{1+y^2}{xy}$. ③ $y' = \frac{-y}{x^2+x}$. ④ $y'' = y$. ⑤ $y'' - \frac{2}{x}y' + \frac{2}{x^2}y = 0$.

2. 1階微分方程式

p.184 ① $xy = c$. ② $\frac{1}{y} = \frac{1}{2x^2} + c$ ③ $y = \frac{cx}{x-1}$ ④ $\frac{1}{\cos y} = \frac{1}{\sin x} + c$. ⑤ $\log|y| - \frac{1}{y} = -\log|x| + \frac{1}{x} + c$.

p.185 ① $y = x + 4\sqrt{x} + 3$. ② $3\cos 2y = -2(1+x^2)^{\frac{3}{2}} + 5$.

p.186 ① $y = cx^2 - x$. ② $y^2 = 2x^2 \log|x| + cx^2$. ③ $\tan\frac{y}{x} = \log|x| + c$.

p.187 ① $y = x(\log|x| + x^2 + c)$. ② $y = \frac{xe^x - e^x + c}{x}$. ③ $y = \frac{1}{\cos x}\left(\frac{x}{2} + \frac{\sin 2x}{4} + c\right)$.

p.188 ① $y = \frac{1}{-x+1+ce^{-x}}$. ② $y^2 = \frac{2x^2}{-2x^2\log x + x^2 + c}$.

p.189 (上) 省略 (下) $\frac{E}{R^2+\omega^2L^2}(R\sin\omega t - \omega L\cos\omega t) + \frac{E\omega L}{R^2+\omega^2L^2}e^{-\frac{R}{L}t}$

3. 2階微分方程式

p.190 ① $y = \frac{1}{2}e^{-3x} + \frac{3}{2}e^x$. ② $y = 2e^{-2x}\cos x + 4e^{-2x}\sin x$. ③ $y = 2e^{3x} - 6xe^{3x}$.

p.191 ① $y = c_1e^x + c_2e^{-5x}$. ② $y = -x^2 - \frac{11}{5}x - \frac{34}{25}$. ③ $y = c_1e^x + c_2e^{-5x} - x^2 - \frac{11}{5}x - \frac{34}{25}$.

p.192 ①,② 代入して確認せよ (省略). ③ $y = c_1e^{3ix} + c_2e^{-3ix} + \frac{1}{5}\sin 2x$.

④ $y = c_1e^{3ix} + c_2e^{-3ix} - \frac{x}{6}\cos 3x$. ⑤ ③の解は, 振幅が有限. ④の解は, 振幅が限りなく大きくなる.

p.193 (上) $\begin{cases} \gamma^2 - 4mk \neq 0 \text{ のとき, } x(t) = \frac{\gamma+\sqrt{\gamma^2-4mk}}{2\sqrt{\gamma^2-4mk}}e^{\frac{-\gamma+\sqrt{\gamma^2-4mk}}{2m}t} + \frac{-\gamma+\sqrt{\gamma^2-4mk}}{2\sqrt{\gamma^2-4mk}}e^{\frac{-\gamma-\sqrt{\gamma^2-4mk}}{2m}t}, \\ \gamma^2 - 4mk = 0 \text{ のとき, } x(t) = e^{\frac{-\gamma}{2m}t} + \frac{\gamma t}{2m}e^{\frac{-\gamma}{2m}t}. \end{cases}$

(下) $\omega = \pm\sqrt{\frac{k}{m}}$.

4. べき級数と微分方程式

p.194 ① $y = ce^x$. ② $y = a_0\left(1 + x + \frac{1}{2}x^2 + \cdots + \frac{1}{n!}x^n + \cdots\right)$.

③ $x = 0$ を代入して, $c = a_0$. ゆえに, $e^x = 1 + x + \frac{1}{2}x^2 + \cdots + \frac{1}{n!}x^n + \cdots$.

p.195 $a_0\left(1 + \frac{x^3}{6} + \cdots\right) + a_1\left(x + \frac{x^4}{12} + \cdots\right)$.

5. ラプラス変換

p.196, p.197 本文に倣って, 証明せよ (省略).

p.198 ①,②省略. ③ $f(x) = 5e^{-2x} - 5e^{-3x}$.

p.199 ①,②省略. ③ $f(x) = \frac{1}{8}(\cos x - \cos 3x) + \frac{1}{3}\sin 3x$.

付録 線形代数の基礎 略解

第 1 講. 行列の導入

p.227 問 1 3 行 2 列 問 2 省略 p.228 問 3 $\begin{pmatrix} 9 & 23 \\ 23 & 2 \end{pmatrix}$ 問 4 $\begin{pmatrix} 7 & 3 \\ 13 & 1 \end{pmatrix}$

p.229 問 5 例えば $A = \begin{pmatrix} 1 & 2 \\ 3 & 4 \end{pmatrix}$, $B = \begin{pmatrix} 1 & 1 \\ 1 & 1 \end{pmatrix}$ とすれば, $AB = \begin{pmatrix} 3 & 3 \\ 7 & 7 \end{pmatrix}$, $BA = \begin{pmatrix} 4 & 6 \\ 4 & 6 \end{pmatrix}$.

第 2 講. 行列の応用に向けて

p.230 問 1 $\begin{pmatrix} 0 & i \\ i & 0 \end{pmatrix}^2 = \begin{pmatrix} i^2 & 0 \\ 0 & i^2 \end{pmatrix} = \begin{pmatrix} -1 & 0 \\ 0 & -1 \end{pmatrix}$.

p.232 問 2 $(E - 3I + 2J + 2K)^{-1} = \dfrac{1}{1^2 + (-3)^2 + 2^2 + 2^2}(E + 3I - 2J - 2K) = \dfrac{1}{18}\begin{pmatrix} 1+2i & -3-2i \\ 3-2i & 1-2i \end{pmatrix}$.

第 3 講. 線形空間と線形写像 (その 1)

p.233 問 1 省略 p.234 問 2 ① $\begin{pmatrix} 10 \\ 0 \\ -15 \end{pmatrix}$ ② $\begin{pmatrix} 3 \\ 0 \\ -5 \\ 0 \end{pmatrix}$ 問 3 $\begin{pmatrix} 4 \\ 4 \end{pmatrix}$

p.235 問 4 $f\begin{pmatrix} 1 \\ 0 \\ 0 \end{pmatrix} = \begin{pmatrix} a \\ d \end{pmatrix}$, $f\begin{pmatrix} 0 \\ 1 \\ 0 \end{pmatrix} = \begin{pmatrix} b \\ e \end{pmatrix}$, $f\begin{pmatrix} 0 \\ 0 \\ 1 \end{pmatrix} = \begin{pmatrix} c \\ f \end{pmatrix}$ とおくと,

$$f\begin{pmatrix} x \\ y \\ z \end{pmatrix} = xf\begin{pmatrix} 1 \\ 0 \\ 0 \end{pmatrix} + yf\begin{pmatrix} 0 \\ 1 \\ 0 \end{pmatrix} + zf\begin{pmatrix} 0 \\ 0 \\ 1 \end{pmatrix} = x\begin{pmatrix} a \\ d \end{pmatrix} + y\begin{pmatrix} b \\ e \end{pmatrix} + z\begin{pmatrix} c \\ f \end{pmatrix} = \begin{pmatrix} ax+by+cz \\ dx+ey+fz \end{pmatrix} = \begin{pmatrix} a & b & c \\ d & e & f \end{pmatrix}\begin{pmatrix} x \\ y \\ z \end{pmatrix}.$$

すなわち, 2 行 3 列の行列 A が存在して, $f\begin{pmatrix} x \\ y \\ z \end{pmatrix} = A\begin{pmatrix} x \\ y \\ z \end{pmatrix}$ となった.

第 4 講. 線形空間と線形写像 (その 2)

p.236 問 1 $ax + 1$ を定数 c 倍して, $acx + c$. 切片が c になってしまう.

p.237 問 2 省略 p.238 問 3 $\dim V = 3$.

p.240 問 4 例 21 を参考にせよ (省略).

問 5 $\sqrt{\dfrac{d}{dx}}(a\cos x + b\sin x) = \left(\dfrac{\sqrt{2}}{2}a + \dfrac{\sqrt{2}}{2}b\right)\cos x + \left(-\dfrac{\sqrt{2}}{2}a + \dfrac{\sqrt{2}}{2}b\right)\sin x$.

第 5 講. 行列式

p.241 問 1 省略 p.242 問 2 転位数 9, 符号数 -1. 問 3 省略

p.244 問 4 ① $\dfrac{1}{4}\begin{pmatrix} 1 & -1 \\ 1 & 1 \end{pmatrix}$ ② $\dfrac{1}{15}\begin{pmatrix} 2+i & 3-i \\ -3-i & 2-i \end{pmatrix}$

第 6 講. 固有値, 固有ベクトルと対角化

第 6 講の解答は省略.

索　　引

あ行

か行

さ行

た行

な行

は行

ま行

や行

ら行

わ行

解析入門 —例を中心として—

2006年4月10日　第1版　第1刷　印刷
2006年4月20日　第1版　第1刷　発行

著　者　宮西　吉久
発行者　発田寿々子
発行所　株式会社 学術図書出版社

〒113−0033　東京都文京区本郷5丁目4の6
TEL 03−3811−0889　振替 00110−4−28454
印刷　サンエイプレス（有）

定価は表紙に表示してあります．

ISBN4−87361−834−7　C3041